Marketing voor zorgverleners

Reeks Medicus en Management

Redactie: Drs. C.C. van Beek MCM

Eerder verschenen in deze reeks:

Basics Management voor medici

Management van het patiëntenproces

Management van patiëntenstromen

Medisch communicatiemanagement

Management van gezondheidsonderzoek

Kwaliteitsmanagement in de gezondheidszorg

Strategisch management voor medici

Opleiden van medisch specialisten

Financieel management voor medici

Marketing voor zorgverleners

Bram den Engelsen
Cathy van Beek
Geert Blijham

Medicus en Management

10

Bohn Stafleu van Loghum 2007

ISBN 978 90 313 4970 8
NUR 802

Ontwerp omslag en lay-out: Bottenheft

Eerste druk 2007

Bohn Stafleu van Loghum
Het Spoor 2
3994 AK Houten
www.bsl.nl

Mechelsesteenweg 203
2018 Antwerpen

INHOUD

WOORD VOORAF

Men zegt wel eens dat marktwerking en het bijbehorende fenomeen, concurrentie, in de zorg oude wijn is in nieuwe zakken. Dat mag dan opgaan voor de competitie die er altijd al min of meer was in regio's of steden met meerdere gezondheidszorginstellingen op een kluitje; het werken met prestatiebeschrijvingen en daaraan gerelateerde (vrije) bekostiging is echt nieuw. Ook dat de patiënt/cliënt of verzekerde hiermee in zijn keuzen wordt ondersteund is volstrekt nieuw. Er is dan ook nog maar beperkte ervaring opgedaan in het vormgeven van dat keuzeondersteunend proces en specifieker aan de rol die marketing hierin zou kunnen spelen.

Marketing wordt inhoud en kleur gegeven in dit boek; vanuit de praktijk van een materiedeskundige, de heer Bram den Engelsen, vanuit de praktijk van het besturen van een medicusbestuurder, de heer Geert Blijham en vanuit de praktijk van een bestuurder van een innovatief gespecialiseerd ziekenhuis, mevrouw Cathy van Beek.

U treft een referentiekader aan waarmee de zich voordoende verschijnselen en gevolgen van marktwerking dan wel marktprikkels in de praktijk kunnen worden verklaard en gebruikt. Dit ten behoeve van de maatschap, het algemene, academische dan wel psychiatrische ziekenhuis, het verpleeghuis, de thuiszorginstelling, de gehandicaptenzorginstelling en uiteindelijk natuurlijk de patiënt of cliënt.

Het boek bevat een keur aan voorbeelden, vooral uit de curatieve sector en vanuit het perspectief van de dokter die met bepaalde marktvraagstukken geconfronteerd wordt. Dit vraagt om een vertaalslag naar de eigen situatie, maar de materie is zo helder beschreven dat een vertaalslag gemakkelijk te maken is.

Ook al zou de gereguleerde marktwerking als politiek gewenste richting in de zorg verlaten worden, dan nog is de inhoud van dit boek relevant. Er zal hoe dan ook een slag om het toekomstige personeel gaan ontstaan. Als het

personeelsbestand zowel kwantitatief als kwalitatief op orde is, heeft dat een enorm aantrekkende kracht op patiëntenstromen. Ook het onderscheidende vermogen tussen de academische ziekenhuizen dat wordt afgemeten aan academische speerpunten en de wetenschappelijke output daarvan is enorm belangrijk.
Wij – de adviesraad van deze reeks – bevelen dit boek u warm aan. We zijn ervan overtuigd dat als u meer over marketing wilt weten, dit boek u een heel eind op weg helpt!
Wij hopen dat dit boek de weg naar u vindt en dat u zich er dusdanig door verrijkt voelt dat u e.e.a. gaat toepassen in de praktijk. Daar is het ons steeds om te doen in deze reeks!

MR. K.C.N.M. BAKX

DR. J.H.B. DE BRUIJN

PROF. DR. N.S. KLAZINGA

PROF. DR. J. MOEN

PROF. DR. A.P.W.P. VAN MONTFORT

F.B.M. SANDERS

PROF. DR. P.A.M. VIERHOUT

VOORWOORD VAN DE AUTEURS

Komt een dokter bij de marketeer, zegt de marketeer ...

Wie als strategisch marketeer voor het eerst wordt geconfronteerd met de zorgsector, valt twee dingen op:

- Gezondheid is de grootste groeimarkt die er is en het hoogste goed van alle mensen. Dit gezichtspunt wordt overschaduwd door de begrijpelijke bezorgdheid over dat deel van de gezondheidsmarkt dat we, qua financiering, tot 'de zorg' en daarmee tot de collectieve lasten rekenen. Maar het laat onverlet dat er voor zorgaanbieders veel mogelijkheden zijn om op een onderscheidende manier in te spelen op de zorg- en gezondheidsbehoeften van hun klanten. En dat is wat bij zorgmarketing centraal staat: excelleren in waardecreatie op gezondheidsgebied.
- Zorgaanbieders kenmerken zich door een sterke passie voor hun vak en voor hun klant, de patiënt. Waar in andere sectoren bedrijven vaak alles uit de kast moeten halen om hun medewerkers meer passie bij te brengen, is dit in de gezondheidszorg vanzelfsprekend. Een mooier fundament kun je als marketeer nauwelijks hebben. Dat schept ook een verplichting. Zorgmarketing draagt, als nieuwe discipline, bij aan de verdere professionalisering van het management van zorgorganisaties. Die professionalisering mag echter niet de passie van zorgverleners aantasten, maar moet die passie juist prikkelen en richten. Zodat de patiënt en de zorg beter af zijn.

Met dit boek hopen wij de professionele passie van de lezer te prikkelen door vanuit een ander en nieuw perspectief naar de zorg te kijken.

De auteurs – een marketeer, een bestuurder en een medicus – zijn elk in hun positie erg betrokken bij het nieuwe marktspel in de zorgsector[1]). We hopen dat de lezer evenveel plezier beleeft aan het bladeren en lezen in dit boek als wij hebben ervaren bij het schrijven ervan. En wij hopen dat het boek de lezer helpt om te wennen aan – en te winnen in – de nieuwe werkelijkheid van gereguleerde marktwerking!

1 Ten tijde van haar bijdrage aan het boek was Cathy van Beek werkzaam als lid van de Raad van Bestuur van de Sint Maartenskliniek. Vanaf 1 april 2006 is zij lid van de Raad van Bestuur van de NZa.

1 Inleiding

'The greatest danger in times of turbulence is not the turbulence; it is to act with yesterday's logic.' (*Peter Drucker*)

Jarenlang was het 'slechts' een gespreksthema, maar tegenwoordig is het de nieuwe werkelijkheid in de zorgsector: gereguleerde marktwerking. Je kunt erover discussiëren of het noodzakelijk of wenselijk is en of het de beoogde effecten teweegbrengt, maar je kunt er niet omheen. Onder het wakend oog van beleidsmakers en toezichthouders wordt een nieuw spel gespeeld, het spel van de markt. En voordat je in dat spel kunt winnen, zul je er eerst aan moeten wennen. Wennen aan de nieuwe spelregels, die nog niet uitgekristalliseerd zijn. Wennen aan de nieuwe rol als marktpartij, die onwennig aanvoelt. Wennen aan het veranderende gedrag van de andere spelers. Wennen aan de nieuwe spelers. Wennen aan de nieuwe taal, de taal van markt en marketing.

De nieuwe werkelijkheid in de zorgsector roept allerlei nieuwe vragen op. Wie zijn eigenlijk onze klanten? De zorgverzekeraars, de doorverwijzende artsen en specialisten of toch de patiënt? Ontwikkelt die patiënt zich inderdaad tot een heuse zorgconsument? Wat weten we over onze klanten? Hoe kunnen we daar iets over te weten komen? Zijn er in hun houding, voorkeuren en gedrag patronen te onderscheiden? Wie beslist tot welk ziekenhuis of tot welke zorgaanbieder de patiënt zich wendt? Gaan patiënten en masse gebruikmaken van internet om zich te oriënteren en voor te bereiden op hun rol als mondige en kritische consument? Waarop baseren zij hun oordeel over zorgaanbieders? Hoe kunnen we bestaande klanten behouden en nieuwe klanten werven? Wie zijn eigenlijk onze concurrenten en hoe kunnen we ons van hen onderscheiden? Welke strategieën zijn mogelijk in het nieuwe marktspel? Hoe maak je een goed strategisch marketingplan?

Veel vragen, veel onzekerheden, veel kansen. De gezondheidszorg maakt een majeure omslag door in de wijze waarop het aanbod op de vraag wordt afgestemd. Zorgaanbieders moeten nieuwe keuzes maken, die zowel extern als intern richting geven en verschil maken. Kiezen betekent ook duidelijk zijn in wat je niet doet. Geen enkel bedrijf kan succes hebben door het iedere klant op alle fronten naar de zin te maken, zo luidt de vaak duurbetaalde les uit het bedrijfsleven. De zorgsector is op zoek naar relevante en bruikbare inzichten uit andere sectoren. Zoals op het gebied van marktstrategie, marketing en *branding*. Vandaar dit boek, in de reeks *Medicus en Management*. Het klakkeloos toepassen van markt- en marketingprincipes in de zorgsector is verleidelijk, maar kortzichtig. Zeker als die toepassing niet wordt gecombineerd met diepgaande kennis van de sector. De gezamenlijke auteurs van dit boek staan borg voor een overzicht van marketinginzichten die relevant zijn of worden voor medische professionals, bestuurders en managers in de zorgmarkt. Hoewel het accent in dit boek ligt op de cure-sector, is het zeker ook interessant voor lezers uit andere sectoren van de gezondheidszorg.

Dit boek behandelt in essentie twee kanten van de nieuwe medaille die vraagsturing heet: v*raag*sturing (sturing door de vraag) en vraag*sturing* (sturing van de vraag). Na een introductie in hoofdstuk 2 op de begrippen marktwerking, concurrentie en zorgmarketing bieden we in hoofdstuk 3 inzicht in de vraagkant van de zorgmarkt. Hoofdstuk 4 gaat in op het zorgaanbod en op kwaliteitsperceptie en klanttevredenheid. Hoofdstuk 5 beschrijft principes en methoden van marketinginformatie, marktonderzoek en strategische analyse. In hoofdstuk 6 worden de onderwerpen marktstrategie en positionering behandeld, in hoofdstuk 7 gevolgd door de marketingstrategie en de daarbij in te zetten middelen. Het boek wordt in hoofdstuk 8 afgesloten met de thema's merkenbeleid (*branding*) en communicatie in de zorgsector.

2 Marktwerking, concurrentie en zorgmarketing

Al bijna twee decennia klinkt de roep om marktwerking dan wel liberalisering van de gezondheidszorg. Nu is het werkelijkheid. Onder de noemer van gereguleerde marktwerking en maatschappelijk ondernemerschap is een aantal marktprincipes geïntroduceerd, ter vervanging van het aanbodgestuurde systeem.

2.1 Marktwerking in de zorgsector

Het nieuwe systeem van gereguleerde marktwerking is erop gericht de vraag van de patiënt sturend te laten zijn en hem ook keuzemogelijkheden te bieden. Hierbij hebben de zorgverzekeraars de regie over de zorginkoop en concurreren de aanbieders om de gunst van patiënt, verwijzer en zorgverzekeraar, want de bedoeling is dat de patiënt of consument zelf kiest waar hij beter gemaakt wil worden. De minister van VWS heeft wettelijke maatregelen genomen waardoor er steeds meer sprake zal zijn van een vrije markt. De overheid trekt zich zoveel mogelijk terug en op termijn kunnen ziekenhuizen niet alleen winst maken, maar die ook uitkeren aan aandeelhouders, als ze dat willen. De verdere invoering van de DBC-financieringsystematiek is heel belangrijk. Daarbij wordt aan de hand van de diagnose bepaald welk pakket aan zorg de patiënt van de diverse zorgprofessionals krijgt. Daar hangt een prijskaartje aan dat is gebaseerd op de berekening van wat het zorgpakket echt kost, wat de overheadkosten zijn en welke (winst)marge wordt gewenst. Te groot zal die winstmarge niet zijn, want anders prijst een ziekenhuis zich uit de markt. Te laag ook niet, want dan kun je dat zorgpakket gewoonweg niet meer leveren, tenzij je ernstig inboet op kwaliteit. Dat kwaliteit ook van groot maatschappelijk belang blijft, blijkt onder meer uit het feit dat de Inspectie Gezondheidszorg in het nieuwe stelsel via regulier en thematisch toezicht de kwaliteit en continuïteit van de zorg blijft bewaken. De Nederlandse Zorgautoriteit (NZa) houdt toezicht op de effectiviteit van de marktmechanismen en stelt voor het deel van de zorg waarop (nog) geen vrije prijsvorming van toepassing is de budgetten en tarieven vast. De NZa gaat dus over het maken en bewaken van de tarieven, evenals over het reguleren van prestaties en prijzen en tarieven. Ook zal de NZa als 'marktmeester' actief monitoren hoe de marktwerking verloopt: is er voldoende keuzevrijheid en keuzeinformatie voor de consument en worden de prijzen niet monopolistisch bepaald?

2.1.1 *Volledige liberalisering als eindperspectief?*

In een rapport van Public Space Foundation (2005) wordt een prikkelend beeld geschetst van een mogelijke toekomst: volledige liberalisering. Dat betekent het commercialiseren van de ziekenhuissector en het toepassen van marktwerking op alle delen van de ziekenhuiszorg (met hooguit wat uitzonderingen voor niet-verzekerbare zorg). Kenmerken van een volledig geliberaliseerde ziekenhuismarkt zijn volgens de opstellers van het rapport:

- Discipline van de markt: goed werkende ziekenhuizen worden door de markt beloond, niet-rendabele ziekenhuizen gaan failliet.
- De Nederlandse markt gaat verder open voor Europese aanbieders van ziekenhuiszorg.
- De politiek is zeer terughoudend met ingrijpen in de marktwerking.
- De overheid verdwijnt als directe financieringsbron voor ziekenhuizen.
- Ziekenhuizen krijgen te maken met invloed van externe aandeelhouders.
- Ziekenhuizen krijgen de vrijheid om winst te maken en uit te keren.
- Banken worden strenger in hun financieringsvoorwaarden, ook naar *governance* en management.
- Raden van bestuur en tot op zekere hoogte raden van toezicht worden juridisch aansprakelijk voor mismanagement en risico's.
- Er komt grote druk op het opbouwen van buffers in de balanspositie.

- Ziekenhuizen zijn volledig eigenaar en beheerder van het vastgoed.
- De patiënt staat centraal in de strategie van het ziekenhuis, omdat zijn directe of indirecte keuze voor het ziekenhuis de bron van inkomsten vormt.
- De consument kan kiezen voor verzekeringspakketten en een bepaald ziekenhuis uitkiezen op basis van serviceniveau, nabijheid, prijs, kwaliteit en imago. Ziekenhuizen maken reclame op basis van deze nieuwe concurrentievariabelen.
- Verzekeraars hebben met pakketkeuzes veel invloed op de economische structuur.

Je kunt erover discussiëren of dit een wenselijke of mogelijke toekomst is en of die zich in alle facetten zal manifesteren. Feit is dat sommige ontwikkelingen reeds zichtbaar zijn en dat zorgaanbieders er goed aan doen na te denken over de consequenties van zo'n toekomstbeeld. Dat leidt mogelijk ook tot nieuwe of scherpere inzichten die in een minder ver geliberaliseerde zorgmarkt eveneens bruikbaar zijn.

Overigens, in een onderzoek van Ernst en Young (2005) zegt 89% van de ziekenhuizen voor meer marktwerking te zijn. Ruim driekwart van de ziekenhuizen vindt dat uiteindelijk meer dan 60% van het budget vrij onderhandelbaar zou moeten zijn. Vier op de tien ziekenhuizen hebben de voorkeur om winst uit te keren aan externe aandeelhouders, als dit mogelijk wordt. De andere willen liever non-profit blijven. En 70% van de ziekenhuizen verwacht dat het consolidatieproces als gevolg van marktwerking verder zal voortgaan.

2.1.2 *Groeimarkt*

De begrippen marktwerking en vraagsturing worden in een specifieke context gebruikt, namelijk voor dat deel van de zorgvraag dat gefinancierd wordt via wat we collectieve lasten noemen. De uitgaven die vallen onder het eerste en tweede compartiment van de zorgverzekering worden aangemerkt als de 'kosten van de gezondheidszorg'. Gereguleerde marktwerking moet bijdragen aan een zekere beheersing van die alsmaar stijgende kosten. Het blijft echter een kwestie van definitie. Als er meer zorg wordt overgeheveld naar aanvullende verzekeringen of rechtstreeks door de consument wordt betaald, dalen 'de kosten van de gezondheidszorg', maar neemt de vraag natuurlijk niet af.

Je kunt het ook anders bekijken: uit onderzoek blijkt dat 90% van de Nederlanders hun gezondheid zien als de belangrijkste factor voor hun welzijn. Gezondheid, inclusief preventie, gezonde voeding, beweging en dergelijke is de grootste groeimarkt die er is. Er is een grote en toenemende koopkrachtige vraag naar 'het product gezondheid', die aanzienlijk groter is dan wat in de 'collectieve lasten' ligt besloten. Als dat geen wenkend perspectief is voor zorgaanbieders? Menige sector uit het bedrijfsleven zou er heel wat voor over hebben om zoveel marktkansen te kunnen benutten.

2.2 Verschillende zorgmarkten

Als je het begrip 'markt' definieert als de plaats waar vraag en aanbod elkaar ontmoeten, is de eerste constatering dat 'de zorgmarkt' niet bestaat. Er zijn in feite drie markten, die met elkaar een driehoek vormen (figuur 2.1):

- de zorgverzekeringsmarkt,
- de zorgverleningsmarkt,
- de zorginkoopmarkt.

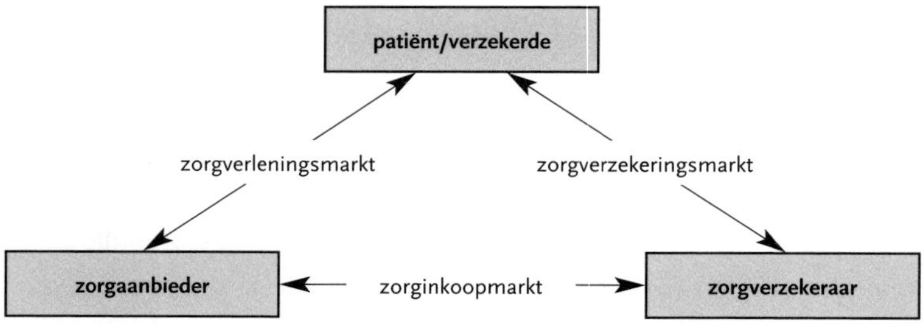

Figuur 2.1 Zorgmarkten

Deze markten verschillen in wat wordt geproduceerd (in marketingtermen: welke waarde er wordt gecreëerd), in de prijs die ervoor moet worden betaald (in marketingtermen: de opofferingen die moeten worden gedaan), in keuzevrijheid en in concurrentie. Bovendien hebben de spelers verschillende rollen op de diverse markten. Zo ben je consument in de verzekeringsmarkt en patiënt/cliënt in de zorgverleningsmarkt. De zorgverzekeraar is verkoper op de verzekeringsmarkt en inkoper op de zorginkoopmarkt. En de zorgaanbieder is actief op twee markten tegelijk: de zorginkoopmarkt en de zorgverleningsmarkt.

De typerende driehoek wordt vaak gebruikt om te stellen dat de zorgsector geen echte markt is. Immers, de afnemer van de zorg betaalt er zelf geen directe prijs voor. De prijs wordt indirect, via de verzekering, betaald. Dit is feitelijk geen onjuiste, maar wel een beperkte zienswijze. Ook al betaalt de afnemer geen prijs in termen van geld, hij offert wel degelijk een en ander op. Denk aan tijd, moeite, zekerheid, rust en privacy. Voorts: via eigen bijdragen, persoonsgebonden budgetten en dergelijke betalen afnemers ook vaak letterlijk een deel van de prijs. Dus er is wel degelijk sprake van een zogenaamde ruilrelatie.

2.2.1 *Hoe duurzaam is de driehoek?*

Een van de boeiende vragen is of de typerende driehoek ook in de toekomst standhoudt en wat de belangrijkste as zal zijn. Het rapport *Recept naar keuze* (2003) van de Stichting Toekomstonderzoek Gezondheidszorg bevat twee scenario's voor de geneesmiddelenvoorziening in Nederland. Beide hebben het perspectief van de gebruiker als uitgangspunt. In termen van de driehoek verschillen de scenario's in waar het zwaartepunt ligt: bij de zorgverzekeraars of bij de zorgvragers.

– In het scenario *Zorg Verzekerd* wordt de zorgverzekeringsmarkt gedomineerd door zes grote, landelijk opererende concerns, die een sterke regionale oriëntatie behouden als het gaat om de zorginkoop. Hun klanten zijn overwegend collectiviteiten van patiënten en werknemers. De zorgverzekeraars ontwikkelen zich in de richting van *health maintenance organisations*, zoals die in de VS al geruime tijd bestaan. In dit scenario maken zorgaanbieders afspraken met zorgverzekeraars over de te volgen protocollen en procedures. De verzekeraars zien toe op de naleving van deze richtlijnen. De zorg, in opdracht van de zorgverzekeraars, wordt uitgevoerd door een combinatie van eigen zorgvoorzieningen en *preferred providers*.

– Het tweede scenario, *Zelf Zorg*, gaat ervan uit dat de gevolgen van ziekte, arbeidsongeschiktheid en ouderdom vooral de verantwoordelijkheid zijn van het individu, dat zichzelf goed verzekert. De zorgconsument is koopkrachtig, hoog opgeleid en mondig. Hij maakt mede op grond van zijn bestedingsruimte een afweging van de gewenste zorg. De verzekeringsmarkt bestaat uit een groot aantal maatschappijen die sterk van elkaar verschillen in omvang, achtergrond, producten en verzekerdenpopulaties. Zij concentreren zich op het verzekeren van gezondheidsrisico's en de (financiële) afhandeling van 'schades'. Verzekeraars hebben geen zorgplicht en laten de organisatie van de zorg over aan zorgaanbieders en zorgconsumenten.

Het laatste scenario vertoont overeenkomsten met het rapport *De patiënt op de zorgmarkt in 2010* dat de Raad voor de Volksgezondheid & Zorg (RVZ) in 2005 opstelde in opdracht van de Nederlandse Patiënten Consumenten Federatie (NPCF). Dit rapport voorziet een geleidelijke verschuiving van de driehoeksverhouding naar een directe relatie tussen patiënt en aanbieder. Om ervoor te zorgen dat de patiënt een gelijkwaardige partner in de zorg kan worden, moet volgens de RVZ aan drie voorwaarden worden voldaan: kennis, keuze en koopkracht. Zo heeft de afnemer kennis nodig over preventie, ziekten, het zorgaanbod en de kwaliteit ervan. Voorlichtingsmateriaal, prijs-kwaliteitsvergelijkingen, tevredenheidsmetingen en kwaliteitsnormen gebaseerd op patiëntenbehoeften helpen daarbij. Om de patiënt daadwerkelijk te kunnen laten kiezen is volgens de RVZ verruiming en flexibilisering van het aanbod nodig, moet de Zorgautoriteit zich proactief opstellen, moeten er totaalproducten komen (zorgprogramma's, transmurale DBC's) en laagdrempelige aanspreekpunten zoals een telefonische informatielijn en e-mailconsult. Om de koopkracht van de patiënt te vergroten pleit de RVZ onder meer voor verdere invoering van eigen betalingen, uitbreiding van het persoonsgebonden budget voor bepaalde aandoeningen en restitutiepolissen. Tenslotte wijst de RVZ op de gezamenlijke inkoopmacht van patiënten. Zo kunnen patiënten(organisaties) persoonsgebonden budgetten bij elkaar leggen en daarmee gezamenlijk zorg regelen, bijvoorbeeld door het stimuleren van de oprichting van een eigentijds transmuraal diabetescentrum. Kortom: door meer kennis, keuze en koopkracht voor de patiënt ontstaat geleidelijk een in markttermen 'normale' relatie tussen zorgvrager en zorgaanbieder.

Zonder een voorspelling of uitspraak te doen over de (gewenste) toekomst staat in dit boek de relatie tussen zorgaanbieder en patiënt/cliënt centraal. Een relatie die belicht wordt vanuit het marketingperspectief, met als insteek dat hoe beter de zorgaanbieder in staat is om de gunst van de zorgconsument te winnen, hoe sterker hij staat in de onderhandelingen met de zorgverzekeraar.

2.3 Concurrentie door waardecreatie

Het is een misvatting dat de strijd om de gunst van de patiënt of zorgconsument alleen gaat om zaken als bejegening, informatie en service. In het indrukwekkende boek *Redefining Health Care* (2006) breken Michael Porter en Elizabeth Olmsted Teisberg een lans voor 'value-based competition on results'. In een scherpe analyse van de kenmerken en hervormingen van de gezondheidszorg in de Verenigde Staten constateren zij dat sprake is van een 'zero sum game'. Wat de ene partij wint, verliest de andere en per saldo wordt er geen waarde toegevoegd. Deze analyse is overigens ook interessant vanuit het Nederlandse perspectief. Sommige hervormingen in het Nederlandse stelsel, zoals de regierol van de zorgverzekeraars, kunnen juist de *zero sum game* versterken, zo blijkt uit de Amerikaanse voorbeelden. Maar ze kunnen ook een eerste stap zijn op weg naar een *positive sum game* als de verzekeraars zich meer opstellen als adviseur van hun verzekerden en zich niet zelf met het zorgproduct als zodanig bemoeien. Het kan dus nog twee kanten uit.

Porter en Olmsted Teisberg introduceren de volgende principes van *value-based competition*:

- De focus in de zorgmarkt moet liggen op waarde voor de patiënt en niet eenzijdig op het verlagen van kosten.
- De concurrentie moet aangegaan worden op basis van resultaten (behandeleffecten).
- De concurrentie moet zich richten op de totale keten van behandeling en zorg, gericht op een specifieke gezondheidssituatie of aandoening ('medical conditions over the full cycle of care').
- Zorg van hoge kwaliteit moet minder kostbaar zijn.
- De waarde die door de zorgaanbieder voor de patiënt wordt gecreëerd, ontstaat door ervaring, schaalgrootte en leereffecten.
- De concurrentie moet niet alleen regionaal, maar ook landelijk plaatsvinden.
- De informatie over behaalde gezondheidsresultaten moet transparant en breed beschikbaar zijn.
- Innovaties die extra waarde toevoegen, moeten sterk worden bevorderd.

Echte marktwerking betekent volgens de auteurs dus concurrentie op basis van gezondheidsresultaten. De zorgaanbieder die over de hele keten van zorg gericht op een specifieke aandoening de beste resultaten per geïnvesteerde euro behaalt, wint de concurrentiestrijd.

Deze principes hebben consequenties voor zorgaanbieders. In plaats van te denken en te organiseren op basis van losse specialismen en verrichtingen, moet men de omslag maken naar totaalconcepten en programma's voor specifieke aandoeningen of situaties, zoals diabetes, borstkanker, nierdialyse, maar ook zwangerschap. Dit betekent ook dat zorgaanbieders afmoeten van het willen aanbieden van 'alles voor iedereen'. Specialisatie en differentiatie zijn noodzakelijk. Je kunt niet op alle terreinen de beste resultaten behalen.

Het voert te ver om hier het hele boek van Porter en Olmsted Teisberg te behandelen, maar de essentie vormt een van de uitgangspunten voor de rest van dit boek: marktwerking, concurrentie en dus ook zorgmarketing (moeten) gaan over zowel gezondheidsresultaten (herstel, complicaties, pijn, functioneren, kwaliteit van leven) als over klantwaardering (bejegening, informatie, service).

Marketing: not a bad thing

'How to succesfully market your spine practice'. Dat is de titel van een artikel in het vakblad *InSpine*. Orthopeden wordt voorgehouden dat 'you can no longer sit back and wait for patiënts to come to you. In planning the future of your spine practice, you must remember it is better to be proactive, not reactive.' Het artikel rekent af met 'a major misconception in the medical industry that marketing is advertising.' Er volgt een vurig pleidooi voor een strategisch marketingplan gebaseerd op een grondige marktanalyse. De orthopeed die dit artikel onder de aandacht van de raad van bestuur van zijn instelling brengt, is het levende bewijs van de slotconclusie van het artikel: 'Also, spine surgeons are starting to realize that the medical industry is changing and marketing their practice is not a bad thing.'

2.4 Zorgmarketing

Het woord 'marketing' is een samentrekking van 'market' en 'getting'. In tegenstelling tot wat sommigen denken, komt marketing niet neer op 'u vraagt en wij draaien', waarbij de aanbieder zich in onmogelijke bochten moet wringen om de klant toch maar koning te laten zijn. Marketing kenmerkt zich door een externe oriëntatie (klant en concurrent), maar kan niet zonder een scherp besef van de eigen identiteit en kracht van de aanbieder. In dit boek gebruiken we daarom de volgende definitie:

Zorgmarketing is het management van een afstemmingsproces tussen de identiteit, middelen en competenties van de zorgaanbieder en de zorgvraag van een gekozen doelgroep, gericht op onderscheidende waardecreatie voor de patiënt of cliënt.

Daarbij gaat het om waardecreatie in termen van gezondheidsresultaten, bejegening, informatie en service.

Eenvoudiger geformuleerd: zorgmarketing beantwoordt de strategische vraag: wat willen en kunnen wij als zorgaanbieder voor welke patiënten of cliënten betekenen, en wat betekent dat voor onze organisatie?

Het woord 'zorgmarketing' wordt in drie betekenissen gehanteerd:

- Zorgmarketing als visie: de continuïteit en het succes van zorgaanbieders hangt mede af van hun vermogen om op een onderscheidende manier waarde te creëren voor hun patiënten of cliënten.
- Zorgmarketing als verzameling activiteiten: analyseren, plannen, ontwikkelen, communiceren, leveren, controleren en evalueren, gericht op onderscheidende waardecreatie door zorg- en dienstverlening.
- Zorgmarketing als functie: de wijze waarop marketing als een verzameling activiteiten is georganiseerd.

Nieuwe functie: hoofd Marketing van een ziekenhuis

De volgende profielschets komt uit een wervingsadvertentie van een ziekenhuis dat een hoofd Marketing zoekt.

U ontwikkelt een professionele zorgmarketing tegen de achtergrond van het nieuwe zorgstelsel en de bestaande en toekomstige markten voor gezondheidszorg. In nauw overleg met de raad van bestuur ontwikkelt u een strategisch marketingplan op instellingsniveau dat richtinggevend is voor de marketingplannen van de verschillende afdelingen en zorgcentra in de organisatie. U stuurt aan en coördineert een reeds bestaand, breed samengesteld marketingteam dat in uitvoerende zin werkzaam is op deelterreinen van marketing en communicatie. U bent verantwoordelijk voor het opzetten van een effectief werkend marketinginformatie- en monitoringsysteem voor continue evaluatie van zogrprocessen en alle voor marketingbeleid noodzakelijke externe en interne informatie. U vervult een spilfunctie in de organisatie voor het aanpassen van de organisatie aan de wensen en behoeften van de verschillende doelgroepen die onze zorginstelling kan onderscheiden in de gezondheidszorgmarkt van de komende jaren. Als hoofd Marketing bent u verantwoordelijk voor het door middel van interne marketing veranderen van de marketingstrategie in klantgerichte zorgprocessen.

In het bedrijfsleven heeft marketing zich ontwikkeld tot een van de leidende perspectieven bij strategieontwikkeling, organisatie-inrichting, bedrijfsvoering en cultuurontwikkeling. In de zorgsector staan we aan de vooravond hiervan.

2.4.1 *De voedingsbodem van marketing in de zorg: 5 i's*

Het zou wel eens kunnen zijn dat het oprukken van marketing in de zorgsector meer heeft te maken met een aantal langlopende maatschappelijke processen dan met het agenderen van de thema's 'marktwerking' en 'vraagsturing' door de politiek. Zo stelde de RVZ al in 2003: 'de invloed van internet (op de versterking van de positie van de cliënt) is groter dan die van wetgeving.

Het Sociaal Cultureel Planbureau (2004) noemt vijf belangrijke maatschappelijke trends (allemaal beginnend met de letter 'i') als onderliggende verklaring voor veranderend gedrag van mensen en organisaties. Het gaat hier om ontwikkelingen die zich over vele jaren, vaak decennia, uitstrekken. Ze manifesteren zich in ieders eigen leven, in het samenleven en in de samenleving. De vijf i's zijn:

- *Individualisering*: mensen zien zich als de ontwerpers en uitvoerders van hun eigen leven, op basis van keuzes die ze zelf hebben gemaakt.
- *Informatisering*: informatie- en communicatietechnologie heeft een steeds grotere invloed op ons leven en wordt steeds sneller, onzichtbaarder en intelligenter.
- *Internationalisering*: grenzen van tijd en ruimte vervagen; de invloed van buiten op de eigen samenleving neemt toe en verschillen tussen samenlevingen nemen af.
- *Informalisering*: verhoudingen en contacten worden informeler; er is minder hiërarchie en meer gelijkwaardigheid in de omgang.
- *Intensivering*: op steeds meer gebieden van het leven wordt de betekenis van de belevingscomponent (wat je voelt en ervaart) sterker en individueler.

Deze langlopende maatschappelijke processen manifesteren zich ook in de zorgsector. Het proces van individualisering voedt thema's als vraagsturing, eigen verantwoordelijkheid en zo lang mogelijk zelfstandig blijven. De informatisering vertaalt zich onder meer in telemedicine, domotica, een elektronisch patiëntendossier en vergelijkingssites op internet. De internationalisering leidt tot buitenlandse toetreders op de Nederlandse zorgmarkt en tot Nederlandse patiënten die voor zorg in het buitenland kiezen en vice versa. De informalisering beïnvloedt de verhouding tussen arts en patiënt en doet een extra beroep op de communicatieve vaardigheden van de dokter. En de intensivering leidt ertoe dat de belevingskwaliteit een belangrijke rol gaat spelen bij de bouw en inrichting van ziekenhuizen.

2.4.2 *Wanneer is marketing toepasbaar?*

Marketing is toepasbaar als aan twee voorwaarden is voldaan: het moet mogelijk en lonend zijn om te kiezen, zowel voor aanbieders als voor afnemers. Afnemers moeten willen en kunnen kiezen uit een aanbod dat voor hen relevant, aantrekkelijk en geloofwaardig is en dat de opoffering (in geld, tijd, moeite) waard is. Maar ook aanbieders moeten willen en kunnen kiezen. Hun keuze moet de inspanning waard zijn en zich vertalen in aantrekkingskracht op en binding met afnemers. Het nieuwe marktspel in de zorg maakt kiezen mogelijk en lonend, zowel voor afnemers als aanbieders. Daarmee wordt marketing in de zorg toepasbaar.

Marketing is al realiteit in de zorg

Een willekeurige verzameling krantenkoppen bewijst dat marketing in de zorgsector reeds onderdeel is van de nieuwe werkelijkheid van gereguleerde marktwerking.

- Veiling van kraamzorg op internet
- Zorgverzekering aanjager consumentencollectiviteiten
- Zieke wordt mooi in nieuwe kliniek
- CZ participeert voor 25% in orthopedisch Centrum Maxima
- Medisch toerist verzot op Indiaas zorgparadijs
- Zorghotels met service en zorg: een ander geluid in de zorg

- Medisch panel De Telegraaf geeft raad op nieuwe pagina Gezond & Wel
- Ziekenhuis uit Nijmegen opent vestiging in Woerden
- Op faceliftvakantie in Zeeland
- Proef Philips en Achmea volgt hartpatiënten thuis
- Zorgshoppen over de grens
- Oogheelkunde Zonnestraal scoort patiëntentevredenheid van 8,7
- Zorgbutler voor steenrijke Hilversumse senioren
- Preventief scanonderzoek: mooi en fit
- Arbodienst wordt zorgcentrum: huisarts dicht bij kantoor
- McZorg: nieuwe vormen van medisch ondernemerschap
- Medinova sluit DBC-contracten met alle grote zorgverzekeraars
- Britse verslavingskliniek naar Nederland
- Ooglaseren op Schiphol: nu voor € 2.499,-
- Kappers gaan kalende klanten doorverwijzen naar haarkliniek
- Meerderheid verzekerden gaat shoppen voor nieuwe zorgpolis
- Privéklinieken te vergelijken op internet
- Geef ster aan verpleeghuis
- Sint Maartenskliniek stapt over op vrije prijzen voor hele zorgstelsel
- Randstad neemt Thuiszorg Perfect over
- Friezen betalen zelf ziekenhuisapparaat
- Ziekenhuizen pleiten voor snellere invoering marktwerking

3 Zorgvraag en zorgconsument

Keuzevrijheid en keuzemogelijkheid voor de zorgconsument behoren tot de belangrijkste pijlers onder marktwerking in de zorgsector. Dit betekent dat patiënten en cliënten behoefte moeten hebben om te kiezen en dat zij in staat moeten zijn om een keuze te maken. Daarbij worden regelmatig vraagtekens geplaatst. In dit hoofdstuk zullen we verschillende aspecten van het fenomeen vraagsturing belichten, teneinde nuance aan te brengen in de soms stevige discussies die hierover worden gevoerd.

In het genoemde boek *Redefining Health Care* wordt gesteld dat 'consumer-driven health care' zeker niet synoniem is met marktwerking. Aandacht voor het patiëntperspectief is volgens de auteurs belangrijk, maar uiteindelijk draait concurrentie om de beste gezondheidsresultaten per geïnvesteerde euro. En patiënten zijn volgens hen nu eenmaal geen medische experts en dus ook niet in staat om volledig zelfstandig te bepalen wie in termen van gezondheidsresultaten de beste aanbieder is. Hier zou een adviesrol weggelegd zijn voor zorgverzekeraars en voor onafhankelijke medische adviseurs.

3.1 De patiënt bestaat niet

Een patiënt is in de letterlijke betekenis een lijder, iemand die lichamelijk lijden te verduren heeft. Een consument is een gebruiker, een afnemer. Gaan die twee betekenissen samen? Kun je tegelijk lijden en consumentengedrag vertonen?

In de uitgave *Preferenties en competenties van consumenten* van ZonMw (2003) wordt een aantal typen patiënten onderscheiden, waaronder:

- De mondige regisseur: de modelcliënt van de vraaggestuurde hulpverlening. Cliëntparticipatie is bij dit type vanzelfsprekend.
- De stille volger: van cliëntparticipatie is nauwelijks sprake. Dit type cliënt is niet mondig en laat de regie over aan de hulpverlener.

In de praktijk is sprake van een continuüm dat loopt van eigenzinnigheid naar volgzaamheid en dat allerlei tussenvormen kent.

In het rapport *Van patiënt tot klant* stelt de RVZ (2003) dat 'de patiënt' niet bestaat. Volgens de RVZ zijn de behoeften van een individuele zorgconsument op een bepaald moment afhankelijk van tal van factoren:

- De *toestand* waarin de persoon verkeert (het bewusteloze ongevalslachtoffer, de dialysepatiënt, de dementerende oudere, iemand met een gemetastaseerd carcinoom).
- De *bekwaamheid* van de consument: is hij in staat om zijn rechten te realiseren?
- De *behoefte* van de consument om rechten te realiseren: wil hij op een bepaald moment als contractpartij behandeld worden?
- De *aard van de behandeling* of dienst: het maakt nogal wat uit of het gaat om een reconstructieve ingreep, een chemotherapiekuur of verzorging in een verpleeghuis.
- De *aard van de relatie*: is die structureel of incidenteel? De relatie met een huisarts is van een andere aard dan die met een specialist.
- De *intensiteit van de relatie*: een behandeling kan vrij technisch van aard zijn, een puur somatische kwestie is anders dan een aandoening met een belangrijke psychosociale dimensie.
- De *duur*: een relatie kan langdurig zijn of van voorbijgaande aard.

Dergelijke typologieën maken duidelijk dat 'de patiënt' niet bestaat, maar geven nog geen inzicht in uiteenlopende preferenties en gedragspatronen. Daarvoor is inzicht nodig in de theorie van consumentengedrag en marktonderzoek. Voordat we daar op ingaan, bespreken we enkele onderzoeken die het bestaan van de mondiger en kritischer zorgconsument (in algemene zin) onderbouwen.

Nulde lijn: de patiënt bepaalt in regionaal diabetesproject

Op de site van het programma *Sneller Beter* staat een typerende case van een regionaal ketenzorgproject voor diabetespatiënten. Naast zorgverzekeraar Agis nemen de Regionale Huisartsen Vereniging, de Diabetes Vereniging Nederland en Meander Medisch Centrum deel in het project. Rode draad is dat de patiënt zelf de regisseur is van de zorg die hij van de diverse zorgverleners ontvangt. De patiënt bezoekt thuis via zijn computer een internetsite. Daar vindt hij alle protocollen rond diabeteszorg en kan hij zien in welke gevallen hij bepaalde zorg mag verwachten van welke zorgverlener. Bovendien is hij de beheerder van zijn eigen dossier. Daarin staat alles wat belangrijk is bij de behandeling van zijn diabetes. Hij kan zelf de door hem gemeten suikerwaarde noteren, maar ook zijn behandelaars kunnen er aantekeningen in maken. Medicijngegevens, doktersbezoeken, een digitaal logboek het staat er allemaal in. Bovendien maakt de patiënt van het medium gebruik om zijn zorgverleners vragen te stellen, waarop hij binnen 24 uur antwoord krijgt. 'De autonomie, de regie ligt daadwerkelijk bij de patiënt', legt de betrokken internist uit. 'We hebben de zorg nu eens niet georganiseerd omdat een van de zorgverleners het wil. Nee, de patiënt bepaalt.' De Diabetes Vereniging spreekt enthousiast van 'de nulde lijn'. Alle betrokkenen zijn ervan overtuigd dat deze manier van zorgverlenen de toekomst heeft. 'Er is hier echt sprake van ontschotting. Dit is het nieuwe denken. Niet de wens van de dokter is leidend, maar de vraag wat de patiënt nodig heeft.'

3.2 Behoefte aan keuzevrijheid

Vanuit de sector zelf, met name door medische professionals, wordt regelmatig openlijk getwijfeld aan de behoefte van mensen om te kunnen kiezen uit het zorgaanbod. Die twijfel wordt soms mede gevoed door een verschillende opvatting over de wenselijkheid van marktwerking ('het zou niet moeten mogen') of over de beoogde resultaten ervan ('het gaat toch niet werken'). Men vergeet daarbij dat de wortels van keuzevrijheid diep liggen, namelijk in de eerder genoemde langlopende maatschappelijke trend van individualisering. Het Sociaal Cultureel

Planbureau definieert individualisering als 'het voortgaande proces van verminderde afhankelijkheid van het individu van één of enkele personen in zijn directe omgeving, en van toenemende vrijheid van keuze met betrekking tot de inrichting van het eigen leven.' Bij een verdergaande individualisering hoort ook de bereidheid om meer verantwoordelijkheid voor het eigen leven te dragen. In het verlengde daarvan betekent het ook minder solidariteit in de vorm van dwingende, collectieve voorzieningen.

3.2.1 *Zorgconsumenten willen kunnen kiezen*

Dat zorgconsumenten willen kunnen kiezen, wordt door meerdere onderzoeken gestaafd. Hierbij past de kanttekening dat er een zekere bevooroordeeldheid in de antwoorden kan zitten (wie zegt 'nee' op de vraag of hij wil kunnen kiezen?) en dat wenselijkheid niet automatisch tot overeenkomstig gedrag leidt.

In 2003 deed marktonderzoekbureau TNS NIPO een onderzoek onder patiënten (verdeeld naar chronische, electieve en wenszorgpatiënten) en niet-patiënten. Wenszorgpatiënten zijn patiënten die behoefte hebben aan medisch niet-noodzakelijke zorg, zoals een facelift, liposuctie of een oorcorrectie. Uit het onderzoek blijkt dat al in 2003 zowel patiënten als niet-patiënten het van groot belang vinden zelf te kunnen kiezen in de gezondheidszorg. Bijna iedereen zegt zelf te willen kiezen bij de inschakeling van een huisarts, ziekenhuis, verpleeghuis, behandelmethode en specialist. De keuze van de huisarts heeft daarbij de eerste prioriteit, gevolgd door respectievelijk de behandelmethode en de specialist. Als je kijkt naar het soort aandoening, dan blijkt dat vooral chronische en electieve patiënten veel waarde hechten aan keuzemogelijkheden. Juist bij deze aandoeningen is er echter een grote discrepantie tussen behoeften aan keuzemogelijkheden en feitelijke keuzemogelijkheden. Het onderzoek geeft aan dat in 2003 patiënten het nog erg moeilijk vinden om de benodigde informatie te verkrijgen, juist op die aspecten die er voor hen toe doen. De huisarts is in 2003 de belangrijkste informatiebron over het ziekenhuis en het vertrouwen in het advies van de huisarts over het te kiezen ziekenhuis is groot. Naast de huisarts spelen kennissen met een medische achtergrond een belangrijke rol bij de informatieverstrekking.

3.2.2 *Bewust kiezen met gebruik van internet*

Een onderzoek uit 2005, in het kader van het programma *Sneller Beter*, geeft aan dat de helft van de patiënten zegt bewust een keuze te maken voor een bepaald ziekenhuis. Slechts 25% zegt hieraan geen behoefte te hebben. De mensen die zelf kiezen, doen dit naar eigen zeggen met name op basis van de kwaliteit en reputatie van het ziekenhuis en van de specialisten (80%). De andere belangrijke factor is nabijheid (reisafstand van vijftien minuten). Als men een afweging moet maken tussen reputatie en reistijd, dan is (zoals te verwachten) de reputatie drie keer zo belangrijk als de reistijd. Overige elementen zoals wachtlijsten, de vriendelijkheid van het personeel, informatievoorziening en sfeer zijn volgens dit onderzoek van ondergeschikt belang. De belangrijkste bron van informatie is de publieke opinie ('de algemene reputatie van het ziekenhuis'), gevolgd door de huisarts en familie, vrienden en bekenden. Voor de toekomst ziet men een veel grotere rol weggelegd voor internet als informatiebron. Meer dan de helft van de mensen zegt gebruik te gaan maken van de mogelijkheden om ziekenhuizen te vergelijken. Het groeiende belang van internet komt ook duidelijk naar voren uit een onderzoek door de RVZ in 2005.

Uitkomsten onderzoek RVZ onder internetgebruikers (2005)

- 3 miljoen mensen zoeken meer keren per jaar op internet naar informatie over gezondheid/zorg.
- Het percentage mensen dat voorafgaand aan huisartsbezoek internet raadpleegt, is in een jaar verdubbeld (naar 33%).
- 25% hiervan besprak de gevonden informatie met de huisarts.
- 25% zoekt op internet na een bezoek aan de huisarts.
- 2/3 (6 miljoen mensen) wil via mail of internet met de huisarts of specialist communiceren.
- Ruim 25% zegt goed genoeg op de hoogte te zijn om een diagnose te kunnen stellen.
- Ruim 33% probeert zo goed mogelijk op de hoogte te blijven over behandelingsmogelijkheden.
- 12% is wel eens naar een andere specialist of een ander ziekenhuis gegaan dan oorspronkelijk de bedoeling was.

- Ruim 70% wil de eigen medische gegevens via internet kunnen inzien.
- Bijna 50% vindt dat men zich zelfstandiger opstelt ten opzichte van de arts.
- 50% wil zelf beslissen over onderzoek en behandeling (30% samen met arts).

3.2.3 Hulp bij het kiezen

De zorgconsument krijgt steeds meer hulp bij het kiezen en internet speelt daarbij een belangrijke rol. We noemen een aantal bronnen, zonder uitspraak te doen over de objectiviteit en kwaliteit van de geboden informatie.

Bekend zijn inmiddels de ranglijsten (top honderd) van ziekenhuizen, zoals media als *Algemeen Dagblad* en *Elsevier* die publiceren. Die lijsten concretiseren in de ogen van de leek in snel tempo de eerder genoemde 'algemene reputatie van het ziekenhuis'. Vergelijkingen met andere ziekenhuizen op bepaalde prestatie-indicatoren is ook mogelijk.

Daarbij is het niet gebleven. De site kiesbeter.nl heeft als duidelijk motto: 'wijst u (objectief) de weg in de zorg'. Via onder meer radiospotjes wordt de burger geattendeerd op dit product van het RIVM. De onafhankelijkheid en betrouwbaarheid worden onderstreept door te verwijzen naar de opdrachtgever (het ministerie van VWS) en het feit dat de informatie tot stand komt in samenwerking met talrijke gezaghebbende organisaties en partijen in de zorgsector. Het RIVM is ook leverancier van de *Nationale Atlas Volksgezondheid*, eveneens via internet raadpleegbaar (zorgatlas.nl). De informatie over zorgaanbieders bevat inmiddels ook een aantal DBC-tarieven. Zo blijkt in één oogopslag waar een DBC het goedkoopst is ('Laagste prijzen bij diagnose knieslijtage in Dordrecht').

Op igz.nl, de site van de Inspectie Gezondheidszorg, staan onder meer de prestatie-indicatoren van ziekenhuizen en privéklinieken.

De Consumentenbond heeft de zorgmarkt ook ontdekt en publiceert een serie onderzoeken, in nauwe samenwerking met patiëntenorganisaties en ZonMw (een door het ministerie van VWS gefinancierde onderzoeksorganisatie). Op het programma staan onderzoeken naar hartfalen, diabetes, totale heup- en knieoperaties, neus- en keelamandelen, incontinentie en spataderen. Het eerste onderzoek naar borstkankerzorg deed veel stof opwaaien. Het onderzoek, uitgevoerd in samenwerking met de Borstkanker Vereniging Nederland en de NPCF gaat uit van het standpunt dat er maar één groep is die kan bepalen wat de beste zorg is, namelijk de patiënten zelf. Aan een aantal (ex-)borstkankerpatiënten is gevraagd welke kwaliteitscriteria zij het belangrijkst vinden. Het gaat dan vooral om de voorwaarden om goede zorg te kunnen bieden, niet om het uiteindelijke resultaat in termen van geslaagde operaties of genezen patiënten. Gekozen aspecten als ervaring van ziekenhuis en chirurg, voorzieningen, onderzoeken, wachttijden, snelheid van uitslagen, informatievoorziening en begeleiding zijn opgenomen in een vragenlijst die naar een kleine honderd ziekenhuizen is gestuurd. De onderzoeksresultaten werden in de vorm van een top 46 gepubliceerd in de *Consumentengids*. Iets meer dan de helft van de ziekenhuizen werkte niet mee. Een van die ziekenhuizen legde op zijn internetsite uit dat 'vooral belang wordt gehecht aan onderzoeken die met de inspectie, branchevereniging en beroepsvereniging van de artsen worden geautoriseerd'. Maar hetzelfde ziekenhuis beschreef vervolgens uitgebreid op dezelfde site hoe het staat met de kwaliteit van zijn borstkankerzorg en de resultaten daarvan. Met andere woorden: wie zich niet wil laten vergelijken, heeft nog steeds wat te communiceren.

Enquêteverbod voor ziekenhuizen opgeheven

Ziekenhuizen moeten in de toekomst vaker meewerken aan onderzoeken en enquêtes dan nu gebruikelijk is, zo meldt *Medisch Contact* (juli 2006). Ondanks de stroom van vragenlijsten die bij ziekenhuizen binnenkomt, moeten artsen en managers toch tijd vrij maken om deze enquêteformulieren in te vullen. Dat blijkt uit een notitie van de Nederlandse Federatie van Universitair Medische Centra (NFU). Eerder trok de NVZ al een negatief advies aan haar leden in. Aanleiding tot het moratorium was de stortvloed aan vragenformulieren die op het bureau van de artsen terechtkwam. Het zou te veel tijd vergen van de toch al druk bezette artsen. Daarnaast zou de kwaliteit van de onderzoeken vaak te wensen overlaten. De NFU zegt zich nu te realiseren dat 'wij in deze tijd van transparantie het moratorium niet konden volhouden zonder met een tegenbod te komen. Een speciale werkgroep heeft de indicatoren geordend in vier groepen: keuze-indicatoren voor patiënten, inkoopindicatoren voor zorgverzekeraars, toezichtindicatoren voor de inspectie en academische indicatoren. Voor elk groep geldt dat de gegevens valide, relevant en proportioneel zijn.'

De patiënt als kwaliteitsbeoordelaar en -vergelijker wint terrein. Zo beoordeelt de Landelijke Vereniging Kind en Ziekenhuis al jaren kinderafdelingen. Ziekenhuizen die op alle aspecten van klinische opname positief scoren, krijgen een *smiley* toegekend. Op grond van het laatste onderzoek (april 2005) kregen zeven van de in totaal 106 ziekenhuislocaties met een kinderafdeling zo'n onderscheiding. Vooralsnog één ziekenhuis onderscheidde zich positief door een kindgerichte dagbehandeling.

Het zijn niet alleen overheid- en patiëntgestuurde initiatieven, maar ook onafhankelijke, nieuwe partijen die zich opwerpen als vergelijkers. Zo is er Independer, oorspronkelijk uit de financiële dienstverlening, die zich profileert als onafhankelijke vergelijkingssite. Iedereen kan via de gezondheidszorgsite op independer.nl informatie opvragen en zorgaanbieders en zorgverzekeraars vergelijken. Maar Independer gaat verder. Onder de eigen merknaam biedt men ook huisartsenzorg aan.

Medische informatie zoeken op internet: de dokter wijst de weg

Wie medische informatie zoekt op internet, krijgt een lawine van gegevens over zich heen. De hoeveelheid informatie is niet alleen enorm, het is ook nog maar de vraag hoe betrouwbaar en onafhankelijk de informatie is. Huisarts Patrick Jansen, verbonden aan het NHG, schreef daarom het boek *Medische informatie zoeken op internet* (2006). Het boek begint met zoektips en belicht verschillende zoekmogelijkheden op internet. Vervolgens wordt uitgebreid ingegaan op de kwaliteit van medische informatie. Met een eenvoudige checklist leert de lezer de kwaliteit van websites zelf beoordelen. Met behulp van dit instrument worden veel voorbeelden besproken van websites die informatie bieden over gezondheid, leefstijl en preventie. Vervolgens wordt gekeken naar informatie over klachten en de zelfzorgadviezen hierbij. Er zijn hoofdstukken over diagnoses, medicijnen, ingrepen, gesprekstherapie en paramedische en alternatieve behandelingen. Ook andere mogelijkheden van internet komen aan bod, zoals het kopen van medicijnen en het internetconsult. Het boek besluit met de rechten en plichten van de zorgconsument en de mogelijkheden van het kiezen van huisarts, ziekenhuis, andere zorg en zorgverzekeringen.

De per 1 oktober 2006 opgerichte Nederlandse Zorgautoriteit (NZa) geeft in haar strategienota ook aan zich nadrukkelijk te richten op het belang van de consument. Keuze-informatie is daarbij een prioriteit. Dit speelt voor de consument als verzekerde op de zorgverzekeringsmarkt in het kader van kiezen voor een zorgverzekeraar. Voor de consument als patiënt is keuze-informatie belangrijk als het gaat om kwaliteit en kosten van de behandeling, waar de NZa eveneens op gaat toezien.

3.2.4 *Conclusie*

Patiënten en cliënten van zorgaanbieders gaan in bepaalde opzichten consumentengedrag vertonen. Deze zorgconsumenten willen keuzevrijheid en keuzemogelijkheden. Dit geldt niet voor alle patiënten en in alle situaties, maar een toenemende groep gaat actief op zoek naar de beste zorgaanbieder, geholpen door onafhankelijke 'vergelijkers' en gebruikmakend van internet. En ze gebruiken die informatie in toenemende mate om invloed uit te oefenen op diagnose, behandeling en zorg.

3.3 Elementen van de zorgvraag

Het begrip vraag komt uit de economische wetenschap. In de marketingtheorie en -praktijk kom je begrippen tegen als: motieven, behoeften, wensen en verwachtingen. Mensen verschillen op deze punten en die verschillen kunnen worden gebruikt om de totale afnemersmarkt in segmenten te verdelen. Naast deze verschillen worden ook andere segmentatiecriteria gebruikt (zie hoofdstuk 5). Maar we zullen eerst de begrippen die met elkaar 'de vraag' vormen, toelichten.

- *Motieven*: dit zijn de onderliggende drijfveren van mensen. Ze manifesteren zich indirect, via behoeften en wensen. Gezondheid is in feite een van de belangrijkste motieven van mensen. Andere drijfveren die onder een concrete zorgvraag kunnen liggen, zijn bijvoorbeeld zekerheid, schoonheid, veiligheid, autonomie. Mensen verschillen in hun drijfveren. Voor de een is zekerheid belangrijker dan voor de ander. De ene mens streeft naar gezondheid als ware het een doel op zich, voor de andere is het 'slechts' een voorwaarde om zich te kunnen ontplooien.
- *Behoeften*: dit zijn de uitingen van een tekort dat iemand ervaart en dat hij wil opheffen. Er zijn drie soorten behoeften. Existentiële behoeften hebben te maken met honger, dorst, koude en het hebben van onderdak. Relationele behoeften betreffen de omgang met anderen. Denk aan de behoefte aan gezelschap, om niet alleen te zijn. Of de behoefte om een partner te hebben. In de derde plaats zijn er groei- en ontwikkelingsbehoeften. Denk aan de medicus die een tekort aan marketingkennis ervaart en daarom dit boek heeft gekocht.
- *Wensen*: dit zijn verlangens over de wijze waarop in de behoefte wordt voorzien. Er zijn allerlei manieren om honger en dorst te voorkomen. Een tekort aan marketingkennis kun je ook opheffen door een cursus te volgen. Mensen kunnen onderling sterk verschillen in de wensen die zij hebben. En de ene persoon kan in uiteenlopende situaties verschillende wensen hebben.
- *Verwachtingen*: die gaan over de wijze waarop men denkt dat in de behoeften zal worden voorzien. Verwachtingen worden beïnvloed door eerdere eigen ervaringen (bij die specialist moet je altijd een half uur wachten), door ervaringen van anderen en door communicatie (wat vertelt de achterkant van het boek over de inhoud; wat belooft de internetsite van het ziekenhuis over de bejegening).

Het begrip zorgvraag kan dus worden onderverdeeld in motieven, behoeften, wensen en verwachtingen. Om daarin te voorzien moet de consument iets opofferen (zoals economen dat noemen) of ruilen. Opofferingen of ruilmiddelen omvatten niet alleen geld (de prijs die de consument moet betalen), maar ook tijd, moeite, ongemak of het inleveren van privacy.

Als je kijkt naar de zorgsector en naar resultaten van onderzoeken onder zorgafnemers, dan valt op dat het element motieven in het verleden vrij weinig aandacht heeft gekregen, uiteraard met uitzondering van psychosociale zorg. In termen van het ontwerp van zorg- en dienstverleningsprocessen was de meeste aandacht toch gericht op de concrete behoefte: het opheffen van een specifiek gezondheidstekort. Ook aan het verschil in wensen werd beperkt aandacht besteed en er werd weinig gevarieerd in het aanbod. Terwijl de wijze waarop aan de wensen van patiënten tegemoet wordt gekomen toch een belangrijke invloed heeft op hun tevredenheid, ja zelf op de snelheid van hun herstel.

Waar zeker op de kortere termijn kansen liggen voor zorgaanbieders, is het element van de verwachtingen. In veel gevallen liggen die namelijk op een aanmerkelijk lager niveau dan de wensen en is het dus makkelijker om daarin te voorzien. Niemand wil wachten, maar als je verwacht dat het een halfuur gaat duren, ben je tevreden als de wachttijd beperkt blijkt tot een kwartier.

Wat de opofferingen betreft: zoals al eerder aangegeven betekent het feit dat de zorgverzekeraar in veel gevallen de betaler is, niet dat de zorgconsument niets opoffert. Letterlijk in je hemd staan en onderzoek ondergaan is bijvoorbeeld een grote opoffering van privacy.

3.3.1 *Inzicht in de vraag: de behoeften en wensen van ziekenhuispatiënten*

In 2005 is in opdracht van financiële dienstverlener ING een kwalitatief en kwantitatief onderzoek gedaan onder patiënten van ziekenhuizen. Het onderzoek was gericht op de behoeften en wensen aan (niet-medische) kwaliteit en service. De uitkomsten onderstrepen het belang van het onderkennen van de verschillende elementen van de klantvraag (motieven, behoeften, wensen, verwachtingen) en zijn illustratief voor het gegeven dat consumentengedrag lang niet altijd rationeel is.

De conclusie van het onderzoek was dat, in de beleving van de klant, er geen strak onderscheid is te maken tussen medische en niet-medische kwaliteit. De klant bekijkt een ziekenhuis in zijn geheel: iedere ervaring wordt als het ware gebruikt om te evalueren of de kwaliteit in orde is. Daarbij wordt men gedreven door drie basisbehoeften, die alle drie een afgeleide zijn van de behoefte om de gezondheid te herstellen:

- Behoefte om te 'ontsnappen' aan het domein van ziekte.
- Behoefte aan herstel van de controle over het eigen leven, in een omgeving waar men die controle in alle opzichten is kwijtgeraakt.
- Behoefte aan rust.

Ontsnappen aan het domein van ziekte

Het gegeven dat een patiënt met andere zieken in contact komt, blijkt in veel gevallen confronterend. Een zieke zoekt juist aansluiting bij de gezonde wereld. Een sterke primaire en emotionele behoefte is dan ook om het domein van 'het zieke' te verlaten en het domein van 'het gezonde' te behouden. Deze emotie wordt versterkt door de geurbeleving en door de inrichting van het ziekenhuis. Het contact met andere zieken blijkt voor velen ook een ongewenste confrontatie met de eigen kwetsbaarheid, op een moment dat men die confrontatie eigenlijk niet aankan. De ondervraagden merken op dat in veel ziekenhuizen de kleuren en de inrichting te 'ziekenhuisachtig' zijn, waardoor het effect van de confrontatie met de eigen ziekte wordt versterkt. Het gebouw communiceert op alle mogelijke manieren: 'je komt in de wereld van het ziek zijn'.

Deze basale behoefte vertaalt zich in verschillende wensen, zoals:

- een inrichting die niet te veel lijkt op het archetypische beeld van de koude, klinische, witte, steriele omgeving;
- prettige wachtkamers die ruimte en voldoende privacy bieden en waar ook aandacht is voor een huislijke sfeer.

Beheersing en controle

Patiënten hebben een grote behoefte aan controle over het onbekende proces dat men ingaat en daarmee aan controle over het eigen leven. Enerzijds staat er iets op het spel dat men als het kostbaarste in het leven beschouwt: de eigen gezondheid. Anderzijds moet men, om die gezondheid te herstellen, zich overgeven aan anderen: artsen, paramedisch personeel en verpleegkundigen. Daarbij wijzen alle procedures op je afhankelijkheid: je moet wachten op je beurt, afwachten wanneer en door wie je geholpen wordt, afwachten tot welke onderzoeken wordt besloten. Juist waar de behoefte aan controle zeer groot is, wordt men afhankelijk van een proces dat men niet begrijpt. Als de patiënt de controle niet direct kan uitoefenen, gaat hij door indirecte signalen na of hij de controle uit handen kan geven. Met andere woorden: is het ziekenhuis te vertrouwen? Vertrouwen is de pendant van controle. Zolang men het ziekenhuis vertrouwt, heeft men in zekere zin de controle hernomen. Als je zelf de kwaliteit van de behandeling niet met zekerheid kunt vaststellen, kun je nog wel bepalen of je de behandeling vertrouwt. Omdat patiënten in het algemeen de medische kwaliteit niet kunnen beoordelen, gebruikt men niet-medische handelingen vaak als tekens van medische kwaliteit. Daarbij worden vuistregels gehanteerd in de trant van:

- Als het ondersteunend personeel vriendelijk, aandachtig en betrokken is, groeit het vertrouwen en vermindert de angst voor medische fouten.
- Als de arts zich betrokken toont, is in de beleving van de patiënt de kans op een optimale behandeling groter.
- Als de apparatuur er schoon en modern uitziet, acht men de kans op een goede behandeling groter.
- Als het ziekenhuis schoon is en goed materiaal heeft, schat men de kans op kwaliteit groter in.
- Als het ziekenhuis korte communicatielijnen heeft, vermoedt men dat de kans op fouten het kleinst is.
- Een ziekenhuis dat de ziekte meer integraal behandelt, is in de ogen van de patiënt beter dan een ziekenhuis dat alleen de aandoening behandelt (voorbeeld van een integrale behandeling: een programma dat niet alleen medicatie omvat, maar ook sport, psychologische en maatschappelijke hulp).

Rust

Veel patiënten merken op dat het in een ziekenhuis uitermate onrustig is, terwijl de patiënt zelf ook al uit zijn doen is. Behoefte aan rust hangt nauw samen met vertrouwen en controle. Anderzijds is rust nodig om een gevoel van controle terug te krijgen. Als volwassen mens heb je al weinig instrumenten in handen om de kwaliteit van een ziekenhuis te beoordelen. En deze capaciteit is ook nog eens tot een minimum teruggebracht door de altijd enigszins gespannen toestand waarin je naar binnen gaat. Om die reden is er een sterke behoefte aan kalmte en rust, om het geestelijke evenwicht te hervinden dat ook nodig is om het heft weer in eigen hand te nemen.

Deze behoefte vertaalt zich in verschillende subbehoeften en wensen, zoals:

- een rustige, sfeervolle inrichting;
- een ruimte die ook licht en ruim is;
- een gebouw dat je niet afschrikt en intimideert door de schaalgrootte;
- de behoefte aan prettige medepatiënten (zelfde sociaal-culturele achtergrond);
- een kleinschalig ziekenhuis, of een ziekenhuis dat door de architectuur aangenaam is.

Patiënten brengen dus niet echt een scheiding aan tussen medische en niet-medische kwaliteit. In de ogen van de patiënt staan het hele proces en alle aspecten zoals inrichting, gebouw, procedures en het gedrag van artsen en medewerkers in het teken van het medisch handelen.

3.4 Zorgconsumentengedrag

De studie van het consumentengedrag neemt een belangrijke plaats in binnen de economische wetenschappen in het algemeen en marketing in het bijzonder. Consumentengedrag heeft betrekking op het gedrag van mensen in ruilprocessen: de consument verkrijgt een bepaald product of dienst in ruil voor een bepaalde opoffering. Consumentengedrag betreft niet alleen de feitelijke en waarneembare acties van mensen, maar ook hun gevoelens en de interactie tussen handelingen en gevoelens.

3.4.1 Het koopproces

Het onderwerp van de studie naar consumentengedrag is het koopproces, dat wordt onderverdeeld in:

- de preconsumptiefase: de probleemherkenning, het zoeken naar informatie, de evaluatie van de alternatieven en de beslissing;

- de consumptiefase: de feitelijke koop en het gebruik van de dienst;
- de postconsumptiefase: de evaluatie, die medebepalend is voor de tevredenheid en van invloed is op het toekomstige gedrag.

Tijdens deze drie fasen spelen enerzijds individuele, psychologische en anderzijds sociale processen een rol. Bij psychologische processen gaat het onder meer om perceptie (subjectieve waarneming) en betekenisgeving (categorisatie, associaties). Hierop gaan we verder in dit boek nog in. Bij sociale processen gaat het om de invloed van anderen op het gedrag, zoals gezinsleden en referentiegroepen, om levensstijlen en maatschappelijk gangbaar gedrag. Om de consument beter te kunnen begrijpen maken marketeers dus veel gebruik van de inzichten uit de psychologie en sociologie. Marketing gaat uit van het gegeven dat mensen niet volledig rationeel handelen en dat cognitie en affectie elkaar beïnvloeden, ook in de zorg. De publicatie *Preferenties en competenties van consumenten* van ZONMW (2003) stelt: 'Het gedrag van mensen ten aanzien van hun gezondheid is niet consequent en daardoor ook niet makkelijk te voorspellen.'

We zullen een aantal voor de zorgsector relevante inzichten uit de theorie van het consumentengedrag bespreken.

3.4.2 *Koopsituaties: hoe gaat de patiënt te werk?*

Er kunnen drie soorten koopsituaties worden onderscheiden, die samenhangen met:

- de vraag of het een nieuw probleem is voor de zorgconsument;
- de hoeveelheid informatie die voor de beslissing nodig is;
- de mate waarin alternatieven worden overwogen.

NIEUW PROBLEEM OF ROUTINE?

Koopsituaties kunnen variëren van een uitgebreid of beperkt proces van probleemoplossing tot een routinematige beslissing. In de electieve zorg is vaak sprake van een voor de zorgconsument nieuw probleem. Wie nog niet eerder een knieoperatie heeft ondergaan, bevindt zich in een nieuwe koopsituatie, heeft een grote informatiebehoefte en vindt het belangrijk om alternatieven te vergelijken. Voor veel chronische patiënten zal meer sprake zijn van een routinematige koopsituatie (totdat er een aanleiding komt om te switchen).

Informatie

De rol van informatie in keuzegedrag is een belangrijk onderzoeksterrein in de consumentenpsychologie. Informatie wordt door consumenten gebruikt om risico's of onzekerheden te reduceren. In situaties van grote onzekerheid of hoge risico's is veel behoefte aan kwalitatief goede informatie. Juist gezondheidsproblemen gaan doorgaans gepaard met veel onzekerheid en soms aanzienlijke risico's.

Alternatieven

Of er sprake is van een bedachtzame en beredeneerde afweging van alternatieven is afhankelijk van:

- *Tijd*: uitgebreide keuzeprocessen vergen tijd. In noodsituaties (acute zorg) is het proces kort en wordt het bepaald door beschikbaarheid, ervaring of aanbeveling.
- *Differentiatie*: de mate waarin de consument verschil ziet tussen de aangeboden zorg en diensten. Als dat er niet is, ligt een beperkt keuzeproces voor de hand.
- *Betrokkenheid*: de hoogte van het waargenomen persoonlijke belang. Hoe groter de betrokkenheid, hoe uitgebreider en intensiever het oriëntatie- en keuzeproces.
- *Waargenomen risico*: de waargenomen kans en de ingeschatte gevolgen van een verkeerde beslissing. Het in de dienstenmarketing ingeburgerde begrip *perceived risk* omvat diverse onzekerheden, die juist in de zorg een grote rol kunnen spelen:
  - financiële onzekerheid (twijfel over de prijs-kwaliteitverhouding);
  - functionele onzekerheid (levert de behandeling wel het beoogde resultaat);
  - fysieke onzekerheid (is de behandeling veilig genoeg);
  - sociale onzekerheid (hoe zal de omgeving reageren op mijn keuze voor deze behandeling en zorgaanbieder);
  - psychologische onzekerheid (kan ik het aan, past dit type zorgaanbieder bij mij);

- tijdonzekerheid (verspil ik geen onnodige tijd, bijvoorbeeld om te herstellen).

Het beïnvloeden van het *perceived risk* is een belangrijk doel van veel marketinginspanningen. Aanbieders trachten bij hun klanten het waargenomen risico van het eigen aanbod te reduceren en tegelijk het *perceived risk* van switchen naar een concurrerende aanbieder te vergroten.

Consumenten kunnen hun *perceived risk* op meer manieren beperken. Denk bijvoorbeeld aan het onderzoek dat de Consumentenbond heeft gedaan naar de kwaliteit van borstkankerzorg (zie paragraaf 3.2.3). Patiënten gebruiken die informatie om hun eigen onzekerheid te reduceren, de slaagkans van een behandeling te maximaliseren en het risico te minimaliseren.

De grote mate waarin verzekerden bij de introductie van de nieuwe zorgverzekeringswet zijn geswitcht van zorgverzekeraar, duidt op een lage *perceived risk* en een hoge prijsgevoeligheid. Daarnaast is de groei van de collectieve contracten een belangrijke factor voor de verklaring van het grote aantal mutaties.

3.4.3 *Perceptie: de subjectieve kijk van de patiënt*

Perceptie is de manier waarop consumenten tegen producten en merken aankijken. Het is hun subjectieve kijk op de werkelijkheid. Mensen kunnen daarin aanzienlijk verschillen. Dat komt door de manier waarop zij de werkelijkheid waarnemen, door de invloed van anderen en de werking van reclame.

Categorisatie is een gevolg van deze perceptie en betreft de manier waarop consumenten aanbieders (dokters, ziekenhuizen, particuliere klinieken), merken, producten en diensten indelen. Consumenten vormen categorieën op basis van een prototype ('een ziekenhuis') of exemplaar ('een specialist') van de categorie. Naarmate men meer vertrouwd is met een categorie ('medisch specialisten'), worden er meer verfijnde en gedifferentieerde categorieën gevormd, bijvoorbeeld op grond van verschillen in de bejegening door de specialist (inlevende dokters versus afstandelijke dokters).

Sportieve perceptie

CASUS

Een beleidsmedewerker van een gemeente speelt op hoog niveau volleybal en heeft een knieblessure opgelopen. Zij wordt via haar huisarts verwezen naar het ziekenhuis. Ze heeft echter niet zo'n positief beeld van het ziekenhuis. Een familielid heeft er flinke complicaties gehad na een ingreep en op de internetsite van het ziekenhuis ziet ze dat er lange wachttijden zijn. Ze wil snel van haar probleem af en belt met het NOC*NSF. Die zet haar op het spoor van het Sport Medisch Centrum Papendal. Dit centrum heeft een verwijsnetwerk van zeer gerenommeerde specialisten in houdings- en bewegingsproblemen, die snel beschikbaar zijn. Op grond van deze 'sportieve' doorverwijzing en de verkregen informatie acht zij SMC Papendal deskundig. De reis van anderhalf uur voor het eerste consult is dan ook geen bezwaar.

Zintuigen

Bij het proces van perceptie zijn alle vijf de zintuigen betrokken: zien, horen, ruiken, voelen en proeven. De visuele waarneming en kleuren spelen bijvoorbeeld een rol bij televisiereclame, maar ook bij de beoordeling van ziekenhuisgebouwen en de inrichting. De auditieve waarneming is van belang bij radiospotjes, maar ook bij het wachten (een rumoerige wachtruimte wekt negatieve gevoelens op) en in de behandelruimte (dunne wandjes tasten het gevoel van privacy aan). De reukwaarneming gebeurt onbewust, maar kan andere associaties versterken ('er hangt hier een typische ziekenhuisgeur, dus zal het wel een ouderwets ziekenhuis zijn'). De tactiele waarneming omvat het voelen, betasten en vasthouden. Hoe stevig voelt de handdruk van de dokter aan en hoe zitten de stoelen en liggen de bedden? De smaakwaarneming speelt een rol bij het proeven van maaltijden, maar ook bij het innemen van medicijnen.

Schemata

Over veel zaken in het leven hebben we een netwerk van associaties (schemata) in ons geheugen. Deze schemata zijn ontstaan uit waarnemingen en worden geactiveerd en gevoed door waarnemingen. Bij het horen van een naam of merk, maar ook bij het horen van de naam van een kliniek of specialist komt er vaak gelijk een beeld bij ons op. Schemata vergemakkelijken de informatieverwerking. Bij perceptie spelen de volgende factoren een rol:

- Voorkennis: personen met voorkennis en ervaring kunnen verschijnselen vaak gedifferentieerder waarnemen (bij het tweede bezoek aan het ziekenhuis zie je dingen die je de eerste keer niet opvielen).
- Oriëntatie: wie schouderproblemen heeft, ziet eerder een bericht over een nieuwe behandelmethode.
- Omstandigheden: in noodsituaties (een ongeluk) of als je sterk afgeleid wordt, is er minder gelegenheid om informatie verwerken.
- Cognitieve stijl: de invloed die de omgeving krijgt op de waarneming (de ene persoon is bijvoorbeeld gevoeliger voor reclame dan de andere).
- Verwachtingen: voor een deel zien we wat we verwachten te zien ('ik dacht wel dat de wachtkamer vol zou zijn', terwijl er objectief bezien de nodige stoelen leeg zijn).
- Betrokkenheid: bij een hoge betrokkenheid is de kennis van een onderwerp vaak groter (denk aan chronische patiënten).

Op basis van voorkennis, omstandigheden, verwachtingen, betrokkenheid en cognitieve stijl kunnen vier vormen van perceptie worden onderscheiden:

- Completerende perceptie: mensen zijn geneigd hun waarneming te completeren. Ze zien een deel en maken er een afgerond en gesloten geheel van: een *Gestalt*. Ontbrekende elementen die passen in het geheel worden aangevuld, ook al zijn ze in werkelijkheid niet aanwezig. Als een ziekenhuis op drie prestatie-indicatoren goed scoort, zal het op de vierde indicator ook wel goed presteren, zo denkt men al gauw.
- Selectieve perceptie: we zien wat we willen zien en verwachten te zien, zelfs als het er niet is. We zien niet wat we niet verwachten te zien. Een streekziekenhuis dat als matig bekend staat, zal niet zomaar positiever worden gepercipieerd als er een aantal jonge, gekwalificeerde specialisten komt werken.
- Gekleurde perceptie: we kijken altijd door een bepaalde bril en

zijn bijna altijd enigszins vooringenomen. Stemmingen en gevoelens kunnen de waarneming sterk kleuren. Een chirurg die goed staat aangeschreven zal dat ook blijven, ook al kijkt hij zijn patiënt niet aan. Het omgekeerde komt ook voor.

- Perceptuele differentiatie: hoogbetrokken consumenten zien in het algemeen meer differentiatie in aanbieders en merken dan laagbetrokken consumenten. Het zorgaanbod zal door zieke zwangeren meer worden uitgeplozen dan door een gemiddelde liesbreukpatiënt.

In hoofdstuk 4 gaan we in op de rol van perceptie in relatie tot kwaliteitsbeleving en klanttevredenheid.

3.4.4 *Vragers en decision making unit: de patiënt beslist niet alleen*

Naast de onderverdeling van de afnemersvraag in de eerder genoemde elementen (motieven, behoeften, wensen en verwachtingen) kan het begrip 'zorgvraag' of 'zorgvragers' nog op een andere manier worden ingedeeld:

- *Afnemers*: alle personen of organisaties die gebruik (zouden kunnen) maken van een bepaald zorgaanbod.
- *Segmenten*: clusters van afnemersgroepen met gemeenschappelijke kenmerken (bijvoorbeeld gemeenschappelijke wensen).
- *Doelgroepen*: de segmenten waarop een specifieke zorgaanbieder zich richt.
- *Klanten*: de afnemers (gebruikers/betalers) van het zorgaanbod van een specifieke aanbieder.

Decision making unit

Bij de meeste 'koopsituaties' in de zorgsector zijn doorgaans meer personen betrokken. Het beslissingsproces is voor de dokter vaak een *black box*. Het is echter wel uitermate belangrijk om hierop zoveel mogelijk zicht te krijgen. Pas dan weet je als dokter waarom een patiënt al dan niet voor jou kiest en hoe je dat beslissingsproces zou kunnen beïnvloeden. Als er meer mensen betrokken zijn bij koopbeslissingen, spreekt men in marketingtermen van een *decision making unit* (DMU). Daarin worden de volgende rollen onderscheiden:

- De initiator: de persoon die de suggestie doet om gebruik te maken van het zorgaanbod.
- De beïnvloeder: de persoon of instantie wiens mening, advies of informatie van invloed is op de beslisser.
- De beslisser: de persoon die de beslissing neemt.
- De zorgvrager: de persoon die de zorgvraag stelt.
- De zorggebruiker: de persoon die daadwerkelijk gebruikmaakt van de zorg.
- De betaler: de persoon of instantie die betaalt voor het gebruik van het zorgproduct.
- De zorgverlener: de persoon of instantie die beslist of het gevraagde zorgproduct geboden kan worden.

Soms kunnen rollen samenvallen en in opeenvolgende trajecten kunnen rollen wisselen. Bij een eerste consult is de huisarts de zorgverlener. Komt het tot een doorverwijzing naar een specialist, dan is de huisarts beïnvloeder. Er kunnen ook meer partijen dezelfde rol vervullen. Denk aan de zorgverzekeraar die een bijzondere operatie betaalt waaraan de patiënt een eigen bijdrage moet leveren, of de zorgverzekeraar die zelf huisartsen in dienst neemt. De rollen van initiator en beïnvloeder worden vanouds vooral ingevuld door familie, vrienden en bekenden. In toenemende mate spelen ook andere partijen die rol. Zo prikt de Hartstichting bijvoorbeeld mensen op hun cholesterolgehalte en adviseert men, indien nodig, contact op te nemen met de huisarts. Ook patiëntenverenigingen hebben een beïnvloedende rol, evenals medische programma's en zelfdiagnosemogelijkheden. Wie een paar vragen invult op internet, weet per omgaande of hij depressief is, in de overgang of alcoholist. Wie dat wil, kan, zonder tussenkomst van een arts, zelf onderzoeken of hij mogelijk lijdt aan een bepaalde aandoening of een gezondheidsrisico loopt. De Consumentenbond bracht er zelfs een boek over uit: *Test uw gezondheid*.

3.4.5 *Adoptie en switchgedrag van patiënten*

Adoptie gaat over het gebruik van nieuwe producten. Switchgedrag verwijst naar het overstappen naar een andere aanbieder of product. Een bekend model is de adoptiecurve van Rogers, die alle potentiële *adopters* verdeelt over vijf categorieën (figuur 3.1). Dit naargelang de adoptiesnelheid en het adoptiegedrag van de potentiële gebruiker.

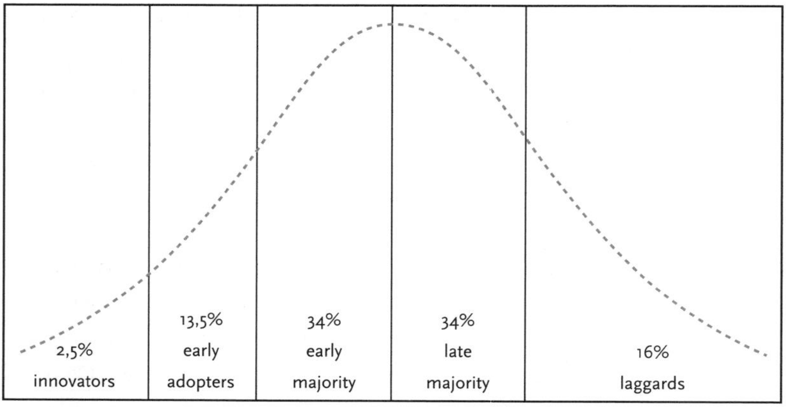

Figuur 3.1 Adoptiecurve

De eerste groep zijn de *innovators*, ongeveer 2,5 procent van alle *adopters* en dol op nieuwe producten en diensten. Voor de echte doorbraak is de tweede groep nodig, de *early adopters*, zo'n 13,5 procent. Zij zijn de opinieleiders rond het nieuwe product of de nieuwe dienst. Als zij hun rol goed vervullen, volgt de eerste grote groep, de *early majority* (34% van alle adopters). Daarna komt de *late majority* (34%), gevolgd door de *laggards* (16%).

Switchgedrag wordt veroorzaakt door factoren (*triggers*) als: de prijs, het ongemak, de achteruitgang van de kwaliteit van de dienst (*wat*), de achteruitgang van de kwaliteit van de dienstverlening (*hoe*), de toename van de concurrentie, ethische problemen (met het gedrag van de zorgaanbieder). Het gaat er hierbij niet om of het waar is, maar om de ervaring en beleving van de klant. Die houdt echter ook rekening met zogenoemde switchkosten. Dat zijn alle inspanningen om de bestaande relatie te beëindigen en een nieuwe relatie aan te gaan. Het gaat dus niet alleen om financiële aspecten, maar ook om de moeite die men moet doen en de onzekerheid die switchen teweegbrengt.

Als je in termen van adoptie- en switchgedrag naar de zorgsector en de eerder genoemde onderzoeken kijkt, lijken de *triggers* om te switchen toe te nemen, terwijl de switchkosten dalen. Patiënten worden aangespoord en uitgenodigd om zich als zorgconsument te gedragen en het zorgaanbod kritisch te bekijken en te vergelijken. Overstappen naar een andere aanbieder is niet langer *not done* en gaat makkelijker. En de groep patiënten die het zorgconsumentisme adopteert, groeit.

3.5 Inkoopgedrag van zorgverzekeraars

Zorgaanbieders hebben niet alleen met consumenten te maken, maar ook met zorginkopers zoals zorgverzekeraars. Ook bij een zorginkoper is er doorgaans niet één persoon, maar een *decision making unit* die betrokken is bij het inkoopproces. Als verkopende partij doet een zorgaanbieder er verstandig aan ook een team samen te stellen. Zo'n team wordt wel aangeduid als een *problem solving unit* (PSU). Bij een zorgaanbieder zou die kunnen bestaan uit de persoon die zorginkoop in zijn portefeuille heeft (vaak de financieel directeur, hoewel een 'zorginkoopdirecteur' meer voor de hand zou liggen), een voorzitter van een maatschap (vereniging), medische staf en eventueel een soort accountmanager die de verbindende schakel vormt tussen de medische specialisten en de zorgverzekeraars als het gaat om de kwaliteitskenmerken van het zorgproduct. Volgens de literatuur over inkoopmanagement wordt de inkoopstrategie bepaald door twee dimensies:

- *Het strategische belang* van de in te kopen producten voor de inkoper. Dat kan zowel een financieel belang zijn als de betekenis van het product voor de eindklant (bijvoorbeeld de verzekerde) van de inkoper.

- *Het leveringsrisico* in termen van tijd, prijs en specificatie van product en levering en van afhankelijkheid van de aanbieder (bijvoorbeeld tijd op de wachtlijst of 'operateur gebonden' zorgproducten).

Op grond van deze dimensies worden vier productcategorieën en corresponderende inkoopstrategieën onderscheiden (figuur 3.2).

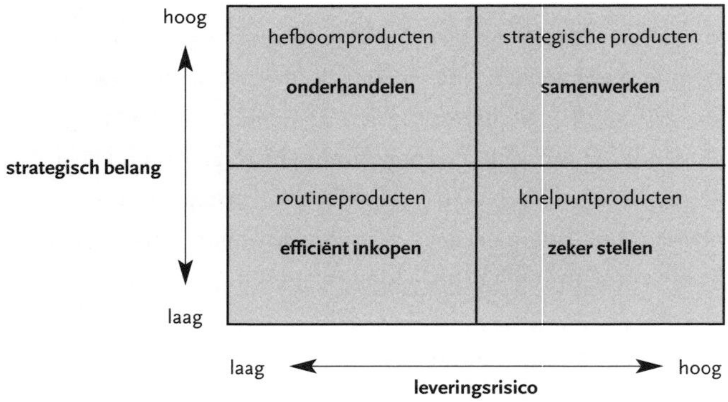

Figuur 3.2 Inkoopstrategieën

3.5.1 *Routineproducten*

Routineproducten zijn voor de inkoper van beperkt belang en hebben een laag toeleveringsrisico. Voor een zorgverzekeraar zouden dat hulpmiddelen kunnen zijn of paramedische zorg. Voor de inkoper is een efficiënt en gestandaardiseerd inkoopproces van belang, waarbij informatie- en communicatietechnologie een steeds belangrijker rol spelen (*e-procurement*).

3.5.2 *Hefboomproducten*

Dit zijn producten die weliswaar een beperkt leveringsrisico kennen, maar voor de inkoper van strategisch belang zijn. ZBC's en zorgproducten uit het DBC B-segment, waarover op prijs-kwaliteitverhouding wordt onderhandeld, vallen in deze categorie. De inkoopstrategie van de zorgverzekeraar is gericht op onderhandelen. De prijs staat centraal, er zijn veel concurrerende aanbieders en de inkoper kan kiezen uit verschillende alternatieven.

3.5.3 *Knelpuntproducten*

Bij knelpuntproducten zijn de rollen omgedraaid en ligt de macht feitelijk bij de aanbieder. Deze situatie kan onder meer opgaan voor het deel van de ziekenhuiszorg dat als topreferent of topklinisch wordt beschouwd. Vanwege het hoge leveringsrisico is de inkoopstrategie van de zorgverzekeraar gericht op het zeker stellen van de levering en het onderhouden van goede relaties.

3.5.4 *Strategische producten*

Strategische producten kennen een hoog leveringsrisico en zijn belangrijk voor de inkoper. De inkoopstrategie is gericht op samenwerking met zorgvuldig geselecteerde partners. In plaats van scherpe prijsonderhandelingen richt men zich op een win-winrelatie en op de langere termijn. Met name het deel acute zorg van de ziekenhuiszorg valt in deze categorie.

In het algemeen is het eerste doel van inkopers om het leveringsrisico te verminderen. Daarbij gaat het vooral om tijdige levering tegen de overeengekomen prijs en volgens de afgesproken specificaties. Het tweede doel is een betere onderhandelingspositie bij de inkoop te verkrijgen. Daarbij kan gebruik worden gemaakt van het bundelen van inkoopmacht in inkoopcombinaties of het samenwerken met voorkeurleveranciers (*preferred suppliers*).

4 Zorgaanbod en klantwaardering

Het nieuwe vakgebied zorgmarketing kan in belangrijke mate putten uit het rijke gedachtegoed van dienstenmarketing. Voor een compleet beeld van dit vakgebied verwijzen we naar het standaardwerk *Dienstenmarketingmanagement* (2005) van De Vries jr. en Van Helsdingen. In dit hoofdstuk behandelen we de voor zorgmarketing relevante inzichten op het gebied van het dienstenaanbod, de kwaliteitsbeleving en de klantwaardering.

4.1 Zorg- en dienstenaanbod

Tegenover de vraag, die we in het vorige hoofdstuk hebben besproken, staat het aanbod. Het aanbod van zorgaanbieders heeft zowel zorgkenmerken (diagnose, behandeling, nazorg) als dienstverleningskenmerken (bejegening, informatie, service). In de concurrentiestrijd moet het aanbod zich op beide terreinen onderscheiden: betere gezondheidsresultaten (per geïnvesteerde euro) en excellente dienstverlening. Omdat zorg ook te zien is als een vorm van dienstverlening, spreken we hierna over zorgdiensten, waarmee we het totale aanbod bedoelen (feitelijke zorg plus dienstverlening).

4.1.1 *Basiskenmerken van zorgdiensten*

Diensten, en dat geldt ook voor zorgdiensten, hebben vier basiskenmerken die hen onderscheiden van fysieke producten:

- ontastbaarheid;
- vergankelijkheid;
- heterogeniteit;
- interactieve consumptie.

Ontastbaar

De meeste diensten kun je niet beetpakken en dat geldt ook voor de zorg. Een operatie is in feite ontastbaar. Een behandeling is vanuit de klant gezien een ervaring, niet iets dat hij vast kan houden. Diensten zijn niet alleen fysiek, maar ook mentaal ontastbaar. De zorgconsument kan zich meestal nauwelijks een beeld vormen van wat hij moet ondergaan. Dat leidt tot het gevoel van onzekerheid dat we in hoofdstuk 3 omschreven als *perceived risk*. Dienstverleners proberen overigens om hun diensten toch enigszins tastbaar te maken. Denk aan een telefoonkaart die de dienst van het bellen tastbaar maakt. Albert Heijn verkoopt zelfs mobiele telefoonabonnementen in blik. Zaken die zorgdiensten tastbaar zouden kunnen maken voor de patiënt, krijgt hij echter lang niet altijd in handen. Denk aan een status, laboratoriumuitslagen of röntgenfoto's.

Het kenmerk van ontastbaarheid heeft ertoe geleid dat in de dienstenmarketing veel aandacht wordt besteed aan de relatie met de klant. Relatiemanagement en accountmanagement zijn gevleugelde begrippen. Op de onderwerpen klantrelaties en klantloyaliteit gaan we later in dit hoofdstuk in.

Vergankelijk

Diensten zijn vergankelijk, je kunt er meestal geen voorraad van aanleggen. Dat maakt capaciteitsplanning ook lastiger. Je kunt nu eenmaal moeilijk alvast een voorraad oogoperaties produceren in stille tijden, zodat je snel kunt leveren als het druk wordt. In de dienstenmarketingliteratuur leidt het kenmerk van vergankelijkheid tot aandacht voor thema's als capaciteitsmanagement en *yieldmanagement*. Capaciteitsmanagement richt zich op het management van vraag en aanbod. Door een goed inzicht in vraagpatronen en fluctuaties kan het aanbod tot op zekere hoogte worden geflexibiliseerd. Wetend wat doorgaans piektijden zijn, kan een supermarkt de kassabezetting aanpassen. Een andere weg is het sturen van de vraag, bijvoorbeeld via reserveringssystemen of door verkoopbevorderende acties. Bij *yieldmanagement* worden verschillende aanbodprijzen gehanteerd om de capaciteit beter bij de vraagfluctuaties te laten aansluiten. Dat kan variëren van dalurenkortingen tot toeslagen bij topdrukte.

Heterogeen

Bij de meeste vormen van dienstverlening spelen mensen een belangrijke rol, zeker in de zorgsector. Maar omdat mensen, zowel de klant als de dienstverlener, onderdeel zijn van het dienstverleningsproces, zijn standaardisatie en het streven naar uniforme kwaliteit vaak lastig. De dienstverlening kan per keer verschillen en die heterogeniteit leidt ook tot een wisselende kwaliteitsbeleving. Het kenmerk heterogeniteit verklaart de grote aandacht die in de dienstenmarketing wordt besteed aan thema's als het management van verwachtingen en kwaliteitsperceptie, waarop we in volgende paragrafen ingaan.

Interactief

In dienstverlening, en ook in de zorg, is sprake van interactieve consumptie. De klant is een zogenoemde *prosumer* die participeert in het 'productieproces'. Zonder patiënt valt er weinig te onderzoeken of te opereren. De rol van de klant kan overigens verschillen van vrij passief (zoals in het openbaar vervoer) tot vrij actief (zoals bij internetbankieren). In hoofdstuk 3 noemden we het onderzoek onder ziekenhuispatiënten, waaruit onder meer de behoefte aan controle naar voren kwam. Door, waar mogelijk, patiënten actiever te betrekken in zorgprocessen wordt hun gevoel van controle versterkt. Ook het kenmerk interactiviteit vertaalt zich in specifieke dienstenmarketingthema's, zoals het ontwerp van het dienstverleningsproces en het management van wachttijden (zie hoofdstuk 7).

4.1.2 *Zorgserviceconcept*

In de dienstensector is geleidelijk aan het besef gegroeid dat het concurreren op 'losse' diensten een doodlopende weg is. Een hypotheek, een huurauto, een vliegreis, een uitzendbaan, een overnachting, een telefoonabonnement en noem het maar op: losse diensten zijn er in allerlei soorten en maten en de klant ziet vaak door de bomen het bos niet meer. Losse diensten zijn eenvoudig te kopiëren en de marketingstrijd wordt al snel gevoerd rond de prijs en met behulp van schreeuwerige acties. Om die neerwaartse spiraal te doorbreken en om daadwerkelijk waarde voor de klant te creëren is men gaan denken in serviceconcepten: een totaaloplossing voor de klant, door een uitgekiende en samenhangende schil van diensten rond de kerndienst (figuur 4.1). Financiële dienstverlener Alex groeide uit van het aanbieden van een beleggingsrekening naar een compleet doe-het-zelf beleggingssysteem. Schiphol ontwikkelde zich van op- en overstapplaats tot Airport City. Wehkamp groeide uit van postorderbedrijf tot internetwarenhuis. Wat een serviceconcept bijzonder maakt, is niet de kerndienst. Die moet uiteraard van goede kwaliteit zijn, maar is vaak uitwisselbaar. De aantrekkingskracht en onderscheidendheid van een serviceconcept zit in de service-elementen die rondom de kerndienst zijn georganiseerd. Het Belgische Kinepolis vertoont nog steeds bioscoopfilms, maar het serviceconcept is gericht op een compleet avondje uit. Dat vertaalt zich in het gemak van een goede bereikbaarheid en een gratis parkeerplaats dichtbij, in horecagelegenheden, in de manier waarop de bezoekers worden ontvangen, kinderopvang in het weekend, ruime stoelen en tal van technische voorzieningen in de zalen. Een succesvol concept, wat blijkt uit stijgende bezoekersaantallen in een dalende markt.

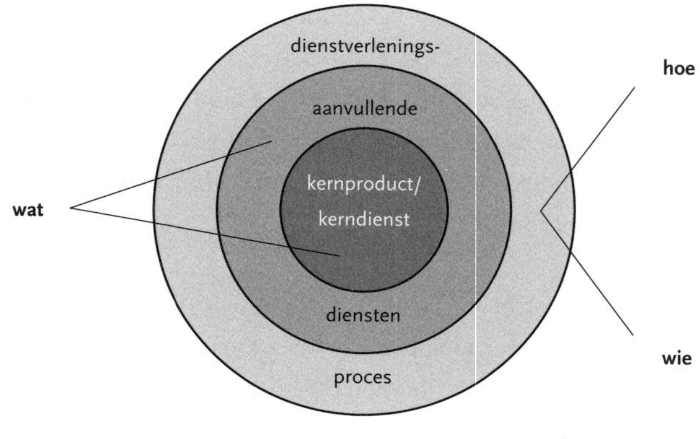

Figuur 4.1 Serviceconcept

De zorgsector staat nog aan de vooravond van het denken in serviceconcepten. Het vraagt om integraal en ketengericht denken. Door een zorgboulevard aan het ziekenhuis te plakken ontstaat nog geen serviceconcept. De serviceconceptbenadering doet ook recht aan de onderzoeksbevindingen die in hoofdstuk 3 zijn genoemd: patiënten maken geen onderscheid tussen medische en niet-medische kwaliteit. Ze vormen zich een oordeel op grond van hun totale ervaring en beleving. Hoewel een diagnose-behandelingcombinatie (DBC) al een stapje verder gaat dan de losse componenten, is een DBC geen serviceconcept. Je zou een DBC(-cluster) kunnen zien als een kerndienst. Als het daarbij blijft, loop je het risico dat de concurrentie alleen maar gaat over de prijs. Zodra een DBC(-cluster), door het toevoegen van diensten en service-elementen die voor de klant betekenisvol zijn, uitgroeit tot een serviceconcept, kan het concurrentiespel anders gespeeld worden. Ofwel: van DBC's naar ZSC's: zorgservicecombinaties of zorgserviceconcepten. De Amerikaanse Mayo Clinic is een bekend voorbeeld van het toepassen van serviceconcepten in de zorg.

4.1.3 *Innovatie van zorgdiensten*

Het ontwikkelen van serviceconcepten vraagt om innovatief denken. Zonder innovatie kan geen blijvende waarde voor de klant worden gecreëerd. In de zorgsector gaat het bij innovatie doorgaans om vernieuwingen op het gebied van diagnose- en behandelmethoden, of om een nieuwe inrichting van zorgprocessen. Uit een oogpunt van onderscheidende waardecreatie voor de klant is er echter meer nodig. Een systematische manier om tot innovatie te komen is het bestaande 'gebruikelijke' aanbod vanuit vier verschillende invalshoeken te bekijken:

- *Opwaarderen*: welke aanbodaspecten moeten en kunnen een flink stuk boven het 'gebruikelijke' niveau worden uitgetild? (Swatch werd succesvol door te onderkennen dat goedkopere horloges niet alleen functioneel zijn, maar ook een emotionele betekenis kunnen hebben als modeaccessoire.)
- *Creëren*: welke aanbodaspecten die de sector over het hoofd heeft gezien, kunnen worden gecreëerd? (Boekwinkelketen Barnes & Noble beperkt zich niet tot het verkopen van boeken, maar faciliteert de klant ook bij het zoeken en genieten van boeken, onder meer via extra deskundige medewerkers, een speciale inrichting en lange openingstijden.)

- *Reduceren*: welke aanbodaspecten kunnen tot ver beneden de standaard worden teruggebracht in het kader van een specifieke positionering? (EasyJet – *prijs* – schafte de gratis maaltijden in vliegtuigen af en de Body Shop – *milieu* – koos een voor de cosmeticabranche ongebruikelijk sobere verpakking voor haar verzorgingsproducten.)
- *Elimineren*: welke aanbodaspecten die binnen de sector als normaal worden beschouwd, kunnen worden geëlimineerd? (Tango introduceerde onbemande benzinestations.)

Innovatie is dus niet een kwestie van altijd meer en beter. Je kunt ook waarde creëren door ogenschijnlijk te versoberen (en de klant hiervan te laten profiteren door minder opofferingen).

Zorgvrager wordt zorgaanbieder

CASUS

Reclameman Hans van Putten had een verstandelijk gehandicapte zoon, Thomas. Frustratie over de (on)mogelijkheden die hij ondervond bij het vinden van een passende woon/zorgomgeving voor zijn zoon, leidde tot een nieuwe franchiseformule: Thomashuizen. Een groeiende keten van particuliere woonhuizen waar zeven tot acht verstandelijk gehandicapten wonen. Zij worden verzorgd door zorgondernemers die in hetzelfde pand wonen en zoveel mogelijk een gezinssituatie nabootsen. Thomashuizen weet, uit eigen ervaring van de oprichter, waar het bij ouders om draait: 'Die zijn geïnteresseerd in warmte, veiligheid en aandacht en een antwoord op de vraag wie er zorgt voor hun verstandelijk gehandicapte kind als ze er zelf niet meer zijn. En dat is wat Thomashuizen biedt: betaalbare commerciële zorg.'
Het nieuwe zorgmerk Thomashuizen is een voorbeeld van innovatie vanuit de klant zelf. Als het aanbod tekort schiet, neemt de vraag het initiatief over.

4.2 Kwaliteit en klanttevredenheid

4.2.1 De ontwikkeling van tevredenheidsonderzoek in de zorg

In een artikel over patiëntenparticipatie in het *Handboek Zorgvernieuwing* (2003) wordt de ontwikkeling van het tevredenheidsonderzoek in de zorg geschetst. Tot het midden van de jaren tachtig werd aan de mening van de patiënt over de kwaliteit van zorgverlening weinig waarde gehecht. Dit kwam voornamelijk omdat men dacht dat de patiënt geen oordeel kon hebben over de kwaliteit van professioneel handelen. Geleidelijk ontstaat aandacht voor de tevredenheid van patiënten. Studies wijzen uit dat het nakomen van vervolgafspraken, het nemen van medicatie en het zich houden aan de voorgeschreven behandeling sterk samenhangen met de mate waarin de patiënt tevreden is. In de laatste decennia van de vorige eeuw verandert het perspectief. De patiënten worden mondiger, de zorg wordt bedrijfsmatiger georganiseerd en aan de bijzondere positie van de hulpverleners wordt geknabbeld. Er werd erkend dat patiënten, ervaringsdeskundigen bij uitstek, wel degelijk een rol zouden kunnen spelen bij de beoordeling van het functioneren van de zorg. Vooral als het gaat om de wijze waarop de zorg wordt verleend en de mate waarin aan de wensen van patiënten tegemoet wordt gekomen.

Bij een traditioneel patiënttevredenheidsonderzoek bedacht de zorgaanbieder een aantal items die hij aan de patiënten voorlegde. De vragen in dergelijke, doorgaans schriftelijke enquêtes waren veelal algemeen geformuleerd en gingen niet over de mogelijke problemen bij of de gevolgen van specifieke ziekten of chronische aandoeningen. Kenmerkend voor dit soort enquêtes is dan ook de scheve verdeling in de verkregen antwoorden. Vrijwel alle respondenten zijn over alles tevreden. Afname van de enquête in het ziekenhuis of bij ontslag geeft daarenboven op voorhand een vertekening. Dit komt door de emotionele geladenheid van vragen die gaan over de wijze waarop in de afgelopen periode zorg is verleend door hulpverleners die de patiënt persoonlijk heeft leren kennen.

Quote

Onderzoeksinstituut NIVEL heeft meetinstrumenten ontwikkeld waarmee wel vanuit het patiëntperspectief onderzoek wordt gedaan. Een voorbeeld is de Quote-methodiek. Quote staat voor *quality of care through the eyes of the patient.* Focusgroepen met representanten van de doelgroepen leverden de items op die voor de patiënten relevant zijn. Uit systematisch literatuuronderzoek werden eveneens items geselecteerd. Door terugkoppeling en testen werden de definitieve vragenlijsten samengesteld. Verdere statistische toetsing gebeurde met grote steekproeven en leverde zestien algemene onderwerpen op die voor alle patiënten belangrijk bleken. Deze onderwerpen concentreren zich rond twee thema's:

- de structurele componenten van de zorg (bereikbaarheid, toegankelijkheid, continuïteit, kosten);
- de procescomponenten van de zorgverlening (bejegening, informatieverstrekking, autonomie en (technische) vaardigheden van de hulpverleners).

Patiënttevredenheidsonderzoek UMC's

De acht Universitaire Medische Centra (UMC's) maken gebruik van de *Kernvragenlijst Patiënttevredenheid Academische Ziekenhuizen* (KPAZ). Aan de hand hiervan werd in 2003 en 2005 onderzoek gedaan naar de tevredenheid van patiënten op zes belangrijke aspecten van de zorg: ontvangst, bejegening door verpleegkundigen/polikliniekmedewerkers, bejegening door artsen, informatie, zelfstandigheid/respect en vertrek/nazorg. Door vergelijking in de tijd en met elkaar kunnen de UMC's zien of zij erin slagen het kwaliteitsniveau per aspect vast te houden of te verbeteren. Het onderzoek geeft een beeld van zowel de kliniek als polikliniek en van de verschillende specialismen.

Naar één methodiek: CAHPS

De laatste ontwikkeling is dat er een onafhankelijke organisatie komt, die de klanttevredenheid van zorginstellingen gaat meten. Het ministerie van VWS heeft een initiatief van zorgverzekeraar Agis overgenomen. Agis heeft een uit de Verenigde Staten afkomstige methodiek geschikt laten maken voor de Nederlandse situatie, samen met onderzoeksinstituut NIVEL en de afdeling sociale geneeskunde van het AMC. Deze methodiek, CAHPS genaamd, staat voor *Consumer Assessment Health Plan Survey*. Het zijn wetenschappelijk onderbouwde vragenlijsten waarmee de tevredenheid van zorgconsumenten kan worden bepaald. Initiatiefnemer Agis bracht de methode onder in een onafhankelijke stichting waarin ook zorgverzekeraars Menzis, VGZ en Delta Lloyd participeren. De zorgverzekeraars gebruiken de resultaten bij de inkoop van zorg. Inmiddels heeft het ministerie de regie overgenomen door de ontwikkelkosten te vergoeden en al een landelijke vragenlijst uit te zetten op de internetsite kiesbeter.nl. Het is de bedoeling dat deze site uitgroeit tot de belangrijkste vergelijkingssite voor de gezondheidszorg. Ook de informatie van de inspectie van de gezondheidszorg komt hierop beschikbaar.

Publiek en patiënt tevreden over ziekenhuizen

Publiek en patiënt zijn tevreden over de ziekenhuizen. In het bijzonder zijn zij te spreken over de kwaliteit van de ziekenhuiszorg, de bejegening door medische specialisten en verpleegkundigen en de communicatie. Dit blijkt uit een onderzoek dat in 2006 werd gehouden in opdracht van de NVZ en de Orde van Medisch Specialisten. Publiek en patiënten beoordelen ziekenhuizen gemiddeld met een 6,9. Over de zorgverlening is men positief. Slechts 7% is van mening dat de kwaliteit van de zorg niet goed is, terwijl 59% vindt dat dit wel zo is. Dat 80% van het publiek en de patiënten medische specialisten deskundig vinden, draagt ook bij aan de positieve waardering voor de zorgverlening. Publiek en patiënten hebben een neutraal beeld van de organisatie van ziekenhuizen (bijvoorbeeld de efficiency, continuïteit van de zorg en wachtlijsten). Wel is 63% van mening dat mensen niet op het afgesproken tijdstip worden geholpen. Men vindt wachttijdinformatie daarom wenselijk. Voorts bestaat bij 60% van publiek en patiënten het beeld dat ziekenhuizen wachtlijsten kennen, hetgeen eveneens als verbeterpunt wordt gezien.

Dat, zoals het onderzoek aangeeft, het branche-imago op zich niet slecht is, betekent niet dat ziekenhuizen geen aandacht aan patiënttevredenheid hoeven te besteden. Sterker, het betekent dat de lat hoog ligt als men zich op dit punt wil onderscheiden van de concurrentie.

4.2.2 *Kwaliteitsperceptie*

De ontwikkeling van tevredenheidsonderzoek in de zorg vertoont veel raakvlakken met het (marketing)onderwerp kwaliteit van dienstverlening.

Kwaliteit van diensten en dienstverleningsprocessen is een van de hoofdthema's in dienstenmarketing. Het is nauw verwant met het bredere terrein van kwaliteitszorg, maar concentreert zich op één specifieke invalshoek: de kwaliteitsbeleving van de klant.

De kwaliteitsperceptie van een dienst is een complexe zaak, die wordt weergegeven in het *Total Perceived Quality*model van Grönroos. In dit model wordt de waargenomen of gepercipieerde kwaliteit (*total perceived quality*) van een dienst bepaald door de relatie tussen de verwachte kwaliteit (*expected quality*) en de ervaren kwaliteit (*experienced quality*).

Zoals in hoofdstuk 3 is besproken, vormen de verwachtingen van de klant onderdeel van het bredere begrip vraag. De verwachtingen worden dan ook mede beïnvloed door de onderliggende elementen van de vraag, zoals motieven, behoeften en wensen. Voorts worden de verwachtingen die iemand heeft, gekleurd door de externe communicatie van de aanbieder ('geen wachtlijsten') en door de referenties van anderen ('je wordt daar zeer vriendelijk geholpen'). Verwachtingen verschillen van persoon tot persoon en kunnen per persoon weer variëren in de tijd. Nieuwe ervaringen beïnvloeden toekomstige verwachtingen ('ik was de vorige keer snel aan de beurt dus ik zal nu ook niet lang hoeven te wachten').

De ervaren kwaliteit wordt beïnvloed door alle zintuiglijke ervaringen met de technische, functionele en relationele kwaliteit van de zorgdienst en zorgverlener.

Technische kwaliteit

De technische kwaliteit heeft betrekking op *wat* uiteindelijk wordt geleverd. Bijvoorbeeld het onderzoek dat wordt uitgevoerd, het bed waarin de patiënt ligt, de maaltijd die wordt geserveerd.

Functionele kwaliteit

De functionele kwaliteit gaat over *hoe* de dienst tot stand komt en wordt onder andere bepaald door twee componenten:

- De interactiecomponent: hoe is het contact tussen patiënt en zorgverlener verlopen, op welke wijze is de klant geholpen, heeft de zorgverlener zich correct opgesteld?
- De omgevingscomponent: een verbouwing van de ruimte (ziekenhuis) waarin tegelijkertijd het zorg- en dienstverleningsproces plaatsvindt, leidt tot een negatieve kwaliteitservaring.

Relationele kwaliteit

De relationele kwaliteit (*wie*) heeft betrekking op de relatie tussen de dienstverlener en de klant. Die kan bestaan uit:

- de persoonscomponent: de persoonlijke reputatie van een specialist kan van invloed zijn op de kwaliteitsbeleving van de klant;
- de organisatiecomponent: het imago van het ziekenhuis kan eveneens van invloed zijn op de kwaliteitsbeleving.

Het in hoofdstuk 3 genoemde onderzoek onder ziekenhuispatiënten is een mooi voorbeeld van deze kwaliteitscomponenten en van de interactie daartussen.

Tegen deze achtergrond vormen DBC's dus een onderdeel van de technische kwaliteit. Wie alleen op deze technische kwaliteit concurreert, vergeet het belang van de andere twee kwaliteitscomponenten en doet zichzelf tekort.

4.2.3 *Kwaliteitsmeting: het SERVQUAL-model*

SERVQUAL (een samentrekking van de woorden SERVice en QUALity) is een bekend model van Parasuraman, Zeithaml en Berry dat de kwaliteit van dienstverlening meet. SERVQUAL meet de waargenomen kwaliteit op basis van het verschil tussen de ervaring en verwachting van de kwaliteit van een dienst. De kwaliteit wordt gemeten aan de hand van vijf dimensies:

- Tastbare zaken: faciliteiten apparatuur en personeel.

- Betrouwbaarheid: het in staat zijn een beloofde dienst betrouwbaar en accuraat uit te voeren.
- Responsiviteit: bereidwilligheid om klanten te helpen en snel de dienst te verlenen.
- Zorgzaamheid: kennis en hoffelijkheid van medewerkers en de mate waarin zij in staat zijn vertrouwen te wekken.
- Inleven in de klant: zorgen voor en individuele aandacht besteden aan de klant.

Het meten van de kwaliteit gaat als volgt in zijn werk. Voor elk van de dimensies dient de ondervraagde klant (met behulp van gerichte uitspraken) aan te geven: hoe belangrijk de dimensie voor hem is, wat hij ervan verwacht en in hoeverre deze verwachting ook is uitgekomen. Er is sprake van een kwaliteitstekort op een dimensie wanneer de verwachting hoger is dan de ervaring. Als de som van alle (gewogen) dimensies gelijk is aan nul, levert de dienstverlener kwaliteit. Als de som van de verwachtingen hoger is dan de som van de ervaringen, wordt te lage kwaliteit geleverd.

Satisfiers en dissatisfiers

De totaalindruk die een klant van een zorgaanbieder of zorgaanbod heeft, is dus in feite opgebouwd uit een veelheid van deelfactoren. Die factoren, die elk voor een stukje kunnen bijdragen of afbreuk doen aan de tevredenheid van de klant, kunnen worden verdeeld in twee categorieën: *satisfiers* en *dissatisfiers*. *Dissatisfiers* zijn factoren waarvoor geldt dat de klant ontevreden is als een zorgaanbieder niet voldoet aan het verwachtingspatroon. Wanneer de aanbieder op dit punt wel voldoet, ontstaat niet automatisch tevredenheid. Het zijn dus voorwaarden waar je als zorgaanbieder minimaal aan moet voldoen. Voor *satisfiers* geldt het omgekeerde. Voldoet een zorgaanbieder op een bepaald punt aan het verwachtingspatroon van de klant, dan leidt dit tot tevredenheid. Voldoet men niet, dan is de klant niet direct ontevreden. Voor de goede orde: door te scoren op *satisfiers* creëert een zorgaanbieder niet automatisch onderscheid. Daarvoor is de score van de concurrentie evenzeer van belang. En zelfs al scoort de zorgaanbieder zeer goed op bepaalde *satisfiers*, dan moet men niet vergeten tegelijkertijd te blijven voldoen aan het verwachtingspatroon met betrekking tot *dissatisfiers*. Dat lijkt voor de hand te liggen. Toch werpen veel zorgorganisaties zich in de praktijk met verve op vermeerde *satisfiers* ('de menselijke maat') en vergeten ze te voldoen aan bepaalde *dissatisfiers* ('snelle hulpverlening'). Of een factor voor iemand als *satisfier* of *dissatisfier* werkt, hangt af van zijn persoonlijke motieven, behoeften en wensen. Veel zorgaanbieders profileren zich met aspecten als 'zorgzaam', 'betrouwbaar' en 'respectvol', alsof dat *satisfiers* zijn. De vraag is of het eigenlijk geen *dissatisfiers* zijn, ofwel voorwaarden om als zorgaanbieder mee te mogen doen in het marktspel.

Kanttekeningen bij servqual

Servqual ligt ten grondslag aan de meeste klanttevredenheidsonderzoeken in de dienstensector. Gezien dit belang moeten ook enkele kritiekpunten worden genoemd.

In de eerste plaats blijkt uit onderzoeken in verschillende sectoren dat het aantal dimensies van kwaliteit kan verschillen. Soms moeten organisatie- of sectorspecifieke dimensies worden toegevoegd. Wat de zorgsector betreft, lijken de vijf dimensies in principe toepasbaar. Betrouwbaarheid en zorgzaamheid zijn van oudsher belangrijk geweest. Voor zorgprofessionals is het misschien meer wennen aan het belang van de dimensies responsiviteit en inleven in de klant. En wennen aan het feit dat hier geen door professionals gedefinieerde objectieve zaken worden gemeten, maar het subjectieve kwaliteitsoordeel van de klant.

Een tweede punt van kritiek op servqual betreft het multi-interpretabele karakter van het begrip verwachting. In onderzoeken wordt daarom wel een tweedeling aangebracht tussen het minimale niveau dat iemand acceptabel vindt (*would*-verwachting) en het verlangde optimale niveau (*should*-verwachting). De *should*-verwachting is dan feitelijk synoniem met de wensen van de klant.

Het begrip waargenomen kwaliteit (als som van de verschillen tussen verwachte en ervaren kwaliteit van de dienstverlening) is niet hetzelfde als klanttevredenheid. In de praktijk worden de begrippen wel door elkaar gebruikt. Men noemt dan een onderzoek waarin de klantwaardering (zoals hiervoor beschreven) wordt gemeten een klanttevredenheidsonderzoek. Klanttevredenheid gaat echter over de verhouding tussen de waargenomen kwaliteit (verschil tussen ervaringen en verwachtingen) enerzijds en de opofferingen die de klant zich moet getroosten anderzijds. Met andere woorden: waargenomen kwaliteit is de teller. Om de klanttevredenheid te achterhalen heb je ook de noemer (de opofferingen) nodig. Als de waargenomen kwaliteit goed is en de opofferingen zijn in lijn daarmee, dan is de klant tevreden.

4.2.4 *Kwaliteitsverbetering: het gap-model*

Het meten van kwaliteit en klanttevredenheid is één, maar vervolgens moet je wel iets met die wetenschap doen. Er zijn diverse modellen en keurmerken die in de praktijk vaak worden gebruikt om te komen tot kwaliteitsverbetering. Denk aan INK, HKZ en NIAZ. Een ander bekend kwaliteitsmodel is het *gap*-model (figuur 4.2), net als het SERVQUAL-model ontwikkeld door Parasuraman, Zeithaml en Berry. Dit model start bij de vijfde *gap* (kloof) tussen de ervaren en verwachte dienstverlening (het kwaliteitsoordeel van de klant) en beschrijft vervolgens vier mogelijke verklaringen en hun onderlinge samenhang:

- De zorgaanbieder heeft geen goed beeld van de verwachtingen van de zorgconsument.
- De verwachtingen van de zorgconsument worden niet goed vertaald in het ontwerp van het zorg- en dienstverleningsproces.
- De zorg- en dienstverlening verloopt in de praktijk niet volgens het ontwerp.
- Er worden te hoge verwachtingen bij de zorgconsument gewekt.

Gap 1: Verkeerd beeld van de verwachtingen

De eerste valkuil ontstaat als (het management van) de zorgaanbieder geen juist beeld heeft van de verwachtingen van de zorgconsument. Bijvoorbeeld doordat men zelf wel denkt te weten wat patiënten verwachten en geen geld wil investeren in marktonderzoek. Of doordat men wel onderzoek laat doen, maar verzuimt om ook zelf directe infor-

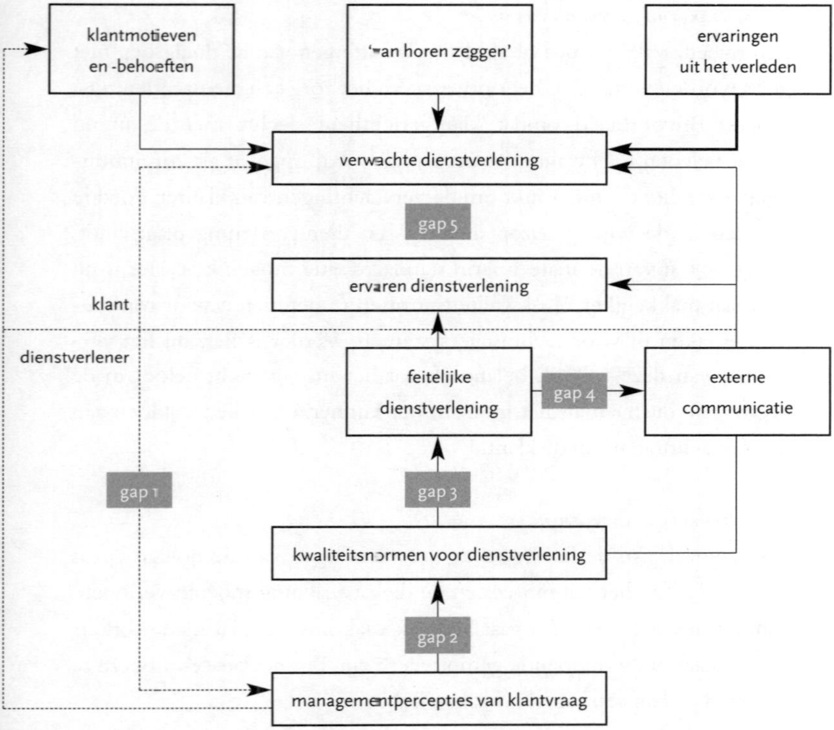

Figuur 4.2 Gap-model

matie bij de klant in te winnen. Een marktonderzoeksrapport kan informatief zijn, maar heeft soms een te hoog abstractieniveau. Een gesprek van mens tot mens, en dan niet over de feitelijke zorgvraag maar over de verwachtingen daaromheen, kan zeer verhelderend zijn. Wat verder helpt, is om de professionals die dagelijks daadwerkelijk zorg verlenen te betrekken bij het inventariseren van de verwachtingen van de klant. Dat vraagt wel om een cultuur waarin het verzamelen en uitwisselen van klantinformatie vanzelfsprekend is en niet voorbehouden aan stafdiensten.

Gap 2: Verkeerd procesontwerp

Een tweede valkuil ontstaat als de verwachtingen van de doelgroep niet goed worden vertaald in het ontwerp van het zorg- en dienstverleningsproces. Bijvoorbeeld omdat klantgerichtheid slechts met de mond wordt beleden, of kwaliteit te eenzijdig wordt opgevat als zorginhoudelijke kwaliteit. Of het lukt om de verwachtingen van klanten goed te vertalen in de wijze waarop de zorg- en dienstverlening plaatsvindt, hangt ook af van de mate waarin standaardisatie mogelijk is. Het is nu eenmaal makkelijker om kwaliteitsnormen te definiëren voor routinematige taken of voor technische systemen. Verder is het, bij het vermijden van deze valkuil, belangrijk dat het management geloof in de organisatie uitstraalt als het gaat om het kunnen en willen voldoen aan de verwachtingen van de klant.

Gap 3: Verkeerde uitvoering

Als eenmaal, aan de hand van de verwachtingen van de doelgroep, is vastgesteld hoe het zorgproces en de dienstverlening moeten verlopen, kan het nog mis gaan. En gaat het ook vaak mis. Omdat medewerkers niet in staat of onvoldoende gemotiveerd zijn om het procesontwerp te volgen. Dat kan een aantal oorzaken hebben:

- Gebrek aan teamwork: men heeft niet het gevoel een gemeenschappelijk belang na te streven (excelleren in kwaliteit van dienstverlening) en voelt zich niet medeverantwoordelijk voor het eindresultaat (tevreden klanten). Een gebrek aan teamwork kan allerlei oorzaken hebben en vraagt om adequaat management, de juiste beoordelings- en beloningssystematiek, goede training en opleiding en heldere interne communicatie. Daarbij is het belangrijk om te zorgen dat medewerkers niet alleen geschikt zijn voor hun taak, maar zich ook kunnen verplaatsen in de belevingswereld van de klant. Er zijn tegenwoordig al de nodige initiatieven om het 'gastheer- en gastvrouwschap' van zorgprofessionals te stimuleren en te ontwikkelen.
- Verkeerde afstemming: de verkeerde persoon op de verkeerde plaats of een slechte afstemming tussen apparatuur en systemen en mensen.
- Rolproblemen: de kwaliteitsuitstraling wordt sterker als een zorg-

verlener het gevoel heeft dat hij de situatie beheerst. Dat gevoel hangt af van zaken als richtlijnen en procedures, de cultuur, de autonomie die medewerkers hebben en de voorspelbaarheid van vragen en reacties van de klant. In de praktijk komen zorg- en dienstverleners nogal eens in een rolconflict dat zijn weerslag kan hebben op de kwaliteitsbeleving van de klant. Een zorgverlener moet tegelijk voldoen aan twee verwachtingspatronen: dat van de klant en dat van de eigen organisatie. Die verwachtingspatronen sporen niet altijd met elkaar. Goede interne communicatie, duidelijke functiebeschrijvingen en heldere beoordelingssystemen kunnen helpen om roldubbelzinnigheden te voorkomen.

Gap 4: Te hoge verwachtingen gewekt

Een vierde valkuil kan ontstaan door te hoog opgeschroefde verwachtingen, bijvoorbeeld als gevolg van de externe communicatie door de zorgaanbieder. Meer beloven dan men kan waarmaken, gebeurt nogal eens onder druk van de concurrentie of door onvoldoende interne afstemming. Maar dit wordt door klanten snel afgestraft, zo niet door hun koopgedrag dan wel door een daling van hun voorkeur voor de betreffende zorgaanbieder. Het gevaar te veel te beloven is overigens niet beperkt tot reclamecampagnes of berichten op de internetsite. Het gedrag en de persoonlijke communicatie van medewerkers kunnen ook bijdragen aan deze valkuil. 'Wij bellen u morgen terug' en dan niets van je laten horen, is weinig bevorderlijk voor de klanttevredenheid.

4.2.5 *Kanttekeningen bij klanttevredenheid*

Klanttevredenheid is dus een belangrijk marketingthema, maar het moet niet overschat worden. Een paar kanttekeningen:

- Klanttevredenheid is een momentopname, waarbij de klant in de achteruitkijkspiegel kijkt. Het is geen voorspeller van toekomstig gedrag, het zegt niets over de verwachtingen van de patiënt en het geeft geen inzicht in motieven en behoeften van de klant.
- Een tevreden klant is niet per definitie een trouwe klant. Onderzoek in uiteenlopende dienstensectoren toont aan dat 65 tot 85 procent van de klanten die hun relatie opzeggen, tevreden tot zeer tevreden

is over de leverancier. De relatie tussen klanttevredenheid en klantgedrag is geen rechte lijn, zoals vaak wordt verondersteld en nog vaker gehoopt. Het is waar dat zeer ontevreden klanten weinig trouw zijn en zeer tevreden klanten vaak zeer trouw. Maar er is een breed gebied waar toenemende tevredenheid zich niet vertaalt in toenemende trouw. Er is doorgaans ook een groep klanten die weliswaar tevreden is, maar zich ook makkelijk laat verleiden door een andere aanbieder (de zogenoemde 'huurlingen'). En er is meestal een groep klanten die weliswaar trouw is, maar helemaal niet zo tevreden. Dit zijn de zogenoemde 'gijzelaars' die menen geen alternatief te hebben of dit feitelijk ook niet hebben. Zodra ze kunnen kiezen, komen ze in beweging. Juist in de zorgsector is het aantal 'gijzelaars' groot en groeit het aantal 'huurlingen'. Dat kan zich op termijn vertalen in een wisselende en weinig stabiele klantenpopulatie.

– Een tevreden klant is niet altijd een winstgevende klant. Zoals op veel andere terreinen zijn er ook op het gebied van marketing een aantal 80/20-praktijkregels. Vaak zorgt 20% van klanten voor 80% van de omzet. Maar de grootste klanten in termen van omzet hoeven niet de grootste klanten in termen van winstmarge te zijn. Een andere vuistregel is dat in veel gevallen 20% van de klanten zorgt voor 80% van de winst en dat een aanzienlijk deel van de klanten een negatieve winstbijdrage heeft. Ook bestaat er lang niet altijd een relatie tussen de financiële waarde van klanten en de inspanningen die de aanbieder aan hen besteedt. Men zegt daarom ook wel: de juiste klanten hebben is vaak belangrijker dan veel klanten hebben.

4.2.6 Klantrelaties

Het praktijkinzicht over de verschillen in winstgevendheid van klanten en het gegeven dat nieuwe klanten werven ongeveer vijf tot tien keer duurder is dan verkopen aan bestaande klanten, heeft geleid tot een grotere aandacht voor het belang van goede relaties met de juiste klanten. De technologie heeft die aandacht versterkt. Er zijn tegenwoordig allerlei klantendatabases en systemen voor klantcontact op basis van informatie- en communicatietechnologie (ICT). Er zijn analysemodellen om klantenbestanden te segmenteren naar bijvoorbeeld winstgevendheid. Men spreekt dan wel van gouden, zilveren en bronzen klanten. En dan gaat het niet om de winstgevendheid van één transactie, maar berekent men de (potentiële) winstgevendheid van een klant tijdens de totale relatieduur: *customer life time value*. De combinatie van principes van relatiemarketing en ICT wordt wel *customer relationship management* (CRM) genoemd. Wat men in de praktijk nogal eens uit het oog verliest, is dat CRM in essentie een benaderingswijze in de marketing is en geen systeem ('we hebben een CRM-systeem dus we doen aan relatiemanagement').

Binding

Wat soms ook vergeten wordt, is dat een relatie zich kenmerkt door wederkerigheid. Beide partijen, dus in dit geval zorgconsument en zorgaanbieder, moeten belang hebben bij de instandhouding van de relatie. Elke relatie bestaat uit een aaneenschakeling van interacties. Afhankelijk van hoe de klant de relatie percipieert, ontstaat een bepaalde mate van binding. Daarbij kun je drie niveaus onderscheiden:

- Financiële binding: gerelateerd aan de prijs. Bijvoorbeeld door korting te geven aan trouwe klanten of door spaarprogramma's. Een financiële binding alleen leidt zelden tot een langetermijnrelatie en kan makkelijk worden beconcurreerd.
- Sociale binding: gebaseerd op een zekere vertrouwensrelatie (bijvoorbeeld met een arts) of op een clubgevoel ('ik ben lid van').
- Structurele binding: een wederzijds waardevolle relatie die doorgaans lang duurt. Vaak is sprake van maatwerk en zijn de switchkosten voor de klant groot.

Loyaliteitsladder

De relatie met klanten kan ook worden weergegeven op een soort ladder, die begint bij *prospects* en doorloopt tot *advocates*:

- *Prospect*: een potentiële klant waarmee de organisatie nog nooit een transactie heeft gedaan. Denk aan burgers die nog nooit in het ziekenhuis zijn geweest.

- *Customer*: iemand die één keer een transactie heeft gedaan. De aanbieder probeert customers, als dat relevant is, te stimuleren tot herhalingsaankopen.
- *Client*: een klant die regelmatig gebruikmaakt van de diensten van de zorgaanbieder.
- *Supporter*: een klant die regelmatig anderen over zijn positieve ervaringen vertelt.
- *Advocate*: een klant die de organisatie in goede, maar ook in slechte tijden steunt.

Bij *prospects* en *customers* ligt de nadruk voor de aanbieder op het werven van (nieuwe) klanten. De focus ligt bij transacties en de marketing kenmerkt zich doorgaans door een massabenadering, gericht op marktaandeel. Vanaf de trede van *clients* verschuift de focus naar bestaande klantrelaties, gericht op herhalingsaankopen. Het feit dat de aanbieder graag een duurzame relatie wil, betekent overigens nog niet dat elke klant daar ook voor in is. En je moet er als aanbieder wel wat voor doen: '*Customer relationships are not just there; they have to be earned*' (Grönroos).

4.2.7 Klantloyaliteit

Klantloyaliteit is een belangrijk concept in de (relatie)marketing. In de zorg is loyaliteit vooral zeer belangrijk bij chronische doelgroepen als diabeten of reumapatiënten. Van klantloyaliteit is sprake als er een zodanige band is tussen klant en aanbieder, dat de klant de relatie (en de dienstenafname) continueert, ondanks inspanningen van de concurrentie om hem te laten switchen. Uit onderzoek blijkt dat er vier factoren zijn die de klantloyaliteit beïnvloeden:

- Het vertrouwen van klanten in de toekomstige dienstverlening (en hun verwachte tevredenheid daarover).
- De tevredenheid van klanten.
- De kwaliteit van alternatieven: naarmate de klant de kwaliteit van andere zorgaanbieders lager inschat, is de gevoelde band met de 'eigen' aanbieder sterker.
- De investering in de relatie (en dus de hoogte van de switchkosten).

5 Strategische analyse en marktonderzoek bij zorgmarketing

Marketing gaat over het afstemmen van de eigen identiteit, middelen en competenties op de vraag van een gekozen doelgroep. Nu zijn er doorgaans ook andere (medische) specialisten en zorgaanbieders die zich op diezelfde doelgroep richten, concurrenten dus. En er zijn allerlei omgevingsfactoren en andere partijen (bijvoorbeeld verwijzers) die van invloed zijn op dat afstemmingsproces. Om marketing effectief in de praktijk te brengen heb je dus informatie nodig. Over de zorgvraag en de zorgvragers, over concurrenten, over de marktstructuur (hoe vinden vraag en aanbod elkaar, wat is de rol van verwijzers) en over de omgeving. Informatie – en dus ook marketinginformatie – is echter nooit een doel op zich. Informatie verzamelen en analyseren kost tijd en geld. Ook bij marketinginformatie gaat het om het doel (waarvoor wordt de informatie gebruikt) en om de doelmatigheid (hoe verhouden de tijd en het geld die informatie verzamelen en analyseren kosten, zich tot het gebruik dat ervan wordt gemaakt). Marketinginformatie is een hulpmiddel bij het nemen en evalueren van beslissingen. Het helpt om een stuk van de onzekerheid weg te nemen die nu eenmaal rond elke beslissing bestaat. Informatie vervangt echter geen besluiten.

5.1 Marketinginformatie

Marketinginformatie wordt gebruikt bij:

– het ontwikkelen van marketingbeleid;
– het uitvoeren van marketingbeleid;
– het evalueren van marketingbeleid.

5.1.1 *Marketinginformatie voor beleidsontwikkeling*

Bij informatie die wordt gebruikt voor het ontwikkelen van marketingbeleid, gaat het vooral om:

- inzicht verschaffen: in de marktsituatie en omgevingsontwikkelingen, in verwijzersgroepen (huisartsen, bedrijfsartsen, sportartsen), in afnemersgroepen en consumentengedrag en in concurrentieverhoudingen;
- onzekerheid wegnemen: informatie helpt om de beleidsalternatieven zo goed mogelijk af te wegen.

5.1.2 *Marketinginformatie voor beleidsuitvoering*

Bij informatie voor het uitvoeren van het marketingbeleid gaat het meer om de korte termijn. Werken de plannen ook in de praktijk, leveren ze het gewenste resultaat op, moeten we bijsturen? Is bijvoorbeeld het aantal of percentage verwijzingen door bedrijfsartsen toegenomen? Of: is onze naamsbekendheid gestegen?

5.1.3 *Marketinginformatie voor beleidsevaluatie*

Informatie die wordt gebruikt om het marketingbeleid te evalueren, heeft per definitie een retrospectief karakter. Er wordt teruggeblikt op de planperiode (niet langer en niet korter) en vastgesteld of de doelstellingen zijn gerealiseerd en of dit op de voorgenomen wijze is gebeurd. Dat kun je alleen maar doen als de doelstellingen en de activiteiten zo concreet mogelijk zijn geformuleerd. Het heeft geen zin om achteraf allerlei kwantitatieve gegevens op te lepelen indien van te voren slechts een globaal beleid is geformuleerd. Tijd die wordt besteed aan het analyseren van cijfers waarvan niet vaststaat of die dankzij of ondanks het beleid zijn gerealiseerd, is verspilde tijd.

Bij het verzamelen van marketinginformatie moet je je dus steeds afvragen: waarvoor gaan we de informatie gebruiken en kan die informatie tijdig en doelmatig worden verkregen? Het is zinvol om daarbij een onderscheid aan te brengen tussen *need to know* (informatie die absoluut noodzakelijk is om beleid te formuleren) en *nice to know* (interessante gegevens, maar je kunt zonder). Omgekeerd moet men zich bij het beoordelen van marketinginformatie de vraag stellen: is de informatie relevant, nauwkeurig, voldoende actueel, en op een efficiënte manier verzameld?

Marketinginformatie betreft drie hoofdgebieden:

- Informatie over de zorgvraag en de zorgvragers.
- Informatie over de naaste concurrenten.
- Informatie over de relevante omgeving (factoren) en het krachtenveld (actoren) waarbinnen de zorgaanbieder actief is.

5.1.4 Bronnen van marketinginformatie voor zorgaanbieders

Marketinginformatie kan afkomstig zijn van interne bronnen, externe bronnen en marktonderzoek.

Interne bronnen van marketinginformatie in een ziekenhuis zijn bijvoorbeeld:

- DBC-registraties;
- regio-overzichten van marktaandelen;
- klanttevredenheidsonderzoeken;
- overzichten van verwijsstromen.

Een belangrijke en vaak vergeten bron van informatie zijn alle medewerkers die dagelijks contact met patiënten en cliënten hebben. Zij weten vaak haarscherp de behoeften, wensen en verwachtingen van klanten onder woorden te brengen.

Externe bronnen van marketinginformatie zijn bijvoorbeeld:

- gepubliceerde onderzoeken en rapporten van instanties als de Raad voor de Volksgezondheid en Zorg, het ministerie van VWS, het RIVM, het Sociaal Cultureel Planbureau, financiële instellingen (bijvoorbeeld ING Medinet), NZa;
- seminars, congressen en andere bijeenkomsten;
- internet;
- informatie van branche- en beroepsverenigingen (NVZ, Orde van Medisch Specialisten, wetenschappelijke verenigingen, NHG, LHV, KNMP e.d.);
- vakbladen en de bijbehorende internetsites, zoals *Zorgvisie, Medisch Contact, Nederlands Tijdschrift voor Geneeskunde, Mediator*;
- databanken, zoals Prismant die bijhoudt;
- internetsites, jaarverslagen en brochures van concurrerende zorgaanbieders;

- informatie en internetsites van patiëntenorganisaties;
- perspublicaties;
- de ranglijsten zoals onder meer *Elsevier* en het AD die publiceren.

5.2 Marktonderzoek

Bij marktonderzoek worden in opdracht van de zorgaanbieder door een gespecialiseerd marktonderzoekbureau op systematische wijze gegevens verzameld, vastgelegd, geanalyseerd en geïnterpreteerd. Marktonderzoek kent vijf fasen:

- Afweging: moet er marktonderzoek worden gedaan (denk aan *need to know* versus *nice to know*)?
- Vorm: welke vorm van onderzoek moet worden toegepast?
- Uitvoering van het onderzoek (het zogenoemde veldwerk).
- Verwerking van de gegevens.
- Vastlegging van de resultaten en rapportage.

Bij de afweging of een marktonderzoek zinvol is, kan gebruik worden gemaakt van de volgende checklist.

Checklist marktonderzoek

- Kan aan de informatiebehoeften tegemoet worden gekomen door marktonderzoek?
- Welke rol in de besluitvorming spelen de resultaten van het marktonderzoek? Kunnen we van te voren aangeven wat het besluit wordt bij een bepaalde uitkomst van het onderzoek? Of willen we het onderzoek juist gebruiken om verschillende opties te formuleren?
- Staan de kosten van het marktonderzoek in verhouding tot de toegevoegde waarde van de resultaten?
- Is de vraagstelling intern al voldoende uitgekristalliseerd? Soms wordt naar het instrument marktonderzoek gegrepen voordat het probleem duidelijk in kaart is gebracht en door alle betrokkenen op dezelfde wijze wordt geïnterpreteerd.
- Kan de vraagstelling zodanig worden geformuleerd, dat derden (het marktonderzoekbureau) hier zelfstandig mee uit de voeten kunnen?

- Wat brengt het marktonderzoek teweeg bij (potentiële) klanten? Door onderzoek worden ook verwachtingen gewekt. Worden de resultaten teruggekoppeld naar de respondenten? Wordt er aangegeven wat er wel en niet met de uitkomsten wordt gedaan?
- Is er voldoende tijd in het besluitvormingsproces om een onderzoek te laten uitvoeren? (Een marktonderzoek kost niet alleen geld, maar ook tijd. Afhankelijk van de vorm van het onderzoek en het onderwerp is er sprake van minimaal een aantal weken tot enkele maanden.)
- Moet het onderzoek extra informatie opleveren, of juist ordening of verband aanbrengen in de veelheid van reeds beschikbare gegevens?
- Is de opdrachtgever bereid de noodzakelijke beslissingen te nemen nadat het onderzoek is gehouden?

5.2.1 *Kwantitatief en kwalitatief onderzoek*

Naar de vorm wordt marktonderzoek ingedeeld in kwalitatief en kwantitatief onderzoek. Kwalitatief onderzoek is verkennend, verdiepend en structurerend van aard. Het probeert motieven van afnemers te achterhalen en verbanden te leggen tussen de verschillende elementen van de vraag. Deze vorm van onderzoek levert diepgaande informatie over een beperkt aantal aspecten. Het doel is het verkrijgen van inzicht in het hoe en waarom van bepaalde verschijnselen of gedrag. Zo voeren het AMC in Amsterdam en het UMC Utrecht regelmatig 'spiegelgesprekken' met patiënten. De patiënten van een afdeling bespreken de gang van zaken op die afdeling onder leiding van een externe gespreksleider. De zorgprofessionals zitten in een kring daaromheen, zij mogen alleen luisteren. Dat levert waardevolle inzichten op.

Kwalitatief onderzoek wordt vaak gebruikt als voorloper van kwantitatief onderzoek. Het is niet representatief in de zin dat er statistisch verantwoorde conclusies uit kunnen worden getrokken. Kwalitatief onderzoek kan wel zeer indicatief zijn en een 'rode draad' tonen die vervolgens in kwantitatief onderzoek wordt bevestigd.

Kwantitatief onderzoek levert minder diepgaande, maar wel generaliseerbare informatie op over een groter aantal aspecten. Het geeft antwoord op vragen als: wie, waar, wanneer en hoeveel of hoe vaak.

Kwantitatief onderzoek is objectief; het levert aselecte en voldoende gegevens om statistisch verantwoorde conclusies te kunnen trekken.

5.2.2 *Methode van gegevensverzameling*

Een andere indeling van marktonderzoek is naar de methode van gegevensverzameling: mondeling, telefonisch, schriftelijk of via internet. Marktonderzoek via internet wint terrein. In Nederland gaat het om ongeveer twintig procent van de totale uitgaven aan marktonderzoek. Nederland is daarmee zelfs koploper in Europa. In essentie is onlineonderzoek sterk verwant met schriftelijk onderzoek in de vorm van vragenlijsten. Er wordt een digitale vragenlijst opgesteld en de respondenten worden per e-mail uitgenodigd. De keuze voor onlineonderzoek heeft naast prijs en snelheid ook te maken met kwaliteit. Door de multimediale mogelijkheden van internet kun je steeds meer relevante gegevens uit een online-enquête halen. Zo zou je bijvoorbeeld een zorgconsument een driedimensionaal beeld kunnen laten zien van het ontwerp van een polikliniek en naar zijn reacties daarop vragen.

Bij de mondelinge gegevensverzameling wordt een onderscheid gemaakt naar:

- Het vrije interview: een individueel gesprek tussen een gekwalificeerde interviewer en een respondent. De vragen worden gesteld aan de hand van een checklist. De volgorde hangt echter sterk af van de reacties van de respondent. Doorvragen op essentiële punten ('waarom vindt u dat') is erg belangrijk.
- Het semigestructureerde interview: een individueel gesprek waarbij wordt gewerkt met een vragenlijst die deels open vragen bevat en deels gesloten vragen (keuze uit van te voren vastgestelde antwoorden). Een deel van deze vorm van onderzoek kan zo cijfermatig worden weergegeven.
- Het groepsgesprek (*focus group* of panelgesprek): een gesprek tussen een ervaren gespreksleider en een aantal personen uit de doelgroep. Een deel van informatie komt voort uit de interactie tussen de respondenten.

De kosten van mondelinge gegevensverzameling zijn relatief hoger dan die van kwantitatief onderzoek. Daartegenover staat dat bij telefonische of schriftelijke enquêtes en bij onderzoek via internet de vraagstelling in principe beperkt en eenvoudig dient te zijn.

5.2.3 *Soort vragen*

De bruikbaarheid van de resultaten van een marktonderzoek wordt niet alleen bepaald door de wijze van vragen stellen, maar ook door het op de juiste wijze stellen van de relevante vragen. Een professioneel marktonderzoekbureau weet daarmee om te gaan, maar ook voor de opdrachtgever is het van belang om erover na te denken welke vraag het beste past bij het onderwerp. Er worden drie soorten vragen onderscheiden:

- Open vragen: de respondent kan zich vrij uiten (maar de resultaten zijn moeilijker te verwerken).
- Tweevoudige vragen: te beantwoorden met ja of nee (of weet niet). Bij tweevoudige vragen is het van belang dat de twee alternatieven expliciet zijn verwoord en elkaar uitsluiten. Ook moeten het de twee enige antwoordmogelijkheden zijn en dient de vraag eenduidig te worden geformuleerd.
- Meerkeuzevragen: deze hebben meestal vijf antwoordmogelijkheden op een schaal. Daarbij moet je op de volgende punten letten:
  - Sluiten de antwoordmogelijkheden elkaar uit?
  - Zijn alle antwoordalternatieven aangegeven?
  - Zijn de alternatieven evenwichtig verdeeld over de schaal?
  - Is rekening gehouden met de antwoordmogelijkheden weet niet of geen mening?
  - Zijn de vragen zodanig geformuleerd, dat ze aansluiten bij het niveau en de belevingswereld van de te ondervragen personen?

5.2.4 *Marktonderzoekbureaus*

Er zijn in Nederland veel marktonderzoekbureaus. Goede bureaus zijn aangesloten bij de MOA, de associatie van marktonderzoekbureaus en onderschrijven de ICC/ESOMAR-code (de gedragscode van de Europese brancheorganisatie van marktonderzoekbureaus). Sommige bureaus hebben een specialisatie in de gezondheidsmarkt of in een van de deelmarkten. Van een marktonderzoekbureau mag de opdrachtgever eisen dat het kennis van (zorg)zaken heeft, de vraagstelling van de zorgaanbieder begrijpt en aantoonbare ervaring met dat soort vraagstukken en onderzoekvormen heeft. Omgekeerd mag een onderzoekbureau van een professionele opdrachtgever verwachten dat die een goede briefing kan geven (aanleiding en doel van het onderzoek, vraagstelling, onderzoekdoelgroep, wensen ten aanzien van onderzoekvorm en rapportage, timing, budget, randvoorwaarden).

Na het verzamelen en verwerken van de gegevens, worden deze gerapporteerd aan de opdrachtgever. Vooraf wordt bepaald in welke vorm het resultaat gerapporteerd wordt. Alleen resultaten, of ook conclusies en wellicht zelfs aanbevelingen? Hoe uitgebreid moet er worden gerapporteerd? Stellen we prijs op een mondelinge presentatie naast de schriftelijke rapportage? Voor welke (lezers)doelgroep wordt het rapport geschreven? Willen we – bij een kwantitatief onderzoek – alle gegevens in de vorm van tabellen zien, of alleen de belangrijkste informatie? Moet er naast het rapport ook digitale informatie worden opgeleverd?

Checklist beoordeling kwaliteit marktonderzoekrapport

Relevantie

- Zijn het doel en de probleemstelling van het onderzoek duidelijk omschreven?
- Zijn de resultaten goed te begrijpen?
- Kunnen we uit het rapport duidelijk opmaken wat de harde onderzoekgegevens zijn en wat de interpretatie van de onderzoekers is?
- Is aangegeven binnen welke context de resultaten geldig zijn?
- Worden de juiste conclusies getrokken uit de onderzoekresultaten?
- Zijn de aanbevelingen bruikbaar?
- Geeft het rapport een duidelijk antwoord op de probleemstelling?
- Is het rapport in deze vorm bruikbaar voor de verdere menings- en besluitvorming?

Onderbouwing

- Is duidelijk beschreven hoe het onderzoek is opgezet?
- Is de onderzoekmethode duidelijk beschreven?
- Is aangegeven welke informatiebronnen zijn gebruikt?
- Staat de periode vermeld waarin de gegevens zijn verzameld?
- Is het vragenformulier als bijlage bij het rapport opgenomen?

Helderheid

- Is de opbouw van het rapport duidelijk?
- Is het rapport goed leesbaar voor diverse doelgroepen?
- Is een verklaring bijgevoegd van gehanteerde begrippen?
- Is de vormgeving van het rapport toegankelijk en overzichtelijk?

5.3 Externe analyse

Analyses ten behoeve van marktstrategie en marketingbeleid worden doorgaans onderscheiden in:

- externe analyse: van de markt, concurrentie en omgeving;
- interne analyse: van de eigen kracht en prestaties van de zorgaanbieder.

5.3.1 *Marktanalyse: segmentatie van zorgafnemers*

Het begrip vraag hebben we reeds besproken. Naast het inzicht in motieven, behoeften, wensen, verwachtingen en bereidheid tot opofferingen, kunnen ook andere gegevens van zorgafnemers waardevol zijn. Bijvoorbeeld:

- geografische kenmerken (waar wonen de zorgafnemers en klanten; er is veel marketinginformatie op postcodeniveau beschikbaar);
- socio-economische en demografische kenmerken (geslacht, leeftijd, huishouden, sociale klasse opleiding, inkomen e.d.);
- psychografische kenmerken (waarden, levensstijl);
- houding ten opzichte van zorgaanbod en zorgaanbieders in het algemeen;
- feitelijk zorg- en dienstafname.

Met de gegevens uit de uitsplitsing van de vraag en de afnemerskenmerken kunnen segmenten worden onderscheiden: clusters van zorgafnemersgroepen met gemeenschappelijke kenmerken. Aan segmentatie worden de volgende eisen gesteld:

- Identificatie en meetbaarheid: een segment moet aan de hand van concrete en meetbare kenmerken kunnen worden omschreven (bijvoorbeeld aandoening, geslacht, woonplaats, leeftijd e.d.).
- Homogeniteit: binnen een segment hebben de zorgafnemers gemeenschappelijke kenmerken en daardoor verschilt het ene segment zichtbaar van het andere segment. Bovendien moet een segment een zekere stabiliteit hebben in omvang en in de tijd.
- Bereikbaarheid: er moet op een of andere manier direct of indirect contact gelegd kunnen worden met (individuele) zorgafnemers binnen een segment. Met andere woorden: je moet direct of indirect met hen kunnen communiceren.
- Omvang en potentieel: een segment moet voldoende groot zijn om aparte marktbewerking te rechtvaardigen.

Een specifieke groep vormen de eigen klanten van de maatschap, vakgroep of zorgaanbieder. Over hen zijn feitelijke gegevens bekend, zoals adres, leeftijd, geslacht, zorgafname enzovoort. Via onderzoek kun je inzicht krijgen in factoren als kennis, verwachtingen, houding en gedrag. Wat weet de klant over het ziekenhuis en de specialist, wat is de houding van de klant ten opzichte van de zorgaanbieder, welk gedrag zegt hij in de toekomst te gaan vertonen?

Er zijn verschillende soorten onderzoek, zoals het eerder besproken tevredenheidsonderzoek en imago-onderzoek, dat later wordt behandeld. Voorts kan onderzoek onder klanten licht werpen op onvervulde behoeften en wensen en zo de basis vormen voor een vernieuwd zorgaanbod. Elk onderzoek heeft zijn begrenzingen en daarom moet je voorzichtig zijn met het trekken van conclusies. Tevredenheidsonderzoek kun je niet gebruiken om nieuwe diensten te ontwikkelen. Aan imago-onderzoek heb je niets als je het toekomstige gedrag van klanten wilt voorspellen.

CASUS

DBC-REGISTRATIE BIEDT MARKETINGINFORMATIE

Ondanks alle perikelen rond de invoering van DBC's bieden deze veel voordelen, ook in het kader van marketinganalyses. Op grond van de DBC-registratie werd voor de maatschap Chirurgie van een algemeen ziekenhuis een interessante segmentatie gemaakt van de afname van hun specialisme. Uitsplitsingen werden gemaakt naar:

- gemeente (geografische herkomst van de patiënten);
- soort behandeling (dagbehandeling, kliniek, polikliniek);
- soort zorg (regulier of spoed);
- leeftijd (< 20 jaar, 20-39, 40-55, 55-59, > 60 jaar);
- diagnose (welke DBC's worden het meest afgenomen).

Deze objectieve gegevens hielpen om het 'buikgevoel' van de chirurgen te onderbouwen en te nuanceren.

Bij een marktanalyse zijn niet alleen de zorgafnemers, maar ook de verwijzers van belang. In de eerste plaats spelen huisartsen een grote rol. Maar bijvoorbeeld ook bemiddelingsafdelingen van zorgverzekeraars worden belangrijker voor de electieve zorg (oogheelkunde, orthopedie e.d.).

5.3.2 *Omgevingsanalyse*

Dit is een analyse van de externe factoren die niet alleen de zorgaanbieder, maar de hele markt beïnvloeden. Voor individuele zorgaanbieders zijn die ontwikkelingen een gegeven waarop ze zelf geen invloed kunnen uitoefenen (hoe graag ze dat soms zouden willen). De analyse gaat alleen over omgevingsontwikkelingen die de betreffende markt beïnvloeden. Het gaat dus niet om het opsommen van een uitputtende reeks van bijvoorbeeld maatschappelijke ontwikkelingen, maar om de relevantie van een ontwikkeling uit markt- en marketingoogpunt. Een veel gebruikte indeling is die in de vijf DRETS-factoren:

- Demografische factoren: omvang, groei en verdeling van de bevolking; levensverwachting, ontgroening en vergrijzing; aantal huishoudens en samenstelling; opleidingsniveau; culturele samenstelling en dergelijke.
- Regulerende factoren: relevante wet- en regelgeving; toezicht; politieke ontwikkelingen.

- Economische factoren: economische ontwikkeling; welvaartsniveau en -verdeling; ontwikkeling inkomens en koopkracht; uitgavenpatronen; vermogen; werkgelegenheid en arbeidsparticipatie.
- Technologische factoren: informatie- en communicatietechnologie; medische technologie.
- Sociale factoren: maatschappelijke trends, zoals individualisering; ontwikkelingen in normen en waarden.

5.3.3 *Krachtenveldanalyse*

Dit is een analyse van de externe partijen en krachten die de positie van de zorgaanbieder beïnvloeden. Afhankelijk van de eigen (machts)positie kan de zorgaanbieder hierop invloed uitoefenen. Figuur 5.1 is een bewerking voor de zorgsector van het bekende bedrijfstakanalysemodel van Porter.

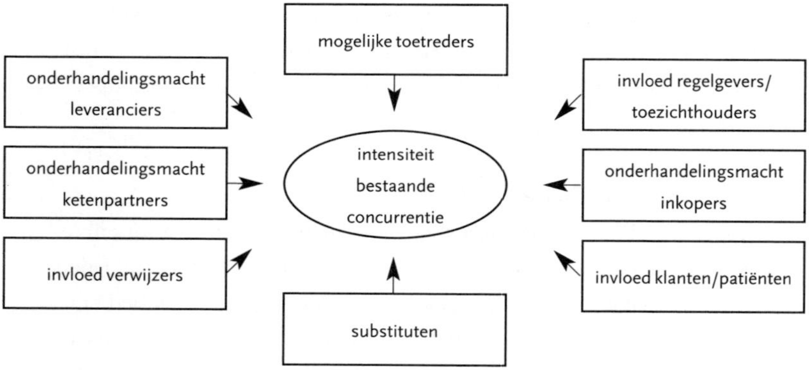

Figuur 5.1 Krachtenveldanalyse

De eerste stap is het vaststellen van de intensiteit van de bestaande concurrentie. Wie zijn de andere zorgaanbieders, hoe stellen zij zich op, waarmee beconcurreren zij elkaar? Zie ook de volgende paragraaf over concurrentieanalyse.

Vervolgens wordt gekeken naar twee krachten die de bestaande concurrentie direct kunnen beïnvloeden: nieuwe toetreders en substituten. Vroeger was toetreding moeilijk vanwege het vergunningstelsel van de overheid en het sterk regionale karakter van zorgmarkten. De nieuwe Wet Toelating Zorginstellingen (WTZi) maakt toetreding makkelijker en de bouw van nieuwe instellingen wordt minder strak gereguleerd. Het regionale karakter van markten vervaagt en consumenten zijn bereid, zeker bij electieve zorg, om over een grotere afstand te reizen. En ZBC's, privéklinieken en buitenpoli's maken dat het drukker wordt op het speelveld. Door de fusies en schaalvergroting ontstaan wel minder concerns, maar niet noodzakelijkerwijs minder vestigingen. Doordat vestigingen binnen een concern vaak een specifieker profiel krijgen (bijvoorbeeld alleen polikliniek en dagbehandeling) kan de concurrentie juist intensiever worden.

Substituten zijn producten of diensten die dezelfde functie beter, goedkoper of sneller kunnen vervullen. De opkomst van gespecialiseerde diagnostische centra betekent nieuwe concurrentie voor de diagnostische functie van het ziekenhuis. En medische zelftests vervangen voor een deel de gang naar de huisarts.

Op weg naar een landelijke keten van diagnostische centra, maar niet zonder slag of stoot

CASUS

De patiënt gaat met een klacht naar de huisarts. Die stuurt hem voor een diagnose door naar het ziekenhuis. Gemiddeld zijn daarvoor twee tot drie tests nodig. Als de patiënt pech heeft, moet hij verschillende keren terug naar het ziekenhuis om de tests te doorlopen. 'Volslagen uit de tijd', zegt Dr. Loek Winter, directeur van het Diagnostisch Centrum Amsterdam en het Diagnostisch Centrum Haaglanden. Hij introduceerde daarom *one stop shopping* in de zorg, met binnen 24 uur de uitslag. Volgens Winter werken zijn centra 75% goedkoper dan een gemiddeld ziekenhuis. Die centra verrichten relatief eenvoudige, veel voorkomende medische onderzoeken en tests: van bloedprikken tot röntgenfoto's, van mammografie tot eenvoudige ingrepen. Er is tien jaar gewerkt aan het concept en daarbij is de doelgroep grondig geanalyseerd. Wanneer komt de patiënt zelf en wanneer wordt hij gestuurd? Hoe lang wil hij wachten op een test? Hoe lang wil hij wachten op een uitslag? Al die uitkomsten zijn vertaald in het bedrijfsproces. Winter wil een keten van diagnostische centra opbouwen, in nauwe samenwerking met ziekenhuizen. 'Maximale klantgerichtheid is de basis', aldus Winter die zegt niet vies te zijn van commercie in de zorg: 'Ik wil de grootste worden van Nederland. Krijg ik concurrentie, dan ga ik er vol de strijd mee aan.'

Dat gevestigde zorgaanbieders ook kunnen strijden, bleek uit het kort geding dat Reinier de Graaf Groep en het HagaZiekenhuis aanspanden tegen Diagnostisch Centrum Haaglanden. Het diagnostisch centrum publiceerde in een nieuwsbrief doorlooptijden van onderzoeken die volgens beide ziekenhuizen niet representatief waren. De rechter stelde hen in het gelijk en vond de informatie van het diagnostisch centrum misleidend. De ziekenhuizen zijn tevreden over de uitspraak. Zij zijn voorstander van concurrentie in de zorg, maar, zo stellen zij, ook daarbij is zorgvuldigheid in de informatievoorziening geboden.

De derde stap in de krachtenveldanalyse is het traceren en analyseren van partijen die invloed op de concurrerende zorgaanbieders kunnen uitoefenen. Centraal staat de macht-afhankelijkheidsrelatie tussen de zorgaanbieder en de externe partij. In het geval van regelgevers en toezichthouders is het doorgaans wel duidelijk waar de macht ligt. Bij de invloed van zorgconsumenten/patiënten gaat het niet zozeer om de individuele klantrelatie, maar bijvoorbeeld om de invloed van een patiëntenvereniging of de macht van de patiëntenraad. Heet hangijzer is uiteraard de macht van de inkopers, met name de zorgverzekeraars. Bij de invloed van verwijzers gaat het om de eerste lijn of, bij topklinische ziekenhuizen, om de specialisten in andere ziekenhuizen. Waar ketenzorg steeds belangrijker wordt, moet een zorgaanbieder bij zijn marketingbeleid ook rekening houden met de andere zorgaanbieders in de keten. De samenwerking heeft vaak als consequentie dat de mogelijkheden om elkaar te beconcurreren, die er meestal ook zijn, bewust niet worden benut. Tot slot is ook de relatie met leveranciers relevant. En dan gaat het uit marketingoogpunt niet alleen om leveranciers van geneesmiddelen of facilitaire diensten, maar met het oog op de toekomst ook om leveranciers van geld, ofwel financiers. Wie wil uitbreiden, innoveren of nieuwbouwen, moet met een goed doortimmerd businessplan, inclusief een stevig hoofdstuk Markt, naar de bank of naar een andere financier.

5.3.4 *Concurrentieanalyse*

Elke zorgaanbieder heeft tegenwoordig wel concurrenten. Krantenberichten reppen zelfs al over de concurrentiestrijd tussen ziekenhuizen en de eigen specialisten. Voor grotere organisaties is het zaak om ook op gedetailleerd niveau te weten wie concurrenten zijn. Bijvoorbeeld per specialisme, maatschap, functie (diagnostiek, kliniek e.d.) of ZBC(-cluster). Ook is het relevant om via onderzoek te achterhalen welke andere zorgaanbieders de patiënt of verwijzer als alternatief ziet. Want dat zijn (ook) je concurrenten, ook al zie je ze zelf misschien niet eens als zodanig. De belangrijkste concurrenten worden een voor een geanalyseerd op de volgende punten:

- Welke positie nemen zij in de markt in (bijvoorbeeld in termen van marktaandeel, omzet, aantal patiënten; of in marktrol (leider, volger) of positionering)?
- Wat zijn hun doelen (in markt- en marketingtermen)?
- Wat zijn hun sterkten op marketinggebied (wat hebben ze, wat kunnen ze)?
- Wat zijn hun zwakten op marketinggebied (op welke marketingaspecten zijn ze kwetsbaar)?
- Wat is hun onderscheidende meerwaarde in vergelijking met ons?

CASUS

Concurrentieanalyse algemeen ziekenhuis

Bij de ontwikkeling van een strategisch marketingplan voor een groot algemeen ziekenhuis werden zes concurrenten vastgesteld. Vier daarvan betroffen ziekenhuizen die, zo bleek uit onderzoek, door een deel van de (potentiële) klanten van het eigen ziekenhuis werden verkozen boven het eigen ziekenhuis. De overige twee waren ziekenhuizen die dezelfde doelgroep bedienen en eenzelfde servicepakket en ambitieniveau nastreven. Deze zes concurrenten werden op de volgende punten beschreven:

- bovengemiddelde prestaties (bijvoorbeeld patiëntvriendelijkheid of zorgvernieuwingsprojecten);

- sterke specialismen;
- onderscheidende kracht (bijvoorbeeld een goed functionerende SEH of een goede samenwerking met de eerste lijn);
- zwakke punten (bijvoorbeeld interne onenigheden, minder bekwame specialismen of lange wachttijden);
- bedreiging voor het eigen ziekenhuis (bijvoorbeeld nieuwbouw door een concurrent of in de zin van adherentieverlies op een bepaalde locatie).

Vervolgens werd de kracht van deze concurrenten op tien aspecten beoordeeld op een vijfpuntsschaal (van zeer zwak tot zeer sterk). Deze aspecten werden deels ontleend aan het Elsevieronderzoek (omgang met patiënten, samenwerking met huisartsen, specialisten e.d.). Andere punten betroffen financiële en productiegegevens. Op deze manier ontstond een gedeeld en gevarieerd beeld van de mate en kracht van de concurrentie.

De zorg in 2020

In het zestiende *Sociaal Cultureel Rapport* van het SCP (2004) wordt een beeld geschetst van de verwachtingen over de zorgverlening in 2020 vanuit het perspectief van de zorggebruiker. De gegevens over de ontwikkelingen in de vraag maken volgens het SCP duidelijk dat het gezelschap zorgvragers groot zal zijn, want de sterke toename van het aantal ouderen zal gepaard gaan met een stijgende ziektelast. Het doembeeld van de vergrijzende zorgvraag zal waarschijnlijk niet uitkomen, doordat de oudere bevolking in 2020 relatief jong is en hoger opgeleid dan de huidige. In de grote steden zal de vraag meer bepaald worden door de cultuurspecifieke wensen van allochtonen. De zorgvragers van de toekomst zijn mondiger en beter geïnformeerd door internet. Het lijkt erop dat de mens van de toekomst meer aan het eigen lichaam wil laten sleutelen (cosmetische ingrepen, functieverbeteraars). Het toenemende gebruik van riskante genotmiddelen, met name door jongeren, stelt ook andere eisen aan bijvoorbeeld de verslavingszorg. Er dreigt volgens het SCP een tekort aan huisartsen (van 23%) in 2020. Binnen enkele medische specialismen (bijvoorbeeld oogheelkunde) zijn tekorten aan artsen te verwachten, binnen andere (bijvoorbeeld kindergeneeskunde) overschotten. Een van de oplossingen voor het tekort aan huisartsen is de introductie van *nurse-practitioners* die taken van huisartsen overnemen. Ook het tekort aan verpleegkundigen en verzorgenden groeit. Dat probleem is op te lossen door meer jongeren voor deze beroepen te interesseren of hulpkrachten uit het buitenland aan te trekken. Informatievoorziening op internet en vroegtijdige opsporing van ziekten zullen de vraag naar zorg eerder doen toe- dan afnemen. Doorbraken in de behandeling van ziekten worden, ondanks snelle wetenschappelijke vooruitgang in de genetica, voor 2020 niet verwacht. Ook vernieuwingen op het gebied van preventie zullen maar een bescheiden effect op de zorgvraag hebben. Nederlanders zien volgens het SCP-rapport een verschraling van de zorg en een tweedeling in het verschiet, maar wijzen die in grote meerderheid af. Nederlanders verwachten dat ze in de toekomst vaker voor zichzelf of voor hun zieke verwanten moeten zorgen, dat meer ouderen dan nu zullen verkommeren en dat de rijken betere zorg zullen krijgen dan de minder bedeelden.

5.3.5 *Scenarioanalyse*

Zorgaanbieders opereren in een complexe omgeving en worden geconfronteerd met veel onzekerheden. De scenarioanalyse doet recht aan die complexiteit door een aantal alternatieve toekomstbeelden te beschrijven. Het is een methode om zorgaanbieders te laten nadenken over trends en ontwikkelingen en van gedachten te laten wisselen over de grote onzekerheden waarmee ze worden geconfronteerd en die een grote invloed zullen hebben op het toekomstige succes. Een scenario is een intern consistent, plausibel en verrassend verhaal over hoe de toekomst er zou kunnen uitzien. Niet als voorspelling, maar als de mogelijke uitkomst van ontwikkelingen en krachten die de zorgaanbieder zelf niet kan beïnvloeden. Het proces van scenario-ontwikkeling is minstens zo belangrijk als het resultaat in de vorm van scenario's en de daarop volgende strategische discussie. Het is bij uitstek een instrument om een gemeenschappelijke visie te ontwikkelen. De uitdaging is om niet te vragen welk van de scenario's het meest waarschijnlijk is, maar om de strategische opties in kaart te brengen die de zorgaanbieder heeft wanneer de scenario's zich ontvouwen. Centrale vraag voor de strategische discussie is: wat gaan we doen als dit scenario werkelijkheid wordt?

Een scenarioanalyse begint met het verkennen van de externe omgeving door de relevante ontwikkelingen (factoren) en partijen (actoren) te inventariseren. De hiervoor besproken omgevingsanalyse en krachtenveldanalyse dus. Verschillende inventarisatiemethoden en werkvormen kunnen hierbij worden gebruikt. Er wordt vervolgens gekeken naar clusters van ontwikkelingen en naar de samenhang. Ook wordt vastgesteld welke (clusters van) ontwikkelingen vrij zeker zijn en welke in hoge mate onvoorspelbaar. Een van de belangrijkste stappen bij scenarioanalyse is het kiezen van de zogenoemde kernonzekerheden. Dit zijn de twee invloedclusters die naar verwachting de meeste impact op toekomstige gebeurtenissen zullen hebben en tegelijk het meest onzeker zijn. Elke kernonzekerheid kan in termen van extremen worden omschreven. Door de twee kernonzekerheden op de extremen met elkaar te confronteren ontstaat een assenstelsel met vier scenario's (figuur 5.2).

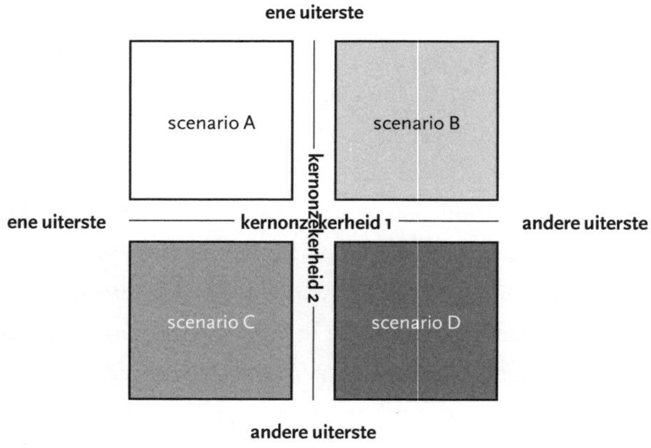

Figuur 5.2 Scenarioanalyse

Voorbeeld: scenarioanalyse ten behoeve van nieuwbouw ziekenhuis

Een ziekenhuis staat voor de nieuwbouw van een van de locaties. De nieuwbouw wordt binnen het nieuwe financieringsregime gefinancierd en er moet dan ook een goed doortimmerd businessplan komen. Bestuurders en medische staf onderkennen twee kernonzekerheden: komt er daadwerkelijk concurrentie in de regio? En: wie heeft uiteindelijk de macht: de zorgverzekeraar of de zorgaanbieder? Dit leidt tot vier scenariorichtingen (figuur 5.3):

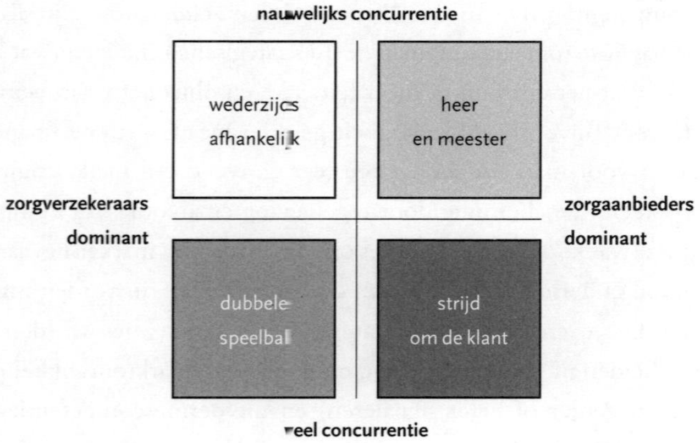

Figuur 5.3 Voorbeeldscenario's

Scenariorichtingen worden vervolgens in detail uitgeschreven en gecontroleerd op consistentie, plausibiliteit en verrassendheid. De scenario's zijn nu gereed voor analyse. Per scenario worden de betekenis en de kansen en bedreigingen voor de zorgaanbieder vastgesteld. Daarna worden de implicaties over alle scenario's heen vergeleken. Zo ontstaat zicht op zogenoemde robuuste beleidsopties. Dat zijn beleidsopties die, ongeacht welke toekomst zich manifesteert, relevant zijn voor de zorgaanbieder.

5.4 Interne analyse

Het tweede deel van de strategische analyse is de interne analyse:
- krachtanalyse;
- prestatieanalyse.

5.4.1 *Krachtanalyse*

De krachtanalyse betreft twee verschillende aspecten van de eigen markt- en marketingkracht van de zorgaanbieder: strategische middelen en kerncompetenties. De analyse kan zowel een zelfdiagnose zijn als een expertdiagnose (of een combinatie). Bij strategische middelen (wat hebben we) gaat het om min of meer feitelijke en objectief waarneembare bezittingen. Bijvoorbeeld strategisch gelegen locaties, ruime financiële middelen voor marketingbudgetten, een geavanceerd marketinginformatiesysteem, bescherming door regelgeving enzovoort. Bij kerncompetenties (wat kunnen we) gaat het om die markt- en marketingvaardigheden die onderscheidend zijn van de concurrentie en worden ingezet om waarde te creëren voor klanten. Kerncompetenties worden wel onderscheiden in visionaire competenties (trends, marktontwikkelingen en kansen eerder of beter signaleren) en uitvoeringscompetenties (de klant beter bedienen).

De kracht van de dokter

Uit marketingoogpunt kan het onderscheidend vermogen van een specialist of maatschap meerdere bronnen hebben. Natuurlijk kan de kracht liggen in de breed erkende medisch-professionele kwaliteit. Maar er zijn ook andere krachtbronnen. Denk aan het vermogen om goede relaties te ontwikkelen met de eerste lijn; de in tevredenheidsonderzoek hoog scorende vriendelijke bejegening van de patiënt; het overal kunnen beschikken over actuele elektronische patiënt- en medicatiegegevens; het werken in een nieuw ingerichte polikliniek die ontdaan is van ziekenhuisassociaties; het benutten van de marktinformatie uit de DBC-registratie; het regelmatig raadplegen van een patiëntenpanel enzovoort.

5.4.2 *Prestatieanalyse*

Bij de prestatieanalyse gaat het om een inventarisatie en evaluatie van 'harde' kwantitatieve gegevens over de eigen:

- marktprestaties: afzet, omzet, marktaandeel, marktpenetratie;
- marketingprestaties:
  - klantwaardering, klanttevredenheid, klantloyaliteit;
  - merkprestaties (bekendheid, imago, voorkeur);
  - product/dienstontwikkeling, product/dienstintroducties.

Het is belangrijk om niet alleen naar absolute gegevens te kijken, maar deze zo mogelijk ook en juist te vergelijken met de naaste concurrenten.

5.5 Combinatie van externe en interne analyse

Door de inventarisaties van de externe en interne analyse bij elkaar te brengen ontstaat een eerste indruk van mogelijke strategische richtingen. Er zijn verschillende manieren om de eigen positie en situatie te confronteren met de markt- en omgevingssituatie. Door die confrontatie ontstaat zicht op strategische opties:

- Bij de portfolioanalyse gaat het voornamelijk om een beeld per zorg-doelgroepcombinatie.
- Bij de SWOT-confrontatiematrix gaat het om strategische richtingen op organisatie- of bedrijfsonderdeelniveau.

5.5.1 *Portfolioanalyse*

Bij de portfolioanalyse (figuur 5.4) worden de interne en externe analyses eerst gemaakt op het niveau van afzonderlijke product-marktcombinaties. In de zorg zou je kunnen spreken van zorg-doelgroepcombinaties of dienst-doelgroepcombinaties.

Met de uitkomsten van de kracht- en prestatieanalyse wordt de marktpositie van de zorgaanbieder voor een specifieke zorg-doelgroepcombinatie getypeerd als sterk, gemiddeld of zwak. Aan de hand van de uitkomsten van de markt-, krachtenveld- en omgevingsanalyses wordt de marktaantrekkelijkheid voor die zorg-doelgroepcombinatie bepaald: hoog, gemiddeld of laag. De belangrijkste (clusters van) zorg-doelgroep-marktpositie: prestatieanalyse, krachtanalyse

marktaantrekkelijkheid: marktanalyse, krachtenveldanalyse, omgevingsanalyse

	sterk	gemiddeld	zwak
hoog	leider blijven of worden	grotere inspanning leveren	dubbele inzet of stoppen
gemiddeld	groeien	voorzichtig doorgaan	gefaseerd terugtrekken
laag	inkomsten genereren (cash cow)	gefaseerd terugtrekken	terugtrekken

Figuur 5.4 Portfolioanalyse

combinaties worden in de matrix geplaatst op grond van de marktaantrekkelijkheid en de eigen relatieve marktpositie. Zo ontstaat een beeld van:

- de strategische richting per zorg-doelgroepcombinatie (cluster);
- de samenstelling van de totale portfolio van de zorgaanbieder (bijvoorbeeld het ziekenhuis als geheel).

Voorbeeld portfolioanalyse

Een (fictief) ziekenhuis heeft, na een uitvoerige analyse en de nodige discussie, de volgende portfolioanalyse gemaakt (figuur 5.5).

Op grond van deze inzichten worden onder meer de volgende conclusies getrokken:

- De specialismen kindergeneeskunde en oogheelkunde worden op termijn afgestoten.
- Voor orthopedie wordt samenwerking gezocht met een gespecialiseerde aanbieder.
- Er wordt geïnvesteerd in kwaliteit en profilering (met name bij de eerste lijn) van het specialisme oncologie.

marktpositie

marktaantrekkelijkheid		sterk	gemiddeld	zwak
	hoog	cardiologie	oncologie	orthopedie
	gemiddeld	interne geneeskunde KNO	urologie reumatologie	kaakchirurgie dermatologie
	laag	gynaecologie	psychiatrie	oogheelkunde kindergeneeskunde

Figuur 5.5 Voorbeeld portfolioanalyse

– De specialismen cardiologie, interne geneeskunde en KNO worden gebruikt als *merkdrivers* voor het gehele ziekenhuis (deze specialismen krijgen een belangrijke rol in de externe profilering).

5.5.2 SWOT-confrontatiematrix

Het begrip SWOT wordt gevormd door de eerste letters van de woorden *Strenghts, Weaknessess, Opportunities* en *Threats*. Ofwel: sterkten, zwakten, kansen en bedreigingen. Bij de SWOT-confrontatiematrix worden de gegevens uit de externe analyse gebruikt om de markt- en marketingkansen en -bedreigingen voor de zorgaanbieder te inventariseren (figuur 5.6).

De gegevens uit de interne analyse geven een beeld van de eigen sterkten en zwakten op markt- en marketinggebied. Kansen en bedreigingen liggen dus buiten de organisatie, sterkten en zwakten binnen de eigen organisatie. Dat wordt in de praktijk soms door elkaar gehaald. Door confrontatie van kansen en bedreigingen met sterkten en zwakten ontstaat een overkoepelend beeld en zicht op vier strategische richtingen: groeien, verdedigen, verbeteren, probleem oplossen.

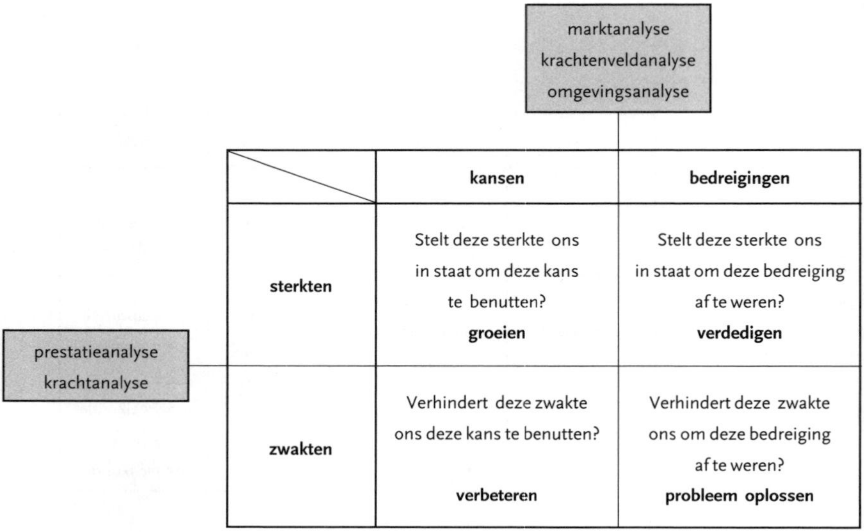

Figuur 5.6 SWOT-confrontatiematrix

Voorbeeld confrontatiematrix

In het kader van een strategische analyse voor een (fictief) ziekenhuis ontstond de volgende confrontatiematrix (figuur 5.7):

Het ziekenhuis heeft een aantal sterke medische punten: het staat bekend om de kwaliteit van bepaalde specialismen, heeft een zeer goede SEH en een goede relatie met het academisch ziekenhuis. Deze sterkten kunnen worden gebruikt om enkele geïnventariseerde kansen te benutten voor groei. Twee andere sterke punten moeten worden ingezet ter verdediging: de goede relatie met de zorgverzekeraar moet de toenemende concurrentie op afstand houden en de goede bereikbaarheid en korte reisafstand moeten de dreiging van een buitenpoli van een concurrent pareren. Een zwak punt is de patiënttevredenheid. Vanwege de fellere concurrentie moet die tevredenheid omhoog. Hierdoor kan ook de reputatie bij de huisartsen worden verbeterd, waardoor de mogelijkheden tot samenwerking beter kunnen worden benut. Een apart zwak punt vormen de omvang en cultuur van het ziekenhuis. Die vergroten het risico dat specialisten uitwijken naar ZBC's en privéklinieken. Dit probleem oplossen kan op twee manieren: veranderingen in de structuur en cultuur van het ziekenhuis of zelf ZBC's faciliteren. Een moeilijke afweging.

	kansen	**bedreigingen**
sterkten	– goede reputatie bepaalde specialismen/marktgroei door vergrijzing – goede SEH/concentratie SEH in regio – samenwerking academisch ziekenhuis/relatie huisartsen	– relatie zorgverzekeraar/nieuwe toetreders – korte reisafstand/buitenpoli concurent
zwakten	– patiënttevredenheid over bejegening/relatie huisartsen	– patiënttevredenheid over bejegening/fellere concurrentie – te logge en starre organisatie/aantrekkingskracht ZBC's en privéklinieken

Figuur 5.7 Voorbeeld SWOT-confrontatiematrix

6 Strategie en positionering in de zorgmarkt

STRATEGISCH STARTPUNT

Volgens 'het boekje' horen aspecten als visie, missie, waarden en ondernemingstrategie een gegeven te zijn voor strategievorming en beleidsontwikkeling op markt- en marketingniveau:

– *Visie*: een toekomstgerichte beschrijving van de omgeving, waarin het bestaansrecht van de zorgaanbieder ligt besloten.
– *Missie*: geeft aan waar de zorgaanbieder voor staat, welke betekenisvolle bijdrage hij wil leveren aan zijn relevante omgeving en waarin hij zich wil onderscheiden ('waartoe zijn wij op aarde').
– *Waarden*: algemene, essentiële en blijvende principes van de zorgaanbieder.

Deze elementen moeten in een strategisch marketingplan niet klakkeloos worden overgeschreven, maar van een marktspecifieke betekenis worden voorzien. Ook andere strategische documenten, zoals een strategisch bedrijfsplan en een zorgvisie, vormen uitgangspunten voor marktstrategie en marketingbeleid. In de praktijk zien we soms een overlap tussen een strategisch bedrijfsplan en een strategisch marketingplan. Het kan zijn dat een strategisch bedrijfsplan onvoldoende richting geeft en daarom 'dunnetjes wordt overgedaan'. Maar het mag er niet toe leiden dat het strategische marketingplan blijft steken in ondernemingstrategische aspecten. Een strategisch marketingplan en de onderliggende analyses gaan over de *markt* en de onderscheidende betekenis van de zorgaanbieder voor zijn *klanten*. Niet meer en niet minder.

6.1 Marktdoelen

Op basis van het strategische startpunt (visie, missie, waarden, ondernemingstrategie) en de uitkomsten van de strategische analyses (zie hoofdstuk 5) worden marktdoelen geformuleerd. Dit zijn doorgaans kwalitatief omschreven doelen, in termen van:

- te bereiken marktposities:
  - afzet (aantal zorg/dienstafnames);
  - omzet (aantal × prijs);
  - marktaandeel (in aantal afnames of in omzet);
  - marktpenetratie (in aantal klanten, bijvoorbeeld per zorg-doelgroepcombinatie);
- te ontwikkelen markten (marktontwikkeling) en/of diensten (dienstontwikkeling).

In omzet-afzettermen kun je op ziekenhuis- of maatschapniveau bijvoorbeeld doelen stellen met behulp van DBC(-clusters). Denk aan een verschuiving van klinische naar dagbehandelingen (mits uiteraard verantwoord). Ook kunnen doelen worden gesteld in termen van verdeling van de omzet over meer zorgverzekeraars, om de afhankelijkheid te verminderen. Doelen in termen van marktaandelen en marktpenetratie kunnen worden gesteld op geografisch niveau (welk deel van het totale aantal inwoners maakt gebruik van het ziekenhuis), maar ook per specialisme (bijvoorbeeld het aantal verrichtingen door de betreffende specialist ten opzichte van het totale aantal verrichtingen in het specialisme binnen het verzorgingsgebied).

6.2 Marktstrategie

Na het bepalen van de marktdoelen wordt de marktstrategie geformuleerd. Daarbij gaat het om strategische beslissingen in termen van marktdomein, ontwikkelstrategie en positionering.

6.2.1 Marktdomein

Het marktdomein is een driedimensionale ruimte (figuur 6.1), gevormd door:

- de afnemersvraag waarop de zorgaanbieder zich wil richten (zie hoofdstuk 3);
- de afnemersgroepen waarop de zorgaanbieder zich wil richten (zie hoofdstuk 5);

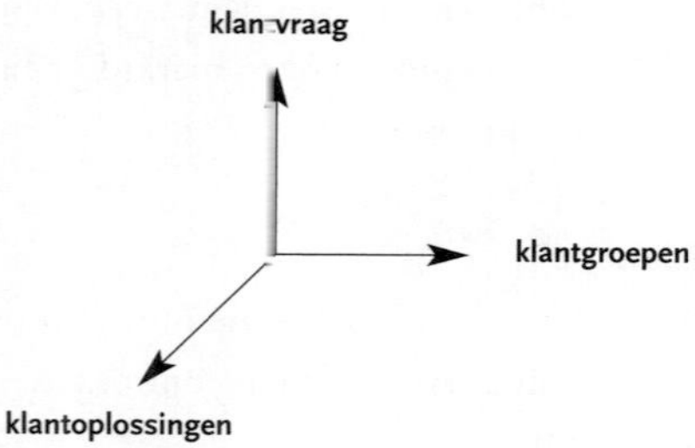

Figuur 6.1 Dimensies marktdomein

- de klantoplossingen die de zorgaanbieder wil bieden (zie ook de portfolioanalyse en de SWOT-confrontatiematrix uit hoofdstuk 5).

Een marktdomein kan worden gebruikt om de ambities van de aanbieder te visualiseren en om de eigen grenzen te trekken ('daar zijn wij niet van').

De combinatie van de keuze op deze drie dimensies leidt tot verschillende profielen van zorgaanbieders. Tabel 6.1 geeft daarvan een voorbeeld.

Tabel 6.1 Voorbeeld marktdomeinen

	Klantvraag	Klantoplossingen	Klantgroepen
Zorgaanbieder A	Electieve zorg, twee samenhangende specialismen	Poliklinisch en dagbehandeling	Landelijk, werkende mensen, 20 tot 60 jaar
Zorgaanbieder B	Basiszorg en SEH	Polikliniek, dagbehandeling en kliniek	Alle inwoners in een bepaalde regio
Zorgaanbieder C	'Luxe zorg'	Privékliniek	Welgestelde vrouwen
Zorgaanbieder D	Chronische zorg, bepaalde specialismen	Extramuraal, ketenverband	Mensen met een bepaalde chronische aandoening

Ook al zijn deze vier aanbieders in dezelfde plaats gevestigd, dan zullen zij op grond van de verschillen in gekozen marktdomeinen elkaar toch niet (of nauwelijks) beconcurreren.

6.2.2 *Ontwikkelstrategie*

De ontwikkelstrategie bouwt, met inachtneming van de marktdoelen, voort op de portfolioanalyse en de SWOT-confrontatiematrix en geeft vier opties aan (figuur 6.2):

- *Marktpenetratie*: het uitbouwen van de bestaande marktpositie door meer klanten binnen de gekozen doelgroepen aan te trekken en/of bestaande klanten meer bestaande diensten te laten afnemen.
- *Marktontwikkeling*: door bestaande diensten aan te bieden aan voor de zorgaanbieder nieuwe doelgroepen (bijvoorbeeld via een buitenpoli in een andere regio).
- *Dienstontwikkeling*: het aanbieden van nieuwe diensten aan de bestaande doelgroepen (bijvoorbeeld klinische behandeling door ZBC's).
- *Diversificatie*: nieuwe diensten aanbieden aan nieuwe doelgroepen (bijvoorbeeld een programma vanuit de kindergeneeskunde gericht op kinderen met overgewicht).

	bestaande diensten	**nieuwe diensten**
bestaande markten	marktpenetratie	dienstontwikkeling
nieuwe markten	marktontwikkeling	diversificatie

Figuur 6.2 Ontwikkelstrategieën

6.2.3 *Positionering*

Het begrip positionering, dat letterlijk plaatsbepaling betekent, wordt in verschillende contexten gebruikt. Men hanteert het bij de plaatsbepaling van de zorgaanbieder in de keten, bij de keuze van de klantgerichtheidstrategie en bij de merkstrategie (hoofdstuk 8).

Positionering in de keten (voorwaartse en achterwaartse integratie)
De positionering in de zorgketen is een actueel thema. Daarbij gaat het in dit verband niet om samenwerking in de keten, maar om het kiezen van de eigen rol en plek binnen de keten. Waar voorheen alle ketenpartners zich keurig aan hun eigen rol hielden, zie je tegenwoordig ook vormen van integratie. Een voorbeeld van achterwaartse integratie is de huisarts die zelf bepaalde diagnostiek of kleinere ingrepen gaat uitvoeren. Een voorbeeld van voorwaartse integratie is de specialist die zich rechtstreeks tot de zorgconsument richt.

Verpleeghuisartsen zetten eigen praktijken op

Verpleeghuisartsen van het VUmc in Amsterdam hebben plannen om een landelijk netwerk van medische praktijken voor ouderen en chronisch zieken op te zetten. Ze zijn hierover in gesprek met de zorgverzekeraars. De artsen zouden als vrijberoepsbeoefenaren met praktijkverpleegkundigen en assistenten werken in eigen praktijken, HOED'en of gezondheidscentra. 'Het is', zo stelt Frank Hoek, verpleeghuisartsopleider en mede-initiatiefnemer van de franchiseorganisatie Gerimedica, 'uitdrukkelijk niet de bedoeling om de huisartsen in het vaarwater te zitten. Onze expertise is expliciet gericht op ouderen en chronisch zieken, bijvoorbeeld met betrekking tot polyfarmacie. Tegen de tijd dat we de plannen ten uitvoer brengen, willen we graag samenwerken met huisartsen in de regio waar de praktijk komt.' De achterliggende gedachte van de plannen is dat het concept 'verpleeghuis' over zijn uiterste houdbaarheidsdatum heen lijkt te zijn. 'Het aantal verpleeghuisbedden houdt geen gelijke tred met de toename van het aantal ouderen en chronisch zieken. Van hen zal een groter deel straks buiten de instellingen verblijven', aldus Hoek. Volgens de initiatiefnemers bestaat er binnen de beroepsgroep veel belangstelling voor een andere manier van werken, losser van het verpleeghuis.

Bron: Medisch Contact, nr. 14, 7 april 2006.

6.3 Positionering in de ruit van klantgerichtheid

Als je afgaat op jaarverslagen, internetsites en strategische plannen, dan stelt geen enkele zorgaanbieder zich meer de vraag *of* men klantgericht moet zijn. Maar merkwaardig genoeg lijkt ook vrijwel niemand de vraag te stellen *hoe* je klantgericht moet zijn. Dat maakt het er niet duidelijker op, noch voor de klant, noch voor de eigen organisatie, noch voor de zorginkoper. Het is voor de klant niet duidelijk wat hij wel en niet mag verwachten van de dienstverlening; medewerkers hebben geen helder beeld van wat zij moeten doen of laten om klantgericht te zijn en de zorginkoper weet niet goed hoe hij de prestaties op het gebied van klantgerichtheid moet wegen en vergelijken. Daar waar een invulling wordt gegeven aan het begrip klantgerichtheid, kom je vaak een verzameling gemeenplaatsen tegen. Het gaat dan om 'een hoge servicekwaliteit', om 'goede dienstverlening', om 'warme bejegening', om 'bereikbaarheid en toegankelijkheid'. Daar is allemaal niets mis mee en er komt organisatorisch heel wat voor kijken, maar hoe onderscheidend is dit allemaal? In feite zijn de meeste zorgorganisaties nog bezig om te voldoen aan de drempelwaarden van het marktspel. Een ieder die wil meespelen, moet zijn *license to market* halen. Daar zijn ook programma's als *Sneller Beter* op gericht. *Best practices* en *benchmarking* zijn zinvol om als sector snel meters te maken op de weg naar markt- en klantgerichtheid. Maar wat vergeten lijkt te worden is dat het echte marktspel draait om onderscheidendheid. Zodra alle zorgorganisaties de drempel van basale klantgerichtheid hebben bereikt, gaat het spel echt beginnen. En dan wordt het meer ieder voor zich en worden *best practices* eerder geheimgehouden dan met elkaar gedeeld. Als je weet dat het echte marktspel dus nog moet beginnen en dat het daarbij gaat om onderscheidende klantgerichtheid, waarom zou je dan als zorgorganisatie daarop wachten? Je kunt ook van meet af aan een *specifieke* klantgerichtheidstrategie ontwikkelen. Een kijkje in het bedrijfsleven, met name in de dienstensector, kan verhelderend werken.

6.3.1 Vier strategieën

Een duidelijke marktstrategie begint bij de vraag: *hoe* willen wij klantgericht zijn? Het bedrijfsleven maakt bij het beantwoorden van die vraag vaak gebruik van het gedachtegoed van Treacy en Wiersema (1995). Die onderscheiden drie vormen van klantgerichtheid: *operational excellence, product leadership* en *customer intimacy*. Zij stellen dat geen enkele organisatie het iedere klant op alle fronten naar de zin kan maken. De aanbieder moet kiezen voor een bepaalde waardepropositie. Dat kan zijn een combinatie van snelheid, betrouwbaarheid en gemak tegen een scherpe prijsstelling (*operational excellence*); de beste inhoudelijke oplossing (*product leadership*) of individueel maatwerk (*customer intimacy*). Marktleiders excelleren op één van deze drie waardeproposities en zorgen ervoor dat ze op de andere twee dimensies minimaal marktconform opereren. Voor alle duidelijkheid: het gaat hier niet alleen om de *front office*. De gekozen waardepropositie werkt door naar de gehele organisatie. Structuur, cultuur, systemen en managementstijl verschillen per klantgerichtheidstrategie. Een andere belangrijke constatering is dat de klanttevredenheid gebaseerd is op verschillende aspecten. Bij een *operational excellence*propositie zijn klanten vooral tevreden over de combinatie van snelheid, gemak en betrouwbaarheid in relatie tot een scherpe prijsstelling. Ze nemen het op de koop toe dat de dienstverlening sterk is gestandaardiseerd. Bij een *customer intimacy*propositie waarderen de klanten juist het maatwerk, waaraan ze dan ook hoge eisen stellen en waarvoor ze bereid zijn een hogere prijs te betalen. Als je dus gaat *benchmarken,* is dat alleen zinvol door organisaties met dezelfde klantgerichtheidstrategie te vergelijken. Anders vergelijk je appels met peren.

Mede door de opkomst van de informatie- en communicatietechnologie is in het bedrijfsleven een vierde vorm van klantgerichtheid ontstaan: *mass customization*. Dit is een combinatie van massaproductie (met alle schaalvoordelen van dien) en individualisering van het klantcontact en de dienstverlening. Een bekend voorbeeld is Dell Computers. Via internet kan de klant zijn eigen configuratie samenstellen en bestellen.

De genoemde vier klantgerichtheidstrategieën (*operational excellence, product leadership, customer intimacy, mass customization*) uit het bedrijfsleven laten zich in de zorgsector vertalen in de 'ruit van klantgerichtheid' (Den Engelsen, 2006). Deze benaderingswijze is in de praktijk ontstaan, tijdens gesprekken met bestuurders en managers van zorgorganisaties. Let wel, het gaat hier om vier in de kern gelijkwaardige vormen van klantgerichtheid, die elk verschillend uitwerken naar enerzijds de klantervaring en -beleving en anderzijds de interne organisatie (figuur 6.3).

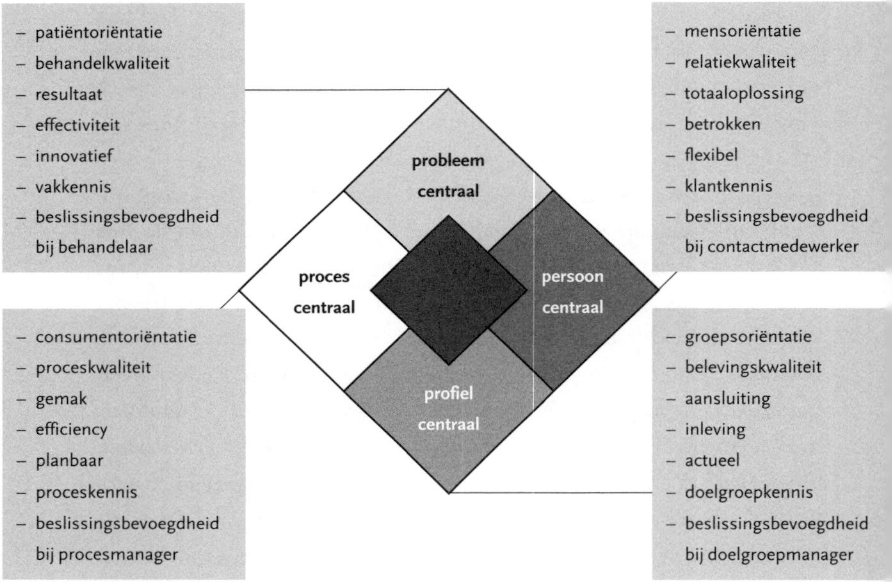

Figuur 6.3 De ruit van klantgerichtheid

6.3.2 *Strategie 1: Klantprobleem centraal*

De ogenschijnlijk minst klantgerichte marktstrategie is die waarbij het probleem van de patiënt of cliënt centraal staat. Vormen van acute zorg vallen hieronder, maar bijvoorbeeld ook topspecialisten op een bepaald gebied. Alles is gericht op een effectieve behandeling van het complexe (fysieke of psychische) probleem van de klant. Aan innovativiteit en vakkennis wordt grote waarde gehecht. De specialist bepaalt het behandelingsproces en de klant vertoont in zijn gedrag nog de grootste gelijkenis met de klassieke patiënt. Echter, dat is ten dele schijn, want ook deze patiënten hebben hedendaagse behoeften en wensen en verwachten dat de aanbieder daar rekening mee houdt. Deze klantgerichtheidstrategie is gebaseerd op wat in het bedrijfsleven *product leadership* wordt genoemd. Belangrijk daarbij is dat die strategie zich richt op een doelgroep die kiest voor de beste inhoudelijke oplossing voor hun probleem. En daarbij gaat het om wat in hun perceptie het beste is, los van de vraag of dat ook uit medisch-specialistisch oogpunt het beste is. Voor die 'beste oplossing' is de klant bereid het nodige op te offeren aan geld of tijd. Lange reistijden of wachttijden hoeven bij deze strategie op voorhand geen belemmering te zijn, afhankelijk uiteraard van de concurrentie. Bij de afweging 'de tent of de vent' is het hier vooral 'de vent' (m/v) waarop klanten hun keuze baseren. Deze strategie is minder geschikt voor schaalvergroting.

Een aardig voorbeeld van het *branden* van een *productleader* zijn de Beaumont Hospitals ('the leading edge of surgery') in de Verenigde Staten. Op grote buitenreclameborden lachen artsen de passanten toe, onder de kopregel: 'Do you have a Beaumont doctor®? Het woord 'Beaumont doctor' is dus een geregistreerd merk.

6.3.3 *Strategie 2: Klantproces centraal*

Bij de klantgerichtheidstrategie waarbij het proces centraal staat, wordt de gehele keten van diagnose, behandeling en nazorg vanuit het 'doorsnee klantperspectief' ingericht. Met als resultante gemakkelijke, snelle en betrouwbare zorg- en dienstverlening voor iedereen. Tegen een voor de zorginkoper aantrekkelijke prijs. Standaardisatie, proceskwaliteit en efficiency staan hier hoog in het vaandel. Het gaat vooral om planbare zorg voor grote aantallen klanten. Denk aan de kniestraten en heuppleinen. De beslissingsbevoegdheid ligt bij de procesmanager, die bepaalt hoe de klantgerichtheid vormt krijgt. Procesmedewerkers (dus ook artsen) moeten zich aan hun voorgeschreven rol houden en klantvriendelijk zijn. Niet meer en niet minder. Deze op *operational excellence* gebaseerde strategie, gericht op vrij massale doelgroepen, kenmerkt zich door een formuleaanpak. Die formule is herkenbaar en kopieerbaar en leent zich voor franchising. Deze strategie is dan ook het meest geschikt voor schaalvergroting. Een sterke merknaam maakt het mogelijk om te penetreren in andere marktgebieden en uit te groeien tot een landelijke speler. Klanten kiezen voor 'de tent'.

6.3.4 *Strategie 3: Klantprofiel centraal*

Een derde optie is de klantgerichtheidstrategie waarbij het profiel van een bepaalde doelgroep centraal staat. De doelgroep kan variëren in omvang, maar zal minder massaal zijn dan wanneer het proces centraal staat. Essentieel is dat de klant in zijn perceptie een aanbod krijgt dat bij hem past en dat hij de zorg- en dienstverlening geniet temidden van 'soortgenoten'. Belevingskwaliteit en inlevingsvermogen zijn hier sleutelwoorden. Doelgroepkennis is van groot belang en de beslissingsbevoegdheid (hoe verlenen we de zorg) ligt bij de doelgroepmanager. Deze strategie heeft kenmerken van *mass customization*. De voordelen van standaardisatie (in de *back office*) worden gecombineerd met specifieke belevingswerelden voor bepaalde doelgroepen. Denk aan een ziekenhuis dat, naast zijn algemene functie, zich vooral richt op de sportende mens. Dat is dan niet een ziekenhuis met alleen in sportblessures gespecialiseerde artsen, maar een 'beterhuis' dat qua inrichting, faciliteiten en bejegening is afgestemd op de leef- en belevingswereld van sporters. Ook deze klantgerichtheidstrategie leent zich voor een formuleaanpak die exporteerbaar is naar andere regio's en is daarmee geschikt voor schaalvergroting.

6.3.5 *Strategie 4: Klantpersoon centraal*

Bij de vierde strategische optie (persoon centraal) gaat het om maatwerkdienstverlening. De zorg is erop gericht een totaaloplossing te bieden die aansluit bij het leven van de individuele klant. Dat gaat veel verder dan je kunnen inleven in de klant. Een vergaande betrokkenheid en grote flexibiliteit staan hoog in het vaandel. Klantkennis is essentieel en de beslissingsbevoegdheid (hoe verlenen we de zorg) ligt bij de individuele medewerkers die contact met de klant hebben. Zij handelen in vrijheid naar bevind van zaken en in het belang van de betreffende klant. Hoe zij handelen, kan van klant tot klant verschillen. Deze strategie is gebaseerd op *customer intimacy*. Het geboden maatwerk kent een vaak forse meerprijs en niet iedereen kan of wil daarvoor betalen. Denk aan de vroegere klasseafdelingen, die aan het terugkomen zijn onder de noemer luxeverpleging of topservice. Het woord 'maatwerk' wordt door zorgorganisaties vaak in de mond genomen. Dat is begrijpelijk, ieder mens is immers uniek, maar het is de vraag of dit ook het uitgangspunt moet zijn op het gebied van klantgerichtheid. Maatwerk organiseren is complex en heeft grenzen qua schaalgrootte. Het is lastiger meetbaar, minder transparant in termen van bedrijfsvoering en dus ook moeilijker 'te verkopen' aan bijvoorbeeld een zorgverzekeraar.

6.3.6 Zorgaanbieders moeten kiezen

De les uit het bedrijfsleven is dat zorgaanbieders moeten kiezen welke strategie zij op het gebied van klantgerichtheid voeren. De kleine ruit in het midden van het model visualiseert de onmogelijke combinatiestrategie. Er kan namelijk geen zorgaanbieder bestaan die zegt iedereen de allerbeste zorg te verlenen, op een snelle, makkelijke en betrouwbare manier, volledig afgestemd op de individuele klant en dat alles tegen een scherpe prijsstelling. Niet omdat zorgorganisaties dat niet zouden willen, maar omdat ze dat niet kunnen en omdat geen klant of zorginkoper dat gelooft. De keuze hoe je klantgericht wilt zijn, hoeft overigens niet enkelvoudig te zijn. Een organisatie of concern kan ervoor kiezen om per segment of doelgroep een andere strategie te kiezen. Maar dat heeft dan wel consequenties voor de inrichting van de zorg- en dienstverlening, de huisvesting, de besturing en dergelijke. Zo werkt een bepaald algemeen ziekenhuis met drie verschillende vormen van klantgerichtheid, die zich vertalen in verschillende locatieprofielen en dito processen. Interessante vraag is of verschillende klantgerichtheidstrategieën onder één merknaam passen. Die vraag beantwoorden we in hoofdstuk 8.

Diversiteit in het aanbod

Een van de auteurs pleitte in een interview met NRC Handelsblad (10 maart 2005) voor vier soorten ziekenhuizen die ieder op een andere manier worden betaald.

- Focusklinieken voor simpele ingrepen die goed te plannen zijn, zoals liesbreuk-, spatader- en staaroperaties.

- Buurtziekenhuizen voor niet al te ingewikkelde, maar onverwachte verrichtingen, zoals het verwijderen van amandelen of voor bevallingen. Zo'n 75 buurtziekenhuizen zouden bijvoorbeeld elk 200 000 mensen kunnen bedienen. En de artsen die in die ziekenhuizen werken, hoeven niet alles te kunnen. Er is wel een *intensive care*, maar tot een bepaald niveau. En naar de spoedeisende hulp komen alleen patiënten met overzichtelijke gebreken, zoals een gebroken been.
- Topklinische ziekenhuizen zijn er voor patiënten met aandoeningen waarvan de behandelwijze bekend is. Dat zijn dure en ingewikkelde ingrepen, bijvoorbeeld openhartoperaties. Wel gaat het hierbij om ingrepen die goed te plannen zijn.
- UMC's doen de onverwachte en moeilijke en soms ook experimentele behandelingen. Zij zien de kinderen met kanker, de patiënten met een stofwisselingsstoornis of patiënten die komen voor een harttransplantatie.

6.4 Reflectie op strategievorming

Strategie, en dus ook markt- en marketingstrategie, gaat over het vaststellen van doelen van een organisatie en het kiezen van wegen en middelen om die doelen te bereiken. De strategie, in de vorm van een plan, is de resultante van een proces. Dat strategievormingsproces is vaak belangrijker dan het resultaat (het strategiedocument). Die wetenschap leidt in de praktijk tot een aantal dilemma's:

- Proces versus plan (beide zijn belangrijk, maar te veel aandacht voor het proces komt het resultaat niet altijd ten goede en omgekeerd).
- Continu proces of periodieke planningcyclus (strategievorming is in essentie niet tijdgebonden en eigenlijk nooit 'af', maar in de praktijk besteed je er niet continu aandacht aan).
- Commitment versus betrokkenheid (strategievorming raakt de hele organisatie en vraagt om expliciete betrokkenheid van de medische staf en ook van de medewerkers, maar met een paar honderd of duizend mensen schrijf je geen strategisch marketingplan).

- Top-down versus bottom-up (zet het topmanagement de grote lijnen uit of ontstaat strategie van onder af).
- Ondernemerschap versus bestuur (welke mentaliteit overheerst: 'we moeten vooral doen, want anders zijn we te laat', of 'we moeten eerst goed de zaken op een rij zetten en weloverwogen en gedragen keuzes maken').
- Professie versus mentaliteit (is het maken van een strategisch marketingplan een vak dat je aan marketingprofessionals overlaat, of gaat het om het vastleggen van een manier van denken die iedereen in de organisatie raakt).
- Logica versus intuïtie (varen we blind op de harde gegevens en zetten we verklaarbare en samenhangende stappen, of laten we het 'buikgevoel' ook meewegen).
- Beschrijvend versus beeldend (is het strategische marketingplan een brij van zakelijke en professionele woorden en koele cijfers, of geven we de strategie ook in beelden en verhalen weer).
- Extrapoleren of discontinuïteit (gaan we uit van onderbouwde prognoses en rechte lijnen naar de toekomst, of gaan we op zoek naar meer mogelijke toekomstscenario's).

Met andere woorden: gebruiken we het strategische marketingplanningsproces vooral om onze onzekerheid te beheersen, of laten we ruimte voor het onverwachte en onvoorziene?

Als het aan de auteurs van dit boek ligt, is het antwoord: zoek naar een goede combinatie. Door een heldere strategie geef je duidelijkheid (en reduceer je daarmee onzekerheid) aan alle betrokkenen in en buiten de organisatie. Duidelijke en doordachte keuzes hoeven echter niet verlammend te werken als de omstandigheden veranderen en nieuwe kansen zich voordoen. Het gaat erom een reisdoel te kiezen en een heldere koers te bepalen, niet om de gehele weg in detail uit te stippelen.

7 Zorgmarketingstrategie en -middelen

7.1 Marketingdoelen

De marketingdoelen in een strategisch zorgmarketingplan worden in elk geval kwalitatief en waar mogelijk kwantitatief omschreven. Deze doelen geven aan waar de zorgaanbieder in marketingtermen op langere termijn naar streeft. De marketingdoelen kunnen worden gespecificeerd naar de belangrijkste zorg-doelgroepcombinaties.

Marketingdoelen kun je onderscheiden naar:

– *Klantniveau:*
    - aantal klanten (acquisitie: nieuwe klanten; retentie: behoud bestaande klanten);
    - afzet per klant of omzet per klant (absoluut, en zo mogelijk relatief: hoe verhouden de bestedingen van de klant bij de zorgaanbieder zich tot de totale bestedingen van de klant binnen dezelfde zorg/dienstencategorie; dit noemt men ook wel *share of customer*);
    - klanttevredenheid;
    - klantloyaliteit (neiging/gedrag om 'terug te komen').
– *Merkniveau* ('breinpositie' bij de doelgroep):
    - (spontane) naamsbekendheid;
    - imago (in relatie tot merkidentiteit);
    - voorkeur.
– *Distributieniveau*:
    - bijvoorbeeld het aantal doorverwijzers of het aantal doorverwijzingen.

In een operationeel marketingplan worden marketingdoelen vertaald in concrete en meetbare marketingdoelstellingen gericht op de kortere termijn. Het marketingbudget voor de korte termijn wordt met name gerelateerd aan deze doelstellingen.

7.2 Marketingstrategie

De keuze voor de marketingstrategie hangt mede af van de in hoofdstuk 6 besproken ontwikkelstrategie (marktpenetratie, marktontwikkeling, dienstontwikkeling, diversificatie). Er zijn marketingstrategieën voor bestaande of verwante markten c.q. diensten en strategieën voor nieuwe markten c.q. diensten.

7.2.1 Marketingstrategieën voor bestaande markten en diensten

Op bestaande of verwante markten c.q. diensten kan de zorgaanbieder gebruikmaken van de volgende marketingstrategieën:

- *Bekendheid vergroten*
  - bijvoorbeeld door een communicatiecampagne of door *free publicity* te genereren.
- *Drempel verlagen*
  - bereikbaarheid en toegankelijkheid voor de klant vergroten (bijvoorbeeld door langere openingstijden);
  - tijdelijk of eenmalig minder opofferingen voor de klant (bijvoorbeeld eenmalig gratis vervoer).
- *Verrijken*
  - toevoegen van extra service bij voor de klant gelijkblijvende opofferingen (bijvoorbeeld valtraining bij osteoporosepatiënten).
- *Binden*
  - extra service of voordeel voor bestaande klanten (bijvoorbeeld speciale faciliteiten voor chronische patiënten).
- *Verbeteren*
  - betere prestaties (oplossing beter laten aansluiten op de behoeften, wensen of verwachtingen van de klant; denk aan kraamsuites).

- *Geringere opofferingen* (besparing voor de klant van tijd, moeite, geld; bijvoorbeeld door afspraken via internet te maken, uitslagen per e-mail te ontvangen of telefonische consulten).
- *Herpositioneren* (imago verbeteren c.q. wijzigen).

7.2.2 *Marketingstrategieën voor nieuwe markten en diensten*

Bij het betreden van nieuwe markten c.q. het aanbieden van nieuwe diensten kan de zorgaanbieder gebruikmaken van de volgende marketingstrategieën:

- *Imiteren*
  - oplossing is nieuw voor de organisatie, maar niet nieuw in de markt (bijvoorbeeld een ZBC die ook meerdaagse klinische behandelingen gaat aanbieden).
- *Innoveren*
  - oplossing is niet nieuw voor de organisatie, maar nieuw in de markt;
  - oplossing is nieuw voor de organisatie en nieuw voor de markt (zoals het concept van de Mayo Clinic).

Careport

Careport is een initiatief van KLM Health Services (het vroegere KLM Arbo Services) en High Five Health Promotion. Careport staat voor een 'geheel vernieuwde vorm' van integrale bedrijfsgezondheidszorg, die onder meer bestaat uit fitness, fysiotherapie, mental coaching, eerstelijnszorg en de diensten van bedrijfsartsen. De eerste vestiging van Careport, waar drie (bedrijfs)artsen werken, werd eind 2005 geopend in het WTC Amsterdam, een bedrijvenpark met zo'n 3000 werknemers, plus enkele duizenden bij bedrijven in de nabije omgeving.

Bron: Medisch Contact, nr. 14, 7 april 2006.

7.3 Marketingmiddelen

Binnen een marketingstrategie kunnen diverse middelen worden ingezet om de marketingdoelen te bereiken. Een klassieke indeling in marketingmiddelen is die van de bekende vier P's: product, prijs, plaats en promotie. In dienstenmarketing werd daar de P van personeel bijgevoegd. Hoewel je deze indeling nog vaak tegenkomt, is het grote nadeel dat men de samenhang tussen deze middelen uit het oog verliest. De eerder genoemde benadering van zorgserviceconcepten, in plaats van 'losse' diensten, onderstreept juist het belang van een integrale aanpak. Tegen deze achtergrond belichten wij achtereenvolgens een aantal middelen die, in samenhang, kunnen worden ingezet binnen een gekozen klantgerichtheidstrategie:

- de rol van zorgprofessionals;
- de rol van zorg- en dienstverleningsprocessen;
- de rol van het contactkanaal en de plaats van zorglevering.

In hoofdstuk 8 bespreken we het merkenbeleid en de externe communicatie.

7.3.1 De rol van de zorgprofessional

De medische staf en alle andere zorgprofessionals en -ondersteuners (hierna te noemen: medewerkers) vervullen een zeer belangrijke rol in zorg- en dienstverlening als het gaat om kwaliteitsperceptie, klanttevredenheid en klantloyaliteit. Het bekende model uit het bedrijfsleven (de *Service Profit Chain*) stelt zelfs dat tevredenheid en loyaliteit van de eigen medewerkers aan de basis liggen van externe kwaliteit en uiteindelijk ook aan het behalen van winst. Medewerkers die niet tevreden zijn en/of onvoldoende loyaal aan de organisatie, dragen volgens dit model minder bij aan het genereren van winst. Gezien die belangrijke rol van medewerkers zal het zorgmarketingperspectief dus ook een rol moeten spelen in het *human resources*beleid, bij cultuurontwikkeling, in interne communicatie en bij het inhoud geven aan leiderschap.

Verschil in klantgericht gedrag

De keuze van de klantgerichtheidstrategie is in hoge mate bepalend voor de rol van de medewerkers in termen van klantervaring en -beleving.

- Bij de strategie waarin het klantproces centraal staat, is sprake van in belangrijke mate gestandaardiseerde massadienstverlening. Er is een overwegend uniform zorg- en dienstenaanbod van met name vaak eenmalige transactiediensten. De contactfrequentie met de patiënt of cliënt is relatief laag. Geautomatiseerde systemen hebben een belangrijke functie, ook om de zelfwerkzaamheid van de klant te bevorderen (bijvoorbeeld zelf invullen van vragenlijsten). Medewerkers vervullen een strak omschreven rol. Hun persoonlijke invloed op de klantbeleving en -ervaring is beperkt. Omdat deze strategie is gericht op optimalisatie van processen, is de besturing vooral gericht op beheersing (*control*). Tot op zekere hoogte is dit terug te vinden in op electieve behandelingen ingerichte 'straten'.
- Bij de strategie waarin het klantprofiel centraal staat, is sprake van modulaire dienstverlening voor relatief grote groepen klanten met overeenkomstige kenmerken. De zorg- en dienstverlening is toegesneden op het profiel van een specifieke doelgroep. (Ondersteunende) systemen en databases spelen hierbij een belangrijke rol. De rol van medewerkers is vastgelegd, maar biedt ruimte tot persoonlijke relaties en intensiever contact met de klant. Medewerkers hebben daardoor een wat grotere invloed op de klantbeleving en klanttevredenheid dan wanneer het klantproces centraal staat.
- Bij de strategie waarin de klant als persoon centraal staat, is sprake van maatwerkdienstverlening. De contactfrequentie met de patiënt of cliënt is hoog en de contactmomenten zijn vaak langdurig. Er is een grote betrokkenheid van de klant. Hoogprofessionele contactmedewerkers vervullen een hoofdrol, hebben veel beslissingsruimte en een grote invloed op de klantwaardering. Systemen vervullen een ondersteunende rol voor contactmedewerkers en zijn vaak onzichtbaar voor de klant.
- Bij de strategie waarin het klantprobleem centraal staat, wegen de specialisatie en het probleemoplossende vermogen van medewerkers

zwaarder dan het persoonlijke klantcontact. Hierbij moeten uiteraard algemene en hedendaagse normen van communicatie en klantcontact in acht worden genomen, maar de klantwaardering wordt meer bepaald door de gepercipieerde professionaliteit dan door de beleefde klantvriendelijkheid van de medewerkers.

Voor de goede orde: deze verschillende vormen van klantgerichtheid en dus van klantgericht gedrag van medewerkers zijn niet op voorhand synoniem met de verschillende typen zorg. Dus acute zorg betekent niet per definitie dat het klantprobleem centraal staat en chronische zorg stelt niet automatisch de klant als persoon centraal. Bij chronische zorg kan bijvoorbeeld ook de strategie van klantprofiel centraal worden gevolgd. Electieve zorg leidt vaak tot de strategie waarin het klantproces centraal staat, maar ook strategieën waarin het klantprofiel of zelfs het klantprobleem centraal staan, zijn opties.

In het algemeen geldt dat de invloed van individuele medewerkers op de klantwaardering groter is naarmate de personalisatie groter is (persoonlijk en intensief klantcontact), hun beslissingsruimte toeneemt (zelfstandig beslissingen kunnen nemen en kunnen afwijken van procedures) en er een groter beroep wordt gedaan op de professionaliteit (beroepsspecifieke kennis).

7.3.2 *De rol van het zorgproces*

Patiëntenlogistiek en optimalisatie van zorgprocessen zijn *hot items* voor de meeste zorgaanbieders (zie deel 3 van deze serie). Ook hier ligt een relatie met de klantgerichtheidstrategie. Een efficiënt en klantvriendelijk proces is voor elke zorgaanbieder relevant, maar een aanbieder die het klantproces centraal stelt, wil hierop excelleren. Dat is anders bij de zorgaanbieder die ervoor kiest de klant als persoon centraal te stellen. Daar zal ook de menselijke rol in verhouding tot de rol van systemen belangrijker zijn in het dienstverleningsproces. Zorg- en dienstverleningsprocessen zijn zogenoemde servuctieprocessen: een samentrekking van serviceverlening en productie. De klant (*prosumer*) participeert in het proces en zal dus goed moeten weten welke rol hij heeft.

Er is tegenwoordig veel aandacht voor het uitwisselen van *best practices* en voor *benchmarking*. Centraal staat daarbij de vraag hoe het eigen proces zich verhoudt tot dat van andere zorgaanbieders. Een *best practice* geldt dan als schoolvoorbeeld, vaak op het gebied van efficiency, dat moet worden nagevolgd of zelfs overtroffen. Deze methode van onderlinge vergelijking gericht op verbetering, is alleen zinvol als er geen appels met peren worden vergeleken. Een organisatie die kiest voor de klantgerichtheidstrategie van klantprobleem centraal moet zich niet gaan vergelijken met een aanbieder die het klantproces centraal stelt.

Door de ontwikkeling van ICT en internet wordt de systeemkant van veel processen steeds belangrijker. Systemen worden vaak gebruikt om 'twee vliegen in een klap te slaan': een grotere efficiency en een hogere klanttevredenheid. Door internetbankieren hebben we een grotere grip op onze financiële transacties, maar we doen wel mooi *back office*werk voor de bank.

Wachttijden

Bij de inrichting van processen is het erg belangrijk om goed aandacht te besteden aan wachttijden. Wachttijden en wachtrijen betreffen de tijd die iemand moet wachten rond het moment waarop de dienst wordt verleend. Wachtlijsten gaan over de tijd die de klant moet wachten tot dat moment is aangebroken. Wachttijden hoeven niet per definitie negatief te worden beleefd. Een patiënt kan ook een goed gevoel hebben als hij weet dat hij is ingepland voor een bepaalde ingreep. Maar dat goede gevoel kan weer omslaan als hij eenmaal ter plekke moet wachten.

'Geduld is een schone zaak', maar wachten behoort tot de grootste ergernissen van mensen en is volgens veel patiënten typerend voor de zorgsector. Irritatie en ontevredenheid over te lange wachttijden los je niet alleen op door de objectieve (feitelijke) wachttijd te bekorten. Het verkorten van de subjectieve (gepercipieerde) wachttijd is minstens zo belangrijk. De tevredenheid over de dienstverlening wordt onder andere bepaald door de tevredenheid met het wachten. Die is afhankelijk van drie factoren:

- *Verwachtingen.* De verwachtingen betreffen de van tevoren ingeschatte wachttijd. Die wordt beïnvloed door eerdere ervaringen, door de beloften van de zorgaanbieder en door gemaakte afspraken. De verwachting kan worden bijgesteld als iemand de wachtruimte betreedt. Hij ziet hoe druk het is, gaat af op wat hem aan de balie wordt verteld en berekent hoe lang het duurt voordat er iemand aan de beurt is.
- *Tolerantie.* De tolerantie is de aanvaardbare wachttijd. Die hangt niet alleen af van de ingeschatte wachttijd, maar ook van de beschikbaarheid van alternatieven en de switchkosten, omstandigheden die de zorgaanbieder zelf niet in de hand heeft (computerstoring), tijdelijke factoren (haast) en de perceptie van de eigen rol (zelfverwijt: ik ben te laat gekomen). Toleranties hebben ook te maken met maatschappelijke opvattingen. Waar vroeger een spoedgeval werd gezien als iets 'waar de dokter ook niets aan kan doen', is de kans tegenwoordig groot dat men zegt 'dan moeten ze dat maar anders organiseren'.
- *Beoordeling.* De subjectieve beoordeling van de wachtsituatie is niet alleen afhankelijk van de objectieve wachttijd, maar ook van factoren als de aantrekkelijkheid van de wachtomgeving, de afleiding tijdens het wachten, het gratis kopje koffie, de rechtvaardigheid in het verwerken van de wachtrij, informatie over de reden van het wachten en het voorkomen van dubbel wachten (eerst voor balie A en vervolgens voor balie B).

Wachttijden en wachtrijen moeten dus worden gemanaged en aanbieders kunnen ook wachttijddifferentiatie toepassen. Op de eerste hulp wordt van oudsher en per definitie gedifferentieerd naar noodzaak. Maar je kunt ook differentiëren naar belangrijkheid van de klant, de duur van het dienstverleningsproces (denk aan de snelkassa) of het betalen van een extra vergoeding. Zo hebben *business class*passagiers een snelle incheckbalie en een eigen wachtruimte.

Gemak

Bij het verbeteren van zorg- en dienstverleningsprocessen vanuit klantperspectief speelt de factor gemak een belangrijke rol. Er worden vijf gemakscomponenten of vormen van *service convenience* onderscheiden:

- *Beslisgemak* (*decision convenience*). Vooral beslissingen over het afnemen van ontastbare en heterogene diensten als zorg zijn moeilijk voor consumenten. Het verstrekken van heldere en toegankelijke informatie kan helpen. Evenals een sterk merk en goede ervaringen uit eerdere contacten.
- *Toegangsgemak* (*access convenience*). Toegangsgemak is belangrijk vanwege de interactieve consumptie van diensten. Een aanbieder moet de consument helpen om zijn rol als *prosumer* zo goed mogelijk te vervullen. Internet kan in dit verband veel toegevoegde waarde bieden.
- *Transactiegemak* (*transaction convenience*). Bij transactiegemak gaat het erom hoe eenvoudig het is om de transactie te voltooien. Dat heeft onder meer te maken met wachttijden.
- *Opbrengstgemak* (*benefit convenience*). Opbrengstgemak betreft het gemak van de daadwerkelijke uitvoering van de dienst. Die dienst moet minimaal voldoen aan de verwachtingen van de klant.
- *Postbenefitgemak* (*postbenefit convenience*). Dit is het gemak, of de minimale inspanning, die een klant moet leveren om opnieuw in contact te komen met de zorgaanbieder als er iets mis is gegaan.

De gemaksperceptie is van invloed op de totale kwaliteitsperceptie en kan door gerichte marketinginspanningen worden verhoogd. Enerzijds door daadwerkelijke aanpassingen in het dienstverleningsproces en anderzijds door heldere communicatie. Bij dat laatste gaat het vooral om informatie die de onzekerheid van de klant over vertragingen vermindert ('u wordt over tien minuten geholpen'), de reden voor het wachten geeft of de klant helpt om het servicesysteem goed te gebruiken ('toets uw postcode en huisnummer in en druk op OK').

7.3.3 De rol van kanaal en plaats

In de dienstenmarketing worden de termen plaats en distributie gebruikt als het gaat om de vraag via welk kanaal en op welke plaats de dienst wordt afgeleverd. De noodzakelijke aanwezigheid van de klant bij de aflevering van de dienst hangt af van:

- de presentieplicht (als de klant fysiek aanwezig moet zijn, zijn er twee mogelijkheden: de klant komt naar de aanbieder of de aanbieder bezoekt de klant);
- de participatiegraad: hoe actief is de klant betrokken in het dienstverleningsproces (bij een operatie bijvoorbeeld is de presentieplicht hoog maar de participatiegraad laag).

In de dienstverlening is er een tendens waarbij, mede door ICT, de presentieplicht afneemt en de participatiegraad stijgt (internetbankieren). Virtuele omgevingen (de internetsite) winnen aan belang ten opzichte van fysieke omgevingen. Zo zien we dat ook in de zorgsector de van oudsher vanzelfsprekende presentieplicht (naar de dokter toe) soms al afneemt, bijvoorbeeld bij een teleconsult.

Distributie

Distributie heeft drie dimensies waartussen een duidelijk verband bestaat:

- *Bereikbaarheid.* Dit heeft te maken met afstanden, openingstijden en toegang (internet) en betreft dus de moeite die een klant moet doen om een plaats (fysiek of virtueel) te bereiken.
- *Beschikbaarheid.* Hierbij gaat het over de vraag of de klant direct gebruik kan maken van de zorgverlener of het zorgsysteem.
- *Functionaliteit.* Het betreft dan de capaciteiten van de zorgverlener ('daar ga ik niet over') of van het systeem.

Mede afhankelijk van het belang en de gewenste invulling van die drie dimensies kunnen dienstverleners hun dienst direct of indirect aanbieden. Bij het indirecte kanaal is sprake van een intermediaire partij, bijvoorbeeld een assurantietussenpersoon die de zorgverzekering voor de consument onderbrengt bij de gunstigste zorgverzekeraar. Veel dienstverleners maken tegenwoordig gebruik van diverse, directe en indirecte, distributiekanalen (*multichannel*). Nauw verwant aan het denken in distributiekanalen is de ketenbenadering.

Een keten is te omschrijven als het geregisseerde geheel van schakels tussen de afnemer en opeenvolgende aanbieders. De keten moet zowel vanuit de aanbodkant als vanuit de vraagkant voordelen bieden in termen van waardecreatie en effectiviteit en efficiency. De relatie tussen de eerste en de tweede lijn in de zorg past meer in de ketenbenadering dan in puur distributiedenken. Dat neemt niet weg dat er situaties ontstaan waarbij de specialist zich rechtstreeks tot de zorgconsument richt en het distributiekanaal van de doorverwijzer wordt gepasseerd. Dat heeft ook te maken met het feit dat de zorgconsument zich soms het liefst rechtstreeks tot de specialist wendt.

De huisarts speelt als distributiekanaal een belangrijke rol bij de keuze van een ziekenhuis voor zijn patiënt. Uit onderzoek van ECORYS-NEI (2003) in opdracht van de NMa blijkt dat slechts 40% van de patiënten geheel zelfstandig kiest voor een ziekenhuis. Voor de rest speelt het advies van de huisarts de doorslaggevende rol. De voor dat onderzoek geïnterviewde huisartsen geven aan dat hun advies of keuze wordt bepaald door de reisafstand, kwaliteit van en contact met de specialist en/of het ziekenhuis. Bovendien geven zij aan dat zij naar een ander ziekenhuis zullen doorverwijzen als de kwaliteit van de zorg afneemt.

Franchising

Een bekend fenomeen in distributie is de multisitestrategie: het kopiëren van een succesvolle formule op andere locaties, zoals we veel zien in de retail en horeca. Deze strategie ligt ook ten grondslag aan *franchising*, een concept dat ook in de zorgsector zijn intrede heeft gedaan. Bijvoorbeeld: Care Company in de thuiszorg, de Extra Apotheek en Symphony Gezondheidscentra, een franchiseformule voor huisartsen. Franchising is een contractueel geregelde vorm van commerciële samenwerking waarbij de ene partij (franchisegever) verschillende rechten verleent aan de andere partij (franchisenemer). De franchisegever bepaalt het marketingconcept en de condities. De franchisenemer mag het concept en de merknaam gebruiken in ruil voor een vergoeding. Franchising biedt de franchisegever strategische flexibiliteit en de mogelijkheid om snel te groeien.

Inrichting

Hoewel *telemedicine* voortschrijdt en opereren op afstand mogelijk is, worden de meeste (curatieve) zorgdiensten nog steeds verleend daar waar de zorgaanbieder gehuisvest is. De uitstraling en inrichting van het gebouw zijn dus belangrijk, ook uit marketingperspectief. Uit onderzoek blijkt dat fysieke omgevingen positieve maar ook negatieve reacties kunnen oproepen. Consumenten kunnen meer of minder besteden, meer of minder trouw zijn of zelfs positief of negatief zijn in hun uitlatingen wanneer de omgeving of locatie aangenaam of teleurstellend is. Vergelijkbare reacties kunnen zich overigens ook voordoen bij medewerkers. Het in hoofdstuk 3 genoemde onderzoek onder ziekenhuispatiënten onderstreept het belang van het gebouw. Een ziekenhuisgebouw heeft nu meestal een negatieve invloed op de in dat onderzoek aangetoonde basisbehoeften: het onderstreept het domein van 'het zieke', het versterkt het gevoel dat de patiënt de controle over zijn eigen leven verliest en het draagt bij aan het gevoel van onrust. De zintuigen worden verkeerd geprikkeld: het ziet eruit als een ziekenhuis, het ruikt als een ziekenhuis, het eten smaakt als ziekenhuiseten en het is er nooit rustig. Particuliere klinieken ontlenen een deel van hun onderscheidend vermogen juist aan hun mooie locatie en sfeervolle inrichting. Als de zintuigen op de juiste manier worden geprikkeld, kunnen ze echter bijdragen aan de kwaliteitsperceptie en klanttevredenheid. In andere sectoren maakt men bijvoorbeeld veelvuldig gebruik van kleuren, geuren (de geur van versgebakken brood in de supermarkt) en geluiden, om de klantbeleving in positieve zin te beïnvloeden. Ook de vormgeving (hoe ziet het eruit en hoe voelt het aan) is een beproefd middel om de kwaliteitsperceptie en onderscheidendheid te vergroten (denk aan de apparatuur van Bang & Olufsen).

Locatie

Naast de inrichting speelt ook de locatie zelf een rol. Daarbij gaat het onder meer om:

- de bereikbaarheid (met verschillende vervoersvormen en op verschillende tijdstippen);

- de parkeermogelijkheden;
- de toegankelijkheid van het gebouw (zowel letterlijk als in termen van bewegwijzering op het terrein);
- de uitstraling van de omgeving (een groene omgeving werkt rustgevend).

Aanbieders met meer vestigingen onder dezelfde merknaam moeten ook letten op de uniformiteit van hun locaties en gebouwen.

Relatie tussen marktstrategie en vastgoedstrategie

In het kader van de marktwerking in de zorg verandert er ook veel op het gebied van het vastgoed. De relatie tussen marktstrategie en vastgoedstrategie wordt van fundamenteel belang voor het succes van zorgaanbieders. Het bouwregime van de Wet Ziekenhuis Voorzieningen (WZV) wordt beëindigd en het daaraan verbonden vergunningenstelsel komt te vervallen. In het kader van de nieuwe Wet Toelating Zorginstellingen (WTZi) krijgen zorginstellingen meer verantwoordelijkheid voor hun investeringsbeslissingen. De huisvestingslasten gaan deel uitmaken van de integrale kostprijs en de overheid bepaalt niet meer wat en hoe er gebouwd gaat worden. Instellingen moeten zelf beslissen hoe ze in de toekomst de huisvestingskosten kunnen terugverdienen. Efficiënt gebruik van de ruimte en herbruikbaarheid en aanpasbaarheid van het gebouw worden belangrijke thema's. Er moeten andere parameters worden gevonden bij nieuwbouw- en verbouwplannen. Tot nu toe werd bijvoorbeeld aan de hand van het aantal inwoners in het verzorgingsgebied via een aantal vaste parameters berekend hoeveel operatiekamers er moesten komen, hoeveel kamers met bedden en dergelijke. Vanaf nu zal een grondige marktanalyse en gedegen marktonderzoek onontbeerlijk zijn om een goede inschatting te maken van de in de toekomst te verwachten vraag. Voorts zal de zorgaanbieder een specifieke klantgerichtheidstrategie en een heldere positionering moeten kiezen en die vervolgens ook moeten vertalen in gebouw en inrichting. De vastgoedstrategie zal meer dan ooit ruimte moeten bieden voor flexibiliteit, om adequaat in te kunnen spelen op veranderende markt- en concurrentieontwikkelingen. Kortom, zoals de Raad voor de Volksgezondheid (2006) het formuleert: 'Het gebouw wordt een marketinginstrument waarmee instellingen zich willen onderscheiden.'

8 Merkenbeleid en communicatie in de zorgsector

Een van de belangrijkste strategische marketinginstrumenten hebben we nog niet besproken: het merk. Waar merkenbeleid (*branding*) vroeger was voorbehouden aan het commerciële bedrijfsleven, wordt het merkdenken tegenwoordig in steeds meer sectoren toegepast. En wij verwachten dat de zorgsector daarop geen uitzondering zal maken. Sterker, juist in de zorgsector zijn de afgelopen jaren tal van nieuwe merken geïntroduceerd.

Sterren stralen in de verpleeghuiszorg

In 2005 bracht de commissie Kennedie, genoemd naar de voorzitter en topman van Golden Tulip Hotels in Nederland, in opdracht van de staatssecretaris van VWS een rapport uit over *hospitality care* in de verpleeghuiszorg. Enkele van de aanbevelingen:

- Introduceer *branding* en het gebruik van franchisemodellen. Door franchising kan een bepaald bedrijfsmodel op verschillende plekken gerepliceerd worden. Dat betekent voor de klant een duidelijk verwachtingspatroon (prijs en kwaliteit), gekoppeld aan het betreffende 'merk' verpleeghuis.
- Bevorder de transparantie in de verpleeghuismarkt door de introductie van een sterrensysteem, vergelijkbaar met dat wat geldt in de hotellerie.
- Voer proactief communicatiemanagement in, om het vertrouwen in de branche te herstellen en de maatschappelijke waardering voor de verpleeghuiszorg te vergroten.

8.1 Inleiding in het merkdenken

In de marketingtheorie en -praktijk heeft zich de afgelopen decennia een ontwikkeling voorgedaan die het beste kan worden omschreven als de evolutie van *branding*. Net als het traditionele marketingconcept ontstond het merkdenken in de markten van consumentenproducten als sigaretten, koffie, frisdrank, tandpasta, wasmiddelen en dergelijke. Aanvankelijk werden merkbeslissingen louter opgevat als een tactisch onderdeel van strategisch productbeleid: welke merknaam kiezen we en welk merksymbool (logo) gebruiken we? Later ging het merk een rol spelen in het communicatiebeleid: eerst als doelvariabele (merkbekendheid) en vervolgens als centraal concept. Hieruit ontstond het inzicht dat het niet zozeer ging om het positioneren van producten, maar om het positioneren van merken. Het begrip 'breinpositie' werd geïntroduceerd. De bekende reclameman David Ogilvy zei: 'A brand is the consumer's idea of a product.' De meest recente ontwikkeling is dat merken als 'alles omvattende businessvisies' worden gepropageerd. Vaak genoemde voorbeelden zijn Virgin, Body Shop, Nike en Apple. Soms is het merkconcept zelfs de basis voor een geheel nieuwe onderneming, zoals de Smart Company, waarin Mercedes en Swatch samenwerken. Door merken te gaan beschouwen als 'concepts that drive the business' wordt duidelijk dat het begrip 'merk' tegenwoordig kan slaan op producten, diensten, (retail)formules, business units en op gehele organisaties. De discussie of iets wel of geen merk is, is weinig zinvol. Het gaat erom waar het merk voor staat en wat het te bieden heeft. De term *brand based strategic management* heeft zijn intrede reeds gedaan. Hierbij geeft het merkconcept richting aan het proces van strategievorming van een onderneming.

Aanvankelijk was het merkdenken voorbehouden aan commerciële markten. Inmiddels heeft *branding* zich uitgebreid tot andere markten, zoals de arbeidsmarkt. Dan worden merkprincipes toegepast om potentiële medewerkers aan te trekken en huidige medewerkers te binden: *employer branding*. Ook in de publieke sector heeft het merkdenken zijn intrede gedaan: *public branding* of *government branding*.

8.1.1 *Functies van een merk*

De functies die een merk voor de consument heeft, zijn al heel oud. De functie van identificatie (herkenning en plaatsbepaling temidden van andere aanbieders) kwam al voor in het oude Egypte, waar steenfabrikanten ten behoeve van de herkenbaarheid symbolen plaatsten op hun producten. Een andere functie, die van kwaliteitswaarborg (en daarmee van risicoreductie), dateert uit de middeleeuwen, toen gilden handelsmerken gingen gebruiken. Bij identificatie en kwaliteitsgarantie is de belangrijkste functie van het merk om het keuzeproces voor de consument te vergemakkelijken. In markten die worden gekenmerkt door overaanbod, zijn dit nauwelijks meer echte klantvoordelen, maar voorwaarden waaraan je als merk moet voldoen om überhaupt in aanmerking te komen. Het komt er tegenwoordig dus op aan om echte voordelen te bieden. Die kunnen variëren van functionele voordelen (snelheid, gemak) tot symbolische waarden. Merken kunnen een impressieve waarde voor de consument hebben (een goed gevoel over jezelf omdat je als zorgzame huisvader in een veilige Volvo rijdt), of een expressieve waarde (anderen laten zien dat je welvarend en sportief bent door in een snelle Porsche te rijden).

Voordelen voor de aanbieder

Het voeren van een merkenbeleid biedt een onderneming diverse voordelen. Op langere termijn wegen de opbrengsten ruimschoots op tegen de investeringen die een merkstrategie met zich meebrengt. Een hogere omzet en een betere winstmarge zijn de meest genoemde financiële voordelen. Merken zijn ook krachtige wapens in de concurrentiestrijd. Door een merkenstrategie te voeren kan een onderneming haar positie versterken, zowel ten opzichte van de concurrentie, als ten opzichte van de distributiekanalen (verwijzers). Voorts kan het management door zogenoemde merkextensies merken 'oprekken' en daardoor makkelijker nieuwe productvarianten introduceren of nieuwe markten betreden. Op het begrip merkextensie komen we nog terug. Een afgeleid voordeel van merken is de soms zeer grote financiële waarde die zij vertegenwoordigen bij fusies en overnames. Dit heeft geleid tot de nodige belangstelling voor merkwaardering. Daarbij gaat het om het bepalen van de financiële waarde van merken die in sommige gevallen zelfs op de balans worden opgenomen. Merken zijn dus uitgegroeid tot krachtige strategische instrumenten om marketing- en ondernemingsdoelen te behalen. Maar wat is een merk nu eigenlijk?

8.1.2 *Een merk is een associatienetwerk*

In de literatuur over *branding* neemt de psychologie een belangrijke plaats in. De populaire term 'breinpositie' duidt op het aan de psychologie ontleende begrip associatienetwerk. Daarmee doelt men op de merkrepresentatie in het geheugen van de consument in de vorm van een netwerk van associaties.

Een consument kan op allerlei manieren in contact komen met een merk. *Branding* wordt nogal eens vereenzelvigd met reclame, maar merkcommunicatie is maar ten dele bepalend voor de breinpositie van een merk. De associaties die een reiziger heeft met bijvoorbeeld het merk KLM worden niet alleen gevormd door de reclamecampagne met de zwanen, maar ook door de ervaringen op Schiphol, de bejegening door het cabinepersoneel, de beenruimte, de kwaliteit van de maaltijden, de indruk die de topman maakt tijdens een televisie-interview, de berichtgeving over de fusie met Air France enzovoort. Op basis van al die contacten vormt de reiziger zich een representatie van het merk KLM in zijn geheugen.

Datzelfde geldt voor bijvoorbeeld een ziekenhuis. Het geheel van directe en indirecte contacten met het ziekenhuis is van invloed op de breinpositie. Dus niet alleen de internetsite en patiëntenfolders, maar ook de uitstraling en inrichting van het gebouw, de bejegening door zorgverleners, de faciliteiten en dienstverlening, de mening van de huisarts, de ervaringen van een familielid, de score op een vergelijkingsite enzovoort.

8.2 Merkprestaties: bekendheid, imago, voorkeur, gedrag

Met een merkenbeleid probeert een onderneming voordelen te behalen. Dat impliceert dat je de effectiviteit van dat beleid moet kunnen vaststellen. Een vanzelfsprekendheid die lang niet altijd door marketeers is omarmd. 'Een merk bouwen is iets voor de lange termijn' en 'breinposities zijn moeilijk meetbaar' waren veel gehoorde uitvluchten. Inmiddels is het meten van merkprestaties zowel onontkoombaar als mogelijk, door de beschikbaarheid van onderzoeksmethoden. Bij het vaststellen van beoogde en het meten van gerealiseerde effecten van merkbeleid gaat het uiteindelijk om kennis, houding en gedrag van consumenten. In iets andere bewoordingen: merkprestaties vertalen zich in merkbekendheid, merkimago of merkbeeld, merkvoorkeur en merk(gestuurd)gedrag. De positie van een merk op elk van deze dimensies kan via onderzoek worden nagegaan. Door het onderzoek periodiek te herhalen kun je de effectiviteit van het merkenbeleid in de tijd volgen.

8.2.1 *Merkbekendheid*

Merkbekendheid wordt meestal gesplitst in spontane en geholpen bekendheid. Bij spontane bekendheid wordt bijvoorbeeld gevraagd: kent u een ziekenhuis in deze regio, al is het alleen maar van naam? Bij geholpen bekendheid vraagt men: heeft u wel eens van ziekenhuis A of dokter B gehoord? Vooral spontane bekendheid is van belang voor veel merken. Spontane bekendheid duidt op het bestaan van een zekere relatie tussen consument en merk, maar het zegt nog niets over de aard en intensiteit van de relatie.

8.2.2 *Merkimago*

Van een merk dat spontaan bekend is, heeft de consument doorgaans ook een beeld. Van belang is om vast te stellen of dat beeld (het merkimago) overeenkomt met de merkidentiteit van de aanbieder en of er sprake is van een gepercipieerd onderscheid van de concurrentie. Imago-onderzoek leidt nogal eens tot de conclusie dat de beelden die consumenten hebben van merken nauwelijks van elkaar verschillen. De verklaring hiervoor ligt in de praktijk vaak in de opzet van dergelijk onderzoek. De gemeten imago-elementen zijn dan meer kenmerkend voor de categorie (bijvoorbeeld ziekenhuizen) en de vraagstelling houdt er onvoldoende rekening mee dat objectieve verschillen tussen merken voor de consument niet altijd duidelijk waarneembaar zijn. Imago-onderzoek is dan ook pas relevant als waarneembare en relevante kenmerken worden gemeten die werkelijk onderscheidend zijn voor het merk. Dan nog mag je uit imago-onderzoek geen conclusies trekken over de aantrekkingskracht van het merk op de consument.

In de zorgsector hebben, door het tot voor kort ontbreken van concurrentie, veel aanbieders overeenkomstige, generieke imago's. De kunst zal zijn om een uniek, onderscheidend merkimago te ontwikkelen.

8.2.3 Merkvoorkeur

De aantrekkingskracht of merkvoorkeur moet apart worden gemeten en het liefst binnen de groep consumenten die het merk spontaan kennen. Daarbij zijn er gradaties in de antwoorden mogelijk, variërend van absolute merkvoorkeur (het merk komt voor de consument als enige in aanmerking), tot relatieve merkvoorkeur (het merk komt naast andere merken in aanmerking en heeft binnen die groep wel of niet de eerste voorkeur) en uiteindelijk tot geen merkvoorkeur (het merk is wel spontaan bekend, maar komt bij de consument toch niet in aanmerking). Spontane bekendheid en merkvoorkeur zijn graadmeters voor het marktpotentieel van een merk, maar uiteindelijk draait het om het gedrag van de consument.

Merkvoorkeur gaat geleidelijk aan een rol spelen in de zorgsector. Het is niet langer vanzelfsprekend dat de patiënt automatisch kiest voor het ziekenhuis dat het dichtstbij is of waar hij eerder is geweest. Via onderzoek kun je achterhalen welke andere zorgaanbieders de consument mede in overweging neemt en hoe het is gesteld met de eigen voorkeurspositie.

8.2.4 Merkgedrag

Merk(gestuurd)gedrag van de klant kan in kaart worden gebracht aan de hand van koopgedragvariabelen (dienstafname, herhalingsaankopen) en gegevens over marktpenetratie (hoeveel consumenten in het marktgebied maken gebruik van de diensten van de zorgaanbieder) en marktaandeel (afzet- of omzetaandeel van de zorgaanbieder ten opzichte van de totale markt). De optelsom van het individuele gedrag van consumenten vertaalt zich in de marktpositie van de onderneming. Maar dat wil niet zeggen dat het gedrag altijd en volledig merkgestuurd is. Er kunnen ook andere redenen zijn, zoals afstand of gewoonte, die het gedrag van de consument bepalen. Dat gedrag mag je dus niet automatisch vereenzelvigen met merktrouw. Bij merktrouw gaat het om de combinatie van (herhaald) koopgedrag en een gevoelsmatige binding met het merk.

8.3 Soorten merkassociaties

In de merkenliteratuur wordt een groot aantal merkassociaties onderscheiden. In de praktijk kunnen die in vier hoofdsoorten worden ondergebracht (figuur 8.1).

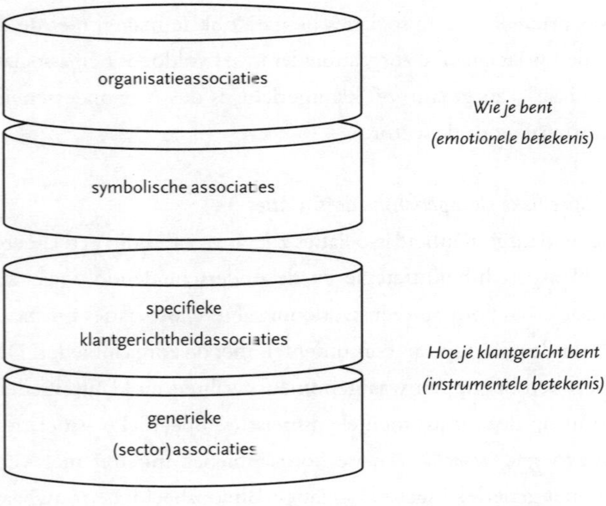

Figuur 8.1 Merkassociaties

8.3.1 Generieke (sector)associaties

Merkassociaties kunnen in de eerste plaats te maken hebben met de sector waarin de zorgaanbieder actief is (ziekenhuis of thuiszorg). In de zorg spelen de sectorassociaties nog een belangrijke, soms zelfs overheersende rol. Door de media uitvergrote beelden (wachtlijsten, 'stopwatchzorg') kunnen, al dan niet terecht, een schaduw werpen op elke organisatie die zegt in de sector actief te zijn. Daarvoor hoeft de sectoraanduiding niet eens in de naam voor te komen (zoals dat wel het geval is bij bijvoorbeeld Amphia Ziekenhuis), een combinatie met de naam is al voldoende (Meander Medisch Centrum, het algemene ziekenhuis voor de regio Eemland). In veel andere markten zie je dat een categorie of sector zich na verloop van tijd splitst door differentiatie. Vroeger was een personenauto een duidelijke categorieaanduiding waar alle merken onder vielen, tegenwoordig zijn er allerlei subcategorieën personenauto's (met dito typen en merken). Dit tekent zich geleidelijk ook in de zorgsector af. De voorheen eenduidige categorie ziekenhuizen splitst zich in subcategorieën op basis van specialisatie in het zorgaanbod en differentiatie in de dienstverlening.

Categorie- of sectorassociaties hebben ook te maken met de drempelwaarden waaraan elke zorgaanbieder moet voldoen. Een associatie als 'betrouwbaar', 'zorgzaam' of 'klantgericht' is dus niet onderscheidend, maar 'normaal' voor de sector.

8.3.2 Specifieke klantgerichtheidassociaties

Specifieke klantgerichtheidassociaties zijn associaties die gerelateerd zijn aan de klantgerichtheidstrategie en de onderscheidende wijze waarop die vertaald is in zorg en dienstverlening. Deze associaties ontstaan met name door de ervaring van consumenten met de zorgaanbieder. De eerder besproken begrippen waargenomen kwaliteit en klanttevredenheid werken in op deze instrumentele associaties. Specifieke associaties met de toegevoegde waarde van de zorgaanbieder moeten niet verward worden met generieke sectorassociaties. Bijvoorbeeld: betrouwbaarheid kan alleen een specifieke associatie zijn als de zorgaanbieder daaraan invulling geeft op een manier die de drempelwaarde van de sector overstijgt. Bijvoorbeeld door in het kader van 'afspraak is afspraak' de klant op een of andere wijze te compenseren voor de tijd die hij heeft moeten wachten omdat het afgesproken tijdstip niet werd nagekomen.

8.3.3 *Symbolische associaties*

Symbolische associaties komen niet zozeer voort uit de directe confrontatie met de dienstverlening, maar uit een totaalindruk die de consument van de zorgaanbieder heeft. De externe communicatie van de zorgaanbieder speelt hierin een belangrijke rol. Denk aan advertenties, brochures, de internetsite. Symbolische associaties kunnen een relatie hebben met de waarden van de zorgaanbieder of met de zorgvisie ('zorg met respect'). De uitdaging is om een verbinding te leggen tussen symbolische associaties en de specifieke klantgerichtheid. Door bijvoorbeeld de symbolische associatie 'zorg die verder gaat' handen en voeten te geven in zorgprocessen, dienstverlening en bejegening. Zo verbindt Volvo consistent de symbolische waarde 'veiligheid' op een onderscheidende manier met productkenmerken.

8.3.4 *Organisatieassociaties*

Organisatieassociaties zijn associaties die gerelateerd zijn met de zorgaanbieder als onderneming. Dergelijke associaties kunnen te maken hebben met bijvoorbeeld historie, werkgebied, omvang. Ook de *corporate reputation* speelt hierbij een rol, zoals die tegenwoordig mede wordt bepaald door de eerder besproken ranglijsten (top 100).

Als je de vier hoofdsoorten merkassociaties nog verder terugbrengt, blijven er twee, samenhangende dimensies over:

- Wie ben je als zorgaanbieder en waar sta je voor (organisatieassociaties en symbolische associaties)?
- Hoe ben je als zorgaanbieder op een onderscheidende manier klantgericht (specifieke klantgerichtheidassociaties in relatie tot sectorassociaties)?

8.3.5 *Brand assets*

Niet alle associaties zijn voor alle merken even relevant. Daarom is het in de eerst plaats zinvol te onderzoeken welke associaties het meest bepalend zijn voor de beeldvorming. Dit zijn kernassociaties. De volgende belangrijke vraag is welke merkassociaties van invloed zijn op de houding en het gedrag van de consument. Immers, een consument kan een aanbieder wel zien als innovatief, maar dat hoeft nog niet te betekenen dat de gepercipieerde innovativiteit van aanbieders van invloed is op zijn keuzegedrag. Merkassociaties die van invloed zijn op houding en gedrag van consumenten, worden ook wel *brand assets* genoemd.

Merkassociaties van een maatschap

De vier soorten merkassociaties kunnen ook worden gebruikt om een maatschap of vakgroep te typeren:

- De organisatieassociaties betreffen de relatie tussen de maatschap en het ziekenhuis: profileert men zich als integraal onderdeel van het ziekenhuis, als specifieke en zelfstandige gebruiker van de ziekenhuisfaciliteiten, of kiest men voor een ZBC op afstand?
- De symbolische associaties hebben bijvoorbeeld te maken met de relatie tussen de zorgvisie en waarden van het ziekenhuis en de eigen visie en waarden van de maatschap.
- De klantgerichtheidassociaties betreffen de verhouding tot de klantgerichtheidstrategie van het ziekenhuis: kiest de maatschap voor dezelfde strategie, is de maatschap misschien wel het uithangbord voor die strategie, of kiest men een geheel andere positie in de ruit van klantgerichtheid?
- De sectorassociaties gaan met name over het eigen vak: is men een typisch voorbeeld van 'de chirurg' of wil men, binnen de beroepsgroep, een eigen subprofiel kiezen?

8.4 Merkpositionering

Om niet overgeleverd te zijn aan de sectorassociaties (want dan onderscheid je je niet) is een duidelijke merkpositionering met behulp van de andere drie soorten associaties gewenst: waarvoor staat de zorgaanbieder, welke symbolische waarden vertegenwoordigt men en welke specifieke klantgerichtheid past men toe? Merkpositionering gaat in feite over de plaatsbepaling in het geheugen van de klant, dus over de breinpositie. Het begrip merkpositionering kun je van twee kanten bekijken: vanuit de zorgconsument en vanuit de aanbieder.

8.4.1 Merkpositionering door de consument

Giep Franzen, een bekende auteur op het gebied van merkmanagement, definieert merkpositionering als: 'het principe dat mensen een merk indelen in een categorie van merken, op basis van de meest kenmerkende gemeenschappelijke eigenschappen, en het merk onderscheiden van andere merken binnen die categorie op basis van zijn meest kenmerkende verschillen.' Een consument die wordt geconfronteerd met een voor hem relevant aanbod, positioneert de aanbieder als het ware automatisch: waar lijkt het aanbod of de aanbieder het meest op en waarin onderscheidt het zich van andere aanbieders? Dat kan een afgewogen beoordeling zijn, maar gebeurt vaak ook in een *split second*. De eerste stap (in welke categorie valt het aanbod?) is een hardnekkige in de zin dat consumenten uitgaan van bestaande en bekende categorieën. Door de overvloed aan informatie die een mens moet verwerken, is er behoefte aan houvast. Het is verwarrend om geconfronteerd te worden met een aanbod dat niet in een bestaand vakje past. En er moet dus wel een bijzondere reden zijn om in het overvolle brein een nieuw 'vakje' aan te maken. Het duurt doorgaans even voordat zo'n nieuwe categorie tot wasdom komt, zoals bijvoorbeeld blijkt bij 'zorghotels'. De eerder genoemde differentiatietendens bij aanbieders leidt tot het ontstaan van nieuwe of subsectoren, maar dat lukt alleen als het ook voor de consument de moeite waard is om zo'n nieuw 'vakje' in zijn hoofd aan te maken.

8.4.2 Merkpositionering door de aanbieder

In de wetenschap dat de consument de aanbieder positioneert, kun je als aanbieder dus maar beter goed nadenken over je eigen positionering. Een bekende communicatiewetenschapper zei eens: je kunt niet niet-communiceren. Zo kun je ook stellen: een zorgaanbieder kan zich niet niet-positioneren. Bij merkpositionering maak je twee stappen. Eerst stel je de merkidentiteit vast: het geheel van gewenste merkassociaties. Vervolgens bepaal je, in het licht van de concurrentie, waarop je de schijnwerper wilt zetten. Een aanbieder kan meestal niet alle merkassociaties belichten, maar moet keuzes maken. Wil men zich met name profileren met de toegevoegde waarde van de dienstverlening (gemak, snelheid), of met symbolische waarden als 'onbezorgd genieten van het ouder worden' of 'vrijheid'? Of zet je de schijnwerper op de organisatie en belicht je de omvang, het marktleiderschap, de breedte van de dienstverlening, de historie enzovoort? De merkpositionering is een belangrijke strategische keuze. Wat opvalt in de AWBZ-sector (die op dit gebied wat verder is dan de ziekenhuissector), is dat organisaties zich wel proberen te onderscheiden binnen hun huidige werkgebied, maar dat we over de werkgebieden heen veel generieke positioneringen tegenkomen. Veelal draait het om *vertrouwen* ('Bouwen op vertrouwen', 'Zorg waarbij ik me thuis voel', 'Een zorg minder'), *betrokkenheid* ('Zorg die verder gaat'), *nabijheid* ('Zorg dichtbij'), of om thema's die de breedte van de doelgroep duiden ('Zorg, van jong tot oud') of de aanpak van de organisatie typeren ('Zorg, goed geregeld'). Als er eenmaal werkgebiedoverstijgende concurrentie ontstaat, is het maar de vraag of je met zo'n generieke positionering (die waarschijnlijk al door een gevestigde speler is ingenomen) nog onderscheidend bent.

8.4.3 Merkidentiteit, organisatie-identiteit, maatschapidentiteit

Het begrip merkidentiteit (en in het verlengde daarvan merkpositionering) kan niet los worden gezien van de organisatie-identiteit (en van de marktstrategische positionering van de zorgaanbieder). Het bepalen van de merkidentiteit vraagt dan ook om een scherp besef van de identiteit en authenticiteit van de aanbieder. Soms ligt juist in de organisatie-identiteit het aanknopingspunt voor een onderscheidende merkidentiteit die ook past bij de beleving van de zorgprofessionals (dit zijn wij en daar staan wij voor). In de meeste ziekenhuizen speelt ook de maatschapidentiteit nog een rol. Die is immers niet altijd synoniem met de organisatie-identiteit van het ziekenhuis.

Niet zelden verzandt merkidentiteitsontwikkeling in een democratisch rondje waarin alle sleutelfunctionarissen hun zegje mogen doen over de in hun ogen gewenste merkassociaties. Met als resultante een lange lijst van gemeenplaatsen waar uit communicatief oogpunt weinig eer aan te behalen is. Een andere kwestie is welke soort merkassociatie men bedoelt met een bepaalde bewoording. Als bijvoorbeeld 'respect' wordt genoemd als merkassociatie, wat wordt daar dan onder verstaan?

Is het een sectorassociatie, een drempelwaarde waaraan je wel moet voldoen, maar waarmee je je niet kunt onderscheiden? Of is het terug te vinden in de specifieke klantgerichtheid? Doelt men misschien op een symbolische associatie, of op iets wat van oudsher typerend is voor de organisatie? De discussie hierover moet intern worden gevoerd en kan heel verhelderend en betekenisvol zijn.

8.5 Merkstatus en merkextensie

De begrippen merken en labels worden wel eens door elkaar gebruikt, maar duiden op een verschil in merkstatus. Er kunnen drie merkniveaus worden onderscheiden:

- *Hoofdmerk*: een merk met een heel eigen identiteit, dat op eigen benen kan staan. Dat kan een organisatiemerk zijn (Meander), maar ook een specifiek concept, zoals PsyQ (psychosociale programma's).
- *Submerk*: een merk met specifieke kenmerken, met een eigen karakteristiek, maar onlosmakelijk verbonden met een hoofdmerk (JobLife van Randstad, of in de zorg: DZ-zorgservices (van het Deventer Ziekenhuis).
- *Label*: een beschrijvende aanduiding van een deel van de dienstverlening (Aegon Asset Management, of in de zorg: Groene Kruis Kraamzorg).

8.5.1 *Merkextensie*

De merkstatus speelt onder meer een rol bij merkextensie. Merkextensie betekent het oprekken of uitrekken van een merk naar andere diensten of andere markten. Als je iets nieuws gaat doen (het zorgaanbod uitbreiden of een nieuwe dienst introduceren), is de eerste vraag of dat niet gewoon onder de huidige merknaam kan. Dat noemt men een zuivere extensie. Als dat niet kan, is de volgende vraag of een label toereikend is (zoals de Maartenskliniek deed met de nevenvestiging Maartenskliniek Woerden). Als een label niet toereikend is, staat de weg van een submerk open. En in laatste instantie zit er niets anders op dan een nieuw hoofdmerk te introduceren, al dan niet met ruggensteun van het huidige hoofdmerk (een zogenoemd *endorsement*, bijvoorbeeld 'maakt deel uit van').

Het schijvenmodel van merkassociaties kan worden gebruikt om de juiste merkstatus bij een extensie te bepalen (figuur 8.2).

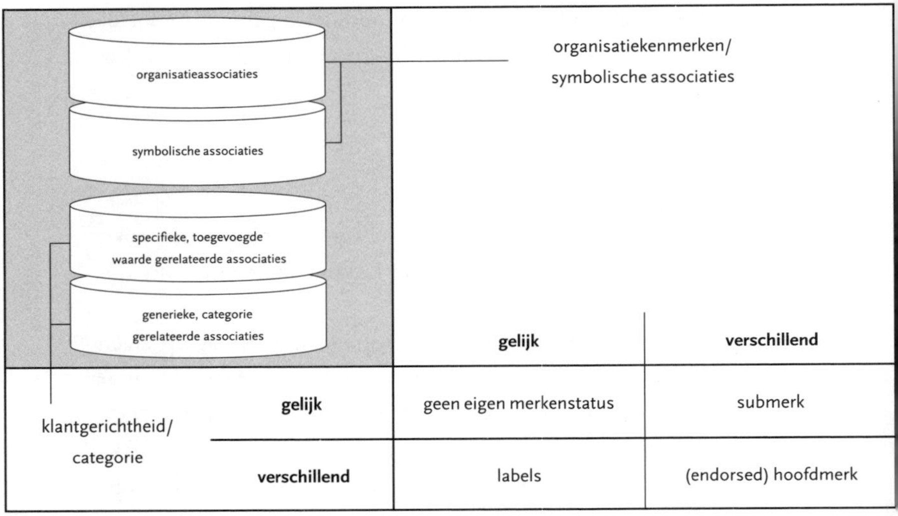

Figuur 8.2 Indicator merkstatus bij extensie

Afhankelijk van de overeenkomsten en verschillen tussen de bestaande merkidentiteit en de gewenste merkassociaties van het nieuwe aanbod blijkt welke status passend is. Als er geen verschillen zijn, ligt een zuivere extensie voor de hand. Als er verschillen zijn in hoe je klantgericht bent (de instrumentele merkbetekenis), maar niet in wie je bent (de emotionele merkbetekenis), dan kan vaak een label volstaan. In het omgekeerde geval (instrumentele betekenis gelijk, maar emotionele betekenis verschilt) is een submerk geschikter.

Stappenplan: keuze van de merkstatus in zeven stappen

1 Beschrijf het nieuwe zorgaanbod of de nieuwe dienst in termen van de gewenste associaties bij de doelgroep.
2 Bepaal het domein (en de grenzen) van het huidige hoofdmerk: wat zijn de kenmerkende associaties.

3 Bepaal de afstand tussen de gewenste associaties van het nieuwe aanbod/de nieuwe dienst en die van het hoofdmerk.
4 Stel de merkstatus vast met behulp van de indicator uit model.
5 Toets (via onderzoek) de merkstatus en de merklading bij de doelgroep (op relevantie, geloofwaardigheid, aantrekkingskracht en onderscheidendheid).
6 Stel vast of er intern voldoende draagvlak is voor de merkstatus.
7 Stel vast of de beoogde merkstatus budgettair haalbaar is (een nieuw hoofdmerk introduceren kost aanmerkelijk meer dan een label).

8.6 Merkenstructuur en merkenportfolio

In het verlengde van het bepalen van de merkstatus van een nieuwe propositie ligt een andere vraag waarmee veel zorgaanbieders worstelen: moeten we onder één overkoepelende merknaam onze diensten aanbieden, of moeten we met verschillende merken de markt bestrijken? De vraag van eenheid of verscheidenheid is overigens een van de meest actuele op merkengebied, in tal van sectoren. Het antwoord is niet een kwestie van goed of fout, maar van afgewogen keuzes. Bovendien zijn er gradaties in eenheid en verscheidenheid. Het begrip merkenportfoliomanagement is nog relatief jong. Het staat voor: het maken, doorvoeren en bewaken van keuzes over het aantal, de onderlinge verhouding en de rol van merken van een onderneming, om met zo efficiënt mogelijke inspanning zoveel mogelijk grip te krijgen op de gekozen markt(en). Bij merkenportfoliomanagement kunnen twee, tegengestelde motieven worden onderscheiden: rationalisatie en differentiatie.

8.6.1 Rationalisatie

Rationalisatie gaat over de vraag: kunnen we dezelfde positie op onze markten handhaven met minder merken? De rationalisatievraag volgt vaak na fusies en overnames. Een andere reden kan zijn dat men een (internationale) strategie volgt van *one company, one brand* zoals ING en Fortis (geleidelijk) ontwikkelen. Tot slot kan er ook een financiële aanleiding zijn: meer winst maken door lagere merkgebonden kosten, zoals aparte reclamecampagnes.

Stappenplan bij rationalisatie: in zes stappen naar minder merken

1 Merkenanalyse: stel van elk merk vast wat de huidige merkstatus, merksterkte en merkrol is.
2 Bepaal de overeenkomsten en verschillen in merkassociaties tussen de merken.
3 Vorm clusters van overeenkomstige merken (elk cluster is één potentieel hoofdmerk).
4 Toets per cluster (beoogd hoofdmerk) de geloofwaardigheid, aantrekkingskracht en onderscheidendheid in de markt.
5 Stel vast of de resulterende merkenportfolio uit intern perspectief haalbaar is.
6 Stel vast of de merkenportfolio budgettair aanvaardbaar is.

8.6.2 *Differentiatie*

Bij differentiatie stelt men zich de vraag: kunnen we onze markten effectiever bewerken door meer merken in te zetten. De aanleiding kan liggen in de wens om beter in te kunnen spelen op veranderende afnemersvragen of om te reageren op de concurrentie. Soms kunnen ook risico-overwegingen een rol spelen: als er met één merk iets gebeurt, leidt niet automatisch het hele concern imagoschade.

Stappenplan bij differentiatie: in zeven stappen naar meer merken

1 Beschrijf de gewenste proposities richting de markt.
2 Bepaal het domein en de grenzen van het huidige hoofdmerk.
3 Bepaal de afstand tussen de associaties van de gewenste proposities en het hoofdmerk.
4 Stel de merkstatus en merkrol van de nieuwe proposities vast (hoe groter de afstand hoe hoger de merkstatus).
5 Ontwikkel merknamen en merkidentiteiten voor de nieuwe hoofdmerken en toets deze op geloofwaardigheid, aantrekkingskracht en onderscheidendheid in de markt.
6 Stel vast of de resulterende merkenportfolio intern voldoende geloofwaardigheid en aantrekkingskracht heeft.
7 Stel vast of de merkenportfolio budgettair haalbaar is.

8.6.3 *Merkenstructuur: eenheid of verscheidenheid*

Het schijvenmodel met de vier soorten merkassociaties (zie figuur 8.2) kan ook een nuttig hulpmiddel zijn bij de eenheid-verscheidenheidvraag van zorgorganisaties. Het structureert namelijk de vaak emotionele en soms chaotische discussies. Hoe groter de verschillen in gewenste associaties tussen de onderdelen van een zorggroep, hoe meer reden om met verschillende merknamen te gaan werken. Daarbij is de aard van de verschillen wel van belang. Instrumentele verschillen (in sector of in klantgerichtheid) kunnen makkelijker overkoepeld worden door één merknaam dan verschillen in symbolische waarden. Zo overkoepelt de naam Carint verschillende sectoren: wonen, zorg en welzijn. Zorgstroom verbindt zorgcentra en thuiszorg vanuit één organisatiebrede missie en visie: 'zorg met respect, waar u ook woont.' En Alysis Zorggroep omspant ziekenhuiszorg en verpleeghuiszorg. Met behulp van de indicator merkenstructuur (figuur 8.3) kan de richting (eenheid of verscheidenheid) worden bepaald.

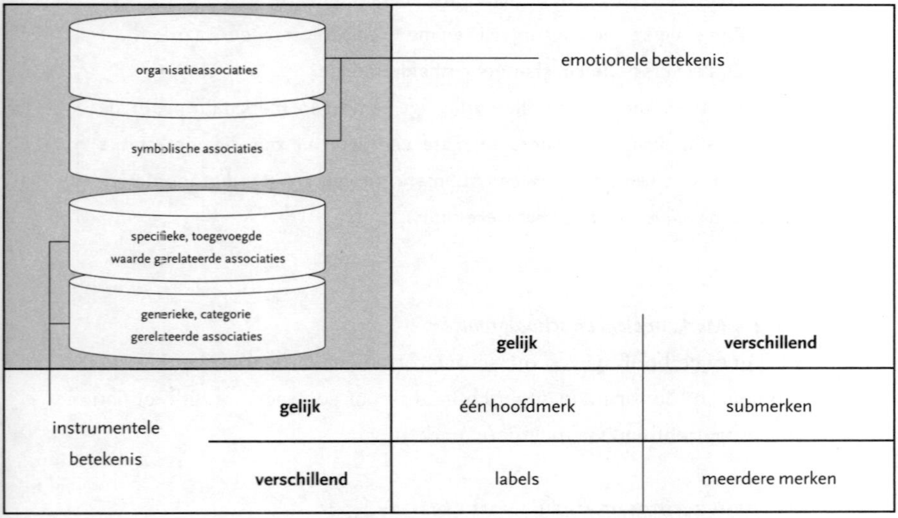

Figuur 8.3 Indicator merkenstructuur

Het begrip merkenstructuur of merkenarchitectuur wordt gebruikt om de structuur in een merkenportfolio weer te geven. Die structuur kan variëren van een *branded house* (een zogenoemde monolithische structuur met één hoofdmerk en hooguit enkele labels) tot een *house of brands* (een veelheid aan hoofdmerken, met submerken en labels) en tussenvormen.

Is de maatschap een merk?

De (eventuele) merkstatus van een maatschap kan ook met behulp van het schijvenmodel worden bepaald. Dat voorkomt de discussie niet, maar structureert deze wel. Er zijn in dit verband drie van de vier soorten merkassociaties relevant. De sectorassociaties spelen in principe geen rol (tenzij de maatschap zich uitsluitend als zelfstandig ZBC wil profileren ten opzichte van het klassieke ziekenhuis). Op elk van de overige drie soorten associaties worden de (gewenste) overeenkomsten en verschillen tussen het ziekenhuis als geheel en de maatschap geïnventariseerd:

- Hoe is de (gewenste) relatie tussen ziekenhuis en maatschap (integraal onderdeel of hoge mate van zelfstandigheid)?
- Zijn er verschillen in zorgvisie en medisch-professionele waarden?
- Zijn er verschillen in klantgerichtheidstrategie?

Naarmate er meer verschillen zijn, ligt een eigen merkstatus voor de hand. Afhankelijk van soort en mate van verschil kan die merkstatus variëren van een label, via een submerk tot een zelfstandig hoofdmerk met een *endorsement* van het ziekenhuis.

8.6.4 Merkenbeleid en schaalgrootte

Er zijn twee hoofdwegen om schaalgrootte en klantgerichtheid te laten samengaan: uniforme klantgerichtheid onder één merk of differentiatie in klantgerichtheid via meerdere merken.

Uniforme klantgerichtheid onder één merk

In dit geval gaat schaalvergroting samen met één van de vier klantgerichtheidstrategieën en kan in principe met één merk worden volstaan. De geschiktste vormen van uniforme klantgerichtheid op grote schaal zijn die waarbij het klantproces (*operational excellence*) of het klantprofiel (*mass customization*) centraal staat. Het gaat dan om in hoge mate gestandaardiseerde, vaak internationale formules. Bekende voorbeelden uit het bedrijfsleven zijn McDonald's, IKEA en Starbucks. Maar je kunt ook denken aan supermarktketens, zoals het Britse Tesco. In de zorgsector leent de klantgerichtheidstrategie persoon centraal (*customer intimacy*) zich minder voor opschaling dan de andere strategieën. Bij de strategie probleem centraal (*product leadership*) kan in geval van schaalvergroting sprake zijn van een afbreukrisico, niet alleen en zozeer bij klanten maar vooral bij medewerkers. Professionals die uitblinken door inhoudelijke specialisatie of gewend zijn aan de vrijheid om individueel maatwerk te leveren, gedijen niet altijd even goed in grootschaliger omgevingen. Uitzondering daarop vormen de academische ziekenhuizen, waar topspecialisten zich juist wel in een grootschalige omgeving thuis voelen.

Differentiatie via meerdere merken

De andere hoofdweg naar schaalgrootte is die van differentiatie in klantgerichtheid via meerdere merken. In principe kunnen alle vier de vormen van klantgerichtheid hierbij worden gebruikt, zij het dat ook hier de formulebenadering (proces of profiel centraal) het meest voorkomt. Een concern beschikt dan over meerdere formules, met verschillende merknamen. Een goed voorbeeld uit het bedrijfsleven is het Accor concern, dat een reeks van hotelmerken bezit in verschillende prijs-kwaliteitsegmenten. In de logo's van de afzonderlijke merken wordt aangegeven dat men deel uitmaakt van een groot concern. Op het gebied van bijvoorbeeld inkoop, ICT, financiering en management development profiteert men van de schaalgroottevoordelen.

8.7 Merkrollen

Bij merkenportfoliomanagement gaat het ook om de rol van merken, enerzijds naar de consument en anderzijds ten opzichte van elkaar. We noemden al de rol van *endorser*: het verschaffen van extra geloofwaardigheid en kwaliteit door de vermelding 'is een onderdeel van' of woorden van gelijke strekking. Een ander rol is die van *driver:* bepalend voor de beslissing van de consument, zoals VW Golf (waarbij Golf de *driver* is). Uit strategisch oogpunt kunnen onder meer de volgende merkrollen worden onderscheiden:

- *Umbrella brand*: een (sub)merk dat als een paraplu enkele andere merken omvat (bijvoorbeeld Microsoft Office dat de (sub)merken Word, PowerPoint, Outlook en Excel omvat).
- *Fighter brand*: een merk dat vooral uit defensieve overwegingen wordt ingezet, om het hoofdmerk te beschermen tegen de concurrentie (vaak op prijsgebied; zo zette de KLM destijds het merk BUZZ in om de concurrentie met de prijsvechters aan te gaan).
- *Branded energizer*: een product, dienst, of iets anders dat het hoofdmerk een nieuwe impuls geeft (zoals het model PT Cruiser voor Chrysler deed of de i-Pod voor Apple).
- *Branded differentiator*: een service, programma of iets anders dat waardevol is voor de klant en de onderscheidendheid van het merk versterkt (bijvoorbeeld de abonneeservice van NRC Handelsblad of het Flying Dutchmanprogramma van KLM).

Deze opsomming werpt nog een ander licht op de vraag of een maatschap een eigen merkstatus moet hebben. Het kan zijn dat een bepaald specialisme de rol vervult van *driver* voor het ziekenhuis. De patiënt of verwijzer kiest dan met name voor de reputatie van het specialisme en komt daarmee vanzelf terecht in het ziekenhuis. Door een specialisme een zekere merkstatus te geven (label of submerk) kan de aantrekkingskracht van het gehele ziekenhuis worden vergroot. Zo kan het kwaliteitsimago van bepaalde topklinische zorg afstralen op de algehele kwaliteit van het ziekenhuis.

8.8 Merkallianties

Een relatief nieuw fenomeen vormen merkallianties. Daarvan spreken we als twee merken zich op een of andere wijze aan elkaar verbinden in het kader van een specifieke propositie. De samenwerking kan op verschillende niveaus plaatsvinden. Het meest vergaande is de samenwerking op ondernemingsniveau. Complementaire competenties kunnen dan leiden tot baanbrekende innovaties en nieuwe sterke merken, zoals Senseo (Philips en Sara Lee/DE) en Beertender (Heineken en Krups). Samenwerking kan ook gericht zijn op het verhogen van de kwaliteitsperceptie (Intel, Teflon, NutraSweet) of het versterken van andere merkassociaties (Audi werkt samen met audiofabrikant Bose en sportstoelenfabrikant Recoro om de associatie 'voorsprong door techniek' te versterken). Tenslotte is er samenwerking mogelijk op communicatieniveau, vaak in de vorm van speciale consumentenacties (bijvoorbeeld tussen zorgverzekeraar VGZ en Becel).

Zoals bij vrijwel alle aspecten van merkmanagement is het niet alleen de aanbieder die bepalend is, maar ook de consument. Een consument beoordeelt merkallianties op twee aspecten: rationeel en emotioneel. Ofwel: is er sprake van een *product fit*, in termen van functionaliteit en merkdomein, en is er een *brand fit* (passen de merken ook qua beleving bij elkaar). Ook hier kan het schijvenmodel van merkassociaties worden gebruikt om te bekijken of de samenwerkende merken voldoende bij elkaar passen. De eerste voorbeelden van merkallianties hebben zich al in de zorgsector voorgedaan, zoals de samenwerking tussen het Zuwe Hofpoort Ziekenhuis en de Sint Maartenskliniek.

8.9 Merknaamgeving

De tijdsdimensie is een complicerende factor bij het merkenbeleid van zorgorganisaties. In de eerste plaats hebben de nieuwe merknamen in de zorgsector tijd en in het begin hulp nodig om geladen te worden: 'Het HagaZiekenhuis is ontstaan uit een fusie van drie Haagse ziekenhuizen: Juliana Kinderziekenhuis, Rode Kruis Ziekenhuis en Ziekenhuis Leyenburg.' Of: 'Carinova is de nieuwe naam van de organisatie die is ontstaan met het samengaan van Thuiszorg Salland en Thuiszorg Zuidwest-Overijssel.' Doorgaans kiest men daarbij voor de boodschap dat het nieuwe geheel meer is dan de som van de oude delen en onderstreept dat met een nieuwe missie, visie en slogan ('zorg voor uw welzijn'). Bij de introductie van de nieuwe naam ben je dus welhaast verplicht om op het verleden terug te grijpen.

Maar in de tweede plaats speelt de toekomst een rol. Het geleidelijk wegvallen van de muren en de ontwikkeling naar zo lang mogelijk zelfstandig wonen en leven leidt op termijn tot nieuwe betekenissen van bijvoorbeeld labels als 'thuiszorg'. Ook zien we nieuwe merken ontstaan, soms als alliantie van zorgorganisaties en andere partijen. Denk aan domotica-achtige toepassingen als CamCare, geïntroduceerd door Sensire en zorgverzekeraar Amicon. Merkenbeleid moet dus zowel rekening houden met het verleden, het heden als de toekomst. Wat nu een sterke merknaam is, zou in de toekomst beperkend kunnen zijn.

8.9.1 *Namenspectrum*

Sterke merknamen komen uit verschillende bronnen. Om te beginnen zijn er de namen van de oprichters: Mars, Heineken, Philips, Porsche, Boeing. Oprichter Adi Dassler gebruikte delen van zijn eigen naam om het sportmerk Adidas te creëren. Sommige bekende merken zijn afkortingen. AGFA is de afkorting van Actien Gesellschaft für Anilinfabrikation. Andere bekende afkortingen: ANWB, BMW, KLM, IBM. Soms worden abstracte namen gekozen, zoals Kodak, Xerox en Nivea.

Afgezien van oprichtersnamen of afkortingen is er een namenspectrum, dat loopt van descriptieve namen (Medisch Centrum Haaglanden, Vision Clinics), via associatieve namen (Icare) naar abstracte namen (Orbis). Elke soort heeft voor- en nadelen. Sterke merken komen bij alle soorten voor.

8.9.2 *Voorwaarden voor een goede merknaam*

Een goede merknaam moet aan een aantal voorwaarden voldoen:
- (gemakkelijk) leesbaar;
- (gemakkelijk) uitspreekbaar;
- (hoge) herinneringswaarde;
- (duidelijk, goed) visualiseerbaar;
- registreerbaar;
- onderscheidend en moeilijk imiteerbaar;
- duurzaam, niet trendy;
- niet controversieel (ook niet in andere taalgebieden).

8.9.3 *Merkbescherming*

Het juridisch beschermen van merken is steeds belangrijker, maar ook steeds moeilijker. Descriptieve namen zijn niet of nauwelijks registreerbaar. Problemen ontstaan als een naam te veel gelijkenis vertoond met een al geregistreerde merknaam. De talrijke internetdomeinnamen maken het geheel nog complexer. Advies van een merkenrechtdeskundige is onontbeerlijk.

8.9.4 *Strategische beslissing*

Een merknaamkeuze is een strategische beslissing, waarbij de volgende factoren een rol spelen:
- huidige kenmerken van het betreffende product, de dienst of de organisatie;
- namen van concurrerende merken;
- toekomst: uitbreiding naar andere werk- of taalgebieden of naar andere producten en diensten.

8.10 Merkcommunicatie

De breinpositie van een merk ontstaat door alle contacten die een consument direct of indirect met de zorgaanbieder heeft. Het is dus een misvatting dat je alleen door externe communicatie en met name door reclame, merken bouwt. Omgekeerd speelt merkcommunicatie een niet te onderschatten rol. Het Medisch Centrum Haaglanden begon als eerste ziekenhuis met een opzienbarende reclamecampagne om meer klanten aan te trekken. Tien extra heupoperaties waren voldoende om het reclamebudget van € 50.000,- terug te verdienen. Merkcommunicatie is primair gericht op de doelgroep (de zorgconsument) en op intermediaire partijen als verwijzers. Maar merkcommunicatie kan ook invloed hebben op de breinpositie van de zorgaanbieder bij de zorgverzekeraar en in de arbeidsmarkt. En, externe campagnes, hebben ook een interne werking. Externe merkcommunicatie motiveert intern vooral als de gecommuniceerde merkidentiteit voor medewerkers persoonlijke relevantie heeft. Een merkassociatie als 'innovatieve behandelingsmethoden' kan zeer aansprekend zijn voor zorgprofessionals. Anderzijds, denk aan het *gap*-model (hoofdstuk 4), is het gevaarlijk om in externe merkcommunicatie een merkidentiteit neer te zetten die niet bewezen kan worden in de dagelijkse praktijk. Een streefbeeld uitdragen is prima, maar het moet voor medewerkers wel geloofwaardig zijn dat zij daaraan tegemoet kunnen komen.

De KNMG over reclame

In 2002 heeft de KNMG nieuwe *Gedragsregels voor artsen* aangenomen, waarbij een aantal gedragsregels over publiciteit is vervallen. De aanleiding hiervoor lag in de Mededingingswet, die als doel heeft een gezonde concurrentie te bevorderen en die het maken van afspraken over beperking van mededinging verbiedt. De KNMG blijft wel bij haar standpunt dat het maken van reclame strijdig kan zijn met de 'waardigheid van het beroep'.

Traditioneel werden drie argumenten tegen reclame ingebracht:

- Zorgverlening is geen handel: reclame heeft als doel het geldelijk gewin te bevorderen en dat is niet de basis waarop vertrouwen ontstaat die aan de basis ligt voor de verhouding tussen arts en patiënt.
- Aan reclame kleeft het imago van bedrog. In de handel is dat niet zo'n bezwaar, omdat het publiek hoogstens financieel nadeel hiervan ondervindt, maar in de zorg staat de gezondheid van de patiënt op het spel.
- De minder goede arts die reclame maakt, dringt zich op oneigenlijke gronden naar voren, terwijl een goede arts die niet aan reclame doet, ten onrechte aan de aandacht ontsnapt.

Volgens de KNMG is tegen publiciteit over de eigen dienstverlening geen bezwaar wanneer het:

- transparantie in de zorg bevordert, waardoor het publiek een realistisch beeld krijgt over wat het wel en niet van artsen kan verwachten;
- vergelijkenderwijs informeert, zodat men de kwaliteit van de verschillende voorzieningen kan vergelijken en de patiënt daarop een betere keus kan baseren.

> Volgens de KNMG dient voorop te staan dat in reclame-uitingen de objectiviteit en relevantie van de informatie over het aanbieden van een dienst voor het publiek toetsbaar moet zijn. De KNMG vindt het weinig zinvol om de aandacht te vestigen op het verlenen van diensten die volgens dezelfde kwalitatieve standaard door collega's worden aangeboden.

Mede gezien het specifieke karakter van diensten (en dus ook van zorg) kunnen aan externe (merk)communicatie de volgende eisen worden gesteld:

- Begin met interne communicatie: maak medewerkers duidelijk wat de essentie van de merkbelofte is. Zoals het Ritz-Carlton hotel doet met de slogan: 'We are ladies and gentlemen serving ladies and gentlemen.'
- Betrek de medische staf, ondernemingsraad, patiëntenraad en bijvoorbeeld een klankbordgroep dwars door de organisatie heen bij het externe communicatiebeleid.
- Stimuleer mond-tot-oor reclame: zorg dat tevreden klanten zich opstellen als ambassadeurs voor uw organisatie (dat kan overigens ook door hen een plaats te geven in een communicatiecampagne, mits het maar geloofwaardig blijft).
- Communiceer concreet: het grotendeels ontastbare karakter van zorg en diensten leidt voor de consument tot een verhoogd risico. Door bijvoorbeeld gegevens over klanttevredenheid, wachttijden, en andere prestatie-indicatoren kan de onzekerheid van de klant worden gereduceerd.
- Communiceer begrijpelijk: onzekerheidsreductie kan ook worden bereikt door gebruik te maken van (voor)beelden en door 'gewone mensentaal' te spreken.
- Communiceer consistent: zorg dat de diverse boodschappen en middelen goed op elkaar zijn afgestemd en elkaar versterken. Bewaak continuïteit in de uitstraling.
- Communiceer de klantrol: maak duidelijk wat de rol van de klant als *prosumer* is en help de klant om die rol zo goed mogelijk te vervullen.

- Communiceer niet meer dan waargemaakt kan worden: vermijd de vierde valkuil van het *gap*-model.
- Communiceer ook na de feitelijke zorg- en dienstverlening: om de tevredenheid van de klant te versterken, de relatie verder te ontwikkelen met het oog op de toekomst, het ambassadeurschap van tevreden klanten te stimuleren enzovoort.

8.10.1 *Communicatiedoelen*

Merkcommunicatie is gericht op het opbouwen en versterken van een breinpositie en dus moeten de communicatiedoelen in merktermen worden gesteld: merkbekendheid, merkimago, merkvoorkeur en merkgedrag. Deze indicatoren kunnen worden gekwantificeerd (bijvoorbeeld 30% spontane merkbekendheid binnen de doelgroep) en gemeten met diverse vormen van onderzoek. Het is zinvol om merkcommunicatiedoelstellingen niet alleen op de korte, maar ook en juist op de middellange termijn te formuleren. Een merk bouwen lukt nu eenmaal niet in één jaar. Merkcommunicatie kan overigens ook worden gecombineerd met andere doelen, bijvoorbeeld om de consument duidelijk te maken wat hij wel en niet kan verwachten en wat zijn rol is als *prosumer*. Zo had McDonald's een reclamecampagne met een opa en zijn kleinzoon. Opa was duidelijk voor het eerst in een McDonald's en wist niet dat daar geen bestek is. Kleinzoon lachte hem echter toe: 'Opa, je mag hier met je handen eten hoor.' Een beeld dat sympathie opwekt gecombineerd met een duidelijke instructie aan de consument. Inclusief de boodschap dat opa niet ontevreden mocht zijn over het ontbreken van bestek.

8.10.2 *Communicatiemiddelen*

Om een merk te bouwen zijn verschillende communicatiemiddelen (reclame, directe communicatie, interactieve communicatie, public relations, sponsoring) en communicatiemedia (TV, radio, kranten, tijdschriften) inzetbaar. Een goede, geïntegreerde mix is belangrijk. Als middelen en media goed op elkaar zijn afgestemd, kunnen de boodschappen elkaar versterken.

Er hoeft dus niet en zeker niet uitsluitend naar het middel reclame te worden gegrepen om een merk te bouwen. Zogenoemde *free publicity* kan ook en juist zeer effectief zijn. Zo kunnen persberichten over bijvoorbeeld inhoudelijke ontwikkelingen op maatschapniveau en promotieonderzoeken veel positieve publiciteit opleveren, met name richting verwijzers en zorginkopers.

8.10.3 *Imagoschade*

'Reputatie komt te voet en gaat te paard' is een bekende uitdrukking. Het opbouwen van een sterk merkimago duurt lang, maar kan in korte tijd worden afgebroken of in elk geval ernstig aangetast. Zo liep het merk UMC St Raboud forse imagoschade op na de publicaties over de problemen bij het eigen hartcentrum. Zelfs gynaecologische patiënten gingen zich afvragen of het ziekenhuis nog wel veilig is.

De mogelijkheden van imagoschade nemen toe in een tijd van transparantie en snelle informatieverspreiding via de media. Met name door internet raken organisaties een deel van de controle over hun communicatie kwijt. Iedereen kan via een gewone e-mail of via een internetnieuwsgroep in enkele seconden een negatieve boodschap de wereld insturen. Zo'n boodschap wordt vervolgens snel en gretig doorgestuurd en, ongeacht de bron of toon, voor waarheid aangezien. Er zijn ook roddelsites, weblogs van ex-medewerkers of actiegroepen en sites waarop ontevreden klanten hun krachten bundelen en hun klachten publiceren.

Imagoschade ontstaat vaak in een crisisachtige sfeer. Er is onverwacht en onbedoeld negatieve publiciteit gekomen en er moet snel en adequaat gehandeld worden. Dat lukt lang niet altijd en 'geen commentaar' verergert de zaak alleen maar. Om beter voorbereid te zijn op mogelijke crises kun je doemdenkscenario's ontwikkelen inclusief een plan van aanpak voor het geval dat. Wat kan er allemaal mislopen, wat gaan we dan doen en hoe gaan we dan communiceren? Effectieve crisiscommunicatie komt neer op het succesvol omgaan met de verschillende percepties van belanghebbenden (Anthonissen, 2002). Die belanghebbenden (*stakeholders*) stellen zich de volgende vragen:

– Hoe is het gebeurd?
– Wat heeft de organisatie gedaan om de crisis te beperken en onder controle te krijgen?

- Hoe heeft de organisatie zijn bezorgdheid over de crisis geuit?
- Welk *commitment* spreekt de organisatie uit om een dergelijke crisis in de toekomst te vermijden?

Het gaat dus om het tonen van bezorgdheid, controle en *commitment*.

8.10.4 *Communicatieanalyse*

Voordat een organisatie voor het eigen merk een communicatiestrategie ontwikkelt, is het belangrijk om ook de strategie van de relevante concurrenten onder de loep te nemen. Het gaat immers om onderscheidendheid. Een communicatieanalyse heeft twee kanten: een kwalitatieve en een kwantitatieve. Een kwantitatieve analyse betreft de budgetten en de wijze waarop die worden ingezet. De kwalitatieve analyse moet leiden tot een scherp inzicht in de merkidentiteit, merkpositionering en kernboodschappen van de naaste concurrenten. Alle relevante uitingen (zoals advertenties, radio- en TV-campagnes, buitenreclame, direct mail, brochures, jaarverslag, internetsite, persberichten) worden daarbij systematisch onderzocht.

8.10.5 *Huisstijl*

Het beeldmerk (logo) van een organisatie maakt deel uit van de huisstijl. Dat is in de praktijk een rekbaar begrip. Soms vat men er alleen merknaam, logo, kleurgebruik en de lay-out van communicatiemateriaal onder. In andere gevallen gaat het om de totale 'stijl van het huis' en vallen er zaken onder als de inrichting en uitstraling van het gebouw, de wijze van schriftelijke communicatie (stijl en toon) en het gedrag van medewerkers. Een huisstijl ontwikkelen is een professionele aangelegenheid waar gespecialiseerde ontwerp- en implementatiebureaus goede diensten bij kunnen bewijzen. Vaak worden er ook huisstijlhandboeken of *brand identity manuals* ontwikkeld om de toepassing van de huisstijl vast te leggen voor alle medewerkers. Eenmaal ontwikkeld is de bewaking van de huisstijl ook van groot belang. Vaak wordt daarvoor een huisstijlmanager aangewezen of ligt de verantwoordelijkheid bij de communicatieafdeling.

9 Epiloog

Het marktspel heeft zijn intrede in de zorgsector gedaan. Organisaties en professionals moeten daaraan wennen, soms tegen wil en dank. Het nieuwe spel biedt kansen, maar herbergt ook bedreigingen. Je kunt erin winnen, maar ook verliezen. Het vergt een nieuwe manier van denken en een andere manier van doen. Dit boek biedt zorgverleners daarvoor handreikingen. Het is een inleiding op een nieuw vakgebied: zorgmarketing. Na een eerste lezing kan het boek fungeren als handleiding en naslagwerk bij het beantwoorden van marketingvraagstukken waarmee zorgverleners worden geconfronteerd.

Zorgmarketing en medische professie staan in onze visie niet haaks op elkaar, maar versterken elkaar. Op een onderscheidende manier excelleren in gezondheidsresultaten en in klantwaardering voor bejegening, informatie en service, dat is waar het in de concurrentiestrijd om draait. Welke medicus wil er niet excelleren in gezondheidsresultaten op zijn vakgebied en gewaardeerd worden door zijn patiënten? Zorgmarketing helpt de medicus om dat streven naar excellentie in een hedendaagse context te plaatsen. De context van markt en concurrentie.

We begonnen dit boek met een citaat van een van de grootste auteurs op het gebied van management, Peter Drucker: 'The greatest danger in times of turbulence is not the turbulence; it is to act with yesterday's logic.' Wij hopen dat dit boek heeft bijgedragen aan het vergroten van het begrip voor 'today's logic' van marketing in de zorg.

LITERATUUR

Anthonissen, P.F. (2002). *In naam van de faam*. Tiel: Lannoo.

Beek, C.C. van, Limbeek, J. van, Kranen, C.G. & Sipman, W.A. (2003). Patiëntenparticipatie: professioneel partnership tussen zorgvrager en zorgaanbieder. *Handboek Zorgvernieuwing*, maart 2003.

Engelsen, A.Th. den (1993). *Uw organisatie als merk*. Alphen aan den Rijn: Samsom BedrijfsInformatie.

Engelsen, A.Th. den (2005). Vlag moet lading dekken: branding en naamgeving in de zorgsector. *Zorgvisie*, 2005: 2.

Engelsen, A.Th. den (2006). Ruit van klantgerichtheid. *Zorgvisie*, 2006: 2.

Jansen, P. (2006). *Medische informatie zoeken op internet*. Utrecht: Bruna.

NPCF (2005). *De patiënt op de zorgmarkt in 2010*. Utrecht: NPCF.

Porter, M.E. & Olmsted Teisberg, E. (2006). *Redefining Health Care: creating value-based competition on results*. Boston: Harvard Business School Press.

Raad voor de Volksgezondheid en Zorg (2003). *Kiezen in de gezondheidszorg*. Zoetermeer: RVZ.

Raad voor de Volksgezondheid en Zorg (2003). *Van patiënt tot klant*. Zoetermeer: RVZ.

Raad voor de Volksgezondheid en Zorg (2005). *Internetgebruiker en veranderingen in de zorg*. Zoetermeer: RVZ.

Raad voor de Volksgezondheid en Zorg (2006). *Management van vastgoed in de zorgsector*. Zoetermeer: RVZ.

Raaij W.F. van & Antonides, G. (1994), *Consumentengedrag*. Utrecht: Lemma.

Sociaal Cultureel Planbureau (2004). *Het zestiende Sociaal Cultureel Rapport*. Den Haag: SCP.

Treacy, M. & Wiersema, F. (1995). *De discipline van markt-leiders*. Schiedam: Scriptum.

Vels, F.E. & Boere, M. (2005). *Zorg voor een merk: merken-beleid in zorginstellingen*. Houten: Bohn Stafleu van Loghum.

Vries jr., W. de & Helsdingen, P.J.C. van (2005). *Dienstenmarketingmanagement*. Groningen/Houten: Wolters Noordhoff.

ZonMw (2003). *Preferenties en competenties van consumenten*. Den Haag: ZonMw.

REGISTER

Transcriptional and Translational Regulation of Stem Cells

Advances in Experimental Medicine and Biology

Volume 786

For further volumes:
http://www.springer.com/series/5584

Gary Hime • Helen Abud
Editors

Transcriptional and Translational Regulation of Stem Cells

Springer

Editors
Gary Hime
Anatomy and Neuroscience
University of Melbourne
Parkville, VIC, Australia

Helen Abud
Anatomy and Developmental Biology
Monash University
Clayton, VIC, Australia

ISSN 0065-2598
ISBN 978-94-007-6620-4 ISBN 978-94-007-6621-1 (eBook)
DOI 10.1007/978-94-007-6621-1
Springer Dordrecht Heidelberg New York London

Library of Congress Control Number: 2013939599

Printed on acid-free paper

Springer is part of Springer Science+Business Media (www.springer.com)

Contents

Contributors

Helen E. Abud Department of Anatomy and Developmental Biology, Monash University, Clayton, VIC, Australia

Helena Bujalka Department of Anatomy and Neuroscience, Centre for Neuroscience Research, The University of Melbourne, Parkville, Melbourne, VIC, Australia

Simona Caporilli Cardiff School of Biosciences, Cardiff University, Cardiff, UK

Edmund Carvalho Reprogramming and Stem Cell Laboratory, Centre for Reproduction and Development, Monash Institute of Medical Research, Monash University, Clayton, VIC, Australia

Holly S. Cate Department of Anatomy and Neuroscience, Centre for Neuroscience Research, The University of Melbourne, Parkville, Melbourne, VIC, Australia

Chhavi Chauhan The Mouse Cancer Genetics Program, National Cancer Institute at Frederick, National Institutes of Health, Frederick, MD, USA

Kimberly J. Christie Department of Anatomy and Neuroscience, Centre for Neuroscience Research, The University of Melbourne, Parkville, Melbourne, VIC, Australia

David Cook Department of Biology, University of York, York, UK

Austin J. Cooney Department of Molecular and Cellular Biology, Baylor College of Medicine, Houston, TX, USA

Sarah L. Crittenden Howard Hughes Medical Institute, Department of Biochemistry, University of Wisconsin, Madison, WI, USA

Xing Dai Department of Biological Chemistry, School of Medicine, University of California, Irvine, CA, USA

Mark Denham Department of Anatomy and Neuroscience, Centre for Neuroscience Research, The University of Melbourne, Parkville, Melbourne, VIC, Australia

Ben Emery Department of Anatomy and Neuroscience, Centre for Neuroscience Research, The University of Melbourne, Parkville, Melbourne, VIC, Australia

Kyle Friend Department of Biochemistry, University of Wisconsin-Madison, Madison, WI, USA

Paul Genever Department of Biology, University of York, York, UK

Berthold Göttgens Department of Haematology, Cambridge Institute for Medical Research, University of Cambridge, Cambridge, UK

Corey Heffernan Reprogramming and Stem Cell Laboratory, Centre for Reproduction and Development, Monash Institute of Medical Research, Monash University, Clayton, VIC, Australia

Gary R. Hime Department of Anatomy and Neuroscience, University of Melbourne, Parkville, Melbourne, VIC, Australia

Cathryn A. Hogarth School of Molecular Biosciences and the Centre for Reproductive Biology, Washington State University, Pullman, WA, USA

Katja Horvay Department of Anatomy and Developmental Biology, Monash University, Clayton, VIC, Australia

Steven X. Hou The Mouse Cancer Genetics Program, National Cancer Institute at Frederick, National Institutes of Health, Frederick, MD, USA

Aaron Kershner Department of Biochemistry, University of Wisconsin-Madison, Madison, WI, USA

Judith Kimble Howard Hughes Medical Institute, Department of Biochemistry, University of Wisconsin-Madison, Madison, WI, USA

Program in Cellular and Molecular Biology, University of Wisconsin-Madison, Madison, WI, USA

Briana Lee Department of Biological Chemistry, School of Medicine, University of California, Irvine, CA, USA

Jun Liu Reprogramming and Stem Cell Laboratory, Centre for Reproduction and Development, Monash Institute of Medical Research, Monash University, Clayton, VIC, Australia

Jordane Malaterre Cancer Cell Biology Program, Peter MacCallum Cancer Centre, East Melbourne, VIC, Australia

Pathology Department, The University of Melbourne, Parkville, Melbourne, VIC, Australia

Luis F. Malaver-Ortega Reprogramming and Stem Cell Laboratory, Centre for Reproduction and Development, Monash Institute of Medical Research, Monash University, Clayton, VIC, Australia

Julie Mathieu Department of Biochemistry, Institute for Stem Cell and Regenerative Medicine, University of Washington, Seattle, WA, USA

Erika L. Matunis Department of Cell Biology, Johns Hopkins University School of Medicine, Baltimore, MD, USA

Eileen A. McLaughlin Priority Research Centre in Reproductive Science, School of Environmental and Life Sciences, University of Newcastle, Callaghan, NSW, Australia

Lloyd Pereira Cancer Cell Biology Program, Peter MacCallum Cancer Centre, East Melbourne, VIC, Australia

Pathology Department, The University of Melbourne, Parkville, Melbourne, VIC, Australia

Douglas F. Porter Program in Cellular and Molecular Biology, University of Wisconsin-Madison, Madison, WI, USA

Leonie M. Quinn Department of Anatomy and Neuroscience, University of Melbourne, Parkville, Melbourne, VIC, Australia

Robert G. Ramsay Cancer Cell Biology Program, Peter MacCallum Cancer Centre, East Melbourne, VIC, Australia

Pathology Department, The University of Melbourne, Parkville, Melbourne, VIC, Australia

Hannele Ruohola-Baker Department of Biochemistry, Institute for Stem Cell and Regenerative Medicine, University of Washington, Seattle, WA, USA

Julie Secombe Department of Genetics, Albert Einstein College of Medicine, Bronx, New York, NY, USA

Nicole A. Siddall Department of Anatomy and Neuroscience, University of Melbourne, Parkville, Melbourne, VIC, Australia

W. Gregory Somers Department of Genetics, La Trobe Institute for Molecular Science (LIMS), La Trobe University, Melbourne, VIC, Australia

Erika B. Sorensen Howard Hughes Medical Institute, Department of Biochemistry, University of Wisconsin, Madison, WI, USA

Rita Sousa-Nunes Medical Research Council, National Institute for Medical Research, Mill Hill, London, UK

Medical Research Council Centre for Developmental Neurobiology, King's College London, London, UK

Rachel R. Stine Department of Cell Biology, Johns Hopkins University School of Medicine, Baltimore, MD, USA

Huseyin Sumer Reprogramming and Stem Cell Laboratory, Centre for Reproduction and Development, Monash Institute of Medical Research, Monash University, Clayton, VIC, Australia

Jessie M. Sutherland Priority Research Centre in Reproductive Science, School of Environmental and Life Sciences, University of Newcastle, Callaghan, NSW, Australia

Ann M. Turnley Department of Anatomy and Neuroscience, Centre for Neuroscience Research, The University of Melbourne, Parkville, Melbourne, VIC, Australia

Paul J. Verma, Ph.D. Reprogramming and Stem Cell Laboratory, Centre for Reproduction and Development, Monash Institute of Medical Research, Monash University, Clayton, VIC, Australia

Rajneesh Verma Reprogramming and Stem Cell Laboratory, Centre for Reproduction and Development, Monash Institute of Medical Research, Monash University, Clayton, VIC, Australia

Qin Wang Department of Molecular and Cellular Biology, Baylor College of Medicine, Houston, TX, USA

Helen White-Cooper Cardiff School of Biosciences, Cardiff University, Cardiff, UK

Adam C. Wilkinson Department of Haematology, Cambridge Institute for Medical Research, University of Cambridge, Cambridge, UK

Anton Wutz Wellcome Trust Centre for Stem Cell Research, Department of Biochemistry, University of Cambridge, Cambridge, UK

Xiankun Zeng The Mouse Cancer Genetics Program, National Cancer Institute at Frederick, National Institutes of Health, Frederick, MD, USA

1 The Stem Cell State

Gary R. Hime and Helen E. Abud

Abstract

This volume describes the latest findings on transcriptional and translational regulation of stem cells. Both transcriptional activators and repressors have been shown to be crucial for the maintenance of the stem cell state. A key element of stem cell maintenance is repression of differentiation factors or developmental genes – achieved transcriptionally, epigenetically by the Polycomb complex, and post-transcriptionally by RNA-binding proteins and microRNAs. This volume takes two approaches to this topic – (1) illustrating the general principles outlined above through a series of different stem cell examples – embryonic, iPS and adult stem cells, and (2) describing several molecular families that have been shown to have roles in regulation of multiple stem cell populations.

Keywords

Clonogenicity • History • Niche • Pluripotency • Repression

1.1 The History of Stem Cells

The term "stem cell" has had a variety of meanings over the past decades and its history is intertwined with the concept of cell potency. These ideas can be traced back to the work of Hans Driesch in the early 1890s who used vigorous shaking to isolate blastomeres from two-cell sea urchin embryos and was then able to demonstrate that these single blastomeres were totipotent and could develop into complete larvae [1]. The pluripotent nature of cells in the vertebrate blastula was elucidated by Robert Briggs and Thomas King in 1952 by transfer of Xenopus blastula cells into enucleated oocytes [2]. This work was extended by John Gurdon in the late 1950s-early 1960s in a now famous series of experiments that resulted in the cloning of Xenopus by nuclear transfer [3, 4]. The pluripotency of mammalian embryonic cells was initially demonstrated by

G.R. Hime (✉)
Department of Anatomy and Neuroscience,
University of Melbourne, Parkville, Melbourne,
VIC 3010, Australia
e-mail: g.hime@unimelb.edu.au

H.E. Abud
Department of Anatomy and Developmental Biology,
Monash University, Clayton, VIC 3800, Australia

G. Hime and H. Abud (eds.), *Transcriptional and Translational Regulation of Stem Cells*,
Advances in Experimental Medicine and Biology 786, DOI 10.1007/978-94-007-6621-1_1,

transplantation of teratocarcinoma cells into blastocysts by Beatrice Mintz and Karl Illmensee in 1975 [5].

The pluripotential capacity of differentiated adult mammalian cells became clear with the generation of the sheep named "Dolly" by the group of Ian Wilmut in 1996 using somatic cell nuclear transfer [6]. The foundations for the generation of Dolly go back to the 1928 studies of Hans Spemann (published in his 1938 book "Embryonic development and induction") who was the first to transfer a nucleus from one cell to another in a salamander embryo [7]. Direct re-programming of differentiated adult mouse cells was achieved by Shinya Yamanaka and colleagues in 2006 to produce induced pluripotent stem cells (iPS cells) followed by similar studies from human cells in 2007 [8, 9].

The first description of a cell as a stem cell (or Stammzelle) was by Alexander Maximow in his 1909 reference to the lymphocyte as a common element to all blood cell types [10]. Experimental evidence for the existence of stem cells *in vivo* was not obtained until 1963 when work from the laboratory of Ernest McCulloch and James Till showed that cells isolated from bone marrow when transplanted into irradiated mice formed nodules in the spleen in proportion to the number of cells first injected [11]. The term "embryonic stem cell" is credited to Gail Martin. In 1981 both Martin and the team of Martin Evans and Matthew Kaufman independently derived methods of extracting embryonic stem cells from the inner cell mass of mouse blastocysts [12, 13]. In 1998 James Thomson established the first human embryonic stem cell lines [14]. Stem cells therefore have a long experimental history but the criteria used to define them have varied over this period.

1.2 What Is a Stem Cell?

Stem cells have traditionally been defined by a variety of functional assays leading to some differences in whether specific cells are considered as stem cells. Clonogenicity has long been considered a "gold standard" for identifying if stem cells are present in a population of cells and as a surrogate method of determining the number of stem cells in the population [11, 15]. These experiments conducted with haematopoietic tissue demonstrated the self-renewing capacity of stem cells (required for generation of a transplant colony, either *in vitro* or *in vivo*) and the ability of multiple lineages to be derived from the stem cell founders. Multipotency should not be regarded as a condition of all stem cells as transplantable spermatogenic stem cells are present in the testis [16] that only produce sperm precursors under normal conditions. The nature of the assay used to define or culture stem cells is of critical importance when defining the characteristics of the stem cell population as even unipotent spermatogenic stem cells can be induced to differentiate into cells with characteristics of all germ layers when cultured under specific conditions not normally found in the seminiferous tubules of the testis environment [17].

Another characteristic associated with stem cells is that they are long lived and in many organs are essentially immortal, persisting for the lifetime of the host organism. Perhaps it is more appropriate to consider the lifespan of the stem cell pool in an organ as recent lineage tracing studies in the mouse intestinal epithelium have demonstrated turnover of individual stem cell clones in intestinal crypts while maintaining a steady state stem cell pool [18]. Some cell types capable of self-renewal and production of differentiated daughters only exist for a limited number of cell divisions during developmental processes, for example embryonic neuroblasts of *Drosophila melanogaster*, and have been referred to as progenitor cells rather than stem cells [19].

A decrease in stem cell activity or loss of stem cell pools has been thought to be associated with tissue aging. An experimental demonstration of the principle can be observed by transplantation of purified spermatogonia from differently aged mice into young recipient testes and counting numbers of subsequent graft colonies. Spermatogonia from aged mice produce far less grafts and hence can be considered to contain fewer spermatogonial stem cells. This correlates with decreasing fertility observed in aged animals [20]. However, if purified spermatogonia from young males are serially transplanted into young testes they can produce engraftment rates similar to those from young animals even when the serial grafts pass 3 years of age. This has been interpreted as evidence that the stem cells are not aging but the somatic support cells lose the capacity to maintain the stem cell population as tissues age [20].

Stem cells do not appear to be associated with any specific mode of cell division. Germline stem cells in *Drosophila* and *C. elegans* cycle continuously [21] while many vertebrate stem cell populations are regarded as quiescent and capable of being marked by long term retention of radiolabelled nucleotide analogues [22, 23]. These species-specific distinctions are now less clear as rapidly cycling stem cell populations have been isolated from vertebrate organs [24] and there are indications that different stem cell types may play separate roles, or cycle differently during homeostasis and tissue repair [25].

Stem cells by definition must be undifferentiated cells as their main role is to provide a pool of cells that can regenerate components of a tissue via a series of steps that involve tightly regulated division and differentiation. The cellular environment, or stem cell niche, regulates stem cell behaviour by providing appropriate signals that influence maintenance, proliferation and differentiation. This hypothesis was first proposed by Schofield [26] and experimental evidence for the existence of the niche came from genetic studies in the *Drosophila* female germline [27]. Even this simple functional relationship between stem cell and niche has now become confused as evidence has been obtained that stem cell progeny can contribute to the niche (reviewed in [28]) and it is now known that stem cells of one lineage can act as niche cells for stem cells of another lineage. For example, populations of germline and somatic stem cells co-exist in the apical tip of the adult *Drosophila* testis. The somatic stem cells secrete a BMP-family signal that is critical for maintenance of the germline stem cell population in addition to acting as a precursor to differentiated somatic cyst cells [29, 30].

1.3 Stem Cell Maintenance Involves Repression of Differentiation

As is described in the chapters of this volume, stem cells are found in tissues derived from all germ layers, either quiescent or cycling, and associated with varied niches. It follows suit that different stem cells pools are regulated by different molecular mechanisms and few generalities can be drawn regarding this regulation. There does not appear to be a general factor that promotes "stemness" in a population of cells. What can be said in a general fashion is that stem cells must remain undifferentiated if the pool is to be maintained and molecular mechanisms that promote stem cell maintenance must repress differentiation. The first studies to show global repression of developmental genes (i.e. those that promote differentiation of various tissues and organs) in stem cells were conducted in mouse and human embryonic stem cells [31, 32]. These studies demonstrated that the Polycomb group proteins act as repressor complexes to suppress transcription of mainly developmental genes in ES cells without affecting genes required for nucleic acid metabolism, cell cycle and protein synthesis. The following chapters will show that we now know much more about the transcriptional circuitry that regulates stem cell behaviour but that this is only one layer of regulation imposed upon stem cells. microRNAs and translational activators/repressors also play key roles in promoting stem cell maintenance and controlling differentiation. The Polycomb proteins recruit factors that modulate histone methylation and hence play an epigenetic role in maintaining patterns of gene expression. This mechanism appears not to be restricted to embryonic stem cells but epigenetic regulation of stem cell maintenance is a more general phenomenon [33].

This volume describes different stem cell populations and the varied molecular genetic mechanisms that have been associated with their regulation.

References

1. Driesch H (1892) The potency of the first two cleavage cells in echinoderm development. Experimental production of partial and double formation (reprinted translation). In: Oppenheimer JM (ed) Foundations of experimental embryology, part 2. Hafner, New York, pp 39–50
2. Briggs R, King TJ (1952) Transplantation of living nuclei from blastula cells into enucleated frogs' eggs. Proc Natl Acad Sci USA 38(5):455–463
3. Gurdon JB (1962) The developmental capacity of nuclei taken from intestinal epithelium cells of feeding tadpoles. J Embryol Exp Morphol 10:622–640
4. Gurdon JB, Elsdale TR, Fischberg M (1958) Sexually mature individuals of Xenopus laevis from the transplantation of single somatic nuclei. Nature 182(4627):64–65
5. Mintz B, Illmensee K (1975) Normal genetically mosaic mice produced from malignant teratocarcinoma cells. Proc Natl Acad Sci USA 72(9):3585–3589
6. Campbell KH, McWhir J, Ritchie WA, Wilmut I (1996) Sheep cloned by nuclear transfer from a cultured cell line. Nature 380(6569):64–66
7. Spemann H (1938) Embryonic development and induction. Yale University Press, New Haven
8. Takahashi K, Tanabe K, Ohnuki M, Narita M et al (2007) Induction of pluripotent stem cells from adult human fibroblasts by defined factors. Cell 131(5):861–872
9. Takahashi K, Yamanaka S (2006) Induction of pluripotent stem cells from mouse embryonic and adult fibroblast cultures by defined factors. Cell 126(4):663–676
10. Maximow A (1909) The lymphocyte as a stem cell common to different blood elements in embryonic development and during the post-fetal life of mammals. Originally in German. Folia Haematol 8:125–134 [English translation (2009) Cell Ther Transplant 1(3):14–18]
11. Becker AJ, McCulloch EA, Till JE (1963) Cytological demonstration of the clonal nature of spleen colonies derived from transplanted mouse marrow cells. Nature 197:452–454
12. Evans MJ, Kaufman MH (1981) Establishment in culture of pluripotential cells from mouse embryos. Nature 292(5819):154–156
13. Martin GR (1981) Isolation of a pluripotent cell line from early mouse embryos cultured in medium conditioned by teratocarcinoma stem cells. Proc Natl Acad Sci USA 78(12):7634–7638
14. Thomson JA, Itskovitz-Eldor J, Shapiro SS, Waknitz MA et al (1998) Embryonic stem cell lines derived from human blastocysts. Science 282(5391):1145–1147
15. Moore MA, Metcalf D (1970) Ontogeny of the haemopoietic system: yolk sac origin of in vivo and in vitro colony forming cells in the developing mouse embryo. Br J Haematol 18(3):279–296
16. Brinster RL, Zimmermann JW (1994) Spermatogenesis following male germ-cell transplantation. Proc Natl Acad Sci USA 91(24):11298–11302
17. Simon L, Ekman GC, Kostereva N, Zhang Z et al (2009) Direct transdifferentiation of stem/progenitor spermatogonia into reproductive and nonreproductive tissues of all germ layers. Stem Cells 27(7):1666–1675
18. Snippert HJ, van der Flier LG, Sato T, van Es JH et al (2010) Intestinal crypt homeostasis results from neutral competition between symmetrically dividing Lgr5 stem cells. Cell 143(1):134–144
19. Chia W, Somers WG, Wang H (2008) Drosophila neuroblast asymmetric divisions: cell cycle regulators, asymmetric protein localization, and tumorigenesis. J Cell Biol 180(2):267–272
20. Ryu BY, Orwig KE, Oatley JM, Avarbock MR et al (2006) Effects of aging and niche microenvironment on spermatogonial stem cell self-renewal. Stem Cells 24(6):1505–1511
21. Spradling A, Fuller MT, Braun RE, Yoshida S (2011) Germline stem cells. Cold Spring Harb Perspect Biol 3(11):a002642
22. Cotsarelis G, Sun TT, Lavker RM (1990) Label-retaining cells reside in the bulge area of pilosebaceous unit: implications for follicular stem cells, hair cycle, and skin carcinogenesis. Cell 61(7):1329–1337
23. Potten CS, Booth C, Pritchard DM (1997) The intestinal epithelial stem cell: the mucosal governor. Int J Exp Pathol 78(4):219–243
24. Barker N, van Es JH, Kuipers J, Kujala P et al (2007) Identification of stem cells in small intestine and colon by marker gene Lgr5. Nature 449(7165):1003–1007
25. Li L, Clevers H (2010) Coexistence of quiescent and active adult stem cells in mammals. Science 327(5965):542–545
26. Schofield R (1978) The relationship between the spleen colony-forming cell and the haemopoietic stem cell. Blood Cells 4(1–2):7–25
27. Xie T, Spradling AC (2000) A niche maintaining germ line stem cells in the drosophila ovary. Science 290(5490):328–330
28. Hsu YC, Fuchs E (2012) A family business: stem cell progeny join the niche to regulate homeostasis. Nat Rev Mol Cell Biol 13(2):103–114
29. Leatherman JL, Dinardo S (2008) Zfh-1 controls somatic stem cell self-renewal in the drosophila testis and nonautonomously influences germline stem cell self-renewal. Cell Stem Cell 3(1):44–54
30. Leatherman JL, Dinardo S (2010) Germline self-renewal requires cyst stem cells and stat regulates niche adhesion in drosophila testes. Nat Cell Biol 12(8):806–811
31. Boyer LA, Plath K, Zeitlinger J, Brambrink T et al (2006) Polycomb complexes repress developmental regulators in murine embryonic stem cells. Nature 441(7091):349–353
32. Lee TI, Jenner RG, Boyer LA, Guenther MG et al (2006) Control of developmental regulators by polycomb in human embryonic stem cells. Cell 125(2):301–313
33. Jepsen K, Solum D, Zhou T, McEvilly RJ et al (2007) SMRT-mediated repression of an H3K27 demethylase in progression from neural stem cell to neuron. Nature 450(7168):415–419

Induction of Pluripotency

2

Corey Heffernan, Jun Liu, Huseyin Sumer,
Luis F. Malaver-Ortega, Rajneesh Verma,
Edmund Carvalho, and Paul J. Verma

Abstract

The molecular and phenotypic irreversibility of mammalian cell differentiation was a fundamental principle of developmental biology at least until the 1980s, despite numerous reports dating back to the 1950s of the induction of pluripotency in amphibian cells by nuclear transfer (NT). Landmark reports in the 1980s and 1990s in sheep progressively challenged this dogmatic assumption; firstly, embryonic development of reconstructed embryos comprising whole (donor) blastomeres fused to enucleated oocytes, and famously, the cloning of *Dolly* from a terminally differentiated cell. Thus, the intrinsic ability of oocyte-derived factors to reverse the differentiated phenotype was confirmed. The concomitant elucidation of methods for human embryonic stem cell isolation and cultivation presented opportunities for therapeutic cell replacement strategies, particularly through NT of patient nuclei to enucleated oocytes for subsequent isolation of patient-specific (autologous), pluripotent cells from the resulting blastocysts. Associated logistical limitations of working with human oocytes, in addition to ethical and moral objections prompted exploration of alternative approaches to generate autologous stem cells for therapy, utilizing the full repertoire of factors characteristic of pluripotency, primarily through *cell fusion* and use of pluripotent *cell extracts*. Stunningly, in 2006, Japanese scientists described somatic cell reprogramming through delivery of four key factors (identified through a deductive approach from 24 candidate genes). Although less efficient than previous

C. Heffernan • J. Liu • H. Sumer • L.F. Malaver-Ortega
R. Verma • E. Carvalho
Reprogramming and Stem Cell Laboratory, Centre for Reproduction and Development, Monash Institute of Medical Research, Monash University,
27-31 Wright St., Clayton, VIC 3168, Australia

P.J. Verma, Ph.D. (✉)
Reproduction Group, South Australian Research & Development Institute (SARDI),
Turretfield Research Centre, Holland Road,
Rosedale, SA 5350, Australia
e-mail: Paul.Verma@monash.edu

G. Hime and H. Abud (eds.), *Transcriptional and Translational Regulation of Stem Cells*,
Advances in Experimental Medicine and Biology 786, DOI 10.1007/978-94-007-6621-1_2,

approaches, much of current stem cell research adopts this focused approach to cell reprogramming and (autologous) cell therapy. This chapter is a quasi-historical commentary of the various aforementioned approaches for the induction of pluripotency in lineage-committed cells, and introduces transcriptional and epigenetic changes occurring during reprogramming.

Keywords
Pluripotency • SCNT • Cell-fusion • Cell extract • iPSC • Epigenetics

2.1 Introduction

> …reprogramming after transfer into the zygote is impossible in the mammalian embryo, either inherently or because of lack of time, whereas the amphibian nucleus probably has sufficient time to reprogram…
>
> (McGrath and Solter 1984. Science) [8]

Despite the initial seminal work of Briggs and King [1, 2] in the 1950s, and subsequently by John Gurdon [3–7] and colleagues through the 1960s and 1970s, demonstrating the plasticity of a range of primitive and somatic cells in *Xenopus* and amphibia, the fundamental principle of mammalian developmental biology of molecular and phenotypic irreversibility of cellular differentiation persisted until the 1990s [8]. Three landmark studies in sheep challenged this dogmatic assumption, whereby ovine recipient (enucleated) oocytes supported embryonic development of donor nuclei from blastomeres, cultured cells and primary, adult mammary cells, respectively; the latter two studies resulting in both embryonic and fetal development, and live-born progeny [9–11]. With the concurrent development of methods to culture pluripotent stem cells isolated from donated, surplus IVF human blastocysts [12], new strategies for generation of patient-specific (autologous) stem cells for the treatment of human degenerative disorders were proposed and explored, namely (i) nuclear transfer of somatic cell nuclei to recipient oocytes for stem cell isolation from embryos, or (ii) direct reprogramming of somatic cell nuclei via *cell fusion* [13], application of *cell extracts* [14] or '*induced pluripotency*' via direct delivery of key reprogramming factors (via numerous methods; Fig. 2.1) [15].

In this chapter, we discuss the development of approaches to induce pluripotency in nuclei of lineage-committed somatic cells, and introduce the molecular changes that accompany this process, referred to as '[*somatic*] *cell reprogramming*'; namely, transcriptional changes (*JAK-STAT* & *Wnt/Notch* pathways), and epigenetic modifications (chromatin/histone modifications; expanded commentaries of each of these discussions can be found in Chaps. 10, 14 and 17 in this volume).

2.2 Early Nuclear Transfer Experiments in *Amphibia* (1950–1980): Questioning the Plasticity of the Committed

Much of the early nuclear transfer experiments were undertaken in amphibia. As early as 1952 [1], embryos comprising transferred donor nuclei from undifferentiated frog blastula to enucleated (frog; *Rana pipiens*) oocytes underwent normal embryonic development, prompting consideration of the potential of more committed donor nuclei to contribute to early embryonic development. Briggs and King (1953) [2] noted cleavage rates of constructed embryos, incorporating cells of the frog gastrula (cells undertaking commitment to one of three germ layers), were reduced in comparison to those constructed with frog blastula. Applying these results to more committed donor nuclei, blastulae and later stage (gut) donor cells supported tadpole development and even

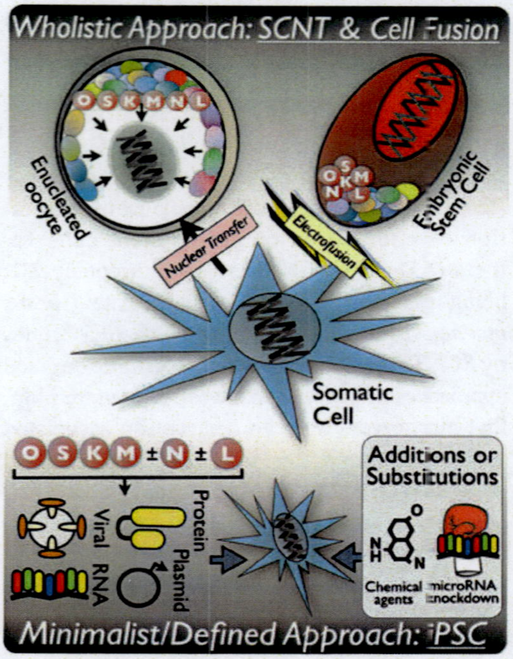

Fig. 2.1 Diagrammatic representation of various methods to reprogram a somatic cell nucleus to pluripotency. 'Wholistic Approach' refers to exposure of somatic cells to a *full repertoire* of reprogramming factors (e.g. ooplasmic/cytoplasmic). Somatic cell nuclear transfer of somatic nuclei to oocytes generates cloned stem cells. Fusion of a somatic cell to a pluripotent stem cell via e.g. electrofusion reprograms the somatic cell to pluripotency. The "Minimalist/Defined Approach" refers to reprogramming of somatic cells with *known or defined factors*, in the absence of other factors. Genes such as Oct4 (O), Sox2 (S), Klf4 (K), cMyc (M), Nanog (N), Lin28 (L) have been shown to be key (although not exclusive) to this process [15]. Various chemical agents and microRNA constructs have been used as additions or substitutions to key reprogramming factors

the generation of sexually mature frogs after 9–12 months transplantation [4], proving the ability to undertake complete reprogramming is not limited to primitive nuclei with lineage plasticity. Furthermore, the capacity of lineage-committed, *Xenopus* nuclei to regain pluripotency, and contribute to cleavage-stage embryonic development, is regained in the presence of ooplasmic factors of *alternative Xenopus* species (albeit, of the same *Genus*) [3]. Despite the *Xenopus* species *X. tropicalis* and *X. laevis* being incapable of generating a hybrid through natural reproductive means (or artificial fertilization), *X. tropicalis* ooplasm (enucleated) was able to successfully reprogram vegetal hemisphere/endoderm donor nuclei from *X. laevis*. During reprogramming, recipient ooplasm elicits structural and functional changes to transferred somatic cell nuclei. Following transfer to *Xenopus* oocytes, mid-blastula nuclei (mitotically active cells, active in DNA synthesis but with little RNA synthesis) resume RNA synthesis, and from 30 min post-injection, cease DNA synthesis and cell division [5]. Ooplasmic factors of recipient (maturing) eggs also rapidly reverse the hypo-proliferative nature of brain nuclei (0.5–3 h post transfer; [5]). Interestingly, cleavage rates of transfers using cultured cells from numerous organs of tadpole (stage 40) and adult *Xenopus* (kidney, heart, lung, testis, and skin) were similar, even adult donors compared to tadpole stage cells, highlighting the plasticity of nuclei from numerous anatomical sources [6]. Histology proved differentiation of donor nuclei to all cells of the developing tadpoles. Extending these results, transfer of *in vitro* cultured somatic *Xenopus* nuclei to *Pleurodeles waltlii* newt oocytes demonstrated reactivation of previously inactive genes and repression of somatic gene profile [7].

2.3 Generation of (*Mouse and Human*) Embryonic Stem Cell lines: *Realizing the Therapeutic Potential*

Blastocyst-derived, embryonic stem cells (ESC) are the 'natural' counterpart of induced pluripotent cell populations, and since they originally derive from totipotent blastomeres and not lineage-committed cell sources, they do not strictly satisfying the criteria of 'induced pluripotency'. However, it is fitting a brief historical perspective of ESC isolation and maintenance be presented here, as it was this seminal work by Evans, Kaufman, Martin and Thomson [16–20] in the 1980s and 1990s that highlighted *in vitro* conditions required to maintain ESC, knowledge that was imperative for subsequent development of induced pluripotency technologies. Furthermore, the molecular, epigenetic and functional characteristics of ESC remain the 'gold standard' to which induced pluripotent cells are compared.

Careful consideration of ideal stage of isolation (epiblast of early post-implantation) and *in vitro* culture conditions led to establishment of the first mouse ESC lines [16, 17]. Evans and Kaufman (1981) [16] plated hatched murine blastocysts (129 mouse strain) in culture dishes, from which inner cell mass (ICM) was isolated and re-plated on inactivated feeders. Expanded lines maintained normal karyotype and displayed differentiation potential *in vitro* and *in vivo*. Soon after, additional mouse ESC lines were isolated and cultured in media pre-conditioned on embryonal carcinoma cell culture [17]. Since then, numerous mouse ESC lines have been established around the world, a feat that has fostered development of technologies for generation of transgenic experimental animals.

The obvious progression from derivation of mouse ESC lines was translation to other species. Bongso et al. (1994) [18] were the first to describe isolation of ICM from donated, human (IVF) blastocysts. Although grown on epithelial feeder layers and displaying stem cell morphology and expressing alkaline phosphatase (AP), this Singaporean group failed to maintain a human ES cell (hESC) beyond 2 passages. Interestingly, the establishment of stable hESC lines expressing stem cell markers, possessing differentiation potential and capable of long term growth was achieved some 4 years later [12], and only after pluripotent lines were established in two species of non-human primate [19, 20]. Subsequently, methods for human ICM isolation have been optimized, including a multi-step procedure using day 8 blastocysts (rather than the usual day 5–7) [21]. Statistically significant improvements in yield of human pluripotent cells were reported using this multi-step approach. hESC lines have also been derived from morula (pre-blastocyst) stage embryos, with approximately 17 % of original explants forming stable pluripotent lines; an efficiency similar to blastocyst derived lines [22]. Furthermore, establishment of stable hESC lines from microsurgical removal of single blastomeres circumvents the inherent embryo destruction when isolated from ICM cultures [23].

The ethical implications of hESC isolation (i.e. with implied embryo destruction), acquired knowledge of favorable *in vitro* ESC culture conditions, and continuing need for *autologous* stem cells for therapy, collectively drove exploration of alternative sources of stem cells for therapy. Despite SCNT-derived, pluripotent cells being reported in non-human primate (*rhesus macaque*) [24], derivation of stable hESC lines by SCNT still elude us. Alternative, more directed approaches to human somatic cell reprogramming, that circumvent embryo destruction associated with SCNT and ESC isolation, have evolved with varying success and efficiency. We outline mammalian SCNT, and alternative approaches, in the coming sections.

2.4 (Mammalian) Somatic Cell Reprogramming, and the Autologous Therapeutic Cell: *Reacquiring Plasticity*

2.4.1 Somatic Cell Nuclear Transfer (SCNT)

As outlined in Sect. 2.2, the process of somatic cell nuclear transfer (SCNT) typically involves the removal of maternal chromosomes from an oocyte ('enucleation') followed by insertion of the donor cell nucleus, or the fusion of intact somatic cell or nucleus, to the enucleated oocyte. Embryonic development is artificially triggered, by inducing an increase in intracellular calcium, and can continue to pre-implantation stages *in vitro*. If transferred to a recipient animal, embryonic implantation and continued fetal development can give rise to a live-born, cloned animal. This process is referred to as *reproductive cloning*. Alternatively, cells of the inner cell mass of transferred blastocysts (*in vitro*) can be isolated and cultured, giving rise to nuclear transfer embryonic stem cells (ntESC); this process is referred to as *therapeutic cloning*. The resulting ntESC can be used as a tool for biomedical research or as a source of cells for transplantation back to the somatic cell donor. Since the ntESC are genetically identical to the donor at the genomic DNA level, transplanted cells are unlikely to be rejected by the host immune system. It is important to note that the mitochondrial DNA in clones and ntESC is predominantly inherited from the oocyte.

Despite documented success in deriving nuclear transfer offspring in amphibia, it was widely accepted that the molecular events characterizing mammalian cell differentiation prevented it from re-attaining totipotency and contributing to cloned offspring [8]. This dogmatic assumption was challenged by Willadsen (1996) [9] and Wilmut et al. (1997) [11], who generated viable embryos through nuclear transfer of 8- or 16-cell blastomeres, or live-born sheep from mammary epithelial cells, to enucleated ovine oocytes, respectively. Later, numerous cell types were shown to contribute to embryonic and fetal development, and live offspring [25]. SCNT/cloning has now been performed in a number of mammals, including non-human primates [24]. However, the biggest impact being in its translation to agricultural species. Conceptually, reproductive cloning could create multiple clones of animals with highly valued or desirable traits, including cows with high milk production or bulls that breed offspring with high quality meat [26]. Importantly, the biological properties and nutritional value of milk and meat obtained from cloned individuals does not differ from non-cloned animals [27, 28], and thus is considered safe for human consumption [29, 30].

The application of *therapeutic cloning* to the treatment of human, degenerative disease is even more promising. Generation of (cloned) pluripotent stem cells from somatic cells of a diseased individual, in combination with corrective gene therapy *in vitro*, has the potential to treat diseases through autologous cellular transplantation, not withstanding logistical and fiscal considerations. The first proof of principle study on the therapeutic application of SCNT derived cell lines was reported in 2002, whereby ntESC derived from *Rag2*$^{-/-}$ mice were differentiated into hemato-poietic stem cells (HSC) *in vitro* for transplantation after correction of the characteristic *Rag2* recombinase gene mutation by targeted homologous recombination [31].

However, there are a number of technical hurdles that need to be addressed before SCNT can be a viable source of pluripotent cells for human cell therapy. SCNT is a very resource intensive procedure requiring a large number of oocytes [32], and there are only a handful of reports of human SCNT embryos reaching the blastocyst stage [33–35]. To date, diploid ntESC lines have not been established. Recently, ntESC were isolated following SCNT to an *intact* oocyte (i.e. non-enucleated), resulting in a *triploid* embryo [36]. Interestingly, the triploid ESC isolated from the blastocysts maintained various characteristics of pluripotent cells and could differentiate into cells of all three germ layers.

Most importantly, the process of SCNT demonstrated that adult cells which are programmed to express a subset of specific genes as a differentiated cell, can be reprogrammed or de-differentiated to give rise to an organism karyotypically identical to the donor cell. Due to the ethical issues surrounding SCNT and technical difficulties in translating this to humans, alternate methods of somatic cell reprogramming have been explored including cell fusion, treating cells with cell extracts and viral induction of pluripotency by defined factors.

2.4.2 Cell Fusion

Fusion of interfacing plasma membranes of two cells can be achieved through chemically through treatment with polyethylene glycol (PEG), electrofused or through viral induction [37]. As enucleation does not precede fusion (as for SCNT), the resulting cell hybrids are tetraploid (since nuclear membranes commonly undergo intracytoplasmic fusion) and in most cases the phenotype of the less-differentiated fusion partner dominates the phenotype of the more-differentiated partner. *Reprogramming* of somatic cells by cell fusion involves the hybridization of a pluripotent cell to a somatic cell, resulting in a tetraploid cell hybrid.

In 1976, Miller and Ruddle first demonstrated that he phenotype of the pluripotent cell dominates following somatic cell fusion [13]. Mouse embryonic carcinoma (EC):thymocytes cell hybrids exhibited characteristics of the pluripotent EC cell and could form teratomas containing derivatives of the three germ layers. Other hybrids have adopted a number of pluripotency properties of embryonic germ cells and embryonic stem cells, and shown to modify gene expression profiles of the somatic cell hybrid partner [38–42]. ES-somatic cell hybrids display most properties of pluripotent stem cells; however, since they are tetraploid and have genomic DNA from both parental cells, their use for autologous cell replacement therapy is limited.

Conversion of a tetraploid (pluripotent) hybrid to a reprogrammed diploid cell, carrying the donor (autologous) somatic cell genome, conceptually generates a therapeutically relevant cell. One approach of excluding the ESC-derived DNA genome following reprogramming is maintaining a 'heterokaryon' (preventing fusion of the nuclear membranes) for the duration of reprogramming, followed by subsequent enucleation of the ES nucleus [43, 44]. Although a viable cell remains after extrusion of the ESC-derived nucleus, this approach resulted in only partial reprogramming of the somatic nucleus [44]. An alternative approach involves the removal of the specific ESC derived chromosomes responsible for self recognition in the ES-somatic cell hybrid resulting in a hybrid aneuploid cell that is immune matched to the somatic cell [45]. Despite these novel approaches, more advances in the cell fusion field are required before it can be considered a viable alternate method for generating autologous pluripotent stem cells for clinical applications.

2.4.3 Cell Extracts

In contrast to fusing intact pluripotent cells to somatic cells, methods of exposing differentiated cells or nuclei to cell extracts from totipotent and pluripotent cells have been devised as a means of somatic cell reprogramming. This technique involves the reversible membrane permeabilisation of differentiated cells, using the chemical *streptolysin-O* (SLO; a member of the family of cholesterol-dependent cytolysins), followed by exposure to 'reprogramming' cell extracts. The lesions induced in the plasma membrane by SLO are resealed upon application of Ca^{2+} [46]. Earlier reprogramming studies using cell extracts showed that the incubation of somatic cells in *Xenopus* egg extracts resulted in remodeling of chromatin and changes to gene expression [14, 47, 48]. The first demonstration of reprogramming of differentiated cells by exposure to mammalian cell extracts was performed with HEK293T (human embryonic kidney) cells exposed to stimulated T-cell extracts resulting in direct reprogramming toward a lymphoid-specific phenotype [49]. Furthermore, it was demonstrated that cell extract based reprogramming involves transcriptional changes in addition to ATP-dependent chromatin remodeling [49, 50].

The first reprogramming studies using pluripotent stem cell extracts showed that both HEK293T cells and immortalized NIH/3T3 mouse fibroblast cells acquired characteristics of pluripotent stem cells when exposed to extracts made from a pluripotent human carcinoma cell line and cultured [51]. The treated cells were partially reprogrammed and formed colonies, which were alkaline phosphatase (AP) positive and expressed pluripotency markers. They had also deactivated differentiation markers and had undergone epigenetic changes at the promoters of a number of pluripotent gene loci [51, 52]. More recently, human fetal fibroblasts have been shown to form hESC-like colonies when treated with a combination of chromatin inhibitors and hESC extracts [53]. Partial reprogramming was reported when the somatic cells were pretreated with the epigenetic modifiers 5-aza-2′-deoxycytosine and Trichostatin A prior to exposure to hESC extracts. Treated cells were shown to upregulate a number of pluripotency genes and change morphology and growth characteristics. Although reprogramming to a complete pluripotent state was not achieved, the cells could be trans-differentiated into neurons under differentiation conditions [53].

To date cell extract exposure has been shown to partially reprogram the treated cells toward an embryonic state, predominantly in transformed and immortalized cell lines. However, it is noteworthy that survival and persistence of pluripotent stem cells in fusion preparations, having donated cell extract, constitute a potential source of contamination in subsequent analysis [54].

2.5 Induction of Pluripotency (*Post-2006*) *Identification of the Critical Reprogramming Factors for Direct Induction of Pluripotency*

A major turning point in international stem cell research came in 2006 with the generation of 'induced pluripotent stem cells' (iPSC), the significance of this discovery was recognized by the joint-award of the Nobel prize for Physiology or Medicine in 2012 to Shinya Yamanaka to its discoverer. Ectopic expression of just four transcription factors resets the transcriptional profile and epigenetic state of the host cell to one resembling an ESC [15]. The most widely used set of reprogramming factors, *Oct4*, *Sox2*, *Klf4* and *c-Myc*, was identified initially by screening 24 pre-selected factors by Takahashi and Yamanaka [15]. Since this discovery, research papers characterizing properties of iPSC have flood scientific literature: murine (and subsequently human) iPSC can be generated without the oncogenic factor cMyc [55, 56], are germ line competent [57], and contribute all cell types to fertile offspring via the tetraploid complementation assay [58–60]. Human iPSC can be generated using the same set of factors [61, 62] or an alternative set of 4 factors, namely *Oct4*, *Sox2*, *Nanog* and *Lin28* [63], suggesting that *Oct4* and *Sox2* are essential whereas *Nanog*, *Klf4*, *Lin28* and *c-Myc* are alternative reprogramming supporting factors. iPSC can be generated without permanent integration of transgenes [64–67] and be generated from diseased patient cells [68–71]. Like ESC, they are capable of differentiating into multiple cell types of the germ layers, including heart, blood, islet, nerve, liver, and muscle [72–79]. Therefore, the potential benefits of iPSC for regenerative medicine are immense, for example, skin biopsies (notably, terminally differentiated readily accessible cells) could be taken from patients of degenerative disease or injury for conversion to pluripotent iPSC before their directed differentiation to the cell type of interest. Transplantation of the differentiated progeny to the afflicted organ or tissue could manage or cure disease/condition, and since the original donor cell came from the patient, the risk of immune rejection of the grafted cells is minimal.

Despite the therapeutic potential, technical and logistic issues surround iPSC technology. Efficiency of cell reprogramming remains low, attributable in part by incomplete transcriptional and epigenetic reprogramming, and actual/risk of mutagenesis during conversion makes the differentiated cells possibly oncogenic. If iPSC are to achieve therapeutic relevance, methods that ensure complete differentiation of all cells within a pool of iPSC are required to negate the possible tumourgenicity of rare pluripotent cells once transplanted. Also the time taken to convert somatic cells to clinically relevant and regulatory body approved therapeutic cells may prevent autologous use of the cells *per* se, rather cells matched to potential populations may require to be banked. Therefore, research is currently underway that address these, and other iPSC-related problems; some of which are discussed here.

2.5.1 Improvement of Efficiency, Quality and Purity of iPSCs Production

In Yamanaka's landmark study, the efficiency of reprogramming mouse embryonic fibroblasts (MEF) into iPSC was reportedly 0.01–0.1 % [15]. Despite prolonged expression of the Yamanaka's four factors, only a small percentage of cells achieve full reprogramming. In contrast, reprogramming by somatic cell nuclear transfer and cell fusion is quicker and more efficient [44, 80], indicating that additional key reprogramming factors may yet to be identified. Previous studies showed that in differentiated mouse ESC, COUP-TFs silences the *Oct4* locus by binding to

RAREoct, a composite RA responsive element in the *Oct4* promoter [81, 82]. RA receptors (RARs) and members of Nr5a steroid hormone receptor family (Lrh-1) form heterodimers, which compete with COUP-TFs for RAREoct and maintain *Oct4* expression [83]. By adding *Rarg* (RAR-γ) and *Lrh-1* to the Yamanaka reprogramming cocktail, Liu and co-workers report 100-fold improvements in reprogramming efficiency [84]. Key indicators of iPSC reprogramming, namely, activation of Oct4 and Rex1 genes, were observed from as few as 3–4 days of (six) factor induction, a temporal indicator comparable to somatic cell nuclear transfer [85] or cell fusion [86].

One central question related to the molecular mechanisms of iPSC formation is how transcriptionally restrictive chromatin at loci of inactive pluripotent genes (e.g. *Oct4*, *Sox2*, and *Nanog*) in somatic cell is relaxed upon exogenous factor induction to permit resumption of expression. Chemical agents that relieve the restrictive conformation of heterochromatin, such as inhibitors of histone deacetylation and DNA methylation, increase the efficiency of iPSC generation [87, 88], indicating that modifications to chromatin structure in somatic cells is key to full reprogramming. Knockdown of *p53* in B cells shortens cell cycle length results in relief of repressive heterochromatin conformation during DNA synthesis, greater access of reprogramming factors to previously inaccessible genomic loci and therefore reduces the time required to form iPSC twofold [89]. MyoD, a transcription factor for skeletal myogenesis, can recruit various transcription factors and chromatin remodeling proteins to its target genes more efficiently than Oct4, leading to activation of suppressed genes embedded in repressive chromatin [90]. Hirai and co-workers discovered that fusing a fragment transactivation domain (TAD) of MyoD to Oct4 (M_3O) improves the iPSC reprogramming process [91]. Transduction of TAD-Oct4 with Sox2, Klf4, and cMyc to fibroblasts effectively remodeled patterns of DNA methylation, chromatin accessibility, histone modifications, and protein binding at pluripotency genes, raising the efficiency of mouse/human iPSC generation more than 50-fold in comparison to the Yamanaka four factors (OSKM). The resultant human iPSC colonies appeared in around 5 days, in contrast to two weeks with OSKM, and the purity of the iPSC was much higher with the M_3O-SKM gene introduction (98 % of the colonies) compared with OSKM (5 %).

2.5.2 Epigenetic Characteristics of iPSC

Although iPSC exhibit many of the morphological and molecular characteristics of ESC, a number of recent reports have questioned the extent to which reprogrammed iPSC adopt an epigenetic signature characteristic of their ESC counterparts. iPSC appear to retain an 'epigenetic memory' of the donor tissue from which they were derived and exhibit somatic genome-wide messenger RNA and microRNA expression patterns, thus questioning their differentiation potential. Although sharing pluripotency status assessed by various criteria, iPSC derived from fetal fibroblasts, neonatal fibroblasts, adipose stem cells, and keratinocytes differ in expression profiles of core sets of donor genes [92]. Expression profiles in fetal fibroblasts-derived iPSC bore closer resemblance to human ESC followed by adipose, neonatal fibroblasts, and keratinocyte-derived iPSC.

Overall, iPSC and ESC share a well-defined core pluripotency network, although select core genes are often hypo-expressed in iPSC. George Daley's lab found iPSC harbor residual DNA methylation signatures characteristic of their somatic tissue of origin, which could be reset by differentiation and serial reprogramming, or by treatment of iPSC with chromatin-modifying drugs (TSA and AZA) [93]. The DNA methylation of nuclear transfer-derived pluripotent stem cells resembles classical ESC than iPSC. However, other studies report resetting of epigenetic memory and cell function upon continuous passaging, suggesting that complete reprogramming is a gradual process that continues beyond the acquisition of a *bona fide* iPSC state assessed by activation of endogenous pluripotency genes, viral transgenes-independent growth and the ability to differentiate into cell types of all three germ layers [94]. Guenther et al. compared both global chromatin structure and gene expression profiles of a panel of human iPSC and ESC [95]. Genome-wide maps of nucleosomes with histone H3Kme3 and H3K27me3 modifications indicate that there is little difference between ESC and iPSC with respect to these marks. Gene expression profiles confirm that the transcriptional programs of ESC and iPSC show very few consistent differences. Importantly, the observed differences in these cell lines did not discriminate iPSC from ESC [95].

2.5.3 Generation of iPSC for Clinical Applications

Numerous modifications to the original, retroviral-based Oct4, Sox2, Klf4 and cMyc method have been reported since its original description with the aim to improve reprogramming efficiency or create iPSC for clinical application [15, 87, 88, 96, 97]. Retroviral or lentiviral vector-mediated transduction of reprogramming genes involves random integration of exogenous DNA into the genome of the recipient cells, representing a preventative obstacle to therapeutic use of the cells and their derivatives. iPSC can be obtained with removable *PiggyBac* transposons or episomal systems [65, 98–100], but these approaches are either (i) at least temporarily mutagenic, or (ii) still require delivery of exogenous DNA construct to the nuclear compartment of target cells, thus increasing risk of genomic recombination or insertional mutagenesis. Sendai virus, an RNA genome, has been used to deliver transgenes, but undesirable in the therapeutic arena given the required purging of reprogrammed cells of replicating virus [101, 102]. iPSC have been generated with recombinant proteins of Oct4, Sox2, Klf4 and cMyc incorporating cell-penetrating peptide moieties [103, 104] and synthetic modified mRNA of the four factors [105]. A recent study showed reprogramming of mouse and human cells to pluripotency by direct transfection of a combination of mir-200c plus mir-302 and mir-369 family microRNAs (miRNAs), albeit at considerably lower efficiency [106].

iPSC appear to share much of the differentiation potential characteristic of ESC. Recently, iPSC (from murine and human cell sources) have been differentiated into functional SM/C-2.6^{+} skeletal cells [107], IFN-γ expressing T-cells [108], human hematopoietic precursors [109], coagulation factor-expressing, liver-like cells [110], and hepatocyte- and cardiomyocyte-like cells [111], to name a few. The considerable health and economic burden of neurological disease has prompted development of protocols for directed differentiation to neural cell (progenitor and mature) and related lineages (e.g. glial cells; [112–119]). These cells enable immediate study of neurological disease development in vitro, and represent a potential transplantable pool of cells for the treatment of human neurological disease in vivo. Interestingly, Kim et al. (2011) [115] report transient induction of Oct4/Sox2/Klf4/cMyc, in combination with FGF2, FGF4 and EGFP-containing media, (trans) differentiate mouse fibroblasts to expandable neural progenitor cells and glia. Mature cells expressed numerous neuronal markers, could be induced to generate action potentials and formed functional synapses. Secreted protein from chick dorsal root ganglia in culture also directs differentiation of murine iPSC to motor and sensory neurones [116]. iPSC technology enabled the identification/study of novel/known molecular pathways misregulated in diseased neural cells, through neural differentiation from human fibroblast donor cells, as well as in vitro screening of proposed corrective measures for efficacy (genetic Parkinson's disease and schizophrenia fibroblast donors; [113, 117]).

Whilst the propensity to differentiate to oligodendrocyte precursor cells (marker A2B5+) from a pluripotent phenotype is comparable between mouse ESC and iPSC, rates of differentiation directly to mature oligodendrocytes (marker O4+) differ markedly (24 % ESC v 2.4 % iPSC; [112]). It is noteworthy that the differentiation protocols employed in this study were optimized to differentiation of ESC; subtle differences between iPSC/ESC phenotypes may account for this discrepancy and specific, iPSC-related protocols may need to be devised for improvements in differentiated cell yield to be realized. In a three-step protocol, (i) induction of mouse iPSC for (ii) differentiation to an intermediate oligodendrocyte precursor cell yielded (iii) functional (i.e. myelinating) oligodendrocytes in vitro when co-cultured with dorsal root ganglial neurones [114]. It will be interesting if these results can be recapitulated in a human system.

Despite these impressive results, concerns surround pluripotent iPSC retaining a 'memory' of their original, differentiated donor cell state, and thus a propensity to spontaneously differentiate to their original phenotype [120, 121]. Partial DNA methylation in low passage iPSC, permits re-activation of the original somatic cell-related transcriptional profile [121]. This has obvious implications for cell transplantation *in vivo*.

Also, the non-immunogenicity of pluripotent ESC transplanted to allogenic recipients (leading to teratoma formation) raised hope that autologous iPSC transplantation would have applications in clinical medicine. However, Zhao et al. (2011) [122] recently questioned the clinical applicability of iPSC. Although ESC derived from B6 embryos circumvent the immune response in B6 recipients, leading to teratoma formation, transplantation of reprogrammed iPSC to syngeneic hosts initiates T-cell-mediated infiltration and necrosis (Zhao et al. 2011) [122]. The behavioral differences between transplanted ESC and iPSC to syngeneic hosts are perhaps attributable to gene expression profile differences. These concerning and unresolved issues highlight the need for caution when considering transferring current cell induction and differentiation protocols from bench to bedside.

In addition to being a cellular source for transplantation therapy, human iPSC also have great potential for disease modeling and drug development. Human iPSC can be generated from a variety of diseased individuals, display similar differentiation capacity to control iPSC derived from normal individuals [68, 70], and (diseased) iPSC-derived cells (e.g., motor neurons, cardiomyocytes) recapitulate disease-specific effects *in vitro* [69, 123–125]. iPSC technology enabled modeling of diseases such as dyskeratosis congenital and Friedreich's ataxia, leading to identification and exploration of novel therapeutic strategies [126, 127]. The ability to derive iPSC and create disease models lacking high quality or appropriate animal models will facilitate disease biology studies and drug discovery in the future, notably, for diseases that are complex or polygenic and are not easily recapitulated by gene modifications in mice, and personalized medicine.

2.6 Transcriptional and Epigenetic Changes During Reprogramming

Wholesale changes to the transcriptional and epigenetic architecture of somatic cells must precede, and are a feature of, full adoption of the pluripotent phenotype. Molecular signatures of ESC provide a yardstick to which induced pluripotency is assessed in somatic cell reprogramming. In this section, we discuss the known transcriptional and epigenetic profile characteristics of ESC, and highlight their counterparts in the process, and full adoption, of (induced) pluripotency in somatic cells.

2.6.1 Changes to Transcriptional Profile During Reprogramming

Here, we provide a brief preview of transcriptional changes relating to two well-characterized gene families during reprogramming; (i) the *Wnt/NOTCH* Pathway and (ii) the *JAK-STAT Pathway*. We hope this provides an introduction to more comprehensive appraisals of these important gene families in Chaps. 10 and 14 of this volume, respectively.

2.6.1.1 *Wnt/NOTCH* Pathway

And Wnt Signaling Pathway

The membrane-bound Frizzled and LRP5/6 (low-density-lipoprotein (LDL)-receptor like protein 5 or 6) heterodimer forms the dual receptor complex for the canonical Wnt signaling pathway after binding with Wnt proteins [128–131]. Upon binding of Wnt ligand to the trans-membrane receptor, dual pathways are activated; (i) the cytosolic scaffolding phosphoprotein Disheveled is phosphorylated via CK1 activated by Wnt signaling [132] (ii) the function of serine threonine kinases glycogen synthase-3(GSK3-β) is deactivated through binding of Axin GSK3-β complex to LRP5/6 receptor co-factor. Both mechanisms lead to activation of the β-catenin; (i) phosphorylation of Disheveled prevents phosphorylation of β-catenin by the recruitment and binding of Axin GSK3-β complex to phosphorylated LRP5/6 via the PPPSP motif [133, 134] and (ii) deactivation of GSK3-β suppresses its ability to phosphorylate β-catenin, phosphorylated β-catenin is targeted for degradation by the 26S proteasome. Accumulation of cytosolic β-catenin results in its translocation to the nuclear compartment and binding of lymphoid enhancer factor (LEF)/T cell factor3 (TCF3) transcription factors to regulate expression of target genes [135]. The subsequent recruitment of specific co-factors to the β-catenin/Tcf3 heterodimer, from a range of possible co-binders, dictates activating or repressive functions on gene expression.

The Wnt signaling pathway contributes to the maintenance of pluripotency in mouse and human ESC [136–141] as well as the self-renewal of undifferentiated adult stem cells in multiple tissues [138]. Application of Wnt1 or Wnt3a to culture media, or over-expression in feeder cells, enhances proliferation of hESC and maintains pluripotency [140]. Inhibition of GSK-3 maintains the undifferentiated phenotype and sustains expression of pluripotent state-specific transcription factors, Oct-3/4, Rex-1 and Nanog [135, 140]. Indeed, chemical inhibition of GSK-3 by CHIR99021 permits generation and maintenance of rat ESC [141]. In ESC, the Tcf3 (± β-catenin) and Oct4/Sox2/Nanog, combine to maintain protein levels within desirable thresholds and thus regulate the balance between pluripotency and differentiation [142, 143]. To illustrate, Tcf3 co-precipitates with Oct4 and/or Nanog in genome-wide ChIP-ChIP experiments [142], and occupies the Myc promoter. Tcf3 is a key player in the regulation of Nanog expression, maintaining mRNA and proteins levels, and regulating promoter activity through binding to regulatory elements [144]. Furthermore, Nanog levels are elevated in Tcf3 null ESC. Wnts also act synergistically with LIF through the JAK/STAT pathway, the former increases STAT3 mRNA levels while the latter phosphorylates it [145].

The effect of Wnt signaling in pluripotent ESC can be applied to a cell reprogramming setting. Wnt3a enhances somatic cell reprogramming by cell fusion [145]. Wnt3a-containing conditioned medium can substitute for exogenous cMyc in Oct4-Sox2-Klf4 mediated reprogramming, and improve reprogramming efficiency by as much as 20-fold [146]. Reprogramming of neural progenitor cells (NPCs) through exogenous expression of Oct4 and Klf4 alone is facilitated by the knock down of Tcf3, suggesting that Tcf3 represses β catenin activated genes, which are relevant in the efficient formation of iPSC. Similar successes can be recapitulated in cell fusion of NPCs with Tcf3 null ESC, resulting in large epigenetic changes in the genome permitting endogenous Oct4 to bind previously inaccessible target promoters [147].

***Notch* Signaling Pathway**

The Notch pathway is involved in differentiation processes and lineage fate in fetal and postnatal development, as well as in adult self-renewing organs [148]. Five mouse/human Jagged and Delta proteins (Jagged1, Jagged2, Delta-like (Dll)-1, -3 & -4) represent ligands for Notch receptors (Notch-1 to -4 in mouse/human) [148, 149]. The ligand–receptor interaction at the cell surface (of neighboring cells) leads to the proteolytic cleavage of the Notch receptor, leaving a membrane-bound cleavage product, referred to as Notch Extracellular Truncation (NEXT). The intracellular portion of NEXT is further cleaved by cytosolic γ secretase to the Notch intracellular domain (NICD), which translocates to the nucleus [150, 151]. Notch fragment NICD binds CBF/CSL in the nucleus and along with MAM(mastermind)/Lag3(mammals) forms a transcriptionally active ternary complex which recruits general transcription factors CBP/p300 and PCAF, promoting chromatin acetylation and increased expression of Notch target genes [152, 153], such as Hes/Hey [154], bHLH like Id family of proteins, Sox9, Pax6, Lineage specific transcription factors (LSTFs) [155]. Here we focus on pluripotent stem cells and Notch signaling in that context.

Notch signaling activates Hes/Hey transcription, which leads to repression of Hes/Hey target genes such as tissue specific transcriptional activators, thereby preventing differentiation [154]. Furthermore, CHiP-Seq mapping of 13 transcription factors has revealed that core pluripotency transcription factors associated with Oct4, Sox2 and Nanog as well as signaling effectors Smad1 and STAT3 co-localize with enhancer- associated transcriptional co-activator p300 at non-promoter region [156].

In the nervous system, Notch signaling influences balance between progenitors and its differentiating progeny corroborated by evidence in which forced expression of Notch-1C promotes neurogenesis [157–159]. Furthermore Jag1 exposure to hematopoietic stem cells increases the proportion of stem cells as opposed to differentiating cells [160]. Disruption of Notch1 signaling in ESC results in commitment to mesodermal lineage through upregulation of mesodermal and cardiac markers [161]. Thus, Notch regulates lineage commitment, particularly relevant to mesodermal and neuro-ectodermal fates [161].

This may suggests that Notch does not appear to be a general inhibitor of ESC differentiation but functions as a regulator of cell fate decisions in multipotent ESC that must choose between mesodermal and neuro-ectodermal fates [161]. Although maintenance of pluripotency is not affected by Notch signaling, whether or not it affects induction of pluripotency from somatic cells is yet to be established.

2.6.1.2 *JAK-STAT* Pathway

Binding of the Leukemia Inhibitory Factor (LIF) to its receptor triggers three intracellular cascades: the *JAK/STAT3* (Janus kinase/signal transducer and activator of transcription 3), the *PI3K* (phosphoinositide 3-kinase)*/AKT* and the *SHP2* [SH2 (Src homology 2) domain-containing tyrosine phosphatase 2]/MAPK (mitogen-activated protein kinase) pathways [162, 164]. The JAK/STAT pathway is of particular interest due to its pleiotropic nature and its regulation of proliferation, differentiation, cell migration, apoptosis cell renewal and pluripotency [165]. Herein we focus on the mains events during the transduction of LIF signal trough JAK/STAT3 cascade on mouse ES and iPSC *in vitro* (Fig. 2.2); more comprehensive reviews can be found elsewhere [163].

Several activators of the JAK/STAT pathway have been identified to date including, the growth hormone, erythropoietin, interferons and interleukin family members. Following development of methods for murine ESC isolation and culture, persistent activation of the JAK/STAT pathway was found to be essential for the maintenance of pluripotency, with LIF driven JAK1/STAT3 activation [167–168]. The considerable expression of cytokines including LIF from initial feeder (e.g. Buffalo rat liver BRL epithelial cell line) shown to be responsible for repressing differentiation in murine ES *in vitro* [169]. Disruption of JAK1/STAT3 signaling promotes differentiation of ESC [170], additionally, constitutive STAT3 expression, using a fusion protein composed of STAT3 and the estrogen receptor is sufficient to maintain ES in an undifferentiated state [167].

LIF is a "helical type 1", interleukin (IL)-6-type family protein [162]. The LIF receptor comprises a heterodimer of (i) A common IL-6 family subunit (gp130) [171], and (ii) A low-affinity, LIF-specific subunit (gp190 or LIF receptor beta/LIFRβ) [170]. Upon formation of the ligand-receptor trimeric complex, numerous phosphorylation events characterize activation of the JAK/STAT pathway. The four members of the mammalian JAK family (JAK1, JAK2, JAK3 and TYK2) share seven regions of homology, named JH1 to JH7. They are functionally divided into three domains: amino-terminal region (N), a catalytically inactive kinase like (KL) domain and a tyrosine kinase (TK) domain [172]. Among the four JAK proteins, only JAK1 and JAK2 are involved to LIF signal as is suggested by knock-out murine model experiments [173]. JAK1 is bound to gp130. Upon LIF mediated activation a reciprocal phosphorylation occurs between gp130 and JAK1. Firstly, phosphorylation of JAK1 at its TK domain (Tyr1022), followed by phosphorylation of four tyrosine residues on gp130, providing a docking site for the following component: STAT3 [163, 174, 175].

The seven isoforms of STAT share 6 conserved domains: an amino-terminal domain (NH2), a coiled-coil domain, the DNA binding domain

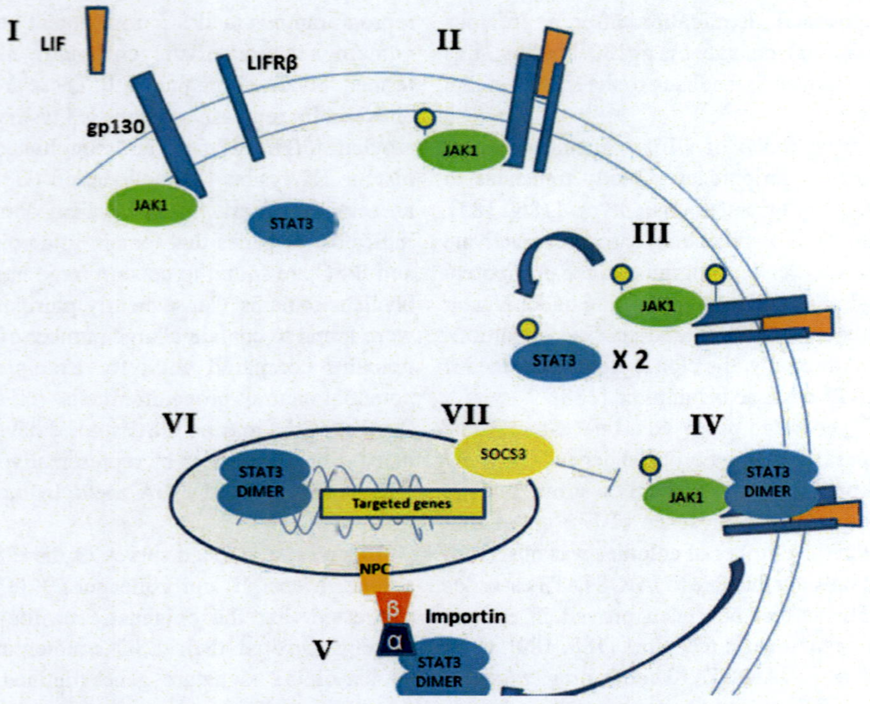

Fig. 2.2 Simplified schematic LIF-dependent JAK1/STAT3 signaling in pluripotent stem cells. I The LIF receptor comprises two glycoproteins (gp130 and gp190/LIFRβ). JAK (intracellular transductor) and cytosolic STAT3 (second messenger). II JAK1 is phosphorylated after LIF ligand binds the receptor. III gp130 and STAT3 are sequentially phosphorylated IV After dimerization of STAT3 the homodimer is released V STAT3 dimer translocates to the nucleus trough the nuclear pore complex *NPC*; translocation is mediated by subunits importin-α3 or importin-α6 and subunit importin β. VI STAT3 mediates the expression of several target genes related to self renewal and stemness and inhibition of mesoderm and endoderm differentiation. VII SOCS3 is also upregulated under STAT3 signaling. SOCS3 binds the phosphorylated JAK and mediates its degradation. The latter provides a mechanism of negative feedback for attenuation and regulation of STAT3 signaling

(DBD), a linker domain, an SH2 domain, and a tyrosine activation domain and a carboxy-terminal transcriptional activation domain (TAD); the latter being conserved in function but not in sequence [173]. STAT3 is also phosphorylated by JAK at Tyr (705) [166], triggering formation of a STAT3 homodimer (STAT3h), through the N-terminal SH2 domain; STAT3h is subsequently released to the cytoplasm [176]. The translocation of STAT3h to the nuclear compartment is mediated by two importin protein family members, importin-α3 and importin-α6 [177, 178], Then STAT3h binds to the STAT3-related enhancer region harboring the consensus sequence *TTCC(C/G)GGAA* on target genes [179].

Several genes have been described as targeted genes by STAT3 with a majority of them involved on the subsequent inhibition of mesoderm and endoderm differentiation [180]. To illustrate, STAT3 expression promotes self-renewal of ESC in part through transcriptional control and regulation of c-Myc and Klf4 [181, 182], as well as binding to the enhancer element of Nanog gene (in mice, [183]). Chromatin Immunoprecipitation (ChIP) experiments show co-localization of STAT3 at loci share with pluripotency regulators Nanog, Sox2, Oct4 and Smad1 [179]. Finally, among those genes which are targets of STAT3, is SOCS3, a regulator that attenuate LIF signaling by binding the phosphorylated JAK1 and mediates its proteosomal degradation after a previous conformational change by gp130 binding; this provides a negative feedback to the STAT3 signal [184, 185].

The dependence of LIF to maintenance of murine ESC pluripotency directly translates to the induced pluripotent phenotype [186, 187]. The JAK/STAT3 molecular cascade is activate during somatic cell reprogramming to pluripotent iPSC and in EpiSC reprogramming under Nanog or Klf4 over expression and specific conditions [188]. Additionally, the clonal yield is reduced if JAK/STAT3 cascade is inhibited [188].

iPSC generated from Neuronal Stem Cells (NSC) and embryonic fibroblast depends on JAK/STAT3 pathway to maintain a ground state. Furthermore, in the presence of LIF a 3–4-fold increase in the number of colonies was observed; an effect only attributable to JAK/STAT3 cascades [188]. This effect has been proved in experiments using chimeric receptors [188, 189]. Over expressing a JAK/STAT3 activating receptor GY118F, LIF independent and responsive to granulocyte colony stimulating factor (GCSF), was possible to reprogram EpiSc into chimera-competent iPSC [188]. In a similar approach, but using the expression of a tamoxifen inducible form of STAT3 (STAT3MER) was possible to retain a pluripotent phenotype in murine iPSC even in absence of LIF stimulus, but not once tamoxifen was removed from the media [189].

2.6.2 Epigenetic Changes During Reprogramming

Chromatin refers to the collective DNA/histone complexes within the nucleus of a cell, the modification of which regulates access of transcriptional machinery to genes and regulatory elements in the genome [190]. Epigenetic marks at specific loci throughout the genome of somatic and pluripotent stem cells are likely to differ markedly, and require considerable global remodeling when converting from the former to the latter cell type.

Analysis of the epigenetic state provides a meaningful way of determining the degree of reprogramming in iPSC. Pluripotent stem cells contain a characteristic chromatin signature, termed 'bivalent domains' [89]. These are regions enriched for repressive histone H3 lysine 27 trimethylation (H3K27me3) and simultaneously for histone H3 lysine 4 trimethylation (H3K4me3), an activating mark [191]. Bivalent domains are indicative of genes that remain in a poised state and iPSC are found to contain large numbers of bivalent domains. Consequently, pluripotent cells were found to contain a large number of bivalent domains compared with, for example, multipotential neural progenitor cells (NPC) cells. Several of the murine iPSC studies have investigated a small number of representative loci for their chromatin and DNA methylation patterns [192–194].

In a more expanded survey of the iPSC epigenome, Maherali and colleagues (2008) [192] suggested that the epigenetic profile if iPSC closely mirrored their ESC counterparts, with 94.4 % of 957 'signature' genes (defined as genes that have a different epigenetic state between MEF and ESC) being reset to an ESC state in the respective iPSC line. H3K4me3 pattern were also similar across all samples, indicating that reprogramming was largely associated with changes in H3K27me3 rather than H3K4me3 [192]. Applying ChIP-Seq to determine genome-wide chromatin maps in several iPSC lines that were derived in distinct ways; namely, (i) through drug selection using an Oct4–neomycin-resistance gene [194], (ii) through drug selection using a Nanog–neomycin-resistance gene [196], and (iii) by simply isolating reprogrammed cells through their morphological appearance [197], Mikkelsen et al. (2007) [198] found overall global levels of repressive H3K27me3 and the characteristic bivalent chromatin structure were restored across the different iPSC lines.

In addition to histone modifications, DNA can be modified directly through attachment of methyl groups to CpG islands [199]. DNA methylation is stable and heritable (yet reversible) and influences many biological processes, including gene regulation, genomic imprinting and X-chromosome inactivation. DNA methylation patterns are dynamic during early embryonic development and are essential for normal post-implantation development [199]. Overall DNA methylation levels remain stable during ES-cell differentiation. However, these marks are not static [200] and regulate chromatin structure and function in concert with histone modification. To illustrate, H3K4me3 and DNA methylation are considered mutually exclusive and rarely co-exist at a given loci [201]. The re-establishment of H3K4me3 and the associated loss of DNA methylation in particular at 'ES-cell-associated transcript' (ECAT) genes seem to be a crucial and potentially rate-limiting step during reprogramming [202]. At reprogramming, expression from ECAT's in somatic cells is reinstated from a state of dormancy, with associated demethylation marks of promoter regions [203]. This illustrates the importance of demethylation of key genomic loci for complete reprogramming to be achieved. Consistent with this notion, application of DNA demethylation agent 5-azacytidine accelerated fourfold increase in the reprogramming of lineage-restricted cells to iPSC [209].

Despite similarities in overall epigenetic state of iPSC and ESC, iPSC line-to-line variation complicates the comparison. Application of different/fewer reprogramming factor combinations or methods (e.g. RNA, recombinant protein delivery), use of chemical substitutes as well as choice of target cell, and prolonged periods of culture is likely to alter the epigenetic state of the respective cells [201, 202]. In particular, imprinted genes can only be reset in the germ line and are unstable in murine ESC cultures [203], although apparently not in human ESC [204]. More studies are required to test these hypotheses and confirm whether epigenetic stability is cause for concern when considering iPSC for therapeutic applications.

2.7 Conclusion

Convincing the scientific community that the observed plasticity of amphibian somatic cell nuclei translates to the mammalian system took some 30 years. The cloning of *Dolly* was conclusive proof mammalian somatic cells can acquire totipotency in certain situations. The concurrent development of cell culture techniques for ESC facilitated application of the techniques to cultivate cloned, human ESC by SCNT; however this eventuality still eludes us. Since 2006, much of the stem cell research has adopted a direct approach for derivation of patient-specific stem cells for therapy, but numerous issues require addressing before their therapeutic potential is realized. However, the current state of iPSC allows a unique means for understanding development and disease and provides an unprecedented resource for drug discovery.

References

1. Briggs R, King TJ (1952) Transplantation of living nuclei from blastula cells into enucleated frogs' eggs. PNAS 38:455–463
2. Briggs R, King TJ (1953) Factors affecting the transplantation of nuclei of frog embryonic cells. J Exp Zool 122:485–505
3. Gurdon JB (1962) The transplantation of nuclei between two species of Xenopus. Dev Biol 5:68–83
4. Gurdon JB (1962) Adult frogs derived from the nuclei of single somatic cells. Dev Biol 4:256–273
5. Gurdon JB (1968) Changes in somatic cell nuclei inserted into growing and maturing amphibian oocytes. J Embryol Exp Morphol 20(3):401–414
6. Laskey RA, Gurdon JB (1970) Genetic content of adult somatic cells tested by nuclear transplantation from cultured cells. Nature 228(5278):1332–1334
7. De Robertis EM, Gurdon JB (1977) Gene activation in somatic nuclei after injection into amphibian oocytes. PNAS 74(6):2470–2474
8. McGrath J, Solter D (1984) Inability of mouse blastomere nuclei transferred to enucleated zygotes to support development in vitro. Science 226:1317–1319
9. Willadsen SM (1986) Nuclear transplantation in sheep embryos. Nature 320:63–65
10. Campbell KH, McWhir J, Ritchie WA et al (1996) Sheep cloned by nuclear transfer from a cultured cell line. Nature 380:64–66
11. Wilmut I, Schnieke AE, McWhir J et al (1997) Viable offspring derived from fetal and adult mammalian cells. Nature 385:810–813
12. Thomson JA, Itskovitz-Eldor J, Shapiro SS et al (1998) Embryonic stem cell lines derived from human blastocysts. Science 282:1145–1147
13. Miller R, Ruddle FH (1976) Pluripotent teratocarcinoma-thymus somatic cell hybrids. Cell 9:45–55
14. Kikyo N, Wade PA, Guschin D et al (2000) Active remodeling of somatic nuclei in egg cytoplasm by the nucleosomal ATPase ISWI. Science 289:2360–2362

15. Takahashi K, Yamanaka S (2006) Induction of pluripotent stem cells from mouse embryonic and adult fibroblast cultures by defined factors. Cell 126:663–676
16. Evans MJ, Kaufman MH (1981) Establishment in culture of pluripotential cells from mouse embryos. Nature 292(5819):154–156
17. Martin GR (1981) Isolation of a pluripotent cell line from early mouse embryos cultured in medium conditioned by teratocarcinoma stem cells. PNAS 78(12):7634–7638
18. Bongso A, Fong CY, Ng SC et al (1994) Isolation and culture of inner cell mass cells from human blastocysts. Hum Reprod 9(11):2110–2117
19. Thomson JA, Kalishman J, Golos TG et al (1995) Isolation of a primate embryonic stem cell line. PNAS 92(17):7844–7848
20. Thomson JA, Kalishman J, Golos TG et al (1996) Pluripotent cell lines derived from common marmoset (*Callithrix jacchus*) blastocysts. Biol Reprod 55(2):254–259
21. Stojkovic M, Lako M, Stojkovic P et al (2004) Derivation of human embryonic stem cells from day-8 blastocysts recovered after three-step in vitro culture. Stem Cells 22:790–797
22. Strelchenko N, Verlinsky O, Kukharenko V et al (2004) Morula-derived human embryonic stem cells. Reprod Biomed Online 9:623–629
23. Klimanskaya I, Chung Y, Becker S et al (2006) Human embryonic stem cell lines derived from single blastomeres. Nature 444:481–485
24. Byrne JA, Pedersen DA, Clepper LL et al (2007) Producing primate embryonic stem cells by somatic cell nuclear transfer. Nature 450:497–502
25. Wilmut I, Beaujean N, de Sousa PA et al (2002) Somatic cell nuclear transfer. Nature 419(6907): 583–586
26. Paterson L, DeSousa P, Ritchie W et al (2003) Application of reproductive biotechnology in animals: implications and potentials. Applications of reproductive cloning. Anim Reprod Sci 79:137–143
27. Takahashi S, Ito Y (2004) Evaluation of meat products from cloned cattle: biological and biochemical properties. Cloning Stem Cells 6:165–171
28. Tome D, Dubarry M, Fromentin G (2004) Nutritional value of milk and meat products derived from cloning. Cloning Stem Cells 6:172–177
29. Rudenko L, Matheson JC (2007) The US FDA and animal cloning: risk and regulatory approach. Theriogenology 67:198–206
30. Rudenko L, Matheson JC, Sundlof SF (2007) Animal cloning and the FDA – the risk assessment paradigm under public scrutiny. Nat Biotechnol 25:39–43
31. Rideout WM 3rd, Hochedlinger K, Kyba M et al (2002) Correction of a genetic defect by nuclear transplantation and combined cell and gene therapy. Cell 109:17–27
32. Sumer H, Liu J, Ta PA et al (2009) Somatic cell nuclear transfer: pros & cons. J Stem Cells 4:85–94
33. French AJ, Adams CA, Anderson LS et al (2008) Development of human cloned blastocysts following somatic cell nuclear transfer with adult fibroblasts. Stem Cells 26:485–493
34. Li J, Liu X, Wang H et al (2009) Human embryos derived by somatic cell nuclear transfer using an alternative enucleation approach. Cloning Stem Cells 11:39–50
35. Stojkovic M, Stojkovic P, Leary C et al (2005) Derivation of a human blastocyst after heterologous nuclear transfer to donated oocytes. Reprod Biomed Online 11:226–231
36. Noggle S, Fung HL, Gore A et al (2011) Human oocytes reprogram somatic cells to a pluripotent state. Nature 478:70–75
37. Lucas JJ, Terada N (2003) Cell fusion and plasticity. Cytotechnology 41:103–109
38. Tada M, Tada T, Lefebvre L et al (1997) Embryonic germ cells induce epigenetic reprogramming of somatic nucleus in hybrid cells. EMBO J 16: 6510–6520
39. Tada M, Takahama Y, Abe K et al (2001) Nuclear reprogramming of somatic cells by in vitro hybridization with ES cells. Curr Biol 11:1553–1558
40. Kimura H, Tada M, Nakatsuji N et al (2004) Histone code modifications on pluripotential nuclei of reprogrammed somatic cells. Mol Cell Biol 24:5710–5720
41. Cowan CA, Atienza J, Melton DA et al (2005) Nuclear reprogramming of somatic cells after fusion with human embryonic stem cells. Science 309: 1369–1373
42. Sumer H, Nicholls C, Pinto AR et al (2010) Chromosomal and telomeric reprogramming following ES-somatic cell fusion. Chromosoma 119:9
43. Pralong D, Mrozik K, Occhiodoro F et al (2005) A novel method for somatic cell nuclear transfer to mouse embryonic stem cells. Cloning Stem Cells 7:265–271
44. Sumer H, Jones KL, Liu J et al (2009) Transcriptional changes in somatic cells recovered from embryonic stem-somatic heterokaryons. Stem Cells Dev 18: 1361–1368
45. Matsumura H, Tad M, Otsuji T et al (2007) Targeted chromosome elimination from ES-somatic hybrid cells. Nat Methods 4:23–25
46. Walev I, Bhakdi SC, Hofmann F et al (2001) Delivery of proteins into living cells by reversible membrane permeabilization with streptolysin-O. Proc Natl Acad Sci USA 98:3185–3190
47. Hansis C, Barreto G, Maltry N et al (2004) Nuclear reprogramming of human somatic cells by Xenopus egg extract requires BRG1. Curr Biol 14:1475–1480
48. Gonda K, Kikyo N (2006) Nuclear remodeling assay in Xenopus egg extract. Methods Mol Biol 348:247–258
49. Hakelien AM, Landsverk HB, Robl JM et al (2002) Reprogramming fibroblasts to express T-cell functions using cell extracts. Nat Biotechnol 20:460–466

50. Collas P (2003) Nuclear reprogramming in cell-free extracts. Philos Trans R Soc Lond B Biol Sci 358:1389–1395
51. Taranger CK, Noer A, Sorensen AL et al (2005) Induction of dedifferentiation, genomewide transcriptional programming, and epigenetic reprogramming by extracts of carcinoma and embryonic stem cells. Mol Biol Cell 16:5719–5735
52. Freberg CT, Dahl JA, Timoskainen S et al (2007) Epigenetic reprogramming of OCT4 and NANOG regulatory regions by embryonal carcinoma cell extract. Mol Biol Cell 18:1543–1553
53. Han J, Sachdev PS, Sidhu KS (2010) A combined epigenetic and non-genetic approach for reprogramming human somatic cells. PLoS One 5:e12297
54. Neri T, Monti M, Rebuzzini P et al (2007) Mouse fibroblasts are reprogrammed to Oct-4 and Rex-1 gene expression and alkaline phosphatase activity by embryonic stem cell extracts. Cloning Stem Cells 9:394–406
55. Wernig M, Meissner A, Cassady JP et al (2008) c-Myc is dispensable for direct reprogramming of mouse fibroblasts. Cell Stem Cell 2:10–12
56. Nakagawa M, Koyanagi M, Tanabe K et al (2008) Generation of induced pluripotent stem cells without Myc from mouse and human fibroblasts. Nat Biotechnol 26:101–106
57. Okita K, Ichisaka T, Yamanaka S (2007) Generation of germline-competent induced pluripotent stem cells. Nature 448:313–317
58. Boland MJ, Hazen JL, Nazor KL et al (2009) Adult mice generated from induced pluripotent stem cells. Nature 461:91–94
59. Kang L, Wu T, Tao Y et al (2011) Viable mice produced from three-factor induced pluripotent stem (iPS) cells through tetraploid complementation. Cell Res 21:546–549
60. Zhao XY, Li W, Lv Z (2009) iPS cells produce viable mice through tetraploid complementation. Nature 461:86–90
61. Takahashi K, Tanabe K, Ohnuki M et al (2007) Induction of pluripotent stem cells from adult human fibroblasts by defined factors. Cell 131:861–872
62. Park IH, Zhao R, West JA et al (2008) Reprogramming of human somatic cells to pluripotency with defined factors. Nature 451:141–146
63. Yu J, Vodyanik MA, Smuga-Otto K et al (2007) Induced pluripotent stem cell lines derived from human somatic cells. Science 318:1917–1920
64. Carey BW, Markoulaki S, Hanna J et al (2009) Reprogramming of murine and human somatic cells using a single polycistronic vector. PNAS 106:157–162
65. Okita K, Nakagawa M, Hyenjong H et al (2008) Generation of mouse induced pluripotent stem cells without viral vectors. Science 322:949–953
66. Soldner F, Hockemeyer D, Beard C et al (2009) Parkinson's disease patient-derived induced pluripotent stem cells free of viral reprogramming factors. Cell 136:964–977
67. Stadtfeld M, Nagaya M, Utikal J et al (2008) Induced pluripotent stem cells generated without viral integration. Science 322:945–949
68. Dimos JT, Rodolfa KT, Niakan KK et al (2008) Induced pluripotent stem cells generated from patients with ALS can be differentiated into motor neurons. Science 321:1218–1221
69. Ebert AD, Yu J, Rose FF Jr et al (2009) Induced pluripotent stem cells from a spinal muscular atrophy patient. Nature 457:277–280
70. Park IH, Arora N, Huo H et al (2008) Disease-specific induced pluripotent stem cells. Cell 134:877–886
71. Raya A, Rodriguez-Piza I, Guenechea G et al (2009) Disease-corrected haematopoietic progenitors from Fanconi anaemia induced pluripotent stem cells. Nature 460:53–59
72. Choi KD, Yu J, Smuga-Otto K et al (2009) Hematopoietic and endothelial differentiation of human induced pluripotent stem cells. Stem Cells 27:559–567
73. Schenke-Layland K, Rhodes KE, Angelis E et al (2008) Reprogrammed mouse fibroblasts differentiate into cells of the cardiovascular and hematopoietic lineages. Stem Cells 26:1537–1546
74. Zhang J, Wilson GF, Soerens AG et al (2009) Functional cardiomyocytes derived from human induced pluripotent stem cells. Circ Res 104:e30–e41
75. Chambers SM, Fasano CA, Papapetrou EP et al (2009) Highly efficient neural conversion of human ES and iPS cells by dual inhibition of SMAD signaling. Nat Biotechnol 27:275–280
76. Hirami Y, Osakada F, Takahashi K et al (2009) Generation of retinal cells from mouse and human induced pluripotent stem cells. Neurosci Lett 458:126–131
77. Chen YF, Tseng CY, Wang HW et al (2011) Rapid generation of mature hepatocyte-like cells from human induced pluripotent stem cells by an efficient three-step protocol. Hepatology 55:1193–1203
78. Takayama K, Inamura M, Kawabata K (2011) Efficient generation of functional hepatocytes from human embryonic stem cells and induced pluripotent stem cells by HNF4alpha transduction. Mol Ther 19:400–407
79. Inamura M, Kawabata K, Takayama K et al (2011) Efficient generation of hepatoblasts from human ES cells and iPS cells by transient overexpression of homeobox gene HEX. Mol Ther 19:400–407
80. Pasque V, Miyamoto K, Gurdon JB (2010) Efficiencies and mechanisms of nuclear reprogramming. Cold Spring Harb Symp Quant Biol 75:189–200
81. Ben-Shushan E, Sharir H, Pikarsky E et al (1995) A dynamic balance between ARP-1/COUP-TFII, EAR-3/COUP-TFI, andretinoicacidreceptor:retinoid X receptor heterodimers regulates Oct-3/4 expression in embryonal carcinoma cells. Mol Cell Biol 15:1034–1048
82. Pikarsky E, Sharir H, Ben-Shushan E et al (1994) Retinoic acid represses Oct-3/4 gene expression through several retinoic acid-responsive elements

located in the promoter-enhancer region. Mol Cell Biol 14:1026–1038
83. Barnea E, Bergman Y (2000) Synergy of SF1 and RAR in activation of Oct-3/4 promoter. J Biol Chem 275:6608–6619
84. Wang W, Yang J, Liu H et al (2011) Rapid and efficient reprogramming of somatic cells to induced pluripotent stem cells by retinoic acid receptor gamma and liver receptor homolog 1. PNAS 108:18283–18288
85. Boiani M, Gentile L, Gambles VV et al (2005) Variable reprogramming of the pluripotent stem cell marker Oct4 in mouse clones: distinct developmental potentials in different culture environments. Stem Cells 23:1089–1104
86. Do JT, Han DW, Gentile L et al (2007) Erasure of cellular memory by fusion with pluripotent cells. Stem Cells 25:1013–1020
87. Huangfu D, Osafune K, Maehr R et al (2008) Induction of pluripotent stem cells from primary human fibroblasts with only Oct4 and Sox2. Nat Biotechnol 26:1269–1275
88. Huangfu D, Maehr R, Guo W et al (2008) Induction of pluripotent stem cells by defined factors is greatly improved by small-molecule compounds. Nat Biotechnol 26:795–797
89. Hanna J, Markoulaki S, Schorderet P et al (2008) Direct reprogramming of terminally differentiated mature B lymphocytes to pluripotency. Cell 133: 250–264
90. Choi J, Costa ML, Mermelstein CS et al (1990) MyoD converts primary dermal fibroblasts, chondroblasts, smooth muscle, and retinal pigmented epithelial cells into striated mononucleated myoblasts and multinucleated myotubes. PNAS 87:7988–7992
91. Hirai H, Tani T, Katoku-Kikyo N et al (2011) Radical acceleration of nuclear reprogramming by chromatin remodeling with the transactivation domain of MyoD. Stem Cells 29:1349–1361
92. Ghosh Z, Wilson KD, Wu Y et al (2010) Persistent donor cell gene expression among human induced pluripotent stem cells contributes to differences with human embryonic stem cells. PLoS One 5:e8975
93. Kim K, Doi A, Wen B et al (2010) Epigenetic memory in induced pluripotent stem cells. Nature 467:285–290
94. Polo JM, Liu S, Figueroa ME et al (2010) Cell type of origin influences the molecular and functional properties of mouse induced pluripotent stem cells. Nat Biotechnol 28:848–855
95. Guenther MG, Frampton GM, Soldner F et al (2010) Chromatin structure and gene expression programs of human embryonic and induced pluripotent stem cells. Cell Stem Cell 7:249–257
96. Yoshida Y, Takahashi K, Okita K et al (2009) Hypoxia enhances the generation of induced pluripotent stem cells. Cell Stem Cell 5:237–241
97. Esteban MA, Wang T, Qin B et al (2010) Vitamin C enhances the generation of mouse and human induced pluripotent stem cells. Cell Stem Cell 6:71–79
98. Kaji K, Norrby K, Paca A et al (2009) Virus-free induction of pluripotency and subsequent excision of reprogramming factors. Nature 458:771–775
99. Woltjen K, Michael IP, Mohseni P et al (2009) piggyBac transposition reprograms fibroblasts to induced pluripotent stem cells. Nature 458:766–770
100. Jia F, Wilson KD, Sun N et al (2010) A nonviral minicircle vector for deriving human iPS cells. Nat Methods 7:197–199
101. Fusaki N, Ban H, Nishiyama A et al (2009) Efficient induction of transgene-free human pluripotent stem cells using a vector based on Sendai virus, an RNA virus that does not integrate into the host genome. Proc Jpn Acad Ser B Phys Biol Sci 85:348–362
102. Seki T, Yuasa S, Oda M et al (2010) Generation of induced pluripotent stem cells from human terminally differentiated circulating T cells. Cell Stem Cell 7:11–14
103. Kim D, Kim CH, Moon JI et al (2009) Generation of human induced pluripotent stem cells by direct delivery of reprogramming proteins. Cell Stem Cell 4:472–476
104. Zhou H, Wu S, Joo JY et al (2009) Generation of induced pluripotent stem cells using recombinant proteins. Cell Stem Cell 4:381–384
105. Warren L, Manos PD, Ahfeldt T et al (2010) Highly efficient reprogramming to pluripotency and directed differentiation of human cells with synthetic modified mRNA. Cell Stem Cell 7:618–630
106. Miyoshi N, Ishii H, Nagano H et al (2011) Reprogramming of mouse and human cells to pluripotency using mature microRNAs. Cell Stem Cell 8:633–638
107. Mizuno Y, Chang H, Umeda K et al (2010) Generation of skeletal muscle stem/progenitor cells from murine induced pluripotent stem cells. FASEB J 24(7):2245–2253
108. Wada H, Kojo S, Kusama C et al (2011) Successful differentiation to T cells, but unsuccessful B-cell generation, from B-cell-derived induced pluripotent stem cells. Int Immunol 23(1):65–74
109. Woods NB, Parker AS, Moraghebi R et al (2011) Efficient generation of hematopoietic precursors and progenitors from human pluripotent stem cell lines. Stem Cells 29(7):1158–1164
110. Kasuda S, Tatsumi K, Sakurai Y et al (2011) Expression of coagulation factors from murine induced pluripotent stem cell-derived liver cells. Blood Coagul Fibrinolysis 22(4):271–279
111. Si-Tayeb K, Noto FK, Sepac A et al (2010) Generation of human induced pluripotent stem cells by simple transient transfection of plasmid DNA encoding reprogramming factors. BMC Dev Biol 10:81
112. Tokumoto Y, Ogawa S, Nagamune T et al (2010) Comparison of efficiency of terminally differentiation of oligodendrocytes from induced pluripotent stem cells versus embryonic stem cells in vitro. J Biosci Bioeng 109(6):622–628

113. Brennand KJ, Simone A, Jou J et al (2011) Modelling schizophrenia using human induced pluripotent stem cells. Nature 479(7374):556
114. Czepiel M, Balasubramaniyan V, Schaafsma W et al (2011) Differentiation of induced pluripotent stem cells into functional oligodendrocytes. Glia 59(6):882–892
115. Kim J, Efe JA, Zhu S et al (2011) Direct reprogramming of mouse fibroblasts to neural progenitors. PNAS 108(19):7838–7843
116. Kitazawa A, Shimizu N (2010) Differentiation of mouse induced pluripotent stem cells into neurons using conditioned medium of dorsal root ganglia. N Biotechnol 28(4):326–333
117. Seibler P, Graziotto J, Jeong H et al (2011) Mitochondrial Parkin recruitment is impaired in neurons derived from mutant PINK1 induced pluripotent stem cells. J Neurosci 31(16):5970–5976
118. Tucker BA, Park IH, Qi SD et al (2011) Transplantation of adult mouse iPS cell-derived photoreceptor precursors restores retinal structure and function in degenerative mice. PLoS One 29; 6(4):e18992
119. Zhou L, Wang W, Liu Y et al (2011) Differentiation of induced pluripotent stem cells of swine into rod photoreceptors and their integration into the retina. Stem Cells 29(6):972–980
120. Hu Q, Friedrich AM, Johnson LV et al (2010) Memory in induced pluripotent stem cells: reprogrammed human retinal-pigmented epithelial cells show tendency for spontaneous redifferentiation. Stem Cells 28(11):1981–1991
121. Ohi Y, Qin H, Hong C et al (2011) Incomplete DNA methylation underlies a transcriptional memory of somatic cells in human iPS cells. Nat Cell Biol 13(5):541–549
122. Zhao T, Zhang ZN, Rong Z et al (2011) Immunogenicity of induced pluripotent stem cells. Nature 474(7350):212–215
123. Itzhaki I, Rapoport S, Huber I et al (2011) Calcium handling in human induced pluripotent stem cell derived cardiomyocytes. PLoS One 6:e18037
124. Itzhaki I, Maizels L, Huber I et al (2011) Modelling the long QT syndrome with induced pluripotent stem cells. Nature 471:225–229
125. Moretti A, Bellin M, Welling A et al (2010) Patient-specific induced pluripotent stem-cell models for long-QT syndrome. N Engl J Med 363:1397–1409
126. Agarwal S, Loh YH, McLoughlin EM et al (2010) Telomere elongation in induced pluripotent stem cells from dyskeratosis congenita patients. Nature 464:292–296
127. Liu J, Verma PJ, Evans-Galea M, Delatycki M, Michalska A et al (2011) Generation and function of induced-pluripotent stem cell lines from Friedreich ataxia patients. Stem Cell Rev Reports 7(3):703–713
128. Wehrli M, Dougan ST, Caldwell K, O'Keefe L, Schwartz S et al (2000) Arrow encodes an LDL-receptor-related protein essential for Wingless signaling. Nature 407:527–530
129. Pinson KI, Brennan J, Monkley S, Avery BJ, Skarnes WC (2000) An LDL-receptor-related protein mediates Wnt signaling in mice. Nature 407:535–538
130. Bhanot P, Brink M, Samos CH, Hsieh JC, Wang Y et al (1996) A new member of the frizzled family from Drosophila functions as a wingless receptor. Nature 382:225–230
131. Tamai K, Semenov M, Kato Y, Spokony R, Liu C et al (2000) LDL-receptor-related proteins in Wnt signal transduction. Nature 407:530–535
132. Bernatik O, Ganji RS, Dijksterhuis JP, Konik P, Cervenka I et al (2011) Sequential activation and Inactivation of Dishevelled in the Wnt/β-Catenin pathway by casein kinases. J Biol Chem 286:10396–10410
133. Zeng X, Huang H, Tamai K, Zhang X, Harada Y et al (2008) Initiation of Wnt signaling: control of Wnt coreceptor Lrp6 phosphorylation/activation via frizzled, dishevelled and axin functions. Development 135:367–375
134. Tamai K, Zeng X, Liu C, Zhang X, Harada Y et al (2004) A mechanism for Wnt coreceptor activation. Mol Cell 13:149–156
135. Grigoryan T, Wend P, Klaus A, Birchmeier W (2008) Deciphering the function of canonical Wnt signals in development and disease: conditional loss- and gain-of-function mutations of beta-catenin in mice. Genes Dev 22:2308–2341
136. Sato N, Meijer L, Skaltsounis L et al (2004) Maintenance of pluripotency in human and mouse embryonic stem cells through activation of Wnt signaling by a pharmacological GSK-3-specific inhibitor. Nat Med 10:55–63
137. Grigoryan T, Wend P, Klaus A et al (2008) Deciphering the function of canonical Wnt signals in development and disease: conditional loss- and gain-of-function mutations of beta-catenin in mice. Genes Dev 22:2308–2341
138. Ogawa K, Nishinakamura R, Iwamatsu Y et al (2006) Synergistic action of Wnt and LIF in maintaining pluripotency of mouse ES cells. Biochem Biophys Res Commun 343:159–166
139. Singla DK, Schneider DJ et al (2006) wnt3a but not wnt11 supports self-renewal of embryonic stem cells. Biochem Biophys Res Commun 345:789–795
140. Cai L, Ye Z, Zhou BY et al (2007) Promoting human embryonic stem cell renewal or differentiation by modulating Wnt signal and culture conditions. Cell Res 17:62–72
141. Silva J, Barrandon O, Nichols J et al (2008) Promotion of reprogramming to Ground STATe pluripotency by signal inhibition. PLoS Biol 6:e253
142. Cole MF, Johnstone SE, Newman JJ, Kagey MH, Young RA (2008) Tcf3 is an integral component of the core regulatory circuitry of embryonic stem cells. Genes Dev 22:746–755
143. Tam W-L, Lim CY, Han J, Zhang J, Ang Y-S et al (2008) T-cell factor 3 regulates embryonic stem cell pluripotency and self-renewal by the transcriptional control of multiple lineage pathways. Stem Cells 26:2019–2031

144. Pereira L, Yi F, Merrill BJ (2006) Repression of Nanog gene transcription by Tcf3 limits embryonic stem cell self-renewal. Mol Cell Biol 26:7479–7491
145. Ogawa K, Nishinakamura R, Iwamatsu Y, Shimosato D, Niwa H (2006) Synergistic action of Wnt and LIF in maintaining pluripotency of mouse ES cells. Biochem Biophys Res Commun 343:159–166
146. Marson A, Foreman R, Chevalier B, Bilodeau S, Kahn M et al (2008) Wnt signaling promotes reprogramming of somatic cells to pluripotency. Cell Stem Cell 3:132–135
147. Lluis F, Ombrato L, Pedone E, Pepe S, Merrill BJ et al (2011) T-cell factor 3 (Tcf3) deletion increases somatic cell reprogramming by inducing epigenome modifications. Proc Natl Acad Sci USA 108: 11912–11917
148. Artavanis-Tsakonas S, Rand MD, Lake RJ (1999) Notch signaling: cell fate control and signal integration in development. Science 284:770–776
149. Radtke F, Raj K (2003) The role of Notch in tumorigenesis: oncogene or tumour suppressor? Nat Rev Cancer 3:756–767
150. Bray SJ, Takada S, Harrison E, Shen S-C, Ferguson-Smith AC (2008) The atypical mammalian ligand Delta-like homologue 1 (Dlk1) can regulate Notch signaling in Drosophila. BMC Dev Biol 8:11
151. Kovall RA (2008) More complicated than it looks: assembly of Notch pathway transcription complexes. Oncogene 27:5099–5109
152. Fryer CJ, Lamar E, Turbachova I, Kintner C, Jones KA (2002) Mastermind mediates chromatin-specific transcription and turnover of the Notch enhancer complex. Genes Dev 16:1397–1411
153. Wallberg AE, Pedersen K, Lendahl U, Roeder RG (2002) p300 and PCAF act cooperatively to mediate transcriptional activation from chromatin templates by notch intracellular domains in vitro. Mol Cell Biol 22:7812–7819
154. Iso T, Kedes L, Hamamori Y (2003) HES and HERP families: multiple effectors of the Notch signaling pathway. J Cell Physiol 194:237–255
155. Meier-Stiegen F, Schwanbeck R, Bernoth K, Martini S, Hieronymus T et al (2010) Activated Notch1 target genes during embryonic cell differentiation depend on the cellular context and include lineage determinants and inhibitors. PLoS One 5:e11481
156. Chen X, Xu H, Yuan P, Fang F, Huss M et al (2008) Integration of external signaling pathways with the core transcriptional network in embryonic stem cells. Cell 133:1106–1117
157. Henrique D, Adam J, Myat A, Chitnis A, Lewis J et al (1995) Expression of a delta homologue in prospective neurons in the chick. Nature 375: 787–790
158. Henrique D, Hirsinger E, Adam J, Le Roux I, Pourquie O et al (1997) Maintenance of neuroepithelial progenitor cells by Delta-Notch signaling in the embryonic chick retina. Curr Biol 7:661–670
159. Lowell S, Benchoua A, Heavey B, Smith AG (2006) Notch promotes neural lineage entry by pluripotent embryonic stem cells. PLoS Biol 4
160. Jones P, May G, Healy L, Brown J, Hoyne G et al (1998) Stromal expression of Jagged 1 promotes colony formation by fetal hematopoietic progenitor cells. Blood 92:1505–1511
161. Nemir M, Croquelois A, Pedrazzini T, Radtke F (2006) Induction of cardiogenesis in embryonic stem cells via downregulation of Notch1 signaling. Circ Res 98:1471–1478
162. Heinrich PC, Behrmann I, Haan S et al (2003) Principles of interleukin (IL)-6-type cytokine signaling and its regulation. Biochem J 374:1–20
163. Hirai H, Karian P, Kikyo N (2011) Regulation of embryonic stem cell self-renewal and pluripotency by leukaemia inhibitory factor. Biochem J 438:11–23
164. Paling NR, Wheadon H, Bone HK et al (2004) Regulation of embryonic stem cell self-renewal by phosphoinositide 3-kinase-dependent signaling. J Biol Chem 279:48063–48070
165. Rawlings JS, Rosler KM, Harrison DA (2004) The JAK/STAT signaling pathway. J Cell Sci 117: 1281–1283
166. Smith AG, Nichols J, Robertson M et al (1992) Differentiation inhibiting activity (DIA/LIF) and mouse development. Dev Biol 151:339–351
167. Matsuda T, Nakamura T, Nakao K et al (1999) STAT3 activation is sufficient to maintain an undifferentiated state of mouse embryonic stem cells. EMBO J 18:4261–4269
168. Williams RL, Hilton DJ, Pease S et al (1988) Myeloid leukaemia inhibitory factor maintains the developmental potential of embryonic stem cells. Nature 336:684–687
169. Smith AG, Hooper ML (1987) Buffalo rat liver cells produce a diffusible activity which inhibits the differentiation of murine embryonal carcinoma and embryonic stem cells. Dev Biol 121:1–9
170. Niwa H, Burdon T, Chambers I et al (1998) Self-renewal of pluripotent embryonic stem cells is mediated via activation of STAT3. Genes Dev 12:2048–2060
171. Yoshida K, Chambers I, Nichols J et al (1994) Maintenance of the pluripotential phenotype of embryonic stem cells through direct activation of gp130 signaling pathways. Mech Dev 45:163–171
172. Yeh TC, Pellegrini S (1999) The Janus kinase family of protein tyrosine kinases and their role in signaling. Cell Mol Life Sci 55:1523–1534
173. Kisseleva T, Bhattacharya S, Braunstein J et al (2002) Signaling through the JAK/STAT pathway, recent advances and future challenges. Gene 285:1–24
174. Stahl N, Farruggella TJ, Boulton TG et al (1995) Choice of STATs and other substrates specified by modular tyrosine-based motifs in cytokine receptors. Science 267:1349–1353
175. Gerhartz C, Heesel B, Sasse J et al (1996) Differential activation of acute phase response factor/STAT3 and STAT1 via the cytoplasmic domain of the interleukin 6 signal transducer gp130. I. Definition of a novel phosphotyrosine motif mediating STAT1 activation. J Biol Chem 271:12991–12998

176. Ihle JN, Kerr IM (1995) Jaks and Stats in signaling by the cytokine receptor superfamily. Trends Genet 11:69–74
177. Cimica V, Chen HC, Iyer JK et al (2011) Dynamics of the STAT3 transcription factor: nuclear import dependent on Ran and importin-beta1. PLoS One 6:e20188
178. Liu L, McBride KM, Reich NC (2005) STAT3 nuclear import is independent of tyrosine phosphorylation and mediated by importin-alpha3. Proc Natl Acad Sci USA 102:8150–8155
179. Chen X, Xu H, Yuan P et al (2008) Integration of external signaling pathways with the core transcriptional network in embryonic stem cells. Cell 133:1106–1117
180. Bourillot PY, Aksoy I, Schreiber V et al (2009) Novel STAT3 target genes exert distinct roles in the inhibition of mesoderm and endoderm differentiation in cooperation with Nanog. Stem Cells 27:1760–1771
181. Cartwright P, McLean C, Sheppard A et al (2005) LIF/STAT3 controls ES cell self-renewal and pluripotency by a Myc-dependent mechanism. Development 132:885–896
182. Kristensen DM, Kalisz M, Nielsen JH (2005) Cytokine signaling in embryonic stem cells. APMIS 113:756–772
183. Suzuki A, Raya A, Kawakami Y et al (2006) Nanog binds to Smad1 and blocks bone morphogenetic protein-induced differentiation of embryonic stem cells. Proc Natl Acad Sci USA 103:10294–10299
184. Boyle K, Zhang JG, Nicholson SE et al (2009) Deletion of the SOCS box of suppressor of cytokine signaling 3 (SOCS3) in embryonic stem cells reveals SOCS box-dependent regulation of JAK but not STAT phosphorylation. Cell Signal 21:394–404
185. Duval D, Reinhardt B, Kedinger C et al (2000) Role of suppressors of cytokine signaling (Socs) in leukemia inhibitory factor (LIF) -dependent embryonic stem cell survival. FASEB J 14:1577–1584
186. Xu J, Wang F, Tang Z et al (2010) Role of leukaemia inhibitory factor in the induction of pluripotent stem cells in mice. Cell Biol Int 34:791–797
187. Nishishita N, Ijiri H, Takenaka C et al (2011) The use of leukemia inhibitory factor immobilized on virus-derived polyhedra to support the proliferation of mouse embryonic and induced pluripotent stem cells. Biomaterials 32:3555–3563
188. Yang J, van Oosten AL, Theunissen TW et al (2010) Stat3 activation is limiting for reprogramming to ground state pluripotency. Cell Stem Cell 7: 319–328
189. Graf U, Casanova EA, Cinelli P (2011) The role of the leukemia inhibitory factor (LIF) – pathway in derivation and maintenance of murine pluripotent stem cells. Genes 2:280–297
190. Brambrink T, Foreman R, Welstead G et al (2008) Sequential expression of pluripotency markers during direct reprogramming of mouse somatic cells. Cell Stem Cell 2:151–159
191. Wernig M, Legner C, Jacob H et al (2008) A drug-inducible transgenic system for direct reprogramming of multiple somatic cell types. Nat Biotechnol 26:916–924
192. Maherali N, Ahfeldt T, Rigamonti A et al (2008) A high-efficiency system for the generation and study of human induced pluripotent stem cells. Cell Stem Cell 3:340–345
193. Hockemeyer D, Soldener F, Cook EG et al (2008) A drug-inducible system for direct reprogramming of human somatic cells to pluripotency. Cell Stem Cell 3:346–353
194. Lowry WE, Richter L, Yachechko R et al (2008) Generation of human induced pluripotent stem cells from dermal fibroblasts. Proc Natl Acad Sci USA 105:2883–2888
195. Niwa H, Miyajaki J, Smith AG (2000) Quantitative expression of Oct-3/4 defines differentiation, dedifferentiation or self-renewal of ES cells. Nat Genet 24:372–376
196. Bernstein BE, Meissner A, Lander ES (2007) The mammalian epigenome. Cell 128:669–681
197. Bernstein BE, Mikkelsen TS, Xie X et al (2006) A bivalent chromatin structure marks key developmental genes in embryonic stem cells. Cell 125(315):326
198. Mikkelsen TS, Manching KU, Jaffe DB et al (2007) Genome-wide maps of chromatin state in pluripotent and lineage-committed cells. Nature 448:553–560
199. Meissner A, Mikkelson TS, Hongcang GU et al (2008) Genome-scale DNA methylation maps of pluripotent and differentiated cells. Nature 454:766–770
200. Meissner A, Wernig M, Jaenisch R (2007) Direct reprogramming of genetically unmodified fibroblasts into pluripotent stem cells. Nat Biotechnol 25:1177–1181
201. Rougier N, Bourchis D, Gomes DM et al (1998) Chromosome methylation patterns during mammalian preimplantation development. Genes Dev 12:2108–2113
202. Imamura M, Miura K, Iwabuchi K et al (2006) Transcriptional repression and DNA hypermethylation of a small set of ES cell marker genes in male germline stem cells. BMC Dev Biol 6:34
203. Jones PA, Wolkowich MJ, Rideout WM et al (1990) De novo methylation of the MyoD1 CpG island during the establishment of immortal cell lines. PNAS 87:6117–6121
204. Humpherys D, Eggan K, Akutsu H et al (2001) Epigenetic instability in ES cells and cloned mice. Science 293:95–97

Part I

Model Stem Cell Systems

(A) Invertebrate

Germline Stem Cells and Their Regulation in the Nematode *Caenorhabditis elegans*

3

Aaron Kershner, Sarah L. Crittenden, Kyle Friend, Erika B. Sorensen, Douglas F. Porter, and Judith Kimble

Abstract

C. elegans germline stem cells exist within a stem cell pool that is maintained by a single-celled mesenchymal niche and Notch signaling. Downstream of Notch signaling, a regulatory network governs stem cells and differentiation. Central to that network is the FBF RNA-binding protein, a member of the widely conserved PUF family that functions by either of two broadly conserved mechanisms to repress its target mRNAs. Without FBF, germline stem cells do not proliferate and they do not maintain their naïve, undifferentiated state. Therefore, FBF is a pivotal regulator of germline self-renewal. Validated FBF targets include several key differentiation regulators as well as a major cell cycle regulator. A genomic analysis identifies many other developmental and cell cycle regulators as likely FBF targets and suggests that FBF is a broad-spectrum regulator of the genome with >1,000 targets. A comparison of the FBF target list with similar lists for human PUF proteins, PUM1 and PUM2, reveals ~200 shared targets. The FBF hub works within a network controlling self-renewal vs. differentiation. This network consists of classical developmental cell fate regulators and classical cell cycle regulators. Recent results have begun to integrate developmental and cell cycle regulation within the network. The molecular dynamics of the network remain a challenge for the future, but models are proposed. We suggest that molecular controls of *C. elegans* germline stem cells provide an important model for controls of stem cells more broadly.

A. Kershner • K. Friend • D.F. Porter
Department of Biochemistry, University of Wisconsin-Madison, 433 Babcock Drive, Madison, WI 53706, USA

S.L. Crittenden • E.B. Sorensen
Howard Hughes Medical Institute, Department of Biochemistry, University of Wisconsin, 433 Babcock Drive, Madison, WI, USA

J. Kimble (✉)
Howard Hughes Medical Institute, Department of Biochemistry, University of Wisconsin-Madison, 433 Babcock Drive, Madison, WI 53706, USA

Program in Cellular and Molecular Biology, University of Wisconsin-Madison, Madison, WI, USA
e-mail: jekimble@wisc.edu

G. Hime and H. Abud (eds.), *Transcriptional and Translational Regulation of Stem Cells*, Advances in Experimental Medicine and Biology 786, DOI 10.1007/978-94-007-6621-1_3,

Keywords
C. elegans • Germline stem cells • Post-transcriptional regulation • Stem cell regulatory network • Stem cell niche

The *C. elegans* germline provides an exceptionally simple and tractable system for studying stem cells and their regulation. Asymmetric stem cell lineages are pervasive in somatic tissues of this small nematode [1–8], but are not the rule in the germline. Instead, a pool of stochastically dividing stem cells drives generation, maintenance and regeneration of the germline tissue [9–12]. *C. elegans* germline stem cells (GSCs) are therefore of particular value for understanding how a stem cell pool accomplishes both self-renewal and generation of differentiated progeny.

In this review we focus on the regulation of GSC self-renewal and differentiation in adult hermaphrodites and emphasize progress over the past 5 or so years plus directions for the future. We refer readers to other reviews for background information and for GSC controls in larvae and males [4, 13–22].

3.1 Brief Overview of *C. elegans* Germline Stem Cells and Their Niche

Understanding the regulation of *C. elegans* GSCs requires a brief background to germline anatomy and development. We focus on hermaphrodites raised under 'standard' conditions (Petri plates with ample food at 20 °C). Adult hermaphrodites possess ~1,000 germ cells in each of two U-shaped gonadal arms (Fig. 3.1a). This actively reproducing germline has achieved a stable state—its cell number remains constant despite continuous loss to fertilization and cell death. Sperm made in larvae are stored in adults and used to fertilize oocytes within the same animal to generate the next generation. In each gonadal arm, germ cells are organized with self-renewing stem cells at one end and differentiating oocytes at the other (Fig. 3.1a). Each arm is capped by a mesenchymal 'distal tip cell' (DTC) that provides the niche for GSCs (Fig. 3.1a, red). GSCs reside within the 'mitotic zone' and, as their daughter cells move away from the mitotic zone, they enter meiotic prophase and progress into oogenesis (Fig. 3.1a). This essentially linear spatial organization—from stem cell to terminal differentiation—is similar to that seen in the intestinal crypt, which also relies on a pool of stochastically-dividing stem cells [24–27].

The mitotic zone germ cells continually replenish the germline and therefore are responsible for self-renewal. The zone consists of ~225 actively dividing germ cells with no quiescent cells [10, 28–30]. Divisions are not oriented; however, germ cells residing in the distal one-third of the mitotic zone, next to the DTC, remain undifferentiated, whereas germ cells in the proximal two-thirds of the mitotic zone increasingly express markers of early differentiation [e.g. 31]. Therefore, the mitotically dividing germ cells are not equivalent with respect to their state of differentiation. Indeed, two pools of germ cells exist within the mitotic zone: a distal pool of ~45–70 essentially uniform cells in an undifferentiated state, and a proximal pool of ~150 cells that have been triggered to differentiate and are maturing in a gradient, from undifferentiated to differentiated, as they progress through the pool (Fig. 3.1b) [12]. Starved adult hermaphrodites retain a pool of ~35 GSCs capable of regenerating a fully functional germline upon refeeding [11]. The emerging model is that a pool of ~30–70 undifferentiated germ cells with stem cell potential resides in the distal-most germline (Fig. 3.1b). It seems likely that germ cells become capable of differentiation once niche signaling drops below a certain threshold and that their transition from an undifferentiated state to overt differentiation occurs as they progress through the proximal pool of the mitotic zone.

C. elegans embryos produce two primordial germ cells or GSCs, and those GSCs proliferate during four larval stages (L1–L4) to generate ~2,000 germ cells in adults. During the first two larval stages, all GSCs divide uniformly, but in L3, a pattern emerges that persists through adulthood: distal germ cells divide mitotically while more

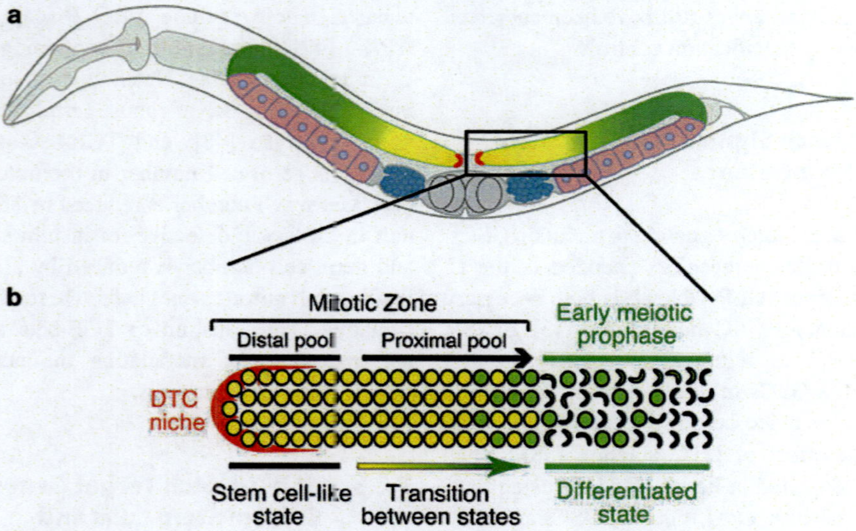

Fig. 3.1 Overview of *C. elegans* GSC biology. (**a**) The adult hermaphrodite gonad contains two U-shaped arms, each capped by a mesenchymal cell, the distal tip cell (DTC, *red*). The Mitotic Zone is adjacent to the DTC (*yellow*). As germ cells move out of the Mitotic Zone, they enter the meiotic cell cycle (*green*). Further proximally, germ cells start overt gametogenesis, oogenesis (*rose*) in the adult hermaphrodite. Sperm (*blue*) are made earlier in development and are stored for use in the adult. (**b**) The adult hermaphrodite distal gonad. The DTC niche (*red*) maintains the Mitotic Zone, which is composed largely of germ cells in the mitotic cell cycle (*yellow*), including GSCs. Some cells in the most proximal mitotic zone have entered meiotic S-phase (*green circles*). As germ cells move out of the proximal pool, they enter meiotic prophase. In early meiotic prophase, the chromosomes take on a distinctive crescent-shaped morphology (*green crescents*). Note that within the mitotic zone a germ cell's state of differentiation cannot be deduced from its cell cycle: the distal pool of mitotically-dividing germ cells are in an undifferentiated stem cell-like state [12], whereas the proximal pool of mitotically-dividing germ cells increase expression of differentiation markers [e.g. 23]

proximal germ cells enter the meiotic cell cycle and differentiate. The differentiating germ cells make sperm in L4s and oocytes in adults. *C. elegans* germ cells can arrest their divisions at several points during development in response to environmental cues; their arrest upon starvation of late stage larvae is accompanied in adults by a dramatic germline shrinkage, which can be reversed upon feeding to restore the germline to its normal adult size and reproductive state [11, 31].

3.2 GSC Regulation by the Niche and Notch Signaling

3.2.1 The Mesenchymal DTC Niche and Its Specification

The mesenchymal DTC provides the niche for both larval and adult GSCs [reviewed in 32]. Briefly, DTC removal causes all GSCs to differentiate and hence results in loss of GSC self-renewal. Moreover DTC repositioning or duplication forms a new or ectopic axis harboring stem to differentiated cells [33–36]. Therefore the DTC is essential for both GSC maintenance and initiation of the germline maturation gradient.

Understanding how the niche itself is specified is critical for understanding stem cell control. Each DTC arises from the asymmetric division of a somatic gonadal precursor cell during early larval development [9]. A divergent Wnt signaling pathway [37] activates transcription of the CEH-22/Nkx2.5 homeodomain transcription factor to specify the DTC niche fate [35, 36]. Loss of the Wnt pathway or the CEH-22/Nkx2.5 transcription factor eliminates DTCs and GSCs, while overexpression drives production of extra DTCs and ectopic GSCs. It is not known if this mode of niche specification is conserved—few niches are well defined and fewer still have been subjected to analyses of specification controls.

3.2.2 Notch Signaling Controls GSC Maintenance

The DTC uses Notch signaling to maintain GSCs. Of the two Notch receptors encoded in the *C. elegans* genome, GLP-1/Notch is both necessary and sufficient for GSC maintenance [13]. Briefly, when GLP-1 is removed completely in null mutants, the GSCs in newly hatched L1s divide only once or twice before differentiating, mimicking the effect of DTC ablation [38]. When GLP-1 is depleted in larvae or adults using temperature-sensitive *glp-1* mutants, GSCs again are lost to differentiation. By contrast, when GLP-1 is unregulated in gain-of-function *glp-1* mutants, the number of undifferentiated germ cells expands dramatically [39, 40]. Thus, GLP-1/Notch signaling is both necessary and sufficient to maintain GSCs. This system is an unusually tractable one to analyze how Notch signaling controls stem cells and differentiation, because the signaling is triggered from a well-defined source, the DTC, and because it is continuous with a simple cellular readout, maintenance of the mitotic zone. Yet our understanding of how Notch signaling controls stem cells remains in its infancy.

Canonical mammalian and *Drosophila* Notch ligands contain both DSL (Delta, Serrate, LAG-2) and DOS (Delta and OSM-11) motifs, and both domains are critical for Notch activation [41]. In *C. elegans*, the DSL and DOS domains reside in distinct proteins—ten DSL-containing proteins [42] and five DOS-containing proteins [43]. Indeed, DSL- and DOS-containing proteins work together to activate Notch signaling in neurons [43, 44]. Therefore, *C. elegans* may have developed a bipartite ligand system utilizing separate DSL and DOS ligands to influence the strength or fidelity of Notch signaling. This model provides an attractive explanation for the diversity of *C. elegans* Notch ligands, most of which have not yet been investigated for DTC expression or control of GSCs. Only two DSL ligands are known to be expressed in the DTC and to activate GLP-1/Notch signaling for GSC maintenance. These include LAG-2 [45, 46] and APX-1 [47], both DSL motif-containing ligands.

In addition to the Notch control of GSCs, insulin signaling drives robust germline proliferation in larvae [48], and TGF-beta signaling maintains germ cell number in the mitotic zone [49]. Germ cell number is reduced by about one-half in L4 larvae defective for insulin signaling, and germ cell number is reduced by about one-half in adult mitotic zones defective for TGF-beta signaling. Thus, insulin or TGF-beta signaling are important for modulating the number of undifferentiated germ cells.

3.2.3 GLP-1/Notch Target Genes Control Stem Cells and Differentiation

Once the Notch ligand triggers signaling, the GLP-1/Notch receptor is cleaved to generate a 'Notch intracellular domain', or NICD, that is transported to the nucleus. In the nucleus, the NICD assembles into a ternary complex with the LAG-1 DNA-binding protein and the LAG-3/SEL-8 transcriptional co-activator. This ternary complex activates transcription, presumably by a mechanism similar to that seen in other organisms [50]. Notch signaling in other organisms employs not only this canonical transcriptional mechanism but also non-canonical mechanisms that are poorly understood [e.g. 51]. The use of non-canonical mechanisms of Notch signaling has not yet been investigated in the *C. elegans* germline.

To date, two GLP-1/Notch target genes have been identified, *fbf-2* and *lip-1* [52, 53]. The *fbf-2* gene encodes a key regulator of GSC maintenance (see below), and *lip-1* encodes a dual-specificity phosphatase of the MAP kinase phosphatase (MKP) family, which directly inhibits activated MAP kinases [54]. LIP-1 activity is critical for size of the mitotic zone but not for self-renewal *per se* [53]. Therefore LIP-1 normally controls the extent of proliferation, a role shared by vertebrate MKP homologs [55].

It is likely that many GLP-1/Notch target genes have not yet been discovered. Chromatin immunoprecipitation (ChIP) analyses of Notch signaling target genes in human and *Drosophila* cell culture identified 134 and 262 potential target genes, respectively [56, 57]. Similar experiments have not been done in *C. elegans* for either of its two Notch receptors, LIN-12 or GLP-1. However, bioinformatic analysis has identified 163 potential Notch targets in the *C. elegans* genome [58]. In addition, one recent study found 202 genes upregulated in *glp-1* gain-of-function mutants compared to wild-type animals [59], but this approach does not distinguish between genes activated directly and those activated indirectly. Therefore, identification of the GLP-1/Notch target genes responsible for GSC maintenance remains a critical line of investigation for the future.

3.3 Controls of GSCs and Differentiation: FBF-1 and FBF-2

3.3.1 FBF Represents a Conserved Post-transcriptional Mechanism for Stem Cell Maintenance

FBF-1 and FBF-2 (collectively termed FBF) are nearly identical PUF (for Pumilio and FBF) family mRNA-binding proteins that control GSC maintenance [60, 61]. Single mutants lacking either *fbf-1* or *fbf-2* have only subtle germline defects, maintain GSCs and are fertile, but *fbf-1 fbf-2* double mutants fail to maintain GSCs and are sterile [52, 61]. Double mutant germlines proliferate normally during most of larval development, but in L4s, germ cells that normally would continue in the mitotic cell cycle instead enter meiosis and differentiate as sperm. Stem cell loss also occurs when *fbf-1* and *fbf-2* are depleted from adult hermaphrodites using RNA interference. *fbf-1 fbf-2* males also fail to maintain GSCs. Thus, FBF is essential for GSC maintenance, regardless of gender, but its effect is limited to late larvae and adults.

A role for FBF in larval GSCs was observed when an additional germline regulator, FOG-1, was removed from an *fbf-1 fbf-2* double mutant [62]. FOG-1 belongs to the CPEB family of RNA-binding proteins and its primary biological role is sperm specification [13]. However, in *fog-1; fbf-1 fbf-2* triple mutants, GSCs are lost in L2s when germ cells enter meiotic prophase. This effect reveals a role for FBF in larval stem cell divisions in addition to its role in late larval and adult GSC divisions.

PUF proteins control stem cell maintenance in several organisms. For example, *Drosophila* Pumilio is essential for GSC maintenance in adult ovaries [63, 64], and DjPum maintains totipotent stem cells called neoblasts in planaria [65]. The role of PUF proteins in vertebrate stem cells is not yet understood. Microarray analyses reveal that mRNAs encoding both mammalian PUF proteins, Pum1 and Pum2, are present in virtually all mammalian stem cells investigated, including embryonic stem cells, hematopoietic stem cells, neuroblasts and multipotent mesenchymal cells among others [66], a finding consistent with a conserved role of PUF proteins in stem cells. Moreover, loss of Pum2 causes a reduction of murine testis size with at least some agametic seminiferous tubules [67]. Because Pum1 and Pum2 may substitute for each other in murine GSCs, an effect well established for *fbf-1* and *fbf-2* in *C. elegans*, it seems likely that both Pum1 and Pum2 must be removed to learn their function in vertebrate GSCs. Regardless, the FBF mechanism of GSC control is likely to represent a broadly conserved mechanism with implications for vertebrates.

3.3.2 PUF Proteins Are Largely Post-transcriptional Repressors

PUF proteins, including FBF, repress mRNA activity, either by controlling mRNA stability or translation (Fig. 3.2) [reviewed in 68]. PUF proteins in virtually all eukaryotes bind regulatory elements in the 3′ untranslated region (3′UTR) of their target mRNAs and repress their targets by conserved mechanisms. Best understood is recruitment of the Ccr4/Not deadenylase complex, potentially via interaction with CCF-1, a Ccr4/Not component [69, 70]. In addition, PUF proteins can repress mRNAs via a newly discovered deadenylation-independent mechanism to inhibit translation [71]. This mechanism relies on formation of a ternary complex composed of a

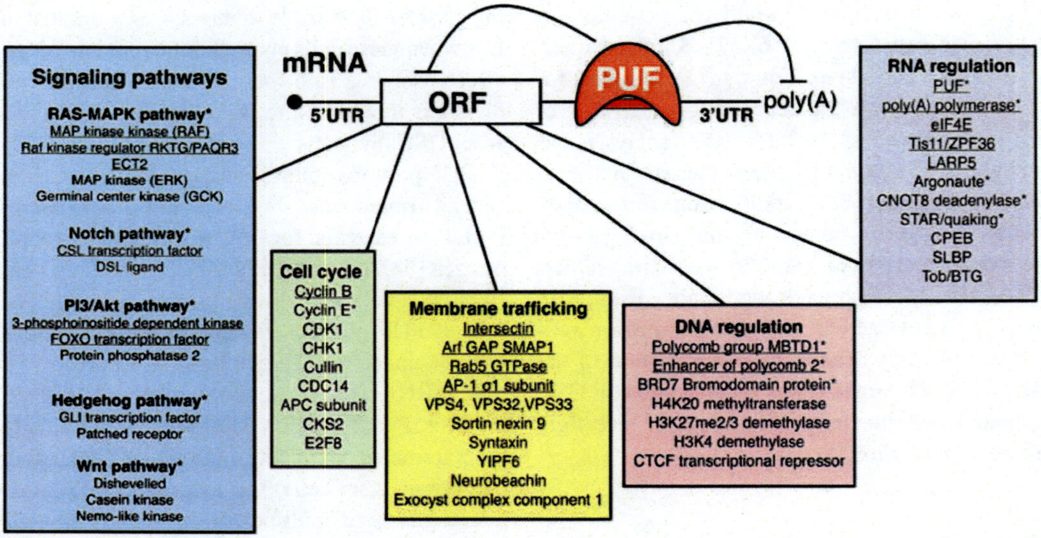

Fig. 3.2 Worm and human PUF proteins share key target mRNAs. PUF proteins (*red*) bind regulatory elements in the 3′ untranslated region (3′UTR) of their target mRNAs. PUF proteins repress mRNAs, either by shortening the poly(A) tail or blocking translational elongation (see text). Shared PUF target mRNAs have been identified by comparison of putative targets identified in genome-wide studies for *C. elegans* FBF-1, *Drosophila* Pumilio and human PUM1 and PUM2 (see text). Shown here are selected targets shared by *C. elegans* and human PUFs, grouped by function. Each is represented using the human gene name; an *asterisk* marks those with important roles in stem cell self-renewal and/or differentiation of stem cell progeny; targets shared by *C. elegans*, human and *Drosophila* PUFs are *underlined*

PUF protein (FBF in *C. elegans* or PUM2 in humans), an Argonaute protein and the core translation factor EFT-3/eEF1A. In reticulocyte lysates, the PUF–Ago–eEF1A complex does not dramatically affect ribosome loading but instead arrests ribosomes during elongation. The roles of these two conserved repressive mechanisms in stem cell control are not yet understood.

At least two PUF proteins can also act as mRNA activators—*C. elegans* FBF and trypanosome PUF9 [70, 72, 73]. Although the major mode of FBF control appears to be repression, it is also capable of activation via recruitment of the cytoplasmic poly(A) polymerase GLD-2 [70]. One attractive idea is that PUF repression and activation are part of a dynamic sequence underlying first GSC maintenance and self-renewal and then differentiation of GSC daughters. One can imagine that PUF recruitment of a deadenylase might destabilize its target mRNAs in stem cells, that PUF recruitment of a core translation elongation factor might permit translational initiation but leave its target mRNAs in an arrested state of translational elongation in transit-amplifying cells, and that PUF recruitment of a poly(A) polymerase might activate those translationally arrested mRNA when triggered for overt differentiation. Although these ideas remain speculative, they provide an important model for the dynamics of PUF-centered macromolecular complexes during development—a model that will guide future investigations.

3.3.3 FBF Target mRNAs: Lessons from a Candidate mRNA Approach

Several FBF target mRNAs have been identified using a candidate mRNA approach. Evidence supporting their identification has relied on a number of criteria, including the following: (1) FBF targets possess one or more consensus FBF binding elements (FBEs) in their 3′UTRs; (2) at least one FBE binds FBF *in vitro*; (3) FBF targets co-purify with FBF from worm extracts; (4) their proteins increase *in vivo* when FBF is removed, suggesting a repressive mode of FBF control; and (5) their 3′UTRs repress expression in an FBE-dependent and/or FBF-dependent manner when assayed using transgenic reporters [13, 74–77]. Although not all FBF target mRNAs have been subject to all five tests, most are supported by at least four assays.

The FBF target mRNAs identified on a candidate mRNA basis demonstrate that FBF promotes GSC maintenance in two major ways. First, FBF regulates the mitotic and meiotic cell cycles themselves. FBF promotes GSC mitotic divisions by repressing a Cip/Kip family cyclin-dependent kinase inhibitor *cki-2*, a negative regulator of the mitotic cell cycle [77], and FBF represses structural components of the meiotic machinery for chromosomal synapsis and recombination (e.g., *him-3*, *syp-2*, and *syp-3*) [75]. Second, FBF regulates differentiation. FBF prevents germline differentiation by repressing *gld-1* and *gld-3* [61, 74, 78], which regulate meiotic entry (see below) and by repressing *fem-3* and *fog-1* [60, 62, 74, 79–81], key regulators of sperm differentiation [82, 83]. FBF prevents differentiation more broadly by repressing *mpk-1* [53], the *C. elegans* ERK/MAP kinase that promotes differentiation in both somatic and germline tissues [84, 85]. And one FBF target, the *lin-3* TGF-alpha ortholog [86, 87], regulates somatic differentiation. Therefore, from this limited set of ~15 mRNA targets, FBF emerges as a broad-spectrum repressor of mRNAs critical for continued mitotic divisions and maintenance of an undifferentiated stem cell state.

3.3.4 FBF Target mRNAs: Lessons from a Genomic Approach

Many more FBF target mRNAs have been found using a genome-wide approach [76]. In this study, FBF was immunoprecipitated together with its associated mRNAs, which were identified on microarrays. The resulting list of putative targets was whittled from >4,000 mRNAs with a 2.25 % false discovery rate to a smaller list of the 1,350 most enriched mRNAs cut off at the *gld-3S* mRNA, which had been previously validated as an FBF target [78]. The 1,350 target mRNAs were enriched for mRNAs containing FBF binding elements (FBE) in their 3′UTRs. This list included all validated FBF germline targets known at the time of its publication and all FBF germline targets validated since (i.e., *cki-2*, *him-3*, *syp-2*, and *syp-3*) [75, 77]; however, the list did not include a neuronal FBF target, *egl-4/pkg-1* [72]. Therefore, most are likely *bona fide* FBF target mRNAs and we refer to them as FBF targets for simplicity. Although their identification via FBF association provides no clue about whether the targets are repressed or activated, it seems likely that most are repressed based on our knowledge of validated targets.

The identities of the 1,350 FBF target mRNAs complement and extend lessons learned from the candidate mRNA approach. In addition to *cki-2*, the 1,350 include other key cell cycle genes, including *cye-1*. In addition to *him-3* and *syp* mRNAs, a battery of other components of the meiotic machinery were on the FBF target list: among 247 genes annotated for involvement in meiosis, 84 (34 %) are FBF targets, suggesting a broad control of the meiotic program. In addition to *gld-1* and *gld-3*, the *gld-2* regulator of meiotic entry is on the target list. In addition to *fog-1*, the *fog-3* and *rnp-8* regulators of gamete specification are on the target list. And in addition to *mpk-1*, several other core components of the MAP kinase signaling cascade as well as components of other key developmental signaling pathways appear to be FBF targets. Other prominent targets include central components of intracellular trafficking and cell death mRNAs. Therefore, FBF appears to be a broad-spectrum regulator of the genome, targeting 7 % of its protein coding capacity, with a distinct enrichment for mRNAs encoding diverse regulators of differentiation.

3.3.5 Conserved PUF Targets

Genome-wide studies of PUF protein mRNA targets have been conducted in yeast, *Drosophila* ovaries and embryos, mouse testis, and human

HeLa cells [88–92]. These studies together with the aforementioned FBF study [76] demonstrate unequivocally that PUF proteins are broad-spectrum regulators of the genome. For example, mammalian Pum1 and Pum2 individually associate with ~700–1,500 unique mRNAs [90–92], and these mRNAs represent a range of biological activities, including cell signaling, cell death, cell cycle, and transcription factors. One surprising upshot from these studies is that, despite being carried out in diverse cell and tissue types, PUF proteins from different organisms regulate many of the same developmental pathways and, indeed, many orthologous mRNAs. Remarkably, 197 *C. elegans* FBF targets are orthologous to a human PUM target, and this overlap is significant [76]. The common targets encompass a range of biological activities, including major developmental signaling pathways and key cell cycle regulators (Fig. 3.2). In addition to sharing specific targets, *C. elegans* FBF and human PUM also regulate additional components of the same pathways, albeit not the same individual proteins. Interestingly, several shared targets and pathways regulate stem cells. Given the conserved link between PUF proteins and stem cell control, one intriguing idea is that PUF repression of developmental signaling pathways is an ancient regulatory module for stem cell control.

3.4 Molecular Regulation of Germline Differentiation

3.4.1 Key Regulators of Meiotic Entry: GLD-1 and GLD-2

When GSC progeny differentiate, they enter the meiotic cell cycle and specialize as either sperm or oocyte. In this review, we focus on regulators of meiotic entry, which are the best understood regulators of germline differentiation. The two primary regulators of meiotic entry are GLD-1 and GLD-2, distinct proteins that function in parallel to drive germ cells into the meiotic cell cycle [93].

GLD-1 is an RNA-binding protein of the STAR/Quaking family [94] and a translational repressor of two key mitosis-promoting factors, the GLP-1/Notch receptor and the cyclin E/CYE-1 cell cycle regulator [95–101]. Genomic analyses have identified >400 GLD-1 target mRNAs, which are enriched for cell division-promoting factors [100, 101]. Therefore, GLD-1 emerges as a broad-spectrum repressor of the mitotic cell cycle and crucial counterweight to the FBF broad-spectrum repressor of the meiotic cell cycle. Although the mechanism of GLD-1 repression remains unclear, genome-wide mapping of *in vivo* sites of GLD-1 occupancy reveal binding either in 3′UTRs or at start codons, suggesting the existence of multiple mechanisms [101–103].

GLD-2 is the catalytic subunit of cytoplasmic poly(A) polymerase (PAP) and a translational activator of meiotic entry [78, 104–106]. GLD-2 functions with either of two RNA-binding proteins, GLD-3 or RNP-8; the GLD-2/GLD-3 heterodimer promotes meiotic entry and spermatogenesis, while GLD-2/RNP-8 promotes oogenesis [78, 107]. Most relevant here, GLD-2/GLD-3 polyadenylates and activates *gld-1* mRNA [106, 107]. GLD-4, another cytoplasmic PAP, forms a complex with GLS-1 and possibly GLD-3, and also activates *gld-1* mRNA [108, 109]. Thus, the dual activation of *gld-1* mRNA by GLD-2 and GLD-4 PAPs provides a robust positive feed-forward loop to drive meiotic entry. In addition, the *gld-2* mRNA itself associates with GLD-2 protein, suggesting positive autoregulation [107]. GLD-2 must also control other mRNAs to drive the meiotic program, because GLD-2 is sufficient to promote meiotic entry in the absence of *gld-1* [93]. Although GLD-2 reproducibly associates with >500 mRNAs from worm extracts [107], additional GLD-2 targets critical for entry into the meiotic cell cycle have not yet been identified. NOS-3, a member of the Nanos family of mRNA-binding proteins, also promotes abundant GLD-1 and promotes meiotic entry, but its mechanism is not yet known [105].

3.4.2 Other Regulators of Meiotic Entry

Regulation of pre-mRNA splicing has recently emerged as another critical node in the control of meiotic entry. Over 50 splicing factors have been implicated in meiotic entry, most notably PRP-17, TEG-1, TEG-4, and six MOG proteins [110–116]. These splicing factors have been proposed to promote activity of the GLD-1 branch of the meiotic entry pathway [114, 116]. The meiotic defects in splicing mutants are not likely due to a general decrease in gene expression because germline depletions of RNA Pol II or ribosomal genes did not have the same effect as removal of the splicing factors [114]. One idea is that splicing (possibly alternative splicing) of specific key mRNAs is essential for meiotic entry. However, no such targets have been identified.

Numerous regulators influence the balance between mitosis and meiosis, with subtle effects on the position at which meiotic entry occurs. Any such regulators not implicated in control of self-renewal are beyond the scope of this review. For example, the LIP-1 dual specificity phosphatase and inhibitor of MAP kinase activity controls the number of germ cells in the mitotic zone [53], but no genetic background has yet been found in which LIP-1 is essential for germline self-renewal. A similar situation exists for many other regulators, including ATX-2/Ataxin [117, 118], EGO-1/RdRP [119, 120], the Piwis PRG-1 and PRG-2 [121, 122]; PAB-1/Pab, EFT-3/eEF1A, and the L11 ribosomal subunit RPL-11.1 [123].

3.5 Integration of Cell Cycle and Developmental Regulators

The regulation of cell divisions must be integrated with regulation of developmental programs to maintain stem cells and produce functional tissues. Although germ cells in the mitotic zone differ in their differentiation state (see above), they divide at approximately the same rate throughout the zone with no observed quiescence [10, 28–30, reviewed in 124]. The standard cell cycle machinery controls germ cell divisions as might be expected [reviewed in 21], and mechanisms integrating that machinery with developmental regulators are now emerging.

The developmental regulator FBF represses the cell cycle regulator, *cki-2*, to drive continued mitotic divisions [77]. CKI-2, in turn, is likely to control CDK-2/CYE-1, the *C. elegans* counterpart of Cdk2/cyclin E, which has recently emerged as a pivotal bridge between cell cycle and developmental controls [30, 125]. In the absence of CDK-2 or CYE-1, all germ cells stop mitotic divisions and some enter the meiotic cell cycle earlier than normal. More importantly, *cye-1* and *cdk-2* mutants enhance weak *glp-1* and null *fbf-1* mutants so that the double mutants possess no GSCs and germline self-renewal is lost. Other cell cycle mutants do not similarly affect germline self-renewal, suggesting that CDK-2/CYE-1 has a specific role in that process. At a molecular level, CDK-2/CYE-1 keeps GLD-1 levels low in the distal germline, likely by direct GLD-1 phosphorylation [125]. Thus, the CYE-1/CDK-2 cell cycle regulator acts in the mitotic zone to negatively regulate the GLD-1 developmental regulator and to promote GSC self-renewal.

Once germ cells have acquired GLD-1 and entered the meiotic cell cycle, the reciprocal regulatory relationship is observed between GLD-1 and CDK-2/CYE-1. During meiotic prophase, GLD-1 represses translation of *cye-1* mRNA [99]. An additional brake on CYE-1/CDK-2 in meiotic cells is provided by *cki-2*, which is freed from FBF repression and available to repress CDK-2 activity [77]. Therefore, the combination of post-transcriptional and post-translational controls ensures that CKI-2 and GLD-1 are repressed in the mitotic zone and that CYE-1 is repressed in meiotic germ cells.

The mutual repression between GLD-1 and CYE-1 constitutes a double-negative feedback loop, a classical network motif and toggle switch for decisions between two states [126]. In this case, the two states are germline proliferation and differentiation. Importantly, CYE-1 or CDK-2 removal does not flip all germ cells from one state to the other but rather shifts the balance between the two states. Elimination of all mitotically dividing germ cells, which is essential for abolishing germline self-renewal, requires decreased GLP-1/Notch signaling or FBF-1 removal in addition to loss of CYE-1 or CDK-2. Therefore, multiple layers of regulation must be peeled away to reveal effects on stem cell self-renewal.

3.6 A Self-Renewal vs. Differentiation Regulatory Network: Motifs and Properties

Figure 3.3a diagrams the major components of the network regulating germ cells to remain in an undifferentiated stem cell-like state or to

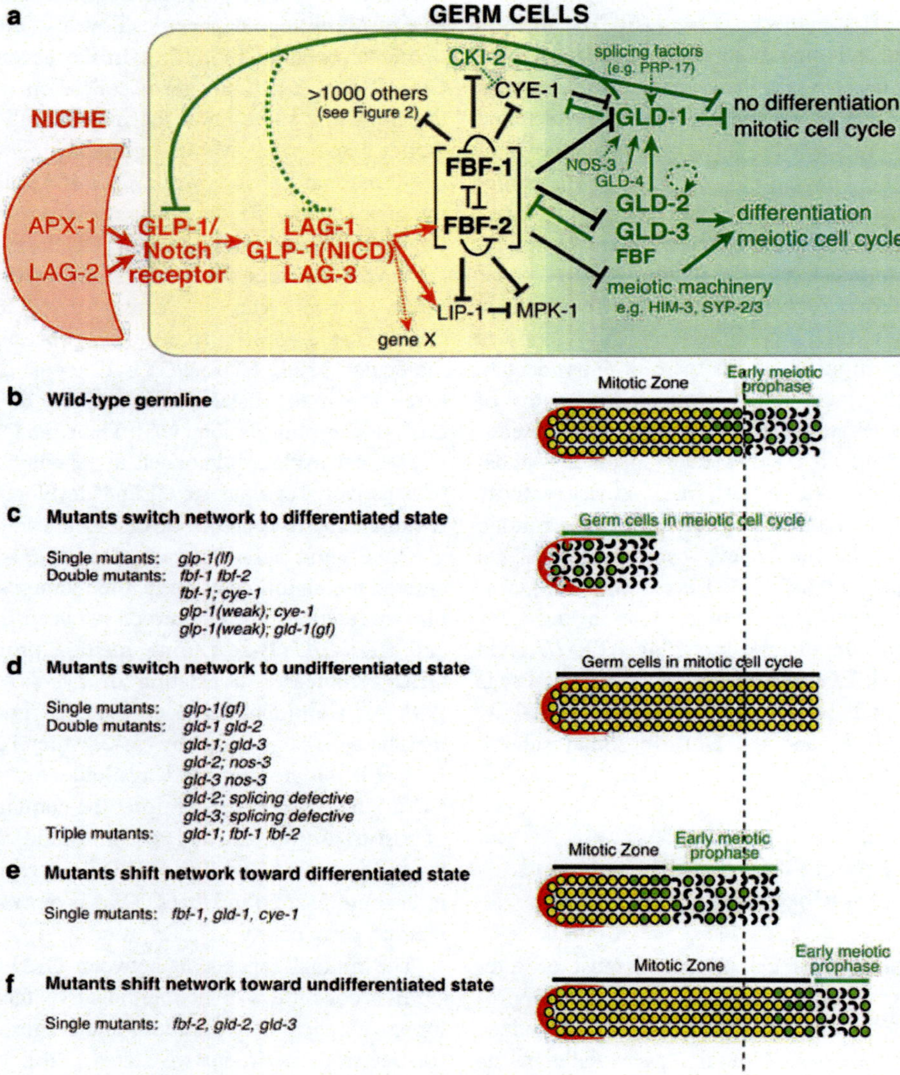

Fig. 3.3 Regulatory network controlling self-renewal versus differentiation. (a) Regulatory network for decision between self-renewal (undifferentiated, stem cell state) and differentiation (entry into the meiotic cell cycle). Specifics of the depicted network are simplified and a work in progress. Briefly, GLP-1/Notch signaling (*red text*) from the niche (*red shading*) activates the GLP-1/Notch receptor in germ cells to activate transcription of

differentiate (enter the meiotic cell cycle). In this diagram, nodes are regulatory proteins and edges are regulatory relationships, which can be either positive (arrow) or negative (bar). Most individual elements of the network are described above. Here we bring together those individual elements to discuss emergent regulatory motifs and properties.

A variety of network motifs work together to regulate the decision between the undifferentiated stem cell-like state and differentiation. These motifs combine transcriptional regulation (Notch signaling), post-transcriptional controls (FBF, GLD-1, GLD-2) and post-translational controls (CYE-1, LIP-1). The existence of these network motifs provides the backbone for switching between two states plus refinements that likely regulate the time and rate of switching. Mathematical modeling of the network remains a critical direction for the future. Briefly the major motifs include the following:

- Negative cross-regulation and likely auto-regulation influence FBF-1 and FBF-2 levels [52]. *fbf-1* and *fbf-2* mRNAs possess FBEs in their 3′UTRs, and removal of either FBF protein results in an increase of the other. It seems likely that the two FBF proteins also autoregulate because their binding properties appear the same, but this idea has not been explicitly tested. One rationale for FBF negative cross- and auto-regulation is maintenance of a level sufficiently low to be vulnerable to signals initiating the switch to differentiation.
- Positive auto-regulation likely promotes robust GLD-2 protein accumulation. *gld-2* mRNA associates with GLD-2 protein from worm extracts [107]. Notably, GLD-2 autoregulation occurs in vertebrates [129]. This autoregulation likely reinforces the switch into the meiotic cell cycle.
- One double-negative feedback loop provides a toggle between GLP-1/Notch and the GLD-1 translational repressor [60, 97, 105]. GLP-1/Notch downregulates GLD-1, at least partially via FBF repression of *gld-1* mRNA activity, and conversely, GLD-1 represses *glp-1* mRNA [97] and also likely *lag-1* mRNA [100, 101]. This toggle integrates Notch signaling with the differentiation response.
- A second double-negative feedback loop provides a toggle between the CYE-1/cyclin E cell cycle regulator and the GLD-1 translational repressor [99, 125]. CYE-1 inhibits GLD-1 post-translationally, and GLD-1

Fig. 3.3 (continued) regulators that promote the undifferentiated state (*black text*); those regulators in turn repress regulators that promote differentiation (*green text*). *Solid lines* mark a direct biochemically validated regulatory relationship; *dashed lines* mark postulated or indirect regulation. Gene X represents predicted GLP-1/Notch target genes. See text for details. (**b–d**) Robustness and plasticity in the network controlling self-renewal versus differentiation can be observed by a shift in the balance between germ cells in the mitotic cell cycle and meiotic cell cycle (see text for more discussion). Conventions as in Fig. 3.1b. (**b**) Wild-type germline. (**c**) Genes critical for GSC self-renewal, revealed by a mutant phenotype of GSC loss: *glp-1* [38]; *fbf-1 fbf-2* double mutant [61]; *fbf-1; cye-1* double mutant [125]; *glp-1(weak); cye-1* double mutant [30]; *glp-1(weak); gld-1(gf)* double mutant [105]. (**d**) Genes critical for differentiation of GSC progeny, revealed by a mutant phenotype of differentiation loss: *gld-1 gld-2* double mutant [93]; *gld-1; gld-3* double mutant [78]; *gld-3 nos-3* double mutant [78]; *gld-2; gld-3* double mutant [78]; *gld-2; nos-3* double mutant [105]; double mutants lacking either *gld-3* or *gld-2* and one of several splicing factors (e.g., *prp-17*) [111–116]; *gld-1; fbf-1 fbf-2* triple mutants [61]. Note that this diagram is simplified and the degree of differentiation loss can vary, suggesting the existence of additional regulators not yet known [127]. Additional mutants that are not depicted here cause a failure in meiotic progression and result in a reentry into the mitotic cell cycle. Such mutants include *gld-1* single mutants [128] and *gld-2 gld-4* double mutants [108]. (**e**) Genes identified as critical for GSC renewal or differentiation in double mutants (**c, d**) but that as single mutants shift the balance toward differentiation, revealed by the phenotype of a shortened mitotic zone: *fbf-1* [52]; *gld-1* [78]; *cye-1* [125]. Importantly, GSC loss does not occur in these single mutants; therefore this phenotype is interpreted as a shift in the balance of the network controlling self-renewal and differentiation. (**f**) Genes identified as critical for GSC renewal or differentiation in double mutants (**c, d**) but that as single mutants shift the balance of the network away from differentiation, revealed by the phenotype of a lengthened mitotic zone: *fbf-2* [52]; *gld-2* [78]; *gld-3* [78]. Importantly, differentiation loss does not occur in these single mutants; therefore this phenotype is interpreted as a shift in the balance of the network controlling self-renewal and differentiation represses *cye-1* translation. This second toggle integrates cell cycle and developmental regulators.

- A Coherent type 2 positive feed forward loop [130] from FBF and GLD-2 onto GLD-1 drives forward the decision to differentiate. In this motif, FBF inhibits both GLD-1 and GLD-2, but GLD-2 activates GLD-1 to help overcome FBF repression and ensure the switch to differentiation.
- An Incoherent type 1 positive feed forward loop [131] likely exists from GLP-1/Notch to LIP-1. Via this motif, GLP-1/Notch activates *lip-1* transcription and also activates transcription of the *lip-1* repressor, *fbf-2*. Interestingly, Notch signaling also employs similar regulatory logic in *Drosophila* [58].

The primary network property emerging from the *C. elegans* self-renewal/differentiation regulatory circuitry is robustness, the resilience to stochastic failure of individual elements. Indeed, the *C. elegans* network is rife with 'redundant' regulators that provide buffering capacity. Examples of GSC-promoting redundant regulators include FBF-1 and FBF-2 [61], and FBF-1 and CYE-1 [125]. Examples of differentiation-promoting redundant regulators include GLD-1 and GLD-2 [93], GLD-3 and NOS-3 [78, 105], and GLD-2 and GLD-4 [108]. This pervasive robustness insulates the network from perturbation, allowing GSCs to be maintained and the switch to differentiation to proceed despite genetic deficiencies or stochastic defects. Robustness also provides the network with multiple points of regulation that can be turned up or down without abolishing either GSC self-renewal or differentiation.

A second emergent network property is plasticity. Evidence for plasticity derives from measurable shifts in network readout observed upon removal of individual elements (Fig. 3.3b–f). For example, *fbf-1* single mutants possess fewer undifferentiated germ cells than normal (Fig. 3.3e), and *gld-3* single mutants possess more undifferentiated germ cells than normal (Fig. 3.3f). A critical next step is to understand how plasticity is structured within the network. For example, does it result from a change in the differentiation trigger or from a change in the rate of network transition from the undifferentiated to differentiated state? Understanding the network at this level will provide new ways of thinking about how stem cell networks are structured and can be manipulated.

3.7 Transition from an Undifferentiated Stem-Cell-Like State to Overt Differentiation

A regulatory network must be dynamic to both maintain GSCs in an undifferentiated state and transition GSC daughters towards an overtly differentiated state. One mode of the network governs stem cells and a different mode drives overt differentiation. A key question is how the network is regulated to shift from one mode to the other and the mechanistic basis of that transition. *C. elegans* provides an optimal entrée into this important question because of its exceptional *in vivo* accessibility and the growing knowledge of critical network components and their regulatory functions.

Figure 3.4 shows a speculative model for stem cell network dynamics. This model has grown out of earlier models [12, 13] and will surely change as more is learned. Central to the model is the idea that the network must switch from FBF-mediated mRNA repression for GSC maintenance (Fig. 3.4b) to GLD-mediated regulation driving differentiation (Fig. 3.4). The proposed dynamics include increases and decreases in major regulators as follows.

- GLP-1/Notch signaling is proposed to decrease as germ cells leave the niche. In support of that idea, germ cells more than 6–8 rows from the distal end of the germline can differentiate in the presence of GLP-1/Notch signaling [12], transcripts of key GLP-1/Notch target genes are found in the distal-most region of the mitotic zone (A. Kershner, H. Shin and J. Kimble, unpublished) and GLP-1/Notch ligands in the

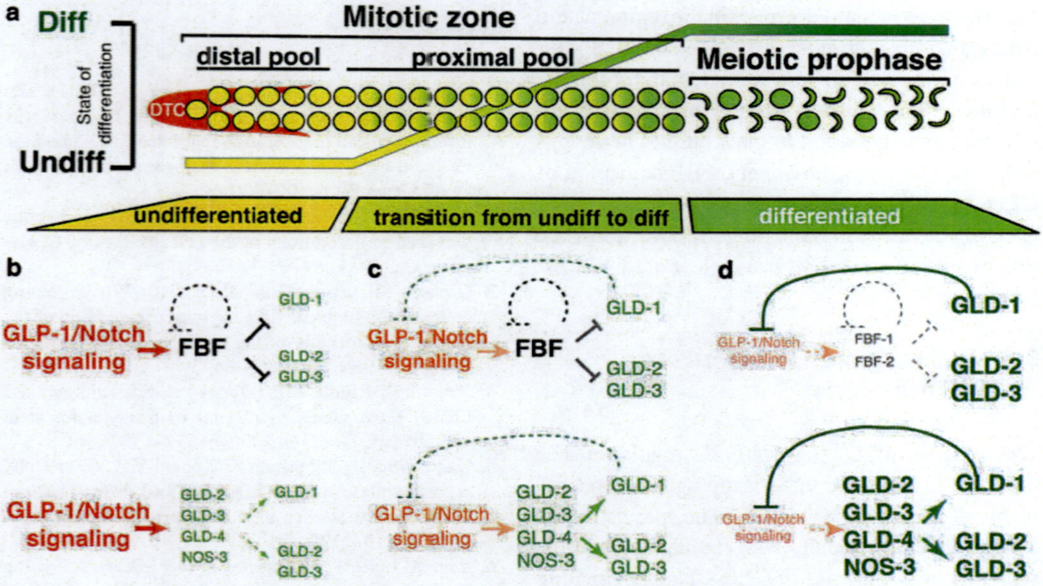

Fig. 3.4 Model for network transition from stem cell to differentiation. (**a**) Cartoon of progression from stem cell to overt differentiation in the distal germ line. *Left*, axis of differentiation with undifferentiated, stem cell-like state (Undiff) at *bottom* and differentiated (Diff) at *top*. As cells move proximally, they leave the undifferentiated pool and begin the transition toward differentiation. Cells in stem cell pool (*yellow*); cells in meiotic cell cycle (*green*); cells transitioning from stem to differentiated state (gradient from *yellow* to *green*); DTC, distal tip cell (*red*). (**b–d**) Model for network dynamics. (**b**) Stem cells are maintained in an undifferentiated state by strong GLP-1/Notch signaling, which activates FBF to repress generation of GLD proteins. (**c**) As cells progress from the niche, GLP-1/Notch signaling attenuates, tipping the network such that GLD proteins start to reinforce their own expression and repress GLP-1/Notch signaling. (**d**) Abundant GLD proteins continue to reinforce their own expression and repress GLP-1/Notch signaling, promoting differentiation (entry into the meiotic cell cycle)

DTC have transmembrane domains, suggesting that they are signaling locally [45, 47].

- FBF activity is proposed to decrease once germ cells have left the mitotic zone. FBF-1 and FBF-2 are both abundant in the mitotic zone and taper off as germ cells enter the meiotic cell cycle [52, 61]. In addition, FBF represses its target mRNAs in the mitotic zone and therefore is active in that region (see above). The mechanism limiting FBF to the mitotic zone is not yet understood.
- GLD activities are proposed to increase as germ cells progress through the mitotic zone [12, 23, 105]. Low GLD abundance at the distal end is accomplished by FBF repression of *gld* mRNAs together with CYE-1 repression of GLD-1 protein accumulation [61, 78, 125]. In addition to controls on protein abundance, post-translational regulation of GLD activity could be an important mode of regulation that remains to be explored. The massive increase in GLD-1 abundance as germ cells progress through the proximal pool is likely due to the cumulative effect of the GLD-2 and GLD-4 poly(A) polymerases, which act directly on *gld-1* mRNA [106, 108] together with the effects of the NOS-3 Nanos-like RNA-binding protein [105] and splicing factors [116].

The idea that FBF transitions into an activating macromolecular complex as germ cells transit from the niche towards differentiation is not included in Fig. 3.4 for simplicity. This idea is based on several findings: FBF acts genetically in the GLD-2/GLD-3 branch of the pathway, FBF binds GLD-2 *in vitro*, FBF promotes GLD-2 poly(A) polymerase activity *in vitro* and FBF co-immunoprecipitates with GLD-2 from worm extracts [61, 70]. The primary prediction of this model is that, upon FBF removal, the abundance of FBF targets should decrease in the region where FBF functions within an activating complex [70]. This prediction holds true in male but not female germlines. The simplest interpretation is that FBF activates differentiation in male but not hermaphrodite germlines. Alternatively, FBF activation of GLD-2 could be redundant to other means of GLD-2 activation in oogenic germlines. Thus the role of FBF in activation is not clear at this point.

3.8 Conclusions and Future Directions

The analysis of *C. elegans* GSC regulation has been instrumental for understanding basic mechanisms of stem cell regulation. The mesenchymal DTC is an exceptionally well-defined and simple stem cell niche; the use of GLP-1/Notch signaling for stem cell maintenance provides a powerful model for unraveling Notch-dependent stem cell controls; and the regulatory network acting downstream of Notch signaling demonstrates the importance of post-transcriptional regulation for both stem cell maintenance and differentiation. These broad conclusions set the stage for the continued mining of principles of stem cell regulation.

Several major questions with broad implications are now poised for attack in this tractable system. What controls the extent of niche influence for control of a stem cell pool? How does Notch signaling govern stem cell maintenance? How are stem cell daughters triggered to embark on the path to differentiation? What are the biological roles of the various molecular mechanisms of mRNA control used by PUF proteins? How prevalent is post-transcriptional regulation in stem cell control? And how does the environment impact this stem cell molecular network? Answers to these fundamental questions in nematodes will likely lead to discovery of mechanisms of stem cell control that are widely conserved, including in humans.

Acknowledgments K.F. is supported by PF-10-127-01-DDC from the American Cancer Society. D.F.P. is supported by NIH Training Grant 5T32GM08349. J.K. is supported by NIH Grant R01GM069454. J.K. is an Investigator of the Howard Hughes Medical Institute.

References

1. Brabin C, Appleford PJ, Woollard A (2011) The *Caenorhabditis elegans* GATA factor ELT-1 works through the cell proliferation regulator BRO-1 and the Fusogen EFF-1 to maintain the seam stem-like fate. PLoS Genet 7(8):e1002200
2. Chalfie M, Horvitz HR, Sulston J (1981) Mutations that lead to reiterations in the cell lineages of *C. elegans*. Cell 24(1):59–69
3. Gleason JE, Eisenmann DM (2010) Wnt signaling controls the stem cell-like asymmetric division of the epithelial seam cells during *C. elegans* larval development. Dev Biol 348(1):58–66
4. Joshi PM, Riddle MR, Djabrayan NJ, Rothman JH (2010) *Caenorhabditis elegans* as a model for stem cell biology. Dev Dyn 239(5):1539–1554
5. Kagoshima H, Shigesada K, Kohara Y (2007) RUNX regulates stem cell proliferation and differentiation: insights from studies of *C. elegans*. J Cell Biochem 100(5):1119–1130
6. Kimble J (1981) Alterations in cell lineage following laser ablation of cells in the somatic gonad of *Caenorhabditis elegans*. Dev Biol 87(2):286–300
7. Kimble JE (1981) Strategies for control of pattern formation in *Caenorhabditis elegans*. Philos Trans R Soc Lond B Biol Sci 295(1078):539–551
8. Nimmo R, Antebi A, Woollard A (2005) *mab-2* encodes RNT-1, a *C. elegans* Runx homologue essential for controlling cell proliferation in a stem cell-like developmental lineage. Development 132(22):5043–5054
9. Kimble J, Hirsh D (1979) The postembryonic cell lineages of the hermaphrodite and male gonads in *Caenorhabditis elegans*. Dev Biol 70(2):396–417
10. Crittenden SL, Leonhard KA, Byrd DT, Kimble J (2006) Cellular analyses of the mitotic region in the *Caenorhabditis elegans* adult germ line. Mol Biol Cell 17(7):3051–3061
11. Angelo G, Van Gilst M (2009) Starvation protects germline stem cells and extends reproductive longevity in *C. elegans*. Science 326:954–958
12. Cinquin O, Crittenden SL, Morgan DE, Kimble J (2010) Progression from a stem cell-like state to early differentiation in the *C. elegans* germ line. Proc Natl Acad Sci USA 107(5):2048–2053
13. Kimble J, Crittenden SL (2007) Controls of germline stem cells, entry into meiosis, and the sperm/oocyte decision in *Caenorhabditis elegans*. Annu Rev Cell Dev Biol 23:405–433
14. Hansen D, Schedl T (2006) The regulatory network controlling the proliferation-meiotic entry decision in the *Caenorhabditis elegans* germ line. Curr Top Dev Biol 76:185–215
15. Hubbard EJ (2011) Insulin and germline proliferation in *Caenorhabditis elegans*. Vitam Horm 87:61–77
16. Korta DZ, Hubbard EJ (2010) Soma-germline interactions that influence germline proliferation in *Caenorhabditis elegans*. Dev Dyn 239(5):1449–1459

17. Cinquin O (2009) Purpose and regulation of stem cells: a systems-biology view from the *Caenorhabditis elegans* germ line. J Pathol 217(2):186–198
18. Kimble J (2011) Molecular regulation of the mitosis/meiosis decision in multicellular organisms. Cold Spring Harb Perspect Biol 3(8):a0002683
19. Lander AD, Kimble J, Clevers H, Fuchs E et al (2012) What does the concept of the stem cell niche really mean today? BMC Biol 10:19
20. Biedermann B, Hotz HR, Ciosk R (2010) The Quaking family of RNA-binding proteins: coordinators of the cell cycle and differentiation. Cell Cycle 9(10):1929–1933
21. Kipreos ET (2005) *C. elegans* cell cycles: invariance and stem cell divisions. Nat Rev Mol Cell Biol 6(10):766–776
22. Waters KA, Reinke V (2011) Extrinsic and intrinsic control of germ cell proliferation in *Caenorhabditis elegans*. Mol Reprod Dev 78(3):151–160
23. Jones AR, Francis R, Schedl T (1996) GLD-1, a cytoplasmic protein essential for oocyte differentiation, shows stage- and sex-specific expression during *Caenorhabditis elegans* germline development. Dev Biol 180(1):165–183
24. Barker N, van Es JH, Kuipers J, Kujala P et al (2007) Identification of stem cells in small intestine and colon by marker gene Lgr5. Nature 449(7165):1003–1007
25. Barker N, van de Wetering M, Clevers H (2008) The intestinal stem cell. Genes Dev 22(14):1856–1864
26. Snippert HJ, van der Flier LG, Sato T, van Es JH et al (2010) Intestinal crypt homeostasis results from neutral competition between symmetrically dividing Lgr5 stem cells. Cell 143(1):134–144
27. Lopez-Garcia C, Klein AM, Simons BD, Winton DJ (2010) Intestinal stem cell replacement follows a pattern of neutral drift. Science 330(6005):822–825
28. Maciejowski J, Ugel N, Mishra B, Isopi M et al (2006) Quantitative analysis of germline mitosis in adult *C. elegans*. Dev Biol 292:142–151
29. Jaramillo-Lambert A, Ellefson M, Villeneuve AM, Engebrecht J (2007) Differential timing of S phases, X chromosome replication, and meiotic prophase in the *C. elegans* germ line. Dev Biol 308(1):206–221
30. Fox PM, Vought VE, Hanazawa M, Lee MH et al (2011) Cyclin E and CDK-2 regulate proliferative cell fate and cell cycle progression in the *C. elegans* germline. Development 138(11):2223–2234
31. Seidel HS, Kimble J (2011) The oogenic germline starvation response in *C. elegans*. PLoS One 6(12):e28074
32. Byrd DT, Kimble J (2009) Scratching the niche that controls *Caenorhabditis elegans* germline stem cells. Semin Cell Dev Biol 20(9):1107–1113
33. Kimble JE, White JG (1981) On the control of germ cell development in *Caenorhabditis elegans*. Dev Biol 81:208–219
34. Kipreos ET, Gohel SP, Hedgecock EM (2000) The *C. elegans* F-box/WD-repeat protein LIN-23 functions to limit cell division during development. Development 127(23):5071–5082
35. Kidd AR III, Miskowski JA, Siegfried KR, Sawa H et al (2005) A β-catenin identified by functional rather than sequence criteria and its role in Wnt/MAPK signaling. Cell 121(5):761–772
36. Lam N, Chesney MA, Kimble J (2006) Wnt signaling and CEH-22/tinman/Nkx2.5 specify a stem cell niche in *C. elegans*. Curr Biol 16(3):287–295
37. Mizumoto K, Sawa H (2007) Cortical β-catenin and APC regulate asymmetric nuclear β-catenin localization during asymmetric cell division in *C. elegans*. Dev Cell 12(2):287–299
38. Austin J, Kimble J (1987) *glp-1* is required in the germ line for regulation of the decision between mitosis and meiosis in *C. elegans*. Cell 51:589–599
39. Berry LW, Westlund B, Schedl T (1997) Germ-line tumor formation caused by activation of *glp-1*, a *Caenorhabditis elegans* member of the *Notch* family of receptors. Development 124(4):925–936
40. Pepper AS-R, Killian DJ, Hubbard EJA (2003) Genetic analysis of *Caenorhabditis elegans glp-1* mutants suggests receptor interaction or competition. Genetics 163(1):115–132
41. D'Souza B, Meloty-Kapella L, Weinmaster G (2010) Canonical and non-canonical Notch ligands. Curr Top Dev Biol 92:73–129
42. Chen N, Greenwald I (2004) The lateral signal for LIN-12/Notch in *C. elegans* vulval development comprises redundant secreted and transmembrane DSL proteins. Dev Cell 6(2):183–192
43. Komatsu H, Chao MY, Larkins-Ford J, Corkins ME et al (2008) OSM-11 facilitates LIN-12 Notch signaling during *Caenorhabditis elegans* vulval development. PLoS Biol 6(8):e196
44. Singh K, Chao MY, Somers GA, Komatsu H et al (2011) *C. elegans* Notch signaling regulates adult chemosensory response and larval molting quiescence. Curr Biol 21(10):825–834
45. Henderson ST, Gao D, Lambie EJ, Kimble J (1994) *lag-2* may encode a signaling ligand for the GLP-1 and LIN-12 receptors of *C. elegans*. Development 120(10):2913–2924
46. Tax FE, Yeargers JJ, Thomas JH (1994) Sequence of *C. elegans lag-2* reveals a cell-signalling domain shared with *Delta* and *Serrate* of *Drosophila*. Nature 368(6467):150–154
47. Nadarajan S, Govindan JA, McGovern M, Hubbard EJA et al (2009) MSP and GLP-1/Notch signaling coordinately regulate actomyosin-dependent cytoplasmic streaming and oocyte growth in *C. elegans*. Development 136(13):2223–2234
48. Michaelson D, Korta DZ, Capua Y, Hubbard EJ (2010) Insulin signaling promotes germline proliferation in *C. elegans*. Development 137(4):671–680
49. Dalfo D, Michaelson D, Hubbard EJ (2012) Sensory regulation of the *C. elegans* germline through TGF-beta-dependent signaling in the niche. Curr Biol 22(8):712–719
50. Ilagan MX, Kopan R (2007) SnapShot: Notch signaling pathway. Cell 128(6):1246

51. Heitzler P (2010) Biodiversity and noncanonical Notch signaling. Curr Top Dev Biol 92:457–481
52. Lamont LB, Crittenden SL, Bernstein D, Wickens M et al (2004) FBF-1 and FBF-2 regulate the size of the mitotic region in the *C. elegans* germline. Dev Cell 7(5):697–707
53. Lee M-H, Hook B, Lamont LB, Wickens M et al (2006) LIP-1 phosphatase controls the extent of germline proliferation in *Caenorhabditis elegans*. EMBO J 25(1):88–96
54. Berset T, Fröhli Hoier E, Battu G, Canevascini S et al (2001) Notch inhibition of RAS signaling through MAP kinase phosphatase LIP-1 during *C. elegans* vulval development. Science 291(5506):1055–1058
55. Burdon T, Smith A, Savatier P (2002) Signalling, cell cycle and pluripotency in embryonic stem cells. Trends Cell Biol 12(9):432–438
56. Palomero T, Lim WK, Odom DT, Sulis ML et al (2006) NOTCH1 directly regulates c-MYC and activates a feed-forward-loop transcriptional network promoting leukemic cell growth. Proc Natl Acad Sci USA 103(48):18261–18266
57. Krejci A, Bernard F, Housden BE, Collins S et al (2009) Direct response to Notch activation: signaling crosstalk and incoherent logic. Sci Signal 2(55):ra1
58. Yoo AS, Bais C, Greenwald I (2004) Crosstalk between the EGFR and LIN-12/Notch pathways in *C. elegans* vulval development. Science 303(5658):663-666.
59. Waters K, Yang AZ, Reinke V (2010) Genome-wide analysis of germ cell proliferation in *C. elegans* identifies VRK-1 as a key regulator of CEP-1/p53. Dev Biol 344(2):1011–1025
60. Zhang B, Gallegos M, Puoti A, Durkin E et al (1997) A conserved RNA-binding protein that regulates sexual fates in the *C. elegans* hermaphrodite germ line. Nature 390(6659):477–484
61. Crittenden SL, Bernstein DS, Bachorik JL, Thompson BE et al (2002) A conserved RNA-binding protein controls germline stem cells in *Caenorhabditis elegans*. Nature 417:660–663
62. Thompson BE, Bernstein DS, Bachorik JL, Petcherski AG et al (2005) Dose-dependent control of proliferation and sperm specification by FOG-1/CPEB. Development 132(15):3471–3481
63. Lin H, Spradling AC (1997) A novel group of *pumilio* mutations affects the asymmetric division of germline stem cells in the *Drosophila* ovary. Development 124(12):2463–2476
64. Forbes A, Lehmann R (1998) Nanos and Pumilio have critical roles in the development and function of *Drosophila* germline stem cells. Development 125(4):679–690
65. Salvetti A, Rossi L, Lena A, Batistoni R et al (2005) *DjPum*, a homologue of *Drosophila Pumilio*, is essential to planarian stem cell maintenance. Development 132(8):1863–1874
66. Sandie R, Palidwor GA, Huska MR, Porter CJ et al (2009) Recent developments in StemBase: a tool to study gene expression in human and murine stem cells. BMC Res Notes 2:39
67. Xu EY, Chang R, Salmon NA, Reijo Pera RA (2007) A gene trap mutation of a murine homolog of the *Drosophila* stem cell factor *Pumilio* results in smaller testes but does not affect litter size or fertility. Mol Reprod Dev 74(7):912–921
68. Wickens M, Bernstein DS, Kimble J, Parker R (2002) A PUF family portrait: 3′UTR regulation as a way of life. Trends Genet 18(3):150–157
69. Goldstrohm AC, Hook BA, Seay DJ, Wickens M (2006) PUF proteins bind Pop2p to regulate messenger mRNAs. Nat Struct Mol Biol 13(6):533–539
70. Suh N, Crittenden SL, Goldstrohm AC, Hook B et al (2009) FBF and its dual control of *gld-1* expression in the *Caenorhabditis elegans* germline. Genetics 181(4):1249–1260
71. Friend K, Campbell ZT, Cooke A, Kroll-Conner P et al (2012) A conserved PUF–Ago–eEF1A complex attenuates translation elongation. Nat Struct Mol Biol 19(2):176–183
72. Kaye JA, Rose NC, Goldsworthy B, Goga A et al (2009) A 3′UTR Pumilio-binding element directs translational activation in olfactory sensory neurons. Neuron 61(1):57–70
73. Archer SK, Luu VD, de Queiroz RA, Brems S et al (2009) *Trypanosoma brucei* PUF9 regulates mRNAs for proteins involved in replicative processes over the cell cycle. PLoS Pathog 5(8):e1000565
74. Merritt C, Rasoloson D, Ko D, Seydoux G (2008) 3′ UTRs are the primary regulators of gene expression in the *C. elegans* germline. Curr Biol 18(19):1476–1482
75. Merritt C, Seydoux G (2010) The Puf RNA-binding proteins FBF-1 and FBF-2 inhibit the expression of synaptonemal complex proteins in germline stem cells. Development 137(11):1787–1798
76. Kershner AM, Kimble J (2010) Genome-wide analysis of mRNA targets for *Caenorhabditis elegans* FBF, a conserved stem cell regulator. Proc Natl Acad Sci USA 107(8):3936–3941
77. Kalchhauser I, Farley BM, Pauli S, Ryder SP et al (2011) FBF represses the Cip/Kip cell-cycle inhibitor CKI-2 to promote self-renewal of germline stem cells in *C. elegans*. EMBO J 30(18):3823–3829
78. Eckmann CR, Crittenden SL, Suh N, Kimble J (2004) GLD-3 and control of the mitosis/meiosis decision in the germline of *Caenorhabditis elegans*. Genetics 168:147–160
79. Ahringer J, Kimble J (1991) Control of the sperm-oocyte switch in *Caenorhabditis elegans* hermaphrodites by the *fem-3* 3′ untranslated region. Nature 349(6307):346–348
80. Puoti A, Pugnale P, Belfiore M, Schlappi AC et al (2001) RNA and sex determination in *Caenorhabditis elegans*. Post-transcriptional regulation of the sex-determining *tra-2* and *fem-3* mRNAs in the *Caenorhabditis elegans* hermaphrodite. EMBO Rep 2(10):899–904
81. Arur S, Ohmachi M, Berkseth M, Nayak S et al (2011) MPK-1 ERK controls membrane organization in *C. elegans* oogenesis via a sex-determination module. Dev Cell 20(5):677–688

82. Hodgkin J (1986) Sex determination in the nematode *C. elegans*: analysis of *tra-3* suppressors and characterization of *fem* genes. Genetics 114(1):15–52
83. Barton MK, Kimble J (1990) *fog-1*, a regulatory gene required for specification of spermatogenesis in the germ line of *Caenorhabditis elegans*. Genetics 125:29–39
84. Sundaram MV (2006) RTK/Ras/MAPK signaling (WormBook) doi:10.1895/Wormbook.1.80.1
85. Lee M-H, Ohmachi M, Arur S, Nayak S et al (2007) Multiple functions and dynamic activation of MPK-1 extracellular signal-regulated kinase signaling in *Caenorhabditis elegans* germline development. Genetics 177(4):2039–2062
86. Thompson BE, Lamont LB, Kimble J (2006) Germline induction of the *Caenorhabditis elegans* vulva. Proc Natl Acad Sci USA 103(3):620–625
87. Hill RJ, Sternberg PW (1992) The gene *lin-3* encodes an inductive signal for vulval development in *C. elegans*. Nature 358(6386):470–476
88. Gerber AP, Herschlag D, Brown PO (2004) Extensive association of functionally and cytotopically related mRNAs with Puf family RNA-binding proteins in yeast. PLoS Biol 2(3):E79
89. Gerber AP, Luschnig S, Krasnow MA, Brown PO et al (2006) Genome-wide identification of mRNAs associated with the translational regulator PUMILIO in *Drosophila melanogaster*. Proc Natl Acad Sci USA 103(12):4487–4492
90. Morris AR, Mukherjee N, Keene JD (2008) Ribonomic analysis of human Pum1 reveals *cis-trans* conservation across species despite evolution of diverse mRNA target sets. Mol Cell Biol 28(12):4093–4103
91. Galgano A, Forrer M, Jaskiewicz L, Kanitz A et al (2008) Comparative analysis of mRNA targets for human PUF-family proteins suggests extensive interaction with the miRNA regulatory system. PLoS One 3(9):e3164
92. Chen D, Zheng W, Lin A, Uyhazi K et al (2012) Pumilio 1 suppresses multiple activators of p53 to safeguard spermatogenesis. Curr Biol 22(5):420–425
93. Kadyk LC, Kimble J (1998) Genetic regulation of entry into meiosis in *Caenorhabditis elegans*. Development 125(10):1803–1813
94. Jones AR, Schedl T (1995) Mutations in *gld-1*, a female germ cell-specific tumor suppressor gene in *Caenorhabditis elegans*, affect a conserved domain also found in Src-associated protein Sam68. Genes Dev 9(12):1491–1504
95. Jan E, Motzny CK, Graves LE, Goodwin EB (1999) The STAR protein, GLD-1, is a translational regulator of sexual identity in *Caenorhabditis elegans*. EMBO J 18(1):258–269
96. Lee M-H, Schedl T (2001) Identification of in vivo mRNA targets of GLD-1, a maxi-KH motif containing protein required for *C. elegans* germ cell development. Genes Dev 15(18):2408–2420
97. Marin VA, Evans TC (2003) Translational repression of a *C. elegans* Notch mRNA by the STAR/KH domain protein GLD-1. Development 130(12): 2623–2632
98. Ryder SP, Frater LA, Abramovitz DL, Goodwin EB et al (2004) RNA target specificity of the STAR/GSG domain post-transcriptional regulatory protein GLD-1. Nat Struct Mol Biol 11(1):20–28
99. Biedermann B, Wright J, Senften M, Kalchhauser I et al (2009) Translational repression of cyclin E prevents precocious mitosis and embryonic gene activation during *C. elegans* meiosis. Dev Cell 17(3):355–364
100. Wright JE, Gaidatzis D, Senften M, Farley BM et al (2011) A quantitative RNA code for mRNA target selection by the germline fate determinant GLD-1. EMBO J 30(3):533–545
101. Jungkamp AC, Stoeckius M, Mecenas D, Grun D et al (2011) In vivo and transcriptome-wide identification of RNA binding protein target sites. Mol Cell 44(5):828–840
102. Lee M-H, Schedl T (2004) Translation repression by GLD-1 protects its mRNA targets from nonsense-mediated mRNA decay in *C. elegans*. Genes Dev 18(9):1047–1059
103. Lee M-H, Schedl T (2010) *C. elegans* STAR proteins, GLD-1 and ASD-2, regulate specific RNA targets to control development. In: Volk T, Atrzt K (eds) Post-transcriptional regulation by STAR proteins: control of RNA metabolism in development an disease. Landes Bioscience/Springer Science + Business Media, Austin/New York, pp 106–122
104. Wang L, Eckmann CR, Kadyk LC, Wickens M et al (2002) A regulatory cytoplasmic poly(A) polymerase in *Caenorhabditis elegans*. Nature 419(6904):312–316
105. Hansen D, Wilson-Berry L, Dang T, Schedl T (2004) Control of the proliferation versus meiotic development decision in the *C. elegans* germline through regulation of GLD-1 protein accumulation. Development 131:93–104
106. Suh N, Jedamzik B, Eckmann CR, Wickens M et al (2006) The GLD-2 poly(A) polymerase activates *gld-1* mRNA in the *Caenorhabditis elegans* germ line. Proc Natl Acad Sci USA 103(41):15108–15112
107. Kim KW, Wilson TL, Kimble J (2010) GLD-2/RNP-8 cytoplasmic poly(A) polymerase is a broad-spectrum regulator of the oogenesis program. Proc Natl Acad Sci USA 107(40):17445–17450
108. Schmid M, Kuchler B, Eckmann CR (2009) Two conserved regulatory cytoplasmic poly(A) polymerases, GLD-4 and GLD-2, regulate meiotic progression in *C. elegans*. Genes Dev 23(7):824–836
109. Rybarska A, Harterink M, Jedamzik B, Kupinski AP et al (2009) GLS-1, a novel P granule component, modulates a network of conserved RNA regulators to influence germ cell fate decisions. PLoS Genet 5(5):e1000494
110. Puoti A, Kimble J (1999) The *Caenorhabditis elegans* sex determination gene *mog-1* encodes a member of the DEAH-box protein family. Mol Cell Biol 19(3):2189–2197
111. Belfiore M, Pugnale P, Saudan Z, Puoti A (2004) Roles of the *C. elegans* cyclophilin-like protein MOG-6 in MEP-1 binding and germline fates. Development 131(12):2935–2945

112. Mantina P, MacDonald L, Kulaga A, Zhao L et al (2009) A mutation in *teg-4*, which encodes a protein homologous to the SAP130 pre-mRNA splicing factor, disrupts the balance between proliferation and differentiation in the *C. elegans* germ line. Mech Dev 126(5–6):417–429
113. Kasturi P, Zanetti S, Passannante M, Saudan Z et al (2010) The *C. elegans* sex determination protein MOG-3 functions in meiosis and binds to the CSL co-repressor CIR-1. Dev Biol 344(2):593–602
114. Kerins JA, Hanazawa M, Dorsett M, Schedl T (2010) PRP-17 and the pre-mRNA splicing pathway are preferentially required for the proliferation versus meiotic development decision and germline sex determination in *Caenorhabditis elegans*. Dev Dyn 239(5):1555–1572
115. Zanetti S, Meola M, Bochud A, Puoti A (2011) Role of the *C. elegans* U2 snRNP protein MOG-2 in sex determination, meiosis, and splice site selection. Dev Biol 354(2):232–241
116. Wang C, Wilson-Berry L, Schedl T, Hansen D (2012) TEG-1 CD2BP2 regulates stem cell proliferation and sex determination in the *C. elegans* germ line and physically interacts with the UAF-1 U2AF65 splicing factor. Dev Dyn 241(3):505–521
117. Ciosk R, DePalma M, Priess JR (2004) ATX-2, the *C. elegans* ortholog of ataxin 2, functions in translational regulation in the germline. Development 131(19):4831–4841
118. Maine EM, Hansen D, Springer D, Vought VE (2004) *Caenorhabditis elegans atx-2* promotes germline proliferation and the oocyte fate. Genetics 168(2):817–830
119. Smardon A, Spoerke JM, Stacey SC, Klein ME et al (2000) EGO-1 is related to RNA-directed RNA polymerase and functions in germ- line development and RNA interference in *C. elegans*. Curr Biol 10(4):169–178
120. Vought VE, Ohmachi M, Lee MH, Maine EM (2005) EGO-1, a putative RNA-directed RNA polymerase, promotes germline proliferation in parallel with GLP-1/Notch signaling and regulates the spatial organization of nuclear pore complexes and germline P granules in *Caenorhabditis elegans*. Genetics 170(3):1121–1132
121. Cox DN, Chao A, Baker J, Chang L et al (1998) A novel class of evolutionarily conserved genes defined by *piwi* are essential for stem cell self-renewal. Genes Dev 12(23):3715–3727
122. Yigit E, Batista PJ, Bei Y, Pang KM et al (2006) Analysis of the *C. elegans* Argonaute family reveals that distinct Argonautes act sequentially during RNAi. Cell 127(4):747–757
123. Maciejowski J, Ahn JH, Cipriani PG, Killian DJ et al (2005) Autosomal genes of autosomal/X-linked duplicated gene pairs and germ-line proliferation in *Caenorhabditis elegans*. Genetics 169: 1997–2011
124. Hubbard EJ (2007) *Caenorhabditis elegans* germ line: a model for stem cell biology. Dev Dyn 236(12):3343–3357
125. Jeong J, Verheyden JM, Kimble J (2011) Cyclin E and Cdk2 control GLD-1, the mitosis/meiosis decision, and germline stem cells in *Caenorhabditis elegans*. PLoS Genet 7(3):e1001348
126. Hasty J, McMillen D, Collins JJ (2002) Engineered gene circuits. Nature 420(6912):224–230
127. Hansen D, Hubbard EJA, Schedl T (2004) Multipathway control of the proliferation versus meiotic development decision in the *Caenorhabditis elegans* germline. Dev Biol 268(2):342–357
128. Francis R, Barton MK, Kimble J, Schedl T (1995) *gld-1*, a tumor suppressor gene required for oocyte development in *Caenorhabditis elegans*. Genetics 139(2):579–606
129. Rouhana L, Wickens M (2007) Autoregulation of GLD-2 cytoplasmic poly(A) polymerase. RNA 13(2):188–199
130. Mangan S, Alon U (2003) Structure and function of the feed-forward loop network motif. Proc Natl Acad Sci USA 100(21):11980–11985
131. Alon U (2007) Network motifs: theory and experimental approaches. Nat Rev Genet 8(6):450–461

Transcriptional and Post-transcriptional Regulation of *Drosophila* Germline Stem Cells and Their Differentiating Progeny

4

Helen White-Cooper and Simona Caporilli

Abstract

In this chapter we will concentrate on the transcriptional and translational regulations that govern the development and differentiation of male germline cells. Our focus will be on the processes that occur during differentiation, that distinguish the differentiating population of cells from their stem cell parents. We discuss how these defining features are established as cells transit from a stem cell character to that of a fully committed differentiating cell. The focus will be on how GSCs differentiate, via spermatogonia, to spermatocytes. We will achieve this by first describing the transcriptional activity in the differentiating spermatocytes, cataloguing the known transcriptional regulators in these cells and then investigating how the transcription programme is set up by processes in the progentior cells. This process is particularly interesting to study from a stem cell perspective as the male GSCs are unipotent, so lineage decisions in differentiating progeny of stem cells, which occurs in many other stem cell systems, do not impinge on the behaviour of these cells.

Keywords

Drosophila • Spermatocyte • Spermatogenesis • Testis • TMAC

4.1 Brief Introduction to Anatomy of Drosophila Testes

The ongoing capacity of males of many species to produce sperm throughout adulthood depends upon the presence and normal behaviour of populations of stem cells within the testes. The anatomy of the testis is described in detail in [1–3]. Within the *Drosophila* testes there are two stem cell populations whose function is essential for normal fertility (reviewed in [4, 5]). These stem cells reside in classical niche setting at the apical tip of the blind-ended tubular testis [6]. The testis sheath comprises a layer of pigment cells overlying a muscular layer, supported on a basal lamina. At the testis tip, on the lumenal side of the basal lamina is a tightly clustered group of

H. White-Cooper (✉) • S. Caporilli
School of Biosciences, Cardiff University, Cardiff, CF10 3AX, UK
e-mail: white-cooperh@cf.ac.uk

G. Hime and H. Abud (eds.), *Transcriptional and Translational Regulation of Stem Cells*, Advances in Experimental Medicine and Biology 786, DOI 10.1007/978-94-007-6621-1_4,

about 20, post-mitotic, hub cells. The two stem cell populations – germline stem cells (GSC) and cyst stem cells (CySC, formerly referred to as cyst progenitor cells (CPCs)) adhere to the hub and thus form a rosette around this structure. Division of a stem cell typically results in displacement of one daughter from the hub, while the other daughter remains hub-associated. The division of a GSC is accompanied by division of CySCs, such that the displaced stem cell daughter can become encysted by two CySC daughters, termed cyst cells, and differentiate into a spermatogonium. Mitotic division of this spermatogonial cell is not accompanied by division of the cyst cells, and results in the formation of a cyst comprising two cyst cells and two spermatogonia. Further spermatogonial divisions amplify the number of germ cells within the cyst, until the transition from spermatogonial to spermatocyte cell identity occurs after the fourth division (i.e. when there are 16 germline cells). These primary spermatocytes initiate a differentiation programme characterised by high levels of tissue-specific gene expression and cell growth. The primary spermatocytes then undergo the meiotic divisions, and the resultant 64 spermatids elongate along the longitudinal axis of the testis, before maturing as sperm and passing into the seminal vesicle at the basal end of the testis tube.

4.2 Transcriptional and Post-transcriptional Regulation in Male Germline Cells

A broad understanding of the gene expression underlying spermatogenesis can be achieved by comparing the transcriptome of whole adult testes to that of the whole fly, or of other specific organs. Microarray datasets have been generated by several groups, but the most comprehensive in terms of analysis of many different organ systems is the FlyAtlas data (www.flyatlas.org) [7–9]. Using Affymetrix microarrays they detected expression of the transcripts corresponding to 85 % of the 18,880 probe sets (representing 18,500 transcripts) on this array in at least one adult tissue. Approximately 60 % of the probe sets were positive with the testis sample (i.e. approx 11,300 transcripts), 1,317 were exclusively detected in testes, and 2,079 were predominantly detected in testes. Thus, about 10 % of the genes expressed in testes are expressed only in testes, and a further 10 % are expressed mostly in testes [8]. Using RNA in situ hybridisation we have determined, rather unsurprisingly, that the vast majority of these testis-specific transcripts are expressed in the male germline cells [10]. The most common pattern is that the transcript is first detected in primary spermatocytes, and then it persists through the meiotic divisions, to be degraded during spermatid elongation [11]. The proteins encoded by these transcripts often encode proteins critical for sperm function, but not needed in other cells, for example the protamines, which replace histones in packaging sperm chromatin. Thus, the key question in understanding the differentiation of stem cells into sperm is understanding what keeps the spermiogenic genes silent in the stem cells and transit amplifying population, and what turns them on in the spermatocytes.

Analysis of dynamic changes in transcriptional patterns during a cellular differentiation programme relies upon being able to compare cells from the relevant populations. There are typically only 5–9 GSCs per testis in adult *Drosophila*. Each testis will contain 8–10 cysts of spermatogonia, and 40 or more cysts of spermatocytes at various stages of maturation. Each testis also contains 40–50 bundles of elongating spermatids. Spermatids are relatively transcriptionally inactive, relying predominantly on stored mRNAs for their protein production [11, 12]. Thus the transcript content of spermatids is very similar to that of spermatocytes. Spermatocytes and spermatids are much larger than spermatogonia. Cytological techniques (such as RNA in situ hybridisation or antibody staining) can reveal the developmental expression profile of genes, one at a time, as mentioned above [10]. Thus the transcriptome deduced from analysis of whole testis samples is strongly biased towards spermatocyte transcripts, with limited input from earlier differentiation stages and from somatic cell population. To analyse and compare gene expression patterns in stem cells, spermatogonia and spermatocytes with molecular biological assays most researchers have used genetic techniques to enrich for specific cell types in testes. Screens of male sterile mutants over many years have produced a relatively small set of mutant strains in which the stem cell populations of testes are intact, but differentiation is abrogated.

Mutation of either of *bag of marbles* (*bam*) or *benign gonial cell neoplasm* (*bgcn*) results in the absence of differentiated cells in both testes and ovary and an overproliferation of undifferentiated cells, including GSCs and transit-amplifying spermatogonia cells [13, 14]. *bgcn* encodes an RNA binding protein [15], while Bam protein has no motifs indicative of its function [16]. Bam and Bgcn proteins have been shown to be in the same complex in the *Drosophila* ovary, and in this complex they regulate *nos* translation and thus differentiation [17–19]. While there have been no experiments directly assaying whether a similar complex is present in testes, it is likely that they work together to regulate translation of unknown targets in spermatogonia. *bam* and *bgcn* transcription is initiated in spermatogonia, and accumulation of these proteins is critical for promoting the spermatogonial to spermatocyte transition [20]. Thus, in the mutant testes the transition fails, and the predominant cell type in these testes is spermatogonia. Since *Drosophila* spermatogonia are capable, at least under certain conditions, of de-differentiating back to stem cells [21], mutants, such as *bam*, that accumulate stages up to and including spermatogonia are an excellent source of material enriched for cells with stem cell capacity. These testes can then be compared to wild-type testes, which are enriched for differentiating cells, to reveal gene expression profile changes associated with differentiation [13, 22, 23].

A second set of mutants abrogate differentiation at the primary spermatocyte stage. The germ cells in these "meiotic arrest" mutant testes passage normally through the stem cell and spermatogonial phases, and develop into morphologically relatively normal primary spermatocytes [24]. These spermatocytes grow, however they fail to enter the meiotic divisions, and also fail to initiate spermatid differentiation. For most of the characterised meiotic arrest mutants these differentiation defects are due to defects in the spermatocyte-specific transcriptional program [25]. The meiotic arrest genes have been reviewed recently, so we refer the reader to these papers and spare much of the detail here, to concentrate on new findings and integrating information [26, 27].

4.3 Transcription Regulators That Activate Expression of Differentiation Genes

Most of the characterised meiotic arrest genes fall phenotypically into two distinct classes. The *aly*-class, named after its founder member *always early* (*aly*) comprises *aly*, *comr*, *achi/vis* (these genes are a very recent duplicate pair and either one can perform the function), *tomb* and *topi*. These mutants are classified together on the basis of the transcriptional defects seen in mutant primary spermatocytes [25, 28–32]. The mutant cells fail to activate transcription of a large number of genes, predominantly those that are expressed exclusively, or almost exclusively in testes. *aly*-class mutant primary spermatocytes have extremely low, or undetectable, levels of many target transcripts, including *Mst87F*, *dj*, *fzo*, *twe* and *CycB* (although the expression of *CycB* in the mutant spermatogonia is normal). In contrast the *can*-class, comprising *can*, *nht*, *mia*, *rye* and *sa* has a somewhat less severe effect on transcription of target genes [25]. As with the *aly*-class, *can*-class mutant spermatocytes have defects in accumulation of many predominantly testis-specific transcriptions, however they regulate fewer genes, and transcripts from targets are typically detectable, albeit at much lower levels than normal, in mutant testes. *can*-class mutant spermatocytes express very low levels of *Mst87F*, *dj* and *fzo* mRNAs, and normal levels of *twe* and *CycB* mRNAs [25]. Relative expression levels of all the genes discussed here, at various stages of normal differentiation and in various mutant backgrounds is indicated in Table 4.1.

These characteristic gene expression profiles have failed to classify a few more recently identified meiotic arrest mutants. *wuc* deficient

Table 4.1 Relative levels of gene expression in wild type germ line differentiation and mutant classes

	Mst87F	*dj*	*fzo*	*twe*	*CycB*	*LS2*	*Smn*
WT testis	+++++	+++++	+++++	+++++	+++++	+++++	+++++
Spermatogonia	–	–	–	–	++	–	+++++
Spermatocyte	+++++	+++++	+++++	+++++	+++++	+++++	+
bam	–	–	–	–	++	–	+++++
aly-class	–	–	–	–	++[a]	+++++	+++++
can-class	+	+	+	+++++	+++++	+++++	+++++
wuc	+++	+++	+++	+++++	+++++	+++++	+++++
wuc; aly	+	+	+	+++++	+++++	+++++	+++++
Nurf301ΔC	+++++	+++++	+	+++++	+++++	ND	ND
thoc5	+++++	+++++	+++++	+++++	+++++	ND	ND

[a]The expression of CycB in aly-class mutant testes is restricted to the spermatogonial cells

spermatocytes, induced by RNAi against the gene, show only a mild reduction in expression of *Mst87F*, *dj* and *fzo*, and normal expression of *twe* and *CycB* [33]. We also see this expression profile in *mip40* mutant spermatocytes (HW-C unpublished data, [34]). Testes from males homozygous for alleles of *Nurf301* which can only produce a C-terminally truncated form of this protein display meiotic arrest, and show a very dramatic defect in *fzo* expression, but no effect on *Mst87F*, *dj*, *twe* and *CycB* [35]. Finally, *thoc5* mutants show fully penetrant meiotic arrest, but no defects in expression of *Mst87F*, *dj*, *fzo*, *twe* or *CycB* [36]. Unlike other meiotic arrest mutants, *thoc5* spermatocytes show defects in nucleolar organisation. The protein products of these meiotic arrest genes are components of four distinct complexes, all acting within the nuclei of primary spermatocytes.

The *aly*-class gene products, along with Wuc and Mip40, assemble into the Testis Meiotic Arrest Complex (TMAC) [34] (see later). This complex is paralogous to the MybMuvB/dREAM complex that has been purified from somatic cells, and that is implicated predominantly in transcriptional repression [37–39]. The complex is conserved in evolution, and orthologous complexes have been purified from *C. elegans* and humans [40–42]. It is likely, but not proven, that several forms of TMAC exist within spermatocytes, and that individual complexes with different subunit compositions have different biochemical functions. At least four TMAC subunits (Topi, Tomb, Comr, Achi/Vis) possess predicted DNA binding motifs, although their DNA binding capacity has not been tested directly. At a gross light microscopy level all the known TMAC subunits co-localise on the chromatin of primary spermatocytes [29–34, 43]. While the net output of TMAC activity is transcriptional activation of testis-specific genes, it has recently been shown that this is not as straightforward as previously thought, [33] see later.

The *can*-class gene products encode paralogues of the TATA-binding protein associated factor (TAF) components basal transcription factor complex $TF_{II}D$, and are sometimes referred to collectively at the testis TAFs (tTAFs) [44, 45]. Although a direct interaction has been detected between Rye and Nht, a complete complex containing all the tTAFs has not yet been reported. However the protein localisations are identical for all those for which data is available. It is most likely that they assemble, with a testis-enriched splice isoform of TAF1, into an alternate form of $TF_{II}D$ [46]. The canonical function for $TF_{II}D$ is recruitment of the pre-initiation complex to the promoter (reviewed in [47]), although this does not seem to be the primary function performed by the tTAFs in spermatocytes (see later).

NURF301 is a subunit of the NURF complex, a chromatin remodelling complex that uses ATP to slide nucleosomes along chromatin. NURF301 is uniquely found in this complex, and is likely to be responsible for its targeting to specific chromatin regions [48]. Three transcript isoforms of NURF301 are produced, one of which lacks the C-terminal region of the protein, including two

PHD fingers and the bromodomain. These motifs are responsible for conferring the ability to bind histone H3 tails that have a tri-methyl modification on lysine 4 (H3K4me3), as well as histone H4 acetylated on lysine 16 (H4K16Ac). Mutants for a specific non-sense allele (*Nurf301ΔC*) produce a truncated protein that is similar to the natural short isoform. These animals are viable, but male and female sterile, with the males displaying meiotic arrest testes, indicating that the ability of the NURF complex to recognise H3K4me3 and H4K16Ac is required only in the germline [35].

Finally, Thoc5 is a subunit of the THO complex, which acts co- and post-transcriptionally to promote transcript elongation and mRNA nuclear export (reviewed in [49]). Thoc5 and other THO subunits localise to a dot adjacent to the primary spermatocyte nucleolus, and display abnormal nucleolar morphology [36]. Given that no defects were reported in accumulation of any of the testis transcripts tested the role, if any, of this complex in transcription or mRNA processing or the testis-specific transcripts is not clear, and so we will not discuss it further. Note that the protein Aly referred to in the RNA export pathway literature is also known as REF, and is not, (in this context) the product of the *aly* (*always early*) meiotic arrest gene.

4.4 Chromatin Architecture at Testis-Specific Promoters in Spermatogonia

A common theme underlying differentiation of cell types is modulation of the epigenetic state of particular chromatin regions, and the *Drosophila* male germline is no exception. Chromatin state comprises two distinct characteristics, namely nucleosome position and histone modification status. Nucleosome position is controlled by chromatin remodelling factors, for example NURF, which position nucleosomes with high precision, while the modification status is determined by the antagonistic actions of histone modifying enzymes, for example histone acetyl transferases and histone deacetylases [50].

High expression levels of a set of chromatin remodelling factors has been detected in *bam* mutant testes, compared to wild type testes, indicative of extensive remodelling in spermatogonia [13]. Specifically spermatogonia show high expression of BAP60 and BAP55 subunits of the BAP complex, which is related to the ATP-dependent SWI/SNF complex. Similarly they also show elevated expression of Nurf-38 when compared to fully differentiated wild type testes. It is likely that this dynamic regulation of chromatin structure probably regulates and maintain the undifferentiated status of male GSC and transit-amplifying spermatogonial cells [13]. Remodelling of chromatin structures would then be implicated in the loss of the undifferentiated cell state, and with commitment to differentiation.

Using *bam* testes and ChIP-seq it has also been possible to determine the chromatin state at promoters of differentiation genes in uncommitted spermatogonia [23]. The key finding was that differentiation genes in these undifferentiated-cell-enriched testis are either marked with the repressive modification, H3K27me3 but not the activation-associated modification H3K4me3, or they lacked both of these marks [23]. This is in contrast to the presence of both these marks at differentiation genes that are poised for expression in other stem cell systems such as ESCs. Previous studies showed that in both Drosophila embryos and mammalian ESCs, differentiation genes can be poised for expression by association of RNA pol II [51, 52]. Thus, these genes are ready for transcription once they receive differentiation stimuli. In contrast to the situation in these other systems, it appears that the most spermatid differentiation genes in undifferentiated-cell-enriched testis of Drosophila are not poised for transcription. They demonstrate no significant binding of Pol II, and carry only repressive chromatin marks [23].

The epigenetic transcriptional silencing mechanism found in many undifferentiated cells is regulated by the Polycomb group (PcG) [53]. PcG involves at least two interacting multiprotein complexes known as Polycomb repressive complex 1 (PRC1), PRC2 [54]. PRC1 complex is composed of a core quartet of PcG proteins,

Pc, RING, Psc and Ph. Pc (Polycomb) contains a chromodomain, which specifically binds to H3k27me3. PRC2 contains E(z), a SET domain protein with histone H3 methytransferase activity [54]. The histone methyl-transferase function of E(z) is activated when is assembled in PRC2 with Su(z)12, p55 CAF1 and Esc (or Escl). PRC2 specifically methylates H3K27, and thus initiates the formation of the repressive chromatin mark to which PRC1 binds. Unsurprisingly, given the presence of the H3K27me3 mark on many differentiation genes in spermatogonia, Pc is also found enriched at these promoters [53].

Thus the promoters of differentiation genes in spermatogonia are in a fully repressed state. The promoters of differentiation genes in primary spermatocytes are obviously highly active. They are associated with RNA polymerase II and H3K4me3, show little association with Pc, and lack H3K27me3. How then is this final active state achieved?

4.5 Stepwise Changes Lead to Activation of Differentiation Genes

In Drosophila testes, PRC2 components E(z) and Su(z)12 are expressed in the GSCs and spermatogonia, and their expression levels decrease dramatically as cells progress into the spermatocyte stage. This decrease in E(z) and Su(z)12 protein levels correlates extremely well with the onset of expression of the tTAFs [53]. The H3K27me3 modification promoted by these factors is detectable by immunostaining in GSCs, spermatogonia and spermatocytes, and declines with much slower dynamics that the PRC2 components [53]. PRC1 components remain detectable at high levels in primary spermatocytes. H3K27me3 immunoreactivity shows a very strong overlap with the DNA staining in the primary spermatocytes, as would be expected for a histone modification in a chromatin context, however the Pc staining is predominantly detected in a subcompartment of the nucleolus, and the signal on the bulk chromatin is relatively weak [55]. This region of the nucleolus is not enriched for H3K27me3 epitopes [55]. The changes that occur at testis-specific promoters as uncommitted spermatogonia progress into spermatocyte differentiation are summarised in Fig. 4.1.

The localisation pattern of Pc in primary spermatocytes is essentially identical to the localisation of the tTAFs, encoded by the *can*-class meiotic arrest genes. Moreover, the tTAFs are required to promote the re-localisation of Pc to the nucleolus in primary spermatocytes [55]. In tTAF mutant testes Pc immunostaining is strongly associated with bulk chromatin, and by ChIP analysis it is apparent that the level of Pc at differentiation gene promoters is increased compared to in wild type testes [55]. Thus one function of the tTAFs is to remove Pc from differentiation gene promoters. This function is likely to be very important, however it is not the only function carried out by tTAFs, since target gene expression is not restored in an *nht; E(z)* double mutant, although H3K27me3 is virtually absent from testes of this genotype [53]. It is interesting to note in this regard that TBP and certain TAFs have been co-purified with PRC1 at sub-stoichiometric levels from *Drosophila* samples [56]. This would infer a direct binding of PRC1 with $TF_{II}D$, suggesting a mechanism for how tTAFs evict Pc from target promoters.

For activation of transcription RNA polymerase II (pol II) needs to be loaded at the target promoters. $TF_{II}D$ has a role in recruitment of Pol II to promoters [57], however it appears that the tTAFs are not required for initial Pol II recruitment to differentiation gene promoters in *Drosophila* primary spermatocytes. Notably, in tTAF mutant testes, and in contrast to *bam* mutant testes, Pol II is found at the target gene promoters, at a level comparable to that of the actively transcribed *CycA* gene [53]. This is consistent with low levels of transcriptional activity from these promoters in mutant testes [25]. More surprisingly, Pol II is better able to load onto target promoters in TMAC (*aly*) mutant testes than in *bam* testes, even though no basal activity is detected from these promoters in TMAC mutant spermatocytes [53]. Thus loading of the pre-initiation complex to differentiation gene promoters is not alone sufficient for activating expression of

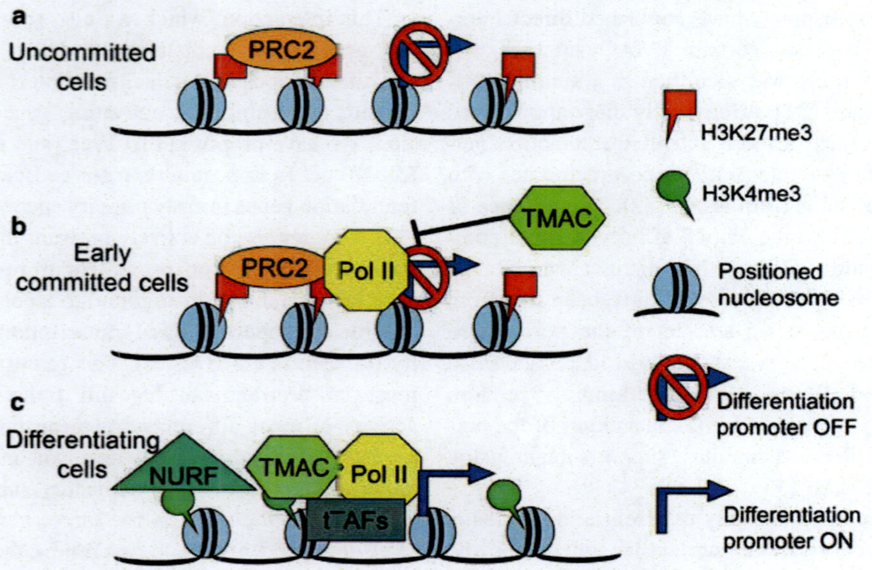

Fig. 4.1 Schematic diagram of some of the processes implicated in repressing activity of differentiation-specific promoters in uncommitted precursor cells (GSCs and spermatogonia). Stepwise changes in the chromatin architecture occur as the cells pass through an early stage in commitment, and then fully activate the expression of differentiation genes

these genes, and TMAC and tTAFS act downstream of the initial loading of Pol II. A factor, as yet unidentified, must be activated during the transition from spermatogonia to spermatocytes that promotes the recruitment of Pol II at differentiation gene promoters. This same factor could also be responsible for activating expression of the meiotic arrest loci, whose function is then to act on the poised promoters. Pol II recruitment to differentiation promoters is not fully independent of the meiotic arrest loci, as the fold enrichment of Pol II at these promoters, compared to control, is much higher in WT testes than in tTAF or TMAC mutant testes [53].

An additional control measure implicated in gene activation is the addition of the activating histone modification H3K4me3, catalysed by the H3K4 methyl-transferase Trx. Levels of this mark are low at all differentiation gene promoters in wild type testes, compared to the levels at the control gene CycA (which is expressed in all the germline cells under discussion), however they are significantly higher than that seen in *bam* mutant testes or tTAF or TMAC mutant testes. Notably there is higher H3K4me3 at the *fzo* promoter in wild type testes than at either dj or Mst87F. Expression of *fzo* at least is also reduced in testes from males mutant for a temperature sensitive *trx* allele after they have been shifted to the restrictive temperature [55].

4.6 TMAC Has a Repressive Activity as well as an Activatory Activity

The TMAC complex purified biochemically from testes comprised Aly, Tomb, Topi, Comr, Mip40 and CAF1 [34]. This purification used Mip40 affinity chromatography to isolate the complex and mass spectroscopy to identify the components, so any TMAC-related complexes that lack Mip40 would not have been detected. Other methods, notably yeast-2-hydrid screening and co-immunoprecipitation followed by immunoblotting, have been used to detect physical interactions between TMAC components and other identified meiotic arrest genes [29, 31–33].

These experiments have confirmed direct interactions between certain TMAC subunits, for example Tomb was identified as a binding partner of Comr [31]. Additionally these approached have revealed a more extended interaction network, for example Achi/Vis co-precipitates with Aly and Comr from testes [32]. The absence of Achi/Vis from the Mip40 affinity purified complex could indicate that distinct variants of TMAC exist, or they could have been lost from the complex as an artefact of the purification procedure. The yeast-2-hybrid approach also identified Wuc as an Aly-binding protein. Paralogy of Wuc to Lin-52, a subunit of the paralogous dREAM complex, supports its inclusion within TMAC [33].

Expression of many differentiation genes is not detected in testes mutant for any one of *aly*, *comr*, *achi/vis*, *tomb* and *topi* [27]. In contrast, mutation of the Wuc or Mip40 TMAC subunits gives only a moderate (approximately twofold) down regulation of genes that are 100-fold or more down regulated in mutants for the other subunits [33]. *CycB*, one of the target genes used to distinguish between *aly*-class and *can*-class mutants is even up-regulated in *wuc* mutant testes. This discrepancy in mutant phenotype could be explained if Wuc and Mip40 are minor players in the complex function, however a genetic interaction between *wuc* and *aly* point to a more complex scenario. Expression of target genes, such as *Mst87F*, *dj*, *fzo*, *twe* or *CycB* is higher in *wuc*; *aly* double mutant testes than it is in testes mutant for *aly* alone [33]. Thus, these genes are only completely dependent on *aly* function in a cell in which *wuc* is present. The restoration of expression in double mutants compared to single mutants varies from gene to gene, for example expression of *Mst87F* is detected at a basal level in *wuc*; *aly* spermatocytes, while *CycB* expression in these cells is similar to wild type. Most interestingly, the expression level of any specific gene in the *wuc*; *aly* double mutant cannot be predicted on the basis of its expression in either of these single mutants, but it does correspond extremely well to the expression level seen in testes mutant for *can* [33].

This interaction, which we also see between *aly* and *mip40* (unpublished data), can be explained by positing a dual function for TMAC in both repressing and activating gene expression. We have proposed that Wuc (and probably Mip40) act to impose a repressive effect on differentiation genes in early primary spermatocytes [33]. This repression actively prevents the transition of differentiation promoters from a silent state (as seen in spermatogonia) to a poised state capable of supporting basal transcriptional activity (as seen in tTAF testes). This repressive step must be pre-requisite for full transcriptional activity at most differentiation gene promoters, since full activation is not achieved in *wuc* or *mip40* mutant testes. The activatory subunits of TMAC must then act on the target genes, in a tTAF-independent step, to first relieve the repression. Then, in conjunction with tTAFs, the TMAC activatory complex must promote full activity of the differentiation gene promoters.

This model fully explains the genetic data, however we have no direct experimental insights into the molecular nature of the repressive function for *wuc* and *mip40*. The complex homologous to TMAC in *C. elegans*, DRM, interacts genetically with a histone deacetylase and nucleosome remodelling complex, NURD [41]. By analogy, it is possible that the repressive function of TMAC is mediated via an interaction with the NURD complex in *Drosophila* testes. Notably CAF1, a subunit of TMAC (at least when purified by Mip40 affinity chromatography) also purifies as subunit of NURD [58]. However the interaction could instead be with a distinct nucleosome remodelling complex, NURF, which comprises Nurf301, Nurf38, Iswi and CAF1 [48]. Transheterozygoes for hypomorphic alleles of Nurf301, which reduce the level of the functional protein are viable, but reveal a requirement for Nurf301 in maintenance of GSCs [59]. In contrast mutant alleles of Nurf301 which can produce normal levels of a truncated form of the protein lacking the ability to bind to H3K4me3 and H4K16Ac (Nurf301ΔC), display meiotic arrest testes, and have no obvious defects in GSC maintenance [35]. Like mutation of *wuc* alone, there is only a mild effect on most differentiation gene transcripts tested, with the exception of *fzo*. A genome scale analysis of gene expression changes in the *Nurf301* mutant testes has not been reported. Intriguingly, the gene that showed the highest requirement for full length Nurf301, *fzo*, also demonstrated the highest level of H3K4me3 at its promoter in wild type testes [35, 53]. Direct interaction of Nurf301 with the *fzo* promoter has been demonstrated, and moreover this interaction correlates with the highest levels of both H3K4me3 and H4K16Ac in this genomic region [35]. The C-terminal region of Nurf301 is clearly critical for its bulk localisation to chromatin in primary spermatocytes, as the Nurf301ΔC protein fails to accumulate on chromatin in mutant spermatocytes. Nurf301ΔC also fails to accumulate substantially on chromatin in *aly* or tTAF mutant testes, indicating that the activity of these transcription complexes is implicated in setting up the active chromatin state in primary spermatocytes to which the C-terminus of Nurf301 binds [35]. This correlates with the molecular analysis revealing that H3K4me3 is low at target promoters in both *aly* and tTAF testes.

4.7 Chromosomal Territories and Testis Gene Expression

In the preceding discussion of the mechanism underlying the activation of testis-specific promoters as male germline cells progress into spermatocyte development we have considered each promoter to be an independently functioning unit. However, it is clear that the chromosomal context of genes with testis-biased expression needs to be taken into account. The organization of genes within the genome is non-random, and there is significant clustering of genes with similar expression patterns. These clusters can be detected with stringent methods, that require contiguous genes with similar expression, or with more relaxed algorithms, which allow clusters to contain interspersed genes with dissimilar expression from the bulk of the cluster [60–62]. Such clusters or gene neighbourhoods must be advantageous to the organism, otherwise they would not have evolved, and an attractive explanation for the clustering would be that the genes share transcriptional control elements. This sharing could be at the level of shared enhancer element(s), or a shared chromatin environment. Testing this involved disruption of three different clusters, via precisely targeted inversions [63]. These inversions did not alter the expression level of the testis genes analysed. This indicates that clustering of genes with testis-enriched expression is not implicated in regulating the expression level in testis of these genes, at least for the clusters tested. If the clusters are not essential for setting up testis expression perhaps instead they are important in the repression of expression of these testis-enriched genes in other tissues? Notably, the genes within testis-enriched clusters are repressed in somatic cells, in part by association with the nuclear lamina [64]. This association would place all the genes in a contiguous cluster into a transcriptionally inactive region of the nuclear periphery. Clusters of testis-differentiation genes have been shown to be associated with the nuclear lamina in spermatogonia, and displaced from the lamina in spermatocytes. Indeed, ectopic activation of testis differentiation genes in somatic cells can be induced by depletion of laminB0 [64].

4.8 Influence of Chromosomal Position on Gene Expression as Male Germline Cells Differentiate

At the broadest genome scale genes are organised onto chromosomes. *Drosophila melanogaster* has just three autosomes (of which one is very small) and a pair of sex chromosomes. The male is the heterogametic sex, possessing an X and a Y chromosome. The Y chromosome is not essential for viability, but is required for male fertility. A small number of genes have been localised to this chromosome, and all are expressed exclusively in primary spermatocytes. Extensive transcription of the Y-chromosome in primary spermatocytes leads to formation of specific structures within the nuclei – the Y-loops [65]. The mechanism by which the transcription of these Y-linked genes is activated in primary spermatocytes is not fully elucidated, although the Y-loops are disrupted in several meiotic arrest mutants (R. White, pers. comm.). More intriguing is the role of chromosomal location on expression of genes from the X chromosome.

Microarray analyses of gene expression have revealed that there is a paucity of X-linked genes with male-specific expression. Since the most sexually dimorphic organ is the gonad, this correlates with a significant reduction in the number of testis-specifically expressed genes located on the X chromosome. Most testis-specific transcripts are produced in primary spermatocytes, and so this effect could be caused by a general inactivation of the X chromosome during the meiotic programme. Support for the idea that the X chromosome is transcriptionally less active than the autosomes comes from the finding that new genes generated by retroposition show a trend consistent with escape from the X chromosome [66]. I.e. the parental gene will be on the X and the daughter gene will insert on an autosome. Frequently the retroposed copy also acquires testis-specific expression while the parental gene has a broader expression domain [67]. However, none of these observations show conclusively that the X chromosome is inactive in primary spermatocytes, and if it is generally inactivated there are many loci which are X-linked and highly active in these cells. Transgenes inserted on the X chromosome are expressed at lower levels in the germline than identical transgenes inserted on the autosomes [68]. Three approaches have been used to quantify the activity of genes on the X vs Autosomes as germ line cells differentiate. Firstly *bam* mutant testes have been compared to wild type testes, secondly testes have been manually dissected and samples enriched for spermatogonis and early spermatocytes have been compared to pure spermatocyte samples and finally testes from larvae at various stages of development have been analysed [12, 13, 22]. Unfortunately contamination of the samples, particularly the early cell population with both later cells and somatic cells complicates the analysis. Initial analysis of the microdissected samples suggested a lower level of expression of X-linked genes in primary spermatocytes, correlating with the documented lower level of testis-biased genes on the X [12]. However, reanalysis, taking into account the sample complexity, fails to support a model of meiotic X-inactivation [69, 70]. Indeed the finding that testis-enriched genes are less likely to be on the X-chromosome does not reveal anything special about this chromosome in the male germline since somatically-expressed male-biased genes are also less likely to be on the X, as are genes with no sexually dimorphic pattern, but with a highly restricted gene expression pattern [70]. This has recently been refuted in a reanalysis, leaving the question of gene expression from the X in spermatocytes still open [71].

In somatic cells the level of expression of X-linked genes in males is doubled compared to females via dosage compensation [72]. The dosage compensation mechanism is not active in the male germline. Specifically, of the known dosage compensation genes, only *mle* is expressed in these cells [73]. Mle protein is abundant in spermatocytes, however it is not strongly chromatin associated, and is definitely not specifically found on the X chromosome as it is in the soma. Moreover the histone mark promoted by the dosage compensation machinery, H4K16Ac is uniform on chromatin in early-mid primary spermatocytes, and is weak and predominantly nucleolar, in later primary spermatocytes [73].

What is special about the X chromosome in primary spermatocyte? The balance of evidence suggests that the X chromosome is less conducive for high expression levels in primary spermatocytes than the autosomes [69, 70]. It might also be less good for expression in earlier male germline cells, due to the lack of dosage compensation. It is intriguing to note that there are a few chromatin associated factors that differentiate between the XY bivalent and the autosomes in primary spermatocytes. Nurf301, discussed earlier, accumulates preferentially on the autosomes, and is much less associated with the XY bivalent [35]. Similarly, Mtor, a nuclear scaffold protein, specifically associates with the autosomes, as well as with the nuclear lamina, in primary spermatocytes (HW-C unpublished). Borr, a chromosomal passenger protein implicating in regulating cytokinesis, has a testis-specific paralogue, Aust [74]. Notably, Aust protein appears just before the meiotic divisions, binds chromosomes, and promotes meiotic cytokinesis. Borr functions in the mitotic divisions of spermatogonia, however the protein remains highly expressed in spermatocytes, and labels the two autosomal bivalents, but not the XY [74]. Thus at least three markers indicate that during the transition from spematogonia to spermatocytes there is a dramatic change in the XY bivalent's chromatin environment. Further investigation into the functions of these proteins in spermatocytes could reveal mechanisms underling some of the differences in expression seen for X-linked genes compared to autosomal genes.

4.9 Alternative Splicing of Transcripts Is Prevalent in Undifferentiated Cells

The majority of genes within metazoan genomes contain multiple exons, and thus the mRNAs are produced as a result of splicing. For many genes this can be used to generate alternative mRNA products, with different properties and functions via alternative splicing [75]. These products can differ in terms of RNA sequence, for example use of RNA localisation signals, or can result in production of variant proteins. About 78 % of all predicted coding genes in *Drosophila* are spliced and about 40 % are alternatively spliced [76]. Within mammalian testes there is an increase in alternative splicing compared to many other adult tissues [77]. In contrast, alternative splicing seems to decrease in *Drosophila* male germ cells as they differentiate from stem cells into spermatocytes [13]. Gan et al. used RNA-seq to determine the expression of all genes in normal testes, and compared this to the expression seen in *bam* mutant testes. Thus genes whose transcription is enriched in spermatogonia and spermatocytes can be distinguished from the differentiation genes. Notably, they detected a significant enrichment for expression of known splicing regulators in *bam* mutant testes compared to whole testes. Indeed over half of all annotated splicing factors were enriched in *bam* testes, while only 8.4 % were relatively depleted in *bam* testes. This correlates well with their finding that the proportion of differentiation genes (defined as genes not expressed in *bam* testes) with multiple annotated isoforms is significantly lower than the proportion of genes with multiple isoforms in the whole genome annotation. It is not clear from these pair-wise comparisons if the *bam* sample represents elevated alternative splicing relative to other tissues, or if the WT sample represents lower levels of splicing in general, and alternative splicing in particular. Many retroposed genes, which naturally lack introns and therefore cannot be subject to alternative splicing, are expressed exclusively in testes [78]. Indeed, analysis of the expression of splicing factors in testis compared to other adult tissues, using FlyAtlas microarray data [8], would suggest that there is a general down-regulation of ubiquitous splicing factor expression in testis (i.e. differentiating spermatocytes) compared to other tissues. A small number of annotated splicing genes are up-regulated in WT testes compared to *bam* testes. Analysis of these genes indicates that they are predominantly testis-specifically expressed. Most have not been studied in detail, however one, LS2 (CG3162), a retroposed duplicate of $U2AF^{50}$, has been analysed [79]. Consistent with the expression in WT testes, but not *bam* testes, LS2 protein is detected exclusively in nuclei of primary spermatocytes, and not in spermatogonia. In our microarray analysis of gene expression in WT and meiotic arrest mutant testes we find that LS2 expression, and expression of most of the other WT-testis enriched splicing factors from [13] is not dependent on the function of TMAC or tTAFs. Thus LS2 transcription is probably initiated during the spermatogonia-spermatocyte transition, potentially using the same activator as the meiotic arrest genes. $U2AF^{50}$ is the large subunit of U2-associated factor, which interacts with the 3′ end of the intron to be spliced and promotes splicosome assembly (reviewed in [80]). LS2 has diverged considerably in sequence from its parent gene, controls splicing of a distinct transcript pool, and has a distinct sequence preference.

Unexpectedly, LS2 acts as a splicing repressor rather than an enhancer [79].

Analysis of the splicing factor SMN in the male germline has recently shed some light on the importance of regulation of splicing in the stem cells. Loss of SMN activity in humans leads to the disease spinal muscular atrophy, in which there is a progressive loss of specific motor neurons, leading to paralysis, muscle wasting, and in severe cases, death. In *Drosophila*, *Smn* expression is ubiquitous, but the highest expression is detected in larval central nervous system and in gonads. Smn protein has been shown to be high in GSCs and spermatogonia, and the concentration of the protein declines dramatically in early spermatocytes [81]. Thus there is a gradient of Smn protein in differentiation, with a peak in the undifferentiated cells. *Smn* mutants are lethal as larvae, precluding analysis of homozygous adults, but mitotic recombination techniques allowed generation of *Smn* mutant GSCs in testes. The mutant GSCs were inefficiently maintained, indicating that Smn function is important for GSC survival or for maintenance of the stem cell fate. Moreover, analysis of the testes of mutant larvae indicate a critical role for *Smn* in regulating the differentiation of germline cells. WT late larval testes contain stages of spermatogenesis up to meiotic spermatocytes, or occasionally early spermatids, *Smn* mutant testes in contrast contain elongated spermatids, and many fewer early germ cells. In contrast, ectopic expression of Smn expanded the early germ cell population in the testes [81].

It appears that alternative splicing, and perhaps splicing in general, is down-regulated as stem cells and spermatogonia transit to the differentiating fate by both reduction in expression of core splicing proteins, and by activation of expression of a variant core splicing factor that has evolved a splicing repression function. This would result in suppression of the broad repertoire of alternative spliced mRNA variants seen in the undifferentiated cells, pushing the differentiating cells towards production of a more refined, cell type specific, transcriptome. The high expression of splicing factors in the undifferentiated cells in the testis is likely to be critical in maintaining their state, and the reduction in expression of these factors as the cells progress into differentiation could be fundamental to restricting their ability to de-differentiate.

4.10 An Integrated View of Activation of Gene Expression as Cells Lose Stem Cell Properties

Taken together these data indicate a succession of changes at differentiation gene promoters as cells transition from a stem cell identity into differentiation. In cells with stem cell capacity these genes are fully repressed, with H3K27me3, and no RNA polymerase associated. Exit from the mitotic amplification programme results in a change in the chromatin at these promoters so that RNA polymerase is able to load, but not begin transcription elongation. This is co-incident with a repositioning of these loci within the nucleoplasm to place them in a less repressive environment. An early spermatocyte transcriptional repertoire is induced, including activation of expression of the testis-specific meiotic arrest genes, and testis-specific splicing factors. The RNA pol II at differentiation gene promoters could be kept inactive via the function of *wuc* and *mip40*, via an unknown mechanism. The function of the meiotic arrest genes is then essential to promote the activity and further recruitment of RNA pol II at the differentiation promoters, and to relieve the repression imposed by *wuc* and *mip40*. H3K27me3 declines as PRC2 is removed from target promoters by tTAFs, while H3K4me3 increases, presumably as a result of Trx activity. Recruitment of NURF, via Nurf301, to the H3K4me3 would then allow sliding of nucleosomes and remodelling of chromatin as the differentiation promoters become fully active.

This leaves a few critical questions still unanswered: how are the differentiation genes recognised as targets for repression in stem cells? what factors promote RNA pol II recruitment to promoters? what is the transcriptional profile underlying transition of spermatogonia to spermatocytes, particularly what genes are responsible for activating transcription of the meiotic arrest genes and other genes that are activated as cells commit to differentiation?

References

1. Fuller MT (1993) Spermatogenesis. In: Bate M, Martinez-Arias A (eds) The development of *Drosophila*. Cold Spring Harbor Press, Cold Spring Harbor
2. Lindsley DL, Tokuyasu KT (1980) Spermatogenesis. In: Ashburner M, Wright TRF (eds) Genetics and biology of *Drosophila*. Academic, London/New York
3. Renkawitz-Pohl R, Hollmann M, Hempel L, Schafer MA (2005) Spermatogenesis. In: Gilbert LI, Iatrou K, Gill S (eds) Comprehensive insect physiology, biochemistry, pharmacology and molecular biology. Elsevier, Oxford
4. Fuller MT, Spradling A (2007) Male and female *Drosophila* germline stem cells: two versions of immortality. Science 316:402–404
5. de Cuevas M, Matunis E (2011) The stem cell niche: lessons from the *Drosophila* testis. Development 138:2861–2869
6. Hardy RW, Tokuyasu KT, Lindsley DL, Garavito M (1979) The germinal proliferation center in the testis of *Drosophila melanogaster*. J Ultrastruct Res 69(2):180–190
7. Andrews J, Bouffard GG, Cheadle C, Lu JN et al (2000) Gene discovery using computational and microarray analysis of transcription in the *Drosophila melanogaster* testis. Genome Res 10(12):2030–2043
8. Chintapalli V, Wang J, Dow J (2007) Using FlyAtlas to identify better *Drosophila* models of human disease. Nat Genet 39:715–720
9. Parisi M, Nuttall R, Edwards P, Minor J et al (2004) A survey of ovary-, testis-, and soma-biased gene expression in *Drosophila melanogaster* adults. Genome Biol 5:R40
10. Zhao J, Klyne G, Benson E, Gudmannsdottir E et al (2010) FlyTED: the *Drosophila* testis gene expression database. Nucleic Acids Res 38:D710–D715
11. Barreau C, Benson E, Gudmannsdottir E, Newton F et al (2008) Post-meiotic transcription in *Drosophila* testes. Development 135:1897–1902
12. Vibranovski M, Lopes H, Karr TL, Long M (2009) Stage-specific expresion profiling of *Drosophila* spermatogenesis suggests that meiotic sex chromosome inactivation drives genomic relocation of testis-expressed genes. PLoS Genet 5:e1000731
13. Gan Q, Chepelev I, Wei G, Tarayrah L et al (2010) Dynamic regulation of alternative splicing and chromatin structure in *Drosophila* gonads revealed by RNA-seq. Cell Res 20:763–783
14. Gönczy P, Matunis E, DiNardo S (1997) *Bag-of-marbles* and *benign gonial cell neoplasm* act in the germline to restrict proliferation during *Drosophila* spermatogenesis. Development 124:4361–4371
15. Ohlstein B, Lavoie CA, Vef O, Gateff E et al (2000) The *Drosophila* cystoblast differentiation factor, benign gonial cell neoplasm, is related to DExH-box proteins and interacts genetically with bag-of-marbles. Genetics 155:1809–1819
16. McKearin D, Spradling AC (1990) *Bag-of-marbles*: a *Drosophila* gene required to initiate both male and female gametogenesis. Genes Dev 4(12b):2242–2251
17. Kim J, Lee Y, Kim C (2010) Direct inhibition of pumilo activity by bam and bgcn in *Drosophila* germ line stem cell differentiation. J Biol Chem 285:4741–4746
18. Li Y, Minor N, Park J, McKearin DM et al (2009) Bam and Bgcn antagonize Nanos-dependent germline stem cell maintenance. Proc Natl Acad Sci USA 106:9304–9309
19. Shen R, Weng C, Yu J, Xie T (2009) eIF4A Controls germline stem cell self-renewal by directly inhibiting BAM function in the *Drosophila* ovary. Proc Natl Acad Sci USA 106:11623–11628
20. Insco M, Leon A, Tam C, McKearin DM et al (2009) Accumulation of a differentiation regulator specifies transit amplifying division number in an adult stem cell lineage. Proc Natl Acad Sci USA 106:22311–22316
21. Brawley C, Matunis E (2004) Regeneration of male germline stem cells by spermatogonial dedifferentiation in vivo. Science 304(5675):1331–1334
22. Terry NA, Tulina N, Matunis E, DiNardo S (2006) Novel regulators revealed by profiling *Drosophila* testis stem cells within their niche. Dev Biol 294:246–257
23. Gan Q, Schones D, Ho Eun S, Wei G et al (2010) Monovalent and unpoised status of most genes in undifferentiated cell-enriched *Drosophila* testis. Genome Biol 11:R42
24. Lin T-Y, Viswanathan S, Wood C, Wilson PG et al (1996) Coordinate developmental control of the meiotic cell cycle and spermatid differentiation in *Drosophila* males. Development 122(4):1331–1341
25. White-Cooper H, Schafer MA, Alphey LS, Fuller MT (1998) Transcriptional and post-transcriptional control mechanisms coordinate the onset of spermatid differentiation with meiosis I in *Drosophila*. Development 125:125–134
26. White-Cooper H (2009) Studying how flies make sperm – investigating gene function in *Drosophila* testes. Mol Cell Endocrinol 306:66–74
27. White-Cooper H (2010) Molecular mechanisms of gene regulation during *Drosophila* spermatogenesis. Reproduction 139:11–21
28. Ayyar S, Jiang J, Collu A, White-Cooper H et al (2003) *Drosophila* TGIF is essential for developmentally regulated transcription in spermatogenesis. Development 130:2841–2852
29. Jiang J, Benson E, Bausek N, Doggett K et al (2007) Tombola, a tesmin/TSO1 family protein, regulates transcriptional activation in the *Drosophila* male germline and physically interacts with always early. Development 134:1549–1559

30. Jiang J, White-Cooper H (2003) Transcriptional activation in *Drosophila* spermatogenesis involves the mutually dependent function of aly and a novel meiotic arrest gene cookie monster. Development 130(3):563–573
31. Perezgazga L, Jiang J, Bolival B, Hiller MA et al (2004) Regulation of transcription of meiotic cell cycle and terminal differentiation genes by the testis-specific Zn finger protein *matotopetli*. Development 131:1691–1702
32. Wang Z, Mann RS (2003) Requirement for two nearly identical TGIF-related homeobox genes in *Drosophila* spermatogensis. Development 130(13):2853–2865
33. Doggett K, Jiang J, Aleti G, White-Cooper H (2011) Wake-up-call, a *lin-52* paralogue, and always early, a *lin-9* homologue physically interact, but have opposing functions in regulating testis-specific gene expression. Dev Biol 355:381–393
34. Beall EL, Lewis PW, Bell M, Rocha M et al (2007) Discovery of tMAC: a *Drosophila* testis-specific meiotic arrest complex paralogous to Myb-MuvB. Genes Dev 21:904–919
35. Kwon S, Xiao H, Wu C, Badenhorst P (2009) Alternative splicing of NURF301 generates distinct NURF chromatin remodelling complexes with altered modified histone binding specificities. PLoS Genet 5:e1000574
36. Moon S, Cho B, Min S-H, Lee D et al (2011) The THO complex is required for nucleolar integrity in *Drosophila* spermatocytes. Development 138:3835–3845
37. Beall EL, Manak JR, Zhou S, Bell M et al (2002) Role for a *Drosophila* Myb-containing protein complex in site-specific DNA replication. Nature 420:833–837
38. Korenjak M, Taylor-Harding B, Binne UK, Satterlee JS et al (2004) Native E2F/RBF complexes contain Myb-interacting proteins and repress transcription of developmentally controlled E2F target genes. Cell 119:181–193
39. Lewis PW, Beall EL, Fleischer TC, Georlette D et al (2004) Identification of a *Drosophila* Myb-E2F2/RBF transcriptional repressor complex. Genes Dev 18
40. Schmit F, Korenjak M, Mannefeld M, Schmitt K et al (2007) LINC, a human complex that is related to pRB-containing complexes in invertebrates regulates the expression of G2/M genes. Cell Cycle 6:1903–1913
41. Harrison M, Coel CJ, Lu X, Horvitz HR (2006) Some *C. elegans* class B synthetic multivulva proteins encode a conserved LIN-35 Rb-containing complex distinct from a NuRD-like complex. Proc Natl Acad Sci USA 103:16782–16787
42. Litovchick L, Sadasivam S, Florens L, Zhu X et al (2007) Evolutionarily conserved multisubunit RBL2/p130 and E2F4 protein complex represses human cell cycle-dependent genes in quiescence. Mol Cell 26:539–551
43. White-Cooper H, Leroy D, MacQueen A, Fuller MT (2000) Transcription of meiotic cell cycle and terminal differentiation genes depends on a conserved chromatin associated protein, whose nuclear localisation is regulated. Development 127:5463–5473
44. Hiller MA, Chen X, Pringle MJ, Suchorolski M et al (2004) Testis-specific TAF homologs collaborate to control a tissue-specific transcription program. Development 131:5297–5308
45. Hiller MA, Lin T-Y, Wood C, Fuller MT (2001) Developmental regulation of transcription by a tissue-specific TAF homolog. Genes Dev 15:1021–1030
46. Metcalf C, Wassarman DA (2007) Nucleolar colocalisation of TAF1 and testis-specific TAFs during *Drosophila* spermatogenesis. Dev Dyn 236:2836–2843
47. Papai G, Weil P, Schultz P (2011) New insights into the function of transcription factor TFIID from recent structural studies. Curr Opin Genet Dev 21:219–224
48. Xiao H, Sandaltzopoulos R, Wang H, Hamiche A et al (2001) Dual functions of the largest NURF subunit NURF301 in nucleosome sliding and transcription factor interactions. Mol Cell 8:531–543
49. Katahira J (2012) mRNA export and the TREX complex. Biochim Biophys Acta (BBA) 18119:507–513
50. Bell O, Tiwari V, Thomä N, Schübeler D (2011) Determinants and dynamics of genome accessibility. Nat Rev Genet 12:554–564
51. Guenther M, Levine S, Boyer L, Jaenisch R et al (2007) A chromatin landmark and transcription initiation at most promoters in human cells. Cell 130:77–88
52. Zeitlinger J, Stark A, Kellis M, Hong J et al (2007) RNA polymerase stalling at developmental control gene in the *Drosophila melanogaster* embryo. Nat Genet 39:1512–1516
53. Chen X, Lu C, Prado JR, Eun SH et al (2011) Sequential changes at differentiation gene promoters as they become active in a stem cell lineage. Development 138:2441–2450
54. Schwartz YB, Pirrotta V (2007) Polycomb silencing mechanisms and the management of genomic programmes. Nat Rev Genet 8(1):9–22
55. Chen X, Hiller MA, Sancak Y, Fuller MT (2005) Tissue-specific TAFs counteract polycomb to turn on terminal differentiation. Science 310:869–872
56. Saurin A, Shao Z, Erdjument-Bromage H, Tempst P et al (2001) A *Drosophila* Polycomb group complex includes Zeste and dTAFII proteins. Nature 4112:655–660
57. Cler E, Papai G, Schultz P, Davidson I (2009) Recent advances in understanding the structure and function of the general transcription factor TFIID. Cell Mol Life Sci 66:2123–2134
58. Zhang Y, Ng HH, Erdjument-Bromage H, Tempst P et al (1999) Analysis of the NuRD subunits reveals a histone deacetylase core complex and a connection with DNA methylation. Genes Dev 13:1924–1935
59. Cherry C, Matunis E (2010) Epigenetic regulation of stem cell maintenance in the *Drosophila* testis via the nucleosome-remodeling factor NURF. Cell Stem Cell 6:557–567
60. Boutanaev AM, Kalmykova AI, Shevelyov YY, Nurminsky DI (2002) Large clusters of co-expressed genes in the Drosophila genome. Nature 420:666–669
61. Mezey J, Nuzhdin S, Ye F, Jones C (2008) Coordinated evolution of coexpressed gene clusters in the *Drosophila* transcriptome. BMC Evol Biol 2:2

62. Spellman PT, Rubin GM (2002) Evidence for large domains of similarly expressed genes in the *Drosophila* genome. J Biol 1:5
63. Meadows L, Chan Y, Roote J, Russell SR (2010) Neighbourhood continuity is not required for correct testis gene expression in *Drosophila*. PLoS Biol 8:e1000552
64. Shevelyov YY, Lavrov S, Mikhaylova L, Nurminsky I et al (2009) The B-type lamin is required for somatic repression of testis-specifc gene clusters. Proc Natl Acad Sci USA 106:3282–3287
65. Hennig W (1987) The Y chromosomal lampbrush loops of *Drosophila*. In: Hennig W (ed) Results and problems in cell differentiation. Springer, Berlin, pp 133–146
66. Hense W, Baines JF, Parsch J (2007) X chromosome inactivation during *Drosophila* spermatogenesis. PLoS Biol 5:e273
67. Betran E, Thornton K, Long M (2002) Retroposed new genes out of the X in *Drosophila*. Genome Res 12:1854–1859
68. Kemkemer C, Hense W, Parsch J (2011) Fine-scale analysis of X chromosome inactivation in the male germ line of *Drosophila melanogaster*. Mol Biol Evol 28(5):1561–1563
69. Meiklejohn CD, Landeen EL, Cook JM, Kingan SB et al (2011) Sex chromosome-specific regulation in the *Drosophila* male germline but little evidence for chromosomal dosage compensation or meiotic inactivation. PLoS Biol 9(8):e1001126
70. Mikhaylova L, Nurminsky D (2011) Lack of global meiotic sex chromosome inactivation, and paucity of tissue-specific gene expression on the *Drosophila* X chromosome. BMC Biol 9:29
71. Vibranovski M, Zhang Y, Kemkemer C, Lopes H et al (2012) Re-analysis of the larval testis data on meiotic sex chromosome inactivation revealed evidence for tissue specific gene expression related to the *Drosophila* X chromosome. BMC Biol 10:49
72. Laverty C, Lucci J, Akhtar A (2010) The MSL complex: X chromosome and beyond. Curr Opin Genet Dev 20:171–178
73. Rastelli L, Kuroda M (1998) An analysis of *maleless* and histone H4 acetylation in *Drosophila melanogaster* spermatogenesis. Mech Dev 71:107–117
74. Gao S, Giansanti MG, Buttrick G, Ramasubramanyan S et al (2008) Australin: a chromosomal passenger protein required specifically for *Drosophila melanogater* male meiosis. J Cell Biol 180:521–535
75. Grosso AR, Gomes AQ, Barbosa-Morais NL, Caldeira S et al (2008) Tissue-specific splicing factor gene expression signatures. Nucleic Acids Res 36(15):4823–4832
76. Stolc V, Gauhar Z, Mason C, Halasz G et al (2004) A gene expression map for the euchromatic genome of *Drosophila melanogaster*. Science 306:655–660
77. Yeo G, Holste D, Kreiman G, Burge C (2004) Variation in alternative splicing across human tissues. Genome Biol 5(R74)
78. Bai Y, Casola C, Feschotte C, Betran E (2007) Comparative genomics reveals a constant rate of origination and convergent acquisition of functional retrogenes in *Drosophila*. Genome Biol 8:R11
79. Taliaferro J, Alvarez N, Green R, Blanchette M et al (2011) Evolution of a tissue-specific splicing network. Genes Dev 25:608–620
80. Will C, Lührmann R (2011) Spliceosome structure and function. Perspect Biol Med 3:a003707
81. Grice S, Liu J-L (2011) Survival motor neuron protein regulates stem cell division, proliferation, and differentiation in *Drosophila*. PLoS Genet 7:e1002030

Stem Cells in the *Drosophila* Digestive System

5

Xiankun Zeng, Chhavi Chauhan, and Steven X. Hou

Abstract

Adult stem cells maintain tissue homeostasis by continuously replenishing damaged, aged and dead cells in any organism. Five types of region and organ-specific multipotent adult stem cells have been identified in the *Drosophila* digestive system: intestinal stem cells (ISCs) in the posterior midgut; hindgut intestinal stem cells (HISCs) at the midgut/hindgut junction; renal and nephric stem cells (RNSCs) in the Malpighian Tubules; type I gastric stem cells (GaSCs) at foregut/midgut junction; and type II gastric stem cells (GSSCs) at the middle of the midgut. Despite the fact that each type of stem cell is unique to a particular organ, they share common molecular markers and some regulatory signaling pathways. Due to the simpler tissue structure, ease of performing genetic analysis, and availability of abundant mutants, *Drosophila* serves as an elegant and powerful model system to study complex stem cell biology. The recent discoveries, particularly in the *Drosophila* ISC system, have greatly advanced our understanding of stem cell self-renewal, differentiation, and the role of stem cells play in tissue homeostasis/regeneration and adaptive tissue growth.

Keywords

Drosophila • Gastric stem cells • Intestinal stem cells • Midgut • Renal and nephric stem cells

5.1 Introduction

Stem cells (SCs) are defined as cells with clonogenic and self-renewing capabilities that can differentiate into multiple cell lineages [1]. Based on the stages of development, the SCs can be divided into two major categories: (1) Embryonic stem (ES) cells and (2) Adult SCs. ES cells are pluripotent cells found at the embryonic stage

X. Zeng • C. Chauhan • S.X. Hou (✉)
The Mouse Cancer Genetics Program, National Cancer Institute at Frederick, National Institutes of Health, Frederick, MD, 21702, USA
e-mail: hous@mail.nih.gov

G. Hime and H. Abud (eds.), *Transcriptional and Translational Regulation of Stem Cells*, Advances in Experimental Medicine and Biology 786, DOI 10.1007/978-94-007-6621-1_5,

that have the ability to generate any type of differentiated cells. Adult SCs on the other hand are multipotent and can only generate tissue-specific cells. During every stage of development, the resident adult SCs in any tissue maintain tissue homeostasis by replacing damaged, aged or dead cells. As expected adult SC self-renewal and differentiation are tightly regulated processes and an imbalance in adult SC homeostasis can result in complications like tumor formation, degenerative diseases, etc. Moreover, precise regulation of adult SC behavior is necessary for them to promptly respond to tissue damage and stress.

Amongst various tissues, the digestive system is exposed to most antigens by way of food consumption and is renewed the fastest in almost all animals. *Drosophila* midgut is the second largest organ and serves as the entry site for not only nutrients like food and water, but also for pathogens like harmful bacteria, viruses, and toxins [2]. As a result, the midgut epithelium is constantly exposed to environmental assault and undergoes rapid turnover. The integrity of the epithelium is maintained by the replenishment of lost cells by Intestinal SCs (ISCs). In particular, *Drosophila* posterior midgut is maintained by around 1,000 ISCs that are dispersed among roughly 10,000 posterior midgut cells [3]. These ISCs lie adjacent to the basement membrane and divide almost once a day to give rise to a new ISC and an enteroblast (EB). The EBs can then differentiate into either absorptive enterocytes (EC) or secretory enteroendocrine (EE) cells [3, 4].

Due to the simple tissue structure, ease to perform genetic analysis, and availability of abundant mutants, *Drosophila* serves as a powerful and popular model system to study stem cell regulation [5, 6]. In particular, the simple cell lineage and extremely fast turnover of midgut epithelium, makes midgut ISCs an exciting model to study adult stem cell mediated tissue homeostasis and regeneration. This chapter briefly discusses the types of adult SCs identified in the *Drosophila* digestive system and highlights the recent advances in our understanding of the signaling pathways regulating the self-renewal, differentiation, proliferation and the fate of adult SCs in *Drosophila* with focus on midgut ISCs. In addition, the chapter also elaborates maintenance of homeostasis in normal midgut and provides a comparison of this scenario with an injury model.

5.2 The Origin of Adult ISCs

The adult *Drosophila* midgut epithelium is derived from adult midgut progenitor (AMP) cells found in the embryonic, larval and pupal stages [7–10] (Fig. 5.1a). The AMPs proliferate and disperse throughout the midgut during the first two larval instars (L1 and L2), and by the third instar (L3), they form clusters known as midgut imaginal islands. At the onset of the metamorphosis, the AMP islands start to release the AMPs and merge with each other to form a continuous epithelial layer; some of AMPs differentiate into Pdm-1 positive ECs. As metamorphosis further proceeds, most AMPs differentiate into Pdm-1 positive ECs, while few AMPs remain at undifferentiating status [8, 11, 12] (Fig. 5.1a). These undifferentiated AMPs further divide and develop into ISCs of the adult midgut (Fig. 5.1a).

The epidermal growth factor receptor (EGFR)/Ras/mitogen-activated protein kinase (MAPK) signaling has been reported to be necessary and sufficient to induce AMP proliferation [7]. Blocking EGFR signaling results in a decrease in both the number and the size of the AMP clusters. Conversely, over-activation of EGFR/Ras/MAPK signaling by expressing constitutively active forms of *Egfr*, *Ras*, and *Raf* in AMPs leads to a dramatic increase in the AMP number. In addition, ecdysone hormone signaling also plays an important role in regulating the proliferation of AMPs during development [9]. Also, Notch (N) signaling determines AMP fate: high N activity is required for larval absorptive enterocytes (EC) and limits secretory endocrine cells, while low level of N activity leads to increase in AMP number and endocrine cells in the midgut at the expense of differentiated larval ECs [11, 13, 14].

Toward late L2, each AMP divides asymmetrically to produce one new AMP and a peripheral cell (PC) that can be identified by the expression of *Su(H)GBE-LacZ*, a transcriptional reporter of

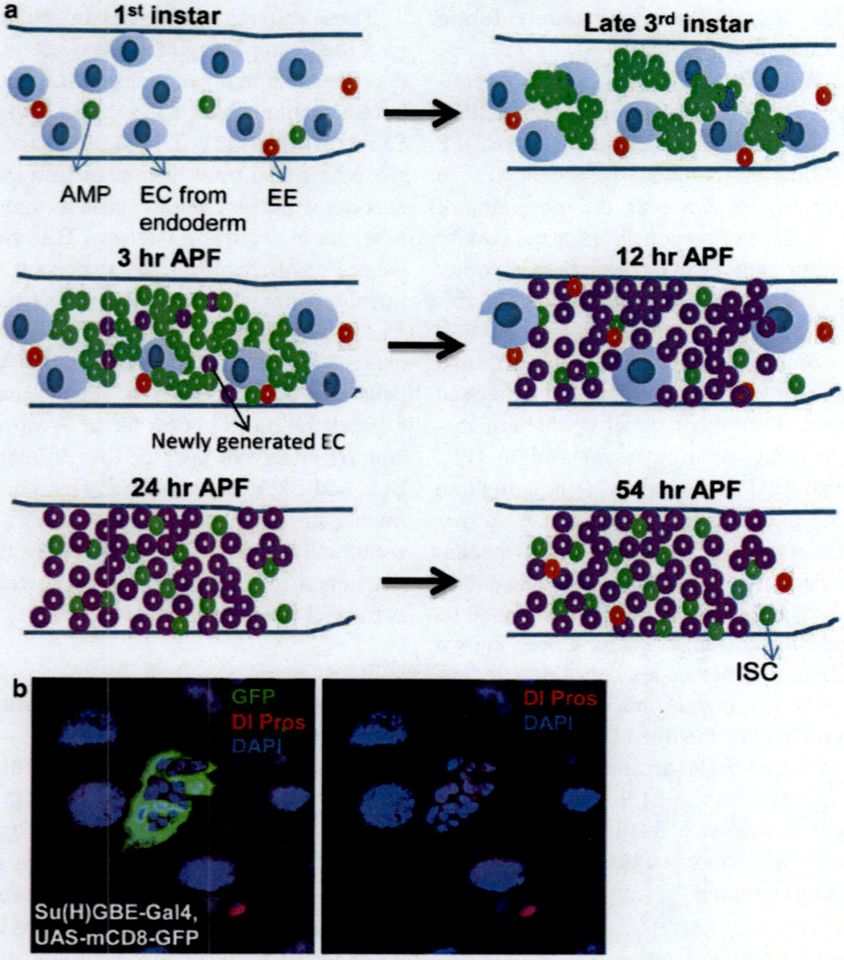

Fig. 5.1 **AMP proliferation and differentiation during *Drosophila* development.** (**a**) The adult midgut progenitors (*AMP*) divide symmetrically to increase their number and remain dispersed as individual cells throughout the midgut during the first two instars. Then each dispersed AMP further divides symmetrically for several rounds to form AMP clusters at the third instar stage. At 3 h after puparium formation (*APF*), the AMP clusters start fusing together and some of AMPs differentiate into EC. As metamorphosis continues, most of AMPs differentiate into EC and only a few of AMPs remain. These undifferentiated AMPs further divide symmetrically to increase their number and develop into pupal and adult ISC. (**b**) The Su(H)GBE-Gal4,UAS-mCD8-GFP(*green*) labeled peripheral cell (*PC*) extend their process to wrap around the AMP clusters to regulate their proliferation and repress their differentiation. Dl (*cytoplasmic red*) and Pros (*nuclear red*) label the AMP and EE respectively

the N pathway (Fig. 5.1b). The newly generated PCs exit the cell cycle, undergo morphological changes, and extend their processes to tightly wrap the dividing AMP island. It has been demonstrated that N signaling is required to generate the PCs. *N* mutant clones induced in early-L1 larvae lack discernible PCs in late L3, whereas ectopically activating N directs AMPs to become PC-like cells [8, 15]. The PCs act as a transient niche to maintain the AMPs in an undifferentiated state until the onset of metamorphosis. Ablation of the PCs in early L3 induces the premature differentiation of the AMPs into polyploid EC-like cells. In addition, without the PCs, AMP islands tend to merge. Therefore, PCs not only prevent AMP differentiation but also inhibit AMP islands from prematurely fusing before metamorphosis [8, 15].

PCs maintain the AMPs in an undifferentiated state through DPP signaling. That is, PCs express the ligand DPP, which activates the DPP signal-transduction pathway in the AMPs to maintain the AMPs. However, the repression of DPP signaling is not responsible for the AMPs' differentiation into Pdm1-positive ECs; other signals in PCs may also repress the AMPs' differentiation [8]. During metamorphosis, the PCs may either undergo programmed cell death and disappear from the pupal midgut [8] or spread out and form a transient pupal epithelium surrounding the degenerating larval midgut [11]. The released AMPs respond to N signaling and differentiate into ECs. However, one AMP per island, on average, becomes an ISC. The mechanism that maintains the undifferentiated state of this one AMP after the PCs' death remains to be determined. In addition, it has long been known that two lipophilic hormones coordinately control the entry to metamorphosis in *Drosophila* larvae. At the end of the third larval instar (L3), juvenile hormone (JH) declines and a strong 20-hydroxyecdysone (20E) pulse trigger the larval-pupal transition [16–18]. It is currently unclear how the hormone signals are connected to AMP differentiation.

5.3 ISC Identification and Regulation

5.3.1 ISCs in the Adult *Drosophila* Midgut

In the adult *Drosophila* posterior midgut, the differentiated mature cells are constantly replaced by new cells generated from intestinal stem cells (ISCs) [3, 4]. ISCs divide asymmetrically to produce one new ISC (self-renewal) and one immature daughter cell, enteroblast (EB), which further differentiates into an EC or a secretory enteroendocrine (EE) cell [3, 4]. The dividing ISCs reside immediately adjacent to the basement membrane and the visceral musculature surrounding the midgut [3, 19, 20].

These different cell types in midgut can be identified morphologically as well as by their expression of marker genes. ISCs are diploid, have a small nucleus, and express Delta (Dl) and Sanpodo (Spdo) [21, 22]. Dl is a ligand for the N receptor signal-transduction pathway and Spdo encodes a transmembrane protein that regulates N signal transduction pathway. EBs are diploid, have a small nucleus, and express a transcriptional reporter of the N pathway, *Su(H)GBE-lacZ*. ECs are polyploid with a large nucleus and express the transcriptional factor Pdm1. EE cells are diploid, have a small nucleus, and express the transcription factor Prospero (Pros). Approximately 90 % of the EBs differentiate into ECs, and 10 % become EEs [21]. As in the mammalian intestinal epithelium, the ECs and EEs continually migrate from the basal location to the gut lumen to replace the damaged cells on the surface of the epithelium.

5.3.2 N Signaling in ISC Regulation

N signaling plays a major role in regulating ISC self-renewal and differentiation [21]. As mentioned in the previous section, N ligand Dl is specifically expressed on newly emerged ISCs. The ISC-expressed Dl binds to the N receptor on the newly formed neighboring EB [21] to activate the N in EB resulting in several outcomes [3, 4, 21] (Fig. 5.2). First, the N activity blocks ISC self-renewal and a high N activity promotes ISC commitment to EB fate. Low N activity on the other hand, such as in *GDP-mannose-4,6-dehydratase* (*Gmd*) mutant fly, can result in partially committed cells that co-express the ISC marker Dl and the EB marker Su(H)GBE-lacZ [22]. Second, N activity suppresses ISC proliferation as knockdown of N activity results in ISC overexpansion (tumor) phenotype. Third, N activity blocks EB to EE differentiation, since knockdown of N activity results in EE overproduction (tumor) phenotype. N signaling regulates EE differentiation through the *achaete-scute* complex (*AS-C*). Over-expression of *AS-C* in ISCs and EBs results in increase of Pros expressing EEs and *AS-C* mutant clones are reported to

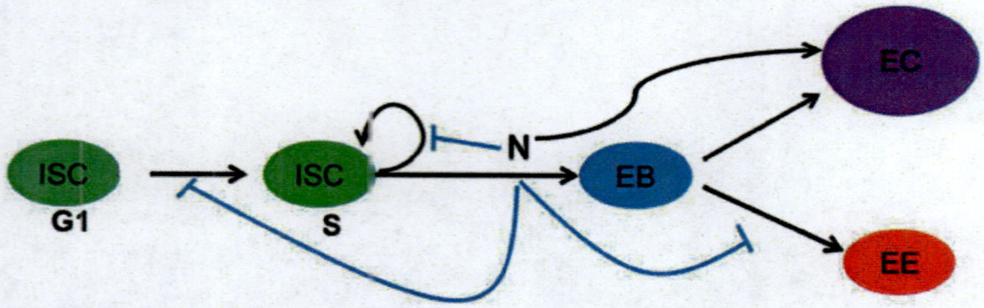

Fig. 5.2 N signaling in ISC regulation. Dl, specifically expressed in ISC, activates N signaling (N on) at the neighboring EB. Different level of N activity controls the ISC self-renewal and EC versus EE fates. N signaling also controls ISC proliferation

be devoid of Pros expressing EEs [23]. Finally, the N activity promotes EB differentiation into EC, which may only require low N activity since EC differentiation is normal in *Gmd* mutant flies that have low N activity [22]. The regulations of above four processes may require different levels of N activity and are through unique downstream targets since some mutations only affect one of the four processes. For example, *Gmd* mutation only affect ISC commitment to EB fate and does not affect EB differentiation into EC; AS-C activity is only required for EE fate determination and does not regulate ISC proliferation or EC commitment. Further, expression level of Dl in ISCs and the N activity in EBs may also be quite dynamic. It was observed that newly formed EE cells are always accompanied by adjacent parental ISCs with low-level expression of Dl and newly formed ECs are accompanied by parental ISCs with high-level expression of Dl. Daughters of ISCs with high Dl levels receive a strong N signal and become ECs, while daughters of ISC with low-level or undetectable Dl receive a much weaker N signal and become EE cells [21].

5.3.3 The Enhancer of Split Complex E(spl)-C in ISC Regulation

It has recently been demonstrated that several transcription factors function downstream of N in regulating ISC fates [23]. In the ISCs, the expression of Daughterless (Da), a basic helix loop helix (bHLH) transcriptional activator, is required to maintain ISC identity. N signal antagonist Hairless (H), which represses N target genes, prevents the expression of the *enhancer of split complex* [*E(spl)-C*] genes. Since the E(spl)-C proteins suppress Da-dependent bHLH activity, their inhibition by Hairless maintains Da expression in the ISCs, and hence the ISC identity. The opposite chain of events occurs in the EBs: Dl expressed on an ISC activates N in the adjacent EB, triggering N proteolysis and releasing N intracellular domain (NICD), which competes with H to Suppressor of Hairless [Su(H)]. The NICD-bound Su(H) turns on the *E(spl)-C* genes, which commits the EBs to a non-ISC fate and promotes their differentiation.

However, the phenotypes of *E(spl)-C* mutation does not entirely mimic phenotypes of *N* mutation. *Loss* of *E(spl)-C* genes leads to an increase of Dl expressing ISC-like cells, a normal density of EC-like cells and a reduction of Pros expressing EE-like cells. It is possible that the *E(spl)-C* mutation may only partially disrupt N activity since the mutant phenotypes are somehow similar to the phenotypes of *Gmd* mutation [22, 23]. Therefore, other mechanisms besides E(spl)-C may be responsible for asymmetric ISC division to EB.

5.3.4 Possible Mechanisms for the Regulation of Asymmetric ISC Division

The asymmetric division of ISCs is in some ways akin to the asymmetric divisions of *Drosophila* sensory organ precursor (SOP) cells [23, 24], both systems use asymmetric N signaling to direct SC/progenitor asymmetric division.

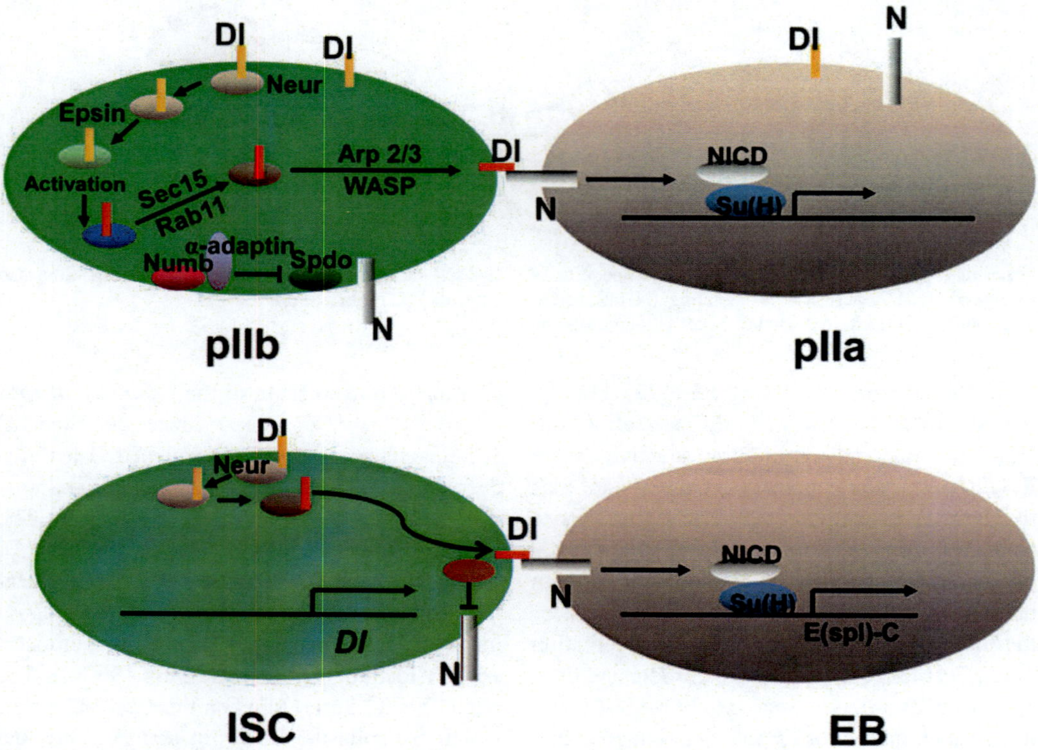

Fig. 5.3 **Comparison of asymmetric divisions between SOP and ISC.** Models of asymmetric divisions of SOP and ISC. See text for detail

Drosophila SOP is a well-studied example of intrinsically asymmetric cell division (Fig. 5.3). SOP first divides into an anterior pIIb cell and a posterior pIIa cell. The pIIb cell can then divide to form a neuron, a sheath cell, and a glial cell, whereas the pIIa cell divides to produce a posterior socket cell and an anterior hair cell. The asymmetric division is directed by asymmetric N signaling. N signaling is only activated in the posterior pIIa cell. During SOP differentiation, asymmetric N signaling is established twice by two different mechanisms. First, N signaling is downregulated in the pIIb cell by the asymmetric segregation of Numb/α-Adaptin at the time of SOP division, which blocks N activation by regulating the endocytosis of N activator Sanpodo [25]. Second, Dl is only activated in pIIb through a long endocytosis process, which involves several steps [24, 26–28]. Like Numb, the E3 ubiquitin ligase, Neuralized (Neur), is asymmetrically segregated to the anterior pIIb cell, where it endocytoses Dl through ubiquitination. The endocytosed Dl is further trafficked by a protein, Epsin, to an endocytic compartment, where it undergoes activation. The activated Dl is then recycled back to the membrane through a compartment that is positive for Rab11 and the exocyst complex member Sec15. Finally, Wiskott-Aldrich syndrome family protein (WASP)-dependent Arp2/3 actin polymerization is required to transport the endocytosed vesicles containing activated Dl to a prominent actin-rich microvilli at the apical membrane of the pIIb cell, where activated Dl can bind and further activate N on the surface of pIIa. The activated N then promotes Su(H)-dependent transcription to specify pIIa cell fate (Fig. 5.3).

The asymmetric N signaling in the SOP system is determined by the asymmetric segregation of Numb and Neur into the pIIb cell, whereas both Dl and N are expressed in both pIIb and pIIa cells.

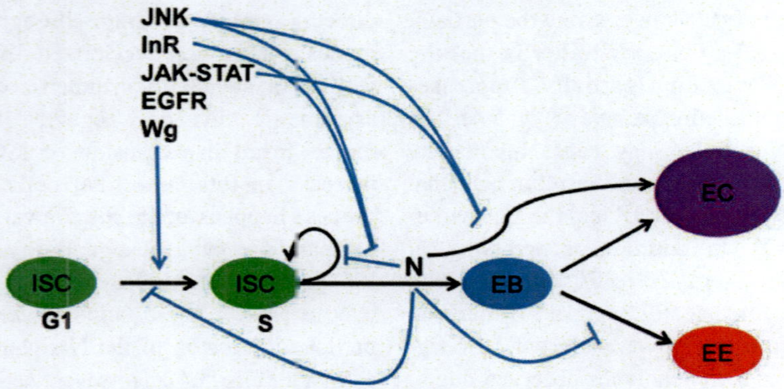

Fig. 5.4 External signals regulate ISC proliferation and differentiation. In response to tissue stress and damage JNK, InR, JAK-STAT, EGFR and Wg signaling pathways modulate ISC proliferative response. JNK, InR and JAK-STAT signaling pathways also interact with N signaling to regulate ISC self-renewal and differentiation

However, so far there has been no evidence for asymmetric segregation of either Numb or Neur in dividing ISCs. Additionally, Numb is not important in regulating ISC fate [23]. The data so far suggests that the asymmetric division of ISC is regulated by asymmetric segregation of Dl. During ISC division, asymmetric Dl may be established by two coordinated mechanisms. First, *Dl* is only transcribed in ISC since a *Dl*-lacZ insertion reporter driven by *Dl* promoter is only expressed in ISCs [7, 29, 30]. Second, the low amount of the Dl protein in EBs inherited from ISCs during ISC division is quickly degraded [21]. N is expressed in both ISCs and EBs, but is only activated in EBs. Since Numb is not important in regulating ISC fate, N may be inactivated in ISCs by an unknown factor or may be inactive because no activated Dl is available in neighboring cells to activate it. *Neur* mutant ISCs form ISC and EE tumors at the expense of differentiated ECs, which are similar to the phenotypes of *Dl* mutant ISCs [21], suggesting that Neur-mediated Dl activation through endocytosis is required for asymmetric N signaling during ISC division (Fig. 5.3). However, the other steps of Dl endocytosis that occurred in pIIb and involved Epsin, Sec15, Rab11, Arp2/3, and WASP, may not be important in regulating ISC fate, since RNAi-mediated knockdowns of these genes do not affect ISC differentiation (X. Z. and S. H., unpublished).

In summary, the mechanism that regulates *Dl* transcription in ISCs and the mechanism that limits N activation in EBs may together determine the asymmetric ISC to EB signaling and asymmetric ISC division.

5.4 External Signals

Besides the core N signal transduction pathway, several other signaling pathways (as discussed later) also regulate ISC proliferation, self-renewal, and differentiation [7]. These signaling pathways can either independently perform their functions on ISCs or function through their interplay with the N signaling pathway. The following sections briefly describe the potential interactions of the N signaling pathway and other signaling pathways (Fig. 5.4).

5.4.1 JNK Signaling Regulates ISC Proliferation and Differentiation

Aged flies and flies under oxidative stress show an activated Jun N-terminal kinase (JNK) signaling pathway activity in ISCs and/or EBs [31], resulting in ISC proliferation and accumulation of misdifferentiated ISC daughter cells. Some of these daughter cells co-express the ISC marker Dl and the EB marker Su(H)GBE-lacZ and some *esg* expressing/*Su*(*H*)*GBE-lacZ* expressing cells are polyploid EC-like cells but do not express EC markers. The first type of cells are similar to the partially committed cells described above [22], the second type of cells are possibly the partially differentiated EBs. One possibility is that the activated JNK signaling partially suppresses the N signal transduction pathway (Fig. 5.4). The decrease in N activity may cause incomplete commitment of ISC to EB and result in cells that co-express the ISC marker Dl and the EB marker Su(H)GBE-lacZ. In addition, suppressing N activity can also block EB to EC differentiation and result in cells that still express EB markers, but are polyploid. Moreover, activated JNK signaling enhances the phenotypes observed due to low N activity; but, these phenotypes can be suppressed by reducing the dosage of Dl activity by half [31]. However, this model does not explain why reducing the dosage of Dl activity by half suppresses the phenotypes associated with the activated JNK signaling. One possibility is that the mis-differentiation phenotypes are dosage sensitive to the level of N signaling. A combination of reduction of Dl activity by half, together with activated JNK signaling might shift N activity level close to strong loss-of-function mutations of the N pathway. Strong N loss of function (LoF) mutations are known to cause ISC and EE tumors instead of mis-differentiation phenotypes. With this interpretation in mind, it is interesting to note that reducing N signaling by exposure to moderate levels (0.5 mM) of the γ-secretase inhibitor DAPT prevents JNK-induced mis-differentiation but occasionally causes ISC and EE tumors [31].

5.4.2 Insulin Receptor (InR) Regulates ISC Proliferation and Asymmetric Division

Throughout life, adult organs continually remodel to variable nutrient and environmental conditions. In the adult *Drosophila* midgut, it has recently been reported that the insulin signaling controls organ resizing through regulating ISCs [32]. The *Drosophila* insulin/insulin growth factor (IGF)-like peptide 3 (dILP3) is up-regulated when food is abundant in the nearby visceral muscle activating the insulin receptor (InR) signal transduction pathway in ISCs to drive midgut growth. The ISCs activated by the InR signaling direct a growth program through two altered modes of behavior: accelerated division rates as well as a switch to symmetric division from asymmetric division. Together, these altered modes result in expansion of ISCs and a net increase in total intestinal cells. The reverse process happens upon withdrawal of food. It is unclear how the InR signaling directly affects ISC proliferation and asymmetric division. One way to achieve these outcomes can be through partial suppression of the N signal transduction pathway (Fig. 5.4). However, activation of the InR signaling by nutrient does not result in mis-differentiation of ISCs as manifested in flies that have elevated JNK signaling. One can envisage two different scenarios. One, the InR signaling may only interface with the N signaling in regulating ISC proliferation and self-renewal but not in ISC commitment and EB differentiation. Alternatively, the InR signaling may control ISC proliferation and asymmetric division through regulating cell adhesion. Dl-N interaction requires cell adhesion because both Dl and N are transmembrane proteins. EBs attach to ISCs in order to let Dl expressed in ISCs to activate the N signal transduction pathway in EBs. E-cadherin (E-cad) has been reported to be required for stable attachment between EBs and ISCs [33, 34]. Choi et al. have demonstrated that nutrient deprivation and reduced insulin signaling suppress ISC proliferation due to prolonged contact between ISCs and newly formed daughter (EBs) [34]. They further showed that the disruption of cell adhesion through down-regulating the cell adhesion molecule E-cadherin (E-cad) can lead to increased ISC proliferation and potential increase in symmetric division [33, 34].

5.4.3 JAK-STAT Signaling Regulates ISC Proliferation and Differentiation

The JAK-STAT signal-transduction pathway also plays a key role in ISC regulation [29, 35–39]. The ligand of the *Drosophila* JAK-STAT signal-transduction pathway is provided by one of three leptin-like (IL-6 family) cytokines called the

Unpaireds (*Upd*, *Upd2*, and *Upd3*) [40, 41]. JAK-STAT signal-transduction pathway is activated in both ISCs and EBs: in ISCs, JAK-STAT signaling regulates ISC proliferation; in EBs, the signaling regulates EB differentiation. JAK-STAT signaling can regulate ISC proliferation and EB differentiation through either independent mechanism or by suppressing N signal transduction pathway (Fig. 5.4).

Cells in the intestine are constantly exposed to numerous insults, from tissue damage to bacterial infection, resulting in a constant turn-over. It was recently shown that these events initially affect differentiated ECs, causing either EC ablation or activated JNK-mediated stress signaling in the ECs [7, 36–38, 42, 43]. The affected ECs signal the stem and progenitor cells to induce compensatory ISC division and differentiation, which is believed to be triggered by the up-regulation of ligands of the JAK-STAT signal transduction pathway. The JAK-STAT ligands, unpaired (Upd, Upd2 and Upd3), are known to be induced in damaged ECs, triggering the activation of the JAK-STAT pathway in ISCs and EBs, resulting in ISC and EB proliferation to replenish the damaged epithelium. Depleting Upd in ECs or blocking the JAK-STAT signaling pathway in ISCs and EB can completely suppress the mitotic response caused by EC damage and render the flies more susceptible to infection, indicating that JAK-STAT signaling is necessary for intestinal regeneration. Interestingly, over-activating JAK-STAT signaling in ISCs and EBs can mimic the proliferation caused by EC damage.

5.4.4 EGFR Signaling Regulates ISC Proliferation

It has recently been reported that the visceral muscle expressed Vein (Vn), one of the EGFR ligands, activates the EGFR signaling pathway in ISCs to regulate ISC proliferation [31, 35, 44]. *vn* knockdown, specifically in the visceral muscle, causes decreased ISC proliferation [31, 44]. Further, several components of the EGFR signaling pathway, including the three ligands of EGFR [Vn, spitz (Spi), and keren (Kn)], are dramatically induced in regenerating gut epithelium induced by cell death, JNK-mediated stress signaling, and pathogenic bacterial infection-mediated gut regeneration [36, 45]. The activated EGFR regulates ISC proliferation through the RAS/RAF/MAPK pathway for epithelial regeneration. The JAK-STAT and EGFR pathways may cross-talk in regulating ISC proliferation. It has been established that ISC proliferation induced by ectopic Upd can be completely inhibited by down-regulating the EGFR signaling in ISCs; and, likewise, ISC proliferation can be suppressed by blocking JAK-STAT signaling by over-expressing the EGFR ligand Vn [45, 46].

5.4.5 Wingless (WG) Signaling Regulates ISC Proliferation

Lin et al. have reported that the circular muscle cells express Wingless (WG) that can cross the basement membrane and activate the WG signal-transduction pathway in ISCs, thereby regulating ISC self-renewal [20]. They demonstrated that the disruption of WG signaling in flies by a mutation of *frizzled* (*fz*), *fz2*, *disheveled* (*dsh*), or *armadillo* (*arm*) can result in slower division of ISCs but with faster turn over than wild-type ISCs. Conversely, by the over-activation of WG signaling (by overexpressing *wg*, expressing constitutively activated *arm*, or generating null ISC clones of *shaggy* (*sgg*)) they observed an increase ISC proliferation that did not disturb ISC differentiation. Using epistatic analysis, Lin et al. further demonstrated that N acts downstream of WG pathway, suggesting that a hierarchy of WG/N signaling pathways controls the balance between the self-renewal and differentiation of ISCs [20]. However, several pieces of evidence dispute this model. First, the loss of *Drosophila Adenomatous polyposis coli* (*Apc*) or *Axin* or the expression of constitutively activated *arm* (arm^{S10}) all activate the WG signal-transduction pathway in the posterior midgut [19]. ISCs that lack *Apc* or *Axin* or that express arm^{S10} exhibit disturbed proliferation, but their N-mediated ISC self-renewal is normal [19]. Second, *wg* is mainly expressed in epithelial cells at the junctions of foregut/midgut and midgut/hindgut [47, 48], and also in a small band of visceral muscle cells of the midgut. It is likely that WG from the small band of visceral muscle cells unlikely regulates the widely distributed ISCs in the midgut.

Taken together, WG signaling may only play a mild role (in comparison with other signals described above) in regulating ISC proliferation and further studies are needed to identify the source of the ligand WG.

5.5 *Drosophila* and Mammalian ISCs: A Comparison

The *Drosophila* midgut is a functional equivalent of the mammalian small intestine. The anatomy and cell renewal in the *Drosophila* midgut is similar to the mammalian small intestine: the intestinal epithelium in both systems is a tube composed of epithelial cells with absorptive and secretory functions; N signaling controls absorptive versus secretory fate decisions in the intestinal epithelium; cell renewal in both systems starts from SCs in the basal cell layer, and the differentiated cells then move toward the lumen. However, it is clear that the SCs in the two systems are regulated in different ways. In the mammalian small intestine, the slowly cycling SCs first generate the rapidly cycling Transit amplifying (TA) daughter cells, which then differentiate into the four terminally differentiated cell types; in the *Drosophila* midgut, the SCs are the only proliferating cells, and rapidly cycling TA cells do not exist.

Recent advances in mammalian SC research suggests that both quiescent (out of cell cycle and in a low metabolic state) and active (in cell cycle and not able to retain DNA labels) SC subpopulations coexist in several tissues [49, 50]. The two kinds of SCs are usually in separate yet adjoining locations and coordinately function not only to preserve stem cell's long-term proliferation potential, but also to provide an emergency supply of progeny for sudden injuries or growth spurts. The mouse small intestine also has two types of SCs, the SCs at the +4 position are slow-cycling and label-retaining [51, 52], whereas the crypt base columnar (CBC) at the crypt base are fast-cycling and non-label-retaining [53, 54]. Both +4 position and CBC SCs give rise to all intestinal epithelial lineages. It has recently been demonstrated that the +4 position SCs could give rise to the CBC SCs and the CBC SCs could also convert into +4 position SCs, suggesting a bidirectional lineage relationship between quiescent and active SCs in intestine [55, 56]. However, a second type of SCs has not yet been identified in the *Drosophila* intestine. It is not known whether two types of SCs also coordinately maintain tissue homeostasis in the adult *Drosophila* digestive system.

Although WG signaling has a role in the *Drosophila* midgut, the function of the WNT signaling in mouse small intestine is quite different from that in the *Drosophila* midgut. WNT signaling regulates SC self-renewal and blocks SC differentiation. Overactivation of the WNT signaling results in the formation of SC tumor; the WG signaling regulates only the SC proliferation and not the SC self-renewal and daughter cell fate determination. The outcome of perturbing WG signaling in the *Drosophila* midgut is much less severe than that observed following perturbations of the WNT signal in the mammalian small intestine.

The Hedgehog (HH)-BMP relay signaling from the crypt or intervillus pocket delivers a long-range signal to both inhibit the formation of crypts and promote the formation of villi in mouse small intestine. No such function for the HH-BMP signaling has been reported to date in the *Drosophila* midgut.

N signaling seems to have opposite functions in stem cells in the mammalian and *Drosophila* intestinal epithelium: blocking N activity in mice causes the depletion of the progenitor cell compartment by promoting differentiation; in the *Drosophila* midgut, it induces overproliferation of SCs due to impaired differentiation. Elevating N signaling leads to expansion of the progenitor cells in the mammalian crypt but induces the SC differentiation in the *Drosophila* midgut.

In the mammalian small intestine, the localization and sorting of SCs, TA cells, and terminally differentiated cells is regulated by the Eph/ephrin signaling. However, signaling pathway(s) that regulate cell distribution in the *Drosophila* midgut have not been identified to date. It will be interesting to find whether the *Drosophila* counterpart of the Eph/ephrin signaling or a different signaling controls the sorting process in the *Drosophila* intestine.

In the mammalian intestine SC system, several SC markers (such as Lgr5, Prominin 1, and Bmi) are currently available, the techniques used to trace SC lineage have been developed, and the SC identities have been well characterized. In the *Drosophila* gut, the SC lineages have been established and several powerful tools are available to perform genetic manipulations in the SCs. The pace of advances in the study of intestinal SCs will be accelerated in the next few years through combining the mouse genetic manipulation and in vitro culture with the powerful *Drosophila* genetic screens.

5.6 Other Adult Stem Cells

In addition to ISCs identified in the posterior midgut, SCs are also identified in other locations of the adult *Drosophila* digestive system (Fig. 5.5).

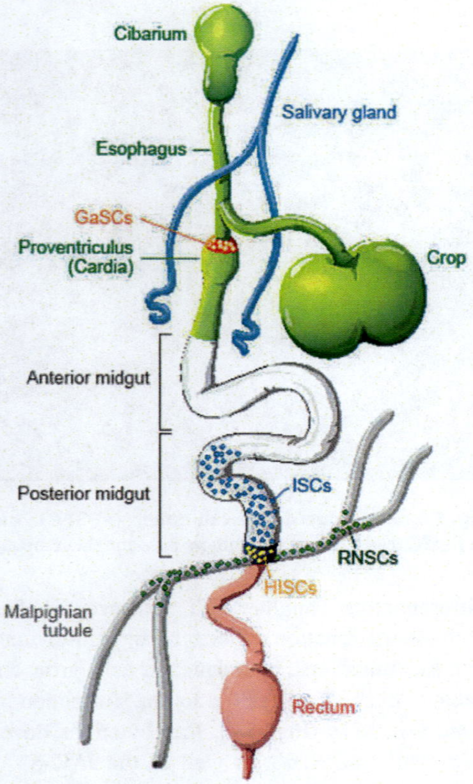

Fig. 5.5 Stem cells in adult *Drosophila* digestive system. Schematic diagram of *Drosophila* digestive system including cardia, anterior midgut, posterior midgut, malpighian tubules, hindgut and rectum. Five types of region and organ-specific multipotent adult stem cells have been identified in the *Drosophila* digestive system: intestinal stem cells (*ISCs*) in the posterior midgut; hindgut intestinal stem cells (*HISCs*) at the midgut/hindgut junction; renal and nephric stem cells (*RNSCs*) in the Malpighian Tubules; type I gastric stem cells (*GaSCs*) at foregut/midgut junction; and type II gastric stem cells (*GSSCs*) at the middle of the midgut

5.6.1 The Multipotent Renal and Nephric Stem Cells (RNSCs) in Malpighian Tubules

The *Drosophila* Malpighian tubules (MTs) are connected to the midgut/hindgut junction and act as the excretory and osmoregulatory organ system (fly kidney). MTs consist of three domains: the ureter, lower tubule, and upper tubule. Multipotent renal and nephric stem cells (RNSCs) were identified in the ureter and lower tubules using a positively marked mosaic lineage-labeling technique and cellular markers [57]. There are ~100 RNSCs in one pair of anterior MTs that express the *esg-lacZ* and *Stat-GFP* (a reporter of the JAK-STAT signaling) markers. RNSCs undergo asymmetric division to give rise to a RNSC and a renal blast (RB). The RB can either differentiate into a mature renalcyte (RC) in the ureter/lower tubule or move toward the distal upper tubule to differentiate into principal and stellate cells [57, 58]. The autocrine JAK-STAT signaling regulates RNSC proliferation and self-renewal. Over-activation of JAK-STAT signaling by overexpressing Upd leads to a dramatic increase in RNSCs. On the contrary, the loss of JAK-STAT signaling function results in premature RNSC differentiation [58]. Further, mutations causing the loss of tumor suppressor *salvador* (*sav*) or *scrrible* (*scr*) or activation of the oncogene Ras can transform normal RNSCs into cancer SC-like cells [30]. In wild-type MTs, each SC generates one self-renewing and one

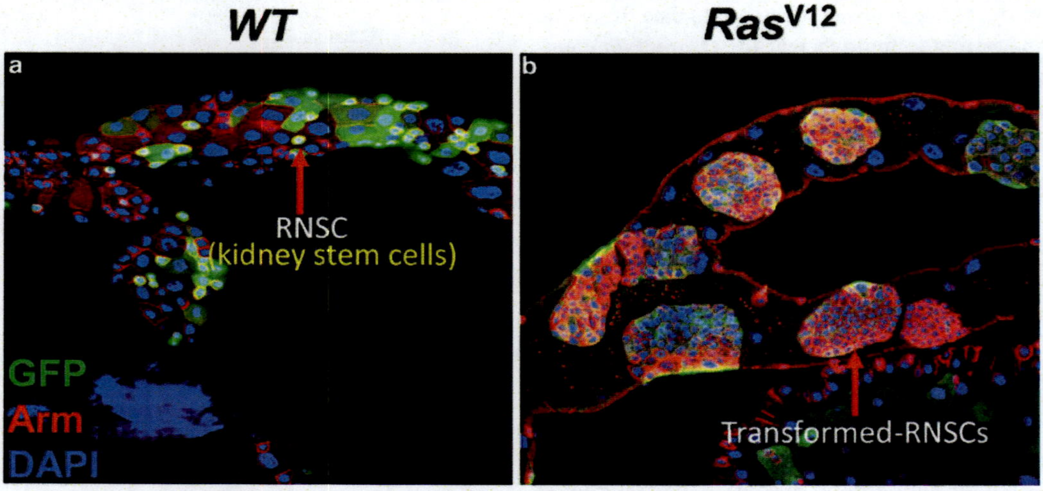

Fig. 5.6 Ras-induced stem cell tumor. (a) GFP labeled RNSC lineage Malpighian tubules. (b) Expression of *Ras*^{v12} in RNSC leads to stem cell tumors in Malpighian tubules

differentiating daughter cell. However, in flies with loss-of-function *sav* or *scrib* or gain-of-function *Ras* mutations, both daughter cells grow and behave like SCs, leading to the formation of tumors in MTs (Fig. 5.6). Ras functions downstream of Sav, Scrib, as well as the JAK-STAT signal transduction pathway in regulating SC transformation. The Ras-transformed SCs exhibited many of the hallmarks of cancer, such as increased proliferation, reduced cell death, failure to differentiate, and enhanced migration, through the up-regulation of Cyclin E, dMyc, DIAP, MMP1, and several other genes. Several signal transduction pathways (including MEK/MAPK, RhoA, PKA, and TOR) cooperatively mediate the function of Ras in the SC transformation.

5.6.2 The Quiescent Hindgut Intestine Stem Cells (HISCs)

The *Drosophila* hindgut is functionally similar to the mammalian large intestine/colon and comprises three structures: the pylorus, ileum, and rectum [6, 59]. Based on lineage tracing and BrdU-labeling experiments, the hindgut intestine stem cells (HISCs) are identified in an anterior narrow segment, named the hindgut proliferation zone (HPZ) [11]. HISCs express the *Stat-GFP* and *Wg* markers. Within the HPZ, the anteriorly expressed WG functions as a niche signal to maintain HISCs in a slow-cycling, self-renewing mode. The slowly proliferating HISCs then gives rise to fast-proliferating progeny similar to TA cells in the mammalian crypt. These fast proliferating cells migrate posteriorly and enter into the posterior of the HPZ where the HH signal drives them out of the cell cycle to the onset of differentiation. However, other studies based on clonal marking and BrdU incorporation have shown no active SCs and little cell turnover in adult hindgut tissue and the adult hindgut is not generated by SCs at the anterior of the pylorus during larval/pupal development [59]. Fox and Spradling further found that the HISCs are quiescent and only proliferate to replenish lost cells in response to severe hindgut epithelium damage.

5.6.3 The Active Adult Gastric Stem Cells (GaSCs) at the Foregut/Midgut Junction

The *Drosophila* cardia (proventriculus) is located at the foregut/midgut junction and functions as a gastric valve. The cardia, anterior midgut, and crop together function as a stomach in *Drosophila*. Using clonal analysis and molecular marker labeling, multipotent gastric stem cells (GaSCs) were identified at the foregut/midgut junction in the cardia (proventriculus) [47]. GaSCs express the *Stat-GFP* and *Wg* markers and are actively dividing (double in ~ every 2 days). GaSCs can generate differentiated daughter cells that migrate either upward to anterior midgut or downward to esophagus and crop. GaSCs have some similar features with HISCs. GaSCs also first give rise to fast-proliferating TA-like cells which then differentiate into terminally differentiated cells. WG signaling regulates GaSC self-renewal, HH signaling regulates GaSC differentiation, and JAK-STAT signaling regulates GaSCs proliferation.

5.6.4 The Quiescent Adult Gastric Stem Cells (GSSCs) at Middle of the Midgut

The adult *Drosophila* copper cells are located in the middle of midgut and function as acid-secreting cells similar to mammalian gastric parietal cells. Multipotent SCs have been recently identified based on cell lineage tracing and genetic analysis [60]. The SCs can produce the acid-secreting copper cells, interstitial cells, and EE cells. Since the copper cells perform part of the stomach functions by secreting acid, the multipotent SCs were also named gastric stem cells (GSSCs). The GSSCs express *escargot* (*esg*) marker and are largely quiescent but can be induced to regenerate the gastric epithelium in response to environmental challenge. WG signaling may regulate GSSC maintenance.

In summary, the *Drosophila* digestive system is maintained by region and organ-specific multipotent SCs. These SCs share certain molecular markers and signaling pathways and yet each has unique properties. STAT-GFP is a marker of ISCs, RNSCs, GaSCs, and HISCs but not GSSCs; ESG is a marker of ISCs, RNSCs, and GSSCs but not HISCs and GaSCs; WG is a marker of HISCs and GaSCs but not ISCs, RNSCs, and GSSCs. JAK-STAT pathway regulates SC proliferation and works in combination with other signals to control SC fates in the four types of digestive SCs (ISCs, RNSCs, HISCs, and GaSCs). The other signals can be different in different SC systems. For example, JAK-STAT signaling mainly collaborates with the N signaling in ISCs [7, 39, 42], with the Ras-Raf signaling in RNSCs [30], with WG and HH signaling in GaSCs [47], and HISCs [48, 59]. Further, each type of SCs has different degree of quiescence. ISCs divide once every 24 h [3, 4], GaSCs divide once every 48 h [47], RNSCs divide once in about 1 week [30, 57], and the quiescent HISCs and GSSCs only divide during stress-induced tissue repair [48, 59, 60]. The uniqueness and diversity of SCs in the *Drosophila* digestive system provides an ideal genetic model system to study SC biology and future studies using the system will pave the way for significant implications of SCS in regenerative medicine to alleviate human health.

5.7 Perspective: Future Direction

The past 6 years have witnessed the discovery of five types of SCs in adult *Drosophila* digestive system and the signal transduction pathways that regulate the behavior of these SCs, uncovering crucial roles of SCs in tissue regeneration and animal aging.

Nevertheless, many open questions remain to be answered. For example, the differentiation of AMPs is in accord with metamorphosis progression that is regulated by morphogenetic hormones like 20-hydroxy ecdysone and juvenile hormone. We still do not know how the hormone signals are connected to AMP differentiation. In adult *Drosophila* posterior midgut, asymmetric N signaling from ISC to EB regulates ISC proliferation and asymmetric division. Dl is only expressed in ISCs and N signaling is only activated in EBs. We still do not know what regulates Dl ISC-specific expression. *N* is expressed in both ISCs and EBs, it is still unclear why the signaling is only activated in EBs. Besides the core N signaling, other signals including InR, JNK, JAK-STAT, EGFR, and WG signals also regulate ISC proliferation, asymmetric division, and differentiation. These signals and N signal must interplay to decide the final outcomes on ISCs. But we still do not know how exactly these signals interact and cross-talk with N signal transduction pathway. For example, InR signaling regulates ISC proliferation and asymmetric division. InR can achieve the outcomes either through directly blocking N signaling at some points in the N signal transduction pathway or through regulating duration of the E-cad-mediated ISC-EB connection. Further studies are necessary to solve this puzzle.

In comparison with ISCs, other four types of SCs have been studied barely. The five types of SCs have unique properties, are at different locations, have varied degrees of quiescence, and are regulated by various signal transduction pathways. Further studies to compare these SCs are necessary and important to fully understand SCs. Particularly, a constitutively activated form of *Ras* (Ras^{V12}) can only transform the fly kidney RNSCs but not other SCs to cancer SC-like cells. The unique backgrounds or combinations of signal transduction pathways may determine the outcomes of individual SCs. Further studies of this phenomenon may help us to understand why some oncogenes or tumor suppressors only affect tumor formation in certain organs. Furthermore, both quiescent and active SC subpopulations coexist in several tissues in mammals. The two kinds of SCs are usually in separate yet adjoining locations and coordinately function not only to preserve long-term proliferation potential of SCs, but also to provide an emergency supply of progeny for sudden injuries or growth spurts. However, the quiescent/active SC pair has not yet been identified in the *Drosophila* digestive system. It is interesting to find out whether such an arrangement exist or not in the *Drosophila*. Nonetheless, we anticipate that the SC research using the adult fly digestive system in next few years will play an important role in our understanding SC biology in general and SC applications in regenerative medicine and cancer treatment.

References

1. Weissman IL (2000) Stem cells: units of development, units of regeneration, and units in evolution. Cell 100(1):157–168
2. Hakim RS, Baldwin K, Smagghe G (2010) Regulation of midgut growth, development, and metamorphosis. Annu Rev Entomol 55:593–608
3. Saric A, Kalafatic M, Rusak G, Kovacevic G et al (2007) Postembryonic development of Drosophila melanogaster Meigen, 1830 under the influence of quercetin. Entomol News 118(3):235–240
4. Slama L, Farkas R (2005) Heartbeat patterns during the postembryonic development of Drosophila melanogaster. J Insect Physiol 51(5):489–503
5. Yamashita Y (2009) Asymmetric stem cell division and pathology: insights from Drosophila stem cell systems. J Pathol 217(2):181–185
6. Xie T (2009) Stem cell in the adult Drosophila hindgut: just a sleeping beauty. Cell Stem Cell 5(3):227–228
7. Jiang H, Edgar BA (2009) EGFR signaling regulates the proliferation of Drosophila adult midgut progenitors. Development 136(3):483–493
8. Mathur D, Bost A, Driver I, Ohlstein B (2010) A transient niche regulates the specification of Drosophila intestinal stem cells. Science 327(5962):210–213
9. Micchelli CA, Sudmeier L, Perrimon N, Tang S et al (2011) Identification of adult midgut precursors in *Drosophila*. Gene Expr Patterns 11(1–2):12–21
10. Micchelli CA (2012) The origin of intestinal stem cells in *Drosophila*. Dev Dyn 241(1):85–91
11. Takashima S, Adams KL, Ortiz PA, Ying CT et al (2011) Development of the *Drosophila* entero-endocrine lineage and its specification by the Notch signaling pathway. Dev Biol 353(2):161–172
12. Takashima S, Younossi-Hartenstein A, Ortiz PA, Hartenstein V (2011) A novel tissue in an established model system: the *Drosophila* pupal midgut. Dev Genes Evol 221(2):69–81
13. Takashima S, Younossi-Hartenstein A, Ortiz PA, Hartenstein V (2011) A novel tissue in an established model system: the *Drosophila* pupal midgut. Dev Genes Evol 221(2):69–81
14. Carel JC, Leger J (2008) Clinical practice. Precocious puberty. N Engl J Med 358(22):2366–2377
15. Issigonis M, Matunis E (2010) Previews niche today, gone tomorrow—progenitors create short-lived niche for stem cell specification. Cell Stem Cell 6(3):191–193
16. King-Jones K, Thummel CS (2005) Nuclear receptors—a perspective from *Drosophila*. Nat Rev Genet 6(4):311–323
17. Minakuchi C, Zhou X, Riddiford LM (2008) Kruppel homolog 1 (Kr-h1) mediates juvenile hormone action during metamorphosis of *Drosophila melanogaster*. Mech Dev 125(1–2):91–105
18. Thummel CS (1996) Flies on steroids—*Drosophila* metamorphosis and the mechanisms of steroid hormone action. Trends Genet 12(8):306–310
19. Lee WC, Beebe K, Sudmeier L, Micchelli CA (2009) Adenomatous polyposis coli regulates *Drosophila* intestinal stem cell proliferation. Development 136(13):2255–2264
20. Lin G, Xu N, Xi R (2008) Paracrine wingless signalling controls self-renewal of *Drosophila* intestinal stem cells. Nature 455(7216):1119–1123
21. Ohlstein B, Spradling A (2007) Multipotent *Drosophila* intestinal stem cells specify daughter cell fates by differential notch signaling. Science 315(5814):988–992

22. Perdigoto CN, Schweisguth F, Bardin AJ (2011). Distinct levels of Notch activity for commitment and terminal differentiation of stem cells in the adult fly intestine. Development 138(21):4585–4595
23. Bardin AJ, Perdigoto CN, Southall TD, Brand AH et al (2010) Transcriptional control of stem cell maintenance in the *Drosophila* intestine. Development 137(5):705–714
24. Knoblich JA (2008) Mechanisms of asymmetric stem cell division. Cell 132(4):583–597
25. Hutterer A, Knoblich JA (2005) Numb and alpha-adaptin regulate sanpodo endocytosis to specify cell fate in *Drosophila* external sensory organs. EMBO Rep 6(9):836–842
26. Le Borgne R, Schweisguth F (2003) Unequal segregation of neuralized biases Notch activation during asymmetric cell division. Dev Cell 5(1):139–148
27. Neumuller RA, Knoblich JA (2009) Dividing cellular asymmetry: asymmetric cell division and its implications for stem cells and cancer. Genes Dev 23(23):2675–2699
28. Rajan A, Tien AC, Haueter CM, Schulze KL et al (2009) The Arp2/3 complex and WASp are required for apical trafficking of delta into microvilli during cell fate specification of sensory organ precursors. Nat Cell Biol 11(7):815–824
29. Beebe K, Lee WC, Micchelli CA (2010) JAK/STAT signaling coordinates stem cell proliferation and multilineage differentiation in the *Drosophila* intestinal stem cell lineage. Dev Biol 338(1):28–37
30. Zeng X, Singh SR, Hou D, Hou SX (2010) Tumor suppressors Sav/Scrib and oncogene Ras regulate stem-cell transformation in adult *Drosophila* malpighian tubules. J Cell Physiol 224(3):766–774
31. Biteau B, Jasper H (2011) EGF signaling regulates the proliferation of intestinal stem cells in *Drosophila*. Development 138(6):1045–1055
32. O'Brien LE, Soliman SS, Li X, Bilder D (2011) Altered modes of stem cell division drive adaptive intestinal growth. Cell 147(3):603–614
33. Maeda K, Takemura M, Umemori M, Adachi-Yamada T (2008) E-cadherin prolongs the moment for interaction between intestinal stem cell and its progenitor cell to ensure Notch signaling in adult *Drosophila* midgut. Genes Cells 13(12):1219–1227
34. Choi NH, Lucchetta E, Ohlstein B (2011) Non-autonomous regulation of *Drosophila* midgut stem cell proliferation by the insulin-signaling pathway. Proc Natl Acad Sci USA 108(46):18702–18707
35. Lin G, Xu N, Xi R (2010) Paracrine unpaired signaling through the JAK/STAT pathway controls self-renewal and lineage differentiation of *Drosophila* intestinal stem cells. J Mol Cell Biol 2(1):37–49
36. Buchon N, Broderick NA, Kuraishi T, Lemaitre B (2010) *Drosophila* EGFR pathway coordinates stem cell proliferation and gut remodeling following infection. BMC Biol 8:152
37. Buchon N, Broderick NA, Poidevin M, Pradervand S et al (2009) *Drosophila* intestinal response to bacterial infection: activation of host defense and stem cell proliferation. Cell Host Microbe 5(2):200–211
38. Cronin SJ, Nehme NT, Limmer S, Liegeois S et al (2009) Genome-wide RNAi screen identifies genes involved in intestinal pathogenic bacterial infection. Science 325(5938):340–343
39. Liu W, Singh SR, Hou SX (2010) JAK-STAT is restrained by Notch to control cell proliferation of the *Drosophila* intestinal stem cells. J Cell Biochem 109(5):992–999
40. Arbouzova NI, Zeidler MP (2006) JAK/STAT signalling in *Drosophila*: insights into conserved regulatory and cellular functions. Development 133(14):2605–2616
41. Harrison DA, McCoon PE, Binari R, Gilman M et al (1998) *Drosophila* unpaired encodes a secreted protein that activates the JAK signaling pathway. Genes Dev 12(20):3252–3263
42. Jiang H, Grenley MO, Bravo MJ, Blumhagen RZ et al (2011) EGFR/Ras/MAPK signaling mediates adult midgut epithelial homeostasis and regeneration in *Drosophila*. Cell Stem Cell 8(1):84–95
43. Amcheslavsky A, Jiang J, Ip YT (2009) Tissue damage-induced intestinal stem cell division in *Drosophila*. Cell Stem Cell 4(1):49–61
44. Xu N, Wang SQ, Tan D, Gao Y et al (2011) EGFR, Wingless and JAK/STAT signaling cooperatively maintain *Drosophila* intestinal stem cells. Dev Biol 354(1):31–43
45. Iordanou E, Chandran RR, Blackstone N, Jiang L (2011) RNAi interference by dsRNA injection into *Drosophila* embryos. J Vis Exp (50):2477
46. Losick VP, Morris LX, Fox DT, Spradling A (2011) *Drosophila* stem cell niches: a decade of discovery suggests a unified view of stem cell regulation. Dev Cell 21(1):159–171
47. Singh SR, Zeng X, Zheng Z, Hou SX (2011) The adult *Drosophila* gastric and stomach organs are maintained by a multipotent stem cell pool at the foregut/midgut junction in the cardia (proventriculus). Cell Cycle 10(7):1109–1120
48. Takashima S, Mkrtchyan M, Younossi-Hartenstein A, Merriam JR et al (2008) The behaviour of *Drosophila* adult hindgut stem cells is controlled by Wnt and Hh signalling. Nature 454(7204):651–655
49. Blanpain C, Fuchs E (2009) Epidermal homeostasis: a balancing act of stem cells in the skin. Nat Rev Mol Cell Biol 10(3):207–217
50. Li L, Clevers H (2010) Coexistence of quiescent and active adult stem cells in mammals. Science 327(5965):542–545
51. Potten CS (1974) The epidermal proliferative unit: the possible role of the central basal cell. Cell Tissue Kinet 7(1):77–88
52. Sangiorgi E, Shuhua Z, Capecchi MR (2008) In vivo evaluation of PhiC31 recombinase activity using a self-excision cassette. Nucleic Acids Res 36(20): e134
53. Cheng H, Leblond CP (1974) Origin, differentiation and renewal of the four main epithelial cell types in the mouse small intestine. V. Unitarian theory of the origin of the four epithelial cell types. Am J Anat 141(4):537–561

54. Barker N, van Es JH, Kuipers J, Kujala P et al (2007) Identification of stem cells in small intestine and colon by marker gene Lgr5. Nature 449(7165): 1003–1007
55. Takeda N, Jain R, LeBoeuf MR, Wang Q et al (2011) Interconversion between intestinal stem cell populations in distinct niches. Science 334(6061): 1420–1424
56. Huang J, Tian L, Peng C, Abdou M et al (2011) DPP-mediated TGFbeta signaling regulates juvenile hormone biosynthesis by activating the expression of juvenile hormone acid methyltransferase. Development 138(11):2283–2291
57. Singh SR, Liu W, Hou SX (2007) The adult *Drosophila* malpighian tubules are maintained by multipotent stem cells. Cell Stem Cell 1(2):191–203
58. Singh SR, Hou SX (2008) Lessons learned about adult kidney stem cells from the malpighian tubules of *Drosophila*. J Am Soc Nephrol 19(4):660–666
59. Fox DT, Spradling AC (2009) The *Drosophila* hindgut lacks constitutively active adult stem cells but proliferates in response to tissue damage. Cell Stem Cell 5(3):290–297
60. Strand M, Micchelli CA (2011) Quiescent gastric stem cells maintain the adult *Drosophila* stomach. Proc Natl Acad Sci USA 108(43):17696–17701

Mechanisms of Asymmetric Progenitor Divisions in the *Drosophila* Central Nervous System

6

Rita Sousa-Nunes and W. Gregory Somers

Abstract

The *Drosophila* central nervous system develops from polarised asymmetric divisions of precursor cells, called neuroblasts. Decades of research on neuroblasts have resulted in a substantial understanding of the factors and molecular events responsible for fate decisions of neuroblasts and their progeny. Furthermore, the cell-cycle dependent mechanisms responsible for asymmetric cortical protein localisation, resulting in the unequal partitioning between daughters, are beginning to be exposed. Disruption to the appropriate partitioning of proteins between neuroblasts and differentiation-committed daughters can lead to supernumerary neuroblast-like cells and the formation of tumours. Many of the factors responsible for regulating asymmetric division of *Drosophila* neuroblasts are evolutionarily conserved and, in many cases, have been shown to play a functionally conserved role in mammalian neurogenesis. Recent genome-wide studies coupled with advancements in live-imaging technologies have opened further avenues of research into neuroblast biology. We review our current understanding of the molecular mechanisms regulating neuroblast divisions, a powerful system to model mammalian neurogenesis and tumourigenesis.

Keywords

Asymmetic cell division • Cell polarity • Neural progenitor • Stem cell • Tumour

R. Sousa-Nunes (✉)
MRC Centre for Developmental Neurobiology, King's College London, New Hunt's House, London, SE1 1UL, UK
e-mail: rita.sousa-nunes@kcl.ac.uk

W.G. Somers (✉)
Department of Genetics, La Trobe Institute for Molecular Science (LIMS), La Trobe University, Kingsbury Drive, Melbourne, VIC 3086, Australia
e-mail: w.somers@latrobe.edu.au

G. Hime and H. Abud (eds.), *Transcriptional and Translational Regulation of Stem Cells*, Advances in Experimental Medicine and Biology 786, DOI 10.1007/978-94-007-6621-1_6,

6.1 Introduction

The central nervous system (CNS) is the animal organ that can attain the greatest variety of cell types, and this has been crucial for the evolution of complex organisms. One mechanism that creates such diversity is the asymmetric division of stem cells to generate two daughters with different fates. Numerous studies over the last 20 years, especially involving the genetic model organisms *Drosophila melanogaster* and *Caenorhabditis elegans*, have resulted in significant advances in the understanding of the molecular mechanisms regulating asymmetric cell divisions. This chapter discusses the molecules and mechanisms involved in the asymmetric cell divisions of *Drosophila* CNS stem cells, called neuroblasts (not to be confused with mammalian cells of the same name, which are progeny of so-called transit amplifying progenitor cells, well advanced along the path to becoming differentiated neurons; [1]).

Drosophila neuroblasts divide asymmetrically to produce daughter cells with distinct sizes and identities. The larger daughter is another neuroblast, thus complying with the stem cell property of self-renewal; the smaller daughter is a transit amplifying progenitor committed to generating differentiated progeny of different identities, thus complying with the second stem cell property of giving rise to multiple cell types. Mitotic neuroblasts possess a variety of asymmetries, including spindle geometry and position, as well as segregation of cell-fate determinants, all coordinated to ensure that the larger daughter cell retains the self-renewing properties of a neuroblast and the smaller daughter cell initiates a transit-amplifying or differentiative program. If the precise balance between self-renewal and differentiation is disrupted, insufficient progeny (in number and/or identity) are formed, with lethal consequences for the animal. What has more recently been appreciated by studying postembryonic neuroblasts of *Drosophila* (larval through to pupal stages) is that tipping the balance towards self-renewal can result in tumours. Larval neuroblast asymmetric divisions have thus emerged as a model for identifying and understanding the role of tumour-suppressor proteins in stem cells. This is of great clinical relevance, not only concerning the origin of neural tumours but also concerning the major cause of cancer-mediated death i.e. metastasis, as many *Drosophila* neuroblast tumours have the ability to metastisize upon allograft (a subject beyond the scope of this chapter but for which the reader is pointed to a few excellent studies and reviews; [2–4]).

6.2 Origins and Development of *Drosophila* Neuroblasts

As in vertebrates, the insect CNS (Fig. 6.1) is derived from an ectodermal epithelium patterned by proneural gene expression as a neuroepithelium. In contrast to vertebrates, the insect neuroectoderm is generated ventrally rather than dorsally and, mostly, does not invaginate as a coherent sheet of cells, but instead is formed by delamination of individual neuroectodermal cells selected by Notch-Delta lateral inhibition to acquire a neuroblast fate [5]. One exception is the optic lobe, which forms in a fashion morphologically more similar to that of the vertebrate neuroepithelium, with invagination of an epithelial sheet, and progenitor expansion via symmetric divisions [6]. The optic lobe neuroepithelium then segregates into two distinguishable epithelia, the so-called inner and outer proliferation centres (IPC and OPC). At late larval stages, cells at the medial edge of the OPC start expressing neuroblast markers and undergo an epithelial-to-mesenchymal transition, gradually depleting the neuroepithelium until its exhaustion [6]. As far as we know now, OPC neuroblasts divide asymmetrically much like other neuroblasts. The formation of IPC neuroblasts has not yet been elucidated in cellular and molecular detail.

During *Drosophila* embryogenesis, approximately 30 neuroblasts per side of a bilaterally symmetric segment (hemisegment) delaminate basally, producing a stereotypic orthogonal array of five rows [7]. Each embryonic neuroblast divides approximately 12 times through self-renewing divisions, decreasing their size with each division [8, 9]. Each asymmetric division generates a larger self-renewing neuroblast and a

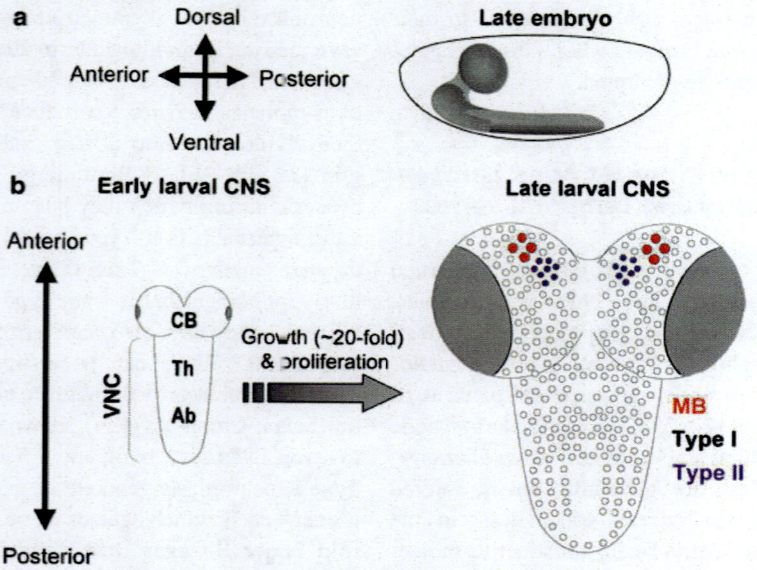

Fig. 6.1 **The *Drosophila* CNS.** (**a**) Schematic representation of the side-view of a *Drosophila* CNS (*grey*) within a late embryo; (**b**) Schematic representation of dorsal views of *Drosophila* larval CNS, highlighting in the early stage schematic the broad regional subdivisions: *OL* optic lobe (*grey*), *VNC* ventral nerve cord, *CB* central brain, *Th* thoracic segments, *Ab* abdominal segments; and, in the late stage schematic, the neuroblasts (*circles*) with distinct proliferation patterns: mushroom body neuroblasts (*red*), Type I neuroblasts (*open circles*) and Type II neuroblasts (*purple*)

smaller so-called ganglion mother cell (GMC), which terminally divides to typically generate two post-mitotic "ganglion cells": neurons or glia. Embryonic neurogenesis gives rise to the larval CNS, although only contributes a mere 5–10 % to the adult CNS. Indeed, most of the adult CNS is generated during postembryonic development, when neuroblasts produce thousands, rather than hundreds, of progeny [10–12]. It is assumed that postembryonic and embryonic neuroblasts are the same cells, although this has only been demonstrated for a couple of lineages using the *eagle-GAL4* driver, the expression of which spans from embryonic to postembryonic stages [13]. Beyond pupal development, neuroblasts are no longer detected, and are thought to be removed through apoptosis or via a terminal differentiative division [14–16]. To date no evidence has indicated that neurogenesis occurs within adult *Drosophila*.

By late embryogenesis most neuroblasts have shrunk from a diameter of ~11 to ~4 μm and become quiescent [9, 12]. Exceptional neuroblasts that do not undergo quiescence are, in each brain lobe, the four so-called Mushroom Body neuroblasts (which generate the largest CNS lineages, involved in olfactory learning and memory) and one ventro-lateral neuroblast. The molecular mechanism underlying this difference in proliferation pattern is currently unknown. Quiescent neuroblasts remain non-proliferative into early larval development, until sustained nutrition triggers signals that reactivate proliferation starting at late first instar [17–19]. Neuroblast reactivation requires nutritional-dependent non-systemic insulin-like peptide signalling from glia [18, 19]. Whether (aspects of) the mechanism of *Drosophila* neural stem cell reactivation is conserved in vertebrates remains to be seen but, like in *Drosophila*, quiescent radial glia are arrested in G1 [20] and present a morphology reminiscent of that of quiescent fly neuroblasts, containing a long cytoplasmic protrusion of unknown function [13, 18, 21]. Compared to embryonic neuroblasts, most larval neuroblasts have a slower rate of proliferation, allowing growth between successive divisions [22, 23]. The possibility for neuroblast growth at postembryonic stages likely contributes to their ability to generate tumours when normal regulatory mechanisms are disrupted.

6.3 Transcriptional Codes: Lineage Identity and Temporal Series

During embryogenesis, neuroblasts are patterned by antero-posterior and dorso-ventral cues. Individual neuroblasts can be identified by position, the morphology of larval neurite bundles and, in some cases, spatio-temporal patterns of gene expression [24, 25]. The combinatorial code of expression that allows identification of embryonic neuroblasts is generally not preserved through to larval stages. Nonetheless, in the postembryonic central brain, a distinctive molecular signature for a few lineages has begun to emerge, which impacts on a distinctive proliferation pattern. Out of a population of around 100 neuroblasts per brain lobe formed during embryogenesis and maintained throughout larval development [26, 27], the vast majority divide in an asymmetric manner indistinguishable from that of embryonic neuroblasts. This means that each postembryonic neuroblast continues to proliferate, generating another neuroblast and a GMC. The same machinery used by embryonic neuroblasts is employed for the asymmetric localisation of fate determinants, including a molecular "signature" consisting of the expression of so-called "neural precursor genes" [28–30]. The molecular and proliferation pattern similarities between ventral nerve cord neuroblasts and the majority of central brain neuroblasts has resulted in these neuroblasts to be collectively referred to as Type I. However, in each brain lobe, eight neuroblasts are different in that they lack expression of the "neural precursor genes" Asense (Ase; a helix-loop-helix transcription factor member of the *achaete-scute* complex) and Prospero (Pros; a homeodomain transcription factor), and give rise to a smaller daughter cell capable of dividing many more times than a GMC. They have been referred to as dorso-medial (DM), posterior Ase-negative (PAN) or Type II neuroblasts—now the consensual name [31–35]. Each Type II neuroblast divides asymmetrically to produce an asymmetrically-dividing intermediate neural progenitors (INPs) that, in turn, undergo 4–10 rounds of asymmetric division to produce GMCs, which then divide once into differentiated neurons or glia [32–34, 36]. INPs undergo a maturation process, during which they become molecularly indistinguishable from Type I neuroblasts although they are smaller (~5–7 μm diameter), but molecularly indistinguishable from Type I neuroblasts, for which they have also been termed "secondary neuroblasts". INPs can be distinguished from Type II neuroblasts by the absence of the transcription factor Klumpfuss (Klu), shown to be sufficient to revert INPs back into Type II neuroblasts [37]. Type II neuroblasts generate an average of ~450 progeny each, which equates to, on average, fourfold larger lineages than Type I neuroblasts, creating up to one quarter of all the cells present in the adult central brain. The larger lineage amplification of Type II neuroblasts through the generation of INPs is very similar to the behaviour of the transit-amplifying cells seen within the developing mammalian brain [38, 39]. The molecular mechanisms responsible for the different proliferative behaviours of Type I and II neuroblasts remain largely unknown. However, misexpression of *ase* in Type II neuroblasts has been shown to abolish Type II characteristics and so appears sufficient to induce a Type I identity; however, downregulation of *ase* in Type I neuroblasts is not sufficient for their conversion into Type II neuroblasts [31, 34]. Suppression of *ase* expression in Type II neuroblasts is regulated by the E26 transformation-specific (Ets) transcription factor Pointed (Pnt) isoform, PntP1, which is also necessary for generating INPs [40]. Conversely, ectopic expression of *pntP1* in Type I neuroblasts is sufficient to induce INP-like progeny cells [40]. Currently the downstream targets of PntP1, necessary for the specification of INP identity, remain unknown. A recent genome-wide transcript-profiling screen identified a relatively small number of genes that are differentially expressed between Type I and II neuroblasts [41]. Further investigation into the function of these genes will hopefully provide important insights into the mechanisms regulating their distinct proliferation patterns.

In addition to lineage-specific combinatorial codes of expression, neuroblasts also sequentially express a series of so-called temporal transcription factors, which constitute the basis of a molecular mechanism linking birth order to neuronal identity. This process was first elucidated in the embryo, but recent work has shown that these (and perhaps other) factors are (re)deployed in larval neuroblasts to an analogous effect. The "Temporal Series" of embryonic neuroblasts consists of the sequential expression of Hunchback (Hb), Krüppel (Kr), Pdm1/Pdm2 (Pdm) and Castor (Cas) [42–45]. GMCs maintain expression of the temporal factor inherited from the sibling neuroblast, and neurons of different identity are generated according to which temporal factor is being expressed [43, 44, 46]. The temporal series has been hypothesised to be an intrinsic counting mechanism, limiting the number of progeny of each identity [13, 47]. At postembryonic stages, progression through the temporal series certainly limits the total number of progeny generated by central brain and thoracic Type I neuroblasts, as it is required for a terminal differentiative division in pupae [15]. The temporal factors are likely to influence neuronal identities to varying degrees between lineages. For example, the anterodorsal projection neuron (adPN) lineage of the antennal lobe requires Kr to specify the temporal identity of a neuroblast, while Hb/Pdm/Cas appear to play no role in specifying fate in this lineage [48]. Whether this internal timer regulates termination exclusively in a cell-autonomous fashion, or whether it leads to a state susceptible to non-autonomous cues, remains to be seen. It is also unknown whether optic lobe neuroblasts employ an identical or merely similar mechanism to end their divisions at approximately the same time.

6.4 Asymmetric Assembly of Protein Complexes

Neuroblasts regulate distinct daughter fates by asymmetrically segregating neural precursor factors into either cell. Most of these factors belong to gene families containing mammalian homologues which exhibit evolutionary conserved functional roles in asymmetric divisions (Table 6.1). In wild-type neuroblasts, protein complexes containing cell-fate determinants begin to asymmetrically localise to the inner face of the plasma membrane, named the cell cortex, from late interphase. Complexes localised to the "apical" cortex (apical with respect to the embryonic neurectoderm) sit at the top of a hierarchy responsible for orchestrating a number of asymmetries in the dividing neuroblast, including restricting other cell-fate determinants to the opposite ("basal") cortex, orientating the mitotic spindle along the apico-basal axis, and regulating daughter cell size asymmetry (Fig. 6.2).

Although cultured neuroblasts can divide asymmetrically, establishment of asymmetric protein localisation in vitro is only observed after mitosis onset, rather than at late interphase. Therefore, although not an absolute prerequisite, in vivo extrinsic cues, possibly from the extracellular matrix, may cooperate with cell-autonomous mechanisms, discussed in this section, for timely establishment of neuroblast asymmetry [91].

6.4.1 Establishing the Apical Par/aPKC Complex

Prior to neuroblast specification, neuroepithelial cells already possess apico-basal polarity [92]. The evolutionarily conserved polarity complex containing the PDZ domain proteins Partitioning-defective 3 (Par-3; in flies called Bazooka, Baz) and Par-6, as well as atypical Protein Kinase C (aPKC), localises to the apical membrane of neuroepithelial cells and is also enriched at adherens junctions [93–98]. As neuroblasts delaminate from the epithelium, the Par/aPKC complex remains associated with the apical cell cortex, including a fine cortical projection known as the "apical stalk" that remains extended into the epithelial cell layer. This complex provides the neuroblast with its first polarity cue, and is essential for recruiting other apical components, namely newly-expressed Inscuteable (Insc), an adaptor protein that cooperates with the Par/aPKC complex to restrict fate determinants to the

Table 6.1 Asymmetrically localised proteins in *Drosophila* neuroblasts and their mammalian orthologues

	Drosophila protein	Mammalian orthologue(s)	Conserved function in cell polarity
Apical	Inscuteable (Insc)	Insc	Regulator of spindle-orientation and cell fate in developing mammalian retina [49] and neocortex [50, 51]. Controls asymmetric division of epidermal progenitors [52]. Interacts with Pard3, Lgn and Ags3 [53].
	Bazooka (Baz)	Pard3/Asip	Regulates asymmetric division of radial glial progenitor cells in developing neocortex [54]. Establishes apico-basal polarity by localising to tight junctions in epithelial cells or adherens junctions [55–57].
	Par6	Pard6α, β, γ	Associates with Cdc42/Rac1 GTPases, Pard3 and PrkCι to regulate epithelial cell polarity [58, 59].
	Atypical Protein Kinase C (aPKC)	Prkcι/λ, ζ	Regulates spindle-orientation during epithelial morphogenesis [60, 61]. Directly interacts with PARD3 [57] and required for the formation of adherens and tight junctions in epithelial cells [62]. PARD6G/PRKCι complex phosphorylates mammalian LGL [63]. Asymmetrically localised in hippocampal neurons [64–66], polarized astrocytes [67], and basal epidermal cells [68].
	Partner of Inscuteable (Pins) also known as Rapsynoid (Raps)	Gpsm2/Lgn, Ags3	Lgn regulates meiotic spindle organisation in oocytes [69], epithelial progenitors [70] and neuroepithelial progenitors [71]. Associates with NuMA, Insc [72, 73] and heterotrimeric G proteins [74]. Ags3 regulates spindle-orientation and asymmetric cell-fate of cerebral cortical progenitors [75].
	G protein α i subunit 65A (Gαi)	Gnai1	Interacts with Lgn [74].
	Mushroom Body Defective (Mud)	NuMA	Involved in spindle pole organisation [76]. Regulates spindle-orientation in developing epidermis [52].
	Canoe (Cno)	Mllt4/af6	Component of apical and tight junctions [77, 78].
	Discs Large 1 (Dlg1)	Dlg1	Regulation of centrosome positioning and cell polarity [79].
	Locomotion Defective (Loco)	Rgs14	Regulator of spindle dynamics [80].
Basal	Miranda (mira)	?	No homologue at the level of primary structure
	Prospero (Pros)	Prox1	Controls progenitor cell proliferation in the retina [81]. Promotes hematopoietic progenitor cell differentiation [82]. Regulates lymphatic cell fate specification [83].
	Staufen (Stau)	Stau1, 2	Functions in delivery of RNAs to dendrites of polarized neurons [84, 85]
	Brain tumor (Brat)	Trim2, 3, 32	Trim32 is asymmetrically localised between daughter cells, regulating both differentiation and maintenance of mouse neural progenitors [86].
	Numb	Numb, Numbl	Asymmetrically localised during cortical neurogenesis [87] and epithelial cell divisions [88]. Maintain neural progenitor cell fate [89, 90].
	Partner of Num (Pon)	?	No homologue at the level of primary structure

basal cortex and to orient the mitotic spindle [99–102]. Insc is first detected in neuroepithelial cells upon commitment to a neuroblast fate, and its misexpression is enough to reorient the mitotic spindle of neuroepithelial cells along the apico-basal axis, converting symmetric divisions into asymmetric ones; the same is observed when adherens junctions are disrupted [92, 103]. *insc* mRNA has

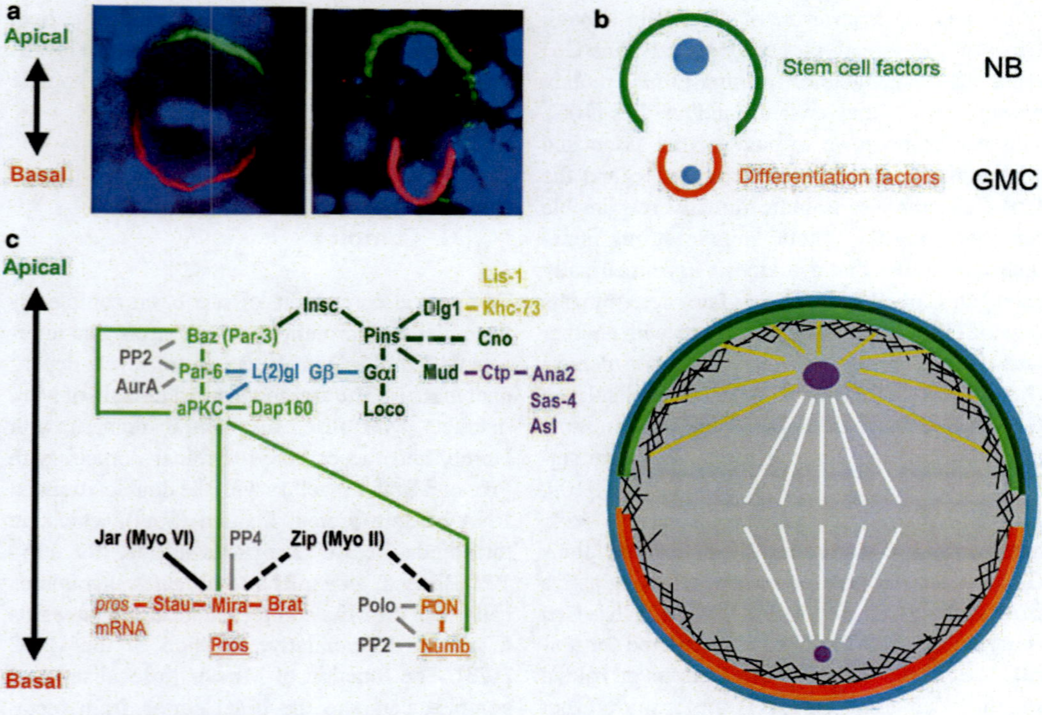

Fig. 6.2 Neuroblast asymmetry during mitosis – protein interaction schematic. (**a**) Two pictures of mitotic neuroblasts, either at metaphase (*left*) or at telophase (*right*), labelled with anti-Insc (*green*), anti-Mira (*red*) and a DNA stain (*blue*); (**b**) Schematic of telophase neuroblast, where green represents apical cortex protein complex (in a transverse section visible as a so-called apical "crescent"), red represents basal cortex protein complexes (basal "crescent") and *blue* represents DNA; *NB* neuroblast, *GMC* ganglion mother cell; (**c**) Protein interactions (described, as well as acronyms, in main text) that contribute to faithful segregation of "stem cell factors" and "differentiation factors" (underlined) between daughter cells upon each neuroblast division; *Dark* and *light green*: apical cortex complex members; *Red* and *orange*: basal cortex complex members; *cyan*, uniformly cortical proteins; *black*, actin microfilaments and actin-binding proteins; *yellow*, astral microtubules and their binding proteins; *purple*, centrosomes and centrosomal proteins; *grey*, cytoplasmic or otherwise localised proteins; *white*, spindle microtubules; *straight lines* represent direct protein-protein interactions; *hatched lines* represent possibly indirect protein interactions

also been detected asymmetrically localised to the apical cortex, though this is not necessary for the correct localisation of the Insc protein [104]. The cell-cycle regulatory complexes of Cdc2/Cyclin-B and -B3 have been shown necessary for the maintenance of this apical complex during metaphase, but not the initial formation during interphase [105]. Disruption of the Par complex leads to incorrect segregation of fate determinants to the basal cell cortex. Incomplete segregation of basal determinants into the GMC is thought to underlie production of two self-renewing daughter cells and the initiation of tumour growth in larvae.

The molecular mechanisms linking cortical polarity and spindle orientation with cell-fate appear to be evolutionary conserved, as mouse Insc has been shown to be necessary for regulating neural progenitor spindle orientation in the developing brain, consequently affecting progeny number [50, 51].

6.4.2 The Apical Pins/Gαi Complex

The Par/aPKC complex in combination with Insc, recruits another complex, containing the tetratricopeptide (TPR) domain protein Partner of Insc

(Pins) and the heterotrimeric G-protein subunit Gαi, to the apical cortex. Cortical Pins/Gαi crescents are capable of forming in *insc* mutant neuroblasts but they arise at random sites [106]. Pins has been shown to bind factors associated with both the cortex and microtubules, and the Pins/Gαi complex is more directly responsible for orientating the mitotic spindle during metaphase, to ensure that cytokinesis asymmetrically segregates basally localised fate determinants into the GMC [107, 108]. Pins, along with another Gαi-binding protein called Locomotion defects (Loco), has been shown to act redundantly as Guanosine nucleotide Dissociation Inhibitors (GDIs) to regulate heterotrimeric G-protein signalling in a receptor-independent fashion [109, 110]. Both Pins and Loco disrupt the inactive Gαβγ heterotrimer by binding Gαi through their Gαi/o–Loco (GoLoco) domains, releasing active Gαi-GDP and Gβγ complexes [109–111]. While Gαi is asymmetrically localised and required for apical localisation of Pins, with a consequent role in spindle orientation, Gβ13F is uniformly present around the cortex and is required for the stability of all apical components and the generation of unequal sized daughter cells through currently unknown means [112]. Another regulator of heterotrimeric G-protein signalling is the Gαi Guanine nucleotide Exchange Factor (GEF) Ric-8 [113, 114]. Disruption of *ric-8* prevents all G-protein subunits from interacting with the neuroblast cortex but controversy remains concerning the exact mechanisms involved [113, 114].

6.4.3 Basally Localised Cell-Fate Determinants

Basally localised factors are asymmetrically segregated into the GMC where they promote a differentiation program. They include the aforementioned transcription factor Pros, the post-transcriptional repressor Brain Tumour (Brat) and the inhibitor of Notch signalling, Numb. Two independent protein complexes colocalise to the basal cortex: one containing Pros and Brat, linked by the adaptor Miranda (Mira) and another containing Numb and its adaptor, Partner of Numb (Pon). Disruption of one complex does not affect the other, nor does it usually interfere with localisation of the apical complexes or mitotic spindle orientation.

6.4.4 The Basal Mira/Pros/Brat Complex

The central component of one basal complex is the coiled-coil protein Mira, a scaffold that interacts with multiple proteins in a cell-cycle dependent manner. The amino-terminal domain of Mira interacts with Insc, the central domain with Numb, and the carboxyl-terminal domain with Pros and Brat, as well as with the double-stranded RNA-binding protein Staufen (Stau), which, in turn binds the 3'UTR of *pros* mRNA [99, 115–122]. Indeed, *pros* mRNA segregates asymmetrically with the Mira complex, cooperating towards a speedy differentiative division of the GMC [123]. The function of Mira is to localise basal complex cargo to the basal cortex from metaphase onwards, which will segregate specifically into the GMC. The significance of Mira binding to Insc and Numb is unclear as their localisation is unperturbed in *mira* mutant neuroblasts. Furthermore, *mira* mRNA is also asymmetrically localised in neuroblasts, but surprisingly on the apical cortex [120, 124]. Newly-synthesised Mira co-localises with Insc at late interphase before rapidly relocalising to the basal cortex from prometaphase [99, 119–122]. It is uncertain whether there is a function for this dynamic displacement of Mira, since its apical localisation has been demonstrated to be dispensable for normal basal localisation in neuroblasts [91].

Following segregation of the Mira/Pros/Brat complex into the GMC, it persists for a while on the GMC cortex until its degradation and/or dissociation releases Pros, allowing its transport into the nucleus [117, 119–122, 125–127]. In the GMC nucleus, Pros acts as a binary switch, both repressing expression of genes required for proliferation and self-renewal (such as *cyclin E*, cdc25/*string*, *E2F*, and the transcription factors *deadpan*, *asense*, *achaete*, *scute*, *snail*, *Hb* and *Kr*) and activating expression of genes required for differentiation (*glial cells missing*, *gilgamesh*, *bangles and beads*) [128–130].

Disruption of apico-basal polarity or spindle orientation can result in inappropriate segregation of Pros into Type I neuroblasts, resulting in ectopic nuclear localisation and consequently a reduction of their proliferative potential [22, 131, 132]. Indeed, forcing Pros into the neuroblasts nucleus can even lead to precocious termination [15] and *pros* misexpression in Type II neuroblasts suppresses proliferation in these lineages; it does not, however, convert them into Type I [31]. Conversely, *pros* downregulation leads to the failure of GMC differentiative divisions; instead, *pros* mutant GMCs continue to express neuroblast markers and undergo self-renewing divisions [123]. This has been observed to lead to larval tumour formation in Type I lineages but not Type II, although it is possible that the neuroblast driver used to express the dsRNA is insufficient to deplete Pros in mature INPs, the cells in these lineages in which *pros* is first transcribed [115, 118, 133]. The evolutionary conserved transcription factor Earmuff (Erm) was recently shown to limit proliferation in Type II lineages by activating *pros* expression in INPs thus preventing their dedifferentiation into Type II neuroblasts [134]. Erm is homologous to human Fez1 and Fez2, and the former is implicated in multiple cancers [135].

The vertebrate orthologue of Pros, called Prox1, has a conserved role in repressing proliferation and promoting differentiation of mammalian neural progenitors [81, 136–138]. Notwithstanding, like with many transcription factors, its role is context-dependent such that Prox1 has been ascribed both oncogenic and tumour-suppressor functions in different human tissues [139–145]. Interestingly, Pros actually maintains the undifferentiated state and promotes mitotic potential of a few *Drosophila* glial precursors, while in human astrocytomas, higher Prox1 levels correlate with worsened prognosis [146, 147].

Mira is also necessary for the asymmetric localisation of the TRIM-NHL protein Brat to the basal cell cortex during metaphase. Brat inhibits self-renewal and promotes differentiation by unknown post-transcriptional mechanisms involving the downregulation of Myc [115]. Brat is also important for the proper apical localisation of aPKC; however, the aPKC mislocalization seen in 40 % of neuroblasts does not account for the neuroblast overgrowth phenotype seen in *brat* mutants [118]. Brat appears to act specifically in Type II lineages, promoting INP maturation [34]. Its absence in larval brains leads to supernumerary neuroblasts at the expense of differentiated neurons, which can be reversed by *pros* misexpression [115, 118, 133]. Analogously, the mammalian Brat orthologue, TRIM32, which asymmetrically segregates between neural progenitor daughter cells, promotes neuronal differentiation, and its mutation leads to progenitor overproliferation [86] In this context, TRIM32 increases the activity of specific microRNAs by binding Argonaute-1 [86].

6.4.5 The Basal Numb/Pon Complex

Numb is an evolutionarily conserved phosphotyrosine-binding (PTB)-domain protein that negatively regulates Notch signalling. It is thought that Numb enhances Notch endocytosis in GMCs, thus promoting their differentiative division [148, 149]. In *Drosophila* neuroblasts, Numb associates with its adaptor Pon, and together constitute a second basally localised protein complex that co-localises and co-segregates with the Mira/Pros/Brat complex. Asymmetric segregation of Numb depends on its N-terminus association with Pon and not on Mira, despite Numb and Mira being able to interact in vitro [121, 150].

Mammalian neurogenesis is similarly regulated by two functionally redundant Numb homologues: Numb (m-Numb) and Numblike (Numbl) [87]. m-Numb protein has been shown to localise asymmetrically in neural progenitor cells found in the ventricular and subventricular zones, segregating into one of the daughter cells [87]. Mammalian Numb homologues appear to play multiple context-dependent roles with regards to regulating neural cell-fate decisions as their disruption has been reported to result in an overproduction of neurons in the forebrain and a loss of proliferating progenitors [89], while another study has reported a reduction in the number of differentiated motoneurons [151].

6.5 Mechanisms Regulating Asymmetric Segregation of Fate Determinants

6.5.1 Getting the Timing Right – Coordination Between Asymmetry and Mitosis

Neuroblasts generate daughter cells with different fates by asymmetrically segregating self-renewing factors such as aPKC and differentiation-inducing factors such as Pros, Brat and Numb into the daughter cells. In addition to being a critical regulator of basal determinants, aPKC is itself a determinant for neuroblast self-renewal [26]. Upstream, the zinc-finger transcription factor Zif has been found to be necessary for both aPKC expression and its apical cortical localisation [152]. Similarly, Dynamin-associated protein 160 (Dap160) is necessary for the apical localisation and to activate the kinase activity of aPKC [153]. Downstream, the targets of aPKC phosphorylation that promote neuroblast self-renewal are yet to be determined. Another reason why aPKC is such a pivotal player in neuroblast asymmetric division is that its own activity is regulated by mitotic kinases and phosphatases, providing a mechanistic link between the neuroblast cell-cycle and asymmetry.

Activation of the mitotic-kinase Aurora (Aur) upon mitosis entry sets off an aPKC phosphorylation cascade, where regulatory protein associations and dissociations confer substrate specificity and culminate in asymmetric localisation of fate determinants (Fig. 6.3). Active Aur phosphorylates Par-6, which in turn activates aPKC to which it is bound, and in this way restricts aPKC activity apically [154]. Apically activated aPKC then controls fate determinant localisation to the opposite cortex by a number of mechanisms. One involves phosphorylation of a mediator cytoskeleton-binding protein called Lethal (2) Giant Larvae (L(2)gl), which results in a conformational change, creating a so-called "inactive" L(2)gl that loses its ability to interact with the cytoskeleton [155]. Whereas "active" L(2)gl localises all around the neuroblast cortex, its phosphorylation by apically localised aPKC leads to its detachment from the Par-6/aPKC complex, allowing Baz association with the complex instead [154].

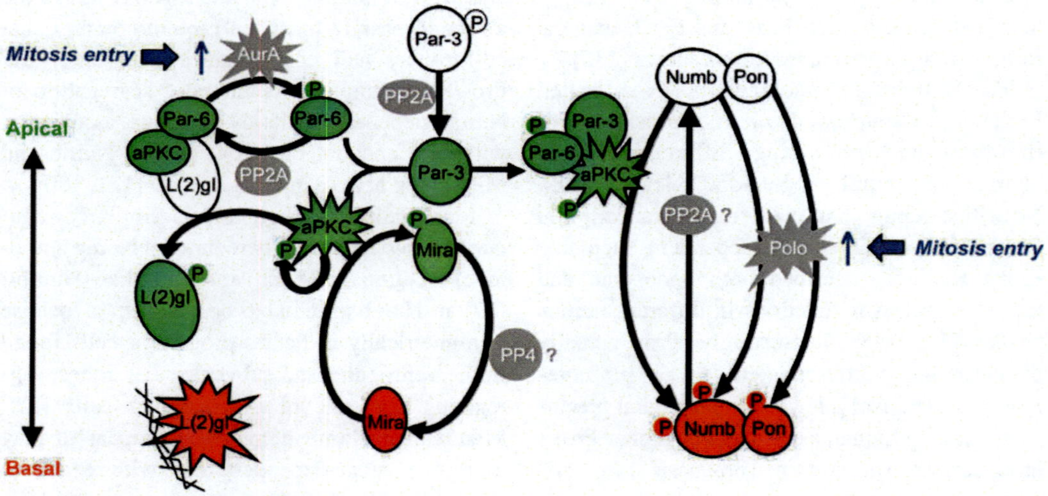

Fig. 6.3 (De)Phosphorylation events regulating neuroblast asymmetry – mechanistic schematic. *green*, apical complex members; *red*, basal complex members; *grey*, uniformly cytoplasmic kinases and phosphatases (upon nuclear envelope breakdown); *white*, specific post-translational modification of asymmetric components that are not necessarily asymmetrically localised; *black mesh*, actin microfilaments; *star-like shapes*, activated forms of proteins; *black arrows*, (de)phosphorylation events; *blue upward arrows*, upregulation of protein activity by mitosis entry; *encircled P*, phosphorylation event(s)

This association with Baz recruits Numb, which is then phosphorylated by aPKC and consequently dissociates from the complex and, therefore, from the cortex. Together, the overall effect of this cascade is the stabilisation of Numb on the basal cortex [88, 148, 149, 154].

Phosphorylation of L(2)gl by aPKC, as well as direct phosphorylation of Mira, is necessary for regulating the basal targeting of Mira and its cargo. Restriction of "active" / cortical L(2)gl to the basal cortex, localises Mira through mechanisms discussed below, involving both actin microfilaments and myosin activity. As for the suggestion of a direct mechanism, aPKC can phosphorylate Mira and dephosphorylation step(s), possibly involving the Protein Phosphatase 4 (PP4), are required for basal localisation of Mira [132, 156]. The targets of PP4 relevant for this process remain unknown, but Mira and PP4 have been shown to form a complex in vivo [132]. Therefore, it is possible that newly-translated Mira is released from the apical cortex following phosphorylation by aPKC, and is then antagonised in the cytoplasm via dephosphorylation by PP4, promoting its association with the cortex again, the net effect being an apical-to-basal translocation of Mira [157]. Furthermore, the G1 cyclin, Cyclin E (CycE) has been identified to promote neuroblast fate, through what appears to be a cell-cycle independent function. CycE can be found in a complex with Pros, and functions to inhibit the transcription factor activity of Pros by promoting its cortical localisation and by affecting Mira expression [158]. Whether this regulatory interaction involves phosphorylation of Pros remains to be determined.

In addition to phosphorylation, ubiquitination, possibly through the activity of the E3 ubiquitin ligase Anaphase Promoting Complex/Cyclosome (APC/C), is also necessary for the correct targeting or tethering of the Mira complex to the basal cortex [159]. Attenuating the activity of the APC/C complex results in the accumulation of the Mira to the pericentrosomal region, but whether this is a result of a direct disruption to ubiquitination or some other APC/C–dependent function remains to be determined.

The mitotic kinase Polo also regulates the asymmetric segregation of the Numb/Pon complex via direct phosphorylation of both proteins [160, 161]. Phosphorylation of Pon restricts Numb localisation to the basal cortex and its segregation into the GMC where it inhibits Notch signalling. Excess phospho-Numb is capable of inducing ectopic neuroblasts specifically within the Type II lineages, which is counteracted by the homologue of mammalian Nedd2-like caspase, involving an unknown apoptosis-independent mechanism [160].

In wild-type neuroblasts correct aPKC activity requires both appropriate activation as well as inactivation. The catalytic subunit of Protein Phosphatase 2A (PP2A), Microtubule star (Mts), has been identified to form a protein complex with Par-6 and act to dephosphorylate Aur-targeted phosphorylation, resulting in a suppression of aPKC signalling [162]. The PP2A subunit Twins can complex with aPKC, excluding it from the basal cortex [163]. The PP2A complex also regulates Baz by direct dephosphorylation [164]. Loss of PP2A leads to a mislocalisation of phosphorylated Baz and, in some instances, a complete reversal of apico-basal polarity of embryonic neuroblasts [164]. Furthermore, evidence strongly suggests the PP2A complex antagonises Polo-mediated Numb phosphorylation [160].

6.5.2 Telophase-Rescue – An Opportunity for Corrections

Although disruption of apical or other mediator proteins can lead to the mislocalisation of basal cell fate determinants during metaphase, another mechanism has evolved to act during ana/telophase to correct the localisation of misplaced cell fate determinants [100, 165]. The phenomenon known as "telophase rescue" requires the activity of the snail family of transcriptional repressors, Snail, Escargot and Worniu [166]. The snail family is involved in two separate asymmetry-controlling events; an *insc*-dependent event, regulating *insc* expression and, consequently stability of Baz, as well as an *insc*-independent pathway that functions during ana/telophase [166]. In addition, telophase rescue specifically of the Mira complex requires the membrane-associated guanylate kinase protein Discs Large 1 (Dlg1) as well as the orthologue of the mammalian Tumor Necrosis Factor (TNF) and its ligand Eiger (Egr) [106, 167], although the precise molecular mechanisms involved are yet to be determined.

6.5.3 Actomyosin-Mediated Asymmetric Protein Localisation

Currently it is still unclear how cell fate determinants are transported through and/or anchored to the cytoskeleton. Evidence suggests that the mechanism depends on actin and myosin but not on microtubules or vesicular trafficking [91, 106, 122, 126, 150, 168, 169]. An intact actin-cytoskeleton is required for the asymmetric localisation of Insc, Mira, Pros and Numb but not for their association with the cortex [91, 122, 150]. On the other hand, although microtubules are not required for the asymmetric localisation of any of the apico-basal complexes, they do cooperate with actin to tether Insc to the cell cortex: Actin depolymerisation leads to uniformly-cortical Insc whereas depolymerisation of both actin filaments and microtubules leads to cytoplasmic Insc [91].

The actin-cytoskeleton may regulate cortical polarity through localisation of the small Rho-GTPase Cdc42. Cdc42 has been found to be enriched at the apical neuroblast cortex, recruited in its GTP-bound form by Baz; Cdc42 then promotes aPKC activity both by recruiting Par-6/aPKC to the apical cortex and by relieving Par-6 mediated suppression of this activity [170, 171].

Myosin actin motors have also been implicated in the targeting of cell-fate determinants to the basal cortex. Non-muscle Myosin II (the heavy chain being called Zipper, Zip, in flies) is enriched at the apical cell cortex during metaphase [172]. This localisation is dependent upon L(2)gl inactivation at the apical cortex [172, 173]. Time-lapse imaging of neuroblast progression from metaphase to anaphase suggests that Zip migrates along the cortex to the equator before localising at the cytokinetic cleavage furrow. As Zip migrates, cell-fate determinants also migrate ahead of it, displaced from the apical to the basal cortex through an action described as "pushing" [172]. The Rho kinase inhibitor Y-27632, which blocks Myosin II phosphorylation and activity apparently disrupts basal crescent formation, but concerns have been raised about interpretation of this result as this drug has since been found to be a potent inhibitor of aPKC [156]. Nonetheless, basal crescents are also disrupted in mutants for the gene encoding Myosin II light chain (in flies called *spaghetti squash, sqh*) [172]. Interestingly, the *l(2)gl* mutant phenotype can be suppressed by reducing the levels of *zip*, suggesting that L(2)gl promotes actomyosin-dependent protein targeting [165, 174].

Unconventional Myosin VI (in flies called Jaguar, Jar) has also been implicated in the asymmetric localisation of Mira and spindle alignment. Jar directly binds Mira and is necessary for its basal targeting [175]. Directed cytoplasmic transport of Mira, underpinned by polarised actin filaments, could be one mechanism involved in establishing polarised cortical crescents; however, this is as yet undemonstrated.

6.5.4 Does PI3K Signalling Interact with Cell Asymmetry?

One proposal for the mechanism responsible for establishment and maintenance of polarised cell-fate determinants in neuroblasts involves the phosphoinositide family of membrane lipids. Baz can directly bind Phosphoinositides and, thus, the plasma membrane, and it has been shown to colocalise with the lipid phosphatase Phosphatase and Tensin Homolog (PTEN) at the apical cortex [176, 177]. PTEN converts Phosphatidyl-Inositol-3,4,5-tris-Phosphate (PIP_3) into Phosphatidyl-Inositol-4,5-bis-Phosphate (PIP_2), whilst the reverse reaction is catalysed by Phosphatidyl-Inositol 3-Kinase (PI3K); both enzymes are frequently implicated in the control of growth and proliferation, the former as a tumour suppressor and the latter as an oncogene. However, apico-basal polarity is not disrupted in neuroblasts mutant for *Pten* or for genes encoding the catalytic subunit of PI3K or its downstream effector, the serine/threonine kinase Akt1 ([178]; L.Y. Cheng and A. P. Gould, pers. comm.). Nonetheless, a recent observation revealed a startling functional interaction between the interrelated PI3K and Target of Rapamycin (TOR) pathways and another apical complex component, Pins. In *pins* single mutants, neuroblasts frequently present misaligned spindles with respect to apico-basal complexes, but the central brain actually has fewer neuroblasts than wild-type; this contrasts with mutants for other asymmetric fate determinants such as *pros* that develop larval brain neoplasms in situ [107, 115, 118, 133]. However, *pins* larval brain allografts do lead to malignant neoplasms [2]. The latest surprise was that the "potential tumour suppressor activity" of *pins* was uncovered by inhibiting the growth promoters PI3K or TOR [179]. However, the mechanism and functional significance of this interrelation is not yet understood.

6.5.5 Linking Cortical Polarity with Mitotic Spindle Orientation

Coupling spindle orientation with cortical polarity is essential for accurate segregation of cell-fate determinants and the maintenance of an appropriate balance between self-renewal and differentiation. During the very first neuroblast division, following delamination, the apical protein domain is responsible for a 90° rotation of the mitotic spindle such that one spindle-pole sits beneath the apical cortex and the spindle axis changes from antero-posterior to apico-basal [180]. In subsequent embryonic and larval neuroblast divisions, the mitotic spindle is assembled already aligned along the apico-basal axis and rotation is not necessary [181, 182]. A constant spindle orientation in consecutive divisions results in continual budding of GMCs from the same cortical location [23, 102, 183]. Although some apical complex members have roles in both cortical polarity and spindle-orientation, certain mutants demonstrate that the mechanisms responsible for each are separable. For instance, both *aPKC* and *Par6* mutant neuroblasts display disruption to apico-basal polarity without perturbed spindle orientation [184]. Conversely, disruption of factors including the NuMA-related Mushroom body defective (Mud), which interacts with the Pins/Gαi complex, the dynein/dynactin protein Lissencephaly-1 (Lis-1), and various centrosomal components (discussed next) lead to spindle orientation defects without affecting cortical polarity [131, 185]. Furthermore, these cell-autonomous mechanisms responsible for regulating cortical and mitotic spindle polarity within embryonic neuroblast can be uncoupled from mechanisms that orientate neuroblast polarity with respect to the overlying epithelium [186]. The orphan G-protein coupled receptor (GPCR) of the rhodopsin family Trapped in Endoderm 1 (Tre1) appears to act downstream of extracellular signals and is necessary for the local activation of Gαo and recruitment of Pins-Gαi complexes to the apical cortex, thus ensuring neuroblast polarity is correctly aligned perpendicular to the overlying epithelium [186].

Alignment of the mitotic-spindle along the apico-basal axis involves a two-step mechanism; an initial step involving centrosomes that initiate assembly of the mitotic spindle in alignment with cortical polarity, and a later spindle-cortex interaction that refines the alignment [181, 182]. If the spindle-axis is uncoupled with cortical polarity, daughter cell fate can be disrupted and is determined by the ratio of apico-basal determinants inherited [131].

6.5.6 Centrosome-Directed Polarity

Centrosomes function as major microtubule-organizing centres (MTOC) of cells and are recognised as critical regulators of spindle-orientation and tumourigenesis [187]. Surprisingly however, despite participating in neuroblast spindle orientation, asymmetric division of neuroblasts can proceed in their absence [188]. Recent live-imaging studies have highlighted various asymmetric properties of centrosomes during neuroblast divisions. One centrosome is larger and, acting as the major neuroblast MTOC, remains fairly stationary beneath the apical cortex, maintains its pericentrosomal material (PCM), and nucleates many astral microtubules. The other centrosome is smaller, moves extensively throughout the cytoplasm before positioning itself at the opposing end of the cell, loses all PCM, and is inherited by the GMC [23, 181, 182]. The large immotile centrosome associated with the apical cortex plays a role in maintaining a consistent apico-basal polarity between successive rounds of neuroblast division, determining spindle axis prior to spindle formation and also specifying the cortical site where apical complexes should reassemble [23]. An elegant study using time-lapse imaging and temporary ablation of astral microtubules demonstrated that the apical centrosome confers memory of polarity between successive divisions. Transient colcemid-induced microtubule depolymerisation of the interphase aster results in the release of the apical centrosome from the cortex, erasing recapitulation of previous spindle orientation. Removal of the depolymerising drug during mitosis restores microtubule dynamics; however the spindle axis becomes randomised. The new location of the apical centrosome is then fixed and maintained in subsequent asymmetric divisions [189]. It was noted that mutants lacking (or possessing severely compromised) centrosomes or astral microtubules (as in mutants for the centriolar proteins *Sas-4* or *asterless*, *asl*) do not randomize spindles to the same extent as drug depolymerisation, suggesting that non-centrosomal microtubules are also important regulators of spindle orientation memory [188–190].

At the heart of each centrosome exists a pair of centrioles. Recent studies have revealed that the two centrioles are not equivalent and behave differently during asymmetric divisions of neuroblasts. Live imaging revealed that the daughter centriole is preferentially retained at the apical cortex and inherited by the self-renewing daughter cell, while the mother centriole is consistently inherited by the GMC [23, 181, 182, 191, 192]. Although the mechanisms regulating the asymmetric nature of the centrioles are poorly understood, the PCM component Centrosomin (Cnn) has been seen to be down-regulated on the mother centriole shortly after centriole separation, resulting in a loss of PCM and a smaller basal centrosome [191]. Whether the inheritance of self-renewing properties is primarily controlled by the inheritance of the daughter centriole remains to be determined but asymmetric inheritance of centrosomes also occurs in other stem cell populations, including the male germline stem cells of *Drosophila* [193] and mouse radial glia [194], so it is likely to have biological significance.

6.5.7 Astral Microtubules and Spindle Orientation

In addition to the apical centrosome roles, other pathways link cortical polarity to spindle orientation. One of these pathways involves the Pins/Gαi complex and the Mud protein. *mud* mutant neuroblasts have normal cortical polarity but are unable to correctly orientate the mitotic spindle [195–197]. Pins interacts directly with Mud, which is localised to the apical cortex, spindle poles and spindle microtubules [195–197]. Intramolecular interactions between the GoLoco and TPR domains of Pins regulate the Pins-Mud interaction and restrict their localisation to the apical cortex [198]. The Gαi-Pins-Mud pathway is proposed to orientate the spindle by maintaining a pulling force between the apical cortex and the apically localised centrosome through interactions with the Dynein-Dynactin complex [199]; however this remains to be confirmed. In addition, the centriolar protein Ana2 is also required for correct Mud localisation. Ana2 localises Mud by interacting with the dynein light chain protein Cut up (Ctp) independently of the Pins/Gαi complex [200]. The PDZ-domain protein Canoe (Cno) also regulates spindle alignment by recruiting Mud to the apical cortex [201]. Cno localises to the apical cortex during metaphase and directly interacts with Pins [201]. Recently, Cno was shown to promote the cortical localisation of Mud by interacting with the GTP-bound form of Ran GTPase [202], although the exact mechanism involved is undetermined.

Furthermore, a pathway involving astral-microtubules, Dlg1 and the plus-end directed microtubule motor protein, kinesin heavy chain 73 (Khc-73), is involved in linking the mitotic spindle with cortical polarity. Astral microtubules possessing Khc-73 localised to the plus-ends can induce the formation of Dlg1-Pins-Gαi crescents independently of the Par complex [106]. The mitotic kinase Aur also activates the Pins/Dlg1/Khc-73 spindle orientation pathway by phosphorylating the evolutionarily conserved central linker region of Pins [203].

6.6. Spindle Geometry and Daughter Cell Size

One striking feature of neuroblast divisions is the generation of asymmetrically sized daughter cells. The self-renewing daughter cell is larger than the daughter GMC, which is primarily the result of mechanisms regulating spindle geometry. Prior to anaphase the mitotic spindle is symmetric and the metaphase plate assembles in the centre of the cell [180, 204]. During anaphase the apical microtubules enlarge, while the basal microtubules shrink, resulting in displacement of the cleavage plane closer to the basal cortex pole. Mitotic spindle asymmetry and unequal daughter size is controlled by two parallel pathways involving the apical aPKC/Par and Pins/Gαi complexes [204]. The activity of just one of these pathways is sufficient to generate an asymmetric spindle and unequal sized daughter cells, while the simultaneous disruption to both pathways results in symmetrical divisions [112, 204, 205]. Equal sized daughter cells are also produced in *Gβ13F* and *Gγ1* mutants, suggesting the Gβγ complex acts upstream of both apical pathways [112, 205, 206].

Basal displacement of the cleavage furrow also involves Pins-mediated localisation of proteins normally found associated with cleavage-furrows, including the kinesin-like protein Pavarotti (Pav), the actin-binding protein Anillin/Scraps (Scra) and Zip, to the basal cortex of anaphase neuroblasts [207]. These proteins act in parallel with the mitotic spindle to position the basally displaced cleavage-furrow. This so-called "basal furrow domain" has recently been shown to function in the asymmetric positioning of the cleavage furrow by inhibiting cortical extension specifically on the basal side [208]. It has been proposed that the Gβγ complex functions to localise the basal furrow domain, explaining the symmetrically sized divisions observed in *Gβ13F* mutants [208]. The targets of the heterotrimeric G-protein signalling in neuroblast divisions remain to be identified.

6.7 Existence of a Neuroblast Niche

Many studies in *Drosophila* have provided insights into intrinsic and extrinsic mechanisms regulating stem cell proliferation, self-renewal and differentiation. In particular germline, haematopoietic and intestinal stem cell populations have all been shown to be regulated by signals produced by a microenvironment known as a niche [209–211]. Similar niche-stem cell interactions have been identified in various mammalian tissues including the epidermis [212], intestine [213], bone marrow [214] and nervous system [215].

We have mentioned studies of cultured neuroblasts, which reveal unknown extrinsic signals produced by the overlying epithelial cells that are important for setting up cell asymmetry at late interphase. These signals also appear to be involved in coordinating the orientation through multiple rounds of divisions, ensuring the generation of a coherent set of progeny, perhaps ideally positioned for future cellular interactions. Indeed, isolated neuroblasts are unable to maintain the apical centrosome at a fixed cortical position, resulting in a different spindle orientation with each division, and budding-off GMCs at sites all around the cortex [216].

Unlike embryonic neuroblasts, larval neuroblasts are not associated with a polarised ectoderm, but do make physical contact with glial cells [217–219]. CNS glia produce the Insulin-like peptides necessary for diet-dependent neuroblast exit from quiescence [18, 19], along with Jelly-Belly (Jeb) ligand for Anaplastic Lymphoma Kinase (Alk) that promotes diet-independent proliferation of late larval neuroblasts [220]. Whether at diet-sensitive or diet-insensitive stages, these pathways converge on PI3K signalling to influence neuroblast proliferation. What has not been demonstrated is a role for the glial niche in neuroblast asymmetry regulation, though the recent functional interaction between Pins and PI3K or TOR signalling is tantalising, and so is the observation of polarised PTEN and phosphoinositides.

6.8. Genome-Wide Investigations of Asymmetric Division

Although a large number of factors have been identified and intensely studied over the years, there remains much to understand regarding the mechanisms regulating cell-fate decisions of *Drosophila* neuroblasts. Recently, genome-wide studies have been conducted to identify other factors important for the asymmetric division of neuroblasts; namely, a genome-wide RNAi screen has identified new candidate players regulating the balance between self-renewal and differentiation [221]. This screen identified 620 genes with predicted functions in a broad range of biological functions; including chromatin remodelling, DNA replication, kinetochore/spindle assembly, protein degradation and splicing. Another study examined the transcriptional profiles of a number of mutants to identify genes with enriched expression within neuroblasts or neurons, or were differentially expressed between Type I/II lineages [41]. From this study, numerous evolutionarily conserved genes, enriched for functions in cell-cycle regulation and ribosome biogenesis, were found to have an elevated expression in neuroblasts. RNAi knock-down experiments suggest that many are essential for maintaining neuroblast homeostasis but further. Further investigations into the function of these genes are necessary for a more thorough understanding of asymmetric division and cell-fate choices.

6.9. Larval Neuroblasts as a Cancer Stem Cell Model

As alluded to throughout this text, disruptions to asymmetric segregation of neural stem cell fate determinants can result in both daughter cells remaining proliferative, leading to neuronal deficiency and/or the formation of brain tumours. These severe consequences have likely led to evolutionary pressure towards selecting for the numerous and highly redundant mechanisms described that strive to achieve the remarkable fidelity of neuroblast asymmetric division.

The *Drosophila* larval brain is now an established model for understanding the mechanisms of stem cell self-renewal and tumourigenesis. Transplantation studies have revealed that ablation of certain apical components (*pins*), basal cell fate determinants (*mira*, *pros*, *numb*), cell-cycle regulators (*aur* and *polo*), and asymmetry-mediator proteins (*dlg1* and *l(2)gl*), result in metastatic tumour formation [2, 222]. These tumours possess a mixture of cell-types including self-renewing Mira-positive neuroblasts and Pros-positive differentiated cells. The tumourous brain tissue can be maintained indefinitely through serial-transplantation into the abdomen of host flies. Within the abdomen the brain tissue rapidly proliferates and has the potential to invade other tissues and eventually kill the host [2]. The serially transplanted tumour tissue develops characteristic signs of metastatic tumours including genome instability and centrosome amplification. Whilst centrosome amplification is sufficient to initiate tumourigenesis in flies [223], genome instability is not required for metastatic tumour formation [222]. Continued exploration of this exciting field promises much, both regarding further fundamental biological insights and towards mitigation of human disease.

Acknowledgements We are grateful to Alex Gould, Yuu Kimata and Hongyan Wang for helpful comments on the manuscript. RSN was supported by the Medical Research Council and is presently supported by Cancer Research UK; WGS is supported by a NHMRC Peter Doherty Australian Biomedical Fellowship (520307).

References

1. Westphal M, Lamszus K (2011) The neurobiology of gliomas: from cell biology to the development of therapeutic approaches. Nat Rev Neurosci 12(9):495–508
2. Caussinus E, Gonzalez C (2005) Induction of tumor growth by altered stem-cell asymmetric division in Drosophila melanogaster. Nat Genet 37(10):1125–1129
3. Januschke J, Gonzalez C (2008) Drosophila asymmetric division, polarity and cancer. Oncogene 27(55):6994–7002

4. Woodhouse E, Hersperger E, Shearn A (1998) Growth, metastasis, and invasiveness of Drosophila tumors caused by mutations in specific tumor suppressor genes. Dev Genes Evol 207(8):542–550
5. Campos-Ortega JA (1993) Mechanisms of early neurogenesis in Drosophila melanogaster. J Neurobiol 24(10):1305–1327
6. Egger B, Boone JQ, Stevens NR, Brand AH et al (2007) Regulation of spindle orientation and neural stem cell fate in the Drosophila optic lobe. Neural Dev 2:1
7. Campos-Ortega JA, Hartenstein V (1997) The embryonic development of *Drosophila melanogaster*. Springer, Berlin
8. Bossing T, Udolph G, Doe CQ, Technau GM (1996) The embryonic central nervous system lineages of Drosophila melanogaster. I. Neuroblast lineages derived from the ventral half of the neuroectoderm. Dev Biol 179(1):41–64
9. Hartenstein V, Rudloff E, Campos-Ortega JA (1987) The pattern of proliferation of the neuroblasts in the wild-type embryo of Drosophila melanogaster. Roux Arch Dev Biol 196:473–485
10. Datta S (1995) Control of proliferation activation in quiescent neuroblasts of the Drosophila central nervous system. Development 121(4):1173–1182
11. Prokop A, Technau GM (1991) The origin of postembryonic neuroblasts in the ventral nerve cord of Drosophila melanogaster. Development 111(1): 79–88
12. Truman JW, Bate M (1988) Spatial and temporal patterns of neurogenesis in the central nervous system of Drosophila melanogaster. Dev Biol 125(1):145–157
13. Tsuji T, Hasegawa E, Isshiki T (2008) Neuroblast entry into quiescence is regulated intrinsically by the combined action of spatial Hox proteins and temporal identity factors. Development 135(23): 3859–3869
14. Bello BC, Hirth F, Gould AP (2003) A pulse of the Drosophila Hox protein abdominal-A schedules the end of neural proliferation via neuroblast apoptosis. Neuron 37(2):209–219
15. Maurange C, Cheng L, Gould AP (2008) Temporal transcription factors and their targets schedule the end of neural proliferation in Drosophila. Cell 133(5):891–902
16. Siegrist SE, Haque NS, Chen CH, Hay BA et al (2010) Inactivation of both Foxo and reaper promotes long-term adult neurogenesis in Drosophila. Curr Biol 20(7):643–648
17. Britton JS, Edgar BA (1998) Environmental control of the cell cycle in Drosophila: nutrition activates mitotic and endoreplicative cells by distinct mechanisms. Development 125(11):2149–2158
18. Chell JM, Brand AH (2010) Nutrition-responsive glia control exit of neural stem cells from quiescence. Cell 143(7):1161–1173
19. Sousa-Nunes R, Yee LL, Gould AP (2011) Fat cells reactivate quiescent neuroblasts via TOR and glial insulin relays in Drosophila. Nature 471(7339): 508–512
20. Salomoni P, Calegari F (2010) Cell cycle control of mammalian neural stem cells: putting a speed limit on G1. Trends Cell Biol 20(5):233–243
21. Suh J, Jackson FR (2007) Drosophila ebony activity is required in glia for the circadian regulation of locomotor activity. Neuron 55(3):435–447
22. Kitajima A, Fuse N, Isshiki T, Matsuzaki F (2010) Progenitor properties of symmetrically dividing Drosophila neuroblasts during embryonic and larval development. Dev Biol 347(1):9–23
23. Rebollo E, Roldan M, Gonzalez C (2009) Spindle alignment is achieved without rotation after the first cell cycle in Drosophila embryonic neuroblasts. Development 136(20):3393–3397
24. Berger C, Urban J, Technau GM (2001) Stage-specific inductive signals in the Drosophila neuroectoderm control the temporal sequence of neuroblast specification. Development 128(17): 3243–3251
25. Urbach R, Schnabel R, Technau GM (2003) The pattern of neuroblast formation, mitotic domains and proneural gene expression during early brain development in Drosophila. Development 130(16): 3589–3606
26. Lee CY, Robinson KJ, Doe CQ (2006) Lgl, Pins and aPKC regulate neuroblast self-renewal versus differentiation. Nature 439(7076):594–598
27. Urbach R, Technau GM (2004) Neuroblast formation and patterning during early brain development in Drosophila. BioEssays News Rev Mol Cell Dev Biol 26(7):739–751
28. Benito-Sipos J, Estacio-Gomez A, Moris-Sanz M, Baumgardt M et al (2010) A genetic cascade involving klumpfuss, nab and castor specifies the abdominal leucokinergic neurons in the Drosophila CNS. Development 137(19):3327–3336
29. Jan YN, Jan LY (1994) Genetic control of cell fate specification in Drosophila peripheral nervous system. Annu Rev Genet 28:373–393
30. Slack C, Somers WG, Sousa-Nunes R, Chia W et al (2006) A mosaic genetic screen for novel mutations affecting Drosophila neuroblast divisions. BMC Genet 7:33
31. Bayraktar OA, Boone JQ, Drummond ML, Doe CQ (2010) Drosophila type II neuroblast lineages keep Prospero levels low to generate large clones that contribute to the adult brain central complex. Neural Dev 5:26
32. Bello BC, Izergina N, Caussinus E, Reichert H (2008) Amplification of neural stem cell proliferation by intermediate progenitor cells in Drosophila brain development. Neural Dev 3:5
33. Boone JQ, Doe CQ (2008) Identification of Drosophila type II neuroblast lineages containing transit amplifying ganglion mother cells. Dev Neurobiol 68(9):1185–1195
34. Bowman SK, Rolland V, Betschinger J, Kinsey KA et al (2008) The tumor suppressors Brat and Numb

regulate transit-amplifying neuroblast lineages in Drosophila. Dev Cell 14(4):535–546
35. Izergina N, Balmer J, Bello B, Reichert H (2009) Postembryonic development of transit amplifying neuroblast lineages in the Drosophila brain. Neural Dev 4:44
36. Viktorin G, Riebli N, Popkova A, Giangrande A et al (2011) Multipotent neural stem cells generate glial cells of the central complex through transit amplifying intermediate progenitors in Drosophila brain development. Dev Biol 356(2):553–565
37. Xiao Q, Komori H, Lee CY (2012) klumpfuss distinguishes stem cells from progenitor cells during asymmetric neuroblast division. Development 139:2670–2680
38. Kriegstein A, Noctor S, Martinez-Cerdeno V (2006) Patterns of neural stem and progenitor cell division may underlie evolutionary cortical expansion. Nat Rev Neurosci 7(11):883–890
39. Morrison SJ, Kimble J (2006) Asymmetric and symmetric stem-cell divisions in development and cancer. Nature 441(7097):1068–1074
40. Zhu S, Barshow S, Wildonger J, Jan LY et al (2011) Ets transcription factor pointed promotes the generation of intermediate neural progenitors in Drosophila larval brains. Proc Natl Acad Sci USA 108(51):20615–20620
41. Carney TD, Miller MR, Robinson KJ, Bayraktar OA et al (2012) Functional genomics identifies neural stem cell sub-type expression profiles and genes regulating neuroblast homeostasis. Dev Biol 361(1):137–146
42. Brody T, Odenwald WF (2000) Programmed transformations in neuroblast gene expression during Drosophila CNS lineage development. Dev Biol 226(1):34–44
43. Grosskortenhaus R, Pearson BJ, Marusich A, Doe CQ (2005) Regulation of temporal identity transitions in Drosophila neuroblasts. Dev Cell 8(2):193–202
44. Isshiki T, Pearson B, Holbrook S, Doe CQ (2001) Drosophila neuroblasts sequentially express transcription factors which specify the temporal identity of their neuronal progeny. Cell 106(4):511–521
45. Kambadur R, Koizumi K, Stivers C, Nagle J et al (1998) Regulation of POU genes by castor and hunchback establishes layered compartments in the Drosophila CNS. Genes Dev 12(2):246–260
46. Pearson BJ, Doe CQ (2003) Regulation of neuroblast competence in Drosophila. Nature 425(6958): 624–628
47. Furst A, Mahowald AP (1985) Cell division cycle of cultured neural precursor cells from Drosophila. Dev Biol 112(2):467–476
48. Kao CF, Yu HH, He Y, Kao JC et al (2012) Hierarchical deployment of factors regulating temporal fate in a diverse neuronal lineage of the Drosophila central brain. Neuron 73(4):677–684
49. Zigman M, Cayouette M, Charalambous C, Schleiffer A et al (2005) Mammalian inscuteable regulates spindle orientation and cell fate in the developing retina. Neuron 48(4):539–545
50. Lancaster MA, Knoblich JA, Knoblich JA (2012) Spindle orientation in mammalian cerebral cortical development. Curr Opin Neurobiol 22:737–746
51. Postiglione MP, Juschke C, Xie Y, Haas GA et al (2011) Mouse inscuteable induces apical-basal spindle orientation to facilitate intermediate progenitor generation in the developing neocortex. Neuron 72(2):269–284
52. Poulson ND, Lechler T (2010) Robust control of mitotic spindle orientation in the developing epidermis. J Cell Biol 191(5):915–922
53. Izaki T, Kamakura S, Kohjima M, Sumimoto H (2006) Two forms of human Inscuteable-related protein that links Par3 to the Pins homologues LGN and AGS3. Biochem Biophys Res Commun 341(4): 1001–1006
54. Bultje RS, Castaneda-Castellanos DR, Jan LY, Jan YN et al (2009) Mammalian Par3 regulates progenitor cell asymmetric division via notch signaling in the developing neocortex. Neuron 63(2): 189–202
55. Chen X, Macara IG (2005) Par-3 controls tight junction assembly through the Rac exchange factor Tiam1. Nat Cell Biol 7(3):262–269
56. Hirose T, Izumi Y, Nagashima Y, Tamai-Nagai Y et al (2002) Involvement of ASIP/PAR-3 in the promotion of epithelial tight junction formation. J Cell Sci 115(Pt 12):2485–2495
57. Izumi Y, Hirose T, Tamai Y, Hirai S et al (1998) An atypical PKC directly associates and colocalizes at the epithelial tight junction with ASIP, a mammalian homologue of Caenorhabditis elegans polarity protein PAR-3. J Cell Biol 143(1):95–106
58. Joberty G, Petersen C, Gao L, Macara IG (2000) The cell-polarity protein Par6 links Par3 and atypical protein kinase C to Cdc42. Nat Cell Biol 2(8):531–539
59. Lin D, Edwards AS, Fawcett JP, Mbamalu G et al (2000) A mammalian PAR-3-PAR-6 complex implicated in Cdc42/Rac1 and aPKC signalling and cell polarity. Nat Cell Biol 2(8):540–547
60. Durgan J, Kaji N, Jin D, Hall A (2011) Par6B and atypical PKC regulate mitotic spindle orientation during epithelial morphogenesis. J Biol Chem 286(14):12461–12474
61. Hao Y, Du Q, Chen X, Zheng Z et al (2010) Par3 controls epithelial spindle orientation by aPKC-mediated phosphorylation of apical Pins. Curr Biol 20(20):1809–1818
62. Suzuki A, Ishiyama C, Hashiba K, Shimizu M et al (2002) aPKC kinase activity is required for the asymmetric differentiation of the premature junctional complex during epithelial cell polarization. J Cell Sci 115(Pt 18):3565–3573
63. Plant PJ, Fawcett JP, Lin DC, Holdorf AD et al (2003) A polarity complex of mPar-6 and atypical PKC binds, phosphorylates and regulates mammalian Lgl. Nat Cell Biol 5(4):301–308

64. Nishimura T, Kato K, Yamaguchi T, Fukata Y et al (2004) Role of the PAR-3-KIF3 complex in the establishment of neuronal polarity. Nat Cell Biol 6(4):328–334
65. Shi SH, Cheng T, Jan LY, Jan YN (2004) APC and GSK-3beta are involved in mPar3 targeting to the nascent axon and establishment of neuronal polarity. Curr Biol 14(22):2025–2032
66. Shi SH, Jan LY, Jan YN (2003) Hippocampal neuronal polarity specified by spatially localized mPar3/mPar6 and PI 3-kinase activity. Cell 112(1):63–75
67. Etienne-Manneville S, Hall A (2003) Cell polarity: Par6, aPKC and cytoskeletal crosstalk. Curr Opin Cell Biol 15(1):67–72
68. Lechler T, Fuchs E (2005) Asymmetric cell divisions promote stratification and differentiation of mammalian skin. Nature 437(7056):275–280
69. Guo X, Gao S (2009) Pins homolog LGN regulates meiotic spindle organization in mouse oocytes. Cell Res 19(7):838–848
70. Williams SE, Beronja S, Pasolli HA, Fuchs E (2011) Asymmetric cell divisions promote Notch-dependent epidermal differentiation. Nature 470(7334):353–358
71. Konno D, Shioi G, Shitamukai A, Mori A et al (2008) Neuroepithelial progenitors undergo LGN-dependent planar divisions to maintain self-renewability during mammalian neurogenesis. Nat Cell Biol 10(1):93–101
72. Du Q, Stukenberg PT, Macara IG (2001) A mammalian Partner of inscuteable binds NuMA and regulates mitotic spindle organization. Nat Cell Biol 3(12): 1069–1075
73. Zhu J, Wen W, Zheng Z, Shang Y et al (2011) LGN/mInsc and LGN/NuMA complex structures suggest distinct functions in asymmetric cell division for the Par3/mInsc/LGN and Galphai/LGN/NuMA pathways. Mol Cell 43(3):418–431
74. Du Q, Macara IG (2004) Mammalian Pins is a conformational switch that links NuMA to heterotrimeric G proteins. Cell 119(4):503–516
75. Sanada K, Tsai LH (2005) G protein betagamma subunits and AGS3 control spindle orientation and asymmetric cell fate of cerebral cortical progenitors. Cell 122(1):119–131
76. Zeng C (2000) NuMA: a nuclear protein involved in mitotic centrosome function. Microsc Res Tech 49(5):467–477
77. Yamamoto T, Harada N, Kano K, Taya S et al (1997) The Ras target AF-6 interacts with ZO-1 and serves as a peripheral component of tight junctions in epithelial cells. J Cell Biol 139(3):785–795
78. Zhadanov AB, Provance DW Jr, Speer CA, Coffin JD et al (1999) Absence of the tight junctional protein AF-6 disrupts epithelial cell-cell junctions and cell polarity during mouse development. Curr Biol 9(16):880–888
79. Manneville JB, Jehanno M, Etienne-Manneville S (2010) Dlg1 binds GKAP to control dynein association with microtubules, centrosome positioning, and cell polarity. J Cell Biol 191(3):585–598
80. Martin-McCaffrey L, Willard FS, Oliveira-dos-Santos AJ, Natale DR et al (2004) RGS14 is a mitotic spindle protein essential from the first division of the mammalian zygote. Dev Cell 7(5):763–769
81. Dyer MA, Livesey FJ, Cepko CL, Oliver G (2003) Prox1 function controls progenitor cell proliferation and horizontal cell genesis in the mammalian retina. Nat Genet 34(1):53–58
82. Hope KJ, Cellot S, Ting SB, MacRae T et al (2010) An RNAi screen identifies Msi2 and Prox1 as having opposite roles in the regulation of hematopoietic stem cell activity. Cell Stem Cell 7(1):101–113
83. Shin JW, Min M, Larrieu-Lahargue F, Canron X et al (2006) Prox1 promotes lineage-specific expression of fibroblast growth factor (FGF) receptor-3 in lymphatic endothelium: a role for FGF signaling in lymphangiogenesis. Mol Biol Cell 17(2):576–584
84. Kiebler MA, Hemraj I, Verkade P, Kohrmann M et al (1999) The mammalian staufen protein localizes to the somatodendritic domain of cultured hippocampal neurons: implications for its involvement in mRNA transport. J Neurosci Off J Soc Neurosci 19(1):288–297
85. Tang SJ, Meulemans D, Vazquez L, Colaco N et al (2001) A role for a rat homolog of staufen in the transport of RNA to neuronal dendrites. Neuron 32(3):463–475
86. Schwamborn JC, Berezikov E, Knoblich JA (2009) The TRIM-NHL protein TRIM32 activates microRNAs and prevents self-renewal in mouse neural progenitors. Cell 136(5):913–925
87. Zhong W, Feder JN, Jiang MM, Jan LY et al (1996) Asymmetric localization of a mammalian numb homolog during mouse cortical neurogenesis. Neuron 17(1):43–53
88. Smith CA, Lau KM, Rahmani Z, Dho SE et al (2007) aPKC-mediated phosphorylation regulates asymmetric membrane localization of the cell fate determinant Numb. EMBO J 26(2):468–480
89. Petersen PH, Zou K, Hwang JK, Jan YN et al (2002) Progenitor cell maintenance requires numb and numblike during mouse neurogenesis. Nature 419(6910):929–934
90. Petersen PH, Zou K, Krauss S, Zhong W (2004) Continuing role for mouse Numb and Numbl in maintaining progenitor cells during cortical neurogenesis. Nat Neurosci 7(8):803–811
91. Broadus J, Doe CQ (1997) Extrinsic cues, intrinsic cues and microfilaments regulate asymmetric protein localization in Drosophila neuroblasts. Curr Biol 7(11):827–835
92. Lu B, Roegiers F, Jan LY, Jan YN (2001) Adherens junctions inhibit asymmetric division in the Drosophila epithelium. Nature 409(6819):522–525
93. Bachmann A, Schneider M, Theilenberg E, Grawe F et al (2001) Drosophila Stardust is a partner of Crumbs in the control of epithelial cell polarity. Nature 414(6864):638–643
94. Hong Y, Stronach B, Perrimon N, Jan LY et al (2001) Drosophila Stardust interacts with Crumbs to control

polarity of epithelia but not neuroblasts. Nature 414(6864):634–638
95. Kuchinke U, Grawe F, Knust E (1998) Control of spindle orientation in Drosophila by the Par-3-related PDZ-domain protein Bazooka. Curr Biol 8(25):1357–1365
96. Petronczki M, Knoblich JA (2001) DmPAR-6 directs epithelial polarity and asymmetric cell division of neuroblasts in Drosophila. Nat Cell Biol 3(1):43–49
97. Tepass U, Theres C, Knust E (1990) Crumbs encodes an EGF-like protein expressed on apical membranes of Drosophila epithelial cells and required for organization of epithelia. Cell 61(5):787–799
98. Wodarz A, Ramrath A, Grimm A, Knust E (2000) Drosophila atypical protein kinase C associates with Bazooka and controls polarity of epithelia and neuroblasts. J Cell Biol 150(6):1361–1374
99. Li P, Yang X, Wasser M, Cai Y et al (1997) Inscuteable and Staufen mediate asymmetric localization and segregation of prospero RNA during Drosophila neuroblast cell divisions. Cell 90(3):437–447
100. Schober M, Schaefer M, Knoblich JA (1999) Bazooka recruits Inscuteable to orient asymmetric cell divisions in Drosophila neuroblasts. Nature 402(6761):548–551
101. Wodarz A, Ramrath A, Kuchinke U, Knust E (1999) Bazooka provides an apical cue for inscuteable localization in Drosophila neuroblasts. Nature 402(6761):544–547
102. Yu F, Kuo CT, Jan YN (2006) Drosophila neuroblast asymmetric cell division: recent advances and implications for stem cell biology. Neuron 51(1):13–20
103. Kraut R, Chia W, Jan LY, Jan YN et al (1996) Role of inscuteable in orienting asymmetric cell divisions in Drosophila. Nature 383(6595):50–55
104. Knoblich JA, Jan LY, Jan YN (1999) Deletion analysis of the Drosophila Inscuteable protein reveals domains for cortical localization and asymmetric localization. Curr Biol 9(3):155–158
105. Tio M, Udolph G, Yang X, Chia W (2001) cdc2 links the Drosophila cell cycle and asymmetric division machineries. Nature 409(6823):1063–1067
106. Siegrist SE, Doe CQ (2005) Microtubule-induced Pins/Galphai cortical polarity in Drosophila neuroblasts. Cell 123(7):1323–1335
107. Schaefer M, Shevchenko A, Knoblich JA (2000) A protein complex containing Inscuteable and the Galpha-binding protein Pins orients asymmetric cell divisions in Drosophila. Curr Biol 10(7):353–362
108. Yu F, Ong CT, Chia W, Yang X (2002) Membrane targeting and asymmetric localization of Drosophila partner of inscuteable are discrete steps controlled by distinct regions of the protein. Mol Cell Biol 22(12):4230–4240
109. Willard FS, Kimple RJ, Siderovski DP (2004) Return of the GDI: the GoLoco motif in cell division. Annu Rev Biochem 73:925–951
110. Yu F, Wang H, Qian H, Kaushik R et al (2005) Locomotion defects, together with Pins, regulates heterotrimeric G-protein signaling during Drosophila neuroblast asymmetric divisions. Genes Dev 19(11):1341–1353
111. Schaefer M, Petronczki M, Dorner D, Forte M et al (2001) Heterotrimeric G proteins direct two modes of asymmetric cell division in the Drosophila nervous system. Cell 107(2):183–194
112. Yu F, Cai Y, Kaushik R, Yang X et al (2003) Distinct roles of Galphai and Gbeta13F subunits of the heterotrimeric G protein complex in the mediation of Drosophila neuroblast asymmetric divisions. J Cell Biol 162(4):623–633
113. Hampoelz B, Hoeller O, Bowman SK, Dunican D et al (2005) Drosophila Ric-8 is essential for plasma-membrane localization of heterotrimeric G proteins. Nat Cell Biol 7(11):1099–1105
114. Wang H, Ng KH, Qian H, Siderovski DP et al (2005) Ric-8 controls Drosophila neural progenitor asymmetric division by regulating heterotrimeric G proteins. Nat Cell Biol 7(11):1091–1098
115. Betschinger J, Mechtler K, Knoblich JA (2006) Asymmetric segregation of the tumor suppressor brat regulates self-renewal in Drosophila neural stem cells. Cell 124(6):1241–1253
116. Fuerstenberg S, Peng CY, Alvarez-Ortiz P, Hor T et al (1998) Identification of Miranda protein domains regulating asymmetric cortical localization, cargo binding, and cortical release. Mol Cell Neurosci 12(6):325–339
117. Ikeshima-Kataoka H, Skeath JB, Nabeshima Y, Doe CQ et al (1997) Miranda directs Prospero to a daughter cell during Drosophila asymmetric divisions. Nature 390(6660):625–629
118. Lee CY, Wilkinson BD, Siegrist SE, Wharton RP et al (2006) Brat is a Miranda cargo protein that promotes neuronal differentiation and inhibits neuroblast self-renewal. Dev Cell 10(4):441–449
119. Matsuzaki F, Ohshiro T, Ikeshima-Kataoka H, Izumi H (1998) Miranda localizes staufen and prospero asymmetrically in mitotic neuroblasts and epithelial cells in early Drosophila embryogenesis. Development 125(20):4089–4098
120. Schuldt AJ, Adams JH, Davidson CM, Micklem DR et al (1998) Miranda mediates asymmetric protein and RNA localization in the developing nervous system. Genes Dev 12(12):1847–1857
121. Shen CP, Jan LY, Jan YN (1997) Miranda is required for the asymmetric localization of Prospero during mitosis in Drosophila. Cell 90(3):449–458
122. Shen CP, Knoblich JA, Chan YM, Jiang MM et al (1998) Miranda as a multidomain adapter linking apically localized Inscuteable and basally localized Staufen and Prospero during asymmetric cell division in Drosophila. Genes Dev 12(12): 1837–1846
123. Broadus J, Fuerstenberg S, Doe CQ (1998) Staufen-dependent localization of prospero mRNA contributes to neuroblast daughter-cell fate. Nature 391(6669):792–795
124. Erben V, Waldhuber M, Langer D, Fetka I et al (2008) Asymmetric localization of the adaptor pro-

tein Miranda in neuroblasts is achieved by diffusion and sequential interaction of myosin II and VI. J Cell Sci 121(Pt 9):1403–1414
125. Hirata J, Nakagoshi H, Nabeshima Y, Matsuzaki F (1995) Asymmetric segregation of the homeodomain protein Prospero during Drosophila development. Nature 377(6550):627–630
126. Knoblich JA, Jan LY, Jan YN (1995) Asymmetric segregation of Numb and Prospero during cell division. Nature 377(6550):624–627
127. Spana EP, Doe CQ (1995) The prospero transcription factor is asymmetrically localized to the cell cortex during neuroblast mitosis in Drosophila. Development 121(10):3187–3195
128. Choksi SP, Southall TD, Bossing T, Edoff K et al (2006) Prospero acts as a binary switch between self-renewal and differentiation in Drosophila neural stem cells. Dev Cell 11(6):775–789
129. Li L, Vaessin H (2000) Pan-neural Prospero terminates cell proliferation during Drosophila neurogenesis. Genes Dev 14(2):147–151
130. Southall TD, Brand AH (2009) Neural stem cell transcriptional networks highlight genes essential for nervous system development. EMBO J 28(24):3799–3807
131. Cabernard C, Doe CQ (2009) Apical/basal spindle orientation is required for neuroblast homeostasis and neuronal differentiation in Drosophila. Dev Cell 17(1):134–141
132. Sousa-Nunes R, Chia W, Somers WG (2009) Protein phosphatase 4 mediates localization of the Miranda complex during Drosophila neuroblast asymmetric divisions. Genes Dev 23(3):359–372
133. Bello B, Reichert H, Hirth F (2006) The brain tumor gene negatively regulates neural progenitor cell proliferation in the larval central brain of Drosophila. Development 133(14):2639–2648
134. Weng M, Golden KL, Lee CY (2010) dFezf/Earmuff maintains the restricted developmental potential of intermediate neural progenitors in Drosophila. Dev Cell 18(1):126–135
135. Vecchione A, Croce CM, Baldassarre G (2007) Fez1/Lzts1 a new mitotic regulator implicated in cancer development. Cell Div 2:24
136. Karalay O, Doberauer K, Vadodaria KC, Knobloch M et al (2011) Prospero-related homeobox 1 gene (Prox1) is regulated by canonical Wnt signaling and has a stage-specific role in adult hippocampal neurogenesis. Proc Natl Acad Sci USA 108(14):5807–5812
137. Lavado A, Lagutin OV, Chow LM, Baker SJ et al (2010) Prox1 is required for granule cell maturation and intermediate progenitor maintenance during brain neurogenesis. PLoS Biol 8(8)
138. Torii M, Matsuzaki F, Osumi N, Kaibuchi K et al (1999) Transcription factors Mash-1 and Prox-1 delineate early steps in differentiation of neural stem cells in the developing central nervous system. Development 126(3):443–456
139. Elsir T, Eriksson A, Orrego A, Lindstrom MS et al (2010) Expression of PROX1 Is a common feature of high-grade malignant astrocytic gliomas. J Neuropathol Exp Neurol 69(2):129–138
140. Laerm A, Helmbold P, Goldberg M, Dammann R et al (2007) Prospero-related homeobox 1 (PROX1) is frequently inactivated by genomic deletions and epigenetic silencing in carcinomas of the bilary system. J Hepatol 46(1):89–97
141. Miettinen M, Wang ZF (2012) Prox1 transcription factor as a marker for vascular tumors-evaluation of 314 vascular endothelial and 1086 nonvascular tumors. Am J Surg Pathol 36(3):351–359
142. Petrova TV, Nykanen A, Norrmen C, Ivanov KI et al (2008) Transcription factor PROX1 induces colon cancer progression by promoting the transition from benign to highly dysplastic phenotype. Cancer Cell 13(5):407–419
143. Shimoda M, Takahashi M, Yoshimoto T, Kono T et al (2006) A homeobox protein, prox1, is involved in the differentiation, proliferation, and prognosis in hepatocellular carcinoma. Clin Cancer Res 12(20 Pt 1):6005–6011
144. Skog M, Bono P, Lundin M, Lundin J et al (2011) Expression and prognostic value of transcription factor PROX1 in colorectal cancer. Br J Cancer 105(9):1346–1351
145. Versmold B, Felsberg J, Mikeska T, Ehrentraut D et al (2007) Epigenetic silencing of the candidate tumor suppressor gene PROX1 in sporadic breast cancer. Int J Cancer 121(3):547–554
146. Elsir T, Qu M, Berntsson SG, Orrego A et al (2011) PROX1 is a predictor of survival for gliomas WHO grade II. Br J Cancer 104(11):1747–1754
147. Griffiths RL, Hidalgo A (2004) Prospero maintains the mitotic potential of glial precursors enabling them to respond to neurons. EMBO J 23(12):2440–2450
148. Lee CY, Andersen RO, Cabernard C, Manning L et al (2006) Drosophila Aurora-A kinase inhibits neuroblast self-renewal by regulating aPKC/Numb cortical polarity and spindle orientation. Genes Dev 20(24):3464–3474
149. Wang H, Somers GW, Bashirullah A, Heberlein U et al (2006) Aurora-A acts as a tumor suppressor and regulates self-renewal of Drosophila neuroblasts. Genes Dev 20(24):3453–3463
150. Knoblich JA, Jan LY, Jan YN (1997) The N terminus of the Drosophila Numb protein directs membrane association and actin-dependent asymmetric localization. Proc Natl Acad Sci USA 94(24):13005–13010
151. Zilian O, Saner C, Hagedorn L, Lee HY et al (2001) Multiple roles of mouse Numb in tuning developmental cell fates. Curr Biol 11(7):494–501
152. Chang KC, Garcia-Alvarez G, Somers G, Sousa-Nunes R et al (2010) Interplay between the transcription factor Zif and aPKC regulates neuroblast polarity and self-renewal. Dev Cell 19(5):778–785
153. Chabu C, Doe CQ (2008) Dap160/intersectin binds and activates aPKC to regulate cell polarity and cell cycle progression. Development 135(16): 2739–2746

154. Wirtz-Peitz F, Nishimura T, Knoblich JA (2008) Linking cell cycle to asymmetric division: Aurora-A phosphorylates the Par complex to regulate Numb localization. Cell 135(1):161–173
155. Betschinger J, Eisenhaber F, Knoblich JA (2005) Phosphorylation-induced autoinhibition regulates the cytoskeletal protein Lethal (2) giant larvae. Curr Biol 15(3):276–282
156. Atwood SX, Prehoda KE (2009) aPKC phosphorylates Miranda to polarize fate determinants during neuroblast asymmetric cell division. Curr Biol 19(9):723–729
157. Sousa-Nunes R, Somers WG (2010) Phosphorylation and dephosphorylation events allow for rapid segregation of fate determinants during Drosophila neuroblast asymmetric divisions. Commun Integr Biol 3(1):46–49
158. Berger C, Kannan R, Myneni S, Renner S et al (2010) Cell cycle independent role of cyclin E during neural cell fate specification in Drosophila is mediated by its regulation of Prospero function. Dev Biol 337(2):415–424
159. Slack C, Overton PM, Tuxworth RI, Chia W (2007) Asymmetric localisation of Miranda and its cargo proteins during neuroblast division requires the anaphase-promoting complex/cyclosome. Development 134(21):3781–3787
160. Ouyang Y, Petritsch C, Wen H, Jan L et al (2011) Dronc caspase exerts a non-apoptotic function to restrain phospho-Numb-induced ectopic neuroblast formation in Drosophila. Development 138(11):2185–2196
161. Wang H, Ouyang Y, Somers WG, Chia W et al (2007) Polo inhibits progenitor self-renewal and regulates Numb asymmetry by phosphorylating Pon. Nature 449(7158):96–100
162. Ogawa H, Ohta N, Moon W, Matsuzaki F (2009) Protein phosphatase 2A negatively regulates aPKC signaling by modulating phosphorylation of Par-6 in Drosophila neuroblast asymmetric divisions. J Cell Sci 122(Pt 18):3242–3249
163. Chabu C, Doe CQ (2009) Twins/PP2A regulates aPKC to control neuroblast cell polarity and self-renewal. Dev Biol 330(2):399–405
164. Krahn MP, Egger-Adam D, Wodarz A (2009) PP2A antagonizes phosphorylation of Bazooka by PAR-1 to control apical-basal polarity in dividing embryonic neuroblasts. Dev Cell 16(6):901–908
165. Peng CY, Manning L, Albertson R, Doe CQ (2000) The tumour-suppressor genes lgl and dlg regulate basal protein targeting in Drosophila neuroblasts. Nature 408(6812):596–600
166. Cai Y, Chia W, Yang X (2001) A family of snail-related zinc finger proteins regulates two distinct and parallel mechanisms that mediate Drosophila neuroblast asymmetric divisions. EMBO J 20(7):1704–1714
167. Wang H, Cai Y, Chia W, Yang X (2006) Drosophila homologs of mammalian TNF/TNFR-related molecules regulate segregation of Miranda/Prospero in neuroblasts. EMBO J 25(24):5783–5793
168. Halbsgut N, Linnemannstons K, Zimmermann LI, Wodarz A (2011) Apical-basal polarity in Drosophila neuroblasts is independent of vesicular trafficking. Mol Biol Cell 22(22):4373–4379
169. Kraut R, Campos-Ortega JA (1996) Inscuteable, a neural precursor gene of Drosophila, encodes a candidate for a cytoskeleton adaptor protein. Dev Biol 174(1):65–81
170. Atwood SX, Chabu C, Penkert RR, Doe CQ et al (2007) Cdc42 acts downstream of Bazooka to regulate neuroblast polarity through Par-6 aPKC. J Cell Sci 120(Pt 18):3200–3206
171. Suzuki A, Ohno S (2006) The PAR-aPKC system: lessons in polarity. J Cell Sci 119(Pt 6):979–987
172. Barros CS, Phelps CB, Brand AH (2003) Drosophila nonmuscle myosin II promotes the asymmetric segregation of cell fate determinants by cortical exclusion rather than active transport. Dev Cell 5(6): 829–840
173. Betschinger J, Mechtler K, Knoblich JA (2003) The Par complex directs asymmetric cell division by phosphorylating the cytoskeletal protein Lgl. Nature 422(6929):326–330
174. Ohshiro T, Yagami T, Zhang C, Matsuzaki F (2000) Role of cortical tumour-suppressor proteins in asymmetric division of Drosophila neuroblast. Nature 408(6812):593–596
175. Petritsch C, Tavosanis G, Turck CW, Jan LY et al (2003) The Drosophila myosin VI Jaguar is required for basal protein targeting and correct spindle orientation in mitotic neuroblasts. Dev Cell 4(2): 273–281
176. Krahn MP, Klopfenstein DR, Fischer N, Wodarz A (2010) Membrane targeting of Bazooka/PAR-3 is mediated by direct binding to phosphoinositide lipids. Curr Biol 20(7):636–642
177. von Stein W, Ramrath A, Grimm A, Muller-Borg M et al (2005) Direct association of Bazooka/PAR-3 with the lipid phosphatase PTEN reveals a link between the PAR/aPKC complex and phosphoinositide signaling. Development 132(7):1675–1686
178. Wang C, Chang KC, Somers G, Virshup D et al (2009) Protein phosphatase 2A regulates self-renewal of Drosophila neural stem cells. Development 136(13):2287–2296
179. Rossi F, Gonzalez C (2012) Synergism between altered cortical polarity and the PI3K/TOR pathway in the suppression of tumour growth. EMBO Rep 13(2):157–162
180. Kaltschmidt JA, Davidson CM, Brown NH, Brand AH (2000) Rotation and asymmetry of the mitotic spindle direct asymmetric cell division in the developing central nervous system. Nat Cell Biol 2(1):7–12
181. Rebollo E, Sampaio P, Januschke J, Llamazares S et al (2007) Functionally unequal centrosomes drive spindle orientation in asymmetrically dividing Drosophila neural stem cells. Dev Cell 12(3):467–474

182. Rusan NM, Peifer M (2007) A role for a novel centrosome cycle in asymmetric cell division. J Cell Biol 177(1):13–20
183. Ito K, Hotta Y (1992) Proliferation pattern of postembryonic neuroblasts in the brain of Drosophila melanogaster. Dev Biol 149(1):134–148
184. Rolls MM, Albertson R, Shih HP, Lee CY et al (2003) Drosophila aPKC regulates cell polarity and cell proliferation in neuroblasts and epithelia. J Cell Biol 163(5):1089–1098
185. Siller KH, Doe CQ (2008) Lis1/dynactin regulates metaphase spindle orientation in Drosophila neuroblasts. Dev Biol 319(1):1–9
186. Yoshiura S, Ohta N, Matsuzaki F (2012) Tre1 GPCR signaling orients stem cell divisions in the Drosophila central nervous system. Dev Cell 22(1):79–91
187. Gonzalez C (2007) Spindle orientation, asymmetric division and tumour suppression in Drosophila stem cells. Nat Rev Genet 8(6):462–472
188. Basto R, Lau J, Vinogradova T, Gardiol A et al (2006) Flies without centrioles. Cell 125(7):1375–1386
189. Januschke J, Gonzalez C (2010) The interphase microtubule aster is a determinant of asymmetric division orientation in Drosophila neuroblasts. J Cell Biol 188(5):693–706
190. Giansanti MG, Gatti M, Bonaccorsi S (2001) The role of centrosomes and astral microtubules during asymmetric division of Drosophila neuroblasts. Development 128(7):1137–1145
191. Conduit PT, Raff JW (2010) Cnn dynamics drive centrosome size asymmetry to ensure daughter centriole retention in Drosophila neuroblasts. Curr Biol 20(24):2187–2192
192. Januschke J, Llamazares S, Reina J, Gonzalez C (2011) Drosophila neuroblasts retain the daughter centrosome. Nat Commun 2:243
193. Yamashita YM, Mahowald AP, Perlin JR, Fuller MT (2007) Asymmetric inheritance of mother versus daughter centrosome in stem cell division. Science 315(5811):518–521
194. Wang X, Tsai JW, Imai JH, Lian WN et al (2009) Asymmetric centrosome inheritance maintains neural progenitors in the neocortex. Nature 461(7266):947–955
195. Bowman SK, Neumuller RA, Novatchkova M, Du Q et al (2006) The Drosophila NuMA Homolog Mud regulates spindle orientation in asymmetric cell division. Dev Cell 10(6):731–742
196. Izumi Y, Ohta N, Hisata K, Raabe T et al (2006) Drosophila Pins-binding protein Mud regulates spindle-polarity coupling and centrosome organization. Nat Cell Biol 8(6):586–593
197. Siller KH, Cabernard C, Doe CQ (2006) The NuMA-related Mud protein binds Pins and regulates spindle orientation in Drosophila neuroblasts. Nat Cell Biol 8(6):594–600
198. Nipper RW, Siller KH, Smith NR, Doe CQ et al (2007) Galphai generates multiple Pins activation states to link cortical polarity and spindle orientation in Drosophila neuroblasts. Proc Natl Acad Sci USA 104(36):14306–14311
199. Siller KH, Doe CQ (2009) Spindle orientation during asymmetric cell division. Nat Cell Biol 11(4):365–374
200. Wang C, Li S, Januschke J, Rossi F et al (2011) An ana2/ctp/mud complex regulates spindle orientation in Drosophila neuroblasts. Dev Cell 21(3):520–533
201. Speicher S, Fischer A, Knoblich J, Carmena A (2008) The PDZ protein Canoe regulates the asymmetric division of Drosophila neuroblasts and muscle progenitors. Curr Biol 18(11):831–837
202. Wee B, Johnston CA, Prehoda KE, Doe CQ (2011) Canoe binds RanGTP to promote Pins(TPR)/Mud-mediated spindle orientation. J Cell Biol 195(3):369–376
203. Johnston CA, Hirono K, Prehoda KE, Doe CQ (2009) Identification of an Aurora-A/PinsLINKER/Dlg spindle orientation pathway using induced cell polarity in S2 cells. Cell 138(6):1150–1163
204. Cai Y, Yu F, Lin S, Chia W et al (2003) Apical complex genes control mitotic spindle geometry and relative size of daughter cells in Drosophila neuroblast and pI asymmetric divisions. Cell 112(1):51–62
205. Fuse N, Hisata K, Katzen AL, Matsuzaki F (2003) Heterotrimeric G proteins regulate daughter cell size asymmetry in Drosophila neuroblast divisions. Curr Biol 13(11):947–954
206. Izumi Y, Ohta N, Itoh-Furuya A, Fuse N et al (2004) Differential functions of G protein and Baz-aPKC signaling pathways in Drosophila neuroblast asymmetric division. J Cell Biol 164(5):729–738
207. Cabernard C, Prehoda KE, Doe CQ (2010) A spindle-independent cleavage furrow positioning pathway. Nature 467(7311):91–94
208. Connell M, Cabernard C, Ricketson D, Doe CQ et al (2011) Asymmetric cortical extension shifts cleavage furrow position in Drosophila neuroblasts. Mol Biol Cell 22(22):4220–4226
209. Crozatier M, Krzemien J, Vincent A (2007) The hematopoietic niche: a Drosophila model, at last. Cell Cycle 6(12):1443–1444
210. Fuller MT, Spradling AC (2007) Male and female Drosophila germline stem cells: two versions of immortality. Science 316(5823):402–404
211. Mathur D, Bost A, Driver I, Ohlstein B (2010) A transient niche regulates the specification of Drosophila intestinal stem cells. Science 327(5962):210–213
212. Blanpain C, Fuchs E (2006) Epidermal stem cells of the skin. Annu Rev Cell Dev Biol 22:339–373
213. van der Flier LG, Clevers H (2009) Stem cells, self-renewal, and differentiation in the intestinal epithelium. Annu Rev Physiol 71:241–260
214. Porter RL, Calvi LM (2008) Communications between bone cells and hematopoietic stem cells. Arch Biochem Biophys 473(2):193–200
215. Miller FD, Gauthier-Fisher A (2009) Home at last: neural stem cell niches defined. Cell Stem Cell 4(6):507–510
216. Siegrist SE, Doe CQ (2006) Extrinsic cues orient the cell division axis in Drosophila embryonic neuroblasts. Development 133(3):529–536

217. Doe CQ (2008) Neural stem cells: balancing self-renewal with differentiation. Development 135(9):1575–1587
218. Dumstrei K, Wang F, Hartenstein V (2003) Role of DE-cadherin in neuroblast proliferation, neural morphogenesis, and axon tract formation in Drosophila larval brain development. J Neurosci Off J Soc Neurosci 23(8):3325–3335
219. Pereanu W, Shy D, Hartenstein V (2005) Morphogenesis and proliferation of the larval brain glia in Drosophila. Dev Biol 283(1):191–203
220. Cheng LY, Bailey AP, Leevers SJ, Ragan TJ et al (2011) Anaplastic lymphoma kinase spares organ growth during nutrient restriction in Drosophila. Cell 146(3):435–447
221. Neumuller RA, Richter C, Fischer A, Novatchkova M et al (2011) Genome-wide analysis of self-renewal in Drosophila neural stem cells by transgenic RNAi. Cell Stem Cell 8(5):580–593
222. Castellanos E, Dominguez P, Gonzalez C (2008) Centrosome dysfunction in Drosophila neural stem cells causes tumors that are not due to genome instability. Curr Biol 18(16):1209–1214
223. Basto R, Brunk K, Vinadogrova T, Peel N et al (2008) Centrosome amplification can initiate tumorigenesis in flies. Cell 133(6):1032–1042

Part II

Model Stem Cell Systems

(B) Vertebrate

Transcriptional/Translational Regulation of Mammalian Spermatogenic Stem Cells

7

Cathryn A. Hogarth

Keywords
Germ cell niche • miRNA • Spermatogenesis • Spermatogonial stem cells • Testis

Abbreviations

A_s	A single
A_{pr}	A paired
A_{al}	A aligned
dpp	days post partum
E	embryonic day
Lu	luxoid
PTU	polythiouracil
PGCs	primordial germ cells
RA	retinoic acid
SSC	spermatogonial stem cell

7.1 Introduction

A fundamental feature of mammalian spermatogenesis is the continuous production of sperm within the testis throughout an animal's entire reproductive lifetime. It takes many weeks for a single spermatogonial stem cell (SSC) to become a functional sperm yet it has been estimated that the human testis produces 1,000 sperm with each heartbeat or about 37 billion sperm per year [1]. To achieve and sustain this immense level of production, the pool of SSCs and the commitment of these cells to differentiation must be carefully coordinated. Like many other organ stem cell populations, very little is known about the factors that regulate the balance between SSC self-renewal and their commitment to spermatogenesis within the testis. This chapter will review our current understanding of the characteristics of mammalian SSCs and the transcriptional and translational controls governing SSC self-renewal and differentiation. I will focus predominantly on rodent models, as they have generated the majority of data in this field, however, where possible I will also comment on the regulation of SSC pools in other species.

7.2 Spermatogonial Stem Cells

The SSC pool in an adult mouse testis originates from a small cluster of cells, known as the primordial germ cells (PGCs), that reside in the proximal epiblast at embryonic day (E) 6 – E6.5. The synergistic activity of BMP4 and BMP8,

C.A. Hogarth (✉)
School of Molecular Biosciences and the Centre for Reproductive Biology, Washington State University, Pullman, WA 99164-7520, USA
e-mail: chogarth@vetmed.wsu.edu

G. Hime and H. Abud (eds.), *Transcriptional and Translational Regulation of Stem Cells*, Advances in Experimental Medicine and Biology 786, DOI 10.1007/978-94-007-6621-1_7,

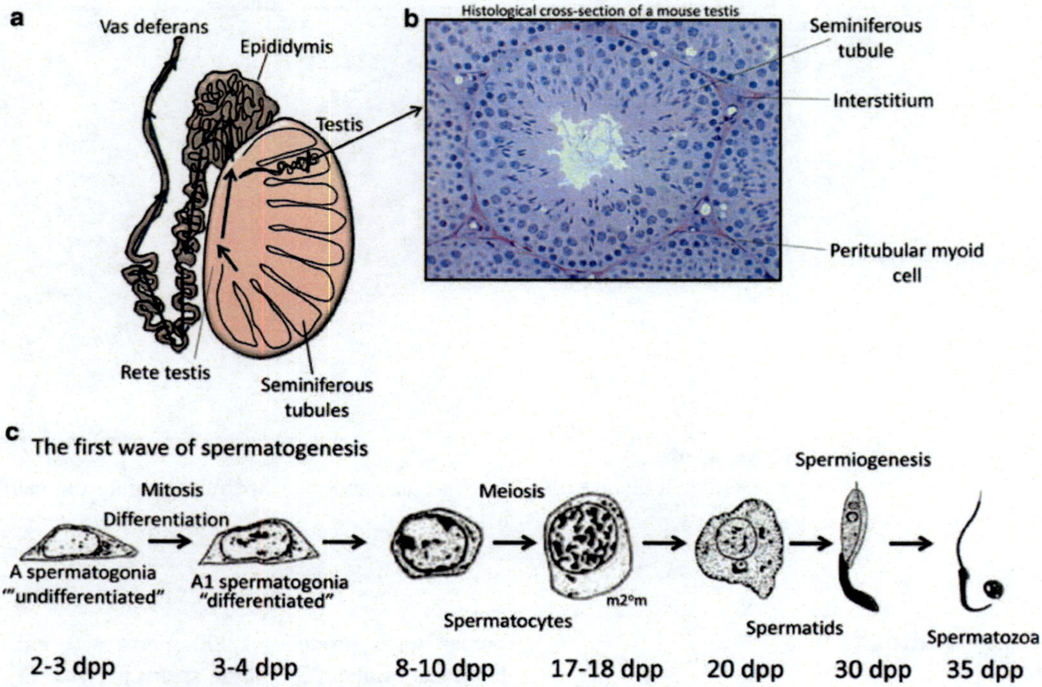

Fig. 7.1 Structure and cell types of the mouse testis. The mammalian testis is composed of seminiferous tubules intertwined so that the "start" and "end" of these tubules are both located in the rete testis. (**a**) Immotile sperm flow (*blue arrows*) from the lumen of the seminiferous tubules into the epididymis via the rete testis. During their passage through the epididymis to the vas deferens, sperm acquire their motility (Adapted from Cooke and Saunders [11]) (**b**) Histological cross-section through an adult mouse testis depicting seminiferous tubules, the peritubular myoid cells, and the interstitium (space between tubules). (**c**) The undifferentiated spermatogonia are derived from the gonocytes/prospermatogonia and are first present between 2 and 3 dpp. Expansion of both the undifferentiated, and differentiating spermatogonia, which first appear at 3–4 dpp, occurs via mitosis. Undifferentiated spermatogonia enter the differentiation pathway at the time of the A to A1 transition. The subsequent conversion of differentiating spermatogonia to spermatocytes occurs between 8 and 10 dpp and represents the initiation of meiosis. The first appearance of secondary spermatocytes (m2°m) occurs at around 18 dpp with the process of spermiogenesis initiating as soon as the first round spermatids are present. Elongating spermatids first appear at 30 dpp, with the first spermatozoa produced by at 35 dpp. Overall, these cellular events represent with first wave of spermatogenesis

produced in the extra-embryonic ectoderm, is essential for the differentiation of these cells [2] and by E7-E7.25, they become positive for the PGC marker alkaline phosphatase [3]. Over a period of around 4 days, these PGCs proliferate and then migrate, first passively as the hindgut invaginates internally during gastrulation, then actively towards the developing genital ridges [4]. It is estimated that by E12.5 approximately 3,000 PGCs have colonized the differentiating genital ridges [5] and are awaiting cues from the gonadal somatic cell environment to begin their differentiation down the male pathway [6–8]. PGCs that find themselves in a differentiating testis develop into gonocytes that continue to proliferate until approximately E16.5 when they then enter a period of quiescence until just before or shortly after birth [9, 10].

Within 2 days of birth, the gonocytes migrate to the basement membrane of the seminiferous cords, re-enter the mitotic cell cycle and are globally termed undifferentiated spermatogonia. This migration and resumption of mitosis initiates the first wave of spermatogenesis and a defined sequence of cell cycle events and morphological changes ensues before mature spermatozoa are produced. Figure 7.1 is a schematic representation of the first wave of spermatogenesis and outlines the cell types present at each step and the days post partum (dpp) at which they appear. The term "gonocyte" is most often used to refer to germ cells within an embryonic or newborn testis. However, it has been proposed that these cells can also be categorized into three different types of prospermatogonia [4]; (M)-prospermatogonia undergoing proliferation in the embryonic testis, T1-prospermatogonia entering mitotic arrest in the embryo, and T2-prospermatogonia representing the population of gonocytes that resume proliferation shortly after birth as they migrate to the basement membrane. In any case, it is the gonocytes/T2-prospermatogonia that colonize the basement membrane of the newborn testis tubule and ultimately have one of two fates; either they immediately become differentiating A1 spermatogonia, representing the initiation of the first wave of spermatogeneisis, or they remain as undifferentiated spermatogonia and contribute to either the SSC pool or eventually commit to spermatogenesis in a highly regulated fashion [4, 9, 12].

In rodents, undifferentiated spermatogonia, also known as Type A spermatogonia, exist as A single (A_s), A paired (A_{pr}) or A aligned (A_{al}) cells. A_{pr} cells are two cells connected by an intracellular bridge and are the result of incomplete cytokinesis after the division of an A_s cell. The A_{al} populations are generated from dividing A_{pr} cells and can consist of chains of up to 4, 8, 16, or on the rare occasion, 32 cells developing in a syncytium. Currently, it is believed that the true SSCs are a subpopulation of the A_s cells and the chains of A_{al} cells represent a more differentiated population (reviewed in [13]). However, it has recently been postulated that the A_{al} spermatogonia also retain stem cell potential and may contribute to the SSC pool [14–16]. In any case, there are Type A spermatogonia that eventually become physiologically competent to respond to environmental cues and are triggered to differentiate to Type A1 spermatogonia. This differentiation step is known as the A to A1 transition and represents the commitment to spermatogenesis. A1 spermatogonia then progress through a series of five mitotic divisions, forming the A2, A3, A4, Intermediate and B spermatogonia, before becoming the first meiotic cells, the preleptotene spermatocytes, in the absence of a cell division. Two meiotic divisions of the spermatocyte population take place over a period of about 2 weeks before haploid spermatids appear. These spermatids undergo dramatic morphological changes in a process known as spermiogenesis and ultimately become spermatozoa. This carefully controlled series of differentiation steps is orchestrated into a cycle, known as the cycle of the seminiferous epithelium, such that specific types of germ cells are always in association (known as stages) at any given point along the tubules within the testis. In addition, the A to A1 transition and release of spermatozoa occurs simultaneously each time a specific set of germ cells is present within the tubule (Stage VIII) (recently reviewed in [17]). This cyclic arrangement of spermatogonial differentiation allows for the asynchronous production of sperm. In mice, it is believed that every pair of A_{pr} spermatogonia can give rise to 8,192 spermatozoa [18]. However, given that sperm production must continue to occur for months in rodents and years in humans, the regulation of SSC numbers must be carefully regulated (Fig. 7.2).

The model for balancing SSC self-renewal with differentiation in mammals is constantly evolving and differs between rodents and humans. In contrast to the rodent $A_s/A_{pr}/A_{al}$ model, the current paradigm for spermatogonial differentiation in humans and non-human primates suggests there are two different categories of spermatogonia; the A_{dark} population that act as a "reserve" pool of SSCs and do not actively contribute to spermatogenesis, and the A_{pale} spermatogonia that actively proliferate and balance their divisions between generating new A_{pale} cells and producing differentiating B spermatogonia (reviewed in [19]). This two-category model was also once proposed in rodents [20–22] and while the $A_s/A_{pr}/A_{al}$ model is currently favored among researchers in the field, there are recent data that support the hypothesis that a quiescent "reserve" pool of SSCs is present in the mouse testis [23].

The majority of data supporting the models described above have been derived from high-resolution morphology analyses and histological staining for markers of undifferentiated spermatogonia within whole mount preparations of seminiferous tubules. While these studies

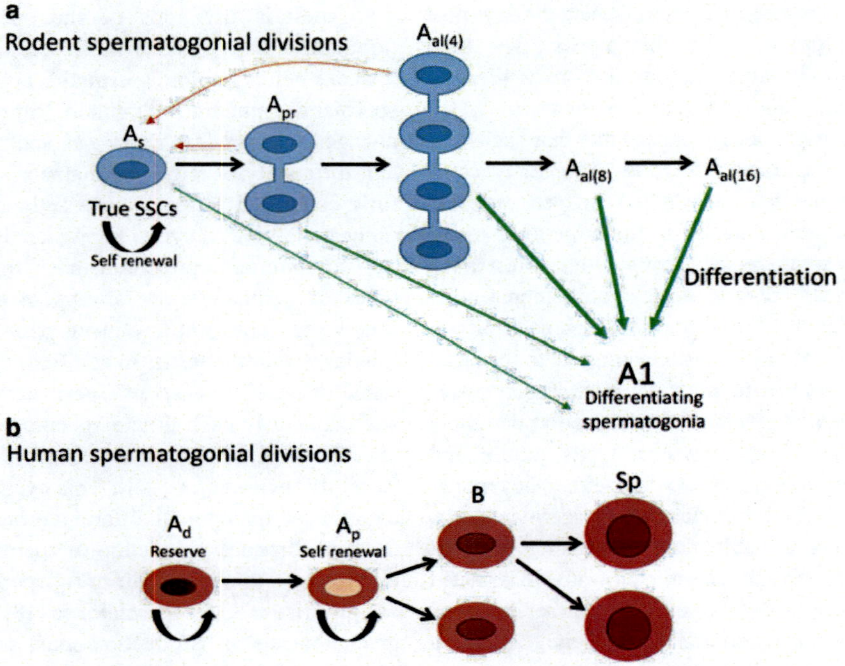

Fig. 7.2 Spermatogonial divisions in rodents and humans. (**a**) The rodent undifferentiated spermatogonial population consists of the A_{single} (A_s), A_{paired} (A_{pr}) and $A_{aligned}$ (A_{al}) spermatogonia. It is currently thought that the true SSCs are a subpopulation of the A_s cells and these cells balance their divisions between self-renewal and differentiation to progenitor A_{pr} spermatogonia connected by an intracellular bridge. Usually, A_{pr} spermatogonia would then divide simultaneously to generate chains of A_{al} spermatogonia consisting of 4, 8 or 16 connected cells. The A_{al} population is the most likely spermatogonial subtype to transition to differentiating A1 spermatogonia (*thick green arrows*). However, there is recent evidence to suggest that, if required, a small percentage of A_s and A_{pr} cells can also differentiate directly to A1 spermatogonia (*thin green arrows*), skipping the A_{al} stage of development [12, 14]. It has also been observed that A_{pr} and A_{al} cells can revert back to the A_s state (*red arrows*), implying that although there are more differentiated subpopulations of undifferentiated spermatogonia, their stem cell potential is only completely lost after the A to A1 transition. (**b**) In contrast to the rodent, the human undifferentiated spermatogonial population is thought to consist of A_{dark} (A_d) and A_{pale} (A_p) spermatogonia, which are named for differences in their nuclear morphology. The current model suggests that the A_d spermatogonia act as a quiescent reserve pool of stem cells and only divide when the pool of A_p cells is depleted. The A_p cells actively divide to self-renew or differentiate to form the B spermatogonia (B), which then divide and enter meiosis as spermatocytes (Sp)

have been very informative with regards to investigating how spermatogonial differentiation proceeds, there are still large gaps in our understanding of the molecular and morphological characteristics of the true SSCs. Currently, the only test that determines whether an SSC is present in a cell population is to transplant undifferentiated spermatogonia into the germ cell-depleted testis of a recipient mouse (first described in [24]. If fertility is restored in the recipient then the donated cell population contained SSCs. There are known protein markers of undifferentiated spermatogonia that disappear after the A to A1 transition, however, there has yet to be a gene product identified as SSC-specific. This chapter will review our current understanding of the genes expressed by undifferentiated spermatogonia and SSCs within the rodent testis, assess how close we are to identifying the elusive SSC marker, describe how the expression of these genes is regulated by exogenous signaling factors, and discuss the specific small RNAs that have been shown to regulate translation in undifferentiated spermatogonia.

7.3 Transcriptional Profiling of Undifferentiated Spermatogonia and SSCs

There has been a large research effort by the male reproductive biology community to identify gene products only present in SSCs and/or undifferentiated spermatogonia. Techniques used to define the molecular characteristics of these cells include sorting spermatogonia based on specific antigens (utilizing either fluorescence- or magnetic-activated cell sorting), characterizing GFP-expressing transgenic and knockout mouse models, and gene expression profiling arrays. A list of the most often utilized markers of SSCs and undifferentiated spermatogonia is given in Table 7.1. This section will overview published gene expression arrays that have provided insight into the molecular characteristics of SSCs as well as focus on those gene products that are most commonly used as markers of undifferentiated spermatogonia, those that show variations in expression between the A_s, A_{pr} and A_{al} populations and describe one that has recently been identified as a potential marker of only the true SSC population.

7.3.1 The Global Expression Profile of SSCs

The rapid improvement of technologies associated with transcriptome profiling of small samples and the isolation and culture of SSCs has lead to significant progress toward understanding the molecular characteristics of SSCs. It is estimated that only one in every 3,000–4,000 cells within an adult mouse testis is a true SSC [39]. The rarity of these cells and the lack of an unequivocal SSC marker has made isolation of a pure population of SSCs impossible. However, the use of gene knockout mice and localization studies has advanced our knowledge of markers of different populations of undifferentiated spermatogonia. In addition, an ex vivo system has been devised to support the self-renewal of SSCs, enabling the expansion of SSCs within a population of cultured undifferentiated spermatogonia [40]. Several laboratories have made use of these markers, culture systems and gene knockouts to generate global expression profiles of SSCs as well as identify new gene products essential for their self-renewal and differentiation. Table 7.2 outlines the current published array analyses of undifferentiated spermatogonia enriched for SSCs and outlines their major findings.

Culturing undifferentiated spermatogonia in a medium which supports the self-renewal of SSCs has been useful for identifying new gene products that participate in this process. Two studies examined the effect of GDNF, a growth factor produced by Sertoli cells that is essential for SSC self-renewal (discussed in detail below), on gene expression in cultured spermatogonia. Oatley et al., first starved SSC cultures of GDNF overnight, and then collected cell samples at various timepoints with and without GDNF replenishment [41]. As expected, removing GDNF from the culture medium increased the expression of genes associated with spermatogonial differentiation and downregulated the expression of genes known to play a role in SSC self-renewal. In order to select novel candidate genes that may regulate the pool of SSCs, Oatley et al., screened the data for those transcripts whose expression was first decreased by GNDF withdrawal and then increased after GDNF replacement. Only six transcripts emerged; *Bcl6b*, *Egr2*, *Egr3*, *Etv5*, *Lhx1* and *Tspan8*. Further investigation of *Bcl6b* function using siRNA knockdown in SSC cultures and analysis of a knockout mouse model suggested that BCL6B does play a role in SSC self-renewal [41]. A second study that cultured rat SSCs in the presence and absence of GDNF also saw an upregulation of *Bcl6b*, *Egr2*, *Egr3*, and *Etv5* in GDNF-treated cultures and identified three additional novel genes, *Bhlhe40*, *Hoxc4* and *Tec* [46]. Knockdown of *Bcl6b*, *Etv5*, *Bhlhe40*, *Hoxc4* and *Tec* in SSC cultures resulted in a reduction in SSC self-renewal as determined by transplantation experiments post-culture, without altering total cell numbers. Taken together, these two studies indicate that the selection of novel candidates via global expression profiling and the use of transplantation experiments after siRNA

Table 7.1 Common markers of undifferentiated spermatogonia

Full name	Abbreviation	Cell type	Function	References
Zinc finger and BTB domain containing 16	*Zbtb16* (also known previously as *Plzf*)	Most undifferentiated spermatogonia, small group of As cells not positive	Transcription factor	Buaas et al. [25], Costoya et al. [26], Oatley et al. [27]
Glial cell line derived neurotrophic factor family receptor alpha 1	*Gfra1*	As and Apr spermatogonia. Longer Aal chains rarely positive	Receptor for GDNF signaling	Viglietto et al. [28], Dettin et al. [29], Ebata et al. [30], He et al. [31], Nakagawa et al. [14]
Thymus cell antigen 1, theta	*Thy1*	All undifferentiated spermatogonia	Glycoprotein cell surface marker	Kubota et al. [32]
POU domain, class 5, transcription factor 1	*Pou5f1* (also known previously as *Oct4*)	All undifferentiated spermatogonia	Transcription factor	Pesce et al. [33]
Neurogenin 3	*Ngn3*	Most Apr and Aal chains. As cells rarely positive	Helix-loop-helix transcription factor	Yoshida et al. [34], Yoshida et al. [12], Nakagawa et al. [14]
Nanos homolog 2	*Nanos2*	Most As and Apr spermatogonia. Longer Aal chains rarely positive	Zinc-finger RNA binding protein	Sada et al. [35], Suzuki et al. [36]
Spermatogenesis and oogenesis specific basic helix-loop-helix 1	*Sohlh1*	Present in all Aal spermatogonia and differentiating spermatogonia	Helix-loop-helix transcription factor	Ballow et al. [37, 38]
Inhibitor of DNA binding 4	*Id4*	Some As spermatogonia	Helix-loop-helix transcription factor	Oatley et al. [27]

Table 7.2 Published array analyses profiling SSCs

Experiment	Major findings	Reference
Moue SSCs starved of GDNF followed by GDNF replacement	6 transcripts decreased after GDNF withdrawl, increased after replacement: *Bclb6*, *Egr2*, *Egr3*, *Etv5*, *Lhx1*, *Tspan8*; *Bclb6* involved in SSC self renewal.	Oatley et al. [41]
Young versus aging GFRα1-positive mouse spermatogonia	Genes overexpressed at 6 dpp but not 8 months: *Gpr107*, *Tyrobp*, *Smad4*, *Ms4a7*, *Mrc1*; Known progenitor markers such as *Gfra1* not affected.	Kokkinaki et al. [42]
Compared profiles in mouse THY1-positive, THY1-depleted and cultured THY1-postive spermatogonia	202 genes expressed 10-fold or higher in THY1-positive compared to THY1-depleted fraction, most notably *Bcl6b*, *Gfra1*, *Lhx1*, *Csf1r*; CSF1R and its ligand, CSF1, important for stem cell self renewal.	Oatley et al. [43]
Compared profiles in mouse GFRα1-positive versus GFRα1-negative spermatogonia	639 transcripts differentially expressed, most notably *Lhx1*, *Bcl6b*, *Tyrobp*, *Csf1r*. Ligand of CSF1R, CSF1, promoted spermatogonial proliferation	Kokkinaki et al. [44]
Arrays of wild-type, busulfan-treated and cryptorchid mouse testes	88 genes overexpressed in cryptorchid testes therefore may be enriched in SSCs; most notably *Crabp1*, *Dnmt3a*, *Sall4*, *Ccl7*, *Tyrobp*, *Oct4*.	Orwig et al. [45]
Rat SSCs cultured with and without GDNF	Identified *Bcl6b*, *Etv5*, *Egr2* and *Egr3*; 3 novel genes identified: *Bhlhe40*, *Hoxc4*, *Tec*. siRNA knockdown of *Bclb6*, *Etv5*, *Bhlhe40*, *Hoxc4* and *Tec* reduced SSC numbers in culture.	Schmidt et al. [46]
Compared profiles in human testes containing spermatogonia and Sertoli cells versus Sertoli cell-only	239 best candidates of human spermatogonially expressed genes, most notably *FGFR3*, *DSG2*, *c-CBL*, *UTF1*, *SNAP91*, *CTAG1A/B*.	Von Kopylow et al. [47]
Compared miRNA profiles in THY1-positive versus THY1-depleted spermatogonia	Identified miRNAs miR-21, miR-34c, miR-182, miR-183, miR-146, miR-465a-3p, miR-465b-3p, miR-465c-3p and miR-465c-5p as being enriched in THY1-positive cells. ETV5 can potentially upregulate miR-21 expression. miR-21 potentially important for SSC self-renewal.	Niu et al. [48]
Analyzed miRNA profiles in THY1-positive spermatogonia cultured with and without RA	Identified miR-17-92 and miR-106b-25 as being downregulated during spermatogonial differentiation. miR-17-92 knockout mice have smaller testes but only a mild spermatogenic defect.	Tong et al. [49]

knockdown of candidates in SSC cultures have been useful for identifying new gene products important for SSC self-renewal.

Isolating different subsets of undifferentiated spermatogonia based on cell surface markers has also been effective in obtaining enriched populations of SSCs for global expression analysis. Two different studies made use of markers known to be present on SSCs, THY1 and GRFα1, and collected cells from testes at 6 dpp, when spermatogonia are the prominent germ cell type within the testis [43, 44]. Both studies found *Bcl6b* and *Lhx1*, two transcripts that were also upregulated in undifferentiated spermatogonia cultured with GDNF [41, 46], to be enriched in SSCs. In addition, *Csf1r* exhibited the highest fold change in the SSC-enriched population by both analyses. Therefore, there is significant overlap in the global expression profiles of SSC-enriched cell populations even though different cell surface markers were being used to isolate the SSCs in these studies. Further investigation of the function of CSF1R revealed that addition of its ligand, CSF1, to culture medium enhanced SSC self-renewal [43, 44], indicative of a role for CSF1R in signaling to the cell to maintain stemness. Also in support of a role in SSC self-renewal, Oatley et al. reported CSF1R protein to only be present on individual spermatogonia in very few testis tubules of 10 dpp testis cross sections [43]. Given that the true SSCs are thought to exist as single cells and are few in number, this staining pattern fits with CSF1R only marking the SSC population. However, these findings are in contrast to those of Kokkinaki et al. who were able to detect three to four CSF1R-positive spermatogonia per tubule in 6 dpp testis cross sections [44]; presumably too many positive cells for CSF1R to be thought of as a true SSC marker. Whether this discrepancy is due to a difference in sample age or is a function of reagents utilized to assess CSF1R localization has yet to be resolved. Transplantation analyses with near pure populations of CSFR1-positive germ cells will be important for determining whether that population contains a higher number of SSCs in comparison to isolations performed with the markers currently used for SSC isolation.

Microarray analyses have also been performed in order to compare SSC gene expression profiles in young versus old mice [42], in human testes containing spermatogonia and Sertoli cells versus Sertoli cell-only [47], and in mouse models that are highly divergent with respect to stem/progenitor germ cell content [45]. Interestingly, even though the starting cell populations in these studies were very different from the ones described above, there was overlap in the identification of SSC-enriched genes. For example, the BCL6 signaling network was found to be over-represented in human spermatogonia [47] and two transcripts that were identified in the GFRα1-positive population in 6 dpp mice [44], *Tyrobp* and *Ccl7*, were also present in the stem/progenitor spermatogonia fraction of cryptorchid testes [45], which are known to contain significantly higher numbers of SSCs [50]. These studies also revealed that the SSC population appears to contain an over-representation of proteins associated with RNA binding, DNA metabolism and protein biosynthesis, suggesting that post-transcriptional mechanisms play a role in regulating SSC function.

Global expression arrays have proven to be very useful for analyzing the molecular characteristics of undifferentiated spermatogonia, and in some analyses, identifying novel regulators of SSCs. However, they have provided limited information specific for SSCs due to the lack of a specific marker of this population. Technical advances in our ability to visualize cells within live tissue and continued identification of markers of subpopulations of undifferentiated spermatogonia has enabled researchers to combine multiple lines of evidence in order to keep narrowing down the list of required molecular characteristics of a true SSC. This next section will discuss the genes and proteins most often utilized as markers of undifferentiated spermatogonia and how integrating their expression patterns and functions is broadening our understanding of the SSC population.

7.3.2 Zinc Finger and BTB Domain Containing 16 (*Zbtb16*)

Zbtb16, also known as *Plzf*, was the first gene discovered to be essential for stem cell self-renewal in the mouse testis [25, 26]. It was identified as the defective gene in the naturally occurring *luxoid* (*lu*) mutant mouseline that first arose in the 1950s. These mutants showed limb abnormalities, impaired skeletal differentiation and a progressive loss of male fertility. The testis of an 8 month old *lu* mutant contained seminiferous tubules with highly variable phenotypes ranging from normal to devoid of all germ cells. Interestingly, tubules could be found that contained elongating spermatids but no other differentiating germ cell types, suggesting that normal spermatogenesis was initiated but the store of stem cells was depleted and further initiation and spermatogonial differentiation was blocked [25, 26]. In addition, transplantation experiments demonstrated that *lu* mutant spermatogiona cannot be maintained in an undifferentiated state and differentiate in an unregulated fashion [25, 26].

While it is clear that ZBTB16 is important for maintaining the SSC pool, there is still much to be learned regarding its function in the testis. ZBTB16 is expressed by most stem cell pools and has been shown to act as a transcriptional repressor by recruiting polycomb group proteins and histone deacetylases to chromatin [51]. A direct link between the repression of *C-kit*, a marker of differentiated spermatogonia, and ZBTB16 has been established both in vitro and in vivo [52]. In addition, ZBTB16 appears to be directly responsible for the downregualtion of mTORC1, a complex of proteins that promote cellular differentiation and cell growth by phosphorylating components of the translational machinery in SSCs [53]. It is also possible that ZBTB16 functions by regulating the epigenetic repression of chromatin in undifferentiated spermatogonia as histone methylation patterns are perturbed in *Zbtb16*-null germ cells [54].

Further analysis of ZBTB16 function in undifferentiated spermatogonia is required before fully understanding its role in the self-renewal of these cells but at present, ZBTB16 has surfaced as the gold standard marker of SSCs and undifferentiated spermatogonia. Tools for detecting *Zbtb16* transcript and/or protein are widely used to demonstrate the presence of undifferentiated spermatogonia in tissue/cell samples and histological sections. It is also often used to localize other proteins to SSCs and undifferentiated spermatogonia in multiple mammalian species (sheep, bulls, pigs, humans and non-human primates) and has recently been reported as being a useful marker in fish [55, 56].

7.3.3 Glial Cell-Derived Neurotrophic Factor Family Membrane Receptor Alpha-1 (GFRα1)

GFRα1 was first shown to be uniquely expressed within the testis in Type A undifferentiated spermatogonia in 2000 [28, 31]. This protein is the membrane bound receptor for GDNF and regulates cellular differentiation through activation of RET tyrosine kinase. Because GFRα1 sits on the outside of the cell, it can be exploited as a target of antibodies attached to magnetic beads, allowing the isolation of undifferentiated spermatogonia from testis tissue (MACS). Buageaw et al. demonstrated that when MACS was used to collect GFRα1-positive cells from rodent testes, the resulting cell population was enriched for known markers of SSCs (ITGA6 and CD9), depleted of C-KIT-positive cells, and could repopulate a germ cell-deficient testis after transplantation, suggesting that a subset of GFRα1-positive cells are also true SSCs [57]. MACS directed against GFRα1 is now common practice in laboratories attempting to isolate undifferentiated spermatogonia from whole testes.

Further evidence to support a role for GFRα1 in the maintenance of the SSC pool has stemmed from studies of the *Gfra1*-null mouse and knockdown studies. Mice deficient in *Gfra1* die shortly after birth due to defects in the development of their enteric nervous and renal systems. To study this model, Naughton et al. dissected the testes from either *Gfra1*-null male mice or their wild-type siblings on the day of birth and explanted them subcutaneously into nude mice in order to investigate whether postnatal germ cell development could proceed normally in these testes [58]. Normal spermatogenesis was observed in the explanted wild-type testes after 8 weeks. However, there was a complete absence of germ cells in the mutant testes at 8 weeks post-surgery, with a significant decrease in germ cell numbers seen after 7 days. Immunohistochemical studies were used to determine that the numbers of SSCs in the *Gfra1*-deficient testes were comparable to those in the wild-type animal at birth, indicating that the reduction in germ cell numbers after 7 days was not due to unequal germ cell numbers to begin with [58]. Whether germ cell loss was a result of decreased proliferation, apoptosis or premature differentiation was not investigated in the explanted *Gfra1*-null testes. However, studies on *Gdnf*- and *Ret*-deficient testes suggested that loss of this signaling pathway resulted in a loss of proliferation of the SSCs and in their advanced differentiation [58, 59]. This conclusion is also supported by siRNA knockdown studies of *Gfra1* in cultures of undifferentiated spermatogonia [31]. Transfecting *Gfra1*-specific siRNAs into

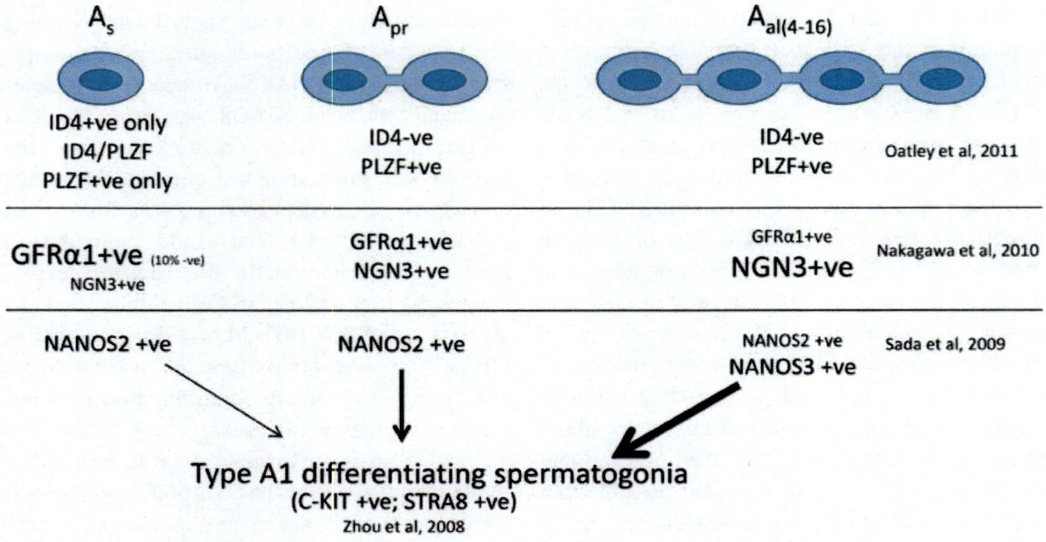

Fig. 7.3 Undifferentiated Type A spermatogonial patterning. Various markers can be used to distinguish between the different subpopulations of Type A spermatogonia (A_s, A_{pr}, $A_{al(4-16)}$). Listed below the schematics of each subpopulation are the markers that can be used to differentiate between them. The articles from which these data were derived are given. Size of lettering for each protein represents its relative expression level across the different subpopulations, i.e. small lettering equals weak expression and/or very few positive cells; larger lettering equals strong expression and/or lots of positive cells. The *black arrows* indicate that Type A1 differentiating spermatogonia can be derived from all three subpopulations but the *thickness of the arrows* indicates that this differentiation step is more likely to occur from the A_{al} cells over the A_{pr} or A_s

cultures of undifferentiated spermatogonia resulted in a reduction in both the numbers and size of germ cell clusters due to a decrease in proliferation and excessive differentiation of these cells. In addition, the phosphorylation of RET was significantly reduced in cultured cells, demonstrating a block in the GDNF signaling pathway. Taken together, these data show a requirement for GFRα1 in maintaining the pool of SSCs yet very little work has been performed to ascertain the downstream targets of signaling through GFRα1. Use of the Cre-Lox gene targeting system will be important for further investigation of the downstream effects of GFRα1, specifically in germ cells.

The precise localization pattern for GFRα1 in the testis has evolved over the years. GFRα1 was thought to be a marker of undifferentiated spermatogonia, yet its expression appears to be non-uniform among the A_s, A_{pr} and A_{al} cell populations and displays stage-specificity across the cycle of the seminiferous epithelium. Grisanti et al. noted a heterogeneous pattern of GFRα1 localization in A_s and A_{pr} cells, with approximately 10 % of A_s spermatogonia being negative for GFRα1 and approximately 5 % of A_{pr} chains displaying asymmetric GFRα1 staining (one cell positive and not the other) [60]. The asymmetric staining of GFRα1 in A_{pr} and A_{al} chains was also observed in a separate study [36], although the question of whether asymmetric staining represents functionally distinct cells within one cyst or is the result of capturing a moment in time when the expression pattern is changing throughout the whole cyst in a wave-like manner remains unanswered.

Another study has postulated that GFRα1 localization, in tandem with the expression pattern of NGN3, another marker of undifferentiated spermatogonia, can be used to differentiate between Type A spermatogonia (Fig. 7.3). Whole mount immunohistochemistry and live tissue imaging were used to investigate expression within, and the behavior of, the Type A spermatogonial chains [14]. GFRα1 was only found in a small percentage of undifferentiated spermatogonia, with the A_s and A_{pr} cells being the predominant positive cell types. GFRα1-positive A_{al} cysts were rare [14]. Less than 20 % of the 140 8-cell cysts and none of the 54 16-cell cysts examined were positive for GFRα1 and in contrast to the studies that reported asymmetric staining, asymmetric staining was not evident in A_{al} cysts that were positive [14]. This study also visualized the fragmentation of long A_{al} cysts into smaller chains and also single cells, suggesting that cells within an A_{al} cyst maybe be able to recover their stem cell potential. The numbers of spermatogonial chains found to be positive for GFRα1 also appears to vary across the cycle of seminiferous epithelium [61]. In all stages of the cycle in the mouse testis, Grasso et al. reported that GFRα1-positive chains of A_{al} cells were more prevalent than either A_s or A_{pr}. However, significantly fewer GFRα1-positive A_{al} chains were observed in Stages VII and VIII, the point in the cycle during which the A to A1 transition is known to occur. Taken together, these data suggest that GFRα1 is an important marker of the undifferentiated spermatogonia and may be lost from these cells as they prepare to differentiate. Continued advances in live imaging techniques will resolve whether A_{pr} and A_{al} chains are truly asymmetric for GFRα1 in addition to contributing to our understanding of whether chained cells retain stem cell potential.

7.3.4 Neurogenin 3 (NGN3)

NGN3 is a class B basic helix-loop-helix transcription factor that was first identified in undifferentiated spermatogonia using a yeast-2-hybrid screen for transcription factors in OCT4-positive germ cells [34]. Transplantation experiments demonstrated that true SSC cells are present within populations of *Ngn3*-positive cells [12] and a transgenic mouseline expressing GFP under the control of the *Ngn3* promoter has been used to demonstrate that *Ngn3* expression can delineate between the first wave and subsequent waves of spermatogenesis. *Ngn3* is expressed by A_s, A_{pr} and A_{al} spermatogonia, yet unlike other markers, is not present in gonocytes [34]. A physical separation of *Ngn3*-positive and *C-kit*-positive cells within cross sections of juvenile testes was also observed [12], supporting the theory that differentiating spermatogonial populations are spatially separate from the undifferentiated germ cells [62]. Yoshida et al. were also able to detect gonocytes that never become *Ngn3*-positive and differentiate directly into *C-kit*-positive spermatogonia [12]. Dual-labeling transgenic mouselines were utilized to illustrate that the cells which skip being *Ngn3*-positive (the *Ngn3*-negative lineage) are the cells that generate the first wave of spermatogenesis and give rise to the very first spermatozoa [12]. The gonocytes that did transition into *Ngn3*-positive undifferentiated spermatogonia (the NGN3-positive lineage) were those responsible for producing all subsequent rounds of spermatogenesis [12]. As a result, in the testis of a fully mature male mouse, the NGN3-negative lineage is absent and all spermatozoa originate from the NGN3-positive cells.

In addition to *Ngn3* marking different populations of germ cells in the neonatal testis, its localization pattern in association with GFRα1 is now thought to represent how likely a Type A spermatogonia is to differentiate in the mature testis (Fig. 7.3). In the adult, *Ngn3* can be detected in A_s, A_{pr} and A_{al} populations, however, only 10 % of A_s cells are *Ngn3*-positive, with this percentage increasing as the length of the chain increases [14]. In this study, of the 54 16-cell A_{al} chains analyzed, all were *Ngn3*-positive. Pulse-chase and live imaging experiments demonstrated that the small percentage of *Ngn3*-positive A_s cells typically divided to become A_{pr} and A_{al} chains rather than generating two new A_s cells, suggesting that *Ngn3* may mark the more advanced undifferentiated spermatogonia [14]. This study also hypothesized that the very small number of *Ngn3*-positive A_s cells that do divide and generate two new single cells are actually transiting directly into differentiating A1 spermatogonia and not undergoing self-renewal. This conclusion was based on the presence of single C-KIT-positive cells only 2 days into their pulse chase experiments [14]. These data, in combination with the GFRα1 localization data discussed above, have generated a new model for markers that distinguish the first wave and subsequent waves of spermatogenesis and the developmental transition of A_s, A_{pr} and A_{al} cells to becoming A1 spermatogonia (Fig. 7.3). This new model suggests that Type A spermatogonia do not always arise from a linear pathway. A_s, A_{pr} and A_{al} cells can all transition directly into A1 spermatogonia. Based on the *Ngn3* and GFRα1 studies, it would appear the majority of cells in the adult testis do follow a linear pathway of differentiation and transition from being GFRα1-positive to NGN3-positive to A1 spermatogonia. However, A_s cells can differentiate directly to A1 spermatogonia and cells within a cyst still retain the ability to self-renew. Further investigation of the transcriptional profile of these different subpopulations of undifferentiated spermatogonia and the cross-talk that occurs between individual cells and cysts is required in order to determine how these cells balance between self-renewal and differentiation.

7.3.5 Nanos Homolog 2/Nanos Homolog 3 (NANOS2/NANOS3)

The NANOS family of genes was first identified as being important for germ cell development from studies of maternal effect genes in *Drosophila* [63]. While only one *Nanos* gene is present in the *Drosophila* genome and its expression is essential for the formation of functional gametes, three homologs are expressed in mammals, *Nanos 1*, *Nanos2* and *Nanos3*. Only *Nanos2* and *Nanos3* are known to be essential for normal mammalian spermatogenesis [64]. Both NANOS2 and NANOS3 are zinc-finger RNA binding proteins that appear to be able to repress protein production either by physically blocking translation or facilitating the degradation of target mRNAs [65–67].

A deletion of *Nanos2* only affects spermatogenesis and results in a loss, followed by the complete absence of germ cells within the testes of mutant animals by 4 weeks of age [64]. The decrease in germ cell numbers is first observed in null male gonads at E15.5 and NANOS2 appears to promote germ cell differentiation down the male pathway while simultaneously inhibiting the female program (recently reviewed in [68]) in the normal embryonic testis. Expression analysis in wild-type testes revealed that NANOS2 was present in undifferentiated spermatogonia in the postnatal testis [35], but its function in these cells was difficult to study given the requirement for NANOS2 in the embryonic testis. To counteract this issue, Sada et al. utilized a tamoxifen-inducible Cre-Lox system to delete *Nanos2* in the adult mouse testis [35]. A progressive loss of differentiating germ cells was observed in the testes of the tamoxifen-induced mutant animals, with all germ cells lost within only a few cycles of the seminiferous epithelium. Staining for PLZF expression in the mutant testes revealed a decrease in the numbers of undifferentiated spermatogonia by 2 weeks post-tamoxifen treatment, and GFRα1-positive cells were lost almost immediately after *Nanos2* deletion [35]. Sada et al. concluded that the germ cell loss within the conditional *Nanos2*-null testes was the result of a loss of SSCs.

Pulse-chase labeling experiments using a *LacZ* reporter gene also demonstrated that stem cells were present in the *Nanos2*-expressing population of undifferentiated spermatogonia and that by comparison to a separate but similar study, the *Nanos2*-expressing undifferentiated spermatogonial population contained a higher proportion of stem cells than the *Ngn3*-expressing population [12, 35]. Overexpression of NANOS2 in male germ cells also supports a role for this protein in the maintenance of the SSC pool [35]. In *Nanos2*-overexpressing testes, an increase in the numbers of PLZF- and GFRα1-positive undifferentiated spermatogonia was detected and these cells demonstrated a slower rate of proliferation. In addition, these testes contained a higher proportion of A_s and A_{pr} cells and a low percentage of longer chains of A_{al} spermatogonia. Therefore, *Nanos2*-overexpressing male germ cells display properties similar to what is currently believed to be the most primitive set of undifferentiated spermatogonia.

Less is known about the role of NANOS3 in the postnatal testis. The global deletion of *Nanos3* in mice results in defects during both oogenesis and spermatogenesis, with all germs cell absent from both gonads by E15.5 [64]. Expression analyses have revealed that NANOS3 is present in undifferentiated spermatogonia and can also be detected in some differentiating spermatogonia [36]. The role that NANOS3 plays in these cells is still unclear. Knockdown of *Nanos3* in cultures of differentiating human embryonic stem cells decreased the expression of germ cell genes responsible for the maintenance of pluripotency, meiotic initiation and progression [69], suggesting a role for NANOS3 in the differentiation of spermatogonia. The observation that the overexpression of *Nanos3* in the postnatal testis leads to a delay in spermatogonial cell cycle progression also supports this premise [67]. The investigation of NANOS3 expression across the cycle of the seminiferous epithelium revealed a stage-specific localization within the A_a chains and differentiating spermatogonia [35]. During Stages VII and VIII, when the A to A1 transition is taking place, the NANOS3-positive A_{al} spermatogonia strongly co-expressed C-KIT, and this was not the case during other stages of the cycle. In addition, NANOS3 could be detected, albeit weakly, in the differentiating A1 and A2 spermatogonia from Stage IX through Stage XII yet this signal was lost from the A3 through B differentiating spermatogonia present in Stages I through IV. In contrast, NANOS3-positive undifferentiated spermatogonia were present throughout all stages. These expression data imply that NANOS3 could be important for the A to A1 spermatogonial transition, however, conditional knockout mouse studies will be required to gain a more detailed understanding of how NANOS3 functions in the postnatal testis.

The localization pattern of NANOS2 and NANOS3 aids in extending the evolving theory of functionally distinct populations of undifferentiated spermatogonia. Using reporter gene-expressing transgenic mice, Suzuki et al. investigated the localization of both NANOS2 and NANOS3 in all types of undifferentiated spermatogonia and colocalized the expression of these proteins with GFRα1 and NGN3 [36]. The resulting localization patterns reinforced the heterogeneity observed within the undifferentiated spermatogonia and are summarized in Fig. 7.3. As mentioned above, NANOS2 was found to be expressed almost exclusively in A_s and A_{pr} spermatogonia, with only very weak signal observed in the A_{al} chains. NANOS3 localized to undifferentiated spermatogonia of all chain lengths and some differentiating spermatogonia [32]. When compared to GFRα1 and *Ngn3* localization, NANOS2 was more likely to be detected in A_s and A_{pr} cells that were GFRα1-positive/*Ngn3*-negative, whereas NANOS3 was more strongly expressed in A_{al} chains that were GFRα1-negative/NGN3-positive. In addition, there was a small population of Type A spermatogonia that were only positive for GFRα1. These data lead to the conclusion that the undifferentiated spermatogonia can be classified into 3 basic categories: (1) GFRα1-positive/NANOS2-positive/NANOS3-negative/NGN3-negative; (2) GFRα1-positive/NANOS2-positive/NANOS3-positive/NGN3-negative; and (3) GFRα1-negative/NANOS2-negative/NANOS3-positive/NGN3-positive. Clearly, the molecular factors that uniquely equip undifferentiated spermatogonia for the A to A1 transition are complex in nature and as more markers are identified, the model of spermatogonial differentiation will continue to evolve.

The regulation of expression of *Nanos2* and *Nanos3* RNAs and the targets of their gene products are beginning to be elucidated. GDNF signaling is essential to maintain the expression of *Nanos2* and ectopic expression of this gene can help to restore the loss of SSCs seen after *Gfra1*-depletion [70]. RA is an important regulator of spermatogonial differentiation and meiotic initiation (reviewed in [17]) and there is evidence to suggest that it represses the expression of both *Nanos2* and *Nanos3* [67, 71]. *Nanos2*-deficient gonocytes have been shown to precociously enter meiosis and overexpression of *Nanos2* in fetal female germ cells prevents meiotic entry, leading to the conclusion that NANOS2 may act as a meiotic inhibitor through a post-transcriptional regulatory mechanism. Studies showing NANOS2 can associate with ribonucleoparticles and polysomes in both fetal and postnatal male germ cells and that it can bind two RNA transcripts that code for proteins known to be important for spermatogonial differentiation, *Gata2* and *Taf7l*, also support this conclusion [71].

7.3.6 Inhibitor of DNA Binding 4 (ID4)

The inhibitor of DNA binding (ID) protein family consists of four helix-hoop-helix transcriptional repressors that are often expressed in populations of undifferentiated cells [72, 73]. It has been known for nearly 15 years that all members of this protein family are present in either germ or Sertoli cells within the testis [74]. However, it has only recently been demonstrated that ID4 localizes to a specific subset of A_s spermatogonia and may be considered as a possible marker of the true SSC population [23]. Whole mount immunofluorescence and analysis of seminiferous tubules isolated from transgenic mice expressing GFP under the control of the *Id4* promoter demonstrated that only A_s spermatogonia expressed ID4. Colocalization of the GFP signal with ZBTB16 revealed that the majority of ZBTB16-positive cells were negative for ID4 and about 50 % of ID4-positive cells were ZBTB16-positive [23]. These results indicate that ZBTB16 may not be a global marker of all undifferentiated spermatogonia and imply that ID4 may mark a previously unidentified subpopulation of these cells. Analysis of *Id4*-null male animals revealed a reduction in testis weight and sperm concentration in the epididymis over an 8 month period and the progressive loss of fertility [23], all hallmarks of impaired SSC function. Also, SSC culture and transplantation experiments confirmed that the spermatogenic defect seen in *Id4*-null males was the result of a loss of SSC self-renewal rather than a defect in SSC proliferation. Spermatogenesis was never completely blocked in the *Id4*-null model, as some male knockout mice were still fertile at 8 months of age and their testes were found to contain a few tubules with a full complement of germ cells. Therefore, further investigation will be required in order to determine what protein(s) can partially compensate for the loss of ID4 in the SSC population.

Global expression array analyses have made significant contributions to our understanding of the molecular characteristics of SSCs. In addition, continued identification and functional analyses of proteins specific to undifferentiated spermatogonia are drawing us closer to being able to definitively pinpoint the true SSCs. ID4 is an extremely promising candidate and further colocalization studies will be important for integrating ID4 with the GFRα1/*Ngn3*/Nanos story. While the search for the elusive true SSC marker will and should continue, studies into how the undifferentiated spermatogonia interact with one another and the surrounding somatic compartment are equally important to the eventual goal of utilizing SSCs in therapeutics.

7.4 Regulating SSC Self-Renewal and Differentiation Through the Germ Cell Niche

The proper expression of SSC proteins that regulate their self-renewal and differentiation relies on signals derived from the surrounding somatic cells. These cells and signals build what is known as the germline stem cell niche and ongoing research efforts hope to dissect how this microenvironment balances the differentiation of SSCs with the maintenance of a healthy population of stem cells (for a recent review see [75]). The defining feature of each stem cell niche is the milieu of growth factors that not only home the stem cells to the niche but also keep them there and then direct them to either proliferate or differentiate. This section will summarize our current understanding of the growth factors important for testis niche function and how SSCs localize to their niche (summarized in Fig. 7.4).

7.4.1 Growth Factor Signals Promoting SSC Self-Renewal

7.4.1.1 Glial Cell Line-Derived Neurotrophic Factor (GDNF)

It has been known for over a decade that GDNF is essential for SSC function in mammals yet the

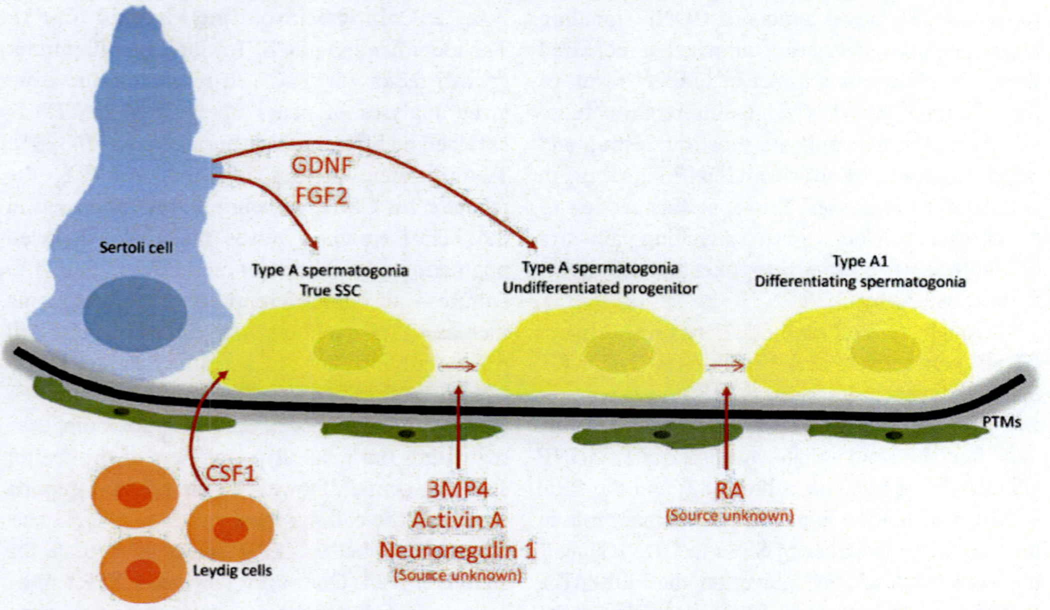

Fig. 7.4 Growth factor regulation of the germline stem cell niche in rodents. Schematic representing the current model for the growth factors and signaling molecules involved in regulating the rodent germline stem cell niche and the cell types responsible for their production. Sertoli cells are critical to the formation of the niche microenvironment and are known to secrete GDNF and FGF2. These two growth factors both act to support the self-renewal of the true SSCs and the maintenance of the progenitor Type A undifferentiated spermatogonia. CSF1 is produced by the Leydig cells in the testicular interstitium and there is evidence to suggest that its only function is to support the self-renewal of the true SSCs [43]. BMP4, Activin A and Neuroregulin 1, whose site of production within the testis is currently unknown, act upon the SSCs to promote their differentiation to the progenitor Type A spermatogonia, while RA is known to drive the transition from the progenitor undifferentiated Type A spermatogonia to the differentiating Type A1 spermatogonia. How RA is generated within the testis is still under investigation (Adapted from Oatley and Brinster [75])

downstream effects of this growth factor on SSCs are only beginning to be understood. GDNF was first identified as being secreted by glial cells but is now known to be produced by several organs during development (reviewed in [76]). Within the testis, it is produced and secreted by the Sertoli cells [77] with a recent report suggesting that the human peritubular myoid cells may also make GDNF [78]. The overexpression of GDNF results in excessive proliferation of undifferentiated spermatogonia, the disappearance of differentiating germ cells, and the formation of germ cell tumors, whereas mice deficient in GDNF lose germ cells with aging [79]. While these mouse models are only suggestive of a role for GDNF in SSC self-renewal, in vitro studies have provided definitive proof. Addition of recombinant GDNF to medium enhanced the ability of cultured undifferentiated spermatogonia to re-establish spermatogenesis after transplantation and GDNF is the only supplement required in serum-free chemically-defined medium to support the long term expansion of SSCs in populations of undifferentiated spermatogonia from DBA/2J mice [40, 80, 81]. In vitro studies with SSCs from different genetic backgrounds, such as C57BL/6, have shown that GDNF and either FGF2 or EGF are required for SSC expansion [40]. While it is clear that GDNF is essential for SSC self-renewal, its function is not specific to SSCs alone. The receptor for GDNF, GFRα1, is expressed by most undifferentiated spermatogonia, suggesting a general role for GDNF in the maintenance of these cells. Array studies of isolated undifferentiated spermatogonia cultured with and without GDNF have been a useful tool for identifying novel targets of GDNF signaling in germ cells but dissecting out whether increased target expression is a direct or indirect result of the GDNF/GFRα1/RET signaling requires functional studies. Some of the most interesting and novel targets induced after GDNF signaling in culture were discussed above, so this section of the chapter will focus on two signaling pathways in undifferentiated spermatogonia that are known to be activated by GDNF.

Through GFRα1 and RET tyrosine kinase, GDNF can activate the SRC kinases and AKT intracellular cascades to promote SSC self-renewal and survival [82, 83]. Several kinases from the SRC family co-precipitate with RET after GDNF stimulation of SSCs in culture [82] and the SRC kinases are thought to play a predominant role in the immediate response of SSCs to GDNF signaling. As a result of SRC activation, the PI3K/AKT pathway is triggered in SSCs, leading to the expression of N-MYC and SSC proliferation [82]. In fact, studies with undifferentiated spermatogonia that constitutively overexpress AKT demonstrated that although the concentration of SSCs declined over time, SSC potential was observed long term in cultures without GDNF as long as either FGF2 or EGF were present [84]. These data suggest that GDNF promotes both expansion of SSC numbers and production of non-stem progenitor spermatogonia in vitro.

The second signaling pathway activated by GDNF is RAS. The RET tyrosine kinase has been shown to autophosphorylate its intracellular domain in response to GDNF stimulation [85], thereby generating numerous docking sites for many different signaling proteins. One particular site, Tyr 1062, serves as the docking site for RAS and as a result, the RAS/ERK1/2 signaling cascade is triggered in SSCs [86]. This pathway ultimately results in the activation of the transcription factors CREB-1, ATF-1 and CREM-1 as well as the increased expression of *Cyclina* and *Cdk2*, whose gene products promote the G1/2 phase mitotic transition, thereby driving the proliferation of SSCs. Taken together, these signaling studies indicate that GDNF plays a general role in the proliferation of undifferentiated spermatogonia, including the germline stem cells.

7.4.1.2 Colony Stimulating Factor 1 (CSF1)

The identification of CSF1 as being an important growth factor for SSC self-renewal came from array analyses of genes upregulated in THY1-enriched undifferentiated spermatogonia [43, 44]. Two different studies identified CSFR1, the receptor for CSF1, as being highly expressed in the THY1-enriched versus the THY1-depleted population and addition of recombinant CSF-1 to cultures of undifferentiated spermatogonia increased SSC numbers, determined by germ cell transplantation, but did not affect the proliferation of these cells [43]. This suggests that CSF1 is a specific regulator of the SSC pool rather than regulating the general population of progenitor spermatogonia. However, conflicting reports regarding the cellular localization of CSFR1 cast doubt over whether CSF1 can only regulate the stem cell pool. One study reported CSFR1 to be present on only a small percentage of single spermatogonia [43] whereas a second study reported CSFR1 protein on chained spermatogonia at a much higher incidence [44] (discussed above). If the receptor is only present on a small number of single spermatogonia, then this would provide additional in vivo evidence to support a specific role for CSF1 in SSC self-renewal whereas the detection of CSFR1 within chains of undifferentiated spermatogonia would suggest a more generalized role in the maintenance of these cells. Interestingly, unlike GDNF, CSF1 is not produced by Sertoli cells but instead, this growth factor appears to be exclusively expressed by Leydig cells and some peritubular myoid cells, and therefore, represents the first direct link between the interstitium and SSC self-renewal.

7.4.2 Growth Factor Signals Promoting Differentiation

It is vital, especially during the juvenile period of testis development, that the SSC pool divides such that the numbers of cells retaining stem cell potential is not only maintained, but perhaps favored. Equally important, however, is that these cells be regularly triggered to enter their differentiation pathway so that a continuous supply of mature sperm are produced. Deciphering the growth factors and mechanisms responsible for driving SSC differentiation has been extremely difficult due to a lack of markers that distinguish between the true SSCs and the more differentiated A_{pr}/A_{al} cells. However, mouse models and culture systems set up to detect markers of differentiating spermatogonia have been useful for beginning to define the growth factors responsible for this process.

The TGFβ family of growth factors appears to be important for SSC differentiation, especially in the juvenile testis. BMP4 has been shown to increase the expression of *C-kit*, a marker of differentiating spermatogonia [87]. Exposure of cultured undifferentiated spermatogonia to either Activin A or BMP4 resulted in decreased SSC numbers [81]. BMP4 receptors are expressed by spermatogonia [87], however, a detailed analysis of which spermatogonial subtypes harbor this receptor has yet to be performed. In addition, increased levels of *C-kit* transcripts were also detected in a transgenic mouse model designed to produce lower levels of bioactive Activin A [88]. Collectively, these studies suggest that both Activin A and BMP4 are important for the maintenance of progenitor spermatogonia but stimulate a loss of stem cell maintenance. Characterization of an immortalized embryonic fibroblast cell line used as feeder cells for undifferentiated spermatogonia cultures identified Neuroregulin 1 as a secreted factor that can promote spermatogonial chain formation [89]. Neuroregulin 1 is a cell-signaling molecule that acts as a ligand for the ERBB family of receptor tyrosine kinases and has been shown to play essential roles in the nervous system, heart and breast [90]. Work in the newt has shown that Neuregulin 1 can promote spermatogonial proliferation [91] but there have yet to be any in vivo studies performed to verify its role in mammalian spermatogonia.

RA, one of the active metabolites of vitamin A, is also critical for spermatogonial differentiation. Mammals deficient in vitamin A develop testis tubules containing only Sertoli cells and undifferentiated spermatogonia, indicating that in the absence of RA, the undifferentiated A spermatogonia are unable to transition to A1 cells (reviewed in [17]). Treatment of THY1-enriched spermatogonia with RA in vitro leads to an increase in two markers of differentiating spermatogonia, *C-kit* and *Stra8* [92], and an inhibitor of the enzymes required for the production of RA from retinol, WIN 18,446, has recently been shown to prevent the expression of *Stra8* in cultures of neonatal testes and THY1-enriched spermatogonia [93]. What has yet to be determined, however, is how spermatogonia become more susceptible to RA signaling as they move away from the stem cell niche. Within the testis, RA signaling is believed to be active at very defined points along the tubule, and in the adult testis, these points of activity align with two particular stages of the seminiferous epithelium, Stages VII and VIII [17, 94, 95]. It's possible that the stem cell niche is located between these points of RA activity along the tubules so that the germline stem cells can be shielded from RA until they receive cues from within the niche to move to where RA signaling is taking place. The observation that undifferentiated spermatogonia, both in the neonatal testis and the adult testis, can respond to exogenous RA by expressing *C-kit* and *Stra8* prematurely [93–96] supports the theory that the undifferentiated spermatogonia are prepared to respond to RA but are shielded from it in some way. How the production of RA is controlled in such a precise manner within the testis tubule and which subtypes of spermatogonia can respond to RA signaling is still under investigation.

7.4.3 Homing SSCs to the Niche

While secreted signals are essential to the function of any stem cell niche, how a stem cell knows to stay within a particular area of an organ is key to maintaining the balance between self-renewal and differentiation. The homing of SSCs to the niche is likely due to a combination of secreted factors that draw migrating cells to the niche where adhesion molecules hold them there until they are triggered to differentiate. Two such adhesion molecules, α6- and β1-integrin, are transmembrane proteins known to bind laminin and have been shown to be expressed by SSCs [97]. Disrupting the expression of β1-integrin inhibits the ability of SSCs to regenerate spermatogenesis after transplantation [98] even though migration of the SSCs to the basement of the recipient testis tubules was normal. This result suggests that while β1-intergin may be important for anchoring SSCs to the niche, it is not necessary for drawing them there. In addition, the expression of both α6- and β1-integrin is more widespread in undifferentiated spermatogonia and not localized to only SSCs, therefore these two proteins most likely play a general role in retaining spermatogonia at the basement membrane of the seminiferous tubule.

There is also evidence to suggest that germline niches reside in very specific areas of the seminiferous tubule. Histological analyses of mouse and rat testis cross sections revealed that undifferentiated spermatogonia are localized in higher concentrations where the basement membrane is in close association with the interstitium [99, 100]. This observation was recently supported by Yoshida et al. who performed live imaging tracking experiments to map how the undifferentiated spermatogonia move within the tubule [15]. Their imaging studies suggested that the male germline niches reside at the basement membrane areas of tubules closely associated with the vasculature. Over time, Yoshida et al. were able to visualize undifferentiated spermatogonia moving away from the vasculature upon differentiation. Whether this cue to move is a direct signal from the vasculature or whether the vasculature signals indirectly through the Sertoli cells has yet to be determined. Indeed, the number of Sertoli cells is thought to ultimately determine the number of niches present within a testis. This conclusion was drawn from the observation that the number of niches accessible for colonization by transplanted SSCs was increased in recipient animals which had been experimental altered to contain 50 % more Sertoli cells via the use of polythiouracil (PTU)-induced transient hypothyroidism [27]. Importantly, this study found no changes in the surface area of the PTU-induced tubules in contact with the interstitial tissue or in the percentage of tubules associated with the vasculature, indicating that neither the interstitial cells nor the vasculature could have contributed to the change in the numbers of available niches.

Clearly there is still much to be learned regarding how the somatic support cells of the testis interact to generate the male germline stem cell niche. Defining the components of this niche will be important for furthering our understanding of how spermatogenesis is founded and how the SSCs respond to the signals generated within the niche and its immediate surroundings to balance between self-renewal and differentiation as a population.

7.5 Regulating Translation in Undifferentiated Spermatogonia

An emerging area of research in testis development is the investigation of how small RNAs regulate transcription, RNA stability and translation. There are three major classes of small RNAs, classified based on their biogenesis, mechanism of action and function: (1) the small interfering RNAs (siRNAs); exogenous double stranded RNAs that are known to degrade mRNA or interfere with transcript translation; (2) the microRNAs (miRNAs); endogenous single-stranded RNAs that inhibit translation or result in mRNA instability; and (3) piwi-interacting RNAs (piRNAs); endogenous single-stranded RNAs that are expressed exclusively in spermatocytes and spermatids and are believed to cause gene silencing through interacting with the PIWI proteins (reviewed in [101]). Given that piRNAs have, to date, only been detected in meiotic and post-meiotic germ cells, and that the use of siRNAs in the investigation of SSC self-renewal and differentiation has been discussed above, this section will focus on our current understanding of the role that miRNAs play in spermatogonial differentiation.

7.5.1 miRNA Regulation of SSC Self-Renewal and Differentiation

miRNAs are single-stranded RNAs between 19 and 25 nucleotides in length. They can be transcribed from all regions of the genome, however, the majority reside in the introns of genes and their expression is usually governed by the same factors controlling the transcription of their host gene [102]. miRNAs are initially transcribed as single pri-miRNAs, or in a cluster of multiple pri-miRNAs, and form stem loop structures that can be cleaved by DROSHA within the nucleus. This cleavage event results in the production of pre-miRNAs that can be transported into the cytoplasm. The loop structure of the pre-miRNA is then cleaved by the endonuclease DICER known to be essential for spermatogenesis [103–105], to form mature double-stranded miRNAs. Mature miRNAs are then able to associate with a group of proteins, known as the RISC complex, to mediate the post-transcriptional regulation of mRNA targets (recently reviewed in [102, 106]). miRNAs were first identified in *Caenorhabiditis elegans* in 1993 [107] but it has only been over recent years that the scientific community has begun to understand how they effect mammalian cell development. Most of our current insight into how they regulate SSC biology has been generated by array studies. However, advancements in SSC transfection and culture has allowed for more functional miRNA assays to be performed.

There are several publications outlining expression, microarray or sequence analysis of the miRNAs present in the mammalian testis at different stages of development [48, 49, 108–111]. Each of these studies was able to identify miRNAs that appear to be testis-enriched in comparison to other tissues but most expression studies have been focused on the miRNAs present in the meiotic and post-meiotic germ cells. There have only been a few studies published that have focused on SSCs or cultured germline stem cells. Jung et al. [109] performed a real time PCR analysis of two different miRNA families in testis-derived germ line stem cells and identified the members of the Let-7 miRNA family as being enriched in these cells [109]. This is somewhat contradictory to the observation that Let-7 family miRNAs are induced in response to RA treatment of spermatogonia, suggesting an increase in the expression of miRNAs after SSCs have differentiated [112], and so the role of the Let-7 mirRNA family in SSC function is the subject of continuing investigations.

Three different studies have performed microarray analyses on isolated gonocytes and/or spermatogonia, with two utilizing THY1-positive cell sorting [48, 49, 113]. McIver et al. [113], found seven miRNAs that are differentially regulated between gonocytes and spermatogonia and in silico prediction software identified members of the PTEN and Wnt signaling pathways as targets of the miRNAs enriched in gonocytes versus spermatogonia [113]. These two pathways are both upstream regulators of Cyclin D, suggesting that miRNAs may co-ordinate the differentiation of gonocytes and participate in the maintenance of pluripotency in germ cells. Using microarray analyses, Tong et al. [49] identified the miR-17-92 cluster and miR-106b-25 as both being significantly downregulated in THY1-enriched cells incubated with RA [49]. These results were confirmed using real time PCR and the authors went on to characterize a germ-cell specific knockout of the miR-17-92 cluster. The observation that these mice had smaller testes but only a mild spermatogenic defect suggests that there is some level of compensation between different miRNAs and that the miR-17-92 cluster is not essential for spermatogenesis.

The second study to profile miRNA expression in THY1-enriched cell populations identified a potential player in SSC self-renewal. Niu et al. [48] compared the mature miRNA expression profile of freshly isolated 6 dpp THY1-enriched cells to freshly isolated 6 dpp THY1-depleted cells and cultured THY1-enriched cells [48]. This study identified 139 miRNAs that were differentially expressed between the freshly isolated THY1-enriched and THY1-depleted samples and interestingly, while the miRNAs present in the freshly isolated and cultured THY1-enriched samples were similar, there were several transcripts that were present at much higher levels in the cultured samples, probably due to the propagation and expansion of germ cells in vitro. Chromatin immunoprecipitation using mouse germ cell cultures revealed that the expression of one of these miRNAs, miR-21, may be directly regulated by ETV5, a Sertoli cell-expressed protein know to be essential for SSC self-renewal [114]. To further investigate the role of miR-21 in SSC self-renewal, THY1-enriched germ cell cultures were transfected with an inhibitor of this miRNA and recipient testis transplants were performed with the transfected cells [48]. Analysis of the recipient testes revealed an increase in apoptosis within the transplanted germ cell population and a reduced number of germ cell colonies, suggesting that the knockdown of miR-21 inhibited the proliferation of SSCs. These data fit with the fact that miR-21 is a known antiapoptotic factor and has been shown to inhibit the production of the p21 tumor suppressor protein, thereby normally promoting proliferation [115]. In addition, miR-21 has been found to be overexpressed in human seminomas and germ cell tumors, testicular cancers thought to arise from the overproliferation of primordial germ cells [116]. Taken together, these data suggest a role for miR-21 in SSC proliferation, however, there is still a large amount to be learned with regards to the mRNAs that this and other miRNAs act upon to affect translation in SSCs and how manipulation of translation affects SSC self-renewal and differentiation.

7.6 Concluding Remarks

Clearly, the reproductive biology scientific community has made incredible progress over the last decade with regards to understanding the signals and factors involved in the balance between SSC self-renewal and differentiation and how SSCs respond at the molecular level. Making use of technical advances in sequencing techniques, e.g. next generation sequencing, will be extremely important for the identification of markers of the true SSC population, for mapping the molecular characteristics of SSCs in response to different signals and for investigating miRNA target mRNAs within SSCs. In addition to defining the molecular characteristics of SSCs, in vivo studies are required to further define how the secreted growth factors and signaling molecules regulate the niche microenvironment within the testis and the SSC pool. These data can then be integrated to provide us with a more detailed understanding of the niche environments and the resulting molecular response within SSCs that favors self-renewal versus differentiation.

Acknowlegdements The author would like to acknowledge the help of Christopher Small and Michael Griswold for their critical reading and editing of the chapter.

References

1. Wade N (2004) Sperm stem cells are grown outside body. The New York Times Company, New York
2. Ying Y, Qi X, Zhao GQ (2001) Induction of primordial germ cells from murine epiblasts by synergistic action of BMP4 and BMP8B signaling pathways. Proc Natl Acad Sci USA 98:7858–7862
3. Ginsburg M, Snow MH, McLaren A (1990) Primordial germ cells in the mouse embryo during gastrulation. Development 110:521–528
4. McCarrey JR (1993) Development of the germ cell. In: Despardins C, Ewing L (eds) Cell and molecular biology of the testis. Oxford University Press, New York
5. Bendel-Stenzel M, Anderson R, Heasman J, Wylie C (1998) The origin and migration of primordial germ cells in the mouse. Semin Cell Dev Biol 9:393–400
6. Adams IR, McLaren A (2002) Sexually dimorphic development of mouse primordial germ cells: switching from oogenesis to spermatogenesis. Development 129:1155–1164
7. McLaren A (1981) The fate of germ cells in the testis of fetal Sex-reversed mice. J Reprod Fertil 61:461–467
8. McLaren A, Southee D (1997) Entry of mouse embryonic germ cells into meiosis. Dev Biol 187:107–113
9. Kluin PM, de Rooij DG (1981) A comparison between the morphology and cell kinetics of gonocytes and adult type undifferentiated spermatogonia in the mouse. Int J Androl 4:475–493
10. Western PS, Miles DC, van den Bergen JA, Burton M, Sinclair AH (2008) Dynamic regulation of mitotic arrest in fetal male germ cells. Stem Cells 26:339–347
11. Cooke HJ, Saunders PT (2002) Mouse models of male infertility. Nat Rev Genet 3:790–801
12. Yoshida S, Sukeno M, Nakagawa T, Ohbo K, Nagamatsu G, Suda T, Nabeshima Y (2006) The first round of mouse spermatogenesis is a distinctive program that lacks the self-renewing spermatogonia stage. Development 133:1495–1505
13. Oatley JM, Brinster RL (2008) Regulation of spermatogonial stem cell self-renewal in mammals. Ann Rev Cell Dev Biol 24:263–286
14. Nakagawa T, Sharma M, Nabeshima Y, Braun RE, Yoshida S (2010) Functional hierarchy and reversibility within the murine spermatogenic stem cell compartment. Science 328:62–67
15. Yoshida S, Nabeshima Y, Nakagawa T (2007) Stem cell heterogeneity: actual and potential stem cell compartments in mouse spermatogenesis. Ann N Y Acad Sci 1120:47–58

16. Morimoto H, Kanatsu-Shinohara M, Takashima S, Chuma S, Nakatsuji N, Takehashi M, Shinohara T (2009) Phenotypic plasticity of mouse spermatogonial stem cells. PLoS One 4:e7909
17. Hogarth CA, Griswold MD (2010) The key role of vitamin A in spermatogenesis. J Clin Invest 120:956–962
18. Ehmcke J, Wistuba J, Schlatt S (2006) Spermatogonial stem cells: questions, models and perspectives. Hum Reprod Update 12:275–282
19. Ehmcke J, Schlatt S (2006) A revised model for spermatogonial expansion in man: lessons from non-human primates. Reproduction 132:673–680
20. Clermont Y, Bustos-Obregon E (1968) Re-examination of spermatogonial renewal in the rat by means of seminiferous tubules mounted "in toto". Am J Anat 122:237–247
21. Dym M, Clermont Y (1970) Role of spermatogonia in the repair of the seminiferous epithelium following x-irradiation of the rat testis. Am J Anat 128:265–282
22. Clermont Y, Hermo L (1975) Spermatogonial stem cells in the albino rat. Am J Anat 142:159–175
23. Oatley MJ, Kaucher AV, Racicot KE, Oatley JM (2011) Inhibitor of DNA binding 4 is expressed selectively by single spermatogonia in the male germline and regulates the self-renewal of spermatogonial stem cells in mice. Biol Reprod 85:347–356
24. Brinster RL, Zimmermann JW (1994) Spermatogenesis following male germ-cell transplantation. Proc Natl Acad Sci USA 91:11298–11302
25. Buaas FW, Kirsh AL, Sharma M, McLean DJ, Morris JL, Griswold MD, de Rooij DG, Braun RE (2004) Plzf is required in adult male germ cells for stem cell self-renewal. Nat Genet 36:647–652
26. Costoya JA, Hobbs RM, Barna M, Cattoretti G, Manova K, Sukhwani M, Orwig KE, Wolgemuth DJ, Pandolfi PP (2004) Essential role of Plzf in maintenance of spermatogonial stem cells. Nat Genet 36:653–659
27. Oatley MJ, Racicot KE, Oatley JM (2011) Sertoli cells dictate spermatogonial stem cell niches in the mouse testis. Biol Reprod 84:639–645
28. Viglietto G, Dolci S, Bruni P, Baldassarre G, Chiariotti L, Melillo RM, Salvatore G, Chiappetta G, Sferratore F, Fusco A, Santoro M (2000) Glial cell line-derived neutrotrophic factor and neurturin can act as paracrine growth factors stimulating DNA synthesis of Ret-expressing spermatogonia. Int J Oncol 16:689–694
29. Dettin L, Ravindranath N, Hofmann MC, Dym M (2003) Morphological characterization of the spermatogonial subtypes in the neonatal mouse testis. Biol Reprod 69:1565–1571
30. Ebata KT, Zhang X, Nagano MC (2005) Expression patterns of cell-surface molecules on male germ line stem cell during postnatal mouse development. Mol Reprod Dev 72:171–178
31. He Z, Jiang J, Hofmann MC, Dym M (2007) Gfra1 silencing in mouse spermatogonial stem cells results in their differentiation via the inactivation of RET tyrosine kinase. Biol Reprod 77:723–733
32. Kubota H, Avarbock MR, Brinster RL (2003) Spermatogonial stem cells share some, but not all, phenotypic and functinoal characteristics with other stem cells. Proc Natl Acad Sci USA 100:6487–6492
33. Pesce M, Wang X, Wolgemuth DJ, Scholer H (1998) Differential expression of the Oct-4 transcription factor during mouse germ cell differentiation. Mech Dev 71:89–98
34. Yoshida S, Takakura A, Ohbo K, Abe K, Wakabayashi J, Yamamoto M, Suda T, Nabeshima Y (2004) Neurogenin3 delineates the earliest stages of spermatogenesis in the mouse testis. Dev Biol 269:447–458
35. Sada A, Suzuki A, Suzuki H, Saga Y (2009) The RNA-binding protein NANOS2 is required to maintain murine spermatogonial stem cells. Science 325:1394–1398
36. Suzuki H, Sada A, Yoshida S, Saga Y (2009) The heterogeneity of spermatogonia is revealed by their topology and expression of marker proteins including the germ cell-specific proteins Nanos2 and Nanos3. Dev Biol 336:222–231
37. Ballow DJ, Xin Y, Choi Y, Pangas SA, Rajkovic A (2006a) Sohlh2 is a germ cell-specific bHLH transcription factor. Gene Expr Patterns 6:1014–1018
38. Ballow D, Meistrich ML, Matzuk M, Rajkovic A (2006b) Sohlh1 is essential for spermatogonial differentiation. Dev Biol 294:161–167
39. Tegelenbosch RA, de Rooij DG (1993) A quantitative study of spermatogonial multiplication and stem cell renewal in the C3H/101F1 hybrid mouse. Mutat Res 290:193–200
40. Kubota H, Avarbock MR, Brinster RL (2004) Growth factors essential for self-renewal and expansion of mouse spermatogonial stem cells. Proc Natl Acad Sci USA 101:16489–16494
41. Oatley JM, Avarbock MR, Telaranta AI, Fearon DT, Brinster RL (2006) Identifying genes important for spermatogonial stem cell self-renewal and survival. Proc Natl Acad Sci USA 103:9524–9529
42. Kokkinaki M, Lee TL, He Z, Jiang J, Golestaneh N, Hofmann MC, Chan WY, Dym M (2010) Age affects gene expression in mouse spermatogonial stem/progenitor cells. Reproduction 139:1011–1020
43. Oatley JM, Oatley MJ, Avarbock MR, Tobias JW, Brinster RL (2009) Colony stimulating factor 1 is an extrinsic stimulator of mouse spermatogonial stem cell self-renewal. Development 136:1191–1199
44. Kokkinaki M, Lee TL, He Z, Jiang J, Golestaneh N, Hofmann MC, Chan WY, Dym M (2009) The molecular signature of spermatogonial stem/progenitor cells in the 6-day-old mouse testis. Biol Reprod 80:707–717
45. Orwig KE, Ryu BY, Master SR, Phillips BT, Mack M, Avarbock MR, Chodosh L, Brinster RL (2008) Genes involved in post-transcriptional regulation are overrepresented in stem/progenitor spermatogonia

of cryptorchid mouse testes. Stem Cells 26:927–938
46. Schmidt JA, Avarbock MR, Tobias JW, Brinster RL (2009) Identification of glial cell line-derived neurotrophic factor-regulated genes important for spermatogonial stem cell self-renewal in the rat. Biol Reprod 81:56–66
47. von Kopylow K, Kirchhoff C, Jezek D, Schulze W, Feig C, Primig M, Steinkraus V, Spiess AN (2010) Screening for biomarkers of spermatogonia within the human testis: a whole genome approach. Hum Reprod 25:1104–1112
48. Niu Z, Goodyear SM, Rao S, Wu X, Tobias JW, Avarbock MR, Brinster RL (2011) MicroRNA-21 regulates the self-renewal of mouse spermatogonial stem cells. Proc Natl Acad Sci USA 108:12740–12745
49. Tong MH, Mitchell DA, McGowan SD, Evanoff R, Griswold MD (2012) Two miRNA Clusters, Mir-17-92 (Mirc1) and Mir-106b-25 (Mirc3), are involved in the regulation of spermatogonial differentiation in mice. Biol Reprod 86:72
50. Shinohara T, Avarbock MR, Brinster RL (2000) Functional analysis of spermatogonial stem cells in Steel and cryptorchid infertile mouse models. Dev Biol 220:401–411
51. Barna M, Merghoub T, Costoya JA, Ruggero D, Branford M, Bergia A, Samori B, Pandolfi PP (2002) Plzf mediates transcriptional repression of HoxD gene expression through chromatin remodeling. Dev Cell 3:499–510
52. Filipponi D, Hobbs RM, Ottolenghi S, Rossi P, Jannini EA, Pandolfi PP, Dolci S (2007) Repression of kit expression by Plzf in germ cells. Mol Cell Biol 27:6770–6781
53. Hobbs RM, Seandel M, Falciatori I, Rafii S, Pandolfi PP (2010) Plzf regulates germline progenitor self-renewal by opposing mTORC1. Cell 142:468–479
54. Payne C, Braun RE (2006) Histone lysine trimethylation exhibits a distinct perinuclear distribution in Plzf-expressing spermatogonia. Dev Biol 293:461–472
55. Mohapatra C, Barman HK, Panda RP, Kumar S, Das V, Mohanta R, Mohapatra SD, Jayasankar P (2010) Cloning of cDNA and prediction of peptide structure of Plzf expressed in the spermatogonial cells of Labeo rohita. Mar Genomics 3:157–163
56. Ozaki Y, Saito K, Shinya M, Kawasaki T, Sakai N (2011) Evaluation of Sycp3, Plzf and Cyclin B3 expression and suitability as spermatogonia and spermatocyte markers in zebrafish. Gene Expr Patterns 11:309–315
57. Buageaw A, Sukhwani M, Ben-Yehudah A, Ehmcke J, Rawe VY, Pholpramool C, Orwig KE, Schlatt S (2005) GDNF family receptor alpha1 phenotype of spermatogonial stem cells in immature mouse testes. Biol Reprod 73:1011–1016
58. Naughton CK, Jain S, Strickland AM, Gupta A, Milbrandt J (2006) Glial cell-line derived neurotrophic factor-mediated RET signaling regulates spermatogonial stem cell fate. Biol Reprod 74:314–321
59. Jijiwa M, Kawai K, Fukihara J, Nakamura A, Hasegawa M, Suzuki C, Sato T, Enomoto A, Asai N, Murakumo Y, Takahashi M (2008) GDNF-mediated signaling via RET tyrosine 1062 is essential for maintenance of spermatogonial stem cells. Genes Cells 13:365–374
60. Grisanti L, Falciatori I, Grasso M, Dovere L, Fera S, Muciaccia B, Fuso A, Berno V, Boitani C, Stefanini M, Vicini E (2009) Identification of spermatogonial stem cell subsets by morphological analysis and prospective isolation. Stem Cells 27:3043–3052
61. Grasso M, Fuso A, Dovere L, de Rooij DG, Stefanini M, Boitani C, Vicini E (2012) Distribution of GFRA1-expressing spermatogonia in adult mouse testis. Reproduction 143:325–332
62. Yoshida S, Sukeno M, Nabeshima Y (2007) A vasculature-associated niche for undifferentiated spermatogonia in the mouse testis. Science 317:1722–1726
63. Wang C, Lehmann R (1991) Nanos is the localized posterior determinant in Drosophila. Cell 66:637–647
64. Tsuda M, Sasaoka Y, Kiso M, Abe K, Haraguchi S, Kobayashi S, Saga Y (2003) Conserved role of nanos proteins in germ cell development. Science 301:1239–1241
65. Sonoda J, Wharton RP (2001) Drosophila brain tumor is a translational repressor. Genes Dev 15:762–773
66. Kadyrova LY, Habara Y, Lee TH, Wharton RP (2007) Translational control of maternal Cyclin B mRNA by Nanos in the Drosophila germline. Development 134:1519–1527
67. Lolicato F, Marino R, Paronetto MP, Pellegrini M, Dolci S, Geremia R, Grimaldi P (2008) Potential role of Nanos3 in maintaining the undifferentiated spermatogonia population. Dev Biol 313:725–738
68. Saga Y (2010) Function of Nanos2 in the male germ cell lineage in mice. Cell Mol Life Sci 67:3815–3822
69. Julaton VT, Reijo Pera RA (2011) NANOS3 function in human germ cell development. Hum Mol Genet 20:2238–2250
70. Sada A, Hasegawa K, Pin PH, Saga Y (2012) NANOS2 acts downstream of glial cell line-derived neurotrophic factor signaling to suppress differentiation of spermatogonial stem cells. Stem Cells 30:280–291
71. Barrios F, Filipponi D, Pellegrini M, Paronetto MP, Di Siena S, Geremia R, Rossi P, De Felici M, Jannini EA, Dolci S (2010) Opposing effects of retinoic acid and FGF9 on Nanos2 expression and meiotic entry of mouse germ cells. J Cell Sci 123:871–880
72. Riechmann V, van Cruchten I, Sablitzky F (1994) The expression pattern of Id4, a novel dominant negative helix-loop-helix protein, is distinct from Id1, Id2 and Id3. Nucleic Acids Res 22:749–755
73. Sun XH, Copeland NG, Jenkins NA, Baltimore D (1991) Id proteins Id1 and Id2 selectively inhibit

DNA binding by one class of helix-loop-helix proteins. Mol Cell Biol 11:5603–5611
74. Sablitzky F, Moore A, Bromley M, Deed RW, Newton JS, Norton JD (1998) Stage- and subcellular-specific expression of Id proteins in male germ and Sertoli cells implicates distinctive regulatory roles for Id proteins during meiosis, spermatogenesis, and Sertoli cell function. Cell Growth Differ 9:1015–1024
75. Oatley JM, Brinster RL (2012) The germline stem cell niche unit in mammalian testes. Physiol Rev 92:577–595
76. Hofmann MC (2008) Gdnf signaling pathways within the mammalian spermatogonial stem cell niche. Mol Cell Endocrinol 288:95–103
77. Mullaney BP, Skinner MK (1992) Basic fibroblast growth factor (bFGF) gene expression and protein production during pubertal development of the seminiferous tubule: follicle-stimulating hormone-induced Sertoli cell bFGF expression. Endocrinology 131:2928–2934
78. Spinnler K, Kohn FM, Schwarzer U, Mayerhofer A (2010) Glial cell line-derived neurotrophic factor is constitutively produced by human testicular peritubular cells and may contribute to the spermatogonial stem cell niche in man. Hum Reprod 25:2181–2187
79. Meng X, Lindahl M, Hyvonen ME, Parvinen M, de Rooij DG, Hess MW, Raatikainen-Ahokas A, Sainio K, Rauvala H, Lakso M, Pichel JG, Westphal H et al (2000) Regulation of cell fate decision of undifferentiated spermatogonia by GDNF. Science 287:1489–1493
80. Kanatsu-Shinohara M, Ogonuki N, Inoue K, Miki H, Ogura A, Toyokuni S, Shinohara T (2003) Long-term proliferation in culture and germline transmission of mouse male germline stem cells. Biol Reprod 69:612–616
81. Nagano M, Ryu BY, Brinster CJ, Avarbock MR, Brinster RL (2003) Maintenance of mouse male germ line stem cells in vitro. Biol Reprod 68:2207–2214
82. Braydich-Stolle L, Kostereva N, Dym M, Hofmann MC (2007) Role of Src family kinases and N-Myc in spermatogonial stem cell proliferation. Dev Biol 304:34–45
83. Oatley JM, Avarbock MR, Brinster RL (2007) Glial cell line-derived neurotrophic factor regulation of genes essential for self-renewal of mouse spermatogonial stem cells is dependent on Src family kinase signaling. J Biol Chem 282:25842–25851
84. Lee J, Kanatsu-Shinohara M, Inoue K, Ogonuki N, Miki H, Toyokuni S, Kimura T, Nakano T, Ogura A, Shinohara T (2007) Akt mediates self-renewal division of mouse spermatogonial stem cells. Development 134:1853–1859
85. Encinas M, Crowder RJ, Milbrandt J, Johnson EM Jr (2004) Tyrosine 981, a novel ret autophosphorylation site, binds c-Src to mediate neuronal survival. J Biol Chem 279:18262–18269
86. He Z, Jiang J, Kokkinaki M, Golestaneh N, Hofmann MC, Dym M (2008) Gdnf upregulates c-Fos transcription via the Ras/Erk1/2 pathway to promote mouse spermatogonial stem cell proliferation. Stem Cells 26:266–278
87. Pellegrini M, Grimaldi P, Rossi P, Geremia R, Dolci S (2003) Developmental expression of BMP4/ALK3/SMAD5 signaling pathway in the mouse testis: a potential role of BMP4 in spermatogonia differentiation. J Cell Sci 116:3363–3372
88. Mithraprabhu S, Mendis S, Meachem SJ, Tubino L, Matzuk MM, Brown CW, Loveland KL (2010) Activin bioactivity affects germ cell differentiation in the postnatal mouse testis in vivo. Biol Reprod 82:980–990
89. Hamra FK, Chapman KM, Nguyen D, Garbers DL (2007) Identification of neuregulin as a factor required for formation of aligned spermatogonia. J Biol Chem 282:721–730
90. Falls DL (2003) Neuregulins: functions, forms, and signaling strategies. Exp Cell Res 284:14–30
91. Oral O, Uchida I, Eto K, Nakayama Y, Nishimura O, Hirao Y, Ueda J, Tarui H, Agata K, Abe S (2008) Promotion of spermatogonial proliferation by neuregulin 1 in newt (Cynops pyrrhogaster) testis. Mech Dev 125:906–917
92. Zhou Q, Li Y, Nie R, Friel P, Mitchell D, Evanoff RM, Pouchnik D, Banasik B, McCarrey JR, Small C, Griswold MD (2008) Expression of stimulated by retinoic acid gene 8 (Stra8) and maturation of murine gonocytes and spermatogonia induced by retinoic acid in vitro. Biol Reprod 78:537–545
93. Hogarth CA, Evanoff R, Snyder E, Kent T, Mitchell D, Small C, Amory JK, Griswold MD (2011) Suppression of Stra8 expression in the mouse gonad by WIN 18,446. Biol Reprod 84:957–965
94. Snyder EM, Small C, Griswold MD (2010) Retinoic acid availability drives the asynchronous initiation of spermatogonial differentiation in the mouse. Biol Reprod 83(5):783–790
95. Snyder EM, Davis JC, Zhou Q, Evanoff R, Griswold MD (2011) Exposure to retinoic acid in the neonatal but not adult mouse results in synchronous spermatogenesis. Biol Reprod 84:886–893
96. Pellegrini M, Filipponi D, Gori M, Barrios F, Lolicato F, Grimaldi P, Rossi P, Jannini EA, Geremia R, Dolci S (2008) ATRA and KL promote differentiation toward the meiotic program of male germ cells. Cell Cycle 7:3878–3888
97. Shinohara T, Avarbock MR, Brinster RL (1999) beta1- and alpha6-integrin are surface markers on mouse spermatogonial stem cells. Proc Natl Acad Sci USA 96:5504–5509
98. Kanatsu-Shinohara M, Takehashi M, Takashima S, Lee J, Morimoto H, Chuma S, Raducanu A, Nakatsuji N, Fassler R, Shinohara T (2008) Homing of mouse spermatogonial stem cells to germline niche depends on beta1-integrin. Cell Stem Cell 3:533–542

99. Chiarini-Garcia H, Hornick JR, Griswold MD, Russell LD (2001) Distribution of type A spermatogonia in the mouse is not random. Biol Reprod 65:1179–1185
100. Chiarini-Garcia H, Raymer AM, Russell LD (2003) Non-random distribution of spermatogonia in rats: evidence of niches in the seminiferous tubules. Reproduction 126:669–680
101. He Z, Kokkinaki M, Pant D, Gallicano GI, Dym M (2009) Small RNA molecules in the regulation of spermatogenesis. Reproduction 137:901–911
102. Shomron N, Levy C (2009) MicroRNA-biogenesis and Pre-mRNA splicing crosstalk. J Biomed Biotechnol 2009:594678
103. Hayashi K, Chuva de Sousa Lopes SM, Kaneda M, Tang F, Hajkova P, Lao K, O'Carroll D, Das PP, Tarakhovsky A, Miska EA, Surani MA (2008) MicroRNA biogenesis is required for mouse primordial germ cell development and spermatogenesis. PLoS One 3:e1738
104. Papaioannou MD, Pitetti JL, Ro S, Park C, Aubry F, Schaad O, Vejnar CE, Kuhne F, Descombes P, Zdobnov EM, McManus MT, Guillou F et al (2009) Sertoli cell Dicer is essential for spermatogenesis in mice. Dev Biol 326: 250–259
105. Maatouk DM, Loveland KL, McManus MT, Moore K, Harfe BD (2008) Dicer1 is required for differentiation of the mouse male germline. Biol Reprod 79:696–703
106. Kim VN, Han J, Siomi MC (2009) Biogenesis of small RNAs in animals. Nat Rev Mol Cell Biol 10:126–139
107. Lee RC, Feinbaum RL, Ambros V (1993) The C. elegans heterochronic gene lin-4 encodes small RNAs with antisense complementarity to lin-14. Cell 75:843–854
108. Buchold GM, Coarfa C, Kim J, Milosavljevic A, Gunaratne PH, Matzuk MM (2010) Analysis of microRNA expression in the prepubertal testis. PLoS One 5:e15317
109. Jung YH, Gupta MK, Shin JY, Uhm SJ, Lee HT (2010) MicroRNA signature in testes-derived male germ-line stem cells. Mol Hum Reprod 16:804–810
110. Ro S, Park C, Sanders KM, McCarrey JR, Yan W (2007) Cloning and expression profiling of testis-expressed microRNAs. Dev Biol 311:592–602
111. Shin JY, Gupta MK, Jung YH, Uhm SJ, Lee HT (2011) Differential genomic imprinting and expression of imprinted microRNAs in testes-derived male germ-line stem cells in mouse. PLoS One 6:e22481
112. Tong MH, Mitchell D, Evanoff R, Griswold MD (2011) Expression of Mirlet7 family microRNAs in response to retinoic acid-induced spermatogonial differentiation in mice. Biol Reprod 85:189–197
113. McIver SC, Stanger SJ, Santarelli DM, Roman SD, Nixon B, McLaughlin EA (2012) A unique combination of male germ cell miRNAs coordinates gonocyte differentiation. PLoS One 7:e35553
114. Chen C, Ouyang W, Grigura V, Zhou Q, Carnes K, Lim H, Zhao GQ, Arber S, Kurpios N, Murphy TL, Cheng AM, Hassell JA et al (2005) ERM is required for transcriptional control of the spermatogonial stem cell niche. Nature 436:1030–1034
115. Zheng J, Xue H, Wang T, Jiang Y, Liu B, Li J, Liu Y, Wang W, Zhang B, Sun M (2011) miR-21 downregulates the tumor suppressor P12 CDK2AP1 and stimulates cell proliferation and invasion. J Cell Biochem 112:872–880
116. Gillis AJ, Stoop HJ, Hersmus R, Oosterhuis JW, Sun Y, Chen C, Guenther S, Sherlock J, Veltman I, Baeten J, van der Spek PJ, de Alarcon P et al (2007) High-throughput microRNAome analysis in human germ cell tumours. J Pathol 213:319–328

Transcriptional Regulation and Specification of Neural Stem Cells

8

Kimberly J. Christie, Ben Emery, Mark Denham, Helena Bujalka, Holly S. Cate, and Ann M. Turnley

Abstract

With the discovery two decades ago that the adult brain contains neural stem cells (NSCs) capable of producing new neurons, a great deal of research has been undertaken to manipulate these cells to repair the damaged nervous system. Much progress has been made in understanding what regulates adult neural stem cell specification, proliferation and differentiation but much remains to be determined. Lessons can be learned from understanding how embryonic neural stem cells produce the exquisitely complicated organ that is the adult mammalian nervous system. This review will highlight the role of transcriptional regulation of mammalian neural stem cells during embryonic development and compare these to the adult neural stem cell/neural precursor cell (NPC) niches of the subventricular zone (SVZ) of the lateral ventricle and the subgranular zone (SGZ) of the hippocampal dentate gyrus. Normal physiological NSC/NPC regulation will be explored, as well as their regulation and responses following neural injury and disease. Finally, transcriptional regulation of the endogenous NSC/NPCs will be compared and contrasted with embryonic stem/induced pluripotent stem (ES/iPS) cell-derived NSC/NPCs. Recapitulation of the embryonic sequence of transcriptional events in neural stem cell development into specific neuronal or glial lineages improves directed differentiation of ES/iPS cells and may be useful for activation and specification of endogenous adult neural stem cells for therapeutic purposes.

Keywords

Gliogenesis • Neural stem cell • Neural progenitor cell • Neurogenesis • Transcriptional regulation

K.J. Christie • B. Emery • M. Denham • H. Bujalka
H.S. Cate • A.M. Turnley (✉)
Department of Anatomy and Neuroscience, Centre for Neuroscience Research, Melbourne Brain Centre, Royal Parade, The University of Melbourne, Parkville, Melbourne, VIC 3010, Australia
e-mail: turnley@unimelb.edu.au

G. Hime and H. Abud (eds.), *Transcriptional and Translational Regulation of Stem Cells*, Advances in Experimental Medicine and Biology 786, DOI 10.1007/978-94-007-6621-1_8,

8.1 Introduction

With the discovery two decades ago that the adult brain contains neural stem cells (NSCs) capable of producing new neurons [1, 2], a great deal of research has been undertaken to manipulate these cells to repair the damaged nervous system. Much progress has been made in understanding what regulates adult neural stem cell specification, proliferation and differentiation but much remains to be determined. Lessons can be learned from understanding how embryonic neural stem cells produce the exquisitely complicated organ that is the adult mammalian nervous system.

The nervous system is derived from the embryonic neuroectoderm which generates a self renewing population of neural stem cells (NSCs) that eventually give rise to the majority of cells in the central and peripheral nervous systems. In the simplest pathway, neural specified ectoderm cells, which can be identified by their expression of neural specific markers, such as members of the *Sox* gene family [3] and *Otx2* [4], become the earliest neural stem cells, also known as neuroepithelial cells. These form the neural tube and eventually generate all central nervous system neurons and glial cells (astrocytes and oligodendrocytes, but not microglia, which are derived from the hematopoietic system and migrate into the CNS). Neuroepithelial cells give rise to radial glial cells in the Ventricular Zone (VZ), which are also self-renewing multipotent neural stem cells that can directly generate neurons and glia, as well as generate more restricted intermediate progenitor cells that produce cells of a neuronal or glial lineage, often after a small number of divisions. As the neural tissue expands with development, the ventricular zone shrinks and a new neurogenic site forms, the subventricular zone (SVZ). Stem cells in the SVZ continue to generate neurons, glia and intermediate precursor cells. This structure remains into adulthood, particularly lining the lateral ventricles, as one of two neurogenic niches in the adult brain, with the subgranular zone (SGZ) of the dentate gyrus of the hippocampus being the other. A general overview of different neural stem cell sources and locations is provided in Fig. 8.1.

Neural stem cell maintenance and differentiation decisions are regulated, at least in part, by signal transduction pathways that culminate in transcription factor expression or repression. Expression of these transcriptional cascades is regulated temporally and spatially, with differences in relative expression levels and specific combinations of transcription factors leading to different outcomes. This starts with induction of NSC fate, followed by expansion of NSC numbers, neural cell fate decisions (neurons versus glia – astrocytes and oligodendrocytes) and regionalised specification of specific neuronal cell types. Many of the signals involved in development of the nervous system are recapitulated in some way in adult NSCs or in specification and differentiation of embryonic stem (ES) and induced pluripotent stem (iPS) cells into neural lineages.

This review will highlight the role of transcriptional regulation of mammalian neural stem cells during embryonic development and compare these to the adult neural stem cell/neural precursor cell (NPC) niches of the subventricular zone (SVZ) of the lateral ventricle and the subgranular zone (SGZ) of the hippocampal dentate gyrus. Normal physiological NSC/NPC regulation will be explored, as well as their regulation and responses following neural injury and disease. Finally, transcriptional regulation of endogenous NSC/NPCs will be compared and contrasted with ES/iPS cell-derived NSC/NPCs. Recapitulation of the embryonic sequence of transcriptional events in neural stem cell development into specific neuronal or glial lineages improves directed differentiation of ES/iPS cells and may be useful for activation and specification of endogenous adult neural stem cells for therapeutic purposes.

8.2 Developmental Regulation During Embryogenesis

8.2.1 Specification of Neuroectoderm Cells and the Neural Lineage

One of the first steps in neural development is the specification of ectodermal cells into neuroectoderm cells that comprise the earliest neural stem

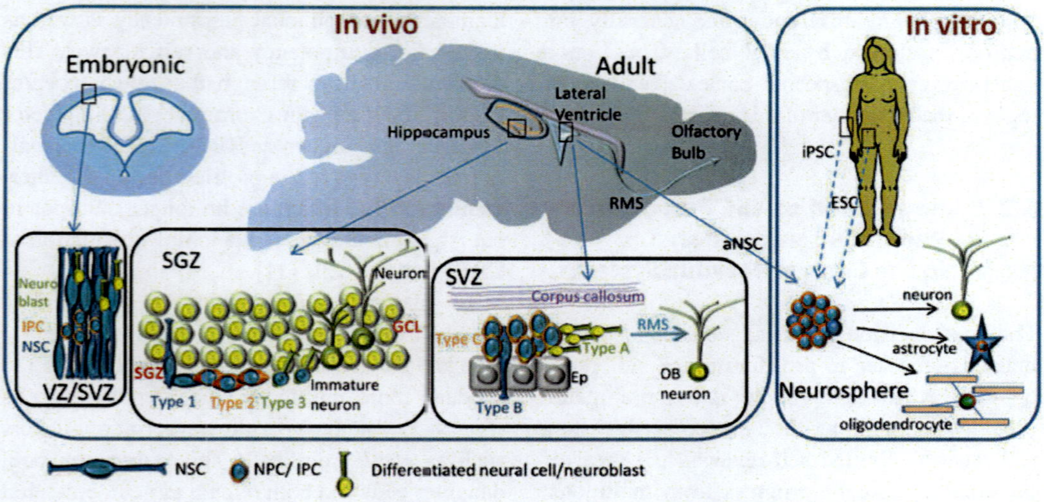

Fig. 8.1 Sources of neural stem cells. In vivo: Neural stem cells (NSCs)/neural progenitor cells (NPCs) are present throughout the nervous system during development, in the ventricular zone (VZ) and in the subventricular zone (SVZ), which contains more restricted intermediate progenitor cells (IPCs). In the adult brain, the SVZ remains as a remnant lining the lateral wall of the lateral ventricles, comprised of Type B neural stem cells, Type C transit amplifying cells (NPCs) and Type A neuroblasts that migrate along the rostral migratory stream (RMS) to differentiate primarily into interneurons in the olfactory bulb. A second adult neurogenic niche is found in the subgranular zone (SGZ) of the dentate gyrus in the hippocampus, which contains Type 1–3 NSC/NPCs that differentiate primarily into neurons in the adjacent granule cell layer (GCL). In vitro: NSC/NPCs are readily cultured, often in the form of neurospheres which, depending on the age and source of the NSC/NPCs, can usually differentiate into all neural cell lineages – neurons, astrocytes and oligodendrocytes. Neurospheres can be grown from embryonic neural tissue, as well as adult SVZ (and in a more restricted fashion from hippocampus). They can also be derived from embryonic stem cells (ESCs) and induced pluripotent stem cells (iPSCs) from a variety of adult tissues, such as skin fibroblasts

cells and are responsible for the formation of almost the entire nervous system. Of course, the nervous system is not a homogeneous organ and overlaid on the simple pathway of neural stem cell differentiation described above is a complex set of spatial regulatory cues that not only determine whether a neural stem cell or precursor cell will become a neuron or a glial cell but whether it will become a spinal cord cell or a brain cell and further, which specific sort of spinal cord or brain cell, e.g. a spinal motor neuron versus a hippocampal granule neuron versus a cortical interneuron. While specification of patterning of the nervous system will not be reviewed in detail, some of the signalling pathways and transcription factors involved in the process are also required for induction of neural stem cells and derivation of specific neural lineages from ES and iPS cells (see Sect. 8.4 and Fig. 8.1) and so will be covered briefly here. More extensive reviews on induction and patterning of the nervous system have been written recently [5–7].

Neural induction of ectodermal cells is thought to be the default state and non-neural tissue is induced by bone morphogenetic proteins (BMPs). Therefore, for the cells to remain neural, BMP signalling needs to be inhibited; this is achieved by expression of BMP antagonists such as chordin and noggin. This induction is also supported by FGF signalling to maintain the neurally induced state. This early neural induction appears to specify anterior neural tissue (destined to become forebrain, midbrain and hindbrain) and involves transcription factors such as *Otx2*, *Lim1* and *FoxA2* [4]. Further refining of anterior/posterior patterning is regulated by gradients of Wnts, with reciprocal gradients of Wnt antagonists such as *Dikkopf*, *Frzb* and *Cerberus* [5]. On top of this spatial patterning, the neural stem cells all undergo a similar sequence of events involving proliferation and subsequent differentiation, generally into neurons, followed by glial cells. These more general events, in specific contexts, will be the topic of the remainder of this review.

8.2.2 Regulation of NSC Proliferation Versus Differentiation in the Central Nervous System

The first decision a neural stem cell needs to make is whether to proliferate and self renew or whether to differentiate into more mature progeny. Maintaining the balance between total self-renewal, limited self-renewal and then differentiation, as cells progress from multipotent NSCs to multipotent or restricted intermediate neural progenitor cells (NPCs) to mature progeny is under tight transcriptional and temporal control. There are basically three somewhat interrelated functions transcription factors can perform to regulate expansion of NSC populations: (1) regulation of proliferation to expand numbers, (2) regulation of self-renewal i.e. maintenance of multipotent stem cell characteristics and (3) repression of differentiation. Different transcription factors can play multiple roles at different stages of development, depending on levels of expression and combinatorial interactions with other transcription factors and signalling pathways, therefore assigning specific roles for individual transcription factors can be rather complicated. Nonetheless, there has been a plethora of expression analyses, over-expression, deletion and mutation studies to indicate that a number of key transcription factors have a dominant effect on the decision to self-renew, proliferate or differentiate [8].

Notch signalling is one of the most widely studied pathways intimately linked to the balance between expansion of NSCs/NPCs and neural differentiation. The primary effectors of Notch signalling are the transcriptional repressors *Hes1* and *Hes5*, which repress neuronal differentiation and maintain NSCs in an undifferentiated state [9, 10]. While not required for development of neuroepithelial cells (the earliest NSCs), Hes repression of proneural genes is required to maintain neuroepithelial pluripotency as well as radial glial pluripotency and self renewal. This requires signalling through the Notch receptor via the Notch effector C-promoter binding factor 1 (CBF1, also known as RBP/Jκ). Notch signalling is also involved in proliferation of the intermediate NPCs, which are no longer multipotent but largely neurogenic, due to downregulation of CBF1 in these cells [11].

In mammals, neuroepithelial cells are a pseudostratified epithelium forming the neural tube and they undergo symmetric cell division to produce more multipotent neuroepithelial cells (Fig. 8.2). In these cells, transcription factors such as *Hes1* are equally shared between both daughter cells and both remain as neuroepithelial cells. In the absence of Notch activated *Hes1* or *Hes5*, NSCs prematurely differentiate into neurons [9, 12, 13]. *Hes1* and *Hes5* perform all three functions of factors that regulate NSC maintenance, with roles in promoting proliferation, inhibiting differentiation and maintaining multipotency. Later in development, when neuroepithelial cells become radial glial cells, Hes activity remains important for maintenance of radial glial NSC characteristics. Depending on the stage of development radial glial cells can undergo symmetric divisions like neuroepithelial cells or asymmetric divisions, whereby one daughter cell remains a radial glial cell and the other either becomes an intermediate NPC or generates a neuron [14]. In invertebrates, the plane of cleavage during mitosis (vertical or horizontal) dictates segregation of Notch pathway regulatory factors and subsequent Notch pathway activity, leading to one daughter cell retaining activity and remaining a stem cell, with the other losing activity and becoming a more differentiated daughter cell. In mammals the radial glial cells undergo division largely in the vertical plane but such divisions can be symmetric or asymmetric [14] and may have more to do with whether or not cells maintain apical membrane or retain β-catenin containing ventricular end feet [15] than segregation of Notch effectors, which also play a role in subsequent cell fate determination. Further, Notch pathway effectors do not act alone and interact with several other transcription factors that mediate more restricted

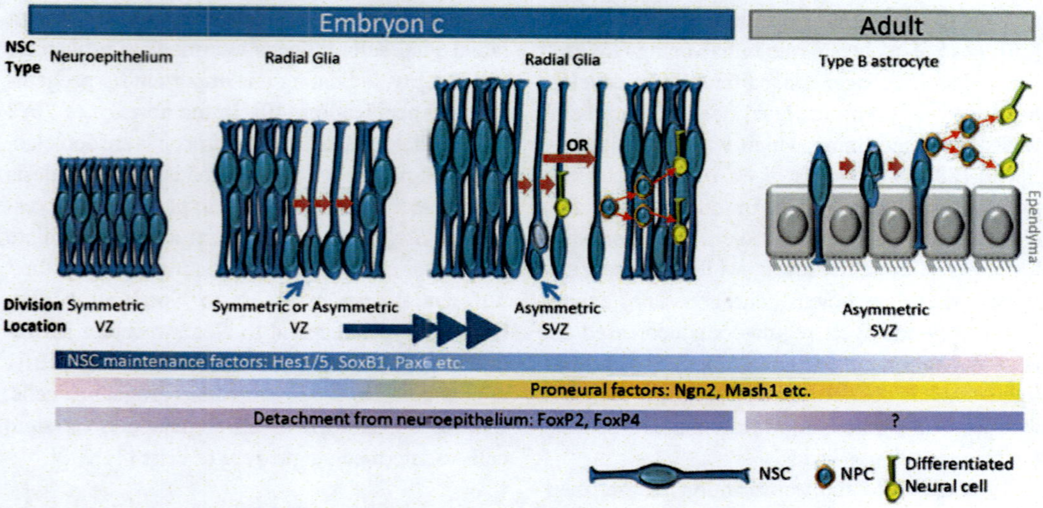

Fig. 8.2 Factors regulating maintenance and differentiation of neural stem cells in vivo. During embryonic development NSCs initially undergo a rapid proliferative phase characterised by symmetric divisions to produce more stem cells. As development progresses NSC division becomes asymmetric, producing one NSC and a neural precursor cell (NPC) or neuron. Transcription factors that maintain the NSCs in a proliferative state include members of the Notch signalling pathway, such as Hes, as well as SoxB1 members (Sox1-3) and Pax6. As expression of these molecules decreases and expression of proneural factors such as neurogenins and Mash1/Ascl increase, NSCs commence differentiation into more mature cell fates. This also requires that the NSCs are able to detach from the basal and pial surfaces to undergo asymmetric division and subsequent differentiation and this requires expression of Forkhead transcription factors such as FoxP2/P4. In the adult SVZ the slowly proliferating NSCs undergo asymmetric division to produce rapidly dividing NPCs (transit amplifying cells). Expression of maintenance and proneural factors plays a similar role in the adult as during development. It is unclear whether FoxP2/P4 continues to play a role

functions in determining whether a NSC self-renews or differentiates.

The neuroepithelial attachments are maintained by adherens junctions and maintenance versus differentiation is regulated by the coordinated assembly and disassembly of these contacts. Some of the transcriptional regulators involved in this process have recently been identified and involve the progressive expression of two Forkhead transcription factors, *Foxp2* and *Foxp4*. These repress expression of N-cadherin which is critical for maintenance of adherens junctions, leading to detachment of differentiating neurons from the neuroepithelium [16].

A generic overview of NSC proliferation and maintenance versus differentiation is provided in Fig. 8.2.

Members of the SoxB1 family of transcriptional activators (*Sox1*, *Sox2* and *Sox3*) and in particular *Sox2* are among the earliest markers of neural stem cell identity [17]. They act in a partially redundant manner to maintain NSC self renewal capacity, both during development and in adult NSCs [18–20]. Sox2 acts at least in part through the Notch and Sonic hedgehog (Shh) pathways [21, 22] and its transcriptional activation was recently shown to be regulated by a new transcription factor, *Ars2* [23] which is also important for NSC self-renewal. SoxB1 family members that maintain self renewal are in balance with proneural basic helix-loop-helix (bHLH) transcription factors such as neurogenin2 (*Ngn2*) and *Ascl1/Mash1*, which promote neurogenesis and there is reciprocal antagonism and regulation of the two opposing roles [18, 24]. Other transcription factors also play critical roles in NSC self renewal, including *Gli2* and *Gli3*, which regulate expression of transcription factors such as *Hes1*, *Hes5* and *Sox2* [25] and BMI-1, a transcriptional repressor that maintains NSC self renewal by repressing inhibitors of cyclin dependent kinases [26]. *Pax6* also plays a role in balancing NSC self renewal and neurogenesis, particularly in developing cortex [27] with the level of expression being critical in determining which way the balance is tipped [28]. High levels of *Pax6* lead to interactions with proneural transcription factors such as *Ngn1* and *Ascl1* and promotion of neurogenesis at the expense of self-renewal, while an absence of *Pax6* leads to precocious neurogenesis as expression of key cell cycle regulators is decreased and neuronal differentiation is promoted. This highlights that it is not necessarily only the presence or absence of a transcription factor that is important but also the relative levels.

In addition to the transcription factors mentioned above, there are others that also promote NSC proliferation but are not necessarily important for maintenance of a multipotent state, including *Olig2* [29], *Id4* [30] and *Gli1* [31], while others actively repress differentiation, such as Hes-related bHLH transcription factors *HesR1* and *HesR2* [8, 32].

8.2.3 Regulation of Neural Stem Cell Fate

8.2.3.1 Neural Precursor Cell Differentiation

As neural development progresses the symmetric division of radial glial cells decreases to be replaced by asymmetric divisions and production of intermediate progenitor cells (IPCs). During the neurogenic phase these cells largely generate neurons and a glial cell fate is inhibited, while at later embryonic stages an astrocyte fate is promoted at the expense of neuronal fate. The switch from radial glial cell to intermediate progenitor cell involves downregulation of factors important for self-renewal, such as CBF1, *Emx2*, *Pax6* and *Sox2* [11, 33–35], with upregulation of transcriptional regulators such as *Tbr2*, *Svet1*, *Lmo4* and *Cux1-2* [33, 36, 37]. *Tbr2* expression is so specific to cortical intermediate progenitor cells and is switched off in their progeny, unlike many other markers, that it is a particularly good marker for this specific population of cells [33, 38, 39]. However, *Tbr2* is not just a marker, as mis-expression of *Tbr2* in radial glial cells induces intermediate progenitor cell identity, indicating it is important for progenitor cell specification [40]. In the absence of *Tbr2* intermediate neuronal progenitor cells are depleted, stem cell numbers are increased and neurogenesis is decreased [41, 42], at least in part due to repression of *Sox2* [42]. Radial glial and intermediate progenitor cells can also be distinguished by their differential responsiveness to Notch signalling: both cell types respond to Notch receptor activation but signalling via the Notch effector CBF1 is attenuated in the intermediate progenitor cells. Indeed, knockdown of CBF1 can convert stem cells to intermediate progenitor cells [11].

8.2.3.2 Neuronal Differentiation

As differentiation progresses, some transcription factors, such as *Pax6*, that are involved in regulation of neural stem/progenitor proliferation begin to regulate neuronal differentiation [43]. In part they do this by inducing expression of other transcription factors, such as proneural basic helix-loop-helix (bHLH) transcription factors. During this neurogenic period a high level of proneural bHLH expression is required, not only to promote neuronal differentiation but also to inhibit premature astroglial differentiation [44]. Proneural bHLH transcription factors are involved in specifying generic neuronal fate and, depending on the region of the nervous system and co-expression of other transcription factors, also lead to eventual production of specific different neuronal cell types.

Many of the signalling mechanisms involved in neural cell induction discussed above also play a role in neuronal specification, in conjunction with other signal transduction pathways, with the specific environment and developmental age promoting different cell fates. The Wnt signalling pathway is one such example. Activation of the canonical Wnt pathway by overexpression of stabilised β-catenin in early cortical progenitor cells leads to excess proliferation and inhibition of neuronal differentiation [15, 45, 46], while its overexpression at later stages of development induces cell cycle arrest and neuronal differentiation [47]. One of the mechanisms by which Wnt signalling can promote neuronal differentiation may be by inducing expression of the neurogenic bHLH transcription factors Neurogenin1 and Neurogenin2 (Ngn1/2). Conversely, other signalling pathways inhibit proneural gene expression and consequent neuronal differentiation. For example, FGF2 signalling increases Notch expression and promotes progenitor proliferation rather than neuronal differentiation [48], leading to increased activation of Notch signalling and induction of Hes family transcriptional repressors, which then inhibit expression of proneural genes such as *Ngn1* and *Ngn2* and *Ascl1/Mash1* [24]. Other factors such as growth hormone (GH), also decrease Ngn expression and cortical progenitor neuronal differentiation, but during the neurogenic phase high levels of the intracellular regulator of cytokine signal transduction, suppressor of cytokine signalling-2 (SOCS2) blocks GH/STAT5 signalling and allows normal neurogenesis to proceed [49]. Regulation of Ngn phosphorylation by GSK3 also regulates neurogenic activity. Wnt-mediated repression of GSK3 activity during the early neurogenic phase blocks Ngn phosphorylation, but GSK3 activity leads to phosphorylation and inactivation of Ngn during the late neurogenic/gliogenic phase [50].

Both Ngn1/2 and Ascl1/Mash1 induce broad but context-specific neuronal differentiation throughout the nervous system and their role in cortical neuron differentiation and subtype specification will be used here as an example, as cells in these locations will eventually form the hippocampus and SVZ of the adult lateral ventricle, the primary regions of neurogenesis in the adult. In the developing rodent forebrain excitatory (glutamatergic) cortical neurons are generated in columns above the dorsal telencephalic Ngn1/2-expressing VZ/SVZ progenitor cells. The VZ-derived progenitor cells give rise to the excitatory neurons in the lower regions of the cortex (layers 4–6) while intermediate progenitor cells in the SVZ give rise to upper cortical layers (2–4). Cortical interneurons (inhibitory GABAergic) are not generated in the same region as the excitatory neurons, instead they arise from VZ/SVZ of the ventral telencephalon (medial and caudal ganglionic eminences; MGE and CGE respectively) and migrate tangentially to integrate with excitatory neurons in the developing cortex [51]. Ascl1/Mash1 expression is required in the ganglionic eminence progenitor cells to specify general cortical interneuron fate. More detail can be found in recent specific reviews on regulation of telencephalic cell fate [52], cortical projection neuron development [53] and cortical interneuron development [51].

Other regionally expressed transcription factors are required for production of specific neuronal subtype fates, some of which have different roles in different cortical progenitor cell populations and some of which are more specific. The homeobox transcription factors *Cux1* and *Cux2* are expressed by interneuron precursors in the MGE (and CGE for *Cux1*) and are redundantly required for specification of reelin-expressing cortical interneurons (which also express interneuron subtype markers such as calretinin, neuropeptide Y and somatostatin and thus are a heterogeneous population) [54]. However, in the dorsal telencephalon, *Cux2* is expressed in intermediate progenitors in the SVZ and plays a role in regulating their cell cycle exit so that appropriate numbers of upper layer cortical projection neurons are generated [55].

At the early stages of cortical neurogenesis, VZ-derived daughter cells generate the excitatory neurons of the lower cortical layers. These cells and the layer 5/6 neurons they generate express the zinc-finger transcription factor *Fezf2*, which is required for their fate specification as in its absence the cells become upper layer cortical neurons [56]. *Fezf2* induces the post-mitotic co-expression of another zinc-finger transcription factor, *Ctip2*, which is essential for further differentiation and regulates the axonal projections to subcortical targets [56–58]. Further specification of deep cortical layer subtypes arises depending on the combinatorial and relative levels of expression of *Ctip2*, *Sox5* and *Tbr1* [53, 59, 60]. *Tbr1* promotes layer 6 neuron fate and represses layer 5 fate by reducing expression of *Fezf2* and *Ctip2* [61]. *Ctip2* expression is also repressed in upper layer cortical projection neurons by *SatB2*, expression of which is required for their specification [62, 63], while *FezF2* can inhibit *SatB2* expression in lower cortical layers [53].

Later in neurogenesis Pou domain transcription factors such as *Brn1* and *Brn2* are also required for generation of upper layer cortical projection neurons, with a particular effect in double mutants at layer 4, as well as some loss in higher layers [64].

Outside of the cortex different transcription factors are involved in specifying different neuronal types. For example, specification of midbrain dopaminergic neurons involves expression of *Nurr1*, which is regulated by *PitX3* [65] and *FoxA1/A2* [66], while raphe serotinergic neurons are specified by EAGLE [67], *Pet1* [68] and *Lmx1b* [69], which is also required for their maintenance [70].

8.2.3.3 Astrocyte Differentiation

Towards the end of the neurogenic period a gliogenic switch occurs, allowing production of oligodendrocytes (see below) and astrocytes. During the neurogenic phase, gliogenesis is inhibited and this is at least partly achieved by the high expression levels of bHLH transcription factors such as Ngns [71], which suppress gliogenesis by sequestering the gliogenic CBP/p300/Smad transcriptional complex and repressing the JAK/STAT pathway [71, 72]. As development progresses, NPCs become more responsive to signals from gliogenic cytokines, such as BMPs and LIF/CNTF (reviewed in [52]). This is at least in part due to demethylation of STAT3 binding sites in the promoters of astroglial genes such as GFAP and S100β [73–75]. However, compared to the large number of transcription factors and regulatory cascades that have been described for production of neurons and different neuron subtypes during the neurogenic phase, there is a relative paucity of data on transcriptional regulators of astrogliogenesis, and particularly on development of different astroglial types. Some of the transcription factors that have been identified are involved in a more general gliogenic switch (i.e. oligodendrocytes and astrocytes), rather than being specific for astrocytes per se, such as *Sox9* [76], *Olig2* [77] and serum response factor (SRF) [78]. *Sox9* is required for production of spinal cord grey matter astrocytes, while having little effect on white matter astrocytes. Nuclear factor-1A (NF1A) has been shown to regulate initiation of spinal cord gliogenesis [79] and expression of astrocyte-specific markers, such as glial fibrillary acidic protein (GFAP) [80]. It has recently been shown that *Sox9* induces expression of NF1A and together they form a transcriptional cascade that regulates expression of a range of genes involved in astroglial development and particularly those involved in metabolism and migration [81]. In the ventral neural tube astrocyte specification is regulated by the bHLH transcription factor stem cell leukaemia (SCL) [82]. In addition, although *Pax6* regulates neurogenesis, as described above, it is also involved in astrocyte maturation by inhibiting precursor cell proliferation [83].

8.2.3.4 Oligodendrocyte Differentiation

In contrast, the oligodendrocyte lineage is striking in its expression of a well defined set of transcription factors including *Olig1, Olig2, Sox10, Nkx2.2, Mash1/Ascl1* and, upon terminal differentiation, MyRF and *Nkx6.2* [84–86]. Many of these factors have indispensible roles during oligodendrocyte terminal differentiation/myelination, however there is a common theme with many of them also having more subtle roles in regulating oligodendrocyte lineage specification due to their involvement in neural patterning of the developing nervous system.

The process of specification to the oligodendrocyte lineage is strongly linked with the dorso-ventral patterning of the neural tube, where domains are established through gradients of factors such as Shh and BMP and defined through their expression of transcription factors. Within the spinal cord the oligodendrocyte lineage first arises from the pMN domain, which expresses the oligodendrocyte lineage marker *Olig2* as well as *Nkx6.1* and *Nkx6.2*. At later embryonic stages more dorsal regions of the spinal cord give rise to a second wave of oligodendrocyte progenitors which for the most part ultimately replace their earlier ventral counterparts (reviewed in [87]). A similar phenomenon exists in the forebrain, where an earlier wave of oligodendrocyte progenitors from the MGE and enteropeduncular area are largely replaced by a later wave of progenitors that originate from the LGE and CGE [88].

A number of bHLH transcription factors have a role in oligodendrocyte specification, with the pan oligodendrocyte lineage marker Olig2 being the most notable. *Olig2* expression in the pMN domain of the spinal cord inhibits factors that define neighbouring domains, such as *Nkx2.2* and *Irx3*, thus ablation of the *Olig2* gene is associated with an expansion of the p2 domain into what would otherwise be the pMN domain and a resulting loss of motor neuron and oligodendrocyte specification [89, 90]. In contrast, oligodendrocyte specification in the brain is comparatively preserved in the absence of *Olig2*, most likely due to compensation by *Olig1* [89]. This indicates that *Olig2* is not an absolute requirement for specification of the lineage. Similarly, at least in chicken, some oligodendrocyte precursors arise from the Nkx2.2+, Olig2- P3 domain, though these oligodendrocyte progenitors subsequently express *Olig2* [91]. Nevertheless, there is substantial evidence that *Olig2* is important for both oligodendrocyte lineage specification and function in addition to its role in defining the pMN domain. *Olig2* expressing cells of the pMN domain sequentially give rise to motor neurons and oligodendrocytes [89, 90]; this fate decision is largely dictated by the phosphorylation state of the Olig2 protein [92]. A continued role for *Olig2* in maintenance of the lineage has also been recently demonstrated with conditional ablation of the *Olig2* gene in committed oligodendrocyte progenitors diverting them to become astrocytes [93].

The bHLH transcription factor *Ascl1/Mash1* also has a role in specification of a number of oligodendrocyte progenitor pools. Within the ventral telencephalon, *Ascl1/Mash1* promotes oligodendrocyte specification by restricting the expression of *Dlx1&2* which otherwise promote interneuron specification at the expense of the specification of Olig2+ oligodendrocyte progenitors [94, 95]. Somewhat contrastingly, within the spinal cord *Ascl1/Mash1* appears to mark a pool of neuronal/oligodendrocyte progenitors; ablation of *Ascl1/Mash1* increases their commitment to the glial lineages [96]. It should be noted that although *Ascl1/Mash1* is not required for the generation of the oligodendrocyte lineage in totality, it is required for oligodendrocyte terminal differentiation [97].

Several Nkx factors have roles in the specification process. *Nkx6.1* and *Nkx6.2* have a strong role in promoting oligodendrogenesis in ventral regions via their inhibition of *Nkx2.2* (thus allowing for the expression of *Olig2* and definition of the pMN domain [98, 99]). However, *Nkx6.1* and *Nkx6.2* are not required for the more dorsally derived oligodendrocytes in the spinal cord and within the hindbrain even act to limit specification to the oligodendrocyte lineage [99]. *Nkx2.2* also has a mixed role in oligodendrocyte specification; although within the ventral spinal cord it initially inhibits *Olig2* expression and oligodendrocyte specification, ultimately *Nkx2.2* and *Olig2* are co-expressed in the lineage and *Nkx2.2* has important roles in oligodendrocyte terminal differentiation [91, 99, 100].

In addition to the above factors, which are largely implicated in the patterning of the developing nervous system, roles for several other transcription factors have been identified in oligodendrocyte specification. In vitro, SoxE proteins *Sox8*, *Sox9* and *Sox10* can direct neural precursor cells towards the oligodendrocyte lineage, at least in part by regulation of Suppressor of Fused (Sufu) expression [101]. The delta-notch system is also important in regulating oligodendrocyte differentiation [102] and also appears to promote specification to the lineage in the developing zebrafish nervous system [103]. Although not strictly required for the initial specification of the oligodendrocyte lineage, REST has an important role in inhibiting neuronal gene expression once the lineage is specified, thus allowing the maintenance of oligodendrocyte identity [104].

8.3 Adult Neural Stem Cells

8.3.1 Endogenous Neural Stem Cells

Although the bulk of neurogenesis and gliogenesis occurs during embryonic and early postnatal development, NSCs/NPCs continue to produce neural cells in the adult brain. Interestingly, unlike during development, the vast majority of adult-derived cells are fated to a neuronal lineage, with a much smaller percent differentiating into astrocytes and oligodendrocytes in the normal adult brain. The two primary regions that contain adult NSCs/NPCs are the subventricular zone (SVZ) lining the lateral walls of the lateral ventricles and the subgranular zone (SGZ) of the hippocampal dentate gyrus (Fig. 8.2). The SVZ produces NPCs that form neuroblasts which migrate along the rostral migratory stream and become neurons in the olfactory bulb; while the NPCs in the SGZ become neurons of the granular cell layer of the dentate gyrus in the hippocampus. In addition, precursor cells (primarily oligodendrocyte precursor cells – OPCs) are scattered throughout the parenchyma and primarily generate cells of glial lineage [105, 106].

Both intrinsic and extrinsic factors regulate neurogenesis and, as in the embryo, transcription factors are involved in proliferation, migration and differentiation of new neurons and glial cells in the adult. As described below, some of the transcriptional regulation that defines embryonic NSC/NPC self-renewal versus differentiation are retained in the adult, either performing the same function as in the embryo or with a new/altered function in the adult (Fig. 8.3 and Table 8.1). However, in general, the diversity of cell types (and particularly neuronal subtypes) that can be spontaneously generated by adult NPCs is substantially limited compared to embryonic cells. This currently limits the ability of endogenous NSCs to replace specific neuronal types in different regions in the CNS. To induce appropriate neuronal specification of adult neural stem cells, a good understanding of the events that lead to appropriate specification during embryonic development is needed, so that NPCs can be manipulated in the adult to achieve the desired outcome.

8.3.1.1 Hippocampal Neurogenesis

There is a progression of development of neural progenitor cells in the hippocampus. Initially, there are radial and horizontal NPCs (type 1) that transition to intermediate progenitors (type-2a, 2b and 3) and on to immature granule neurons. Finally, the new neurons become dentate granular neurons and make large mossy fibre projections with CA3 pyramidal neurons [242]. Within each of these transitions there are specific transcription factors that are expressed (reviewed in [243]). Many of these recapitulate their function in embryonic neural development.

Multiple transcription factors are involved in proliferation and maintenance of the precursor pool within the SGZ. As in embryonic development, *Sox2* is a marker of NSCs in the SVZ and SGZ and following *Sox2* deletion there is a loss of neurogenesis [19, 244, 245]. Thyroid hormone has recently been shown to act as a neurogenic switch in the SVZ by repressing expression of *Sox2* [218]. *Pax6* and the CCAAT/enhancer binding protein β (C/EBPβ) are involved in the proliferation of type-1 NPCS along with *Sox2*, which is a mediator of Notch signalling also involved in maintaining the precursor pool via Shh in adult SGZ [22, 192, 205]. The transcriptional repressor gene *Hes1* is also activated by Notch signalling leading to repression of proneural gene expression and maintenance of NPCs [144] while expression of *Hes5* distinguishes the cells as type-1 NPCs [152]. The orphan nuclear receptor Tlx can activate the Wnt/β-catenin pathway and is important for proliferation and maintenance of adult NPCs in both the SGZ and SVZ and has been shown to form a molecular network with SOX2 [109]. Recently, another factor, REST/NRSF (repressor element 1 silencing transcription/neuron restrictive silencer factor), has been shown to maintain NPC pools and direct stage-specific differentiation [246], while the forkhead transcription factors (FoxOs) have role in the long term maintenance of progenitors [133].

Neuronal fate specification occurs through the expression of *NeuroD1*, *Sox3*, *Sox 4*, *Sox11* and *Prox1* [39, 200, 201, 221, 223]. *NeuroD1* is activated by the Wnt/β-catenin pathway, which is necessary for survival and maturation of NPCs in both the SGZ and SVZ [108, 173]. The bHLH transcription factors also control fate commitment. *Ngn2*, *Tbr2* and *Ascl1/Mash1* are expressed in Type 1/2a NPCs that will become glutamatergic neurons in the hippocampus [162, 178, 247], while over-expression of *Ascl1/Mash1* produces oligodendrocytes [163]. Synaptic integration of new born neurons is controlled by Kruppel like factor 9 (*Klf9*) and CREB. Furthermore, both transcription factors are involved in survival and late phase neuronal maturation [119, 120, 248].

8.3.1.2 SVZ Neurogenesis

Similar to the SGZ, there is a progression of NPC development in the SVZ. Astrocytes in the SVZ (Type B cells) are the primary precursors of highly proliferative transit-amplifying Type C cells which will generate neuroblasts (Type A cells) destined for the olfactory bulb via migration along the rostral migratory stream (RMS) [249–251]. The zinc-finger protein ARS2 (arsenite-resistant protein 2) controls the multipotent progenitor state of NSCs through activation of *SOX2* [107]. c-Myb is required for maintenance of the neural stem cell niche, promoting expression of *Sox2* and *Pax6* and subsequent proliferation [252].

New neurons migrating from the RMS to the olfactory bulb primarily become GABAergic granule neurons that provide lateral inhibition between mitral and tufted cells. A minority of the new neurons become periglomerular neurons that are involved in lateral inhibition between glomeruli, and a small number of these cells are dopaminergic.

Transcriptional regulation of transient amplifying cell fate is the result of *Olig2* expression, and direction of neuronal fate is via *Pax6* and *Dlx2* [126]. These transcription factors also induce a dopaminergic periglomurular phenotype in adult mice [127, 182, 193]. Recently, it was shown that the transition from amplifying cell to neuroblast requires the down-regulation of *Sox9* by miR-124 [253]. In addition, bHLH transcription factors also control specific neuronal type commitment. Type C cells fated to become GABAergic interneurons in the olfactory bulb express *Ascl1/Mash1* [162]. *Ngn2* and *Tbr2* are expressed in dorsal SVZ progenitors that become glutamatergic juxtaglomerular neurons [179], while *Sp8* is required for parvalbumin-expressing interneurons in the olfactory bulb [226].

8.3.1.3 Transcriptional Regulation of NSCs/NPCs After Injury and Disease

Neurogenesis and gliogenesis are known to be initiated following brain injuries, such as ischemia, seizures, traumatic injury and neurodegenerative diseases [254–256]. However, these new neurons and glia do not usually effectively replenish those that were lost. Recent studies have begun to examine the fate and transcriptional regulation of NPCs following these insults with the aim of promoting cell replacement and functional repair. Table 8.1 provides a comparative summary of transcription factor expression in NPCs following injury and in the normal brain.

Ischemia

Focal ischemic stroke is the most common type of stroke, which results in a contained area of necrotic tissue and a surrounding area known as the penumbra. Focal ischemia promotes SVZ neural progenitor proliferation and neurogenesis [254, 257–259]. However, following cerebral ischemia, repressors to neurogenesis are expressed, such as *Olig2* [184]. Subsequently, gliogenic cells are primarily induced from the adult SVZ [260]. The majority of the SVZ neuroblasts in the damaged striatum express the transcription factor *Sp8* and do not express the transcription factors of the primarily damaged medium spiny neurons [227], suggesting that after brain injury the NPCs do not change their intrinsic differentiation potential. However, following ischemia, pro-neuronal transcription factors are expressed in primate progenitors in the SGZ, including *Emx2*, *Pax6* and *Ngn2* [130]. Recently it has been shown that following 30 and 60 days after stroke, *Ascl1/Mash1* expressing cells in the ischemic striatum gave rise to GABAergic neurons and mature oligodendrocytes [165].

Injury and Seizures

Both blunt and acute injuries to the brain and spinal cord trigger neurogenesis in both the SVZ and SGZ; however it is still unclear if the neurogenesis is stable and productive [261–264]. Following injury to the spinal cord *Sox11b* promotes neuronal determination of endogenous stem cells in adult zebrafish [225]. However, following a stab wound to the brain in mice, *Olig2* has been implicated in repressing neurogenesis. Interestingly, *Olig2* is expressed in glial progenitors that precede the appearance of reactive astrocytes, suggesting that NPCs have a minor role in the repair process [184, 185]. Conversely, following quinolinic acid induced striatal cell loss there is compensatory replacement of neurons from the SVZ, primarily from an increase in NPC

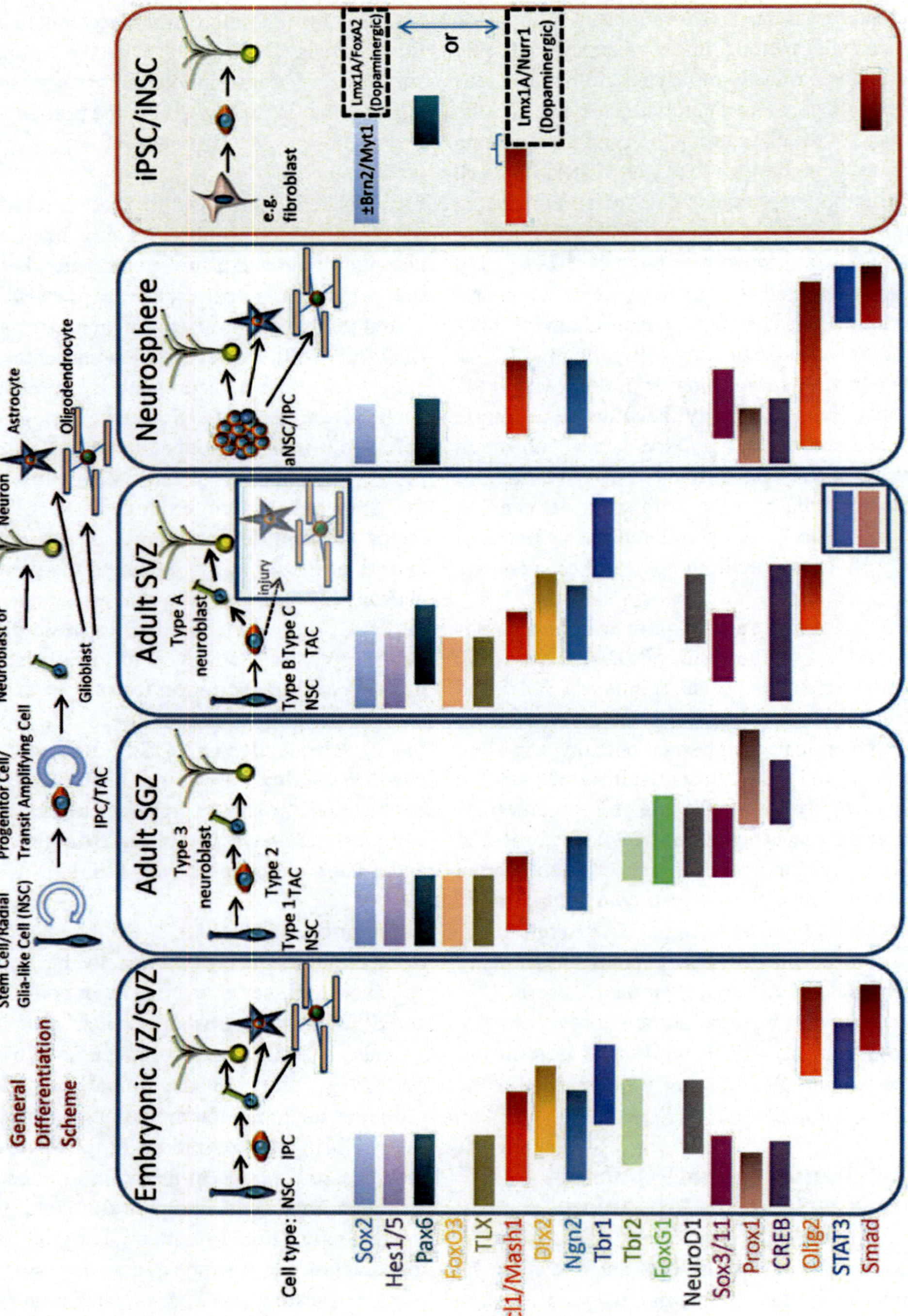
General Differentiation Scheme
Stem Cell/Radial Glia-like Cell (NSC)
Progenitor Cell/ Transit Amplifying Cell
IPC/TAC
Neuroblast or
Glioblast
Neuron
Astrocyte
Oligodendrocyte
Embryonic VZ/SVZ
NSC
IPC
Adult SGZ
Type 1 NSC
Type 2 TAC
Type 3 neuroblast
Adult SVZ
Type B NSC
Type C TAC
Type A neuroblast
injury
Neurosphere
aNSC/IPC
iPSC/iNSC
e.g. fibroblast
±Brn2/Myt1
Lmx1A/FoxA2 (Dopaminergic)
or
Lmx1A/Nurr1 (Dopaminergic)
Cell type:
Sox2
Hes1/5
Pax6
FoxO3
TLX
Ascl1/Mash1
Dlx2
Ngn2
Tbr1
Tbr2
FoxG1
NeuroD1
Sox3/11
Prox1
CREB
Olig2
STAT3
Smad

Fig. 8.3 Comparative expression and function of transcription factors from different sources in vivo and in vitro. A range of the more broadly characterised transcription factors known to play a role in NSC/NPC maintenance, differentiation and subsequent maturation are compared across the embryonic VZ/SVZ, adult SGZ, adult SVZ and neurospheres (embryonic or adult brain derived). Cells from each of these sources display a version of a general differentiation scheme which is summarised above, whereby a proliferative neural stem cell (NSC) produces a more proliferative neural progenitor cell, also known as a transit amplifying cell (TAC) or intermediate progenitor cell (IPC) depending on the source of cell. These then differentiate into neuroblasts or glioblasts which then further differentiate into mature neurons or astrocytes and oligodendrocytes respectively. Many of these factors play a similar role in the different types of brain derived stem cells, with some differences, particularly in the hippocampal SGZ cells. In addition, while adult SVZ cells primarily produce neurons under normal physiological conditions, they can also produce glial cells following neural injury or disease. While many factors are known that regulate brain-derived NSC/NPCs, this is sharply contrasted with the current state of knowledge regarding transcription factors regulating neural development of induced pluripotent stem cells (iPSCs) or induced neural stem cells (iNSCs). While the transcription factors that can induce a neural cell fate on these cells have been elucidated, knowledge of factors that regulate their subsequent differentiation is much more limited. Most attention has been focussed on production of dopaminergic neurons for replacement of cells lost in Parkinson's disease, however specification of other neural fates, including glial cells, is currently limited to modification of culture conditions

Table 8.1 Comparative list of transcription factors in neural stem cell from different sources, ages and injury/disease conditions

Transcription factor	Embryonic NSCs	Adult SGZ neurogenesis	Adult SVZ & neurospheres	Injury/disease-induced neurogenesis	ESCs/iPSCs/ iNSCs
Ars2	[107]		[107]		
β-catenin	[15, 45, 46]	[108]	[109, 110]	Ischemia – [111]	[112]
Bmi-1	[26]		[26, 113, 114]		
C/EBPβ	[115]	[116]	[117]		
CREB	[118]	[119]	[120–123]	HD – [124]	[125]
Cux2	[36, 54, 55]				
Dlx2	[95]		[126, 127]	Striatal loss – [128]	
E2F1		[129]	[129]		
Emx2	[34]		[34]	Ischemia – [130]	
Fezf2	[53, 56, 61, 131]		[132]		
Forkhead (Fox)	[16, 66, 133–136]	[133]	[137]	PD – [138]	[139]
Gli1-3	[25, 31, 140]	[141]	[142]		[143]
Hes1	[9, 10]	[144]	[145, 146]	HI and general injury/disease [147–150]	[151]
Hes5	[9, 10]	[152]		PD – [153]	
HesR1-2	[8, 32]				
Id2/4	[30, 154–156]		[110, 156–158]		
Lmx1	[69]			PD – [159]	[139, 159–161]
Mash1 (Asch1)	[18, 24, 94, 95]	[162, 163]	[162, 164]	Ischemia – [165]; AD – [166, 167]; PD – [159]	[168, 169]
Mll1			[170]		
mPer2		[171]			
NeuroD1	[172]	[39, 108, 173–175]	[173, 174, 176]	HD – [177]	[168, 169]
Ngn2	[18, 24]	[175, 178]	[164, 179]	Ischemia – [130]; Seizure – [178]	
NPAS3		[180]			
Nurr1	[65]			PD – [138, 159]	[139, 159, 181]

Olig2	[29, [89–93]		[29, 126, 182, 183]	Ischemia & brain injury – [184, 185]; AD – [166, 167]	
p63	[186, 187]		[188]		
p73	[186, 189]	[190, 191]	[186, 189, 191]		
Pax6	[27, 28]	[39, 192]	[126, 179, 182, 193]	Ischemia – [130]; Striatal loss – [128]	[194–197]
Prox1	[198, 199]	[200, 201]			
Querkopf			[202]		
RBPJkappa	[11, 144, 203, 204]	[152, 205]	[144, 204, 206]		
Smad	[71, 207–210]		[211, 212]	HD – [124]	[196, 213–217]
Sox2	[17]	[22, 107, 205]	[107, 218, 219]	HD – [124]	[220]
Sox3	[17, 221]	[221]	[221]		[221]
Sox11	[222]	[223, 224]		SCI – [225]	
Sp8			[226]	Ischemia – [227]	
STAT3	[71, 208, 209]	[228]	[212, 229–231]		
Tbr2	[33, 40, 41]	[42]	[41, 176, 179]		
Tlx	[232]	[109, 233–236]	[237–239]	Ischemia – [240]	
Zic2		[241]			

HD Huntington's disease, *PD* Parkinson's disease, *SCI* spinal cord injury, *AD* Alzheimer's disease *HI* hypoxia/ischemia proliferation and neuroblast formation induced by the expression of *Dlx2* and *Pax6* [128]. Similarly, neurogenesis is increased in the SGZ and SVZ after seizures [265–267]. However, the survival of the new born neurons is low as most undergo apoptotic cell death in proportion to the severity of the seizure [268]. In the SGZ, proliferating NPCs show a transient expression of the transcription factor *Ngn2* [178].

Neurodegenerative Disorders

Alzheimer's disease (AD) results in the degeneration of basal forebrain cholinergic neurons in the cortex and hippocampus from the deposition of neurofibrillary tangles and amyloid-β plaques [269]. The neuropathological hallmark of AD is the amyloid-β plaques; however small oligomeric amyloid-β appears to be the noxious component. Neurogenesis can be both increased and decreased in AD, depending on the transgenic model used (reviewed in [270]. Early in the disease, oligomeric amyloid-β may transiently promote the generation of immature neurons from NPCs. However, reduced concentrations of multiple neurotrophic factors and higher levels of FGF2 seem to induce a developmental arrest of newly generated neurons. Further, there is a down-regulation of *Olig2* and over-expression of *Ascl1/Mash1* caused by amyloid-β that switches the cell fate to death [166, 167].

Parkinson's disease (PD) is the outcome of the loss of dopaminergic neurons in the substantia nigra of the midbrain (reviewed in [271]). In transgenic mouse models, there is a decrease in newly generated neurons in both the dentate gyrus and olfactory bulb [153, 272]. Alterations in neurogenesis have been linked to a decrease in *Notch1* and *Hes5* expression [153]. Neurogenesis research in PD has focused on generating replacement dopaminergic neurons, primarily with the use of transplanted ES/iPS cells (see below). Recent studies have elucidated the transcription factors necessary to produce dopaminergic neurons. The combination of *Ascl1/Mash1*, *Nurr1* and *Lmx1a* result in the generation of functional dopaminergic neurons from mouse and human fibroblasts [159]. Other studies have shown that *Foxa2* in combination with *Nurr1* can also induce the production of nigral (A9)-type midbrain neurons from NPCs [138].

Other neurodegenerative diseases such as Huntington's disease have shown a decrease in neurogenesis. NPC proliferation is decreased in Huntington's disease in both the SGZ and SVZ, with some reports of reduced numbers of newly born neurons (reviewed in [270]. In a rat model of Huntington's disease, SGZ progenitor cell proliferation is decreased due to an increase in *Sox2*-positive quiescent stem cells and a decrease in CREB signalling [124]. Interestingly, during progressive striatal degeneration, new neurons are produced; however there is low survival and little replacement of lost striatal neurons. Furthermore, neither SVZ-derived nor intra-striatal generated neurons have the potential to differentiate into striatal projection neurons as they lack the transcription factors necessary for such specification [273].

Models of myelin injury have shown an increased production of oligodendrocytes from the SVZ. Oligodendrocyte production is increased following lysolecithin-induced focal demyelination [274, 275]. In a model of inflammatory demyelination, experimental autoimmune encephalomyelitis (EAE), an increase in proliferation of cells in the SVZ, their migration to lesion sites and their expression of oligodendrocyte and astrocyte markers was reported [276], while upregulation of chordin in the SVZ following lysolecithin-induced demyelination changes the GAD65 and Dcx positive progenitors from neuronal to glial fates, producing more oligodendrocytes in the corpus callosum [193]. In the cuprizone-induced demyelination model, infusion of noggin into the lateral ventricles inhibits BMP signalling and increases the numbers of oligodendroglia in the SVZ [277] and the number of oligodendrocytes in the corpus callosum [278]. Also in the cuprizone model, overexpression of *Zfp488*, an oligodendrocyte-specific zinc finger transcription repressor, promotes oligodendrocyte production in the SVZ [279]. This increased specification to the oligodendrocyte lineage following injury is associated with expression of *Olig2* [274, 279] and *Sox10* [279].

Other disease models show that exogenous factors have an influence on NPC intrinsic transcription that occurs following injury or pathology to the brain. Recently it was shown that the cytokine TWEAK which is induced by cerebral ischemia and other brain disorders activates NF-kappaB and reduces progenitor proliferation in the SVZ. Concurrently, TWEAK lowers the expression of *Hes1*, thereby inducing neuronal differentiation [147]. Pathological brains can have an increase in oxidized redox state, which can alter NPC fate; oxidative conditions up-regulate the histone deacetylase *Sirt1* (sirtuin 1). *Sirt1* binds to a co-repressor complex of *Hes1* and inhibits the pro-neuronal *Ascl1/Mash1*, in so doing, directing the NPCs toward glial differentiation [148, 149].

8.4 Derivation of Neural Stem/Precursor Cells from ES and iPS Cells

8.4.1 Transcriptional Networks Involved in the Differentiation or Reprogramming of Human Pluripotent and Somatic Cells Down Neural Stem/Precursor Cells Lineages

Human embryonic stem cells (hESCs) and induced pluripotent stem cells (iPSCs) express a cohort of transcription factors that maintain self-renewal and repress differentiation [280–282]. In order to induce differentiation in pluripotent stem cells, it first requires the down-regulation of the pluripotent transcriptional network followed by the up-regulation of lineage specific transcription factors. By mimicking the extrinsic signalling factors used during development hESCs and iPSCs can be pushed out of self-renewal and their differentiation biased towards a range of cell types including those of the nervous system [194, 283]. The differentiation down a neuroectoderm lineage has been shown to utilise the extrinsic factor Noggin, which is found to be critical during neurogenesis across species [284, 285]. The addition of the BMP antagonist Noggin biases human pluripotent stem cells towards a neuroectoderm cell lineage, resulting in early neural stem cells that no longer express the pluripotency-inducing transcription factor OCT4, but now express the transcription factor PAX6 [194, 195]. More recently the dual inhibition of BMP signalling by noggin and inhibition of Activin/Nodal signalling by the small molecule SB431542 was shown to be an efficient and rapid method for generating PAX6+ neural stem cells [196]. Examination of human fetal development shows that PAX6 is expressed at the earliest stages of neuroectoderm commitment [197]. Not only is it a marker of the human neural plate but forced expression of PAX6 in human embryonic stem cells drives their differentiation towards a neural fate, demonstrating that it is a determinant of neuroectoderm cell fate [197]. Further to this, knockdown of PAX6 prevents neuroectoderm differentiation. Interestingly however, in mouse ES cells forced expression of PAX6 is more involved in the progression of neuroectoderm towards radial glia rather than specification of neural lineages and highlights a potential species difference between human and mouse [286].

8.4.2 Direct Specification of Neural Lineages

Over the last several years, through transgenic manipulation of cells, other transcriptional determinants of cell fate have been uncovered for the nervous system. Rapid progress in this field has been fuelled by the discovery that somatic cells can be reprogrammed back into a pluripotent state through the forced expression of a defined set of pluripotent transcription factors [282, 287, 288].

The direct conversion of human and mouse fibroblasts into neurons has been achieved through use of various combinations of transcription factors. A screen of 19 neural tissue specific genes identified three critical factors, *Ascl1/Mash1*, *Brn2* (also called *Pou3f2*), described above for their roles in neural stem cells during development, and *Myt1l* [168]. Forced expression of these factors in mouse or human fibroblasts results in a rapid and efficient conversion into neurons in vitro

[168, 169]. NeuroD1 was further shown to enhance the maturation and functional characteristics in the reprogramming of human fibroblasts. However, a combination of 4 other transcription factors, *Oct4, Sox2, Klf4*, and *cMyc* have also been shown to directly convert mouse and human fibroblasts directly into NSCs [289, 290] and it has also been reported that *Sox2* alone is sufficient to directly convert mouse and human fibroblasts into neural stem cells which were self renewing, multipotent and non-tumorigenic [220].

Further progress in this field of reprogramming has demonstrated that neurons with distinct functional neurotransmitter phenotypes can also be achieved. Most work has focussed on specification of dopaminergic neurons for replacement in Parkinson's disease. The direct conversion of human fibroblasts into dopaminergic neurons has been obtained by using the same three transcription factors involved in neural specification *Ascl1/Mash1*, *Brn2* and *Myt1l*, along with the addition of *Lmx1a* and *FoxA2* to promote neurons with a dopaminergic phenotype [139]. These two additional transcription factors had previously been demonstrated to be critical for mesencephalic dopaminergic differentiation from ES cells and present during embryonic development of these neurons [181]. Interestingly an alternate set of transcription factors, *Ascl1/Mash1*, *Nurr1* and *Lmx1a* was also shown to be capable of directly converting human and mouse fibroblasts into functional dopaminergic neurons without going through a progenitor cell stage [159].

Transcriptional determinants involved in the specification of neural progenitor cell types from hESCs have also been investigated. GLI1 has been shown to be a determinant of floor plate specification when expressed in PAX6 positive neural stem cells derived from hESC [291]. Furthermore, neural differentiation of hESC under ventralising conditions, along with the forced expression of *Lmx1a* revealed it to be a determinant of mesencephlalic dopaminergic cell fate [160].

Overall, these studies highlight some of the transcriptional determinants that are critical during the development of the nervous system that can be capitalised upon to direct human cells along desired neural lineages. However, direct differentiation of other neural lineages from hESC/iPSCs, such as motor neurons and oligodendrocytes has not yet been achieved and still relies on manipulation of the extrinsic culture environment, with variable efficiency, such as use of retinoic acid (RA) and sonic hedgehog (Shh) to enhance differentiation along the motor neuron lineage (reviewed in [292].

References

1. Reynolds BA, Weiss S (1992) Generation of neurons and astrocytes from isolated cells of the adult mammalian central nervous system. Science 255(5052):1707–1710
2. Richards LJ, Kilpatrick TJ, Bartlett PF (1992) De novo generation of neuronal cells from the adult mouse brain. Proc Natl Acad Sci U S A 89(18): 8591–8595
3. Mizuseki K et al (1998) Xenopus Zic-related-1 and Sox-2, two factors induced by chordin, have distinct activities in the initiation of neural induction. Development 125(4):579–587
4. Levine AJ, Brivanlou AH (2007) Proposal of a model of mammalian neural induction. Dev Biol 308(2):247–256
5. Grabel L (2012) Developmental origin of neural stem cells: the glial cell that could. Stem Cell Rev 8(2):577–585
6. Hoch RV, Rubenstein JL, Pleasure S (2009) Genes and signaling events that establish regional patterning of the mammalian forebrain. Semin Cell Dev Biol 20(4):378–386
7. Vieira C et al (2010) Molecular mechanisms controlling brain development: an overview of neuroepithelial secondary organizers. Int J Dev Biol 54(1):7–20
8. Ahmed S et al (2009) Transcription factors and neural stem cell self-renewal, growth and differentiation. Cell Adh Migr 3(4):412–424
9. Hatakeyama J, Kageyama R (2006) Notch1 Expression is spatiotemporally correlated with neurogenesis and negatively regulated by Notch1-independent Hes genes in the developing nervous system. Cereb Cortex 16(Suppl 1):i132–i137
10. Ohtsuka T et al (2011) Gene expression profiling of neural stem cells and identification of regulators of neural differentiation during cortical development. Stem Cells 29(11):1817–1828
11. Mizutani K et al (2007) Differential notch signalling distinguishes neural stem cells from intermediate progenitors. Nature 449(7160):351–355
12. Gaiano N, Nye JS, Fishell G (2000) Radial glial identity is promoted by Notch1 signaling in the murine forebrain. Neuron 26(2):395–404

13. Nakamura Y et al (2000) The bHLH gene hes1 as a repressor of the neuronal commitment of CNS stem cells. J Neurosci 20(1):283–293
14. Noctor SC, Martinez-Cerdeno V, Kriegstein AR (2008) Distinct behaviors of neural stem and progenitor cells underlie cortical neurogenesis. J Comp Neurol 508(1):28–44
15. Chenn A, Walsh CA (2003) Increased neuronal production, enlarged forebrains and cytoarchitectural distortions in beta-catenin overexpressing transgenic mice. Cereb Cortex 13(6):599–606
16. Rousso DL et al (2012) Foxp-mediated suppression of N-cadherin regulates neuroepithelial character and progenitor maintenance in the CNS Neuron 74(2):314–330
17. Collignon J et al (1996) A comparison of the properties of Sox-3 with Sry and two related genes, Sox-1 and Sox-2. Development 122(2):509–520
18. Bylund M et al (2003) Vertebrate neurogenesis is counteracted by Sox1-3 activity. Nat Neurosci 6(11): 1162–1168
19. Ferri AL et al (2004) Sox2 deficiency causes neurodegeneration and impaired neurogenesis in the adult mouse brain. Development 131(15):3805–3819
20. Graham V et al (2003) SOX2 functions to maintain neural progenitor identity. Neuron 39(5):749–765
21. Bani-Yaghoub M et al (2006) Role of Sox2 in the development of the mouse neocortex. Dev Biol 295(1):52–66
22. Favaro R et al (2009) Hippocampal development and neural stem cell maintenance require Sox2-dependent regulation of Shh. Nat Neurosci 12(10):1248–1256
23. Andreu-Agullo C, Maurin T (2012) Ars2, an essential player in neural stem cell identity. Med Sci (Paris) 28(5):459–462
24. Bertrand N, Castro DS, Guillemot F (2002) Proneural genes and the specification of neural cell types. Nat Rev Neurosci 3(7):517–530
25. Takanaga H et al (2009) Gli2 is a novel regulator of sox2 expression in telencephalic neuroepithelial cells. Stem Cells 27(1):165–174
26. Fasano CA et al (2007) shRNA knockdown of Bmi-1 reveals a critical role for p21-Rb pathway in NSC self-renewal during development. Cell Stem Cell 1(1):87–99
27. Gotz M, Stoykova A, Gruss P (1998) Pax6 controls radial glia differentiation in the cerebral cortex. Neuron 21(5):1031–1044
28. Sansom SN et al (2009) The level of the transcription factor Pax6 is essential for controlling the balance between neural stem cell self-renewal and neurogenesis. PLoS Genet 5(6):e1000511
29. Ligon KL et al (2007) Olig2-regulated lineage-restricted pathway controls replication competence in neural stem cells and malignant glioma. Neuron 53(4):503–517
30. Yun K et al (2004) Id4 regulates neural progenitor proliferation and differentiation in vivo. Development 131(21):5441–5448
31. Stecca B, Altaba ARi (2009) A GLI1-p53 inhibitory loop controls neural stem cell and tumour cell numbers. EMBO J 28(6):663–76
32. Sakamoto M et al (2003) The basic helix-loop-helix genes Hesr1/Hey1 and Hesr2/Hey2 regulate maintenance of neural precursor cells in the brain. J Biol Chem 278(45):44808–44815
33. Englund C et al (2005) Pax6, Tbr2, and Tbr1 are expressed sequentially by radial glia, intermediate progenitor cells, and postmitotic neurons in developing neocortex. J Neurosci 25(1):247–251
34. Gangemi RM et al (2001) Emx2 in adult neural precursor cells. Mech Dev 109(2):323–329
35. Hutton SR, Pevny LH (2011) SOX2 expression levels distinguish between neural progenitor populations of the developing dorsal telencephalon. Dev Biol 352(1):40–47
36. Nieto M et al (2004) Expression of Cux-1 and Cux-2 in the subventricular zone and upper layers II-IV of the cerebral cortex. J Comp Neurol 479(2):168–180
37. Tarabykin V et al (2001) Cortical upper layer neurons derive from the subventricular zone as indicated by Svet1 gene expression. Development 128(11): 1983–1993
38. Bulfone A et al (1999) Expression pattern of the Tbr2 (Eomesodermin) gene during mouse and chick brain development. Mech Dev 84(1–2):133–138
39. Hevner RF et al (2006) Transcription factors in glutamatergic neurogenesis: conserved programs in neocortex, cerebellum, and adult hippocampus. Neurosci Res 55(3):223–233
40. Sessa A et al (2008) Tbr2 directs conversion of radial glia into basal precursors and guides neuronal amplification by indirect neurogenesis in the developing neocortex. Neuron 60(1):56–69
41. Arnold SJ et al (2008) The T-box transcription factor Eomes/Tbr2 regulates neurogenesis in the cortical subventricular zone. Genes Dev 22(18):2479–2484
42. Hodge RD et al (2012) Tbr2 is essential for hippocampal lineage progression from neural stem cells to intermediate progenitors and neurons. J Neurosci 32(18):6275–6287
43. Osumi N et al (2008) Concise review: Pax6 transcription factor contributes to both embryonic and adult neurogenesis as a multifunctional regulator. Stem Cells 26(7):1663–1672
44. Nieto M et al (2001) Neural bHLH genes control the neuronal versus glial fate decision in cortical progenitors. Neuron 29(2):401–413
45. Hirabayashi Y, Gotoh Y (2005) Stage-dependent fate determination of neural precursor cells in mouse forebrain. Neurosci Res 51(4):331–336
46. Zechner D et al (2003) beta-Catenin signals regulate cell growth and the balance between progenitor cell expansion and differentiation in the nervous system. Dev Biol 258(2):406–418
47. Hirabayashi Y et al (2004) The Wnt/beta-catenin pathway directs neuronal differentiation of cortical neural precursor cells. Development 131(12): 2791–2801

48. Faux CH et al (2001) Interactions between fibroblast growth factors and Notch regulate neuronal differentiation. J Neurosci 21(15):5587–5596
49. Turnley AM et al (2002) Suppressor of cytokine signaling 2 regulates neuronal differentiation by inhibiting growth hormone signaling. Nat Neurosci 5(11):1155–1162
50. Li S et al (2012) GSK3 temporally regulates neurogenin 2 proneural activity in the neocortex. J Neurosci 32(23):7791–7805
51. Faux C et al (2012) Neurons on the move: migration and lamination of cortical interneurons. Neurosignals 20(3):168–189
52. Guillemot F (2007) Cell fate specification in the mammalian telencephalon. Prog Neurobiol 83(1):37–52
53. Leone DP et al (2008) The determination of projection neuron identity in the developing cerebral cortex. Curr Opin Neurobiol 18(1):28–35
54. Cubelos B et al (2008) Cux-1 and Cux-2 control the development of Reelin expressing cortical interneurons. Dev Neurobiol 68(7):917–925
55. Cubelos B et al (2008) Cux-2 controls the proliferation of neuronal intermediate precursors of the cortical subventricular zone. Cereb Cortex 18(8):1758–1770
56. Chen B et al (2008) The Fezf2-Ctip2 genetic pathway regulates the fate choice of subcortical projection neurons in the developing cerebral cortex. Proc Natl Acad Sci U S A 105(32):11382–11387
57. Arlotta P et al (2005) Neuronal subtype-specific genes that control corticospinal motor neuron development in vivo. Neuron 45(2):207–221
58. Molyneaux BJ, Arlotta P, Macklis JD (2007) Molecular development of corticospinal motor neuron circuitry. Novartis Found Symp 288:3–15, discussion 15–20, 96–8
59. Kwan KY et al (2008) SOX5 postmitotically regulates migration, postmigratory differentiation, and projections of subplate and deep-layer neocortical neurons. Proc Natl Acad Sci U S A 105(41): 16021–16026
60. Lai T et al (2008) SOX5 controls the sequential generation of distinct corticofugal neuron subtypes. Neuron 57(2):232–247
61. McKenna WL et al (2011) Tbr1 and Fezf2 regulate alternate corticofugal neuronal identities during neocortical development. J Neurosci 31(2):549–564
62. Alcamo EA et al (2008) Satb2 regulates callosal projection neuron identity in the developing cerebral cortex. Neuron 57(3):364–377
63. Britanova O et al (2008) Satb2 is a postmitotic determinant for upper-layer neuron specification in the neocortex. Neuron 57(3):378–392
64. Sugitani Y et al (2002) Brn-1 and Brn-2 share crucial roles in the production and positioning of mouse neocortical neurons. Genes Dev 16(14):1760–1765
65. Jacobs FM et al (2009) Pitx3 potentiates Nurr1 in dopamine neuron terminal differentiation through release of SMRT-mediated repression. Development 136(4):531–540
66. Ferri AL et al (2007) Foxa1 and Foxa2 regulate multiple phases of midbrain dopaminergic neuron development in a dosage-dependent manner. Development 134(15):2761–2769
67. Couch JA et al (2004) robo2 and robo3 interact with eagle to regulate serotonergic neuron differentiation. Development 131(5):997–1006
68. Hendricks T et al (1999) The ETS domain factor Pet-1 is an early and precise marker of central serotonin neurons and interacts with a conserved element in serotonergic genes. J Neurosci 19(23): 10348–10356
69. Ding YQ et al (2003) Lmx1b is essential for the development of serotonergic neurons. Nat Neurosci 6(9):933–938
70. Zhao ZQ et al (2006) Lmx1b is required for maintenance of central serotonergic neurons and mice lacking central serotonergic system exhibit normal locomotor activity. J Neurosci 26(49):12781–12788
71. Sun Y et al (2001) Neurogenin promotes neurogenesis and inhibits glial differentiation by independent mechanisms. Cell 104(3):365–376
72. He F et al (2005) A positive autoregulatory loop of Jak-STAT signaling controls the onset of astrogliogenesis. Nat Neurosci 8(5):616–625
73. Fan G et al (2005) DNA methylation controls the timing of astrogliogenesis through regulation of JAK-STAT signaling. Development 132(15):3345–3356
74. Namihira M, Nakashima K, Taga T (2004) Developmental stage dependent regulation of DNA methylation and chromatin modification in a immature astrocyte specific gene promoter. FEBS Lett 572(1–3):184–188
75. Takizawa T et al (2001) DNA methylation is a critical cell-intrinsic determinant of astrocyte differentiation in the fetal brain. Dev Cell 1(6):749–758
76. Stolt CC et al (2003) The Sox9 transcription factor determines glial fate choice in the developing spinal cord. Genes Dev 17(13):1677–1689
77. Cai J et al (2007) A crucial role for Olig2 in white matter astrocyte development. Development 134(10): 1887–1899
78. Lu PPY, Ramanan N (2012) A critical cell-intrinsic role for serum response factor in glial specification in the CNS. J Neurosci 32(23):8012–8023
79. Deneen B et al (2006) The transcription factor NFIA controls the onset of gliogenesis in the developing spinal cord. Neuron 52(6):953–968
80. Cebolla B, Vallejo M (2006) Nuclear factor-I regulates glial fibrillary acidic protein gene expression in astrocytes differentiated from cortical precursor cells. J Neurochem 97(4):1057–1070
81. Kang P et al (2012) Sox9 and NFIA coordinate a transcriptional regulatory cascade during the initiation of gliogenesis. Neuron 74(1):79–94
82. Muroyama Y et al (2005) Specification of astrocytes by bHLH protein SCL in a restricted region of the neural tube. Nature 438(7066):360–363
83. Sakurai K, Osumi N (2008) The neurogenesis-controlling factor, Pax6, inhibits proliferation and

promotes maturation in murine astrocytes. J Neurosci 28(18):4604–4612
84. Emery B (2010) Regulation of oligodendrocyte differentiation and myelination. Science 330(6005): 779–782
85. Fancy SP et al (2011) Myelin regeneration: a recapitulation of development? Annu Rev Neurosci 34:21–43
86. Kessaris N, Pringle N, Richardson WD (2008) Specification of CNS glia from neural stem cells in the embryonic neuroepithelium. Philos Trans R Soc Lond B Biol Sci 363(1489):71–85
87. Richardson WD, Kessaris N, Pringle N (2006) Oligodendrocyte wars. Nat Rev Neurosci 7(1):11–18
88. Kessaris N et al (2006) Competing waves of oligodendrocytes in the forebrain and postnatal elimination of an embryonic lineage. Nat Neurosci 9(2):173–179
89. Lu QR et al (2002) Common developmental requirement for Olig function indicates a motor neuron/oligodendrocyte connection. Cell 109(1):75–86
90. Zhou Q, Anderson DJ (2002) The bHLH transcription factors OLIG2 and OLIG1 couple neuronal and glial subtype specification. Cell 109(1):61–73
91. Fu H et al (2002) Dual origin of spinal oligodendrocyte progenitors and evidence for the cooperative role of Olig2 and Nkx2.2 in the control of oligodendrocyte differentiation. Development 129(3):681–693
92. Li H et al (2011) Phosphorylation regulates OLIG2 cofactor choice and the motor neuron-oligodendrocyte fate switch. Neuron 69(5):918–929
93. Zhu X et al (2012) Olig2-dependent developmental fate switch of NG2 cells. Development 139(13):2299–2307
94. Parras CM et al (2007) The proneural gene Mash1 specifies an early population of telencephalic oligodendrocytes. J Neurosci 27(16):4233–4242
95. Petryniak MA et al (2007) Dlx1 and Dlx2 control neuronal versus oligodendroglial cell fate acquisition in the developing forebrain. Neuron 55(3):417–433
96. Battiste J et al (2007) Ascl1 defines sequentially generated lineage-restricted neuronal and oligodendrocyte precursor cells in the spinal cord. Development 134(2):285–293
97. Sugimori M et al (2008) Ascl1 is required for oligodendrocyte development in the spinal cord. Development 135(7):1271–1281
98. Liu R et al (2003) Region-specific and stage-dependent regulation of Olig gene expression and oligodendrogenesis by Nkx6.1 homeodomain transcription factor. Development 130(25):6221–6231
99. Vallstedt A, Klos JM, Ericson J (2005) Multiple dorsoventral origins of oligodendrocyte generation in the spinal cord and hindbrain. Neuron 45(1):55–67
100. Qi Y et al (2001) Control of oligodendrocyte differentiation by the Nkx2.2 homeodomain transcription factor. Development 128(14):2723–2733
101. Pozniak CD et al (2010) Sox10 directs neural stem cells toward the oligodendrocyte lineage by decreasing Suppressor of Fused expression. Proc Natl Acad Sci U S A 107(50):21795–21800
102. Wang S et al (1998) Notch receptor activation inhibits oligodendrocyte differentiation. Neuron 21(1):63–75
103. Park HC, Appel B (2003) Delta-Notch signaling regulates oligodendrocyte specification. Development 130(16):3747–3755
104. Dewald LE, Rodriguez JP, Levine JM (2011) The RE1 binding protein REST regulates oligodendrocyte differentiation. J Neurosci 31(9):3470–3483
105. Rivers LE et al (2008) PDGFRA/NG2 glia generate myelinating oligodendrocytes and piriform projection neurons in adult mice. Nat Neurosci 11(12): 1392–1401
106. Zhu X, Bergles DE, Nishiyama A (2008) NG2 cells generate both oligodendrocytes and gray matter astrocytes. Development 135(1):145–157
107. Andreu-Agullo C et al (2012) Ars2 maintains neural stem-cell identity through direct transcriptional activation of Sox2. Nature 481(7380):195–198
108. Wexler EM et al (2009) Endogenous Wnt signaling maintains neural progenitor cell potency. Stem Cells 27(5):1130–1141
109. Qu Q et al (2010) Orphan nuclear receptor TLX activates Wnt/beta-catenin signalling to stimulate neural stem cell proliferation and self-renewal. Nat Cell Biol 12(1):31–40, sup pp 1–9
110. Zhang C et al (2010) The modulatory effects of bHLH transcription factors with the Wnt/beta-catenin pathway on differentiation of neural progenitor cells derived from neonatal mouse anterior subventricular zone. Brain Res 1315:1–10
111. Lei ZN et al (2012) Bcl-2 increases stroke-induced striatal neurogenesis in adult brains by inhibiting BMP-4 function via activation of beta-catenin signaling. Neurochem Int 61(1):34–42
112. Otero JJ et al (2004) Beta-catenin signaling is required for neural differentiation of embryonic stem cells. Development 131(15):3545–3557
113. He S et al (2009) Bmi-1 over-expression in neural stem/progenitor cells increases proliferation and neurogenesis in culture but has little effect on these functions in vivo. Dev Biol 328(2):257–272
114. Molofsky AV et al (2005) Bmi-1 promotes neural stem cell self-renewal and neural development but not mouse growth and survival by repressing the p16Ink4a and p19Arf senescence pathways. Genes Dev 19(12):1432–1437
115. Paquin A et al (2005) CCAAT/enhancer-binding protein phosphorylation biases cortical precursors to generate neurons rather than astrocytes in vivo. J Neurosci 25(46):10747–10758
116. Cortes-Canteli M et al (2011) Role of C/EBPbeta transcription factor in adult hippocampal neurogenesis. PLoS One 6(10):e24842
117. Menard C et al (2002) An essential role for a MEK-C/EBP pathway during growth factor-regulated cortical neurogenesis. Neuron 36(4):597–610
118. Dworkin S et al (2009) cAMP response element binding protein is required for mouse neural progenitor cell survival and expansion. Stem Cells 27(6):1347–1357

119. Jagasia R et al (2009) GABA-cAMP response element-binding protein signaling regulates maturation and survival of newly generated neurons in the adult hippocampus. J Neurosci 29(25):7966–7977
120. Giachino C et al (2005) cAMP response element-binding protein regulates differentiation and survival of newborn neurons in the olfactory bulb. J Neurosci 25(44):10105–10118
121. Dworkin S et al (2007) CREB activity modulates neural cell proliferation, midbrain-hindbrain organization and patterning in zebrafish. Dev Biol 307(1):127–141
122. Dworkin S, Mantamadiotis T (2010) Targeting CREB signalling in neurogenesis. Expert Opin Ther Targets 14(8):869–879
123. Herold S et al (2011) CREB signalling regulates early survival, neuronal gene expression and morphological development in adult subventricular zone neurogenesis. Mol Cell Neurosci 46(1):79–88
124. Kandasamy M et al (2010) Stem cell quiescence in the hippocampal neurogenic niche is associated with elevated transforming growth factor-beta signaling in an animal model of Huntington disease. J Neuropathol Exp Neurol 69(7):717–728
125. Shan ZY et al (2008) pCREB is involved in neural induction of mouse embryonic stem cells by RA. Anat Rec (Hoboken) 291(5):519–526
126. Doetsch F et al (2002) EGF converts transit-amplifying neurogenic precursors in the adult brain into multipotent stem cells. Neuron 36(6):1021–1034
127. Brill MS et al (2008) A dlx2- and pax6-dependent transcriptional code for periglomerular neuron specification in the adult olfactory bulb. J Neurosci 28(25):6439–6452
128. Jones KS, Connor B (2011) Proneural transcription factors Dlx2 and Pax6 are altered in adult SVZ neural precursor cells following striatal cell loss. Mol Cell Neurosci 47(1):53–60
129. Cooper-Kuhn CM et al (2002) Impaired adult neurogenesis in mice lacking the transcription factor E2F1. Mol Cell Neurosci 21(2):312–323
130. Tonchev AB, Yamashima T (2006) Differential neurogenic potential of progenitor cells in dentate gyrus and CA1 sector of the postischemic adult monkey hippocampus. Exp Neurol 198(1):101–113
131. Shimizu T et al (2010) Zinc finger genes Fezf1 and Fezf2 control neuronal differentiation by repressing Hes5 expression in the forebrain. Development 137(11):1875–1885
132. Berberoglu MA et al (2009) fezf2 expression delineates cells with proliferative potential and expressing markers of neural stem cells in the adult zebrafish brain. Gene Expr Patterns 9(6):411–422
133. Paik JH et al (2009) FoxOs cooperatively regulate diverse pathways governing neural stem cell homeostasis. Cell Stem Cell 5(5):540–553
134. Aranha MM et al (2009) Caspases and p53 modulate FOXO3A/Id1 signaling during mouse neural stem cell differentiation. J Cell Biochem 107(4):748–758
135. Brancaccio M et al (2010) Emx2 and Foxg1 inhibit gliogenesis and promote neuronogenesis. Stem Cells 28(7):1206–1218
136. Jacquet BV et al (2011) Specification of a Foxj1-dependent lineage in the forebrain is required for embryonic-to-postnatal transition of neurogenesis in the olfactory bulb. J Neurosci 31(25):9368–9382
137. Renault VM et al (2009) FoxO3 regulates neural stem cell homeostasis. Cell Stem Cell 5(5):527–539
138. Lee HS et al (2010) Foxa2 and Nurr1 synergistically yield A9 nigral dopamine neurons exhibiting improved differentiation, function, and cell survival. Stem Cells 28(3):501–512
139. Pfisterer U et al (2011) Direct conversion of human fibroblasts to dopaminergic neurons. Proc Natl Acad Sci U S A 108(25):10343–10348
140. Oh S et al (2009) Shh and Gli3 activities are required for timely generation of motor neuron progenitors. Dev Biol 331(2):261–269
141. Breunig JJ et al (2008) Primary cilia regulate hippocampal neurogenesis by mediating sonic hedgehog signaling. Proc Natl Acad Sci U S A 105(35):13127–13132
142. Wang H et al (2011) Gli3 is required for maintenance and fate specification of cortical progenitors. J Neurosci 31(17):6440–6448
143. Nat R et al (2012) Pharmacological modulation of the Hedgehog pathway differentially affects dorsal/ventral patterning in mouse and human embryonic stem cell models of telencephalic development. Stem Cells Dev 21(7):1016–1046
144. Imayoshi I et al (2010) Essential roles of Notch signaling in maintenance of neural stem cells in developing and adult brains. J Neurosci 30(9):3489–3498
145. Veeraraghavalu K et al (2010) Presenilin 1 mutants impair the self-renewal and differentiation of adult murine subventricular zone-neuronal progenitors via cell-autonomous mechanisms involving notch signaling. J Neurosci 30(20):6903–6915
146. Wang X et al (2009) Involvement of Notch1 signaling in neurogenesis in the subventricular zone of normal and ischemic rat brain in vivo. J Cereb Blood Flow Metab 29(10):1644–1654
147. Scholzke MN et al (2011) TWEAK regulates proliferation and differentiation of adult neural progenitor cells. Mol Cell Neurosci 46(1):325–332
148. Prozorovski T et al (2008) Sirt1 contributes critically to the redox-dependent fate of neural progenitors. Nat Cell Biol 10(4):385–394
149. Teng FY, Hor CH, Tang BL (2009) Emerging cues mediating astroglia lineage restriction of progenitor cells in the injured/diseased adult CNS. Differentiation 77(2):121–127
150. Wang L et al (2009) The Notch pathway mediates expansion of a progenitor pool and neuronal differentiation in adult neural progenitor cells after stroke. Neuroscience 158(4):1356–1363
151. Kobayashi T, Kageyama R (2010) Hes1 regulates embryonic stem cell differentiation by suppressing Notch signaling. Genes Cells 15(7):689–698

152. Lugert S et al (2010) Quiescent and active hippocampal neural stem cells with distinct morphologies respond selectively to physiological and pathological stimuli and aging. Cell Stem Cell 6(5):445–456
153. Crews L et al (2008) Alpha-synuclein alters Notch-1 expression and neurogenesis in mouse embryonic stem cells and in the hippocampus of transgenic mice. J Neurosci 28(16):4250–4260
154. Bai G et al (2007) Id sustains Hes1 expression to inhibit precocious neurogenesis by releasing negative autoregulation of Hes1. Dev Cell 13(2):283–297
155. Tzeng SF, de Vellis J (1998) Id1, Id2, and Id3 gene expression in neural cells during development. Glia 24(4):372–381
156. Bedford L et al (2005) Id4 is required for the correct timing of neural differentiation. Dev Biol 280(2): 386–395
157. Havrda MC et al (2008) Id2 is required for specification of dopaminergic neurons during adult olfactory neurogenesis. J Neurosci 28(52):14074–14086
158. Deisseroth K et al (2004) Excitation-neurogenesis coupling in adult neural stem/progenitor cells. Neuron 42(4):535–552
159. Caiazzo M et al (2011) Direct generation of functional dopaminergic neurons from mouse and human fibroblasts. Nature 476(7359):224–227
160. Friling S et al (2009) Efficient production of mesencephalic dopamine neurons by Lmx1a expression in embryonic stem cells. Proc Natl Acad Sci U S A 106(18):7613–7618
161. Dolmazon V et al (2011) Forced expression of LIM homeodomain transcription factor 1b enhances differentiation of mouse embryonic stem cells into serotonergic neurons. Stem Cells Dev 20(2):301–311
162. Kim EJ et al (2007) In vivo analysis of Ascl1 defined progenitors reveals distinct developmental dynamics during adult neurogenesis and gliogenesis. J Neurosci 27(47):12764–12774
163. Jessberger S et al (2008) Directed differentiation of hippocampal stem/progenitor cells in the adult brain. Nat Neurosci 11(8):888–893
164. Berninger B, Guillemot F, Gotz M (2007) Directing neurotransmitter identity of neurones derived from expanded adult neural stem cells. Eur J Neurosci 25(9):2581–2590
165. Zhang RL et al (2011) Ascl1 lineage cells contribute to ischemia-induced neurogenesis and oligodendrogenesis. J Cereb Blood Flow Metab 31(2):614–625
166. Uchida Y et al (2007) Differential regulation of basic helix-loop-helix factors Mash1 and Olig2 by beta-amyloid accelerates both differentiation and death of cultured neural stem/progenitor cells. J Biol Chem 282(27):19700–19709
167. Waldau B, Shetty AK (2008) Behavior of neural stem cells in the Alzheimer brain. Cell Mol Life Sci 65(15):2372–2384
168. Vierbuchen T et al (2010) Direct conversion of fibroblasts to functional neurons by defined factors. Nature 463(7284):1035–1041
169. Pang ZP et al (2011) Induction of human neuronal cells by defined transcription factors. Nature 476(7359):220–223
170. Lim DA et al (2009) Chromatin remodelling factor Mll1 is essential for neurogenesis from postnatal neural stem cells. Nature 458(7237):529–533
171. Borgs L et al (2009) Period 2 regulates neural stem/progenitor cell proliferation in the adult hippocampus. BMC Neurosci 10:30
172. Cho JH, Tsai MJ (2004) The role of BETA2/NeuroD1 in the development of the nervous system. Mol Neurobiol 30(1):35–47
173. Gao Z et al (2009) Neurod1 is essential for the survival and maturation of adult-born neurons. Nat Neurosci 12(9):1090–1092
174. Kuwabara T et al (2009) Wnt-mediated activation of NeuroD1 and retro-elements during adult neurogenesis. Nat Neurosci 12(9):1097–1105
175. Roybon L et al (2009) Neurogenin2 directs granule neuroblast production and amplification while NeuroD1 specifies neuronal fate during hippocampal neurogenesis. PLoS One 4(3):e4779
176. Roybon L et al (2009) Involvement of Ngn2, Tbr and NeuroD proteins during postnatal olfactory bulb neurogenesis. Eur J Neurosci 29(2):232–243
177. Fedele V et al (2011) Neurogenesis in the R6/2 mouse model of Huntington's disease is impaired at the level of NeuroD1. Neuroscience 173:76–81
178. Ozen I et al (2007) Proliferating neuronal progenitors in the postnatal hippocampus transiently express the proneural gene Ngn2. Eur J Neurosci 25(9):2591–2603
179. Brill MS et al (2009) Adult generation of glutamatergic olfactory bulb interneurons. Nat Neurosci 12(12):1524–1533
180. Pieper AA et al (2005) The neuronal PAS domain protein 3 transcription factor controls FGF-mediated adult hippocampal neurogenesis in mice. Proc Natl Acad Sci U S A 102(39):14052–14057
181. Chung S et al (2009) Wnt1-lmx1a forms a novel autoregulatory loop and controls midbraindopaminergic differentiation synergistically with the SHH-FoxA2 pathway. Cell Stem Cell 5(6):646–658
182. Hack MA et al (2005) Neuronal fate determinants of adult olfactory bulb neurogenesis. Nat Neurosci 8(7):865–872
183. Hack MA et al (2004) Regionalization and fate specification in neurospheres: the role of Olig2 and Pax6. Mol Cell Neurosci 25(4):664–678
184. Buffo A et al (2005) Expression pattern of the transcription factor Olig2 in response to brain injuries: implications for neuronal repair. Proc Natl Acad Sci U S A 102(50):18183–18188
185. Magnus T et al (2007) Evidence that nucleocytoplasmic Olig2 translocation mediates brain-injury-induced differentiation of glial precursors to astrocytes. J Neurosci Res 85(10):2126–2137
186. Hernandez-Acosta NC et al (2011) Dynamic expression of the p53 family members p63 and p73 in the mouse and human telencephalon during development and in adulthood. Brain Res 1372:29–40

187. Holembowski L et al (2011) While p73 is essential, p63 is completely dispensable for the development of the central nervous system. Cell Cycle 10(4): 680–689
188. Fletcher RB et al (2011) p63 regulates olfactory stem cell self-renewal and differentiation. Neuron 72(5):748–759
189. Agostini M et al (2010) p73 regulates maintenance of neural stem cell. Biochem Biophys Res Commun 403(1):13–17
190. Fujitani M et al (2010) TAp73 acts via the bHLH Hey2 to promote long-term maintenance of neural precursors. Curr Biol 20(22):2058–2065
191. Talos F et al (2010) p73 is an essential regulator of neural stem cell maintenance in embryonal and adult CNS neurogenesis. Cell Death Differ 17(12):1816–1829
192. Maekawa M et al (2005) Pax6 is required for production and maintenance of progenitor cells in postnatal hippocampal neurogenesis. Genes Cells 10(10):1001–1014
193. Jablonska B et al (2010) Chordin-induced lineage plasticity of adult SVZ neuroblasts after demyelination. Nat Neurosci 13(5):541–550
194. Pera MF et al (2004) Regulation of human embryonic stem cell differentiation by BMP-2 and its antagonist noggin. J Cell Sci 117(Pt 7):1269–1280
195. Davidson KC et al (2007) Wnt3a regulates survival, expansion, and maintenance of neural progenitors derived from human embryonic stem cells. Mol Cell Neurosci 36(3):408–415
196. Chambers SM et al (2009) Highly efficient neural conversion of human ES and iPS cells by dual inhibition of SMAD signaling. Nat Biotechnol 27(3):275–280
197. Zhang X et al (2010) Pax6 is a human neuroectoderm cell fate determinant. Cell Stem Cell 7(1):90–100
198. Elkouris M et al (2011) Sox1 maintains the undifferentiated state of cortical neural progenitor cells via the suppression of Prox1-mediated cell cycle exit and neurogenesis. Stem Cells 29(1):89–98
199. Kaltezioti V et al (2010) Prox1 regulates the notch1-mediated inhibition of neurogenesis. PLoS Biol 8(12):e1000565
200. Karalay O et al (2011) Prospero-related homeobox 1 gene (Prox1) is regulated by canonical Wnt signaling and has a stage-specific role in adult hippocampal neurogenesis. Proc Natl Acad Sci U S A 108(14):5807–5812
201. Lavado A et al (2010) Prox1 is required for granule cell maturation and intermediate progenitor maintenance during brain neurogenesis. PLoS Biol 8(8):43–44. p ii: e1000460. doi: 10.1371/journal.pbio.1000460
202. Merson TD et al (2006) The transcriptional coactivator Querkopf controls adult neurogenesis. J Neurosci 26(44):11359–11370
203. Komine O et al (2011) RBP-J promotes the maturation of neuronal progenitors. Dev Biol 354(1):44–54
204. Gao F et al (2009) Transcription factor RBP-J-mediated signaling represses the differentiation of neural stem cells into intermediate neural progenitors. Mol Cell Neurosci 40(4):442–450
205. Ehm O et al (2010) RBPJkappa-dependent signaling is essential for long-term maintenance of neural stem cells in the adult hippocampus. J Neurosci 30(41): 13794–13807
206. Fujimoto M et al (2009) RBP-J promotes neuronal differentiation and inhibits oligodendroglial development in adult neurogenesis. Dev Biol 332(2): 339–350
207. Stipursky J, Francis D, Gomes FC (2012) Activation of MAPK/PI3K/SMAD pathways by TGF-beta(1) controls differentiation of radial glia into astrocytes in vitro. Dev Neurosci 34(1):68–81
208. Rajan P et al (2003) BMPs signal alternately through a SMAD or FRAP-STAT pathway to regulate fate choice in CNS stem cells. J Cell Biol 161(5):911–921
209. Nakashima K et al (1999) Synergistic signaling in fetal brain by STAT3-Smad1 complex bridged by p300. Science 284(5413):479–482
210. Nakashima K et al (2001) BMP2-mediated alteration in the developmental pathway of fetal mouse brain cells from neurogenesis to astrocytogenesis. Proc Natl Acad Sci U S A 98(10):5868–5873
211. Colak D et al (2008) Adult neurogenesis requires Smad4-mediated bone morphogenic protein signaling in stem cells. J Neurosci 28(2):434–446
212. Fukuda S et al (2007) Potentiation of astrogliogenesis by STAT3-mediated activation of bone morphogenetic protein-Smad signaling in neural stem cells. Mol Cell Biol 27(13):4931–4937
213. Menendez L et al (2011) Wnt signaling and a Smad pathway blockade direct the differentiation of human pluripotent stem cells to multipotent neural crest cells. Proc Natl Acad Sci U S A 108(48): 19240–19245
214. Patani R et al (2009) Activin/Nodal inhibition alone accelerates highly efficient neural conversion from human embryonic stem cells and imposes a caudal positional identity. PLoS One 4(10):e7327
215. Ying QL et al (2003) BMP induction of Id proteins suppresses differentiation and sustains embryonic stem cell self-renewal in collaboration with STAT3. Cell 115(3):281–292
216. Finley MF, Devata S, Huettner JE (1999) BMP-4 inhibits neural differentiation of murine embryonic stem cells. J Neurobiol 40(3):271–287
217. Gratsch TE, O'Shea KS (2002) Noggin and chordin have distinct activities in promoting lineage commitment of mouse embryonic stem (ES) cells. Dev Biol 245(1):83–94
218. Lopez-Juarez A et al (2012) Thyroid hormone signaling acts as a neurogenic switch by repressing sox2 in the adult neural stem cell niche. Cell Stem Cell 10(5):531–543
219. Brazel CY et al (2005) Sox2 expression defines a heterogeneous population of neurosphere-forming cells in the adult murine brain. Aging Cell 4(4):197–207
220. Ring KL et al (2012) Direct reprogramming of mouse and human fibroblasts into multipotent neural stem cells with a single factor. Cell Stem Cell 11(1):100–109

221. Wang TW et al (2006) Sox3 expression identifies neural progenitors in persistent neonatal and adult mouse forebrain germinative zones. J Comp Neurol 497(1):88–100
222. Li Y et al (2012) Sox11 modulates neocortical development by regulating the proliferation and neuronal differentiation of cortical intermediate precursors. Acta Biochim Biophys Sin (Shanghai) 44(8):660–668
223. Haslinger A et al (2009) Expression of Sox11 in adult neurogenic niches suggests a stage-specific role in adult neurogenesis. Eur J Neurosci 29(11):2103–2114
224. Mu L et al (2012) SoxC transcription factors are required for neuronal differentiation in adult hippocampal neurogenesis. J Neurosci 32(9):3067–3080
225. Guo Y et al (2011) Transcription factor Sox11b is involved in spinal cord regeneration in adult zebrafish. Neuroscience 172:329–341
226. Li X et al (2011) The transcription factor Sp8 is required for the production of parvalbumin-expressing interneurons in the olfactory bulb. J Neurosci 31(23):8450–8455
227. Liu F et al (2009) Brain injury does not alter the intrinsic differentiation potential of adult neuroblasts. J Neurosci 29(16):5075–5087
228. Muller S et al (2009) Neurogenesis in the dentate gyrus depends on ciliary neurotrophic factor and signal transducer and activator of transcription 3 signaling. Stem Cells 27(2):431–441
229. Yu Y, Ren W, Ren B (2009) Expression of signal transducers and activator of transcription 3 (STAT3) determines differentiation of olfactory bulb cells. Mol Cell Biochem 320(1–2):101–108
230. Cao F et al (2010) Conditional deletion of Stat3 promotes neurogenesis and inhibits astrogliogenesis in neural stem cells. Biochem Biophys Res Commun 394(3):843–847
231. Gu F et al (2005) Suppression of Stat3 promotes neurogenesis in cultured neural stem cells. J Neurosci Res 81(2):163–171
232. Li W et al (2008) Nuclear receptor TLX regulates cell cycle progression in neural stem cells of the developing brain. Mol Endocrinol 22(1):56–64
233. Chavali PL et al (2011) Nuclear orphan receptor TLX induces Oct-3/4 for the survival and maintenance of adult hippocampal progenitors upon hypoxia. J Biol Chem 286(11):9393–9404
234. Elmi M et al (2010) TLX activates MASH1 for induction of neuronal lineage commitment of adult hippocampal neuroprogenitors. Mol Cell Neurosci 45(2):121–131
235. Shimozaki K et al (2012) SRY-box-containing gene 2 regulation of nuclear receptor tailless (Tlx) transcription in adult neural stem cells. J Biol Chem 287(8):5969–5978
236. Zhang CL et al (2008) A role for adult TLX-positive neural stem cells in learning and behaviour. Nature 451(7181):1004–1007
237. Liu HK et al (2008) The nuclear receptor tailless is required for neurogenesis in the adult subventricular zone. Genes Dev 22(18):2473–2478
238. Obernier K et al (2011) Expression of Tlx in both stem cells and transit amplifying progenitors regulates stem cell activation and differentiation in the neonatal lateral subependymal zone. Stem Cells 29(9):1415–1426
239. Shi Y et al (2004) Expression and function of orphan nuclear receptor TLX in adult neural stem cells. Nature 427(6969):78–83
240. Zhang C et al (2011) Role of transcription factors in neurogenesis after cerebral ischemia. Rev Neurosci 22(4):457–465
241. Brown L, Brown S (2009) Zic2 is expressed in pluripotent cells in the blastocyst and adult brain expression overlaps with makers of neurogenesis. Gene Expr Patterns 9(1):43–49
242. Freund TF, Buzsaki G (1996) Interneurons of the hippocampus. Hippocampus 6(4):347–470
243. Hodge RD, Hevner RF (2011) Expression and actions of transcription factors in adult hippocampal neurogenesis. Dev Neurobiol 71(8):680–689
244. Ellis P et al (2004) SOX2, a persistent marker for multipotential neural stem cells derived from embryonic stem cells, the embryo or the adult. Dev Neurosci 26(2–4):148–165
245. Suh H et al (2007) In vivo fate analysis reveals the multipotent and self-renewal capacities of Sox2+ neural stem cells in the adult hippocampus. Cell Stem Cell 1(5):515–528
246. Gao Z et al (2011) The master negative regulator REST/NRSF controls adult neurogenesis by restraining the neurogenic program in quiescent stem cells. J Neurosci 31(26):9772–9786
247. Kim EJ et al (2011) Ascl1 (Mash1) defines cells with long-term neurogenic potential in subgranular and subventricular zones in adult mouse brain. PLoS One 6(3):e18472
248. Scobie KN et al (2009) Kruppel-like factor 9 is necessary for late-phase neuronal maturation in the developing dentate gyrus and during adult hippocampal neurogenesis. J Neurosci 29(31):9875–9887
249. Luskin MB (1993) Restricted proliferation and migration of postnatally generated neurons derived from the forebrain subventricular zone. Neuron 11(1):173–189
250. Lois C, Alvarez-Buylla A (1994) Long-distance neuronal migration in the adult mammalian brain. Science 264(5162):1145–1148
251. Doetsch F et al (1999) Subventricular zone astrocytes are neural stem cells in the adult mammalian brain. Cell 97(6):703–716
252. Malaterre J et al (2008) c-Myb is required for neural progenitor cell proliferation and maintenance of the neural stem cell niche in adult brain. Stem Cells 26(1):173–181
253. Cheng LC et al (2009) miR-124 regulates adult neurogenesis in the subventricular zone stem cell niche. Nat Neurosci 12(4):399–408
254. Arvidsson A et al (2002) Neuronal replacement from endogenous precursors in the adult brain after stroke. Nat Med 8(9):963–970

255. Rice AC et al (2003) Proliferation and neuronal differentiation of mitotically active cells following traumatic brain injury. Exp Neurol 183(2): 406–417
256. Parent JM (2007) Adult neurogenesis in the intact and epileptic dentate gyrus. Prog Brain Res 163:529–540
257. Jin K et al (2001) Neurogenesis in dentate subgranular zone and rostral subventricular zone after focal cerebral ischemia in the rat. Proc Natl Acad Sci U S A 98(8):4710–4715
258. Parent JM et al (2002) Rat forebrain neurogenesis and striatal neuron replacement after focal stroke. Ann Neurol 52(6):802–813
259. Zhang RL et al (2001) Proliferation and differentiation of progenitor cells in the cortex and the subventricular zone in the adult rat after focal cerebral ischemia. Neuroscience 105(1):33–41
260. Li L et al (2010) Focal cerebral ischemia induces a multilineage cytogenic response from adult subventricular zone that is predominantly gliogenic. Glia 58(13):1610–1619
261. Richardson RM, Sun D, Bullock MR (2007) Neurogenesis after traumatic brain injury. Neurosurg Clin N Am 18(1):169–181, xi
262. Szele FG, Chesselet MF (1996) Cortical lesions induce an increase in cell number and PSA-NCAM expression in the subventricular zone of adult rats. J Comp Neurol 368(3):439–454
263. Blizzard CA et al (2011) Focal damage to the adult rat neocortex induces wound healing accompanied by axonal sprouting and dendritic structural plasticity. Cereb Cortex 21(2):281–291
264. Chirumamilla S et al (2002) Traumatic brain injury induced cell proliferation in the adult mammalian central nervous system. J Neurotrauma 19(6):693–703
265. Bengzon J et al (1997) Apoptosis and proliferation of dentate gyrus neurons after single and intermittent limbic seizures. Proc Natl Acad Sci U S A 94(19): 10432–10437
266. Parent JM et al (1997) Dentate granule cell neurogenesis is increased by seizures and contributes to aberrant network reorganization in the adult rat hippocampus. J Neurosci 17(10):3727–3738
267. Parent JM, Valentin VV, Lowenstein DH (2002) Prolonged seizures increase proliferating neuroblasts in the adult rat subventricular zone-olfactory bulb pathway. J Neurosci 22(8):3174–3188
268. Ekdahl CT et al (2003) Death mechanisms in status epilepticus-generated neurons and effects of additional seizures on their survival. Neurobiol Dis 14(3):513–523
269. Hardy J, Selkoe DJ (2002) The amyloid hypothesis of Alzheimer's disease: progress and problems on the road to therapeutics. Science 297(5580):353–356
270. Winner B, Kohl Z, Gage FH (2011) Neurodegenerative disease and adult neurogenesis. Eur J Neurosci 33(6):1139–1151
271. Goedert M (2001) Alpha-synuclein and neurodegenerative diseases. Nat Rev Neurosci 2(7):492–501
272. Winner B et al (2004) Human wild-type alpha-synuclein impairs neurogenesis. J Neuropathol Exp Neurol 63(11):1155–1166
273. Luzzati F et al (2011) New striatal neurons in a mouse model of progressive striatal degeneration are generated in both the subventricular zone and the striatal parenchyma. PLoS One 6(9):e25088
274. Menn B et al (2006) Origin of oligodendrocytes in the subventricular zone of the adult brain. J Neurosci 26(30):7907–7918
275. Nait-Oumesmar B et al (1999) Progenitor cells of the adult mouse subventricular zone proliferate, migrate and differentiate into oligodendrocytes after demyelination. Eur J Neurosci 11(12):4357–4366
276. Picard-Riera N et al (2002) Experimental autoimmune encephalomyelitis mobilizes neural progenitors from the subventricular zone to undergo oligodendrogenesis in adult mice. Proc Natl Acad Sci U S A 99(20):13211–13216
277. Cate HS et al (2010) Modulation of bone morphogenic protein signalling alters numbers of astrocytes and oligodendroglia in the subventricular zone during cuprizone-induced demyelination. J Neurochem 115(1):11–22
278. Sabo JK et al (2011) Remyelination is altered by bone morphogenic protein signaling in demyelinated lesions. J Neurosci 31(12):4504–4510
279. Soundarapandian MM et al (2011) Zfp488 promotes oligodendrocyte differentiation of neural progenitor cells in adult mice after demyelination. Sci Rep 1:2
280. Reubinoff BE et al (2000) Embryonic stem cell lines from human blastocysts: somatic differentiation in vitro. Nat Biotechnol 18(4):399–404
281. Thomson JA et al (1998) Embryonic stem cell lines derived from human blastocysts. Science 282(5391): 1145–1147
282. Yu J et al (2007) Induced pluripotent stem cell lines derived from human somatic cells. Science 318(5858):1917–1920
283. Denham M, Dottori M (2011) Neural differentiation of induced pluripotent stem cells. Methods Mol Biol 793:99–110
284. Bachiller D et al (2000) The organizer factors Chordin and Noggin are required for mouse forebrain development. Nature 403(6770):658–661
285. Smith WC, Harland RM (1992) Expression cloning of noggin, a new dorsalizing factor localized to the Spemann organizer in Xenopus embryos. Cell 70(5):829–840
286. Suter DM et al (2009) A Sox1 to Pax6 switch drives neuroectoderm to radial glia progression during differentiation of mouse embryonic stem cells. Stem Cells 27(1):49–58
287. Okita K, Ichisaka T, Yamanaka S (2007) Generation of germline-competent induced pluripotent stem cells. Nature 448(7151):313–317
288. Wernig M et al (2007) In vitro reprogramming of fibroblasts into a pluripotent ES-cell-like state. Nature 448(7151):318–324
289. Matsui T et al (2012) Neural stem cells directly differentiated from partially reprogrammed fibroblasts

rapidly acquire gliogenic competency. Stem Cells 30(6):1109–1119

290. Thier M et al (2012) Direct conversion of fibroblasts into stably expandable neural stem cells. Cell Stem Cell 10(4):473–479

291. Denham M et al (2010) Gli1 is an inducing factor in generating floor plate progenitor cells from human embryonic stem cells. Stem Cells 28(10):1805–1815

292. Lopez-Gonzalez R, Velasco I (2012) Therapeutic potential of motor neurons differentiated from embryonic stem cells and induced pluripotent stem cells. Arch Med Res 43(1):1–10

Transcriptional Control of Epidermal Stem Cells

9

Briana Lee and Xing Dai

Abstract

Transcriptional regulation is fundamentally important for the progression of tissue stem cells through different stages of development and differentiation. Mammalian skin epidermis is an excellent model system to study such regulatory mechanisms due to its easy accessibility, stereotypic spatial arrangement, and availability of well-established cell type/lineage differentiation markers. Moreover, epidermis is one of the few mammalian tissues the stem cells of which can be maintained and propagated in culture to generate mature cell types and a functional tissue (reviewed in [1]), offering in vitro and ex vivo platforms to probe deep into the underlying cell and molecular mechanisms of biological functions.

Keywords

Epidermis • Hair follicle • Stem cell • Transcription factor • Chromatin regulation

Abbreviations

BrdU	Bromodeoxyuridine
DNMT	DNA Methyltransferase
EGF	Epidermal Growth Factor
EMT	Epithelial-To-Mesenchymal Transition
FACS	Fluorescence Activated Cell Sorting
GFP	Green Fluorescent Protein
H3K27	Histone H3 Lysine 27
HDAC	Histone Deacetylase
IFE	Interfollicular Epidermis
K	Keratin
LRC	Label Retaining Cell
NICD	Notch Intracellular Domain
ORS	Outer Root Sheath
PcG	Polycomb Group Proteins
SC	Stem Cell
Shh	Sonic hedgehog
TA	Transit Amplifying
HG	Secondary Hair Germ

B. Lee • X. Dai (✉)
Department of Biological Chemistry, School of Medicine, University of California, D250 Med Sci I, Irvine 92697-1700, CA, USA
e-mail: xdai@uci.edu

G. Hime and H. Abud (eds.), *Transcriptional and Translational Regulation of Stem Cells*, Advances in Experimental Medicine and Biology 786, DOI 10.1007/978-94-007-6621-1_9,

9.1 Introduction

Mammalian skin is a complex organ with a multitude of epithelial and stromal cell types, and harbors various appendages such as hair follicles which themselves are "miniorgans". Skin epidermis and its associated appendages are established during embryogenesis. In postnatal life these structures are regenerated by several distinct pools of stem cells which have the ability to self-renew as well as to give rise to the different lineages that form the mature tissues of the skin [2, 3] (Fig. 9.1).

At least some of the cellular and molecular blueprint for homeostasis in adult skin is specified during mid-late embryogenesis (e.g., [4–6]; reviewed in [7, 8]). Thus, the study of embryonic epidermal stem/progenitor cells will likely shed light on how the behaviors of adult skin epithelial stem cells, such as their proliferative potential and lineage differentiation, are regulated. Experimental analysis of epidermal morphogenesis enjoys the additional benefit of having relatively synchronous development, and that stem/progenitor/differentiating cells are not only spatially but also temporally laid out.

In this chapter, we review recent literature on the understanding of skin epithelial stem cells, and knowledge of transcriptional and chromatin regulation of the development and differentiation of these cells. There have been a number of excellent recent reviews that discuss adult stem cells in the mammalian skin, particularly those that reside in the hair follicle as well as on developing follicular stem/progenitor cells [7–12]. We therefore focus our discussion primarily on stem cells that produce and replenish the interfollicular epidermis (IFE) and provide an update on transcription and chromatin factors that regulate the activity of these cells during development.

9.2 Overview of Adult Skin Epithelial Stem Cells

Adult skin stem cells have been identified based on their slow cycling nature or unique surface marker expression. The well-known DNA label-retention assay is based on the assumption that stem cells are generally quiescent and retain tritiated thymidine or bromodeoxyuridine (BrdU) label of genomic DNA much longer than their rapidly cycling progenies [13, 14]. An elegant variant of this strategy is the use of histone H2B-Green Fluorescent Protein (GFP) to label the chromatin [15]. Approximately 95 % of the

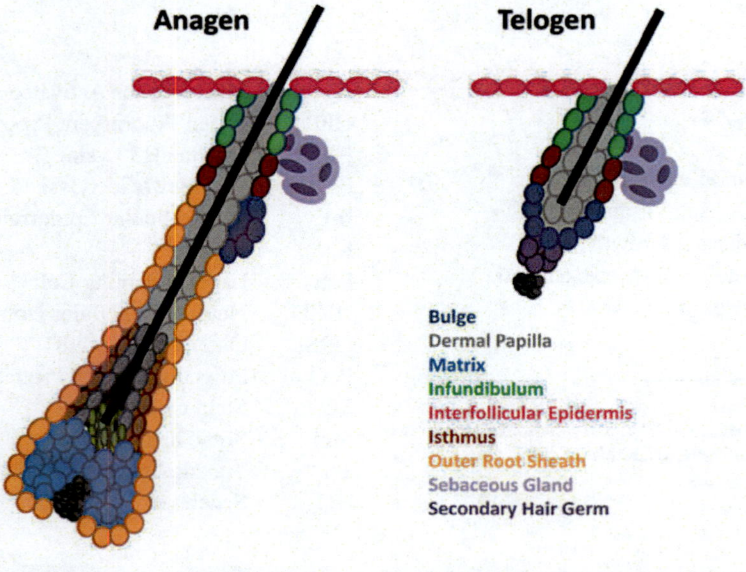

Fig. 9.1 Schematic diagram of anagen and telogen hair follicles and their cellular compositions. Each cellular compartment is color coded and those relevant in this review are labeled accordingly

Table 9.1 Summary of markers of adult mouse skin epithelial stem/progenitor cells

Marker	Location	References
α6 Integrin	ORS, bulge, IFE, SG	[27, 28]
Sca1	Infundibulum, IFE	[29]
K15[a]	Bulge, ORS	[27, 30, 31]
ΔNp63	ORS, bulge, HG, matrix, IFE	Reviewed in [28, 32]
CD34	Bulge	[31]
Lgr5	ORS, bulge, HG	[33]
Lgr6	Isthmus	[34]
Lrig1	Isthmus, ORS	[35]
MTS24	Isthmus, infundibulum occasionally	[36]
Blimp1	Isthmus, SG opening	[37]
Gli1	Bulge, HG	[38]
Lhx2	ORS, bulge, HG	[39]
Sox9	Bulge, ORS	[6, 40]
Nfatc1	Bulge	[41]
Tcf3	Bulge, ORS	[5, 42]
Tcf4	Bulge, ORS	[5]
Runx1	ORS, bulge, HG	[43, 44]

[a]While K15 protein is detected in basal layer of IFE and ORS/bulge of hair follicle, a fragment of the K15 promoter has been found to be selectively active in the bulge

slow-cycling, label-retaining cells (LRCs) in skin reside within the bulge, the lower permanent part of the hair follicle close to the site of attachment of the arrector pili muscle [16, 17] (Fig. 9.1). Using a double label technique to monitor the fate of the LRCs, Taylor et al. demonstrated that they are multipotent and can give rise to both the upper and lower portions of the follicle; however, their repopulation of the upper follicle only occurs during times of need such as wounding or during neonatal expansion of the skin [18]. Further supporting the presence of multipotent stem cells in the bulge, dissected human hair follicle bulge regions possess the ability to generate all skin epithelial lineages upon transplantation onto immunodeficient mice [19, 20].

LRCs can also be detected within the mouse IFE and previously have been shown to comprise about 0.2–10 % of the basal population, depending on the duration of the chase period in nucleotide pulse-chase experiments [21–23]. Using organotypic culture, LRCs have also been observed in the basal layer of human epidermis [24]. Whether or not the basal LRCs are true stem cells is debatable. Transplantation studies using limiting dilution of GFP-positive neonatal murine keratinocytes to recreate an epidermis in vivo suggest that the basal layer contains only a few functional long-term repopulating cells (~0.01 %) [25]. In addition, stem cell frequency in the IFE may vary depending on the tissue area (e.g. back, tail, ear) and age of the mouse (neonatal versus adult) [16].

In recent years, Fluorescence Activated Cell Sorting FACS based on stem cell-enriched surface and/or fluorescent markers has emerged as a powerful strategy to identify and isolate several distinct populations of skin epithelial stem cells. This advancement has led to the accumulation of tremendous amount of knowledge about adult skin stem cells, which reside within discrete physical locations called niches, where their proliferation and differentiation can be regulated by myriad intracellular and extracellular signals from the surrounding microenvironment (reviewed in [3, 7, 26]) (Fig. 9.1, Table 9.1). For example, the bulge contains CD34/alpha6-integrin/K15-positive cells that are relatively quiescent and contribute to hair follicle regeneration under physiological conditions but give rise to all skin epithelial lineages upon transplantation [20, 27, 30, 31]. The secondary hair germ (HG), a transient follicular structure that is responsible for the formation of the new hair follicle during postnatal cycling, also contains multipotent stem cells, which are Lgr5-positive and more proliferative than the bulge stem cells [33]. Recently, two different populations of cells that express Gli1, a target of the Shh pathway, have been reported: one resides in the HG/lower bulge and the other in the upper bulge of the telogen follicle [38]. This finding further illustrates the cellular/molecular heterogeneity within the stem cell-rich bulge/HG region. Another stem cell-rich zone in the hair follicle is the isthmus and infundibular region in the upper permanent part of the follicle. Residing in this region are MTS24-positive, Lrig1-positive, or Lgr6-positive cells that have the capability to reconstitute all skin epithelial components in transplantation assays, as well as Blimp1-positive cells that seed the sebaceous gland (SG), and Sca-1-positive cells that can regenerate IFE but not hair follicle upon transplantation [29, 34–37].

9.3 Stem/Progenitor Cells That Feul IFE Homeostasis and Repair

9.3.1 Stem Cells Within the IFE

In early studies, the observation of epidermal proliferative unit within the IFE led to the suggestion that there is one stem cell that supplies basal and suprabasal progeny in a hexagonal column of differentiated cells [23]. A popular hypothesis had been that one single self-renewing stem cell exists within each unit, whereas the other basal cells are the so-called transit-amplifying (TA) progeny that only divide a given number of times before withdrawing from the cell cycle and undergoing terminal differentiation [45–47]. While this exact unit of organization does not seem to hold true in subsequent analysis, support for heterogeneity in proliferative potential within the epidermis came from in vitro/ex vivo cell culture studies, where primary human keratinocytes can be distinguished in clonogenecity assays with regard to the size and lifespan of the colonies they produce [48, 49].

Although the lineage relationship between basal and suprabasal cells has been confirmed using in vivo experiments to clonally mark IFE cells (e.g., [50]), the notion of the existence of a TA cell compartment has been challenged by Clayton et al., in their lineage tracing experiments [51–53]. A combination of lineage tracing experiments and mathematic modeling have led the Jones's group to suggest a simple model where a single population of progenitor cells, which make stochastic choices between proliferation and differentiation is sufficient to maintain homeostasis of adult mouse tail epidermis. Whether this model is generally applicable to all regions of the epidermis remains to be tested.

9.3.2 Stem Cells in Non-IFE Locations

There is strong evidence supporting the contribution of hair follicle stem cells to IFE homeostasis and repair (reviewed in [26]). Earlier transplantation studies suggest that bulge cells give rise to the IFE [15, 18]. However, later lineage tracing experiments indicate that these bulge cells do not contribute to the IFE under physiological conditions, but do so upon injury [4, 13, 54, 55]. Lrig1, an EGF receptor antagonist that was first shown to mark human IFE stem cells [56], was identified as a marker of a population of stem cells, located in the junctional zone between the IFE and bulge in mouse skin, with potential to generate all epithelial lineages of the adult skin in transplantation assays [35]. During normal homeostasis, however, Lrig1-expressing cells only support the renewal of the IFE and SG [35]. More recently, it has been shown via lineage tracing that the non-label-retaining, Lgr6-positive cells located in the central isthmus of the hair follicle directly above the bulge are able to contribute to the IFE and SG under normal homeotic conditions at all ages, whereas their contribution to the hair follicle decreases with age [34]. In vivo lineage analysis of Shh-expressing cells originating from within the hair follicle has suggested that cells from the upper isthmus or infundibulum contribute to epidermal wound repair [55].

9.4 Lineage Progression of Epidermal Stem/Progenitor Cells During Morphogenesis

The epidermis originates from the surface ectoderm during embryonic development. In the mouse, commitment of the single-layered surface ectoderm to becoming epidermal precursor cells occurs at around embryonic (E) day 9.5 (reviewed in [57]) (Fig. 9.2). The biochemical hallmark of this is the switching-off of keratin (K) 8/18 (K8/K18) expression, and turning-on of K5 and K14, markers of the future basal layer of mature epidermis. Around E10.5, cells of the embryonic basal layer give rise to a transient layer called periderm, which covers the developing epidermis until stratification is complete. The early-stage K5/K14-positive cells are presumably multipotent, being capable of contributing to multiple subsequent lineages, including the IFE, hair follicle, and SG. Starting at E14.5, lineage distinction is evident as a subset of cells in the hair

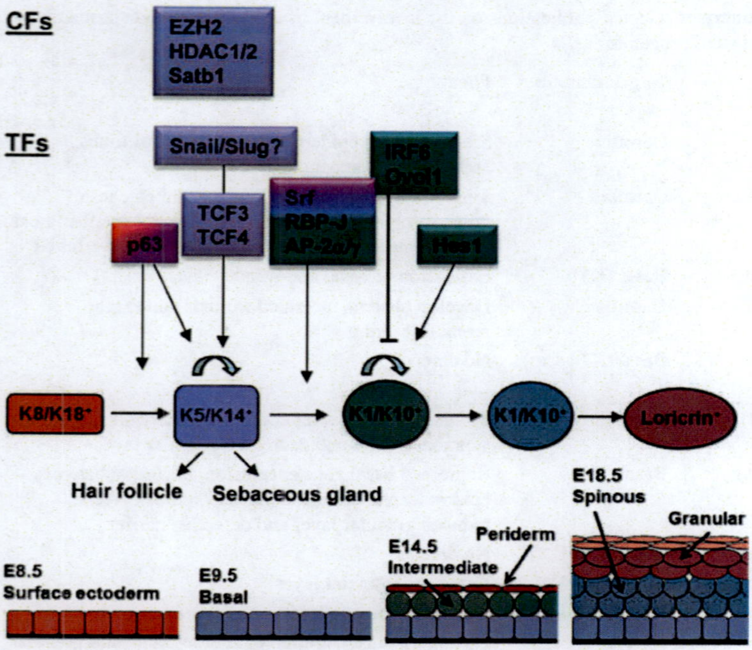

Fig. 9.2 Critical morphological/molecular events and transcriptional/chromatin regulators of epidermal development. Each lineage stage is color coded, and the roles of key transcription factors (TFs) and chromatin factors (CFs) are *highlighted* to indicate positive or negative influence on their cognate (matching color) lineage stage(s)

follicle placode that arises around this time retain multipotency, whereas the surrounding K5/K14-positive basal cells symmetrically or asymmetrically divide to expand the basal layer or to leave the underlying basement membrane and migrate upward to produce suprabasal cells of the IFE [4, 6, 26, 55]. The latter results in the formation of a transient suprabasal cell layer, namely the intermediate cell layer, between the basal layer and the periderm. These intermediate cells express K1 and K10, terminal differentiation markers of the mature epidermis, but are still proliferative [58]. Once these cells withdraw from the cell cycle (E15.5), they mature into spinous cells, which undergo further differentiation to produce granular keratinocytes that express yet another set of terminal differentiation markers such as loricrin. The epidermal maturation program is finalized by the formation of the cornified layers, which provide an outer front that acts as a permeability barrier essential for the organism's ex utero survival. How embryonic epidermal morphogenesis is orchestrated at a molecular level has been an active area of research. Below we review recent literature on the involvement of transcription and chromatin regulators that control the self-renewal, proliferation, and initiation of differentiation during epidermal development (Table 9.2).

9.5 Transcription Factors That Regulate Developing Epidermal Stem/Progenitor Cells

9.5.1 p63

p63 is a transcription factor homologous to the p53 tumor suppressor. p63 encodes two classes of protein isoforms, TAp63 and ΔNp63, with the latter being the predominant isoform expressed in epidermis (reviewed in [28, 82]). p63$^{-/-}$ mice cannot form a stratified epidermis or epidermal

Table 9.2 Summary of selected publications on the involvement of transcription and chromatin factors in regulating mouse epidermal stem/progenitor cells

Mutation	Targeted tissue	Phenotype	References
p63			
p63 knockout	Germline	Single-layered epidermis at birth, lack of limbs and epidermal appendages	[59, 60]
ΔNp63 knock-in	Germline	Single-layered epidermis in some and patches of prematurely differentiating keratinocytes in other areas, lack of epidermal appendages, no or defective limbs	[61]
ΔNp63 transgenic	Basal (K5)	Expansion of basal and spinous layers	[32]
TAp63 knockout	Germline	Develop blisters, ulcerated wounds and exhibit premature aging	[62]
TAp63 knockout	Basal (K14-Cre)	No defects	[62]
Notch			
RBP/J knockout	Basal (K14-Cre)	Thinner epidermis, reduced keratin network in suprabasal cells and decreased granular layer	[63]
NICD constitutive activation	Basal (K14)	Repressed basal gene expression, blistering between epidermis and dermis, expanded spinous layers, reduced granular layer and defective barrier	[63]
Hes1 transgenic	Basal (K14)	No defects	[64]
NICD1 transgenic	Spinous (K1)	Expanded granular layer	[64]
Hes1 transgenic	Spinous (K1)	Expanded spinous layer	[64]
Hes1 knockout	Germline	Premature differentiation of spinous cells into granular cells	[64]
Ascl2 transgenic	Spinous (K1)	Thinner epidermis, similar to Hes1 KO	[64]
AP-2			
AP-2α knockout	Basal (K14-Cre)	Epidermal hyperproliferation	[65]
AP-2γ knockout	Epiblast (Sox2-Cre)	Delayed basal gene expression, differentiation and barrier formation	[66]
AP-2α/γ double knockout	Basal (K14-Cre)	Thinner epidermis, defective differentiation and delayed barrier formation	[67]
Ovol			
Ovol1 knockout	Germline	Expanded spinous layer, failure of cell cycle exit, defective granular differentiation	[68]
Ovol2 knockout	Germline	Embryonic lethality, increased surface ectoderm	[69]
Ovol2 knockout	Basal (K14-Cre)	No defects, Ovol1 expression upregulated	Unpublished
TCF			
Tcf3 transgenic	Basal (K14)	Repression of terminal differentiation	[42]
Tcf4 transgenic	Basal (K14)	Repression of terminal differentiation	[5]
Tcf3/4 double knockout	3-Basal (K14), 4 -germline	Thinner epidermis, flattened basal cells	[5]
Srf			
Srf knockout	Basal (K5-Cre)	Edema and embryonic skin blistering	[70]
Srf knockout	Basal (K14-Cre)	Disorganized skin epithelium, loss of proper cell adhesion, increased proliferation in suprabasal cells, defective differentiation, random spindle orientation, increased apoptosis	[71, 72]
IRF6			
IRF6 mutant/ knockout	Missense mutation; germline	Hyperproliferation and failure to undergo terminal differentiation	[73, 74]
Satb1			
Satb1 knockout	Germline	Thinner epidermis, decreased granular layer, and decreased proliferation	[75]

(continued)

Table 9.2 (continued)

Mutation	Targeted tissue	Phenotype	References
EMT			
Slug knockout	Germline	Reduced epidermal thickness, delay in hair follicle morphogenesis	[76, 77]
Snail transgenic	Basal (K14)	Hyperproliferation and expansion of basal compartment	[78]
Snail knockout	Germline	No defects	[79]
Chromatin factors			
EZH2 knockout	Basal (K14-Cre)	Hyperthickened stratum corneum, reduced basal proliferation, pronounced granular layer, accelerated epidermal maturation	[80]
HDAC1/2 double knockout	Basal (K14-Cre)	Single-layered epidermis throughout embryogenesis, failure of eyelid fusion, and failure of limb-digit separation	[81]

appendages [59, 60]. Instead, a single-layered epithelium that expresses K8 but not K5 and K14 persists at birth. ΔNp63 knock-in mice, in which the ΔNp63-specific exon is replaced by GFP, phenocopies $p63^{-/-}$ mice by exhibiting similar developmental abnormalities including a poorly stratified epidermis [61]. Unlike $p63^{-/-}$ mice, however, patches of keratinocytes that are able to stratify exhibit signs of premature terminal differentiation, possibly due to alterations in the Notch signaling pathway. On the other hand, TAp63 knockout mice develop blisters as young adults and ulcerated wounds and premature aging later in life, but display no apparent defect in epidermal morphogenesis [62, 83]. Ectopic expression of either TAp63 or ΔNp63 in simple lung epithelium converts it into a K5/K14-expressing stratified epithelium, whereas overexpression of ΔNp63 in epidermal basal layer causes hyperproliferation and partially rescues the skin phenotypes of $p63^{-/-}$ mice [32, 84, 85]. Together, these studies highlight p63, particularly ΔNp63, as a master regulator of epidermal morphogenesis.

The cellular mechanism of p63 function has been an issue of controversy, with evidence supporting its roles in initiating epidermal stratification, maintaining stem/progenitor cell proliferation potential, as well as tuning the process of terminal differentiation (reviewed in [26, 28, 57, 61, 86, 87]) (Fig. 9.2). Consistent with such diverse functions, p63 regulates a wide array of genes involved in cell cycle, cell motility and adhesion, chromatin regulation, as well as skin tissue-specific markers such as K14, involucrin and loricrin [75, 88, 89].

Of note, p63/ΔNp63 is expressed in the nuclei of proliferating cells in the IFE basal layer and hair follicle, but shows reduced expression in the suprabasal layers [82, 84, 85]. This expression pattern is compatible with a key role for p63 in maintaining the proliferation of epidermal stem/progenitor cells. Additional support for this notion came from studies of human epidermal keratinocytes, where p63 functions to antagonize p53 in proliferation control [90, 91]. Interestingly, depletion of p53 rescues the p63 knockdown phenotype in cell growth but not terminal differentiation, suggesting that p63 plays a p53-independent role in controlling differentiation potential of epidermal stem/progenitor cells [90].

9.5.2 TCF3 and TCF4: Transcription Factors of the Wnt/β-Catenin Signaling Pathway

Wnt/β-catenin signaling plays important roles in the hair follicle lineage by promoting placode formation during embryogenesis, maintaining adult follicle bulge stem cell identity, activating quiescent stem cells during transition of postnatal follicle from a resting to a growing phase, and promoting terminal differentiation within the follicle (reviewed in [6]). Members of the LEF/TCF family of transcription factors are downstream effectors of the Wnt/β-catenin pathway, by forming bipartite transcriptional complexes with β-catenin to regulate gene expression [92]. Recent studies reveal novel involvement of TCF3 and TCF4 in the developing epidermis, where both are expressed in embryonic basal cells [5, 42, 93]. K14 promoter-mediated overexpression of TCF3 or TCF4 in transgenic mice leads to repression of terminal differentiation in the IFE, which is likely due to the Wnt-independent transcriptional repressor function of these TCF factors [5, 42]. Neither TCF3-deficient skin nor TCF4-deficient skin grafts show any overt phenotype [5]. Loss of both TCF3 and TCF4 results in a thinner epidermis at birth with flattened basal cells and increased cell death, defective hair follicle downgrowth, and failure of epidermal cells to populate skin grafts [5]. Interestingly, the IFE defects displayed by TCF3/TCF4 double knockout mice are not shared by β-catenin loss-of-function mutant, suggesting that this aspect of the TCF3/4 function may be independent of Wnt/β-catenin signaling [5]. Together, these findings implicate TCF3 and TCF4 as gatekeepers of an epidermal stem/progenitor cell state (Fig. 9.2).

9.5.3 RBP-J and Hes1: Transcription Factors of the Notch Pathway

Notch signaling plays complex, context-dependent roles in skin epithelial differentiation and has recently been implicated as an effector linking asymmetric division to differentiation of embryonic epidermal stem cells (reviewed in [64, 94, 95]). Signaling is initiated by ligand binding to the Notch receptor followed by cleavage and nuclear translocation of Notch intracellular domain (NICD) that in turn binds to transcription factor RBP-J and regulates gene expression [96]. In the developing epidermis, Notch signaling activation occurs at the basal-suprabasal juncture [63, 97]. Consistently, K14-Cre-mediated deletion of RBP-J results in a thinner epidermis with reduced keratin network in suprabasal cells and fewer granular layers [63]. Conversely, precocious activation of Notch signaling by way of overexpressing NICD in basal cells leads to repressed basal gene expression and expanded spinous layers [63]. Together, these studies are consistent with an in vivo role for RBP-J in mediating canonical Notch signaling to promote a basal to spinous switch of epidermal stem cells (Fig. 9.2).

Hes1 transcriptional repressor is a downstream target of Notch signaling. Loss of Hes1 causes premature differentiation of suprabasal keratinocytes and is important for maintaining proliferation in both basal and spinous compartments [64]. Interestingly, overexpression of Hes1 in basal cells does not suppress basal fate and induce spinous fate as NICD does, suggesting that the spinous fate-promoting function of Notch signaling may be Hes1-independent; instead Hes1 is required for maintenance of the immature state of spinous cells [64] (Fig. 9.2). Hes1 directly represses the expression of transcription activator Ascl2, the overexpression of which in epidermal basal layer causes a similar skin phenotype as Hes1 knockout mice including reduced basal and spinous cell proliferation [64]. How suprabasally expressed Hes1 affects the proliferation potential of basal cells remains unclear.

9.5.4 AP-2α and AP-2γ

AP-2 transcription factors have long been implicated in regulating epidermal gene expression [98, 99], but their functional importance has only been recently demonstrated. Loss of AP-2α in the epidermis results in persistent EGFR activity in differentiating cells and localized epidermal hyperproliferation [65]. AP-2γ is induced by p63 to activate K14 expression [100], and its deficiency results in a transient developmental delay in epidermal stratification [66]. K14-Cre-mediated deletion of both AP-2α and AP-2γ leads to suppression of terminal differentiation in vivo and in vitro [67], uncovering redundant roles for these AP-2 proteins in skin.

Given that the AP-2α/γ mutant skin phenotype is reminiscent of that of RBP-J mice, Wang et al. examined in detail the relationship between the

AP-2 and Notch regulatory pathways [67]. This led to the discovery that AP-2 factors and RBP-J-mediated Notch signaling act in concert to regulate the expression of C/EBP transcription factors, which may in turn contribute to the basal-spinous transition [67] (Fig. 9.2). Cross-talk between Notch signaling and p63 has also be reported: Notch activation suppresses p63, and the two regulate common direct transcriptional targets such as Hes1 [101]. Moreover, sustained p63 function inhibits Notch-induced epidermal cell differentiation. Collectively, these findings highlight the importance for epidermal stem/progenitor cells to integrate multiple transcriptional inputs in order to intricately regulate the balance between self-renewal/proliferation and differentiation at the basal-suprabasal juncture.

9.5.5 Serum Response Factor (Srf)

Recent studies on the involvement of transcription factor Srf in epidermal development solidify the interesting in vivo link between the actin cytoskeleton and the control of epidermal stem/progenitor cell proliferation and differentiation. K5-Cre-mediated ablation of Srf results in embryonic skin blistering, whereas K14-Cre-mediated Srf loss leads to persistent suprabasal proliferation and a disorganized skin epithelium at birth suggestive of defective differentiation [70, 71]. A finer developmental analysis of the K14-Cre/Srf-deficient skin reveals faulty cellular organization at the basal-spinous juncture, which seems to be the root cause of later defects in proliferation and differentiation [72]. The earliest molecular alterations reside in the expression of genes encoding actins and their regulators, and genes involved in intercellular adhesion/signaling and cell–substratum adhesion. Probing further with elegant cell biological experiments, Luxenburg et al. suggest an intriguing model where the reduced expression of actin/actin regulators are responsible for changes in cortical framework and cell shape, which may in turn cause mitotic defects in spindle orientation, ultimately leading to skewed asymmetric cell division and defective stratification in Srf-deficient epidermis [72].

9.5.6 Ovol Transcription Factors

The *Ovo* gene family encodes evolutionarily conserved zinc-finger transcription factors with its prototype in *Drosophila* being critical for epidermal denticle formation [102]. Three mammalian Ovol homologs (Ovol1, Ovol2, and Ovol3) exist [103, 104]. Both fly Ovo and mammalian Ovol1 reside downstream of key developmental signaling pathways such as Wg/Wnt, BMP/TGF-β and FOXO [68, 102, 105, 106], constituting a central hub of signaling cross-talk. In the developing epidermis, Ovol1 expression coincides with the appearance of intermediate cells and persists in the more mature suprabasal layers [103], whereas Ovol2 is expressed predominantly in the basal layer [107]. Interestingly, Ovol1 and Ovol2 seem to repress the expression of each other, and Ovol1 auto-represses [107, 108]. Collectively, these data suggest the likely importance to intricately control Ovol expression levels, and are compatible with both distinct and redundant/compensating functions of Ovol1 and Ovol2 in epidermal morphogenesis.

Ovol involvement in epidermal development has been studied using knockout approaches. Germline ablation of Ovol1 results in a thickened epidermis at birth with expanded spinous layers [68]. The spinous cells in Ovol1-deficient embryos fail to down-regulate c-Myc expression and undergo proliferation arrest, and Ovol1-deficient keratinocytes do not exit cell cycle in response to calcium or TGF-β signaling [68]. Overall these studies underscore a function for Ovol1 in the growth arrest of late epidermal progenitor cells at least in part via direct repression of c-Myc transcription. Germline ablation of Ovol2 results in mid-gestation lethality, and mutant embryos display an overemphasized surface ectoderm [69]. siRNA-mediated knockdown to deplete Ovol2 in HaCaT cells, a human keratinocyte line, results in populational expansion but a loss of colony forming-cells upon clonal passaging [109]. Results of mathematical modeling suggest that both faster cycling and precocious withdrawal from the cell cycle may underlie this phenotype. Moreover, Ovol2 depletion accelerates extracellular signal-induced K1 expression in

2-D and 3-D culture models. Ovol2 directly represses the expression of c-Myc and Notch1 by binding to their promoters. Inhibiting c-Myc function rescues the transient increase in proliferation, whereas inhibiting Notch signaling rescues the precocious K1 expression of Ovol2-deficient cells. Thus, in vitro, Ovol2 functions to suppress HaCaT cell proliferation and K1 expression, but seems to promote long-term colony formation. The in vivo function of Ovol2 as well as the full scope of Ovol function in developing epidermis is under active investigation in the Dai laboratory.

9.5.7 IRF6

IRF6, a member of the interferon regulatory factor (IRF) family of transcription factors, has been shown to be involved in controlling the balance between epidermal stem/progenitor cell proliferation and differentiation. IRF6 null embryos display a hyperproliferative epidermis with expanded spinous layers that fail to silence p63 expression, exit the cell cycle, and undergo terminal differentiation [73]. Embryos carrying homozygous missense mutations in IRF6 show a similar skin phenotype [74]. Additionally, $IRF6^{-/-}$ primary mouse keratinocytes and IRF6-overexpressing primary human keratinocytes display increased and decreased, respectively, colony-formation in culture, suggesting a cell-autonomous role for IRF6 in repressing long-term proliferation of epidermal keratinocytes [110, 111]. IRF6 is expressed at low levels in proliferating keratinocytes but becomes significantly up-regulated upon calcium-induced differentiation [110], leading one to speculate that it may primarily function by causing growth arrest of late epidermal progenitor cells (Fig. 9.2), a role reminiscent of that of Ovol1. Interestingly, Ovol1 has been identified as a direct transcriptional target of IRF6 in squamous carcinoma cells [112]. Moreover, IRF6 is a direct transcriptional target of ΔNp63, and induces degradation of ΔNp63, presenting a negative feedback mechanism that regulates the switch between keratinocyte proliferation and differentiation [111].

9.5.8 Transcription Factors That Regulate Epithelial-Mesenchymal Transition (EMT)

An underexplored area in skin epithelial biology is how epithelial remodeling contributes to stem cell biology. This is an intriguing issue especially given the recent discovery of the association between passing through EMT and acquisition of self-renewal capability, and that normal multipotent mammary epithelial stem cells express EMT markers [113]. In light of this, it is interesting to note that ΔNp63α overexpression-induced EMT endows human keratinocytes with stem cell traits, namely multipotency to differentiate into non-keratinocyte cell types [114].

Limited evidence implicates the importance of known transcriptional regulators of EMT, Snail and Slug, in embryonic skin. Snail is expressed, in a transient manner, in hair placodal cells but not detectable in the IFE [79]. Slug (Snai2 or Snail2) is expressed in all epidermal layers at mid-gestation but becomes gradually restricted to the basal layer that harbors epidermal precursor cells and hair placode that harbors hair follicle precursor cells, and progressively disappears after birth [76, 78, 115]. These expression patterns correlate temporally with the increasingly restricted lineage and morphogenic potential of embryonic epidermal progenitor cells. Interestingly, overexpression of Snail in skin basal cells leads to loss of E-cadherin, epidermal hyperproliferation and expansion of the basal compartment [78]. Furthermore, Slug knockout mice show a thinner epidermis and delayed hair follicle development [76, 77]. Future work is needed to explore the potential functional importance of these EMT transcription factors in controlling the "stemness" of epidermal stem cells (Fig. 9.2).

9.6 Chromatin Factors That Regulate Epidermal Stem/Progenitor Cells

Chromatin regulation is intimately related to transcriptional control. Fiona Watt's group examined the global patterns of histone modifications in mammalian skin using immunostaining, providing a first glimpse at the "histone code" that associates with quiescent cells present in human IFE as well as mouse hair follicle bulge [116]. This "histone code" appears to be characterized by high levels of histone H3 lysine 9 and histone H4 lysine 20 (H4K20) trimethylation and low levels of histone H4 acetylation and H4K20 mono-methylation. Interestingly, tampering with the "code" by application of inhibitors of histone deacetylases (HDAC) or overexpression of c-Myc, a proto-oncogene that has been suggested to regulate the conversion of epidermal stem cells to committed TA cells (reviewed in [87, 117]), results in altered proliferation/differentiation characteristics of epidermal stem cells. Investigation of stem cell epigenetics promises to be an exciting direction in epidermal biology.

9.6.1 Enhancer of Zeste Homolog 2 (EZH2)

Polycomb group (PcG) proteins are evolutionally conserved chromatin remodeling proteins involved in gene silencing [118]. EZH2 is a PcG member, and a methyltransferase component of the Polycomb repressive complex 2 (PRC2) that trimethylates primarily histone H3 at lysine 27 (H3K27) to initiate gene repression. EZH2 is expressed in embryonic stem/progenitor cells of the epidermis, and its ablation leads to reduced basal cell proliferation, premature induction of late-differentiation genes, and accelerated epidermal maturation [80]. EZH2 has also been shown to control the proliferative potential of basal stem/progenitors by repressing the Ink4B-Arf-Ink4A tumor suppressor locus and preventing premature recruitment of the AP1 transcriptional activator to genes involved in differentiation of the epidermis [80]. This differentiation-preventing function is opposite to that of H3K27me3 demethylase JMJD3 in human epidermal keratinocytes [119]. These studies collectively underscore the importance of epigenetic repression vs. derepression in controlling the balance between epidermal stem/progenitor cell proliferation and differentiation.

The PRC2 complex has been shown to recruit DNA methyltransferases (DNMTs) to cognate target genes, providing a direct link between H3K27 trimethylation and DNA methylation [120]. Consistent with this, DNMT1 is enriched in undifferentiated human keratinocytes, and is required cell-intrinsically for maintaining epidermal stem/progenitor cell proliferation and for preventing premature terminal differentiation [121]. Whether DNA methylation plays a similar role in mouse epidermal stem/progenitor cells has not yet been reported.

9.6.2 HDAC1 and HDAC2

HDAC1 and HDAC2, two histone deacetylases that remove histone acetylation marks to cause chromatin compaction and gene repression, are dynamically expressed in the developing epidermis [81]. While K14-Cre-mediated deletion of either one produces no overt skin defects, deletion of both results in the generation of a single-layered epidermis and lack of hair follicles at birth, phenotypes reminiscent of those in p63 knockout mice [81]. Moreover, the double mutant embryos display reduced basal cell proliferation and increased cell apoptosis that become increasingly severe with age, suggestive of failure in maintaining embryonic epidermal progenitor cells. At least one mechanism of HDAC1/2 action in these cells seems to be directly mediating the repressive aspect of p63 function on downstream targets such as Ink4A. A budding scenario from the HDAC/EZH2/JMJD3/DNMT1 studies is that all three modes of chromatin/transcriptional repression (histone deacetylation, H3K27me3, and DNA methylation) operate in epidermal progenitor cells to maintain a self-renewing and/or undifferentiating state, albeit with distinct underlying molecular mechanisms. The involvement of the epigenetic activating machinery in epidermal development and differentiation awaits future investigation.

9.6.3 Satb1

Satb1, a genome organizer that regulates high-order chromatin structure, is expressed in basal progenitor cells as a direct target of p63 [75].

Newborn skin deficient in Satb1 show reduced thickness and epidermal proliferation, as well as altered chromatin configuration at, and gene expression from, the epidermal differentiation complex (EDC) locus [75]. The similarity in Satb1 and p63's effect on epidermal development, chromatin architecture and gene expression has prompted further experiments by Fessing et al., which demonstrate that restoration of Satb1 expression in p63-deficient embryonic skin explants partially rescues the epidermal phenotypes of the latter. This study opens the door to future exploration of how high-order chromatin organization contributes to the regulation of epidermal gene expression and lineage development.

9.7 Transcriptional and Chromatin Regulation of Adult Hair Follicle Stem Cells

An understanding of the transcriptional control of adult skin stem cells is also emerging. Transcription factors expressed in hair follicle bulge stem cells include Nfatc1, Lhx2, Sox9, Runx1, Tcf3, Tcf4, and Gli1, which themselves are functionally important players in stem cell biology [5, 6, 9, 38, 39, 41, 43]. For example, loss of NFATc1 causes loss of stem cell quiescence [41], whereas ablation of Lhx2 results in increased proliferation of CD34-positive stem cells but reduced CD34 expression within the follicle [39]. Sox9, Runx1, c-Myc, and Blimp1 have also been reported to regulate the emergence, maintenance, and/or proliferation of adult skin epithelial stem and progenitor cells [6, 37, 40, 43, 44, 122, 123].

Particularly worth noting are TCF3 and TCF4 that, as discussed above, play a role in epidermal morphogenesis. In adult skin, TCF3 and TCF4 become restricted to the bulge and outer root sheath (ORS), and are barely detected in the IFE [5, 42, 93]. Although a role for TCF3 and TCF4 in bulge stem cells has not yet been directly assessed, the finding that TCF3/4-deficient epidermal cells fail to populate skin grafts is suggestive of a TCF3/4 function in maintaining long-term epidermal homeostasis [5]. The similarity in the TCF3-responsive gene signature and the bulge/ORS gene signature [42] further supports this notion. As such, molecular parallels exist between the transcriptional regulation of embryonic epidermal stem/progenitor cells (including but not exclusive to those in the developing hair follicle) and that of adult bulge stem cells. Along the same vein, double ablation of EZH2, a regulator of epidermal maturation, and its homolog EZH1 adversely affects hair follicle homeostasis and wound repair [124].

9.8 Summary and Perspectives

This chapter reviews the recent progress on the transcriptional and chromatin control of epidermal stem cells. The self-renewal/proliferation/survival of embryonic epidermal stem/progenitor cells, their decision to initiate the terminal differentiation program and become spinous cells, and their lineage stay as committed progenitor cells are all under regulation by multiple transcription factors (Fig. 9.2). Interfacing with this layer of regulation is the active remodeling of the local as well as high-order configuration of chromatin by histone/DNA modifying enzymes and genome organizer. At least some components of the transcriptional/chromatin control strategies are reused to govern the behaviors of adult hair follicle stem cells.

Looking forward, we anticipate future research to address the following questions. First, what additional transcription factors are important in epidermal stem cells and how do they interact with each other to constitute regulatory networks that produce a normal epidermis with intricately balanced proliferation and differentiation? Second, exactly how do transcription factors communicate with chromatin factors and what additional epigenetic factors are functionally required for epidermal morphogenesis? While existing studies on the identification of downstream targets of, and functional interactions between, various transcription/chromatin factors have already offered tantalizing clues (e.g., [125]; also see above), a systems biology approach may be necessary to provide an integrated, comprehensive picture.

Third, what are the roles of non-coding RNAs and how do they interface with transcriptional/chromatin regulation? Leading this direction are recent studies on the identification of microRNAs in skin and the demonstration of functional requirements for the microRNA biogenic machinery as well as for specific microRNAs ([126]; reviewed in [127]). Continued identification of critical targets of important miRNAs, such as ΔNp63 for microRNA-203 [128, 129] will add a new dimension to the regulatory networks controlling gene expression in epidermal stem/progenitor cells. Finally, how do transcription and chromatin factors regulate the epigenomic landscape of epidermal stem/progenitor cells? Studies to address such issues rely on the ability to isolate sufficient quantities of relatively homogeneous stem/progenitor cell populations for genome-wide interrogations, as recently accomplished by the Fuchs group [130].

The ability of epidermal stem cells to be cultured over long periods of time without losing their stemness has been vastly beneficial in treating burn victims [131]. Multipotent skin stem cells hold the promise to treat human disorders such as alopecia, and their alterations are implicated in the ageing process [132]. Therefore, understanding the transcriptional/chromatin mechanisms that regulate epidermal stem cell lineage progression and homeostasis may facilitate the development of stem cell-based regenerative medicine and other therapeutic agents.

Authors' Notes

A number of research and review articles have been published since the submission of this review on the topic of epidermal stem cells and their molecular control. Most notably, Mascré et al. performed elegant lineage tracing studies to track YFP expression at clonal density in mouse tail epidermis [133]. Their results suggest that two distinct pools of progenitors with a hierarchical relationship, namely slow-cycling stem cells and committed progenitor cells, are present in the IFE. Furthermore, several novel players, including iASSP, Setd8, and Jarid2, have been identified that participate in epidermal stem cell-regulatory pathways and/or regulate epidermal morphogenesis and homeostasis [134, 135, 136]. Readers are referred to a recent review for additional update and details [137].

Acknowledgements We apologize to colleagues whose work is not cited due to space limitation. Work on Ovol in the Dai laboratory has been supported by NIH Grants R01-AR47320 and K02-AR51482 (to X.D.). Briana Lee acknowledges predoctoral research support from the Systems Biology of Development (HD060555) and Translational Research in Cancer Genomic Medicine (CA113265) NIH Training Grants.

References

1. Green H (2008) The birth of therapy with cultured cells. Bioessays 30(9):897–903
2. Fuchs E (2008) Skin stem cells: rising to the surface. J Cell Biol 180(2):273–284
3. Woo WM, Oro AE (2011) SnapShot: hair follicle stem cells. Cell 146(2):334–334, e332
4. Levy V, Lindon C, Harfe BD, Morgan BA (2005) Distinct stem cell populations regenerate the follicle and interfollicular epidermis. Dev Cell 9(6):855–861
5. Nguyen H, Merrill BJ, Polak L, Nikolova M et al (2009) Tcf3 and Tcf4 are essential for long-term homeostasis of skin epithelia. Nat Genet 41(10):1068–1075
6. Nowak JA, Polak L, Pasolli HA, Fuchs E (2008) Hair follicle stem cells are specified and function in early skin morphogenesis. Cell Stem Cell 3(1):33–43
7. Barker N, Bartfeld S, Clevers H (2010) Tissue-resident adult stem cell populations of rapidly self-renewing organs. Cell Stem Cell 7(6):656–670
8. Watt FM, Jensen KB (2009) Epidermal stem cell diversity and quiescence. EMBO Mol Med 1(5):260–267
9. Blanpain C, Fuchs E (2009) Epidermal homeostasis: a balancing act of stem cells in the skin. Nat Rev Mol Cell Biol 10(3):207–217
10. Jaks V, Kasper M, Toftgard R (2010) The hair follicle-a stem cell zoo. Exp Cell Res 316(8):1422–1428
11. Schneider MR, Schmidt-Ullrich R, Paus R (2009) The hair follicle as a dynamic miniorgan. Curr Biol 19(3):R132–R142
12. Yang L, Peng R (2010) Unveiling hair follicle stem cells. Stem Cell Rev 6(4):658–664
13. Cotsarelis G, Sun TT, Lavker RM (1990) Label-retaining cells reside in the bulge area of pilosebaceous

unit: implications for follicular stem cells, hair cycle, and skin carcinogenesis. Cell 61(7):1329–1337
14. Morris RJ, Potten CS (1999) Highly persistent label-retaining cells in the hair follicles of mice and their fate following induction of anagen. J Invest Dermatol 112(4):470–475
15. Tumbar T, Guasch G, Greco V, Blanpain C et al (2004) Defining the epithelial stem cell niche in skin. Science 303(5656):359–363
16. Ambler CA, Maatta A (2009) Epidermal stem cells: location, potential and contribution to cancer. J Pathol 217(2):206–216
17. Kobayashi K, Rochat A, Barrandon Y (1993) Segregation of keratinocyte colony-forming cells in the bulge of the rat vibrissa. Proc Natl Acad Sci U S A 90(15):7391–7395
18. Taylor G, Lehrer MS, Jensen PJ, Sun TT et al (2000) Involvement of follicular stem cells in forming not only the follicle but also the epidermis. Cell 102(4): 451–461
19. Oshima H, Rochat A, Kedzia C, Kobayashi K et al (2001) Morphogenesis and renewal of hair follicles from adult multipotent stem cells. Cell 104(2): 233–245
20. Rochat A, Kobayashi K, Barrandon Y (1994) Location of stem cells of human hair follicles by clonal analysis. Cell 76(6):1063–1073
21. Bickenbach JR (1981) Identification and behavior of label-retaining cells in oral mucosa and skin. J Dent Res 60(Spec No C):1611–1620
22. Fuchs E, Horsley V (2008) More than one way to skin. Genes Dev 22(8):976–985
23. Potten CS (1974) The epidermal proliferative unit: the possible role of the central basal cell. Cell Tissue Kinet 7(1):77–88
24. Muffler S, Stark HJ, Amoros M, Falkowska-Hansen B et al (2008) A stable niche supports long-term maintenance of human epidermal stem cells in organotypic cultures. Stem Cells 26(10):2506–2515
25. Schneider TE, Barland C, Alex AM, Mancianti ML et al (2003) Measuring stem cell frequency in epidermis: a quantitative in vivo functional assay for long-term repopulating cells. Proc Natl Acad Sci USA 100(20):11412–11417
26. Fuchs E (2009) The tortoise and the hair: slow-cycling cells in the stem cell race. Cell 137(5):811–819
27. Braun KM, Niemann C, Jensen UB, Sundberg JP et al (2003) Manipulation of stem cell proliferation and lineage commitment: visualisation of label-retaining cells in wholemounts of mouse epidermis. Development 130(21):5241–5255
28. Blanpain C, Fuchs E (2007) p63: revving up epithelial stem-cell potential. Nat Cell Biol 9(7):731–733
29. Jensen UB, Yan X, Triel C, Woo SH et al (2008) A distinct population of clonogenic and multipotent murine follicular keratinocytes residing in the upper isthmus. J Cell Sci 121(Pt 5):609–617
30. Morris RJ, Liu Y, Marles L, Yang Z et al (2004) Capturing and profiling adult hair follicle stem cells. Nat Biotechnol 22(4):411–417
31. Trempus CS, Morris RJ, Bortner CD, Cotsarelis G et al (2003) Enrichment for living murine keratinocytes from the hair follicle bulge with the cell surface marker CD34. J Invest Dermatol 120(4):501–511
32. Romano RA, Smalley K, Liu S, Sinha S (2010) Abnormal hair follicle development and altered cell fate of follicular keratinocytes in transgenic mice expressing DeltaNp63alpha. Development 137(9):1431–1439
33. Jaks V, Barker N, Kasper M, van Es JH et al (2008) Lgr5 marks cycling, yet long-lived, hair follicle stem cells. Nat Genet 40(11):1291–1299
34. Snippert HJ, Haegebarth A, Kasper M, Jaks V et al (2010) Lgr6 marks stem cells in the hair follicle that generate all cell lineages of the skin. Science 327(5971):1385–1389
35. Jensen KB, Collins CA, Nascimento E, Tan DW et al (2009) Lrig1 expression defines a distinct multipotent stem cell population in mammalian epidermis. Cell Stem Cell 4(5):427–439
36. Nijhof JG, Braun KM, Giangreco A, van Pelt C et al (2006) The cell-surface marker MTS24 identifies a novel population of follicular keratinocytes with characteristics of progenitor cells. Development 133(15):3027–3037
37. Horsley V, O'Carroll D, Tooze R, Ohinata Y et al (2006) Blimp1 defines a progenitor population that governs cellular input to the sebaceous gland. Cell 126(3):597–609
38. Brownell I, Guevara E, Bai CB, Loomis CA et al (2011) Nerve-derived sonic hedgehog defines a niche for hair follicle stem cells capable of becoming epidermal stem cells. Cell Stem Cell 8(5):552–565
39. Rhee H, Polak L, Fuchs E (2006) Lhx2 maintains stem cell character in hair follicles. Science 312(5782):1946–1949
40. Vidal VP, Chaboissier MC, Lutzkendorf S, Cotsarelis G et al (2005) Sox9 is essential for outer root sheath differentiation and the formation of the hair stem cell compartment. Curr Biol 15(15):1340–1351
41. Horsley V, Aliprantis AO, Polak L, Glimcher LH et al (2008) NFATc1 balances quiescence and proliferation of skin stem cells. Cell 132(2):299–310
42. Nguyen H, Rendl M, Fuchs E (2006) Tcf3 governs stem cell features and represses cell fate determination in skin. Cell 127(1):171–183
43. Osorio KM, Lee SE, McDermitt DJ, Waghmare SK et al (2008) Runx1 modulates developmental, but not injury-driven, hair follicle stem cell activation. Development 135(6):1059–1068
44. Raveh E, Cohen S, Levanon D, Negreanu V et al (2006) Dynamic expression of Runx1 in skin affects hair structure. Mech Dev 123(11):842–850
45. Potten CS (1981) Cell replacement in epidermis (keratopoiesis) via discrete units of proliferation. Int Rev Cytol 69:271–318
46. Potten CS, Wichmann HE, Loeffler M, Dobek K, Major D (1982) Evidence for discrete cell kinetic subpopulations in mouse epidermis based on mathematical analysis. Cell Tissue Kinet 15:305–329

47. Potten CS, Loeffler M (1987) Epidermal cell proliferation. I. Changes with time in the proportion of isolated, paired and clustered labelled cells in sheets of murine epidermis. Virchows Arch B Cell Pathol Incl Mol Pathol 53:279–285
48. Barrandon Y, Green H (1987) Three clonal types of keratinocyte with different capacities for multiplication. Proc Natl Acad Sci U S A 84(8):2302–2306
49. Jones PH, Watt FM (1993) Separation of human epidermal stem cells from transit amplifying cells on the basis of differences in integrin function and expression. Cell 73(4):713–724
50. Ghazizadeh S, Taichman LB (2001) Multiple classes of stem cells in cutaneous epithelium: a lineage analysis of adult mouse skin. EMBO J 20(6):1215–1222
51. Clayton E, Doupe DP, Klein AM, Winton DJ et al (2007) A single type of progenitor cell maintains normal epidermis. Nature 446(7132):185–189
52. Jones PH, Simons BD, Watt FM (2007) Sic transit gloria: farewell to the epidermal transit amplifying cell? Cell Stem Cell 1(4):371–381
53. Doupè DP, Klein AM, Simons BD, Jones PH (2010) The ordered architecture of murine ear epidermis is maintained by progenitor cells with random fate. Dev Cell 18:317–323
54. Ito M, Liu Y, Yang Z, Nguyen J et al (2005) Stem cells in the hair follicle bulge contribute to wound repair but not to homeostasis of the epidermis. Nat Med 11(12):1351–1354
55. Levy V, Lindon C, Zheng Y, Harfe BD, Morgan BA (2007) Epidermal stem cells arise from the hair follicle after wounding. FASEB J 21(7):1358–1366. Epub Jan 25 2007
56. Jensen KB, Watt FM (2006) Single-cell expression profiling of human epidermal stem and transit-amplifying cells: Lrig1 is a regulator of stem cell quiescence. Proc Natl Acad Sci U S A 103(32): 11958–11963
57. Koster MI, Roop DR (2007) Mechanisms regulating epithelial stratification. Annu Rev Cell Dev Biol 23:93–113
58. Koster MI, Dai D, Roop DR (2007) Conflicting roles for p63 in skin development and carcinogenesis. Cell Cycle 6(3):269–273
59. Mills AA, Zheng B, Wang XJ, Vogel H et al (1999) p63 is a p53 homologue required for limb and epidermal morphogenesis. Nature 398(6729): 708–713
60. Yang A, Schweitzer R, Sun D, Kaghad M et al (1999) p63 is essential for regenerative proliferation in limb, craniofacial and epithelial development. Nature 398(6729):714–718
61. Romano RA, Smalley K, Magraw C, Serna VA et al (2012) {Delta}Np63 knockout mice reveal its indispensable role as a master regulator of epithelial development and differentiation. Development 139(4):772–782
62. Su X, Paris M, Gi YJ, Tsai KY et al (2009) TAp63 prevents premature aging by promoting adult stem cell maintenance. Cell Stem Cell 5(1):64–75
63. Blanpain C, Lowry WE, Pasolli HA, Fuchs E (2006) Canonical notch signaling functions as a commitment switch in the epidermal lineage. Genes Dev 20(21):3022–3035
64. Moriyama M, Durham AD, Moriyama H, Hasegawa K et al (2008) Multiple roles of Notch signaling in the regulation of epidermal development. Dev Cell 14(4):594–604
65. Wang X, Bolotin D, Chu DH, Polak L et al (2006) AP-2alpha: a regulator of EGF receptor signaling and proliferation in skin epidermis. J Cell Biol 172(3):409–421
66. Guttormsen J, Koster MI, Stevens JR, Roop DR et al (2008) Disruption of epidermal specific gene expression and delayed skin development in AP-2 gamma mutant mice. Dev Biol 317(1): 187–195
67. Wang X, Pasolli HA, Williams T, Fuchs E (2008) AP-2 factors act in concert with Notch to orchestrate terminal differentiation in skin epidermis. J Cell Biol 183(1):37–48
68. Nair M, Teng A, Bilanchone V, Agrawal A et al (2006) Ovol1 regulates the growth arrest of embryonic epidermal progenitor cells and represses c-myc transcription. J Cell Biol 173(2):253–264
69. Mackay DR, Hu M, Li B, Rheaume C et al (2006) The mouse Ovol2 gene is required for cranial neural tube development. Dev Biol 291(1):38–52
70. Koegel H, von Tobel L, Schafer M, Alberti S et al (2009) Loss of serum response factor in keratinocytes results in hyperproliferative skin disease in mice. J Clin Invest 119(4):899–910
71. Verdoni AM, Ikeda S, Ikeda A (2010) Serum response factor is essential for the proper development of skin epithelium. Mamm Genome 21(1–2):64–76
72. Luxenburg C, Pasolli HA, Williams SE, Fuchs E (2011) Developmental roles for Srf, cortical cytoskeleton and cell shape in epidermal spindle orientation. Nat Cell Biol 13(3):203–214
73. Ingraham CR, Kinoshita A, Kondo S, Yang B et al (2006) Abnormal skin, limb and craniofacial morphogenesis in mice deficient for interferon regulatory factor 6 (Irf6). Nat Genet 38(11):1335–1340
74. Richardson RJ, Dixon J, Malhotra S, Hardman MJ et al (2006) Irf6 is a key determinant of the keratinocyte proliferation-differentiation switch. Nat Genet 38(11):1329–1334
75. Fessing MY, Mardaryev AN, Gdula MR, Sharov AA et al (2011) p63 regulates Satb1 to control tissue-specific chromatin remodeling during development of the epidermis. J Cell Biol 194(6):825–839
76. Parent AE, Newkirk KM, Kusewitt DF (2010) Slug (Snai2) expression during skin and hair follicle development. J Invest Dermatol 130(6): 1737–1739
77. Newkirk KM, Parent AE, Fossey SL, Choi C et al (2007) Snai2 expression enhances ultraviolet radiation-induced skin carcinogenesis. Am J Pathol 171(5):1629–1639

78. Jamora C, Lee P, Kocieniewski P, Azhar M et al (2005) A signaling pathway involving TGF-beta2 and snail in hair follicle morphogenesis. PLoS Biol 3(1):e11
79. Murray SA, Gridley T (2006) Snail family genes are required for left-right asymmetry determination, but not neural crest formation, in mice. Proc Natl Acad Sci U S A 103(27):10300–10304
80. Ezhkova E, Pasolli HA, Parker JS, Stokes N et al (2009) Ezh2 orchestrates gene expression for the stepwise differentiation of tissue-specific stem cells. Cell 136(6):1122–1135
81. LeBoeuf M, Terrell A, Trivedi S, Sinha S et al (2010) Hdac1 and Hdac2 act redundantly to control p63 and p53 functions in epidermal progenitor cells. Dev Cell 19(6):807–818
82. Candi E, Cipollone R, Rivetti di Val Cervo P, Gonfloni S et al (2008) p63 in epithelial development. Cell Mol Life Sci 65(20):3126–3133
83. Guo X, Keyes WM, Papazoglu C, Zuber J et al (2009) TAp63 induces senescence and suppresses tumorigenesis in vivo. Nat Cell Biol 11(12): 1451–1457
84. Koster MI, Kim S, Mills AA, DeMayo FJ et al (2004) p63 is the molecular switch for initiation of an epithelial stratification program. Genes Dev 18(2):126–131
85. Romano RA, Ortt K, Birkaya B, Smalley K et al (2009) An active role of the DeltaN isoform of p63 in regulating basal keratin genes K5 and K14 and directing epidermal cell fate. PLoS One 4(5):e5623
86. Candi E, Dinsdale D, Rufini A, Salomoni P et al (2007) TAp63 and DeltaNp63 in cancer and epidermal development. Cell Cycle 6(3):274–285
87. Dai X, Segre JA (2004) Transcriptional control of epidermal specification and differentiation. Curr Opin Genet Dev 14(5):485–491
88. Su X, Cho MS, Gi YJ, Ayanga BA et al (2009) Rescue of key features of the p63-null epithelial phenotype by inactivation of Ink4a and Arf. EMBO J 28(13):1904–1915
89. Vigano MA, Mantovani R (2007) Hitting the numbers: the emerging network of p63 targets. Cell Cycle 6(3):233–239
90. Truong AB, Khavari PA (2007) Control of keratinocyte proliferation and differentiation by p63. Cell Cycle 6(3):295–299
91. Truong AB, Kretz M, Ridky TW, Kimmel R et al (2006) p63 regulates proliferation and differentiation of developmentally mature keratinocytes. Genes Dev 20(22):3185–3197
92. Clevers H, van de Wetering M (1997) TCF/LEF factor earn their wings. Trends Genet 13(12):485–489
93. DasGupta R, Fuchs E (1999) Multiple roles for activated LEF/TCF transcription complexes during hair follicle development and differentiation. Development 126(20):4557–4568
94. Ambler CA, Watt FM (2007) Expression of Notch pathway genes in mammalian epidermis and modulation by beta-catenin. Dev Dyn 236(6):1595–1601
95. Williams SE, Beronja S, Pasolli HA, Fuchs E (2011) Asymmetric cell divisions promote Notch-dependent epidermal differentiation. Nature 470(7334):353–358
96. Tanigaki K, Honjo T (2010) Two opposing roles of RBP-J in Notch signaling. Curr Top Dev Biol 92: 231–252
97. Okuyama R, Nguyen BC, Talora C, Ogawa E et al (2004) High commitment of embryonic keratinocytes to terminal differentiation through a Notch1-caspase 3 regulatory mechanism. Dev Cell 6(4):551–562
98. Byrne C, Tainsky M, Fuchs E (1994) Programming gene expression in developing epidermis. Development 120(9):2369–2383
99. Leask A, Byrne C, Fuchs E (1991) Transcription factor AP2 and its role in epidermal-specific gene expression. Proc Natl Acad Sci U S A 88(18):7948–7952
100. Koster MI, Kim S, Huang J, Williams T et al (2006) TAp63alpha induces AP-2gamma as an early event in epidermal morphogenesis. Dev Biol 289(1):253–261
101. Nguyen BC, Lefort K, Mandinova A, Antonini D et al (2006) Cross-regulation between Notch and p63 in keratinocyte commitment to differentiation. Genes Dev 20(8):1028–1042
102. Payre F, Vincent A, Carreno S (1999) ovo/svb integrates wingless and DER pathways to control epidermis differentiation. Nature 400(6741):271–275
103. Dai X, Schonbaum C, Degenstein L, Bai W et al (1998) The ovo gene required for cuticle formation and oogenesis in flies is involved in hair formation and spermatogenesis in mice. Genes Dev 12(21): 3452–3463
104. Li B, Dai Q, Li L, Nair M et al (2002) Ovol2, a mammalian homolog of Drosophila ovo: gene structure, chromosomal mapping, and aberrant expression in blind-sterile mice. Genomics 80(3):319–325
105. Descargues P, Sil AK, Sano Y, Korchynskyi O et al (2008) IKKalpha is a critical coregulator of a Smad4-independent TGFbeta-Smad2/3 signaling pathway that controls keratinocyte differentiation. Proc Natl Acad Sci U S A 105(7):2487–2492
106. Gomis RR, Alarcon C, He W, Wang Q et al (2006) A FoxO-Smad synexpression group in human keratinocytes. Proc Natl Acad Sci U S A 103(34): 12747–12752
107. Teng A, Nair M, Wells J, Segre JA et al (2007) Strain-dependent perinatal lethality of Ovol1-deficient mice and identification of Ovol2 as a downstream target of Ovol1 in skin epidermis. Biochim Biophys Acta 1772(1):89–95
108. Nair M, Bilanchone V, Ortt K, Sinha S et al (2007) Ovol1 represses its own transcription by competing with transcription activator c-Myb and by recruiting histone deacetylase activity. Nucleic Acids Res 35(5):1687–1697
109. Wells J, Lee B, Cai AQ, Karapetyan A et al (2009) Ovol2 suppresses cell cycling and terminal differentiation of keratinocytes by directly repressing c-Myc and Notch1. J Biol Chem 284(42):29125–29135
110. Biggs LC, Rhea L, Schutte BC, Dunnwald M (2012) Interferon regulatory factor 6 is necessary, but not

sufficient, for keratinocyte differentiation. J Invest Dermatol 132(1):50–58
111. Moretti F, Marinari B, Lo Iacono N, Botti E et al (2010) A regulatory feedback loop involving p63 and IRF6 links the pathogenesis of 2 genetically different human ectodermal dysplasias. J Clin Invest 120(5):1570–1577
112. Botti E, Spallone G, Moretti F, Marinari B et al (2011) Developmental factor IRF6 exhibits tumor suppressor activity in squamous cell carcinomas. Proc Natl Acad Sci U S A 108(33):13710–13715
113. Mani SA, Guo W, Liao MJ, Eaton EN et al (2008) The epithelial-mesenchymal transition generates cells with properties of stem cells. Cell 133(4):704–715
114. Oh JE, Kim RH, Shin KH, Park NH et al (2011) DeltaNp63alpha protein triggers epithelial-mesenchymal transition and confers stem cell properties in normal human keratinocytes. J Biol Chem 286(44):38757–38767
115. Hudson LG, Newkirk KM, Chandler HL, Choi C et al (2009) Cutaneous wound reepithelialization is compromised in mice lacking functional Slug (Snai2). J Dermatol Sci 56(1):19–26
116. Frye M, Fisher AG, Watt FM (2007) Epidermal stem cells are defined by global histone modifications that are altered by Myc-induced differentiation. PLoS One 2(8):e763
117. Watt FM, Frye M, Benitah SA (2008) MYC in mammalian epidermis: how can an oncogene stimulate differentiation? Nat Rev Cancer 8(3):234–242
118. Sparmann A, van Lohuizen M (2006) Polycomb silencers control cell fate, development and cancer. Nat Rev Cancer 6(11):846–856
119. Sen GL, Webster DE, Barragan DI, Chang HY et al (2008) Control of differentiation in a self-renewing mammalian tissue by the histone demethylase JMJD3. Genes Dev 22(14):1865–1870
120. Vire E, Brenner C, Deplus R, Blanchon L et al (2006) The Polycomb group protein EZH2 directly controls DNA methylation. Nature 439(7078):871–874
121. Sen GL, Reuter JA, Webster DE, Zhu L et al (2010) DNMT1 maintains progenitor function in self-renewing somatic tissue. Nature 463(7280):563–567
122. Osorio KM, Lilja KC, Tumbar T (2011) Runx1 modulates adult hair follicle stem cell emergence and maintenance from distinct embryonic skin compartments. J Cell Biol 193(1):235–250
123. Waikel RL, Kawachi Y, Waikel PA, Wang XJ et al (2001) Deregulated expression of c-Myc depletes epidermal stem cells. Nat Genet 28(2):165–168
124. Ezhkova E, Lien WH, Stokes N, Pasolli HA et al (2011) EZH1 and EZH2 cogovern histone H3K27 trimethylation and are essential for hair follicle homeostasis and wound repair. Genes Dev 25(5): 485–498
125. Nascimento EM, Cox CL, Macarthur S, Hussain S et al (2011) The opposing transcriptional functions of Sin3a and c-Myc are required to maintain tissue homeostasis. Nat Cell Biol 13(12):1395–1405
126. Zhang L, Stokes N, Polak L, Fuchs E (2011) Specific microRNAs are preferentially expressed by skin stem cells to balance self-renewal and early lineage commitment. Cell Stem Cell 8(3):294–308
127. Yi R, Fuchs E (2010) MicroRNA-mediated control in the skin. Cell Death Differ 17(2):229–235
128. Lena AM, Shalom-Feuerstein R, Rivetti di Val Cervo P, Aberdam D et al (2008) miR-203 represses 'stemness' by repressing DeltaNp63. Cell Death Differ 15(7):1187–1195
129. Yi R, Poy MN, Stoffel M, Fuchs E (2008) A skin microRNA promotes differentiation by repressing 'stemness'. Nature 452(7184):225–229
130. Lien WH, Guo X, Polak L, Lawton LN et al (2011) Genome-wide maps of histone modifications unwind in vivo chromatin states of the hair follicle lineage. Cell Stem Cell 9(3):219–232
131. Gallico GG III, O'Connor NE, Compton CC, Kehinde O et al (1984) Permanent coverage of large burn wounds with autologous cultured human epithelium. N Engl J Med 311(7):448–451
132. Zouboulis CC, Adjaye J, Akamatsu H, Moe-Behrens G et al (2008) Human skin stem cells and the ageing process. Exp Gerontol 43(11):986–997
133. Mascré G, Dekoninck S, Drogat B, Youssef KK, Broheé S, Sotiropoulou PA, Simons BD, Blanpain C (2012) Distinct contribution of stem and progenitor cells to epidermal maintenance. Nature 489(7415):257–262
134. Chikh A, Matin RN, Senatore V, Hufbauer M, Lavery D, Raimondi C, Ostano P, Mello-Grand M, Ghimenti C, Bahta A, Khalaf S, Akgül B, Braun KM, Chiorino G, Philpott MP, Harwood CA, Bergamaschi D (2011) iASPP/p63 autoregulatory feedback loop is required for the homeostasis of stratified epithelia. EMBO J 30(20):4261–4273
135. Driskell I, Oda H, Blanco S, Nascimento E, Humphreys P, Frye M (2011) The histone methyltransferase Setd8 acts in concert with c-Myc and is required to maintain skin. EMBO J 31(3):616–629
136. Mejetta S, Morey L, Pascual G, Kuebler B, Mysliwiec MR, Lee Y, Shiekhattar R, Di Croce L, Benitah SA (2011) Jarid2 regulates mouse epidermal stem cell activation and differentiation. EMBO J 30(17):3635–3646
137. Beck B, Blanpain C (2012) Mechanisms regulating epidermal stem cells. EMBO J 31(9):2067–2075

10 Regulation of Intestinal Stem Cells by Wnt and Notch Signalling

Katja Horvay and Helen E. Abud

Abstract

The mammalian intestine is lined by an epithelial cell layer that is constantly renewed via a population of stem cells that reside in a specialised niche within intestinal crypts. The recent development of tools that permit genetic manipulation and lineage tracing of cells in vivo combined with culture methods in vitro has made the intestine particularly amenable for the study of signals that regulate stem cell function. Both Wnt and Notch signalling are critical regulators of stem cell fate. Gene knockout and transgenic expression analysis combined with meticulous analysis of lineage tracing and molecular characterisation has contributed to the definition of the mechanisms by which these pathways act during normal homeostasis and in disease states.

Keywords

β-catenin • Crypt • Hes1 • Lgr5 • Olfm4

10.1 Introduction

Stem cells have the unique ability to generate differentiated and functional progeny and to regenerate tissue after injury. Another key quality is the capability of stem cells to undergo essentially unlimited proliferation and self maintenance. Many differentiated but renewable tissues in vertebrates are derived from relatively small populations of dedicated precursors, or adult stem cells. The mechanisms that govern the rate of division, survival and differentiation of stem cells are crucially important, as they regulate the number of mature cells in populations derived from stem cell founders. When stem cells divide, each daughter has a choice of two fates: to maintain stem cell identity or to lose the capacity for unlimited cell division and become committed to differentiation. The balance between these alternatives is critical; alteration can lead to severe consequences, including over-proliferation or loss of the stem cell populations resulting in organ pathologies. The balance of stem cell function is orchestrated by coordination of their own

K. Horvay • H.E. Abud (✉)
Department of Anatomy and Developmental Biology, Monash University, Clayton, VIC 3800, Australia
e-mail: Helen.abud@monash.edu

G. Hime and H. Abud (eds.), *Transcriptional and Translational Regulation of Stem Cells*, Advances in Experimental Medicine and Biology 786, DOI 10.1007/978-94-007-6621-1_10,

intrinsic program with signals provided by surrounding cell populations and environment also termed the stem cell niche. The intestinal epithelium is a dynamic tissue that is rapidly renewed throughout life and with a considerable capacity to renew following damage (reviewed in [1]). These characteristics, combined with the availability of tools to manipulate signalling pathways both in vitro [2–5] and in vivo [6] make the intestine a very powerful model for elucidating the molecular mechanisms that govern stem cell function.

10.2 The Intestinal Epithelium is a Dynamic Tissue That is Continually Replenished

The intestine is a vital organ required for absorption of nutrients that is lined by a monolayer of specialised columnar epithelium that is constantly renewed throughout life. Maintenance of the intestinal epithelium relies on a tightly regulated combination of cell division, differentiation, migration and apoptosis. The epithelium is continuously exposed to a very harsh environment comprised of intestinal contents, microbial pathogens, toxins, and mechanical stress. This makes the continual renewal of the epithelium especially important to minimise the opportunity for intestinal damage that may lead to denuding of the intestinal lining or the potential for oncogenic mutation and tumour initiation [1, 7].

In the small intestine, the epithelium is organised into crypts and villi surrounded by pericryptal fibroblasts and adjacent mesenchyme (Fig. 10.1) (reviewed in [1]). The crypt-villus organisation is the basic developmental unit of the intestine where mature, differentiated cells in the villi are separated from immature proliferating cells and stem cells in the crypt. The intestinal stem cells are responsible for the regeneration of the entire epithelial cell layer every 3–5 days. Stem cells give rise to progenitor or transient

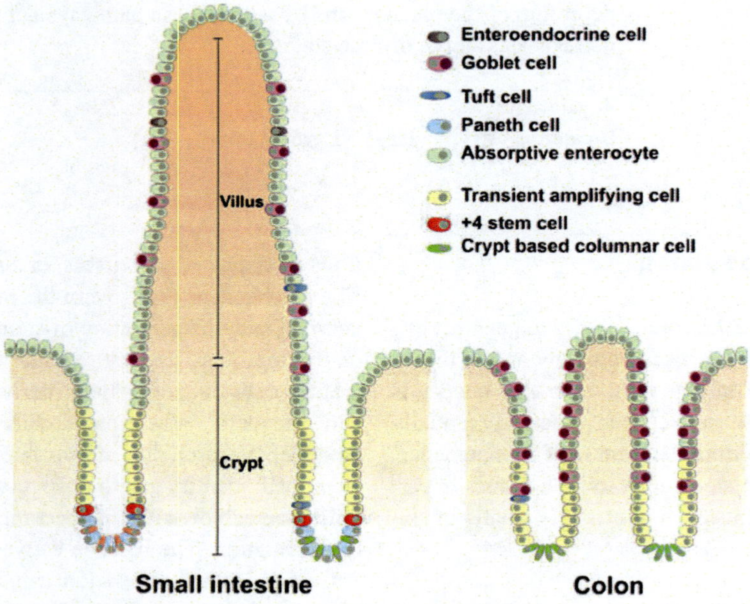

Fig. 10.1 The epithelial lining of the small intestine and colon. The small intestine contains crypts and villi lined by an epithelial cell layer. Two stem cell populations the proliferative crypt base columnar (CBC) and the +4 population reside in crypts. Stem cells give rise to transit amplifying or progenitor cells that ultimately differentiate into enterocyte, enteroendocrine, goblet, Tuft and Paneth cells. The colon does not contain villi or Paneth cells but contains deep crypts with stem cells at the base that give rise to differentiated cell types

amplifying cells which differentiate and migrate toward the villus. They form four different cell lineages: absorptive enterocytes, mucin secreting goblet cells, hormone secreting entero-endocrine cells, and rare secretory Tuft cells. A fifth lineage, the Paneth cells secreting anti-microbiological agents, migrates to the base of crypts. This tissue organisation maximises the potential surface area for final digestion and subsequent absorption of food. The colon lacks villi and is comprised of deep crypts with an abundance of goblet cells but no Paneth cells (Fig. 10.1) which reflects the function of the colonic epithelium in absorption of water and secretion of mucin.

10.3 The Intestinal Stem Cell Niche

The notion that stem cells reside within crypts has been discussed and experimentally examined for many years [8–10, 11, 12]. Long term labelling retention assays supported the idea of 4–6 multipotent stem cells, located just above the Paneth cells in the small intestine, also referred to as "+4" cell, and at the base of crypts in the colon [13] (Fig. 10.2). Another model reported the location of crypt base columnar (CBC) stem cells between Paneth cells at the base of crypts in the small intestine [11, 14].

In recent years, additional studies have provided insight into the molecular markers and biological functions of these two cell populations. The Polycomb protein Bmi1 has been described as a marker of the very rare and quiescent "+4" stem cell population utilising in vivo lineage tracing experiments in reporter mice [15]. Other molecules have also been reported to mark multipotent quiescent stem cells able to regenerate the intestinal epithelium. The catalytic component of Telomerase (Tert) and the atypical homeobox protein Hopx has been described as specific markers of the "+4" stem cell population [16, 17]. However, other studies suggest these molecules are more broadly expressed throughout the crypt base rather than specifically confined to the "+4" stem cells [18, 19].

A significant study in 2007 renewed interest in the CBC population originally described by Cheng and Leblond. Leucine-rich-repeat-containing G-coupled receptor 5 (Lgr5) was found to be expressed in CBC cells and lineage tracing experiments using knock-in mice demonstrated that

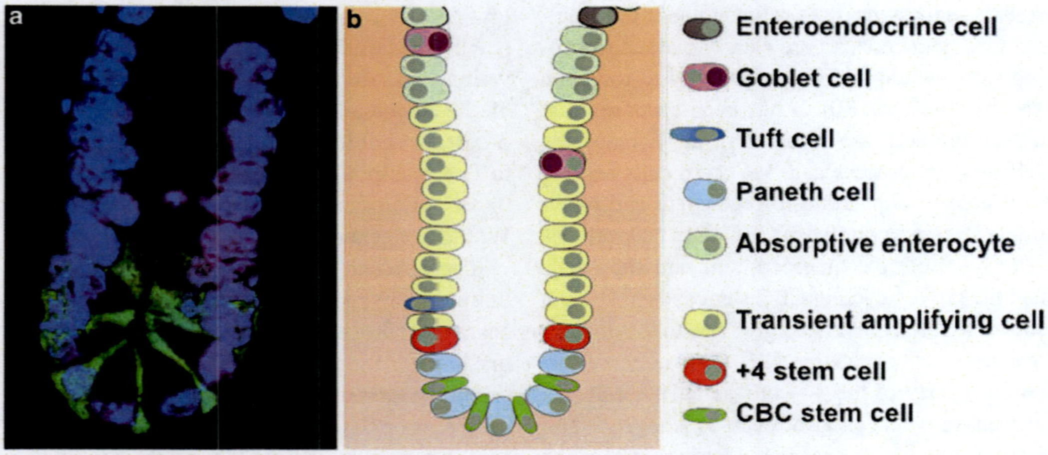

Fig. 10.2 The small intestinal stem cell niche. **(a)** An isolated crypt from Lgr5-EGFP-IRES-creERT2 knock-in mice (20) where the crypt base columnar stem cells located between the Paneth cells at the base of crypts are labelled with EGFP (*green*). The tissue is counterstained with DAPI which stains nuclei (*blue*). **(b)** Schematic representation of different cell types in the small intestinal crypt. The two stem cell populations that have been described are highlighted. The proliferative crypt base columnar stem cells are located between Paneth cells while the +4 stem cell population resides just above the Paneth cells

cells derived from Lgr5 positive CBC cells could reconstitute all differentiated cells in the intestinal epithelium [20]. This demonstrated that cells localised in the small intestine at the bottom of the crypt, between the Paneth cells, and not in the position above them functionally behaved as stem cells (Fig. 10.2). This was followed by further experiments demonstrating that isolated CBC cells could form organoid structures in vitro that recapitulated the cellular organisation and composition of crypt-villus units in vivo [21]. Furthermore, organoids from colonic tissue when transplanted have the ability to reconstitute functional intestinal epithelium [22]. Analysis of the CBC stem cell transcriptome revealed other molecules, Ascl2, Olfm4, Smoc2, Rnf43, Znfrf3 and Tnfrsf19 that mark CBC stem cells in the mouse small intestine [18, 23–25]. Another molecule Lrig, previously identified controlling stem cell proliferation in the epidermis [26], has been also reported to be co-expressed in the Lgr5 stem cell population in the small intestine and colon [27]. However, Powell and colleagues offer a different interpretation and found that Lrig marked stem cells are predominantly quiescent [28].

The relationship between CBC cells and "+4" stem cells has been a topic of robust discussion and further investigation [17, 19, 29, 30]. Some studies suggest that both cell populations are multipotent stem cells but are clearly distinct regarding their cycling activity, sensitivity to radiation and function [29, 30]. It has been proposed that CBC stem cells are involved in the homeostatic self renewal process and "+4"stem cells serving as a backup population to regenerate and repair tissue after injury or when CBC stem cells are lost [29, 30]. Both the quiescent and rare stem cells and the rapidly cycling CBC stem cells have been shown to interconvert and give rise to the alternative stem cell population [17]. This may not just be a property of the +4 cells as Dll1+ secretory progenitor cells can also revert to stem cells following crypt damage [31] demonstrating the extraordinary plasticity of intestinal tissue and ability to repair and regenerate following injury.

It is well known that an intricate balance of signals is required for stem cell maintenance, cellular proliferation and differentiation in the intestinal epithelium. Of particular importance is the role of canonical Wnt signalling and Notch signalling in the maintenance of intestinal stem cells. It is clear that both these signalling pathways have fundamental roles in stem cell mediated homeostasis with the CBC stem cell markers Lgr5 and Ascl2 defined as targets of Wnt signalling [20, 23, 32] and Olfm4 a target of Notch signalling [33] but how these two pathways interact is still the subject of much research.

10.4 Regulated Wnt Signalling is Required for Intestinal Homeostasis

A major player in the establishment of tissue architecture during development and in regulating homeostasis of the intestinal epithelium is the canonical Wnt/β-catenin signalling pathway [7] (Fig. 10.3). The essential cytoplasmic signal transducer of this pathway is β-catenin. When Wnt signalling is not active, β-catenin is phosphorylated by Glycogen synthase kinase 3β (GSK3β) and Casein kinase 1, recruited to a complex containing Adenomatous polyposis coli (APC) and Axin and targeted for protein degradation. Wnt ligand binding to the Frizzled/low-density lipoprotein receptor-related protein (LRP) transmembrane receptor leads to the activation of Dishevelled (DSH) and the blocking of the degradation process. Unphosphorylated β-catenin is able to enter the nucleus and binds to T-cell factor (TCF)/ lymphoid enhancer (LEF) transcription factors to activate transcription of Wnt target genes.

The importance of regulation of Wnt signalling in the intestine was first defined by the discovery that the pathway is constitutively activated in the majority of human colorectal carcinomas primarily via mutation of APC [34] which results in inappropriate accumulation of β–catenin complexing with TCF4 [35] and the subsequent activation of downstream target genes.

Mouse knockout studies have demonstrated that blocking canonical Wnt signalling via mutation of Tcf4 [36], inducible deletion of β–catenin [37] or overexpression of the Wnt inhibitor

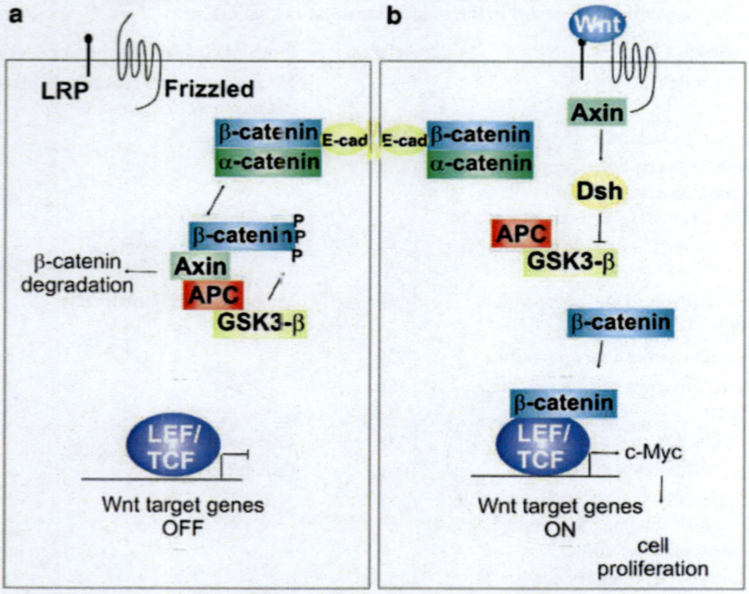

Fig. 10.3 The Wnt signalling pathway. (**a**) When Wnt signalling is inactive β-catenin is phosphorylated by GSK3β and Casein kinase 1, recruited to a complex containing APC and Axin and is then targeted for ubiquitination by β-TrCP and degradation by the proteosome. (**b**) When Wnt ligand binds to the Frizzled/LRP transmembrane receptor, Axin binds to the phosphorylated LRP receptor and the destruction complex dissociates. Unphosphorylated β-catenin can no longer be degraded and accumulates and enters the nucleus and binds to TCF/LEF transcription factors to activate transcription of Wnt target genes. β-catenin also has an additional function in epithelial cells as it binds the cytoplasmic tail of E-cadherin at the cell membrane

Dickkopf 1 (Dkk1) [38, 39] resulted in impaired proliferation, cell cycle arrest and subsequent breakdown of the intestinal epithelium showing the absolute requirement for Wnt signalling in epithelial maintenance. In contrast, ectopic activation of the Wnt pathway after *Apc* deletion results in catastrophic over proliferation [40] or the development of tumour like structures [41–44] in the gastrointestinal tract.

Wnt ligand and receptors exhibit distinct expression patterns in different regions and cellular compartments of the intestinal epithelium. The ligands Wnt3, Wnt9b and Wnt6 are expressed in crypts in both the small and large intestine with Wnt3/3a specifically expressed in Paneth cells [3], Wnt9b in Paneth cells in the duodenum and Wnt receptors Frizzled 5 and 7 also restricted to the crypt base in the small intestine and colon [45] (see summary in Table 10.1). Lgr5 is restricted to CBC stem cells while Lgr4 is more broadly expressed in the crypt base.

10.5 Wnt Signalling and Maintenance of Intestinal Stem Cells

Loss of key components of the Wnt signalling pathway results in destruction of the intestinal epithelium including the loss of CBC stem cells, while ectopic activation of Wnt signalling can promote the growth of adenomas that contain populations of Lgr5 positive stem cells [20]. Conditional deletion and ectopic expression of the transcription factor Achaete scute-like2 (Ascl2) a previously indentified Wnt target gene [32, 40] in the mouse small intestine showed a critical role in stem cell maintenance where deletion of *Ascl2* resulted in loss of CBC stem cells and ectopic expression promoted ectopic crypt formation and hyperplasia.

The ability of the Wnt signalling pathway to regulate stem cell populations marked by Bmi1 has also been recently examined and neither activation of the pathway by R-Spondin1 or downregulation

Table 10.1 Key Wnt signalling molecules in the mouse intestinal epithelium

Gene	Expression	Reference	Intestinal loss of function phenotype	Reference
Wnt3/3a	Paneth cells	[3, 45]	Normal intestinal function in vivo but required in organoids	[46]
Wnt6	Crypt epithelial cells	[45]		
Wnt9b	Paneth cells and crypt progenitor cells in duodenum, Paneth cells in ileum, throughout colonic epithelium	[45]		
Frizzled4	Differentiated cells in lower part of villi	[45]	No intestinal phenotype	[47]
Frizzled5	Crypt epithelium and crypt-villus border	[45]	Mispositioned Paneth cells	[48]
Frizzled6	Throughout intestinal epithelium	[45]		
Frizzled7	Base of the crypt in small and large intestine	[45]		
Tcf1	Crypt compartment	[45]	Cell cycle arrest	[32]
Tcf4	Entire villus-crypt axis	[45]	Cell cycle arrest	[32, 36]
sFRP5	In single cells just above Paneth cells in the small intestine and at the base of the crypt in the colon	[45]		
Lrp5/6	Proliferative epithelial cells	[45]		
Lgr5	CBC stem cells	[20]	Lgr5/Lgr4 double KO, loss of CBC stem cells	[49]
Ascl2	CBC stem cells	[23]	loss of CBC stem cells	[23]
Lgr4	Broadly at the base of crypts	[49]	Lgr5/Lgr4 double KO, loss of CBC stem cells	[49]

of Wnt signalling by the antagonist Dkk1 altered the expression or number of cells marked by Bmi1 suggesting that Bmi is regulated independently of Wnt [30].

The identification of culture conditions for the growth of isolated CBC stem cells into organoids has permitted further analysis of how Wnt signals regulate CBC stem cells [21]. It is clear from these studies that Paneth cells supply an essential Wnt3 signal required for maintenance and growth of CBC stem cells as growth in organoid culture can be significantly enhanced by the addition of Paneth cells [3] and in mouse models where Paneth cells or Wnt3 signals are lost, organoids cannot be established without the addition of Wnt3 [46]. Interestingly, neither Paneth cells or Wnt3 is required for maintenance of CBC stem cells in vivo [46, 50, 51], suggesting another redundant, non epithelial source of Wnt is present.

Conditional deletion of both *Lgr5* and *Lgr4* disrupts crypt proliferation in the mouse intestine phenocopying Wnt pathway inhibition [49, 52]. Lgr5 was originally indentified as a Wnt target gene [32] but has also been shown to critically increase canonical Wnt signalling in intestinal CBC stem cells acting as a receptor for R-spondin [49, 53]. Active Wnt signalling in proliferative stem cells in the small intestine results in Lgr5 (and also Lgr4 expressed in the entire crypt) forming a complex with the Wnt receptors Frizzled 5, 7, Lrp5/6 and R-spondin [49]. Interestingly, two other molecules, Rnf42 and Znrf3 RING-type E3 ubiquitin ligases, enriched in CBC stem cells in the mouse intestinal epithelium negatively regulate canonical Wnt signalling in CBC stem cells [18, 25]. Rnf43 and Znrf3 specifically ubiquitinate the cell surface frizzled receptors therefore targeting them for degradation in intestinal stem cells and limiting Wnt signalling. Further evidence for this was revealed by the conditional deletion of both *Rnf43* and *Znrf3* where an extensive expansion of the stem cell compartment, increased Paneth cell numbers and rapid adenoma formation was observed [25].

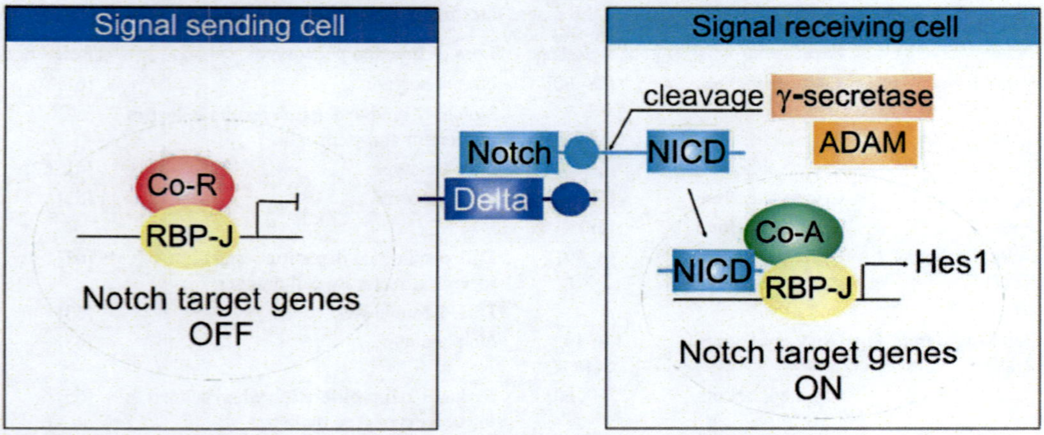

Fig. 10.4 The Notch signalling pathway. Schematic diagram showing an example of the interaction of Notch transmembrane receptors with a neighbouring cell. The signal sending cell expresses a ligand (Delta) that interacts with Notch on the receiving cell. This results in cleavage of the intracellular domain of the Notch receptor (NICD) by γ-secretase, and transport into the nucleus, where it binds to RBP-Jκ and establishes a transcriptional activator complex resulting in the expression of Notch target genes such as Hes1

All of these studies define the absolute requirement for Wnt signalling in the CBC stem cell compartment but what are the downstream targets that define the mechanism that mediates stem cell maintenance? A variety of molecules have been described as being regulated by Wnt signalling in the intestine that are expressed in the proliferative, CBC stem cell and Paneth cell compartments [32]. Some specific examples include c-myc [54], Mash2, Tiam1, Eph/Ephrins [55] and Snail [56]. The function of some Wnt regulated molecules has been examined but many more proposed targets require further scrutiny and their role in normal intestinal homeostasis, regeneration and tumour formation is yet to be elucidated.

10.5.1 Notch Components in the Intestinal Epithelium

The evolutionally conserved Notch signalling pathway is known to be important for determining cell fate decisions by cell to cell interactions. The Notch genes encode transmembrane receptors that interact with ligands on neighbouring cells (Fig. 10.4). The receptor ligand interaction results in cleavage of the intracellular domain of the Notch receptor (NICD) by γ-secretase and transport into the nucleus, where it binds to RBP-Jκ (recombination signal binding protein for immunoglobulin κ J region) and establishes a transcriptional activator complex resulting in the expression of Notch target genes like Hes1, 3, 5, 6 and 7 in the intestinal epithelium [57] (see Fig. 10.4). In mammals there are four transmembrane Notch receptors, Notch 1–4 and five Notch ligands, Delta like (Dll) 1,3, 4 and Jagged 1,2. Four receptor ligands, Dll 1/4 and Jagged 1/2 have been identified to be expressed in the epithelium of crypts in the small intestine and colon [58, 59] (summarised in Table 10.2). More specifically, Dll4 has been found to be expressed in Paneth cells in the small intestine [3]. Notch receptors 1 and 2 have been reported to be expressed in the crypt epithelium in regions containing proliferative cells in the small intestine and colon whereas Notch 3 and 4 are expressed in the villus mesenchyme and endothelial cells [58, 59, 61]. Notch 1 expression is more abundant than Notch2 suggesting a redundant function. Interestingly, the Notch 1 receptor has been found to be highly enriched in CBC stem cells [3, 18] suggesting that CBC stem cells receive Notch signals from their neighbouring Paneth cells in the small intestine.

Table 10.2 Key Notch signalling components in the mouse intestinal epithelium

Gene	Expression	Reference	Loss of function phenotype	Reference
Notch 1	Crypt epithelium	[58–60]	No phenotype;	[61]
			Notch1/2 double deletion results in loss of progenitor and stem cells	[62]
Notch 2	Crypt epithelium	[58–60]	No phenotype;	[61, 62]
Jagged1	Crypt epithelium	[58, 59]	No phenotype	[63]
Jagged2	Crypt epithelium	[58]		
Delta like ligand 1 (Dll1)	Crypt epithelium, Paneth cell	[3, 59]	Dll1 conditional depletion results in increased secretory cell number;	[63]
			Dll1/4 double KO	[63]
Delta like ligand 4 (Dll4)	Crypt epithelium	[3, 59, 64]	No phenotype	[63]
Hes1	Crypt epithelium	[59, 60]	Reduces cell proliferation when deleted in the context of Apc mutation.	[65]
			Triple mutation of Hes1, 3,5 reduced cell proliferation and increase in secretory cells	
Hes5	Villus and crypt epithelium	[59]		
Hes6	Crypt epithelium	[59]		
Hes7	Crypt epithelium	[59]		
RBP-J		[59]	Loss of progenitor and stem cells	[66]

10.5.2 Notch Signalling Regulates Intestinal Stem Cell Fate

Disruption of the Notch signalling pathway in the mouse intestinal epithelium has been shown to result in dramatic phenotypes. Chemical inhibition of γ-secretase, important for the proteolytic activation of Notch receptors, therefore inhibiting Notch signalling, results in secretory cell hyperplasia, decreased proliferation and loss of CBC stem cells [33, 66, 67]. A similar phenotype has been reported using neutralising antibodies specific to Notch1 and Notch2 [62]. Genetic conditional depletion of Notch signalling pathway components in the intestinal epithelium demonstrated the importance for crypt homeostasis. Depletion of *Rbp-Jκ* [66], *Notch1* and *Notch2* receptors (double deletion) [61] and both ligands *Dll1* and *Dll4* (double knockout) [63] results in loss of proliferating progenitor and CBC stem cells in the mouse intestinal epithelium and dramatic differentiation of cells into secretory goblet cells. The Notch target genes *Hes1*, *3* and *5* are expressed in the crypt epithelium and conditional depletion of all three molecules but not Hes1 alone results in reduced cell proliferation and an increase in the proportion of secretory cells demonstrating that Hes genes act together to regulate intestinal cell differentiation [65]. Chemical inhibition of the Notch pathway by dibenzazepine (DBZ) and Notch inhibition with neutralising antibodies has also been shown to decrease the expression of CBC stem cell markers *Lgr5*, *Ascl2* and *Olfm4* [33]. In addition, this study demonstrated that the stem cell marker gene *Olfm4* is a direct Notch target gene suggesting that Notch signalling has a direct role in maintaining CBC stem cell function in the intestinal epithelium.

10.5.3 A Model for the Regulation of ISCs by Wnt and Notch Signalling

Both canonical Wnt signalling and Notch signalling have been shown to play a major role in maintaining intestinal stem cell function but how these pathways interact during intestinal homeostasis and tumour formation is just starting to be elucidated. A model of Wnt and Notch signalling in the intestinal stem cell niche is presented in Fig. 10.5.

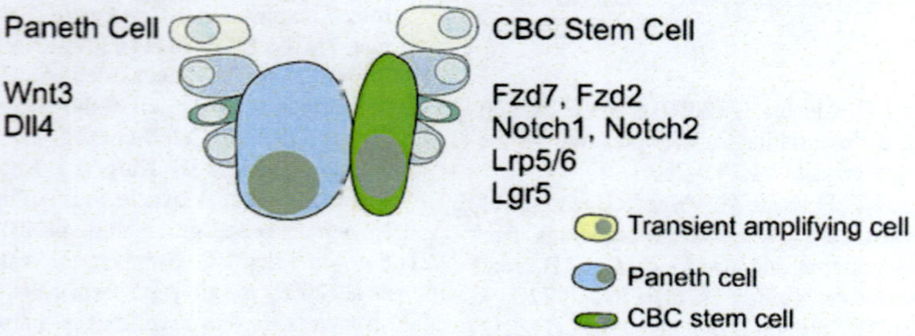

Fig. 10.5 Model of Wnt and Notch signalling in the intestinal stem cell niche. Paneth cells in the base of intestinal crypts supply essential niche signals to CBC stem cells. Paneth cells express Wnt3 that can interact with Fzd, Lrp receptors on CBC cells. Lgr5 can enhance Wnt signalling via interaction with R-Spondin. Notch ligand Dll4 is expressed in Paneth cells and can interact with Notch 1 and Notch 2 in CBC stem cells

Expression of a constitutively active form of the Notch1 receptor results in an increase in cell proliferation and impairs differentiation of all cell types [68]. However, when Notch signalling is activated in the context of blocked Wnt signalling, produced by knockout of Tcf4, no increase in cell proliferation is observed. This indicates that the proliferative effect of Notch activation depends on Wnt signalling [69]. In contrast, in these same animals, Notch activation does affect differentiation of goblet cells suggesting that the effects of Notch signalling on cellular differentiation acts independently of Wnt. This leads to the conclusion that there are both Wnt dependent and Wnt independent functions of Notch signalling. In the context of tumour formation synergies between Notch and Wnt signalling have been observed. When NICD is expressed in combination with *Apc* mutation in mice, many more tumours and a decrease in survival is observed [69]. In both human adenocarcinomas and polyps from *Apc* mutant mice an increase in Notch signalling measured by expression of *Hes1* has been described suggesting that Notch activation contributes to tumour development [69]. This is supported by the observation that knockout of Hes1 reduces cell proliferation and increases cell differentiation in Apc^{min} polyps [65]. Interestingly, lack of *Hes1* has no effect on tumour number or normal intestinal homeostasis in this study [65]. Another study explored the effect of Atoh-1 deletion in the context of *Apc* mutation. In these animals, Notch inactivation was unable to rescue the proliferative phenotype mediated by hyperactive β-catenin signalling [70]. In the context of tumour formation, β-catenin has been shown to directly regulate the expression of the Notch pathway components *Hes-1* [70] and *Jagged 1* [71].

Both Notch and Wnt signalling are required for maintenance of intestinal CBC stem cells but do they regulate maintenance by a similar mechanism? Knockout of the Wnt target gene Ascl2 results in the loss of CBC stem cells and an associated increase in apoptosis in intestinal crypts. This suggests that Wnt signalling may support both the proliferation and survival of CBC stem cells. In comparison, double knockout of *Dll1* and *Dll4* also results in the loss of CBC stem cells without a reported increase in apoptosis suggesting Notch signalling may act to prevent pre-mature differentiation of CBC cells. However, a more recent study tracking the behaviour Lgr5 positive cells following DBZ treatment reports detection of rare apoptotic CBC cells in these animals that may indicate Notch also has a role in supporting cell survival. [33].

10.6 Conclusions

The intestine is a highly proliferative organ where recently developed tools for the genetic and cellular manipulation of this tissue have made it particularly attractive for the study of stem cell regulation by signalling pathways. Wnt and Notch are central regulators of intestinal stem cell fate but there are many other signalling molecules that also contribute influence stem cell behaviour. For example, Chap. 19 describes the role of Myb in the intestine.

References

1. van der Flier LG, Clevers H (2009) Stem cells, self-renewal, and differentiation in the intestinal epithelium. Annu Rev Physiol 71:241–260
2. Sato T, Stange DE, Ferrante M, Vries RGJ et al (2011) Long-term expansion of epithelial organoids from human colon, adenoma, adenocarcinoma, and Barrett's epithelium. Gastroenterology 141(5):1762–1772
3. Sato T, van Es JH, Snippert HJ, Stange DE et al (2011) Paneth cells constitute the niche for Lgr5 stem cells in intestinal crypts. Nature 469(7330):415–418
4. Abud HE, Lock P, Heath JK (2004) Efficient gene transfer into the epithelial cell layer of embryonic mouse intestine using low-voltage electroporation. Gastroenterology 126(7):1779–1787
5. Abud HE, Watson N, Heath JK (2005) Growth of intestinal epithelium in organ culture is dependent on EGF signalling. Exp Cell Res 303(2):252–262
6. Barker N (2012) Epithelial stem cells in the esophagus: who needs them? Cell Stem Cell 11(3):284–286
7. Clevers H, Nusse R (2012) Wnt/beta-catenin signaling and disease. Cell 149(6):1192–1205
8. Potten CS (1977) Extreme sensitivity of some intestinal crypt cells to X and gamma irradiation. Nature 269(5628):518–521
9. Potten CS, Kovacs L, Hamilton E (1974) Continuous labelling studies on mouse skin and intestine. Cell Tissue Kinet 7(3):271–283
10. Potten CS, Wilson JW, Booth C (1997) Regulation and significance of apoptosis in the stem cells of the gastrointestinal epithelium. Stem Cells 15(2):82–93
11. Bjerknes M, Cheng H (2005) Gastrointestinal stem cellsII. Intestinal stem cells. Am J Physiol 289(3):G381–G387
12. Cheng H, Leblond CP (1974) Origin, differentiation and renewal of the four main epithelial cell types in the mouse small intestine. I. Columnar cell. Am J Anat 141(4):461–479
13. Potten CS, Owen G, Booth D (2002) Intestinal stem cells protect their genome by selective segregation of template DNA strands. J Cell Sci 115(Pt 11):2381–2388
14. Cheng H, Leblond CP (1974) Origin, differentiation and renewal of the four main epithelial cell types in the mouse small intestine. V. Unitarian theory of the origin of the four epithelial cell types. Am J Anat 141(4):537–561
15. Sangiorgi E, Capecchi MR (2008) Bmi1 is expressed in vivo in intestinal stem cells. Nat Genet 40(7):915–920
16. Breault DT, Min IM, Carlone DL, Farilla LG et al (2008) Generation of mTert -GFP mice as a model to identify and study tissue progenitor cells. Proc Natl Acad Sci 105(30):10420–10425
17. Takeda N, Jain R, LeBoeuf MR, Wang Q et al (2011) Interconversion between intestinal stem cell populations in distinct niches. Science 334(6061):1420–1424
18. Munoz J, Stange DE, Schepers AG, van de Wetering M et al (2012) The Lgr5 intestinal stem cell signature: robust expression of proposed quiescent '+4' cell markers. EMBO J 31(14):3079–3091
19. Barker N, van Oudenaarden A, Clevers H (2012) Identifying the stem cell of the intestinal crypt: strategies and pitfalls. Cell Stem Cell 11(4):452–460
20. Barker N, van Es JH, Kuipers J, Kujala P et al (2007) Identification of stem cells in small intestine and colon by marker gene Lgr5. Nature 449(7165):1003–1007
21. Sato T, Vries RG, Snippert HJ, van de Wetering M et al (2009) Single Lgr5 stem cells build crypt-villus structures in vitro without a mesenchymal niche. Nature 459(7244):262–265
22. Yui S, Nakamura T, Sato T, Nemoto Y et al (2012) Functional engraftment of colon epithelium expanded in vitro from a single adult Lgr5(+) stem cell. Nat Med 18(4):618–623
23. van der Flier LG, van Gijn ME, Hatzis P, Kujala P et al (2009) Transcription factor achaete scute-like 2 controls intestinal stem cell fate. Cell 136(5):903–912
24. van der Flier LG, Haegebarth A, Stange DE, van de Wetering M et al (2009) OLFM4 is a robust marker for stem cells in human intestine and marks a subset of colorectal cancer cells. Gastroenterology 137(1):15–17
25. Koo BK, Spit M, Jordens I, Low TY et al (2012) Tumour suppressor RNF43 is a stem-cell E3 ligase that induces endocytosis of Wnt receptors. Nature 488(7413):665–669
26. Jensen KB, Collins CA, Nascimento E, Tan DW et al (2009) Lrig1 expression defines a distinct multipotent stem cell population in mammalian epidermis. Cell Stem Cell 4(5):427–439
27. Wong VW, Stange DE, Page ME, Buczacki S et al (2012) Lrig1 controls intestinal stem-cell homeostasis by negative regulation of ErbB signalling. Nat Cell Biol 14(4):401–408
28. Powell AE, Wang Y, Li Y, Poulin EJ et al (2012) The pan-ErbB negative regulator Lrig1 is an intestinal stem cell marker that functions as a tumor suppressor. Cell 149(1):146–158
29. Tian H, Biehs B, Warming S, Leong KG et al (2011) A reserve stem cell population in small intestine renders Lgr5-positive cells dispensable. Nature 478(7368):255–259
30. Yan KS, Chia LA, Li X, Ootani A et al (2012) The intestinal stem cell markers Bmi1 and Lgr5 identify two functionally distinct populations. Proc Natl Acad Sci U S A 109(2):466–471
31. van Es JH, Sato T, van de Wetering M, Lyubimova A et al (2012) Dll1+ secretory progenitor cells revert to stem cells upon crypt damage. Nat Cell Biol 14(10):1099–1104
32. Van der Flier LG, Sabates-Bellver J, Oving I, Haegebarth A et al (2007) The intestinal Wnt/TCF signature. Gastroenterology 132(2):628–632
33. VanDussen KL, Carulli AJ, Keeley TM, Patel SR et al (2011) Notch signaling modulates proliferation and differentiation of intestinal crypt base columnar stem cells. Development 139(3):488–497

34. Kinzler KW, Vogelstein B (1996) Lessons from hereditary colorectal cancer. Cell 87(2):159–170
35. Korinek V, Barker N, Morin PJ, van Wichen D et al (1997) Constitutive transcriptional activation by a beta-catenin-Tcf complex in APC-/- colon carcinoma. Science 275(5307):1784–1787
36. Korinek V, Barker N, Moerer P, van Donselaar E et al (1998) Depletion of epithelial stem-cell compartments in the small intestine of mice lacking Tcf-4. Nat Genet 19(4):379–383
37. Ireland H, Kemp R, Houghton C, Howard L et al (2004) Inducible Cre-mediated control of gene expression in the murine gastrointestinal tract: effect of loss of beta-catenin. Gastroenterology 126(5):1236–1246
38. Pinto D, Gregorieff A, Begthel H, Clevers H (2003) Canonical Wnt signals are essential for homeostasis of the intestinal epithelium. Genes Dev 17(14): 1709–1713
39. Kuhnert F, Davis CR, Wang HT, Chu P et al (2004) Essential requirement for Wnt signaling in proliferation of adult small intestine and colon revealed by adenoviral expression of Dickkopf-1. Proc Natl Acad Sci U S A 101(1):266–271
40. Sansom OJ, Reed KR, Hayes AJ, Ireland H et al (2004) Loss of Apc in vivo immediately perturbs Wnt signaling, differentiation, and migration. Genes Dev 18(12):1385–1390
41. van de Wetering M, Sancho E, Verweij C, de Lau W et al (2002) The beta-catenin/TCF-4 complex imposes a crypt progenitor phenotype on colorectal cancer cells. Cell 111(2):241–250
42. Moser AR, Pitot HC, Dove WF (1990) A dominant mutation that predisposes to multiple intestinal neoplasia in the mouse. Science 247(4940):322–324
43. Andreu P, Colnot S, Godard C, Gad S et al (2005) Crypt-restricted proliferation and commitment to the Paneth cell lineage following Apc loss in the mouse intestine. Development 132(6):1443–1451
44. Barker N, Ridgway RA, van Es JH, van de Wetering M et al (2009) Crypt stem cells as the cells-of-origin of intestinal cancer. Nature 457(7229):608–611
45. Gregorieff A, Pinto D, Begthel H, Destree O et al (2005) Expression pattern of Wnt signaling components in the adult intestine. Gastroenterology 129(2):626–638
46. Farin HF, Van Es JH, Clevers H (2012) Redundant sources of Wnt regulate intestinal stem cells and promote formation of Paneth cells. Gastroenterology 143(6):1518–1529.e7
47. Hsieh M, Boerboom D, Shimada M, Lo Y et al (2005) Mice null for Frizzled4 (Fzd4-/-) are infertile and exhibit impaired corpora lutea formation and function. Biol Reprod 73(6):1135–1146
48. van Es JH, Jay P, Gregorieff A, van Gijn ME et al (2005) Wnt signalling induces maturation of Paneth cells in intestinal crypts. Nat Cell Biol 7(4):381–386
49. de Lau W, Barker N, Low TY, Koo BK et al (2011) Lgr5 homologues associate with Wnt receptors and mediate R-spondin signalling. Nature 476(7360):293–297
50. Durand A, Donahue B, Peignon G, Letourneur F et al (2012) Functional intestinal stem cells after Paneth cell ablation induced by the loss of transcription factor Math1 (Atoh1). Proc Natl Acad Sci USA 109(23):8965–8970
51. Kim TH, Escudero S, Shivdasani RA (2012) Intact function of Lgr5 receptor-expressing intestinal stem cells in the absence of Paneth cells. Proc Natl Acad Sci U S A 109(10):3932–3937
52. Ruffner H, Sprunger J, Charlat O, Leighton-Davies J et al (2012) R-Spondin potentiates Wnt/beta-catenin signaling through orphan receptors LGR4 and LGR5. PLoS One 7(7):e40976
53. Carmon KS, Gong X, Lin Q, Thomas A et al (2011) R-spondins function as ligands of the orphan receptors LGR4 and LGR5 to regulate Wnt/beta-catenin signaling. Proc Natl Acad Sci U S A 108(28):11452–11457
54. Sansom OJ, Meniel VS, Muncan V, Phesse TJ et al (2007) Myc deletion rescues Apc deficiency in the small intestine. Nature 446(7136):676–679
55. Clarke AR (2006) Wnt signalling in the mouse intestine. Oncogene 25(57):7512–7521
56. Horvay K, Casagranda F, Gany A, Hime GR et al (2011) Wnt signaling regulates Snail expression and cellular localization in the mouse intestinal epithelial stem cell niche. Stem Cells Dev 20(4):737–745
57. Kopan R, Ilagan MX (2009) The canonical Notch signaling pathway: unfolding the activation mechanism. Cell 137(2):216–233
58. Sander GR, Powell BC (2004) Expression of notch receptors and ligands in the adult gut. J Histochem Cytochem 52(4):509–516
59. Schroder N, Gossler A (2002) Expression of Notch pathway components in fetal and adult mouse small intestine. Gene Expr Patterns 2(3–4):247–250
60. Fre S, Hannezo E, Sale S, Huyghe M et al (2011) Notch lineages and activity in intestinal stem cells determined by a new set of knock-in mice. PLoS One 6(10):e25785
61. Riccio O, van Gijn ME, Bezdek AC, Pellegrinet L et al (2008) Loss of intestinal crypt progenitor cells owing to inactivation of both Notch1 and Notch2 is accompanied by derepression of CDK inhibitors p27Kip1 and p57Kip2. EMBO Rep 9(4):377–383
62. Wu Y, Cain-Hom C, Choy L, Hagenbeek TJ et al (2010) Therapeutic antibody targeting of individual Notch receptors. Nature 464(7291):1052–1057
63. Pellegrinet L, Rodilla V, Liu Z, Chen S et al (2011) Dll1- and dll4-mediated notch signaling are required for homeostasis of intestinal stem cells. Gastroenterology 140(4):1230–1240, e1231–1237
64. Benedito R, Duarte A (2005) Expression of Dll4 during mouse embryogenesis suggests multiple developmental roles. Gene Expr Patterns 5(6):750–755
65. Ueo T, Imayoshi I, Kobayashi T, Ohtsuka T et al (2012) The role of Hes genes in intestinal development, homeostasis and tumor formation. Development 139(6):1071–1082
66. van Es JH, van Gijn ME, Riccio O, van den Born M et al (2005) Notch/gamma-secretase inhibition turns proliferative cells in intestinal crypts and adenomas into goblet cells. Nature 435(7044):959–963

67. Milano J, McKay J, Dagenais C, Foster-Brown L et al (2004) Modulation of notch processing by gamma-secretase inhibitors causes intestinal goblet cell metaplasia and induction of genes known to specify gut secretory lineage differentiation. Toxicol Sci 82(1):341–358
68. Fre S, Huyghe M, Mourikis P, Robine S et al (2005) Notch signals control the fate of immature progenitor cells in the intestine. Nature 435(7044):964–968
69. Fre S, Pallavi SK, Huyghe M, Lae M et al (2009) Notch and Wnt signals cooperatively control cell proliferation and tumorigenesis in the intestine. Proc Natl Acad Sci U S A 106(15):6309–6314
70. Peignon G, Durand A, Cacheux W, Ayrault O et al (2011) Complex interplay between beta-catenin signalling and Notch effectors in intestinal tumorigenesis. Gut 60(2):166–176
71. Rodilla V, Villanueva A, Obrador-Hevia A, Robert-Moreno A et al (2009) Jagged1 is the pathological link between Wnt and Notch pathways in colorectal cancer. Proc Natl Acad Sci USA 106(15):6315–6320

Transcriptional Regulation of Haematopoietic Stem Cells

11

Adam C. Wilkinson and Berthold Göttgens

Abstract

Haematopoietic stem cells (HSCs) are a rare cell population found in the bone marrow of adult mammals and are responsible for maintaining the entire haematopoietic system. Definitive HSCs are produced from mesoderm during embryonic development, from embryonic day 10 in the mouse. HSCs seed the foetal liver before migrating to the bone marrow around the time of birth. In the adult, HSCs are largely quiescent but have the ability to divide to self-renew and expand, or to proliferate and differentiate into any mature haematopoietic cell type. Both the specification of HSCs during development and their cellular choices once formed are tightly controlled at the level of transcription. Numerous transcriptional regulators of HSC specification, expansion, homeostasis and differentiation have been identified, primarily from analysis of mouse gene knockout experiments and transplantation assays. These include transcription factors, epigenetic modifiers and signalling pathway effectors. This chapter reviews the current knowledge of these HSC transcriptional regulators, predominantly focusing on the transcriptional regulation of mouse HSCs, although transcriptional regulation of human HSCs is also mentioned where relevant. Due to the breadth and maturity of this field, we have prioritised recently identified examples of HSC transcriptional regulators. We go on to highlight additional layers of control that regulate expression and activity of HSC transcriptional regulators and discuss how chromosomal translocations that result in fusion proteins of these HSC transcriptional regulators commonly drive leukaemias through transcriptional dysregulation.

A.C. Wilkinson • B. Göttgens (✉)
Department of Haematology, Cambridge Institute for Medical Research, University of Cambridge, Cambridge, UK
e-mail: bg200@cam.ac.uk

G. Hime and H. Abud (eds.), *Transcriptional and Translational Regulation of Stem Cells*, Advances in Experimental Medicine and Biology 786, DOI 10.1007/978-94-007-6621-1_11,

Keywords
bHLH • Haemangioblast • Haematopoietic stem cells • Homeobox • Leukaemia

11.1 Introduction

The haematopoietic system performs a number of critical functions for mammalian physiology including transport of oxygen and nutrients, as well as immune protection. Blood cells have a rapid turnover and the entire haematopoietic system is maintained by haematopoietic stem cells (HSCs), a rare cell type normally found in the bone marrow of adult mammals.

11.1.1 Functional Definition of an HSC

The gold standard functional definition of an HSC comes from transplantation assays. In the mouse for example, a single HSC has the ability to reconstitute the entire haematopoietic system when injected intravenously into a sublethally irradiated recipient mouse (irradiation destroys the haematopoietic system), and stably maintain the haematopoietic system for the life of the recipient [1]. This so-called long-term reconstitution ability defines the key characteristics of HSCs: (1) the ability to home to and colonise the bone marrow in adult mammals, (2) the ability to expand and self-renew to form and maintain a stable population size for the lifetime of the organism, and (3) the capacity to differentiate into any mature haematopoietic cell type (multipotency). Long-term self-renewal and expansion can additionally be determined by serial or competitive transplantation assays, while multipotency can also be analysed using in vitro colony forming assays.

Large efforts have been made to prospectively isolate pure HSC populations using a range of cell surface marker combinations (both their presence and absence), cellular characteristics such as their ability to efflux certain dyes, and molecular signature such as gene expression patterns. Other combinations of markers have been identified that mark the various haematopoietic progenitor and mature cell populations, alongside functional colony forming assays and morphological identification.

11.1.2 Key Experimental Approaches

A key approach used to characterise transcriptional regulators of mouse HSCs has been gene targeting in embryonic stem (ES) cells followed by the generation of knock-out mice, which can then be used to assay the consequences of gene deletion on haematopoiesis during embryonic development, the adult HSC pool and differentiation potential. Conditional gene targeting protocols, such as those using the Cre-Lox system, allow genes to be deleted later during development or in an adult cell population. Dosage effects can be analysed using heterozygous (+/null) mice, retrovirally inserted shRNAs or overexpression vectors. Recently, ES cell differentiation to embryoid bodies (EBs) has been validated as an in vitro model of developmental haematopoiesis (reviewed elsewhere [2]), and has allowed analysis of some of these critical developmental transcriptional regulators in haematopoiesis.

Techniques such as phylogenetic footprinting, DNase I hypersensitive (DHS) assays, chromatin immunoprecipitation (ChIP) assays and mutagenesis have been used to identify *cis*-regulatory elements within critical gene loci and determine upstream transcriptional regulators. Importantly, the tissue and developmental time specific activity of regulatory regions identified using the above techniques can be validated using powerful in vivo assays including transient (F0) transgenic mouse embryo assays and comprehensive analysis of haematopoietic parameters in the bone marrow of established transgenic mouse lines. The advent of next generation DNA sequencing coupled to ChIP (ChIP-seq) has allowed identification of genome-wide binding sites of specific transcription factor within a given cell population and identifies putative regulatory sites and downstream targets. A current limitation of this technique is the large number of cells required, typically several million.

11.2 Transcriptional Regulation of HSC Formation

11.2.1 Biology of Mammalian Developmental Haematopoiesis

The haematopoietic system is derived from the mesoderm lineage in the developing embryo in a process called developmental haematopoiesis. Developmental haematopoiesis occurs at several distinct spatiotemporal locations in the developing embryo and can be broadly divided into two stages: (1) embryonic haematopoiesis and (2) definitive haematopoiesis [3]. Embryonic haematopoiesis occurs from E7.5 in the yolk sac, initially producing primitive erythroid cells, and later multilineage progenitors [4–7]. However, these cell types do not fulfill the criteria of a true HSC as they are unable to reconstitute the entire haematopoietic system of an irradiated mouse.

True HSCs are only produced during the second wave, definitive haematopoiesis, which occurs from approximately E10 in the developing mouse embryo, when the first cells are generated that have the ability to both self-renew and reconstitute the entire haematopoietic system [6, 7]. Definitive HSCs are believed to bud off from the ventral wall of the dorsal aorta in a part of the embryo labelled the aorta-gonad-mesonephros (AGM) region [7]. Additional contribution to the pool of definitive HSCs from extraembryonic tissue is currently unresolved (reviewed in [3]).

11.2.2 Specification of HSCs

Two models of haematopoietic specification, the haemangioblast and haemogenic endothelium models (reviewed in [3]) have recently been reconciled by Lancrin et al. who proposed a linear pathway of haematopoietic specification from mesoderm, through a tri-potent haemangioblast cell type (with the capacity of forming haematopoietic, endothelial and smooth muscle cells) to a bi-potent haemogenic endothelium (HE) cell type (with the capacity to commit to either haematopoietic or endothelial cell types), from which definitive blood cells can be derived [8] (Fig. 11.1). A number of transcriptional regulators have been identified as playing a crucial role in the specification of HSCs during development, and can be fitted into the pathway described above.

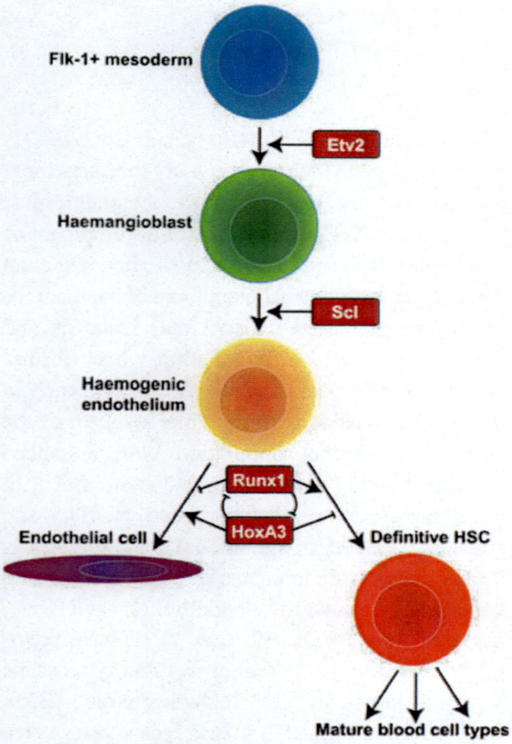

Fig. 11.1 Model of definitive HSC specification from mesoderm during embryonic development. Definitive HSCs are derived from Flk-1$^+$ mesoderm, which are specified through a tri-potent haemangioblast stage (Etv2-dependent), and bi-potent haemogenic endothelial stage (Scl-dependent). Haemogenic endothelium lineage specification to haematopoietic or endothelial cell types is dependent on the expression of antagonistic transcription factors Runx1 and HoxA3

11.2.3 Formation of the Haemangioblast from Mesoderm

The E-twenty-six specific (Ets) factor Etv2 (ER71) has recently been identified as a key transcriptional regulator of the mesoderm to haemangioblast transition [9]. Etv2 is essential for development of both endothelial and haematopoietic lineages at an early stage; mesodermal precursors of haemangioblasts are generated in Etv2 null embryos and during ES cell differentiation, but further specification is blocked. Etv2 is expressed early in developing mesoderm, and marks a subset of the Flk-1^{+} mesodermal population with enhanced haematopoietic and endothelial potential [9]. Etv2 expression is downregulated by E9.5 and silenced by E10.5 in endothelial cells, suggesting it only plays a role in the early steps of mesoderm specification towards endothelial and haematopoietic cell fates [9]. Lee et al. have previously identified a potential regulatory cascade acting upstream of Etv2 including Notch, BMP and Wnt signalling [10]. Liu et al. recently suggested that Etv2 plays a role in specifying a haematopoietic rather than cardiogenic fate of Flk-1^{+} mesoderm through regulating Wnt signalling [11].

11.2.4 Commitment of the Haemangioblast to Haemogenic Endothelium

Lancrin et al. demonstrated that the transition between haemangioblast and haemogenic endothelium was dependent on expression of the basic helix-loop-helix (bHLH) transcription factor Scl (Tal-1), when analysed using ES cell in vitro differentiation assays [8]. Scl is first expressed at the haemangioblast stage, and its expression is maintained through haemogenic endothelial and HSC stages [8, 12]. Expression of *Scl* is regulated by several developmental tissue-specific enhancers, including three important for haematopoiesis. The -4 *Scl* enhancer was found to drive expression to endothelium and foetal haematopoetic progenitors, mediated by Ets factor binding (including Fli-1 and Elf-1) [13]. The +19 enhancer is active in endothelial and haematopoietic cells, and critically depends on an Ets/Ets/Gata motif that binds Ets factors Fli-1 and Elf-1, and Gata2 [14]. These two enhancers appear to have overlapping roles in HSC specification, with the +19 enhancer being sufficient to drive *Scl* expression and blood formation in *Scl*$^{-/-}$ embryos, but not necessary as its deletion does not result in loss of haematopoiesis [13]. The third enhancer is the +40 region, which drives *Scl* expression in embryonic and definitive haematopoietic cells. The +40 enhancer may be particularly important to sustain rather than initiate *Scl* expression as its activity is regulated by Scl protein, thereby forming an autoregulatory loop [15, 16].

11.2.5 Specification of HSCs from Haemogenic Endothelium

Several critical factors have been identified as transcriptional regulators of definitive HSC specification including Runx1, Mll1, TFIIS, Gata2, Notch1, Meis1, Erg, c-Myb and c-Myc (see references below). The role of c-Myb and c-Myc in transcriptional regulation of stem cells is reviewed in Chaps. 15 and 19.

The core binding factor Runx1 (AML1) and its binding partner, CBFβ, are both required for definitive haematopoiesis [17–19]. Using conditional knockout mice models, Chen et al. recently identified the HE to definitive HSC transition as dependent on Runx1 [20]. Nottingham et al. identified an important Runx1 enhancer, the +23, which regulates Runx1 expression during HSC emergence, through binding of Gata, Ets and Scl factors [21].

The Trithrorax-related Mll1, a histone H3 lysine 3 (H3K4) methyltransferase, is required for definitive haematopoiesis from analysis of *Mll1* null mouse embryos and chimera contribution [22]. However, a second *Mll1* knockout mouse model created by McMahon et al. survived up to E16.5 and contained a limited number of foetal HSCs [23]. The reason for this discrepancy is unclear. Mll1 forms a large multi-protein complex with many proteins, which is thought to activate and maintain transcription and epigenetic memory (reviewed in [24]). Although Mll1 contains a CXXC-type zinc finger DNA binding domain, its recruitment to DNA is not fully understood and the recent identification of the possible involvement of non-coding RNAs (ncRNAs) suggesting at least in part non-classical modes of recruitment to target regions [25]. The transcription elongation factor S-II (TFIIS), which is known to interact and synergistically function with the Mll1-interacting PAF1 complex [26], is also required for definitive haematopoiesis [27]. Recently, a physical interaction between the C-terminal SET domain of Mll1 and the Runt domain of Runx1 has been identified, responsible for recruitment of Mll1 to, and the regulation of, the Runx1 target gene *Spi-1/PU.1* [28]. Recruitment of Mll1 by Runx1 may in part explain the apparent functional overlap of these two transcriptional regulators in haematopoiesis.

The zinc finger transcription factor Gata2 is essential for definitive haematopoiesis. Gata2 is expressed prior to HSC emergence and thought to mark haematopoietic-specified cells [29]. However, a reduction of Gata2 expression or activity appears necessary for haematopoietic commitment [30]. Once again, the Ets/Ets/Gata motif and E-box motifs were found in a *Gata2* enhancer region (the -3 enhancer) [31, 32]. Gata2 appears to have an overlapping role with Runx1 in definitive haematopoiesis, as *Gata2*$^{+/-}$*Runx1*$^{+/-}$ mice are not viable and display haematopoietic defects at midgestation, while single heterozygous mice are viable with only a minor haematopoietic phenotype [33].

The Ets transcription factor Erg was recently shown to be critical for early maintenance, but not specification, of definitive HSCs as deletion results in rapid loss of HSCs [34]. Erg is thought to achieve this by acting as an upstream regulator of *Scl*, *Gata2* and *Runx1* [14, 21, 31].

Notch proteins are major constituents of a highly conserved signalling pathway. Notch proteins are membrane bound receptors, which when bound by their ligand Jagged, proteolytically cleave their intracellular domain, the so-called Notch-IC domain, which translocates to the nucleus where it participates in the formation of multiprotein DNA-binding complexes to regulate transcription [35]. Notch1 (but not Notch2-4) is required for generating definitive HSCs [36]. Further analysis using ES cell differentiation models and the generation of chimeric mouse embryos demonstrated that *Notch1*-deficient ES cells are capable of producing definitive haematopoietic progenitors, but fail to establish long-term definitive HSCs [37]. *Runx1* appears to be a key target of Notch signalling during definitive haematopoiesis [38, 39].

Meis1, a member of TALE subfamily of homeobox proteins, is a Hox protein cofactor that modulates their DNA binding affinity and specificity. Several *Meis1*-deficient mouse models have been created and show similar phenotypes; mouse embryos die by E14.5 with haemorrhaging and liver hypoplasia due to defective developmental haematopoiesis [40, 41]. Definitive haematopoiesis is compromised but is not completely ablated, and *Meis1*-deficient foetal livers at E12.5 have reduced HSC populations, which lack reconstitution ability [41]. *Meis1* is expressed in definitive haematopoietic clusters in the AGM, which are reduced in number and size, and have reduced *Runx1* expression in *Meis1*-deficient embryos [40].

Recently, a negative regulator of HE specification to HSC has been identified, the homeobox transcription factor HoxA3 [42]. HoxA3 is a positive regulator of HE specification to endothelial lineage, and with Runx1 plays a key role in this lineage decision process. Runx1 acts to induce a haematopoietic transcription factor cascade to promote HSC formation, while inhibiting essential endothelial lineage genes. HoxA3 acts to maintain these endothelial lineage genes within the HE, and represses the haematopoietic cascade, which appears to at least in part be achieved through direct repression of *Runx1* [42].

11.2.6 Migration, Expansion and Maintenance of Foetal HSCs

From approximately E12.5 of mouse embryonic development, definitive HSCs generated in the AGM region migrate to and colonise the foetal liver, the site of foetal haematopoiesis [43]. Around the time of birth, HSCs move to the bone marrow niche for the rest of the life of the mammal [43]. It is estimated that at E11.5 there is one HSC produced in the AGM [44]. Expansion of these early HSCs is therefore critical to form a large enough population to maintain haematopoiesis for the life of the organism. This propensity to expand the HSC population, rather than maintain pool size is a key difference between foetal and adult HSCs, although adult HSCs retain this potential as demonstrated by transplantation assays.

Sox17 is a Sry-related high mobility group box transcription factor and within the haematopoietic system, is expressed in foetal and neonatal, but not adult HSCs [45]. *Sox17* deficiency severely impairs foetal haematopoiesis, and *Sox17*-null foetal and neonatal HSCs lose all reconstitution ability implicating Sox17 in generation or maintenance of definitive HSCs [45]. Loss of Sox17 expression correlates with acquisition of adult HSC characteristics; slow cell cycling and adult surface marker phenotype [45]. A number of other transcriptional regulators of both foetal and adult HSCs have been identified, but are discussed in Sect. 11.4.

11.3 Transcriptional Regulation of HSC Homeostasis

HSCs have the capacity to proliferate and self-renew to maintain their population for the lifetime of the organism, and balance this with differentiation into the committed haematopoietic cell types to replenish physiological turnover or injury. Additionally, to prevent population expansion to a physiologically dangerous size, programmed cell death (apoptosis) must also be regulated. In the adult, HSCs constitute an exceedingly rare cell population estimated at 1 in 10^4 to 1 in 10^5 bone marrow cells. Adult HSCs are believed to be predominantly quiescent, with recent estimates in the mouse suggesting one cell division every 145 days and may reversibly switch between this state and self-renewal during homeostasis and repair [46]. Further modelling suggested the existence of two kinetically distinct subpopulations of HSCs, one cycling every 149–193 days, and the other cycling every 28–32 days [47].

11.3.1 Concepts of HSC Fate Decisions

It is generally assumed that HSC fate choices are associated with cell division, as HSC differentiation without division would likely lead to HSC exhaustion [48]. These fate decisions would therefore be a result of the type of cell division; symmetrical division to produce either two HSCs or two progenitor cells, or asymmetric cell division into one HSC and one progenitor (Fig. 11.2a). These cell division options would allow HSC pool size to be regulated (e.g. expansion after transplantation) and respond to environmental stress [48].

Cell intrinsic (e.g. transcription factor protein concentrations and distribution in daughter cells) and extrinsic (e.g. cytokines and cell-cell signalling) cues determine lineage restriction. Two types of models have been proposed to explain HSC lineage commitment ([48, 49] summarised in Fig. 11.2b): (1) Instructive or deterministic models predict HSCs to respond to external stimuli, which directly guide lineage decisions during differentiation. (2) Selective or permissive models predict lineage choice is predominately random, which may be due to stochastic gene expression, and that external stimuli act to regulate survival and proliferation of these randomly produced progenitors and mature cells. Evidence for both models has been reported (see [48, 49] and references within, and [50, 51]). It is important to mention that these two models are not mutually exclusive, and it seems likely extrinsic events can be both instructive and selective [48, 49].

Cell intrinsic processes, in particular transcription factor networks, are central to defining the developmental stage and lineage potential, and determine the response of an external signal. External signals must act within these intrinsic parameters to instruct and/or select cell fate. Indeed, simply the regulation of cell surface receptor expression immediately determines the ability of a cell to respond to a particular extracellular ligand. Numerous intrinsic positive and negative transcriptional regulators of HSC

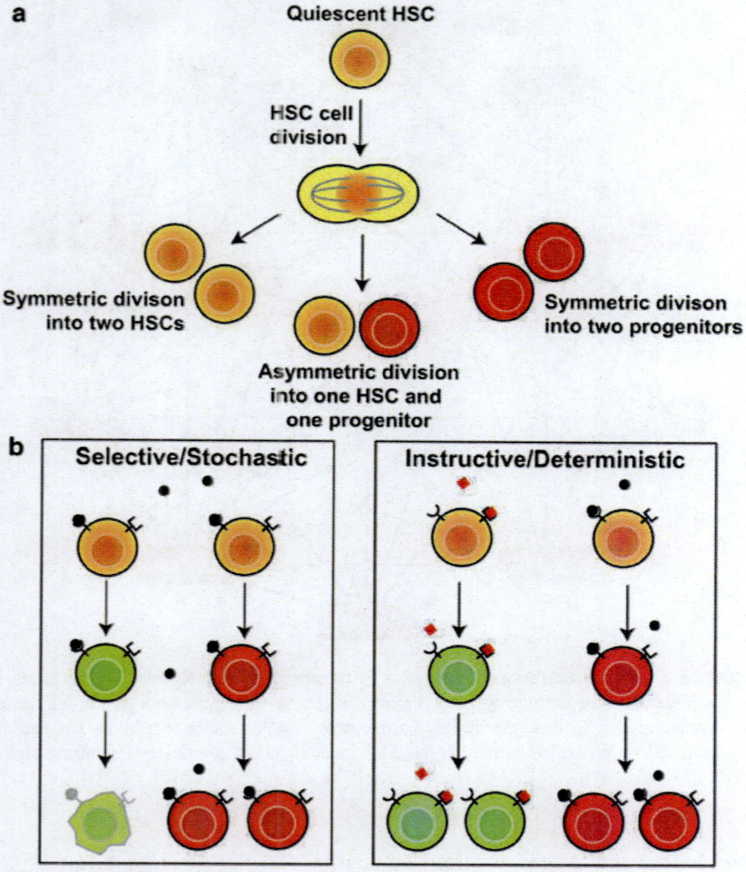

Fig. 11.2 Models of HSC fate choices. (**a**) HSCs may divide symmetrically into two HSCs or two progenitors, or asymmetrically into one HSC and one progenitor. (**b**) The two types of model of HSC fate determination. Selective/stochastic models predict HSC fate choice is random and signalling molecules (e.g. cytokines) act to promote survival and proliferation or apoptosis of the fated progenitors. Instructive/deterministic models predict signalling molecules directly determine HSC fate decisions

homeostasis have been identified, which control self-renewal, proliferation, quiescence and apoptosis, and include transcription factors, chromatin and DNA modifying enzymes, and signalling pathways, and are described below.

11.3.2 Transcription Factor Networks Active in Haematopoietic Cells

ChIP-seq experiments to define genome-wide occupancy of key transcription factors in HSCs have been limited by the relatively large cell numbers required for this technique, and the scarcity of HSCs. However, using cell line models, such as the mouse haematopoietic stem/progenitor cell line HPC7, has allowed analysis of transcription factor binding in early haematopoietic cells. So far, ChIP-seq of ten haematopoietic transcription factors has been published using this cell line, identifying combinatorial transcriptional regulation of key genes and putative *cis*-regulatory sites [33]. Combining such ChIP experiments to define transcription factor occupancy with knowledge of *cis*-regulatory elements within gene loci has allowed modelling of the

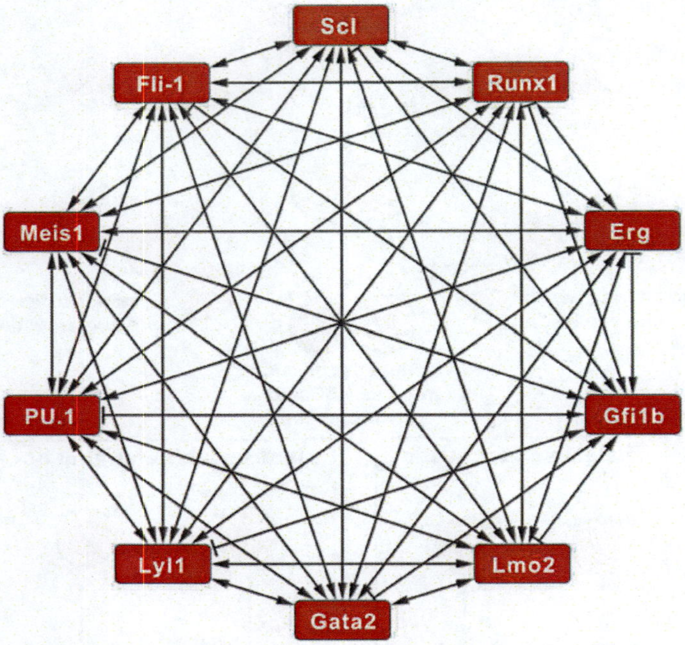

Fig. 11.3 A model of a core transcriptional regulatory network active in haematopoietic stem/progenitor cells consisting of ten transcription factors predicted from Wilson et al. [33]. Interactions identified from analysis of transcription factor enrichment from ChIP-seq experiments within gene loci at *cis*-regulatory elements. The transcription factor regulatory network is highly interconnected, rather than hierarchical in structure

interconnections within active transcription factor networks in haematopoietic cells (Fig. 11.3; reviewed in [52]). Due to the availability of mature haematopoietic cell types for ChIP-seq experiments, the regulatory networks in the later stages of haematopoiesis are more advanced. An alternate method has been used by Novershtern et al., who used gene expression analysis (which require lower cell numbers) of pure haematopoietic populations combined with known *cis*-regulatory interactions to identify tightly interconnecting networks that control HSC and mature haematopoietic cell state [53].

11.3.3 Basic Helix-Loop-Helix Transcription Factors

Scl is highly expressed in HSCs and regulates quiescence by inhibiting the G0 to G1 transition [54]. The same study also identified a dosage-dependent role for Scl in long-term HSC reconstitution potential. A paralogue of Scl, Lyl1, also regulates foetal and adult HSC reconstitution potential and lymphoid differentiation [55]. Lyl1 appears to have a partially overlapping role with Scl, as *Lyl1/Scl* conditional double knockout HSCs have complete loss of reconstitution ability, and increased HSC and progenitor apoptosis, a more severe phenotype than loss of Scl or Lyl1 alone [56]. Scl forms a multifactor complex with transcription factors Gata2 and E2A proteins, along with bridging molecules Lmo2 and Ldb1 in foetal and adult HSCs and differentiating haematopoietic cells. Formation of this complex is essential for regulation of HSC function, as loss of any component impairs HSC function (see below and [57, 58]). Depending on the context, the Scl complex may also include Lyl1, Gata1, Lmo4, HEB, Eto2 and Sp1 [59–62].

The E2A locus expresses two bHLH E-proteins; E47 and E12, which regulate HSC cycling and promote early progenitor maturation [63]. Genetic deletion of E2A increases HSC cycling while reducing pool size, and HSCs lose long term reconstitution ability [63]. Recent analysis of pure HSC populations has identified a role for the E47 isoform in regulating HSC proliferation and energetics [64]; *E47*$^{-/-}$ HSCs progressively lose self-renewal potential with concomitant hyperproliferation of progenitor populations. E2A protein activity is regulated through interactions with inhibitors Id1-3; Id1 also regulates HSC homeostasis [65, 66], while Id2 and Id3 regulate haematopoietic lineage commitment [67–69].

Besides its role in definitive haematopoiesis, c-Myc also regulates HSC homeostasis, playing a crucial role in balancing HSC self-renewal versus differentiation decisions [70], as well as HSC survival and HSC lineage commitment [71, 72]. HSCs also express a second Myc protein, N-myc, which with c-Myc regulates HSC function and survival [71]. The role of Myc proteins in stem cells is considered in more detail in Chap. 19.

11.3.4 Homeobox Transcription Factors

Hox genes encode homeodomain transcription factors and are crucial for developmental patterning [73]. In mammals, 39 *Hox* genes are co-ordinately expressed from four loci. DNA binding of Hox transcription factors is modulated by interaction with DNA binding cofactors; one of three Pbx family members and/or one of four Meis family members (both families are also homeobox proteins) [74]. Several *Hox* genes have been implicated in HSC homeostasis, although deletion of a single *Hox* gene does not usually severely affect HSC homeostasis, possibly due to their functional redundancy. Within the haematopoietic system, *Hox* gene expression is largely confined to the HSC and progenitor compartment [75].

Ectopic expression of *HoxA9*, *HoxA10*, *HoxA6*, *HoxB4* and *HoxC5* expands HSCs in vitro [76–80]. Additionally, genetic deletion of *HoxA9* or *HoxB3* and *HoxB4* mildly impairs HSC proliferation [81, 82]. *HoxA9* null HSCs also have impaired differentiation and reduced reconstitution ability [82]. Compound deletion of *HoxA9*, *HoxB3* and *HoxB4* caused an increase in bone marrow HSCs, but did not affect in vitro colony forming ability [83]. Interestingly, the defect in reconstitution ability of compound null HSCs was no worse than single *HoxA9* deficiency [83].

Pbx1 can dimerise with a subset of Hox proteins, and can also trimerise with Hox and Meis proteins [84, 85]. Pbx1 is required to maintain definitive HSCs in the foetal liver; *Pbx1* null mice are embryonic lethal at E15-16, and have severe anaemia due to defective foetal liver haematopoiesis [86]. Conditional deletion of *Pbx1* from adult HSCs results in the upregulation of several cell cycle regulators with increased HSC cycling and progressive loss of HSC reconstitution ability [87].

11.3.5 Ets Transcription Factors

Several Ets transcription factors are known to regulate HSC homeostasis and differentiation including Erg, Fli-1, Tel/Etv6, GABPα, PU.1/Spi-1 and Elf4 [88–95]. Two of the most recently reported Ets factors are described below.

A role for Erg in adult HSC function was identified using a sensitised genetic screen in mice [88]. Erg is required to maintain HSC pool size and reconstitution ability, and differentiation to committed progenitors [88, 89]. Furthermore, additional mutation of *Fli-1* in *Erg*-deficient HSCs identified a partial functional redundancy of these two Ets factors, with the double deficiency causing a more severe phenotype [90]. Yu et al. recently identified GABPα to be a critical regulator of HSC homeostasis and differentiation [91]. GABPα heterodimerises with GABPβ to form the GABP complex and is essential for early embryogenesis [96]. Conditional deletion of GABPα in adult HSCs lead to a rapid loss of HSC self-renewal, increased apoptosis of HSCs and progenitors, and impaired differentiation [91].

11.3.6 Zinc Finger Transcription Factors

Zinc fingers are a protein domain that commonly interacts with DNA and are found in a wide range of transcription factors, several of which are known to regulate HSC homeostasis including Gata2, Gata3, Gfi1, Gfi1b, Klf4, Ikaros, Evi-1, Sall4, Zfx and Prdm16 [97–108]. Interestingly, several of these zinc finger transcription factors also regulate ES cell self-renewal and pluripotency (Klf4, Sall4 and Zfx [100, 109, 110]).

Analysis of *Gata2* heterozygous mouse embryos identified a role for Gata2 in expansion of definitive HSCs in the AGM and their proliferation after foetal colonisation [111]. However, Gata2 is generally thought to restrict cell cycle entry in adult HSCs (reviewed elsewhere [102]). Additionally, GATA2 also regulates human HSC quiescence, with enforced expression increasing G0 residency [112]. More recently, a second Gata factor, Gata3, has also been identified as a regulator of HSC maintenance, with *Gata3* null mice having a smaller HSC population [101].

Gfi1 is a transcriptional repressor that promotes HSC quiescence, and maintains HSC self-renewal and reconstitution potential [103, 104]. Additionally, Gfi1 appears to be a direct target of p53 in HSCs, a key cell cycle regulator. The paralogue Gfi1b is also responsible for maintaining HSC quiescence, although *Gfi1b*$^{-/-}$ HSCs retain self-renewal capacity [105]. Gfi1 and Gfi1b appear to have partially overlapping functions as *Gfi1*/*Gfi1b* double deletion result in complete loss of HSCs [105].

Ikaros and related family of transcription factors were initially identified as regulators of lymphoid lineages (reviewed in [113]). However, Ikaros is also expressed in HSCs, although different isoforms to those expressed in lymphoid progenitors [114], and plays a role in HSC activity. Ikaros mutant mice have reduced numbers of HSCs and progenitors, and have reduced reconstitution ability [115]. More recently, a role for Ikaros in lymphoid lineage priming of HSCs has been identified [106].

Evi-1 contains a SET/PR-domain with a total of ten zinc fingers [116]. Deletions of *Evi-1* results in embryonic lethality at E10-16.5 (depending on the mouse model), and the development and expansion of definitive HSCs is severely impaired [107, 108], and reviewed in [116]. Conditional deletion of *Evi-1* from adult HSCs causes a shift from quiescence to cell cycling, reduction of the HSC pool size and loss of reconstitution ability [108]. Evi-1 expression has also been used as a marker of long term haematopoietic reconstitution potential [117]. Interestingly, dosage of Evi-1 appears important as *Evi-1* heterozygosity causes partial loss of HSC self-renewal while overexpression enhances HSC self-renewal at the expense of differentiation [107]. However, *Evi-1* is dispensable for lineage commitment [107].

A second SET/PR-domain protein, Prdm16, is also important for HSC homeostasis, and specifically expressed in HSCs and early progenitors in the adult haematopoietic system [118]. Overexpression of *Prdm16* has previously been found to expand HSCs in vitro, and also causes myeloproliferative disease in vivo after transplantation [119]. A transposon mutagenesis screen identified a role for *Prdm16* in regulation of adult stem cell reactive oxygen species (ROS) levels, apoptosis and cell cycle, and its loss lead to HSC depletion [120]. Aguilo et al. identified a role of Prdm16 in HSCs using *Prdm16* null mice embryos [118]; foetal HSC and progenitors were reduced in number, had mild defects in vitro colony forming ability, severely impaired reconstitution ability, and increased apoptosis.

11.3.7 Myb Proteins

C-Myb plays an important role in HSC self-renewal and adult haematopoiesis; its conditional deletion causing a defect in HSC proliferation, increased differentiation, and loss of reconstitution ability [121]. A genome-wide mutagenesis screen identified the ability of p300 to interact with the transactivation domain of c-Myb to be necessary for proper HSC proliferation and differentiation [122]. The role of c-Myb in stem cells is discussed in further detail in Chap. 15.

The cyclin-D binding myb-like transcription factor 1 (Dmtf1) has been implicated in regulating HSC quiescence [123]. *Dmtf1* null mice are viable, but have increased blood counts, and *Dmtf1* null HSCs have increased proliferation, self renewal and long term reconstitution ability [123].

11.3.8 Core Binding Factors

A number of conflicting papers have been published about the role of Runx1 in HSCs [124–128]. The most recent from Cai et al., has sought to resolve the experimental discrepancies by highlighting that Runx1 regulates the expression of several key markers commonly used to identify HSCs by flow cytometry, and report that conditional deletion of *Runx1* only moderately decreases the number of HSCs, while increasing those of early progenitors [129]. Loss of *Runx1* also causes slight increases in HSC quiescence and reduces apoptosis, and combined suggest Runx1 promotes HSC proliferation and differentiation. However, the three major Runx1 isoforms (Runx1a, b and c) appear to have at least partially distinct functions in the haematopoietic system [130–132]. Ectopic expression of a short isoform of *Runx1*, *Runx1a*, expands HSCs in vitro (which retain in vivo reconstitution ability), while ectopic expression of *Runx1b* promotes differentiation [130, 132]. No functional difference between the two long isoforms, *Runx1b* and *Runx1c*, has been identified [131]. Regulation of Runx1 in haematopoietic cells is considered in more detail in Sect. 11.6.

By comparison, HSCs appear to be more sensitive to CBFβ from hypomorph experiments; 15–30 % of WT CBFβ levels promote HSC and progenitor expansion as well as mature cell differentiation [133], and suggest a role for CBFβ in HSC quiescence. Interestingly, Miller et al. suggest a Runx1-independent role for CBFβ in foetal haematopoiesis in differentiation of haematopoietic progenitors, which is not due to a defect in bone marrow niche [134]. CBFβ can also heterodimerise with the two paralogues of Runx1, Runx2 and Runx3, to form protein complexes that can bind to the same consensus DNA sequence (reviewed in [135]). Partial overlap in function of Runx1– 3 in regulating HSCs would help explain the difference in Runx1 and CBFβ phenotypes, although are yet to be identified. Defective bone marrow haematopoiesis in *Runx2* null mice has been identified, but is thought to be a result of altered HSC niche due to defective osteoblast differentiation [136, 137].

11.3.9 Cell Cycle Regulators

Unsurprisingly, cell cycle regulators have also been identified as regulating HSC homeostasis. Two of these involved in transcriptional regulation are retinoblastoma (pRB) and p53 families [138–141]. pRb, with family members p107 and p130, inhibit cell cycle entry by repressing E2F target gene expression, and have an overlapping function in regulating HSC quiescence and self-renewal [138]. Conditional deletion of all three pRB proteins causes increased HSC proliferation, expansion of HSC numbers, loss of reconstitution activity and a lethal myloproliferative phenotype [138]. However, an extrinsic role for pRB in regulating HSC has also been identified [142]. The functionally similar Necdin, also regulates HSC quiescence state, and interactions with p53 [141, 143].

A third cell cycle regulator has also been found to regulate HSCs; NF-Y, a trimeric transcription factor complex composed of NF-Ya, NF-Yb and NF-Yc [144]. NF-Y is an important developmental regulator, with genetic deletion of *NF-Ya* causing embryonic lethality around E8.5 [145]. NF-Ya overexpression promotes HSC self-renewal [146] while conditional deletion of *NF-Ya* causes defective cell cycle G2/M progression and increased apoptosis, resulting in death [147].

11.3.10 Immediate Early Response Transcription Factors

Two immediate early response transcription factors, JunB and Egr1, have been implicated in regulating HSCs. Inactivation of JunB in HSCs results in increased proliferation and differentiation [148], but does not affect reconstitution ability. Additionally, JunB inactivation decreases HSC response to Notch and TGFβ signalling through loss of *Hes1* expression [148]. *JunB* is also a target of TGFβ signalling [149]. Egr1 regulates HSC quiescence as well as retention within the HSC niche [150]. Interestingly, *Egr1* knockout HSCs expand and mobilise without losing reconstitution ability [150].

11.3.11 Epigenetic Regulation

A key mechanism by which transcription factors are thought to regulate eukaryotic gene expression is through their recruitment of epigenetic modifying enzymes, which catalyse histone or DNA modifications. Epigenetic modifications affect chromatin structure, recruit secondary factors and regulate transcription. Several epigenetic modifiers have been identified to play an important role in HSC homeostasis, summarised below.

Three histone lysine acetyltransferases and transcriptional co-activators are essential for HSC self-renewal; CBP, p300 and MOZ [151–153]. The H3K79 methyltransferase Dot1l is also crucial for maintaining HSC function [154, 155].

Both Mll1, and its cofactor Menin, are required for HSC self-renewal [156]. As described earlier, two mouse Mll1 knockout models display differing severity in phenotype, although both agree that Mll1 is necessary to maintain adult HSC self-renewal [23, 157]. Using a conditional gene knockout model, Gan et al. identified a role for Mll1 in post-natal but not foetal HSC maintenance [158]. The distantly related Mll family member, Mll5, is also involved in regulating HSC self-renewal and haematopoietic differentiation [159–161].

Multiple polycomb group (PcG) proteins, which epigenetically regulate transcriptional repression, have been found to regulate HSCs (review in [162]). PcG proteins form two discrete complexes, polycomb repressive complex 1 and 2 (PRC1 and PRC2), which have distinct enzymatic activity (H2AK119 monoubiquitination and H3K27 trimethylation activities respectively) and discrete functions in HSCs [163]. Various gene knockout models suggest PRC2 limits HSC self-renewal [162–167]. Ezh2, a core component of PRC2 is also required for maintenance of foetal HSCs [168].

Genetic deletion of PRC1 core components generally results in the loss of HSC self-renewal [169–173]. Bmi-1 is a particularly important core component, with overexpression promoting mouse and human HSC self-renewal and ex vivo expansion [170, 174]. A paralogue of Bmi-1, Mel-18, which replaces Bmi-1 to form a PRC1-like complex, promotes HSC proliferation and differentiation [175, 176]. The balance between Bmi-1 and Mel-18 expression may regulate HSC fate. A functional crosstalk between Bmi-1 and Mll1/HoxA9 has also been identified in establishing HSCs [177].

DNA methylation, generally 5′-cytosine methylation (mC) in a CpG dinucleotide context, is a key epigenetic mark and is thought to inhibit transcription. DNA methyltransferases Dmnt3a and Dmnt3b (involved in de novo DNA methylation), and Dnmt1 (involved in maintaining DNA methylation patterns) have been implicated in regulating HSC self-renewal [178–180]. Additionally, Tet2, a methylcytosine dioxygenase that converts mC to 5-hydroxymethyl-cytosine (hmC), is required for HSC homeostasis [181–183]. Chromatin remodelling complexes such as the Mi-2β containing NuRD complex are also important for maintaining HSC quiescence and self-renewal [184].

11.3.12 Signalling Pathways

Several signalling pathways have been identified to regulate HSC self-renewal and differentiation through regulating transcription. These appear to play important, although not usually essential roles in HSC homeostasis. Functional redundancy of signalling molecules within these pathways, as well as overlap and integration of different signalling pathways help explain the often conflicting phenotypes after in vitro activation, in vivo genetic deletion, depletion, inhibition, constitutive activation or overexpression of the mediators of these pathways.

The downstream signalling transcriptional regulators Notch-IC (Notch signalling) and β-catenin (Wnt signalling) have a fairly established role in HSC self-renewal and expansion (reviewed in [35, 185–187]). Signalling through Smad transcription factors (TGFβ and BMP signalling) and Gli1-3 (Hedgehog signalling) are also thought to regulate HSC self-renewal (reviewed elsewhere [187, 188]). In contrast, retinoic acid receptor γ (retinoic acid signalling) stimulates HSC and progenitor cell differentiation [189].

Activation of the receptor tyrosine kinases c-kit (SCF receptor), c-mpl (thrombpoietin receptor) and Tie-2 (angiopoietin receptor) also regulate HSC maintenance, although through multiple signalling pathways including JAK-STAT, phosphoinositide-3 kinase (PI3K), and MAPK. JAK-STAT signalling activation but PI3K signalling inhibition appears important to maintain HSC self-renewal (reviewed in [187, 190–192]).

11.3.13 Oxidative Stress

Regulation of oxidative stress is critical for HSC homeostasis. FoxO transcription factors are regulated by PI3K signalling, and also play a critical role in HSC resistance to oxidative stress [193, 194]. *FoxO1/3/4* null HSCs have increased ROS levels, increased cell cycling and apoptosis, are reduced in number and defective in their reconstitution activity. Interestingly, anti-oxidative treatment alleviates the *FoxO*-deficient phenotype [194]. Even single deletion of *FoxO3a* results in elevated ROS in HSCs, which impairs HSC function [195]. As mentioned above, Prdm16 is also involving in regulation of adult stem cell ROS levels [120]. Additionally, proper regulation of the hypoxia-inducible factor 1 alpha (HIF-1α) is essential for HSC quiescence and reconstitution ability [196].

11.4 Transcriptional Regulation of HSC Differentiation

11.4.1 Cellular Hierarchy of Mammalian Adult Haematopoiesis

HSCs have the ability to differentiate into at least ten different specialised mature cell types with a diverse range of functions, morphologies, lifetimes and proliferative abilities, and their relative proportions are dependent on extracellular and external influences. Adult HSCs differentiate through progressively more lineage-committed stages (progenitor cells) to form mature, terminally differentiated haematopoietic cells. This lineage commitment is represented as a haematopoietic hierarchy or tree (Fig. 11.4). Numerous cell surface markers and functional assays have been used to identify and define these intermediate progenitors and mature cell types, although the complete definition of in vivo potential of the many different progenitor populations is still ongoing. This detailed understanding of HSC differentiation pathways has greatly facilitated the identification and dissection of the role of transcriptional regulators of this process. Almost all transcriptional regulators of HSC homeostasis also regulate later lineage commitment decisions. Numerous other transcriptional regulators of this process have also been identified, predominantly controlling relatively late lineage commitment decisions. We refer to a number of recent reviews of the transcriptional regulation of these later lineage commitment decisions for further detail [198–203].

11.4.2 HSC Differentiation and Lineage Specification

HSC differentiation is closely linked to proliferation, and many of the transcriptional regulators of HSC homeostasis also play a role in differentiation, and have been mentioned above. Few transcriptional regulators of the initial steps of HSC differentiation and commitment have so far been identified that do not also regulate HSC homeostasis. Here we briefly describe two example transcriptional regulators of HSC differentiation: C/EBPα and Hmgb3.

The CCAAT-enhancer binding protein alpha (C/EBPα) is required for development of granulocytes [204], but also functions in HSCs to promote differentiation. *C/EBPα* null HSCs have increased repopulating ability and self-renewal, and also display a block of early myeloid differentiation [205]. Additionally, C/EBPα determines

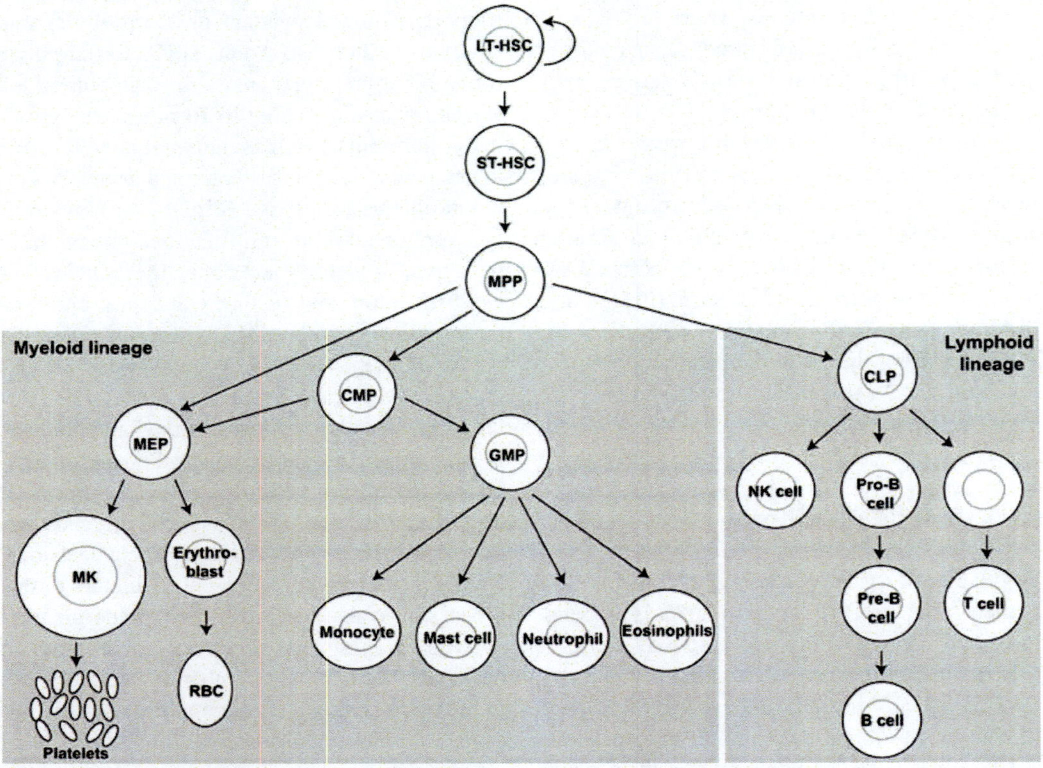

Fig. 11.4 The haematopoietic lineage tree illustrates HSC differentiation potential. HSCs differentiate through progressively more committed progenitors into at least ten mature blood cell types with diverse functions (which can be divided into myeloid and lymphoid cell types). The haematopoietic tree shows stable cell populations, which have been defined by surface marker expression, although the exact branching points and potential of progenitors are still a matter of debate (see for example [197] for further details). *LT-HSC* long-term haematopoietic stem cell, *ST-HSC* short-term haematopoietic stem cell, *MPP* multipotent progenitor, *CLP* common lymphoid progenitor, *CMP* common myeloid progenitor, *GMP* granulocyte monocyte progenitor, *MEP* myeloerythroid progenitor, *MK* megakaryocyte, *RBC* red blood cell

cell fate of multipotent progenitors, inducing myeloid differentiation while inhibiting erythroid differentiation [206].

The high mobility group binding protein B3 (Hmgb3) is a sequence-independent chromatin binding protein. Loss of *Hmgb3* does not affect HSC numbers, self-renewal or reconstitution ability, but does result in reduced CLP and CMP numbers [207, 208]. Of note, even though in vitro differentiation of *Hmgb3*-deficient CLP and CMP are unaffected, loss of *Hmgb3* appears to bias HSCs to self-renewal rather than differentiation into progenitors [207].

11.5 Regulation of HSC Transcriptional Regulator Expression

Much of our understanding of the regulation of HSCs is at the transcriptional level, and transcriptional regulation of haematopoietic transcription factors by *cis*-regulatory elements has allowed modelling of transcription factor networks. However, additional regulatory mechanisms overlay and interconnect with these networks, including alternative promoter usage and splicing, post-transcriptional and translational control mechanisms, and post-translational regulation of protein activity and degradation. To highlight this additional complexity, we discuss the regulatory mechanisms known to control expression and activity of a single transcription factor, Runx1, within the haematopoietic system.

11.5.1 Transcriptional and Co-transcriptional Regulation

Runx1 is expressed from two promoters, a distal P1 and proximal P2, which play nonredudant roles in definitive haematopoiesis, with the P2 being critically required [209]. Different transcription factor binding at the *Runx1* promoters confers specificity of promoter activity, and explain differential promoter activity during developmental haematopoiesis [131]. Haematopoietic expression is also regulated by the activity of the *Runx1* +23 enhancer [21]. As mentioned above, three major isoforms of Runx1 appear to have partially distinct functions [130]. However, over 12 differentially spliced *Runx1* cDNAs have so far been identified, which may play additional roles in the haematopoietic system [209, 210].

11.5.2 Post-transcriptional and Translational Regulation

MicroRNAs (miRNAs) are a class of small ncRNA that play a critical role in regulating gene expression (see Chap. 18 for further details). Ben-Ami et al. identified five miRNAs with the ability to bind the *Runx1* 3′UTR and inhibit expression [211]. Alternative splicing determines the length of the 3′UTR, and therefore the ability of these miRNAs to bind and interfere with translation of Runx1. Ben-Ami et al. went onto describe a feedback loop active during megakaryocytic differentiation (of a myeloid cell line) between Runx1 and miR-27a [211]. MiR-27 has also been identified as inhibiting *Runx1* expression during granulocyte development [212].

Runx1 promoter activity determines the 5′UTR transcribed and site of translational initiation. Transcripts from the distal P1 promoter are translated by a Cap-dependent mechanism, while transcripts from the proximal P2 promoter are translated from an internal ribosome entry site (IRES) [213]. Regulation of these two translational start sites by different mechanisms adds an additional level of control to Runx1 expression. Interestingly, several studies suggest miRNAs do not inhibit translation from IRES [214, 215], and could represent a further mechanism by which expression of alternative isoforms is differentially regulated.

11.5.3 Post-translational Modification by Phosphorylation, Acetylation and Methylation

Post-translational modification of proteins by phosphorylation, acetylation and methylation are common mechanisms to regulate protein activity through modulating tertiary structure and protein-protein or protein-DNA interactions. Runx1 is phosphorylated by cyclin-dependent kinases (CDKs) in a cell cycle-specific manner, which regulates Runx1 activity, protein-protein interactions, stability and degradation [216–218]. Runx1-DNA binding stability is also regulated by transcriptional co-activator p300- and MOZ-mediated lysine acetylation [219, 220]. Runx1 methylation has also been reported to alter its activity and transcriptional co-activator interactions [221, 222]. Post-translational modification also appears important for the ability of transcriptional regulator fusion proteins to drive leukaemias; lysine acetylation of RUNX1-ETO is necessary for its ability to mediate leukaemogenesis [223].

11.5.4 Regulation of Runx1 Activity by Smad6

Besides protein-protein interactions with transcriptional co-activators and co-repressors that regulate Runx1 activity, Runx1 is also regulated by interaction with Smad6, a downstream regulator of the BMP and TGFβ signalling pathways. Smad6 regulates Runx1 (as well as Runx2) activity by acting as an adaptor, mediating ubiquitination of Runx1 by Smurf2 (an E3 ubiquitin ligase), which results in proteosomal degradation [224, 225]. A novel self-regulatory mechanism has recently been identified by Knezevic et al., whereby Runx1 controls its own expression during definitive haematopoiesis through regulation of *Smad6* expression, an inhibitor of Runx1 activity [226]. Three key *Runx1* expression regulators Scl, Gata2 and Fli-1 also regulate *Smad6* expression, in combination with Runx1 [226]. Runx1 activity therefore determines *Smad6* expression, which in turn regulates Runx1 activity, and acts to maintain steady Runx1 activity during this process [226].

11.6 Transcriptional Regulation in Leukaemogenesis

11.6.1 Mutation, Translocation and Aberrant Expression of Haematopoietic Transcriptional Regulators

Haematological malignancies are a heterogenous group of diseases, genotypically and phenotypically, and include leukaemias and lymphomas. Chromosomal translocations that produce gene fusions are particularly common in haematological malignancies, with over 264 different gene fusions identified so far [227]. Mutation, translocation, or aberrant expression of many transcriptional regulators discussed above is associated with haematological malignancies, in particular leukaemias (reviewed elsewhere [197, 227, 228]). A large number were in fact originally identified from cytogenetic analysis of chromosomal abnormalities in leukaemias. The molecular pathogenesis of translocations of the haematopoietic transcriptional regulator, MLL1, one the best understood examples, is discussed below.

11.6.2 *MLL1* Translocations and Fusion Proteins

Chromosomal translocations involving *MLL1* account for approximately 10 % of all leukaemias and cause a variety of phenotypes (from which MLL1 gets its name; Mixed Lineage Leukaemia 1). Over 60 different in-frame gene fusion partners of *MLL1* have been identified as well as *MLL1* partial duplication events [229, 230]. However, over 90 % of cases are accounted for by gene fusion with *AF4*, *AF9*, *ELL*, *ENL*, *AF6* or *AF10* [231]. Expression from the *MLL1* promoter after translocation produces an MLL fusion protein consisting of the N-terminus of MLL1 and the C-terminus of the fusion partner, which does not contain H3K4 methyltransferase activity [230]. An increasing understanding of the molecular mechanisms by which MLL fusion proteins initiate and maintain leukaemias has helped developed targeted therapies.

MLL fusion proteins appear to "hijack" normal transcriptional regulators to mediate leukaemogenesis. Continued expression of the MLL fusion protein is required to maintain leukaemic growth [232], and MLL-AF9 also requires expression of wild-type MLL1 to initiate and maintain leukaemia [233]. The MLL1 cofactor Menin is also required for maintenance of *MLL1* leukaemias [234], and Menin-MLL inhibitors have recently been found to ablate leukaemogenic activity of MLL fusion proteins [235]. Additionally, a PcG protein Cbx8 (and PRC1 component) has recently been found to be necessary for initiation and maintenance of MLL-AF9 leukaemias, suggesting cooperation between PcG and MLL fusion proteins in leukaemogenesis [236].

Four of the most common fusion partners of MLL1 (AF4, AF9, ENL and ELL), along with the transcriptional coactivator pTEFb, the polymerase associated factor 1 complex, the H3K79 methyltransferase DOT1L, and the BET family protein BRD4 are thought to form large molecular complexes with MLL fusion proteins at target genes [237–241]. These data, combined with reports that H3K79 methylation profiles define multiple MLL fusion protein leukaemias [242], led to the design of a DOT1L inhibitor, which was recently reported to selectively kill MLL1 leukaemias [243]. BET inhibitors prevent BET proteins (including BRD4) from binding to acetylated histones. BET inhibitors are thought to destabilise MLL fusion protein complexes at target genes, and have also recently been reported to be an effective treatment of *MLL1* leukaemias, inducing downregulation of *MYC*, cell cycle arrest and apoptosis [244].

The reports summarised above highlight the notion of how a molecular understanding of the transcriptional dysregulation that occurs in leukaemias can facilitate the design of effective targeted therapies. Furthermore, they suggest MLL fusion proteins may mediate leukaemogenesis through a common molecular mechanism involving inappropriate recruitment of transcriptional elongation promoting factors to MLL target genes. MLL fusion proteins are thought to target a subset of wild-type MLL1 targets, their aberrant expression promoting cellular proliferation and survival [245]. Perhaps unsurprisingly, several key MLL fusion protein targets are transcriptional regulators of HSC self-renewal: Hox genes (in particular *HOXA9*, *HOXA10*), *MEIS1* *EVI-1*, *MYC* and *MYB*, which contribute to *MLL1* leukaemogenesis [244, 246–249].

However, a comparison of two ChIP-seq data sets of genome-wide MLL fusion protein occupancy (MLL-AF4 and MLL-AF9) identified few common gene targets [250]. This suggests that although MLL fusion proteins may act by a common mechanism to dysregulate transcription of target genes, many of these target genes are likely to be unique to the particular *MLL1* leukaemia, and may depend on cell of origin, MLL fusion partner, and/or additional mutations present. This may help to explain the heterogeneity in cellular phenotype and pathology of *MLL1* leukaemias.

11.7 Conclusions

Over the last 30 years, transcription factors have been identified as key regulators of every stage of normal and malignant haematopoiesis. However, most work to date has involved focusing on the role of single transcription factors within this system. However, it is becoming increasingly clear that transcription factors act within large regulatory networks, often functionally and physically interacting. Further work is needed to synthesise all this information, as well as integrating the additional layers of regulation acting on these transcription factors, into a wider, coherent network model.

Besides serving as a model of mammalian development, the overall aim of such research is its application to clinical problems, such as production or expansion of HSCs for bone marrow transplantation and mature blood cell types for transfusion medicine, as well as rational design of treatments of HSC-associated diseases, such as leukaemias. As mentioned in Sect. 11.7, several small molecule inhibitors have recently been identified as potential revolutionary treatments of *MLL1* leukaemias. However, our understanding of the leukaemogenic mechanisms of many other fusion proteins is less well advanced. Recent cancer genome sequencing projects are discovering ever more transcriptional regulators as candidate leukaemic oncogenes and/or tumour suppressors [251, 252]. However, further work is required to confirm their role and determine their function in driving leukaemia, as well as in normal haematopoiesis.

Mouse models have provided powerful tools to investigate the transcriptional regulation of HSCs, and in many ways account for our greater understanding of mouse HSCs over human HSCs. However, an over-reliance on mouse experiments must be avoided if research is to be successfully translated into clinical application. Although the roles of many transcriptional regulators of HSCs are likely conserved, differences in the basic biology of mice and humans (such as life expectancy) as well as those specific to HSCs will limit translation of knowledge. For example, HoxB4 is a potent regulator of mouse HSC expansion [78], but has very limited ability to expand human HSCs [253]. Additionally, current isolation protocols for human HSCs provide less pure cell populations than mouse HSCs. Further characterisation and dissection of human HSCs will therefore be important in the future.

In summary, transcriptional regulation of HSCs is a mature area of research that is continuing at an exciting pace, and one which holds real promise for further clinical application in the near future.

References

1. Krause DS, Theise ND, Collector MI, Henegariu O et al (2001) Multi-organ, multi-lineage engraftment by a single bone marrow-derived stem cell. Cell 105(3):369–377
2. Keller G (2005) Embryonic stem cell differentiation: emergence of a new era in biology and medicine. Genes Dev 19(10):1129–1155
3. Medvinsky A, Rybtsov S, Taoudi S (2011) Embryonic origin of the adult hematopoietic system: advances and questions. Development 138(6):1017–1031
4. Silver L, Palis J (1997) Initiation of murine embryonic erythropoiesis: a spatial analysis. Blood 89(4):1154–1164
5. Medvinsky AL, Samoylina NL, Muller AM, Dzierzak EA (1993) An early pre-liver intraembryonic source of CFU-S in the developing mouse. Nature 364(6432):64–67
6. Muller AM, Medvinsky A, Strouboulis J, Grosveld F et al (1994) Development of hematopoietic stem cell activity in the mouse embryo. Immunity 1(4):291–301
7. Medvinsky A, Dzierzak E (1996) Definitive hematopoiesis is autonomously initiated by the AGM region. Cell 86(6):897–906
8. Lancrin C, Sroczynska P, Stephenson C, Allen T et al (2009) The haemangioblast generates haematopoietic cells through a haemogenic endothelium stage. Nature 457(7231):892–895
9. Kataoka H, Hayashi M, Nakagawa R, Tanaka Y et al (2011) Etv2/ER71 induces vascular mesoderm from Flk1 + PDGFR{alpha} + primitive mesoderm. Blood 118:6975–6986
10. Lee D, Park C, Lee H, Lugus JJ et al (2008) ER71 acts downstream of BMP, notch, and Wnt signaling in blood and vessel progenitor specification. Cell Stem Cell 2(5):497–507
11. Liu F, Kang I, Park C, Chang LW et al (2012) ER71 specifies Flk-1+ hemangiogenic mesoderm by inhibiting cardiac mesoderm and Wnt signaling. Blood 119(14):3295–3305
12. Kallianpur AR, Jordan JE, Brandt SJ (1994) The SCL/TAL-1 gene is expressed in progenitors of both the hematopoietic and vascular systems during embryogenesis. Blood 83(5):1200–1208
13. Gottgens B, Broccardo C, Sanchez MJ, Deveaux S et al (2004) The scl +18/19 stem cell enhancer is not required for hematopoiesis: identification of a 5′ bifunctional hematopoietic-endothelial enhancer bound by Fli-1 and Elf-1. Mol Cell Biol 24(5):1870–1883
14. Gottgens B, Nastos A, Kinston S, Piltz S et al (2002) Establishing the transcriptional programme for blood: the SCL stem cell enhancer is regulated by a multiprotein complex containing Ets and GATA factors. EMBO J 21(12):3039–3050
15. Ogilvy S, Ferreira R, Piltz SG, Bowen JM et al (2007) The SCL +40 enhancer targets the midbrain together with primitive and definitive hematopoiesis and is regulated by SCL and GATA proteins. Mol Cell Biol 27(20):7206–7219
16. Delabesse E, Ogilvy S, Chapman MA, Piltz SG et al (2005) Transcriptional regulation of the SCL locus: identification of an enhancer that targets the primitive erythroid lineage in vivo. Mol Cell Biol 25(12):5215–5225
17. Okuda T, van Deursen J, Hiebert SW, Grosveld G et al (1996) AML1, the target of multiple chromosomal translocations in human leukemia, is essential for normal fetal liver hematopoiesis. Cell 84(2):321–330
18. Wang Q, Stacy T, Miller JD, Lewis AF et al (1996) The CBFβ subunit is essential for CBFα2 (AML1) function in vivo. Cell 87(4):697–708
19. Sasaki K, Yagi H, Bronson RT, Tominaga K et al (1996) Absence of fetal liver hematopoiesis in mice deficient in transcriptional coactivator core binding factor beta. Proc Natl Acad Sci U S A 93(22):12359–12363
20. Chen MJ, Yokomizo T, Zeigler BM, Dzierzak E et al (2009) Runx1 is required for the endothelial to haematopoietic cell transition but not thereafter. Nature 457(7231):887–891
21. Nottingham WT, Jarratt A, Burgess M, Speck CL et al (2007) Runx1-mediated hematopoietic stem-cell emergence is controlled by a gata/Ets/SCL-regulated enhancer. Blood 110(13):4188–4197
22. Ernst P, Fisher JK, Avery W, Wade S et al (2004) Definitive hematopoiesis requires the mixed-lineage leukemia gene. Dev Cell 6(3):437–443
23. McMahon KA, Hiew SYL, Hadjur S, Veiga-Fernandes H et al (2007) Mll has a critical role in fetal and adult hematopoietic stem cell self-renewal. Cell Stem Cell 1(3):338–345
24. Schuettengruber B, Martinez AM, Iovino N, Cavalli G (2011) Trithorax group proteins: switching genes on and keeping them active. Nat Rev Mol Cell Biol 12(12):799–814
25. Bertani S, Sauer S, Bolotin E, Sauer F (2011) The noncoding RNA mistral activates Hoxa6 and Hoxa7 expression and stem cell differentiation by recruiting MLL1 to chromatin. Mol Cell 43(6):1040–1046
26. Kim J, Guermah M, Roeder RG (2010) The human PAF1 complex acts in chromatin transcription elongation both independently and cooperatively with SII/TFIIS. Cell 140(4):491–503
27. Ito T, Arimitsu N, Takeuchi M, Kawamura N et al (2006) Transcription elongation factor S-II is required for definitive hematopoiesis. Mol Cell Biol 26(8):3194–3203
28. Huang G, Zhao X, Wang L, Elf S et al (2011) The ability of MLL to bind RUNX1 and methylate H3K4 at PU.1 regulatory regions is impaired by MDS/AML-associated RUNX1/AML1 mutations. Blood 118(25):6544–6552
29. Minegishi N, Ohta J, Yamagiwa H, Suzuki N et al (1999) The mouse GATA-2 gene is expressed in the para-aortic splanchnopleura and aorta-gonads and mesonephros region. Blood 93(12):4196–4207

30. Minegishi N, Suzuki N, Yokomizo T, Pan X et al (2003) Expression and domain-specific function of GATA-2 during differentiation of the hematopoietic precursor cells in midgestation mouse embryos. Blood 102(3):896–905
31. Pimanda JE, Ottersbach K, Knezevic K, Kinston S et al (2007) Gata2, Fli1, and Scl form a recursively wired gene-regulatory circuit during early hematopoietic development. Proc Natl Acad Sci U S A 104(45):17692–17697
32. Kobayashi-Osaki M, Ohneda O, Suzuki N, Minegishi N et al (2005) GATA motifs regulate early hematopoietic lineage-specific expression of the Gata2 gene. Mol Cell Biol 25(16):7005–7020
33. Wilson NK, Foster SD, Wang X, Knezevic K et al (2010) Combinatorial transcriptional control in blood stem/progenitor cells: genome-wide analysis of ten major transcriptional regulators. Cell Stem Cell 7(4):532–544
34. Taoudi S, Bee T, Hilton A, Knezevic K et al (2011) ERG dependence distinguishes developmental control of hematopoietic stem cell maintenance from hematopoietic specification. Genes Dev 25(3):251–262
35. Pajcini KV, Speck NA, Pear WS (2011) Notch signaling in mammalian hematopoietic stem cells. Leukemia 25(10):1525–1532
36. Kumano K, Chiba S, Kunisato A, Sata M et al (2003) Notch1 but not Notch2 is essential for generating hematopoietic stem cells from endothelial cells. Immunity 18(5):699–711
37. Hadland BK, Huppert SS, Kanungo J, Xue Y et al (2004) A requirement for Notch1 distinguishes 2 phases of definitive hematopoiesis during development. Blood 104(10):3097–3105
38. Burns CE, Traver D, Mayhall E, Shepard JL et al (2005) Hematopoietic stem cell fate is established by the notch-runx pathway. Genes Dev 19(19): 2331–2342
39. Nakagawa M, Ichikawa M, Kumano K, Goyama S et al (2006) AML1/Runx1 rescues Notch1-null mutation-induced deficiency of para-aortic splanchnopleural hematopoiesis. Blood 108(10):3329–3334
40. Azcoitia V, Aracil M, Martínez-A C, Torres M (2005) The homeodomain protein Meis1 is essential for definitive hematopoiesis and vascular patterning in the mouse embryo. Dev Biol 280(2):307–320
41. Hisa T, Spence SE, Rachel RA, Fujita M et al (2004) Hematopoietic, angiogenic and eye defects in Meis1 mutant animals. EMBO J 23(2):450–459
42. Iacovino M, Chong D, Szatmari I, Hartweck L et al (2011) HoxA3 is an apical regulator of haemogenic endothelium. Nat Cell Biol 13(1):72–U165
43. Dzierzak E, Speck NA (2008) Of lineage and legacy: the development of mammalian hematopoietic stem cells. Nat Immunol 9(2):129–136
44. Kumaravelu P, Hook L, Morrison AM, Ure J et al (2002) Quantitative developmental anatomy of definitive haematopoietic stem cells/long-term repopulating units (HSC/RUs): role of the aorta-gonad-mesonephros (AGM) region and the yolk sac in colonisation of the mouse embryonic liver. Development 129(21):4891–4899
45. Kim I, Saunders TL, Morrison SJ (2007) Sox17 dependence distinguishes the transcriptional regulation of fetal from adult hematopoietic stem cells. Cell 130(3):470–483
46. Wilson A, Laurenti E, Oser G, van der Wath RC et al (2008) Hematopoietic stem cells reversibly switch from dormancy to self-renewal during homeostasis and repair. Cell 135(6):1118–1129
47. van der Wath RC, Wilson A, Laurenti E, Trumpp A et al (2009) Estimating dormant and active hematopoietic stem cell kinetics through extensive modeling of bromodeoxyuridine label-retaining cell dynamics. PLoS One 4(9):e6972
48. Morrison SJ, Kimble J (2006) Asymmetric and symmetric stem-cell divisions in development and cancer. Nature 441(7097):1068–1074
49. Mansson R, Zandi S, Bryder D, Sigvardsson M (2009) The road to commitment: lineage restriction events in hematopoiesis. In: Wickrema A, Kee B (eds) Molecular basis of hematopoiesis. Springer, New York, pp 23–46
50. Stoffel R, Ziegler S, Ghilardi N, Ledermann B et al (1999) Permissive role of thrombopoietin and granulocyte colony-stimulating factor receptors in hematopoietic cell fate decisions in vivo. Proc Natl Acad Sci U S A 96(2):698–702
51. Rieger MA, Hoppe PS, Smejkal BM, Eitelhuber AC et al (2009) Hematopoietic cytokines can instruct lineage choice. Science 325(5937):217–218
52. Pimanda JE, Gottgens B (2010) Gene regulatory networks governing haematopoietic stem cell development and identity. Int J Dev Biol 54(6–7): 1201–1211
53. Novershtern N, Subramanian A, Lawton LN, Mak RH et al (2011) Densely interconnected transcriptional circuits control cell states in human hematopoiesis. Cell 144(2):296–309
54. Lacombe J, Herblot S, Rojas-Sutterlin S, Haman A et al (2010) Scl regulates the quiescence and the long-term competence of hematopoietic stem cells. Blood 115(4):792–803
55. Capron C, Lécluse Y, Kaushik AL, Foudi A et al (2006) The SCL relative LYL-1 is required for fetal and adult hematopoietic stem cell function and B-cell differentiation. Blood 107(12):4678–4686
56. Souroullas GP, Salmon JM, Sablitzky F, Curtis DJ et al (2009) Adult hematopoietic stem and progenitor cells require either Lyl1 or Scl for survival. Cell Stem Cell 4(2):180–186
57. Li L, Jothi R, Cui K, Lee JY et al (2011) Nuclear adaptor Ldb1 regulates a transcriptional program essential for the maintenance of hematopoietic stem cells. Nat Immunol 12(2):129–136
58. Yamada Y, Warren AJ, Dobson C, Forster A et al (1998) The T cell leukemia LIM protein Lmo2 is necessary for adult mouse hematopoiesis. Proc Natl Acad Sci U S A 95(7):3890–3895

59. Soler E, Andrieu-Soler C, de Boer E, Bryne JC et al (2010) The genome-wide dynamics of the binding of Ldb1 complexes during erythroid differentiation. Genes Dev 24(3):277–289
60. Goardon N, Lambert JA, Rodriguez P, Nissaire P et al (2006) ETO2 coordinates cellular proliferation and differentiation during erythropoiesis. EMBO J 25(2):357–366
61. Fujiwara T, Lee HY, Sanalkumar R, Bresnick EH (2010) Building multifunctionality into a complex containing master regulators of hematopoiesis. Proc Natl Acad Sci U S A 107(47):20429–20434
62. Song SH, Hou CH, Dean A (2007) A positive role for NLI/Ldb1 in long-range beta-globin locus control region function. Mol Cell 28(5):810–822
63. Semerad CL, Mercer EM, Inlay MA, Weissman IL et al (2009) E2A proteins maintain the hematopoietic stem cell pool and promote the maturation of myelolymphoid and myeloerythroid progenitors. Proc Natl Acad Sci U S A 106(6):1930–1935
64. Yang Q, Kardava L, St. Leger A, Martincic K et al (2008) E47 controls the developmental integrity and cell cycle quiescence of multipotential hematopoietic progenitors. J Immunol 181(9):5885–5894
65. Jankovic V, Ciarrocchi A, Boccuni P, DeBlasio T et al (2007) Id1 restrains myeloid commitment, maintaining the self-renewal capacity of hematopoietic stem cells. Proc Natl Acad Sci U S A 104(4):1260–1265
66. Perry SS, Zhao Y, Nie L, Cochrane SW et al (2007) Id1, but not Id3, directs long-term repopulating hematopoietic stem-cell maintenance. Blood 110(7):2351–2360
67. Ji M, Li H, Suh HC, Klarmann KD et al (2008) Id2 intrinsically regulates lymphoid and erythroid development via interaction with different target proteins. Blood 112(4):1068–1077
68. Deed RW, Jasiok M, Norton JD (1998) Lymphoid-specific expression of the Id3 gene in hematopoietic cells—selective antagonism of E2A basic helix-loop-helix protein associated with Id3-induced differentiation of erythroleukemia cells. J Biol Chem 273(14):8278–8286
69. Miyazaki M, Rivera RR, Miyazaki K, Lin YC et al (2011) The opposing roles of the transcription factor E2A and its antagonist Id3 that orchestrate and enforce the naive fate of T cells. Nat Immunol 12(10):992–103
70. Wilson A, Murphy MJ, Oskarsson T, Kaloulis K et al (2004) c-Myc controls the balance between hematopoietic stem cell self-renewal and differentiation. Genes Dev 18(22):2747–2763
71. Laurenti E, Varnum-Finney B, Wilson A, Ferrero I et al (2008) Hematopoietic stem cell function and survival depend on c-Myc and N-Myc activity. Cell Stem Cell 3(6):611–624
72. Baena E, Ortiz M, Martínez-A C, de Alborán IM (2007) c-Myc is essential for hematopoietic stem cell differentiation and regulates Lin(−)Sca-1(+) c-Kit(−) cell generation through p21. Exp Hematol 35(9):1333–1343
73. Pearson JC, Lemons D, McGinnis W (2005) Modulating Hox gene functions during animal body patterning. Nat Rev Genet 6(12):893–904
74. Moens CB, Selleri L (2006) Hox cofactors in vertebrate development. Dev Biol 291(2):193–206
75. Argiropoulos B, Humphries RK (2007) Hox genes in hematopoiesis and leukemogenesis. Oncogene 26(47):6766–6776
76. Thorsteinsdottir U, Mamo A, Kroon E, Jerome L et al (2002) Overexpression of the myeloid leukemia-associated Hoxa9 gene in bone marrow cells induces stem cell expansion. Blood 99(1):121–129
77. Magnusson M, Brun ACM, Miyake N, Larsson J et al (2007) HOXA10 is a critical regulator for hematopoietic stem cells and erythroid/megakaryocyte development. Blood 109(9):3687–3696
78. Antonchuk J, Sauvageau G, Humphries RK (2002) HOXB4-induced expansion of adult hematopoietic stem cells ex vivo. Cell 109(1):39–45
79. Auvray C, Delahaye A, Pflumio F, Haddad R et al (2012) HOXC4 homeoprotein efficiently expands human hematopoietic stem cells and triggers similar molecular alterations as HOXB4. Haematologica 97(2):168–178
80. Fischbach NA, Rozenfeld S, Shen W, Fong S et al (2005) HOXB6 overexpression in murine bone marrow immortalizes a myelomonocytic precursor in vitro and causes hematopoietic stem cell expansion and acute myeloid leukemia in vivo. Blood 105(4):1456–1466
81. Bjornsson JM, Larsson N, Brun ACM, Magnusson M et al (2003) Reduced proliferative capacity of hematopoietic stem cells deficient in Hoxb3 and Hoxb4. Mol Cell Biol 23(11):3872–3883
82. Lawrence HJ, Christensen J, Fong S, Hu YL et al (2005) Loss of expression of the hoxa-9 homeobox gene impairs the proliferation and repopulating ability of hematopoietic stem cells. Blood 106(12):3988–3994
83. Magnusson M, Brun ACM, Lawrence HJ, Karlsson S (2007) Hoxa9/hoxb3/hoxb4 compound null mice display severe hematopoietic defects. Exp Hematol 35(9):1421–1428
84. Chang CP, Jacobs Y, Nakamura T, Jenkins NA et al (1997) Meis proteins are major in vivo DNA binding partners for wild-type but not chimeric Pbx proteins. Mol Cell Biol 17(10):5679–5687
85. Mann RS, Lelli KM, Joshi R (2009) Hox specificity: unique roles for cofactors and collaborators. Curr Top Dev Biol 88:63–101
86. DiMartino JF (2001) The Hox cofactor and proto-oncogene Pbx1 is required for maintenance of definitive hematopoiesis in the fetal liver. Blood 98(3):618–626
87. Ficara F, Murphy MJ, Lin M, Cleary ML (2008) Pbx1 regulates self-renewal of long-term hematopoietic stem cells by maintaining their quiescence. Cell Stem Cell 2(5):484–496
88. Loughran SJ, Kruse EA, Hacking DF, de Graaf CA et al (2008) The transcription factor Erg is essential for

definitive hematopoiesis and the function of adult hematopoietic stem cells. Nat Immunol 9(7):810–819
89. Ng AP, Loughran SJ, Metcalf D, Hyland CD et al (2011) Erg is required for self-renewal of hematopoietic stem cells during stress hematopoiesis in mice. Blood 118(9):2454–2461
90. Kruse EA, Loughran SJ, Baldwin TM, Josefsson EC et al (2009) Dual requirement for the ETS transcription factors Fli-1 and Erg in hematopoietic stem cells and the megakaryocyte lineage. Proc Natl Acad Sci U S A 106(33):13814–13819
91. Yu S, Cui K, Jothi R, Zhao D-M et al (2011) GABP controls a critical transcription regulatory module that is essential for maintenance and differentiation of hematopoietic stem/progenitor cells. Blood 117(7):2166–2178
92. Iwasaki H, Somoza C, Shigematsu H, Duprez EA et al (2005) Distinctive and indispensable roles of PU.1 in maintenance of hematopoietic stem cells and their differentiation. Blood 106(5):1590–1600
93. Hock H, Meade E, Medeiros S, Schindler JW et al (2004) Tel/Etv6 is an essential and selective regulator of adult hematopoietic stem cell survival. Genes Dev 18(19):2336–2341
94. Lacorazza HD, Yamada T, Liu Y, Miyata Y et al (2006) The transcription factor MEF/ELF4 regulates the quiescence of primitive hematopoietic cells. Cancer Cell 9(3):175–187
95. Wang LC, Swat W, Fujiwara Y, Davidson L et al (1998) The TEL/ETV6 gene is required specifically for hematopoiesis in the bone marrow. Genes Dev 12(15):2392–2402
96. Ristevski S, O'Leary DA, Thornell AP, Owen MJ et al (2004) The ETS transcription factor GABPalpha is essential for early embryogenesis. Mol Cell Biol 24(13):5844–5849
97. Alder JK, Georgantas RW, Yu X, Civin CI (2004) KLF4 as a mediator of quiescence in hematopoietic stem/progenitor cells. Blood 104(11, Part 2): 123B–123B
98. Yang J, Aguila JR, Alipio Z, Lai R et al (2011) Enhanced self-renewal of hematopoietic stem/progenitor cells mediated by the stem cell gene Sall4. J Hematol Oncol 4(1):38–38
99. Aguila JR, Liao W, Yang J, Avila C et al (2011) SALL4 is a robust stimulator for the expansion of hematopoietic stem cells. Blood 118(3):576–585
100. Galan-Caridad JM, Harel S, Arenzana TL, Hou ZE et al (2007) Zfx controls the self-renewal of embryonic and hematopoietic stem cells. Cell 129(2):345–357
101. Ku CJ, Hosoya T, Maillard I, Engel JD (2012) GATA-3 regulates hematopoietic stem cell maintenance and cell cycle entry. Blood 119(10):2242–2251
102. Rodrigues NP, Tipping AJ, Wang Z, Enver T (2012) GATA-2 mediated regulation of normal hematopoietic stem/progenitor cell function, myelodysplasia and myeloid leukemia. Int J Biochem Cell Biol 44(3):457–460
103. Zeng H, Yücel R, Kosan C, Klein-Hitpass L et al (2004) Transcription factor Gfi1 regulates self-renewal and engraftment of hematopoietic stem cells. EMBO J 23(20):4116–4125
104. Hock H, Hamblen MJ, Rooke HM, Schindler JW et al (2004) Gfi-1 restricts proliferation and preserves functional integrity of haematopoietic stem cells. Nature 431(7011):1002–1007
105. Khandanpour C, Sharif-Askari E, Vassen L, Gaudreau M-C et al (2010) Evidence that growth factor independence 1b regulates dormancy and peripheral blood mobilization of hematopoietic stem cells. Blood 116(24):5149–5161
106. Ng SY-M, Yoshida T, Zhang J, Georgopoulos K (2009) Genome-wide lineage-specific transcriptional networks underscore ikaros-dependent lymphoid priming in hematopoietic stem cells. Immunity 30(4):493–507
107. Goyama S, Yamamoto G, Shimabe M, Sato T et al (2008) Evi-1 is a critical regulator for hematopoietic stem cells and transformed leukemic cells. Cell Stem Cell 3(2):207–220
108. Zhang Y, Stehling-Sun S, Lezon-Geyda K, Juneja SC et al (2011) PR-domain-containing Mds1-Evi1 is critical for long-term hematopoietic stem cell function. Blood 118(14):3853–3861
109. Jiang J, Chan YS, Loh YH, Cai J et al (2008) A core Klf circuitry regulates self-renewal of embryonic stem cells. Nat Cell Biol 10(3):353–360
110. Zhang J, Tam WL, Tong GQ, Wu Q et al (2006) Sall4 modulates embryonic stem cell pluripotency and early embryonic development by the transcriptional regulation of Pou5f1. Nat Cell Biol 8(10):1114–1123
111. Ling K-W, Ottersbach K, van Hamburg JP, Oziemlak A et al (2004) GATA-2 plays two functionally distinct roles during the ontogeny of hematopoietic stem cells. J Exp Med 200(7):871–882
112. Tipping AJ, Pina C, Castor A, Hong D et al (2009) High GATA-2 expression inhibits human hematopoietic stem and progenitor cell function by effects on cell cycle. Blood 113(12):2661–2672
113. John LB, Ward AC (2011) The ikaros gene family: transcriptional regulators of hematopoiesis and immunity. Mol Immunol 48(9–10):1272–1278
114. Klug CA (1998) Hematopoietic stem cells and lymphoid progenitors express different ikaros isoforms, and ikaros is localized to heterochromatin in immature lymphocytes. Proc Natl Acad Sci 95(2):657–662
115. Nichogiannopoulou A (1999) Defects in hemopoietic stem cell activity in ikaros mutant mice. J Exp Med 190(9):1201–1214
116. Kumano K, Kurokawa M (2010) The role of Runx1/AML1 and Evi-1 in the regulation of hematopoietic stem cells. J Cell Physiol 222(2):282–285
117. Kataoka K, Sato T, Yoshimi A, Goyama S et al (2011) Evi1 is essential for hematopoietic stem cell self-renewal, and its expression marks hematopoietic cells with long-term multilineage repopulating activity. J Exp Med 208(12): 2403–2416, jem.20110447-jem.20110447-

118. Aguilo F, Avagyan S, Labar A, Sevilla A et al (2011) Prdm16 is a physiologic regulator of hematopoietic stem cells. Blood 117(19):5057–5066
119. Deneault E, Cellot S, Faubert A, Laverdure JP et al (2009) A functional screen to identify novel effectors of hematopoietic stem cell activity. Cell 137(2):369–379
120. Chuikov S, Levi BP, Smith ML, Morrison SJ (2010) Prdm16 promotes stem cell maintenance in multiple tissues, partly by regulating oxidative stress. Nat Cell Biol 12(10):999–1006
121. Lieu YK, Reddy EP (2009) Conditional c-myb knockout in adult hematopoietic stem cells leads to loss of self-renewal due to impaired proliferation and accelerated differentiation. Proc Natl Acad Sci U S A 106(51):21689–21694
122. Sandberg ML, Sutton SE, Pletcher MT, Wiltshire T et al (2005) c-Myb and p300 regulate hematopoietic stem cell proliferation and differentiation. Dev Cell 8(2):153–166
123. Kobayashi M, Srour EF (2011) Regulation of murine hematopoietic stem cell quiescence by Dmtf1. Blood 118(25):6562–6571
124. Growney JD, Shigematsu H, Li Z, Lee BH et al (2005) Loss of Runx1 perturbs adult hematopoiesis and is associated with a myeloproliferative phenotype. Blood 106(2):494–504
125. Ichikawa M, Asai T, Saito T, Seo S et al (2004) AML-1 is required for megakaryocytic maturation and lymphocytic differentiation, but not for maintenance of hematopoietic stem cells in adult hematopoiesis. Nat Med 10(3):299–304
126. Ichikawa M, Goyama S, Asai T, Kawazu M et al (2008) AML1/Runx1 negatively regulates quiescent hematopoietic stem cells in adult hematopoiesis. J Immunol 180(7):4402–4408
127. Motoda L, Osato M, Yamashita N, Jacob B et al (2007) Runx1 protects hematopoietic stem/progenitor cells from oncogenic insult. Stem Cells 25(12):2976–2986
128. Jacob B, Osato M, Yamashita N, Wang CQ et al (2010) Stem cell exhaustion due to Runx1 deficiency is prevented by Evi5 activation in leukemogenesis. Blood 115(8):1610–1620
129. Cai X, Gaudet JJ, Mangan JK, Chen MJ et al (2011) Runx1 loss minimally impacts long-term hematopoietic stem cells. PLoS One 6(12):e28430–e28430
130. Tsuzuki S, Hong DL, Gupta R, Matsuo K et al (2007) Isoform-specific potentiation of stem and progenitor cell engraftment by AML1/RUNX1. PLoS Med 4(5):880–896
131. Challen GA, Goodell MA (2010) Runx1 isoforms show differential expression patterns during hematopoietic development but have similar functional effects in adult hematopoietic stem cells. Exp Hematol 38(5):403–416
132. Tsuzuki S, Seto M (2012) Expansion of functionally defined mouse hematopoietic stem and progenitor cells by a short isoform of RUNX1/AML1. Blood 119(3):727–735
133. Talebian L, Li Z, Guo YL, Gaudet J et al (2007) T-lymphoid, megakaryocyte, and granulocyte development are sensitive to decreases in CBF beta dosage. Blood 109(1):11–21
134. Miller J, Horner A, Stacy T, Lowrey C et al (2002) The core-binding factor beta subunit is required for bone formation and hematopoietic maturation. Nat Genet 32(4):645–649
135. Link KA, Chou FS, Mulloy JC (2010) Core binding factor at the crossroads: determining the fate of the HSC. J Cell Physiol 222(1):50–56
136. Deguchi K, Yagi H, Inada M, Yoshizaki K et al (1999) Excessive extramedullary hematopoiesis in Cbfa1-deficient mice with a congenital lack of bone marrow. Biochem Biophys Res Commun 255(2):352–359
137. Komori T, Yagi H, Nomura S, Yamaguchi A et al (1997) Targeted disruption of Cbfa1 results in a complete lack of bone formation owing to maturational arrest of osteoblasts. Cell 89(5):755–764
138. Viatour P, Somervaille TC, Venkatasubrahmanyam S, Kogan S et al (2008) Hematopoietic stem cell quiescence is maintained by compound contributions of the retinoblastoma gene family. Cell Stem Cell 3(4):416–428
139. Asai T, Liu Y, Bae N, Nimer SD (2011) The p53 tumor suppressor protein regulates hematopoietic stem cell fate. J Cell Physiol 226(9):2215–2221
140. Liu Y, Elf SE, Asai T, Miyata Y et al (2009) The p53 tumor suppressor protein is a critical regulator of hematopoietic stem cell behavior. Cell Cycle 8(19):3120–3124
141. Liu Y, Elf SE, Miyata Y, Sashida G et al (2009) p53 regulates hematopoietic stem cell quiescence. Cell Stem Cell 4(1):37–48
142. Walkley CR, Shea JM, Sims NA, Purton LE et al (2007) Rb regulates interactions between hematopoietic stem cells and their bone marrow microenvironment. Cell 129(6):1081–1095
143. Kubota Y, Osawa M, Jakt LM, Yoshikawa K et al (2009) Necdin restricts proliferation of hematopoietic stem cells during hematopoietic regeneration. Blood 114(20):4383–4392
144. Mantovani R (1999) The molecular biology of the CCAAT-binding factor NF-Y. Gene 239(1):15–27
145. Bhattacharya A, Deng JM, Zhang Z, Behringer R et al (2003) The B subunit of the CCAAT box binding transcription factor complex (CBF/NF-Y) is essential for early mouse development and cell proliferation. Cancer Res 63(23):8167–8172
146. Zhu J, Zhang Y, Joe GJ, Pompetti R et al (2005) NF-Ya activates multiple hematopoietic stem cell (HSC) regulatory genes and promotes HSC self-renewal. Proc Natl Acad Sci U S A 102(33):11728–11733
147. Bungartz G, Land H, Scadden DT, Emerson SG (2012) NF-Y is necessary for hematopoietic stem cell proliferation and survival. Blood 119(6):1380–1389
148. Santaguida M, Schepers K, King B, Sabnis AJ et al (2009) JunB protects against myeloid malignancies by limiting hematopoietic stem cell proliferation and

differentiation without affecting self-renewal. Cancer Cell 15(4):341–352

149. Verrecchia F, Tacheau C, Schorpp-Kistner M, Angel P et al (2001) Induction of the AP-1 members c-Jun and JunB by TGF-beta/smad suppresses early smad-driven gene activation. Oncogene 20(18): 2205–2211
150. Min IM, Pietramaggiori G, Kim FS, Passegué E et al (2008) The transcription factor EGR1 controls both the proliferation and localization of hematopoietic stem cells. Cell Stem Cell 2(4):380–391
151. Rebel VI, Kung AL, Tanner EA, Yang H et al (2002) Distinct roles for CREB-binding protein and p300 in hematopoietic stem cell self-renewal. Proc Natl Acad Sci U S A 99(23):14789–14794
152. Katsumoto T, Aikawa Y, Iwama A, Ueda S et al (2006) MOZ is essential for maintenance of hematopoietic stem cells. Genes Dev 20(10):1321–1330
153. Chan WI, Hannah RL, Dawson MA, Pridans C et al (2011) The transcriptional coactivator Cbp regulates self-renewal and differentiation in adult hematopoietic stem cells. Mol Cell Biol 31(24):5046–5060
154. Nguyen AT, He J, Taranova O, Zhang Y (2011) Essential role of DOT1L in maintaining normal adult hematopoiesis. Cell Res 21(9):1370–1373
155. Jo SY, Granowicz EM, Maillard I, Thomas D et al (2011) Requirement for Dot1l in murine postnatal hematopoiesis and leukemogenesis by MLL translocation. Blood 117(18):4759–4768
156. Maillard I, Hess JL (2009) The role of menin in hematopoiesis. Adv Exp Med Biol 668:51–57
157. Jude CD, Climer L, Xu D, Artinger E et al (2007) Unique and independent roles for MLL in adult hematopoietic stem cells and progenitors. Cell Stem Cell 1(3):324–337
158. Gan T, Jude CD, Zaffuto K, Ernst P (2010) Developmentally induced Mll1 loss reveals defects in postnatal haematopoiesis. Leukemia 24(10):1732–1741
159. Heuser M, Yap DB, Leung M, de Algara TR et al (2009) Loss of MLL5 results in pleiotropic hematopoietic defects, reduced neutrophil immune function, and extreme sensitivity to DNA demethylation. Blood 113(7):1432–1443
160. Madan V, Madan B, Brykczynska U, Zilbermann F et al (2009) Impaired function of primitive hematopoietic cells in mice lacking the mixed-lineage-leukemia homolog MLL5. Blood 113(7):1444–1454
161. Zhang Y, Wong J, Klinger M, Tran MT et al (2009) MLL5 contributes to hematopoietic stem cell fitness and homeostasis. Blood 113(7):1455–1463
162. Konuma T, Oguro H, Iwama A (2010) Role of the polycomb group proteins in hematopoietic stem cells. Dev Growth Differ 52(6):505–516
163. Majewski IJ, Ritchie ME, Phipson B, Corbin J et al (2010) Opposing roles of polycomb repressive complexes in hematopoietic stem and progenitor cells. Blood 116(5):731–739
164. Iwama A, Oguro H, Negishi M, Kato Y et al (2005) Epigenetic regulation of hematopoietic stem cell self-renewal by polycomb group genes. Int J Hematol 81(4):294–300
165. Lessard J, Schumacher A, Thorsteinsdottir U, van Lohuizen M et al (1999) Functional antagonism of the polycomb-group genes eed and Bmi1 in hemopoietic cell proliferation. Genes Dev 13(20):2691–2703
166. Majewski IJ, Blewitt ME, de Graaf CA, McManus EJ et al (2008) Polycomb repressive complex 2 (PRC2) restricts hematopoietic stem cell activity. PLoS Biol 6(4):e93
167. Su IH, Basavaraj A, Krutchinsky AN, Hobert O et al (2003) Ezh2 controls B cell development through histone H3 methylation and Igh rearrangement. Nat Immunol 4(2):124–131
168. Mochizuki-Kashio M, Mishima Y, Miyagi S, Negishi M et al (2011) Dependency on the polycomb gene Ezh2 distinguishes fetal from adult hematopoietic stem cells. Blood 118(25):6553–6561
169. Calés C, Román-Trufero M, Pavón L, Serrano I et al (2008) Inactivation of the polycomb group protein Ring1B unveils an antiproliferative role in hematopoietic cell expansion and cooperation with tumorigenesis associated with Ink4a deletion. Mol Cell Biol 28(3):1018–1028
170. Iwama A, Oguro H, Negishi M, Kato Y et al (2004) Enhanced self-renewal of hematopoietic stem cells mediated by the polycomb gene product Bmi-1. Immunity 21(6):843–851
171. Kim JY, Sawada A, Tokimasa S, Endo H et al (2004) Defective long-term repopulating ability in hematopoietic stem cells lacking the polycomb-group gene rae28. Eur J Haematol 73(2):75–84
172. Lessard J, Sauvageau G (2003) Bmi-1 determines the proliferative capacity of normal and leukaemic stem cells. Nature 423(6937):255–260
173. Ohta H (2002) Polycomb group gene rae28 is required for sustaining activity of hematopoietic stem cells. J Exp Med 195(6):759–770
174. Rizo A, Dontje B, Vellenga E, de Haan G et al (2008) Long-term maintenance of human hematopoietic stem/progenitor cells by expression of BMI1. Blood 111(5):2621–2630
175. Elderkin S, Maertens GN, Endoh M, Mallery DL et al (2007) A phosphorylated form of Mel-18 targets the Ring1B histone H2A ubiquitin ligase to chromatin. Mol Cell 28(1):107–120
176. Kajiume T, Ninomiya Y, Ishihara H, Kanno R et al (2004) Polycomb group gene mel-18 modulates the self-renewal activity and cell cycle status of hematopoietic stem cells. Exp Hematol 32(6):571–578
177. Smith L-L, Yeung J, Zeisig BB, Popov N et al (2011) Functional crosstalk between Bmi1 and MLL/Hoxa9 axis in establishment of normal hematopoietic and leukemic stem cells. Cell Stem Cell 8(6):649–662
178. Challen GA, Sun D, Jeong M, Luo M et al (2011) Dnmt3a is essential for hematopoietic stem cell differentiation. Nat Genet 44(1):23–31
179. Tadokoro Y, Ema H, Okano M, Li E et al (2007) De novo DNA methyltransferase is essential for

self-renewal, but not for differentiation, in hematopoietic stem cells. J Exp Med 204(4):715–722
180. Trowbridge JJ, Snow JW, Kim J, Orkin SH (2009) DNA methyltransferase 1 is essential for and uniquely regulates hematopoietic stem and progenitor cells. Cell Stem Cell 5(4):442–449
181. Ko M, Bandukwala HS, An J, Lamperti ED et al (2011) Ten-eleven-translocation 2 (TET2) negatively regulates homeostasis and differentiation of hematopoietic stem cells in mice. Proc Natl Acad Sci 108(35):14566–14571
182. Li Z, Cai X, Cai C, Wang J et al (2011) Deletion of Tet2 in mice leads to dysregulated hematopoietic stem cells and subsequent development of myeloid malignancies. Blood 118(17):4509–4518
183. Moran-Crusio K, Reavie L, Shih A, Abdel-Wahab O et al (2011) Tet2 loss leads to increased hematopoietic stem cell self-renewal and myeloid transformation. Cancer Cell 20(1):11–24
184. Yoshida T, Hazan I, Zhang J, Ng SY et al (2008) The role of the chromatin remodeler Mi-2beta in hematopoietic stem cell self-renewal and multilineage differentiation. Genes Dev 22(9):1174–1189
185. Staal FJT, Clevers HC (2005) WNT signalling and haematopoiesis: a WNT-WNT situation. Nat Rev Immunol 5(1):21–30
186. Staal FJT, Luis TC (2010) Wnt signaling in hematopoiesis: crucial factors for self-renewal, proliferation, and cell fate decisions. J Cell Biochem 109(5):844–849
187. Blank U, Karlsson G, Karlsson S (2008) Signaling pathways governing stem-cell fate. Blood 111(2): 492–503
188. Blank U, Karlsson S (2011) The role of smad signaling in hematopoiesis and translational hematology. Leukemia 25(9):1379–1388
189. Purton LE, Dworkin S, Olsen GH, Walkley CR et al (2006) RARgamma is critical for maintaining a balance between hematopoietic stem cell self-renewal and differentiation. J Exp Med 203(5):1283–1293
190. Kent D, Copley M, Benz C, Dykstra B et al (2008) Regulation of hematopoietic stem cells by the steel factor/KIT signaling pathway. Clin Cancer Res 14(7):1926–1930
191. de Graaf CA, Metcalf D (2011) Thrombopoietin and hematopoietic stem cells. Cell Cycle 10(10):1582–1589
192. Arai F, Hirao A, Ohmura M, Sato H et al (2004) Tie2/Angiopoietin-1 signaling regulates hematopoietic stem cell quiescence in the bone marrow niche. Cell 118(2):149–161
193. Tothova Z, Gilliland DG (2007) FoxO transcription factors and stem cell homeostasis: insights from the hematopoietic system. Cell Stem Cell 1(2):140–152
194. Tothova Z, Kollipara R, Huntly BJ, Lee BH et al (2007) FoxOs are critical mediators of hematopoietic stem cell resistance to physiologic oxidative stress. Cell 128(2):325–339
195. Miyamoto K, Araki KY, Naka K, Arai F et al (2007) Foxo3a is essential for maintenance of the hematopoietic stem cell pool. Cell Stem Cell 1(1):101–112
196. Takubo K, Goda N, Yamada W, Iriuchishima H et al (2010) Regulation of the HIF-1alpha level is essential for hematopoietic stem cells. Cell Stem Cell 7(3):391–402
197. Orkin SH, Zon LI (2008) Hematopoiesis: an evolving paradigm for stem cell biology. Cell 132(4):631–644
198. Kiritoa K, Kaushansky K (2006) Transcriptional regulation of megakaryopoiesis: thrombopoietin signaling and nuclear factors. Curr Opin Hematol 13(3):151–156
199. Dore LC, Crispino JD (2011) Transcription factor networks in erythroid cell and megakaryocyte development. Blood 118(2):231–239
200. Goldfarb AN (2007) Transcriptional control of megakaryocyte development. Oncogene 26(47):6795–6802
201. Kim SI, Bresnick EH (2007) Transcriptional control of erythropoiesis: emerging mechanisms and principles. Oncogene 26(47):6777–6794
202. Dias S, Xu W, McGregor S, Kee B (2008) Transcriptional regulation of lymphocyte development. Curr Opin Genet Dev 18(5):441–448
203. Friedman AD (2007) Transcriptional control of granulocyte and monocyte development. Oncogene 26(47):6816–6828
204. Friedman AD, Keefer JR, Kummalue T, Liu HT et al (2003) Regulation of granulocyte and monocyte differentiation by CCAAT/enhancer binding protein alpha. Blood Cells Mol Dis 31(3):338–341
205. Zhang P, Iwasaki-Arai J, Iwasaki H, Fenyus ML et al (2004) Enhancement of hematopoietic stem cell repopulating capacity and self-renewal in the absence of the transcription factor C/EBP alpha. Immunity 21(6):853–863
206. Suh HC, Gooya J, Renn K, Friedman AD et al (2006) C/EBP alpha determines hematopoietic cell fate in multipotential progenitor cells by inhibiting erythroid differentiation and inducing myeloid differentiation. Blood 107(11):4308–4316
207. Nemeth MJ, Kirby MR, Bodine DM (2006) Hmgb3 regulates the balance between hematopoietic stem cell self-renewal and differentiation. Proc Natl Acad Sci U S A 103(37):13783–13788
208. Nemeth MJ, Cline AP, Anderson SM, Garrett-Beal LJ et al (2005) Hmgb3 deficiency deregulates proliferation and differentiation of common lymphoid and myeloid progenitors. Blood 105(2):627–634
209. Bee T, Swiers G, Muroi S, Pozner A et al (2010) Nonredundant roles for Runx1 alternative promoters reflect their activity at discrete stages of developmental hematopoiesis. Blood 115(15):3042–3050
210. Levanon D, Glusman C, Bangsow T, Ben-Asher E et al (2001) Architecture and anatomy of the genomic locus encoding the human leukemia-associated transcription factor RUNX1/AML1. Gene 262(1–2):23–33
211. Ben-Ami O, Pencovich N, Lotem J, Levanon D et al (2009) A regulatory interplay between miR-27a and Runx1 during megakaryopoiesis. Proc Natl Acad Sci U S A 106(1):238–243

212. Feng J, Iwama A, Satake M, Kohu K (2009) MicroRNA-27 enhances differentiation of myeloblasts into granulocytes by post-transcriptionally downregulating Runx1. Br J Haematol 145(3):412–423
213. Pozner A, Goldenberg D, Negreanu V, Le SY et al (2000) Transcription-coupled translation control of AML1/RUNX1 is mediated by cap- and internal ribosome entry site-dependent mechanisms. Mol Cell Biol 20(7):2297–2307
214. Pillai RS, Bhattacharyya SN, Artus CG, Zoller T et al (2005) Inhibition of translational initiation by Let-7 microRNA in human cells. Science 309(5740):1573–1576
215. Humphreys DT, Westman BJ, Martin DIK, Preiss T (2005) MicroRNAs control translation initiation by inhibiting eukaryotic initiation factor 4E/cap and poly(a) tail function. Proc Natl Acad Sci U S A 102(47):16961–16966
216. Biggs JR, Peterson LF, Zhang Y, Kraft AS et al (2006) AML1/RUNX1 phosphorylation by cyclin-dependent kinases regulates the degradation of AML1/RUNX1 by the anaphase-promoting complex. Mol Cell Biol 26(20):7420–7429
217. Guo H, Friedman AD (2011) Phosphorylation of RUNX1 by cyclin-dependent kinase reduces direct interaction with HDAC1 and HDAC3. J Biol Chem 286(1):208–215
218. Zhang L, Fried FB, Guo H, Friedman AD (2008) Cyclin-dependent kinase phosphorylation of RUNX1/AML1 on 3 sites increases transactivation potency and stimulates cell proliferation. Blood 111(3):1193–1200
219. Yamaguchi Y, Kurokawa M, Imai Y, Izutsu K et al (2004) AML1 is functionally regulated through p300-mediated acetylation on specific lysine residues. J Biol Chem 279(15):15630–15638
220. Yoshida H, Kitabayashi I (2008) Chromatin regulation by AML1 complex. Int J Hematol 87(1):19–24
221. Zhao X, Jankovic V, Gural A, Huang G et al (2008) Methylation of RUNX1 by PRMT1 abrogates SIN3A binding and potentiates its transcriptional activity. Genes Dev 22(5):640–653
222. Chakraborty S, Sinha KK, Senyuk V, Nucifora G (2003) SUV39H1 interacts with AML1 and abrogates AML1 transactivity. AML1 is methylated in vivo. Oncogene 22(34):5229–5237
223. Wang L, Gural A, Sun XJ, Zhao XY et al (2011) The leukemogenicity of AML1-ETO is dependent on site-specific lysine acetylation. Science 333(6043): 765–769
224. Pimanda JE, Donaldson IJ, de Bruijn MF, Kinston S et al (2007) The SCL transcriptional network and BMP signaling pathway interact to regulate RUNX1 activity. Proc Natl Acad Sci U S A 104(3):840–845
225. Shen R, Chen M, Wang YJ, Kaneki H et al (2006) Smad6 interacts with Runx2 and mediates smad ubiquitin regulatory factor 1-induced Runx2 degradation. J Biol Chem 281(6):3569–3576
226. Knezevic K, Bee T, Wilson NK, Janes ME et al (2011) A Runx1-Smad6 rheostat controls Runx1 activity during embryonic hematopoiesis. Mol Cell Biol 31(14):2817–2826
227. Mitelman F, Johansson B, Mertens F (2007) The impact of translocations and gene fusions on cancer causation. Nat Rev Cancer 7(4):233–245
228. Crans HN, Sakamoto KM (2001) Transcription factors and translocations in lymphoid and myeloid leukemia. Leukemia 15(3):313–331
229. Hess JL (2004) MLL: a histone methyltransferase disrupted in leukemia. Trends Mol Med 10(10):500–507
230. Marschalek R (2010) Mixed lineage leukemia: roles in human malignancies and potential therapy. FEBS J 277(8):1822–1831
231. Meyer C, Kowarz E, Hofmann J, Renneville A et al (2009) New insights to the MLL recombinome of acute leukemias. Leukemia 23(8):1490–1499
232. Thomas M, Gessner A, Vornlocher HP, Hadwiger P et al (2005) Targeting MLL-AF4 with short interfering RNAs inhibits clonogenicity and engraftment of t(4;11)-positive human leukemic cells. Blood 106(10):3559–3566
233. Thiel AT, Blessington P, Zou T, Feather D et al (2010) MLL-AF9-induced leukemogenesis requires coexpression of the wild-type Mll allele. Cancer Cell 17(2):148–159
234. Yokoyama A, Somervaille TCP, Smith KS, Rozenblatt-Rosen O et al (2005) The menin tumor suppressor protein is an essential oncogenic cofactor for MLL-associated leukemogenesis. Cell 123(2): 207–218
235. Grembecka J, He S, Shi A, Purohit T et al (2012) Menin-MLL inhibitors reverse oncogenic activity of MLL fusion proteins in leukemia. Nat Chem Biol 8(3):277–284
236. Tan JY, Jones M, Koseki H, Nakayama M et al (2011) CBX8, a polycomb group protein, is essential for MLL-AF9-induced leukemogenesis. Cancer Cell 20(5):563–575
237. Yokoyama A, Lin M, Naresh A, Kitabayashi I et al (2010) A higher-order complex containing AF4 and ENL family proteins with P-TEFb facilitates oncogenic and physiologic MLL-dependent transcription. Cancer Cell 17(2):198–212
238. Biswas D, Milne TA, Basrur V, Kim J et al (2011) Function of leukemogenic mixed lineage leukemia 1 (MLL) fusion proteins through distinct partner protein complexes. Proc Natl Acad Sci U S A 108(38):15751–15756
239. Okada Y, Feng Q, Lin YH, Jiang Q et al (2005) hDOT1L links histone methylation to leukemogenesis. Cell 121(2):167–178
240. Milne TA, Kim J, Wang GG, Stadler SC et al (2010) Multiple interactions recruit MLL1 and MLL1 fusion proteins to the HOXA9 locus in leukemogenesis. Mol Cell 38(6):853–863
241. Jang MK, Mochizuki K, Zhou MS, Jeong HS et al (2005) The bromodomain protein Brd4 is a positive regulatory component of P-TEFb and stimulates RNA polymerase II-dependent transcription. Mol Cell 19(4):523–534

242. Krivtsov AV, Feng Z, Lemieux ME, Faber J et al (2008) H3K79 methylation profiles define murine and human MLL-AF4 leukemias. Cancer Cell 14(5):355–368
243. Daigle SR, Olhava EJ, Therkelsen CA, Majer CR et al (2011) Selective killing of mixed lineage leukemia cells by a potent small-molecule DOT1L inhibitor. Cancer Cell 20(1):53–65
244. Dawson MA, Prinjha RK, Dittmann A, Giotopoulos G et al (2011) Inhibition of BET recruitment to chromatin as an effective treatment for MLL-fusion leukaemia. Nature 478(7370):529–533
245. Wang QF, Wu G, Mi SL, He FH et al (2011) MLL fusion proteins preferentially regulate a subset of wild-type MLL target genes in the leukemic genome. Blood 117(25):6895–6905
246. Orlovsky K, Kalinkovich A, Rozovskaia T, Shezen E et al (2011) Down-regulation of homeobox genes MEIS1 and HOXA in MLL-rearranged acute leukemia impairs engraftment and reduces proliferation. Proc Natl Acad Sci U S A 108(19):7956–7961
247. Arai S, Yoshimi A, Shimabe M, Ichikawa M et al (2011) Evi-1 is a transcriptional target of mixed-lineage leukemia oncoproteins in hematopoietic stem cells. Blood 117(23):6304–6314
248. Zeisig BB, Milne T, Garcia-Cuellar MP, Schreiner S et al (2004) Hoxa9 and Meis1 are key targets for MLL-ENL-mediated cellular immortalization. Mol Cell Biol 24(2):617–628
249. Zuber J, Rappaport AR, Luo WJ, Wang E et al (2011) An integrated approach to dissecting oncogene addiction implicates a Myb-coordinated self-renewal program as essential for leukemia maintenance. Genes Dev 25(18):1628
250. Bernt KM, Zhu N, Sinha AU, Vempati S et al (2011) MLL-rearranged leukemia is dependent on aberrant H3K79 methylation by DOT1L. Cancer Cell 20(1):66–78
251. Puente XS, Pinyol M, Quesada V, Conde L et al (2011) Whole-genome sequencing identifies recurrent mutations in chronic lymphocytic leukaemia. Nature 475(7354):101–105
252. Ding L, Ley TJ, Larson DE, Miller CA et al (2012) Clonal evolution in relapsed acute myeloid leukaemia revealed by whole-genome sequencing. Nature 481(7382):506–510
253. Amsellem S, Pflumio F, Bardinet D, Izac B et al (2003) Ex vivo expansion of human hematopoietic stem cells by direct delivery of the HOXB4 homeoprotein. Nat Med 9(11):1423–1427

Regulation of Mesenchymal Stem Cell Differentiation

12

David Cook and Paul Genever

Abstract

A population of multipotent stromal cells exists within bone marrow and other adult tissues, which is able to differentiate into different skeletal tissues such as bone, cartilage and fat. These cells are frequently referred to as mesenchymal stem cells (MSCs) and offer significant therapeutic potential, particularly in orthopaedic applications, but may also have broader roles in regenerative medicine, cancer treatment, as anti-inflammatories, immunosuppressives and vehicles for gene/protein therapy. Much attention has focused on understanding MSC biology and the regulation of differentiation to help realise these clinical aspirations. Here we review some of the key molecular determinants of MSC function, with an emphasis on transcription factor control and the cell-cell signalling pathways that regulate MSC differentiation. The source information comes from a range of different models, including isolated human MSC cultures, animal-derived MSC-like cell lines, animal models and skeletal developmental processes to provide a wide-angled overview of the important players in MSC biology and tri-lineage specification.

Keywords

Mesenchymal stem cells • Osteogenesis • Chondrogenesis • Adipogenesis • Transcriptional control

12.1 Introduction

12.1.1 Origins of MSCs

The proposal for the existence of a population of multipotent stromal cells/mesenchymal stem cells (MSCs) was first put forward by Friendenstein and colleagues [1], who reported a population of bone marrow stromal cells capable

D. Cook • P. Genever (✉)
Department of Biology (Area 9), University of York, Wentworth Way, York, YO10 5DD, UK
e-mail: paul.genever@york.ac.uk

G. Hime and H. Abud (eds.), *Transcriptional and Translational Regulation of Stem Cells*, Advances in Experimental Medicine and Biology 786, DOI 10.1007/978-94-007-6621-1_12,

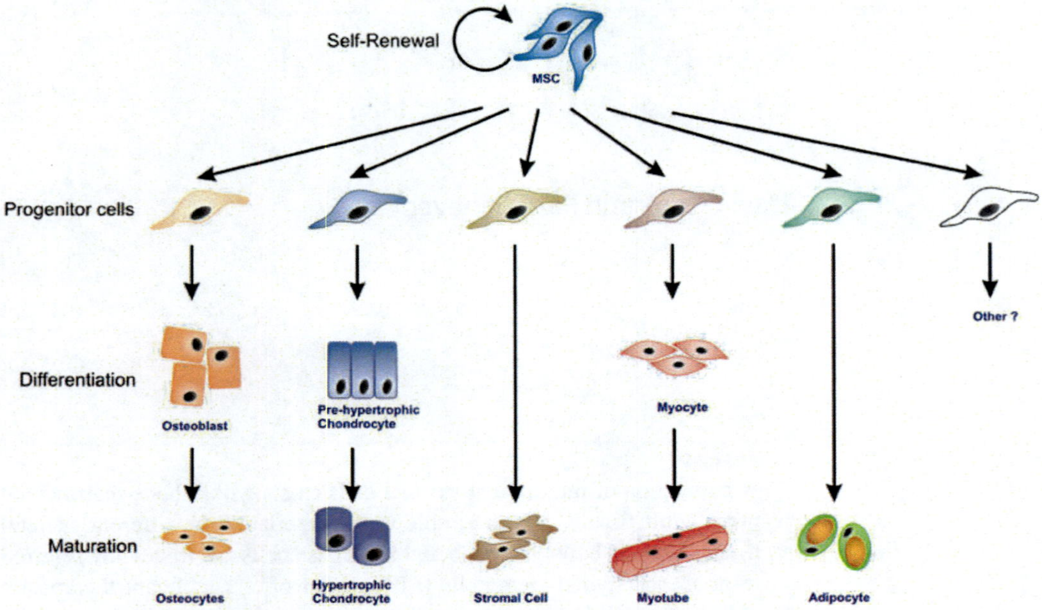

Fig. 12.1 Potency of MSCs. MSCs are a multipotent cell capable of self renewal, and differentiation into multiple mesenchymal lineages, including osteoblasts, osteocytes, chondrocytes and adipocytes. MSCs differentiate through a series of committed progenitor cells, and differentiated stages before final maturation into fully committed terminally differentiated cells (Adapted from Caplan and Bruder [106])

of generating bone following heterotopic transplantation. The same group later showed that these precursors were a subset of fibroblast like cells capable of forming colonies, termed colony-forming unit fibroblasts (CFU-Fs), when selected by adherence to plastic surfaces [2]. Subsequent work showed the ability of these cultured cells derived from a single CFU-F to proliferate in vitro, whist maintaining their ability to differentiate into osteoblasts, adipocytes and chondrocytes [3]. Together, these data are characteristics of two hallmarks of stemness; the ability to self renew, and to differentiate into multiple lineages, consequently these cells came to be commonly known as mesenchymal stem cells (Fig. 12.1).

Since their discovery MSCs have generated a lot of interest in the biomedical field as a source for stem cell therapies, with their relatively simple ex vivo expansion, multilineage capacity and potential for autologous transplantation. Indeed, clinical trials have been performed in patients with osteogenesis imperfecta, where allogeneic bone marrow-derived MSCs were given to patients after bone marrow transplantation. MSC engraftment was shown and a marked increase in patient recovery was detected [4]. The use of MSCs in tissue engineering is also an area of great scientific interest, with multiple groups generating novel scaffolds and delivery procedures for tissue repair. Tissue engineering involves the generation of a biocompatible scaffold on which cells are cultured before implanting into the patient, and in the case of MSCs this requires a thorough understanding of the differentiation process to ensure correct function of the implanted construct.

The study of MSCs in vivo and the isolation of MSC populations has been hindered by the lack of specific cell surface markers for immuno-phenotype identification. Cultured human mesenchymal stem cells do express a panel of cell surface markers, such as CD105, CD73 and CD90, and lack CD45, CD34 and CD14 [5], however these can be donor-, isolation- and passage-dependent and may not represent the true in vivo MSC population. Due to the difficulty in identifying MSCs in vivo, the majority of work studying the properties of MSCs has been performed using cultured MSCs selected by adherence to culture plastic. However, this generates problems of its own, with different species, isolation techniques, culture conditions and donor sites generating increased complexity in the system. Furthermore, some studies of MSC differentiation have been performed not with primary cells, but with cell lines such as C3H10T1/2 [6, 7] and MC3T3-E1 for osteogenesis, and MC3T3-L1 for adipogenesis, preventing the direct extrapolation of the findings to human MSCs. In addition to the difficulties faced with inter-sample variation, there is the added problem of having highly heterogeneous MSC populations.

MSCs are defined by their ability to adhere to plastic and ability to differentiate into osteoblasts, adipocytes and chondrocytes. MSCs are classically derived from the bone marrow [3], however they have now been isolated from many adult stromal tissues [8], with the more common sources for in vitro differentiation analysis being bone marrow, adipose tissue, and periosteum.

12.1.2 In Vitro Differentiation of MSCs

MSCs have the ability to differentiate into osteoblasts, adipocytes and chondrocytes by definition, and various methods have been developed to mimic these processes in vitro. Osteoblasts develop through a series of phases, initiated by cellular proliferation, followed by extracellular matrix maturation and matrix mineralisation. These changes in cellular activity correlate with a pattern of maturation of the cells from committed osteoprogenitors to pre- and finally terminally differentiated osteoblasts. This process of cell maturation can be induced in vitro by the addition of bone morphogenetic proteins (BMPs), often BMP-2 [9], or the addition of a differentiation cocktail of dexamethasone, ascorbate and β-glycerophosphate [10]. While both these methods are capable of inducing the osteogenic differentiation of MSCs, it is likely that they act through different mechanisms to generate a comparable response. As with osteoblasts, adipocytes mature though a series of increasingly committed cell types, before becoming terminally differentiated adipocytes, expressing adipocyte specific markers such as FABP4 and 5 [11] and forming lipid vesicles. In vitro adipogenesis can be induced in MSCs by the addition of a differentiation cocktail of dexamethasone, isobutylmethylxanthine (IBMX), indomethacin and insulin. Methods to induce the process of chondrogenesis have also been developed in vitro. Chondrogenic differentiation in vivo requires an initial condensation of the MSCs, which is mimicked in vitro by culturing MSCs as micromass pellets. Chondrogenic differentiation can then be induced by the presence of transforming growth factor-β (TGF-β) resulting in the appearance of a chondrocyte-like phenotype characterised by upregulation of cartilage-specific molecules such as collagen type II and IX, aggrecan, versican, biglycan, and decorin [12]. Differentiating chondrocytes mature through a sequence of defined steps, initially the MSCs differentiate into a proliferative non-hypertrophic stage termed chondroblasts. This stage is characterised by a change from collagen type-I to type-II, IX and XI expression and a highly order columnar organisation. This stage is then followed by a hypertrophic stage, marked by the expression of collagen type-X, which is vital for vascular invasion, osteoblast differentiation, and bone formation.

12.2 Transcription Factors in MSC Differentiation

12.2.1 Osteogenesis

A range of transcription factors are known to be involved in the regulation of osteogenesis [13], with two of the more widely studied being Runx2 (Cbfa1) and Osterix. **Runx2** is considered the major transcription factor controlling osteoblast commitment and differentiation. Runx2 is a member of the Runt-domain gene family and is expressed in mesenchymal cells early in skeletal development and throughout osteoblast differentiation with molecular and genetic studies indicating its necessity in osteoblast differentiation of mesenchymal cells [14–16]. Runx2 was identified as an important transcription factor in osteogenesis by its binding to a cis-element on the osteocalcin gene and its forced expression in osteoblast precursor cells, MC3T3-E1, caused the transcription of the osteoblast specific genes osteocalcin and collagen 1A1. Further research showed that overexpression of Runx2 can induce osteogenesis in vitro and in vivo. This was demonstrated by increased osteoblastic markers, osteopontin and osteocalcin, increased alkaline phosphatase (ALP) expression and mineralisation in vitro, while in vivo studies showed accelerated healing in critical-sized skull defects [17]. Conversely, Runx2 null mice showed a complete absence of ossification, owing to the maturational arrest of osteoblasts [15]. More recent work has also implicated Runx2 in the trans-differentiation of preadipocytes into osteoblasts. Takahashi (2011), demonstrated that over expression of Runx2 in the preadipocyte cell line, 3T3-E1, resulted in a decrease in the adipocyte markers PPARγ2 and C/EBPα and an increase in osteogenic markers such as ALP, osteocalcin and bone sialoprotein 2 (BSP) [18]. This trans-differentiation was further enhanced by the addition of dexamethasone or the overexpression of the mitogen-activated protein kinase phosphatase-1 (MKP-1). The phosphorylation status of Runx2 is also important. Dexamethasone, a synthetic glucocorticoid, acts to enhance the activity of Runx2 by reducing the amount of Runx2 phosphoserine levels via MKP-1 [19]. While others have demonstrated the phosphorylation of Runx2 on tyrosine, theonine and serine residues increases during dexamethasone induced osteogenesis [20].

Osterix (Osx) is another important transcription factor involved in osteoblast commitment, with Osx-deficient mice showing an absence of osteoblasts and defective bone formation [21]. However, Osx appears to act downstream of Runx2 as Osx is not expressed in Runx2 null mice, but Runx2 expression remains in Osx null mice [21]. The studies into the effects of overexpression of Osx are a little less clear, with multiple groups demonstrating that Osx overexpression is sufficient to induce osteogenesis [22, 23], where as Kurata et al. [24] recorded that Osx overexpression was capable of initiating osteogenesis, shown by early marker expression, but failed to generate terminally differentiated osteoblasts [24].

Other transcription factors of interest in relation to osteogenesis are the **Msx/Dlx** family of transcription factors. Dlx and Msx are homeodomain transcription factors homologous to the *Drosophila* Distal-less and muscle specific homeobox genes. Dlx5 and 6 are expressed in very similar patterns throughout almost all of the skeletal elements [25]. Furthermore, overexpression of Dlx5 can accelerate osteoblast differentiation in vitro [26]. Conversely, Dlx5 knockout mice have craniofacial and sensory skeletal defects [27], while double knockouts of Dlx5 and 6 have more severe defects [28], suggesting partial redundancy or compensation between the two transcription factors. Dlx3 is also implicated in osteogeneic differentiation, with expression of Dlx3 in the mouse embryo being associated with new bone formation and regulation of osteoblast differentiation. Furthermore, Dlx3 is expressed in ex vivo osteoblasts, whilst overexpression and RNAi knock down result in increased and decreased osteogenesis respectively [29]. In contrast to the Dlx transcription factors, Msx2 is expressed in the proliferating osteogenic precursors, and not the differentiated cells [29]. Overexpression of Msx2 prevented osteogenic differentiation and mineralisation, while overexpression of the antisense mRNA resulted in decreased proliferation and enhanced osteogenesis [30].

12.2.2 Adipogenesis

Peroxisome proliferator activated receptor-γ (PPARγ) is a nuclear hormone receptor, thought to be the master regulator of adipogenesis. There are two isoforms of PPARγ, generated by alternate splice sites. PPARγ1 is ubiquitously expressed whilst PPARγ2 is restricted to adipose tissues and appears to be a more potent stimulator of adipogenesis [31]. PPARγ was discovered as key player in adipogenesis through its interaction with the 5′-flanking region of the adipocyte P2 gene, a gene capable of inducing adipocyte specific gene expression. It was subsequently shown to be expressed very early in the differentiation of adipocytes, with forced overexpression of PPARγ inducing adipogenesis in cultured fibroblasts [32]. Interestingly, this induction was not limited to fibroblastic cells; myoblastic cell lines can also be transdifferentiated to adipocytes [33]. Once again complementary experiments have been performed, in which PPARγ was deleted in fibroblasts, resulting in reduced adipogenesis (<2 % efficiency) even with the addition of C/EBPα, another regulator of adipogenesis [34]. These results and others suggest PPARγ is both sufficient and indispensable for adipogenic differentiation. While PPARγ is widely considered the master regulator of adipogenesis, it has also been implicated in the reciprocal regulation of adipogenesis and osteogenesis. Akune et al. [35] showed that embryonic stem cells from homozygous PPARγ-deficient mice would spontaneously differentiate into osteoblasts, while PPARγ haploinsufficiency resulted in enhanced bone formation with increased osteogenesis from bone marrow progenitors both in vivo and ex vivo [35].

CAAT/enhancer binding proteins (C/EBPs) are members of the basic-leucine zipper class of transcription factors, which function as homo- or heterodimers with other C/EBP family members. There are three C/EBPs which play a role in adipogenesis, C/EBPα, β and δ, of which C/EBPα has the most prominent role. A dramatic demonstration of this effect was shown by the overexpression of C/EBPα in fibroblastic cells, resulting in the induction of adipogenesis in up to 50 % of the cells [36]; conversely antisense mRNA knockdown resulted in reduced adipose phenotype in differentiated 3T3-L1 cells [37]. Similar results were obtained in mouse models, in which C/EBPα expression was restricted to the liver, showed reduced adipose tissue [38]. When studying the levels of endogenous C/EBPs during adipogenesis of cultured cells, it was noted that C/EBPα is expressed late in the differentiation process immediately prior to the activation of the many adipo-specific genes, while C/EBPβ and δ are only transiently expressed, accumulating during the early stages of differentiation, before diminishing prior to terminal differentiation [39]. C/EBPβ and δ act early in the differentiation process to relay the hormonal signals, leading to the activation of C/EBPα [39]. This signal transduction is likely to function through the activation of PPARγ, via C/EBP binding sites in the PPAR promoter. This PPARγ expression is then thought to activate C/EBPα, which then enters a positive feedback loop, increasing the expression of PPARγ (Fig. 12.2). This process is apparent through the generation of PPARγ and C/EBPα null cell lines [40, 41], where PPARγ null cells fail to express C/EBPα despite normal early differentiation [40]. Additionally, C/EBPα null fibroblasts have reduced levels of PPARγ expression, which can be rescued by retroviral transfection and expression of C/EBPα [41]. It is thought that this positive feedback loop maintains the expression of these two important transcription factors through to terminal differentiation of the adipocytes.

Another transcription factor of note for its pro-adipogenic effects is **Sterol regulatory binding element protein-1 (SREBP1)**/Adipocyte differentiation and determination factor-1 (Add1). Dominant negative expression of SREBP1 in 3T3-L1 (pre-adipocyte line) cells sharply repressed adipogenic differentiation, while overexpression of SREBP1 in the fibroblastic line, NIH-3T3, increased adipogenesis in a synergistic manner with PPARγ overexpression, suggesting its involvement in this pathway [42] (Fig. 12.2). SREBP1 exerts it pro- adipogenic effects through the interaction with E-box domains in the PPARγ promoter regions, allowing further regulation of PPARγ gene expression [43].

As with osteogenesis, there are also transcription factors involved in the inhibition of adipogenesis. **C/EBP homologous proteins (CHOPs)** negatively regulate adipogenesis through interactions with C/EBPs. CHOP10 for example binds to C/EBPβ early during differentiation, preventing it from binding PPARγ; thereby delaying the terminal differentiation of adipocytes, allowing for the initial clonal expansion step [44]. The activity of SREBP1 is also negatively regulated during adipogenesis, by the binding of **Inhibitor of DNA binding (Id)** proteins which prevent SREBP1

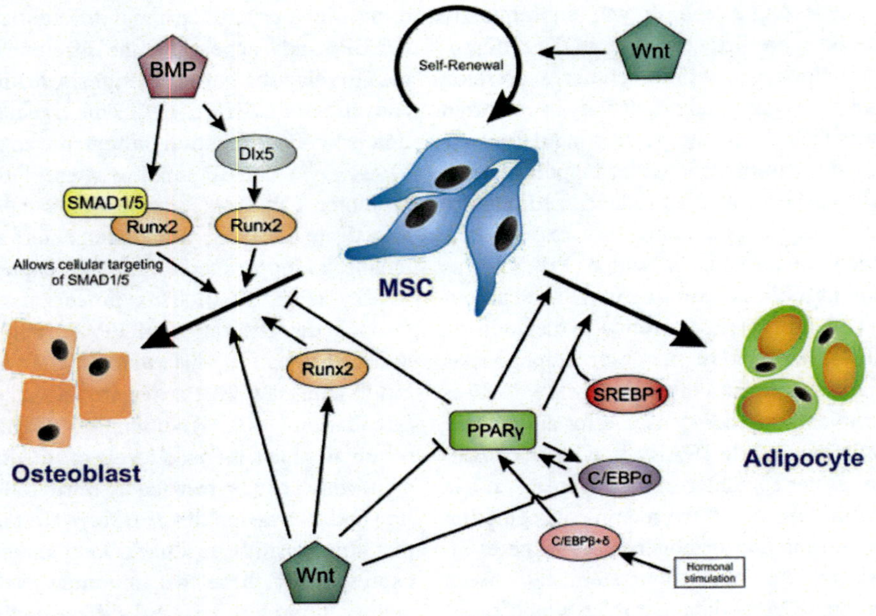

Fig. 12.2 Role of Wnt and BMPs in Osteoblast/Adipocyte lineage commitment. Wnt signalling is vital for the commitment decision of MSCs between osteoblasts and adipocytes, acting through the inhibition of PPARγ to prevent adipogenesis and activate osteogenesis via Runx2. BMPs induce the osteogenic differentiation of MSCs via Dlx5 and Runx2. The BMP signalling components SMAD1/5 can also be directed to transcriptional foci by Runx2

from binding to the E-box DNA regulatory sequences [45]. Another transcription factor important in the negative regulation of adipogenesis is **GATA binding transcription factor (GATAs)** family. GATA2 and 3 have been shown to be expressed in pre-adipocytes, and their down regulation leads to enhanced adipogenesis. Forced expression of GATA2 and 3 prevents the switch from pre-adipocytes to mature adipocytes, in part through binding directly to PPARγ [46], but also through the formation of protein complexes with C/EBPα or β [47].

12.2.3 Chondrogenesis

As with both adipogenesis and osteogenesis, there is an apparent master regulator of chondrogenesis, **Sox9**. Sox9 is a member of a family of transcription factors that contain a HMG-type DNA binding domain, and is expressed throughout chondrogenic differentiation until the cells become hypertrophic, where it is rapidly shut off [48]. The requirement for Sox9 is clearly demonstrated in the work by Akiyama et al. [49], where deletion of Sox9 expression in the mesenchymal cells of limb buds lead to the complete absence of chondrogenic mesenchymal condensations in the developing limbs, while deletion of the Sox9 gene in mesenchymal condensations lead to the arrest of chondrogenesis at this stage [49]. These results clearly demonstrated that Sox9 was vital for chondrogenesis, and plays important roles in both mesenchymal condensation and for chondrogenic progression.

Furthermore, Sox9 was identified as part of a triad of Sox genes which are sufficient for the induction of chondrogenesis in embryonic stem cells [50]. Two other members of the Sox family of transcription factors also play a role in chondrogenesis **L-Sox5 and Sox6**. L-Sox5 and Sox6 differ from Sox9 in that they do not possess a transactivation domain and therefore do not affect gene expression directly, but are thought to alter gene expression through the recruitment of other transcriptional activators [51]. L-Sox5 and Sox6 are coexpressed with Sox9 during chondrogenesis and therefore share expression patterns with the chondrogenic marker Col2A1, prompting further studies into the role of these transcription factors in chondrogenesis. L-Sox5- and Sox6-deficient mice present chondrogenic defects, with the dual knockout generating a more severe phenotype, suggesting some redundancy. However, in contrast to Sox9-deficient mice, Sox5/6-deficient mice do develop chondrogenic mesenchymal condensations [52], implicating their role as being later in the differentiation process. It is thought that these three Sox transcription factors work in collaboration to activate chondrocyte-specific markers, with enhanced Col2A1 reporter expression when all three Sox genes are coexpressed in non-chondrogenic cells [53]. Similarly the three Sox proteins have been shown to cooperatively activate the chondrocyte marker Col11A2 [54]. As discussed above, Sox transcription factors are required for the progression of chondrogenesis, but over expression of the Sox triad also causes chondrogenesis arrest in the pre-hypertrophic cells preventing terminal differentiation [50]. It is thought that this terminal differentiation inhibition is at least in part due to the action of two genes, S110A1 and S100B, members of the S100 protein family which carry the Ca^{2+}-binding EF-hand motif. These proteins are expressed during the late proliferative and pre-hypertrophic stages of chondrogenesis, and when overexpressed in chondrogenesis inhibited the terminal differentiation step. Furthermore, S100B protein expression is responsive to the Sox triad through enhancer elements in the 5′ flanking region [55].

As described above, **Runx2** is a master regulator of osteogenesis, but it also has important roles in regulating chondrogenesis. The initial evidence for this was presented in the Runx2 null mice used to identify its function in osteogenesis. It was noted that these mice also had cartilage defects as well as the more obvious bone defects [56]. Runx2 null mice had a lack of hypertrophic chondrocytes, implying an important role for Runx2 in this step. The expression levels of Runx2 are at their highest in chondrocytes during the hypertrophic stage [56], and overexpression of Runx2 during hypertrophy caused enhanced maturation and increased endochondral ossification [57].

12.3 Signalling Pathways Controlling MSC Differentiation

Multiple signalling pathways have also been found to be involved in lineage commitment and MSC behaviour. For example, studies have identified the involvement of bone morphogenetic proteins (BMPs), Hedgehog (Hh) and Wnt signalling (Fig. 12.3) in the regulation of MSC differentiation [58–60].

12.3.1 Wnt Signalling Pathway

Wnt signalling has been implicated by multiple studies to play an important role in the regulation of skeletal function, and in particular osteoblast differentiation and activity. Wnt molecules are a family of cysteine-rich secreted glyco-lipoproteins that regulate many processes including development, cell proliferation and cell fate [61]. Wnt signalling acts through two known pathways, the canonical pathway involving β-catenin, and the β-catenin-independent pathway termed the non-canonical pathway. Canonical Wnt ligands mediate their effects by binding to their receptors frizzled (Fzd) and co-receptors, low-density lipoprotein receptor related protein (LRP) 5 and 6. This causes activation of intracellular Dishevelled which in turn inhibits a protein destruction complex. This results in the stabilisation and nuclear translocation of β-catenin, inducing gene transcription via the LEF/TCF family of transcription factors. In the absence of Wnt signalling, the destruction complex is not inhibited and can therefore perform its function to phosphorylate β-catenin, through glycogen synthase kinase 3β (GSK3β) leading to degradation by ubiquitination (Fig. 12.3a).

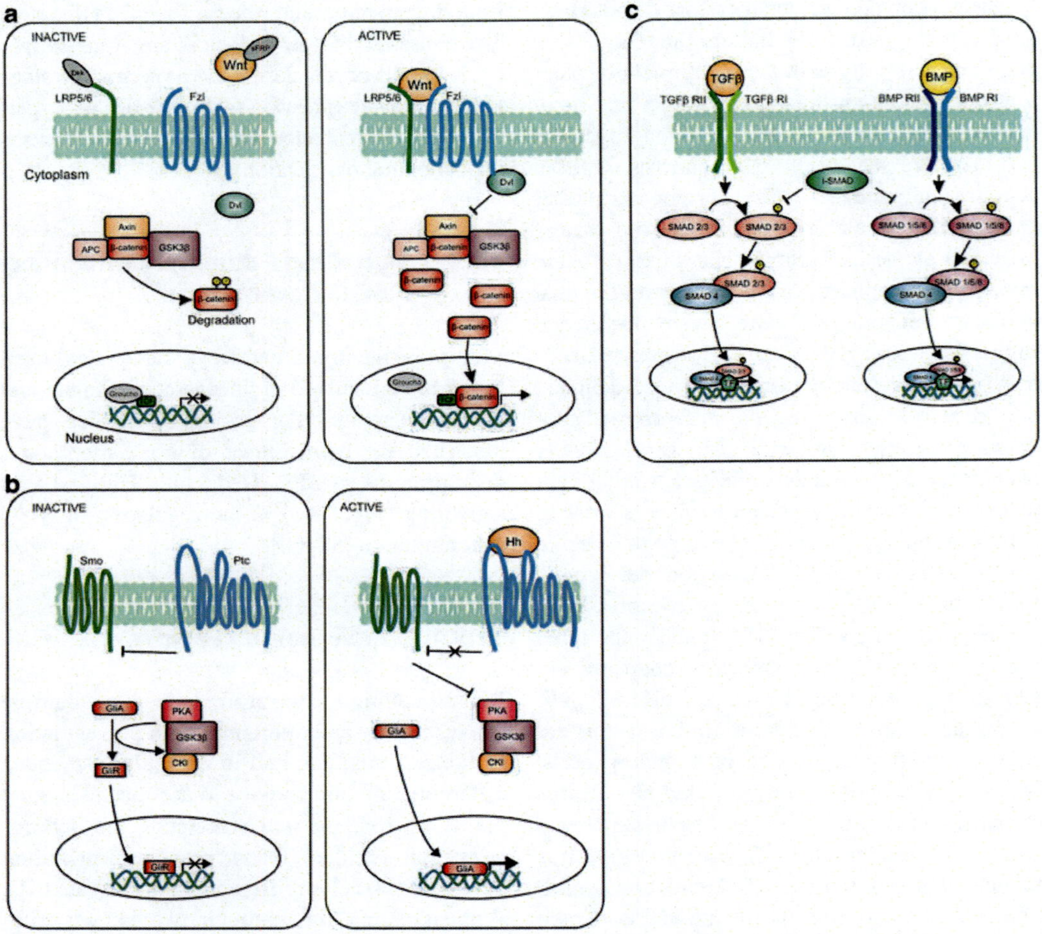

Fig. 12.3 Signalling pathways. (**a**) The Canonical Wnt signalling cascade. Canonical Wnt signalling mediates its effect by binding to their receptors frizzled (*Fzd*) and co-receptors, LRP 5/6. This causes activation of intracellular Dishevelled (*Dvl*) which, in turn, inhibits glycogen synthase kinase-3 β (*GSK3β*). This results in the stabilisation and nuclear translocation of β-catenin, inducing gene transcription via the LEF/TCF family of transcription factors. In the absence of Wnt signalling, a complex containing GSK3β phosphorylates β-catenin, leading to degradation by ubiquitination. (**b**) The Hedgehog signalling cascade. In the absence of any Hedgehog ligand the Hedgehog signalling complex phosphorylates the Gli family of transcription factors, leading to degradation or proteolytic cleavage to transcriptional repressors. In the presence of Hedgehog ligand, signalling is mediated through the binding of Hedgehog to their receptor Patched (*Ptc*). This causes the inhibition of a second transmembrane protein, Smoothened (*Smo*), to be relieved. Smo is then able to inhibit the Hedgehog signalling complex preventing the phosphorylation of the Gli proteins, priming them for transcriptional activation. (**c**) TGFβ/BMP signalling cascade. TGFβ/BMPs signal through their receptors on the cell surface which phosphorylate and activate their respective R-SMADs, which in turn can then bind to the Co-SMAD (SMAD 4). This R-SMAD/Co-SMAD complex can then enter the nucleus where it interacts with transcription factors to induce gene expression

12.3.2 Wnt Signalling in Lineage Commitment

The role of Wnt signalling in bone regulation was first identified in osteoporosis pseudoglioma syndrome patients (characterised by low bone mineral density) with loss of function mutations in the co-receptor LRP5 [62]. Conversely, mutations in the N-terminus of LRP5 that reduce the affinity with the Wnt signalling inhibitor Dkk1 are associated with high bone mass [58]. These observations have been reinforced by using mouse models in which LRP5 overexpression [63] and reduced inhibition of Wnt signalling by sFRP1 knock down [64] resulted in similar results with increase bone mass and density.

In an attempt to elucidate the molecular basis for this response to Wnt, many studies have been carried out using various activators and inhibitors of the Wnt signalling pathway both in vivo and vitro. One process by which Wnt signalling may act to increase bone formation is through the stimulation of osteoblast development. Inhibition of GSK3β enzyme activity using LiCl or small molecules, caused increased β-catenin nuclear translocation, stimulated mouse mesenchymal precursors to differentiate into osteoblasts [6, 7]. GSK3β is involved in other pathways and may therefore cause these effects through means other than the Wnt pathway, however Wnt3a, Wnt1, Wnt10 [65] and constitutively active β-catenin also stimulate osteoblastogenesis, while Dkk1 reduces osteoblast differentiation [66]. Further to this, in vivo work has shown that administration of LiCl, a GSK3β inhibitor, to C57BL/6 mice for 4 weeks dramatically increased bone formation rate [67]. One route by which Wnt is thought to promote osteogenesis is through the direct stimulation of Runx2 expression [68] (Fig. 12.2). Gaur et al. [68] identified a TCF binding site in the promoter of Runx2 and demonstrated an increase in Runx2 expression in response to co-expression of TCF and canonical Wnt proteins.

However, while there is a good deal of evidence in mouse in vivo and vitro for the role of Wnt in inducing osteogenic differentiation, the research in human MSCs is much less conclusive and straightforward. This difference is clearly demonstrated by the work carried out by Boland et al. [69], which demonstrated that Wnt3a conditioned media, leading to canonical Wnt signalling, caused inhibition of osteogenic differentiation demonstrated by reduced ALP mRNA and activity and decreased mineralisation [69]. Induced Wnt signalling did however appear to increase the proliferation rate of human MSCs, whilst at the same time reducing apoptosis (Fig. 12.2). Similar results have been shown in human MSCs by inducing Wnt signalling at different stages of the canonical pathway, including LRP5 and TCF1 [70]. Interestingly these studies also identify the non-canonical Wnt signalling pathway, induced by Wnt5a, as an activator of osteogenesis in human MSCs, capable of inhibiting the effect of Wnt3a activity.

More recently, research has focused on deciphering these apparent variations in response to canonical Wnt signalling. Eijken et al. [71] used a human foetal osteoblastic cell line, with which they generated a non-differentiating and differentiating population, through the addition of the synthetic glucocorticoid dexamethasone [71], while Quarto et al. [72] used a range of human and mouse multipotent and pre-osteoblastic cells to study the effect of Wnt manipulation on osteogenic differentiation [72]. These studies, amongst others [73] have demonstrated that the response to Wnt signalling is dependent on the level of activation and the differentiation state of the target cells. Collectively it seems that canonical Wnt stimulates differentiation of cells committed to the osteogenic lineage, but can inhibit the differentiation of multipotent cells, and prevent the terminal differentiation of mature osteoblasts.

Canonical Wnt signalling is also well studied with relation to adipogenic differentiation, with multiple studies showing reduced adipogenesis with Wnt signalling [74], both in vivo and in vitro. Upon canonical Wnt stimulation, adipogenesis of 3T3-L1 cells is completely inhibited. Canonical Wnt activation does not affect the expression of the early adipocyte transcription factors, C/EBPβ and δ, but blocks C/EBPα and PPARγ and the downstream gene aP2 [75] (Fig. 12.2). The inhibition of PPARγ is thought to be via the activation of chicken ovalbumin upstream promoter transcription factor II, leading to the recruitment of the silencing mediator of retinoid and thyroid hormone receptors co-repressor complex. This binds to the PPARγ gene, maintaining the chromatin in a hypoacetylated state repressing its expression [76]. Conversely, the expression of Wnt inhibitors, reducing endogenous Wnt, causes the spontaneous adipogenic differentiation of pre-adipocytes [75]. This work, along with related findings, identifies canonical Wnt as an important switch in the lineage decisions of MSCs, with canonical Wnt maintaining the cells in a multipotent state until its coordinated removal results in adipogenesis. Recently, work has been carried out studying the relationship between adipogenesis and osteogenesis in response to canonical Wnt signalling [77]. Liu et al. [77] were able to show that human MSCs under dual osteogenic and adipogenic conditions, preferentially formed osteoblasts in response to Wnt3a administration. This response was shown to be due to differential inhibition of the two differentiation processes, where adipogenesis is totally inhibited at low Wnt stimulation, and osteogenesis is only partially inhibited. This suggests that under dual lineage differentiation conditions, differences in sensitivity to Wnt inhibition may alter the equilibrium and shift the commitment from adipocytes toward osteoblasts. This work correlates with that discussed earlier, in which PPARγ-deficient embryonic stem cells would spontaneously differentiate into osteoblasts [35], again implicating Wnt signalling as important regulatory element of lineage decision and commitment.

Canonical Wnt signalling is also influential in the differentiation of MSCs into chondrocytes. This was demonstrated by Day et al. [78] who generated mice with ectopic induction of canonical Wnt signalling in the developing limb bud. These mice showed enhanced ossification and reduced chondrocyte formation. Furthermore, inactivation of β-catenin, therefore preventing canonical Wnt, created the opposite phenotype, with ectopic chondrocyte differentiation, and reduced osteogenesis [78]. In vitro work also confirms a role for Wnt signalling in chondrogenesis, with the overexpression of Wnt8c, 9a or β-catenin causing enhanced chondrocyte hypertrophy in chick upper sternal chondrocytes. Canonical Wnt activation led to decreased Sox9 and Col2A1 expression, whist increasing the hypertrophic markers Col10A1 and Runx2. Canonical Wnt exerts these effects, at least in part, through the LEF/TCF activation of Runx2 and in turn induces the expression of Col10A1 [79]. These findings correlate with those in human MSC culture, where inhibition of canonical Wnt signalling by secreted frizzled-related proteins and Dickkopf overexpression causes enhanced chondrogenesis, with up regulation of Col2A1, Sox9 and glycosaminoglycan expression, and a decrease in Col1A1. However, Wnt inhibition does not induce the expression of Col10A1 [80], suggesting Wnt inhibition can induce early chondrocyte differentiation, but has no effect of final maturation and hypertrophy (Fig. 12.4).

12.3.3 Hedgehog Signalling Pathway

Another well studied signalling pathway shown to be involved in bone development is the hedgehog (Hh) pathway [81–83]. Hedgehog was first discovered in *Drosophila* as a single gene that regulates many diverse aspects of embryonic and adult patterning. Hh signalling has since been found to be present in mammalian cells, but differs initially in that there are three Hh proteins; Sonic hedgehog (Shh), Desert hedgehog (Dhh), and Indian hedgehog (Ihh). Some functional redundancy can be seen between these types, however they do express distinct expression profiles with little overlap [84].

All Hh proteins signal through the same receptors and signalling pathway. The Hh pathway is triggered by the binding of Hedgehog to its receptor, Patched (Ptc). In the absence of any Hh interaction, Ptc acts to inhibit the activity of a 7-transmembrane protein, Smoothened (Smo). In contrast, in the presence of Hh binding to Ptc, Smo repression is alleviated leading to signal transduction and the conversion of the Gli family of transcription factors to an activating state. There are three Gli proteins in mammals, Gli1, 2 and 3, compared to the single transcription factor, Ci, in *Drosophila* [85].

Smo exerts its effect on signal transduction by inhibiting the hedgehog signalling complex, primarily consisting of glycogen synthase kinase, protein kinase A and casein kinase (GSK3β, PKA and CSK, respectively). Under inactive conditions, when Smo activity is inhibited by Ptc, this complex acts to phosphorylate the Gli transcription factors, priming the Gli proteins for degradation or proteolytic cleavage. This has the overall effect of increasing the transcriptional repressor forms of the Gli proteins, preventing target gene transcription. Conversely, the release of inhibition of Smo, by Hh binding to Ptc, results

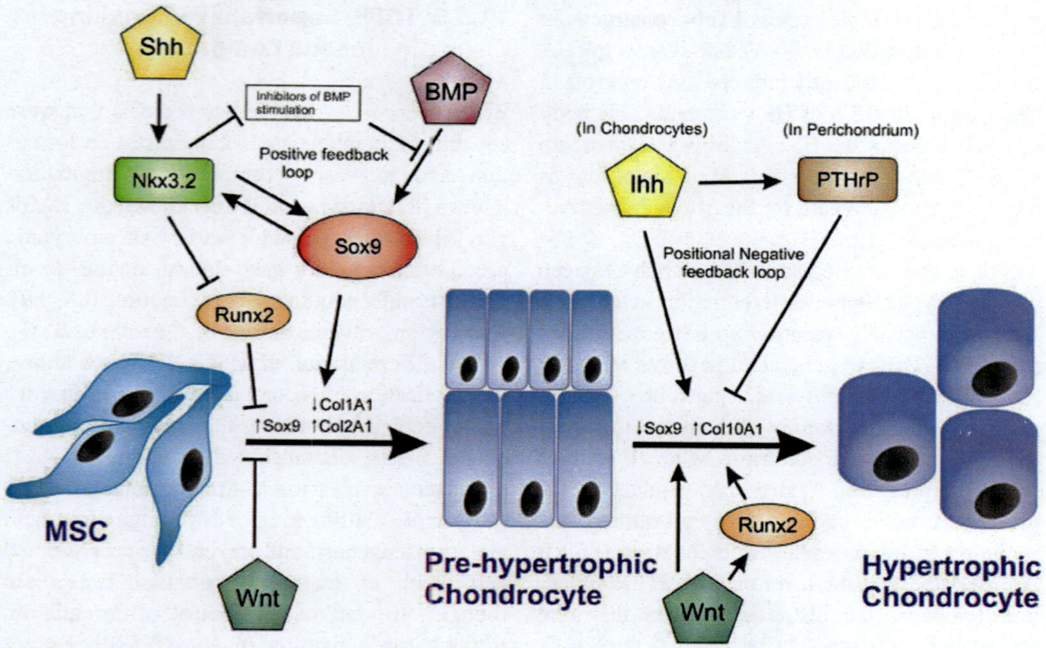

Fig. 12.4 Chondrogenic differentiation of MSCs. Shh and BMPs act together to generate positive feedback loop with Sox9 and Nkx3.2, stimulating the differentiation of MSCs into prehypertrophic chondrocytes, while Wnt signalling inhibits the initiation of chondrogenic differentiation. Wnt signalling is however required for the switch between prehypertrophic and hypertrophic chondrocytes leading to reduced Sox9 expression and increased Col10A1. Ihh expression in prehypertrophic chondrocytes stimulates the switch to hypertrophic chondrocytes, yet also causes PTHrP expression in the surrounding perichondrium, which in turn inhibits hypertrophy in the leading edge of the developing limb, generating a positional negative feedback loop

in inhibition of the Hedgehog signalling complex, and therefore prevents phosphorylation of the Gli proteins. The predominant Gli state is therefore converted to activatory, leading to the transcription of target genes (Fig. 12.3b).

12.3.4 Hh Signalling in Lineage Commitment

Indian hedgehog (Ihh) signalling is indispensable for osteoblast development during endochondral ossification. This was strikingly shown in $Ihh^{-/-}$ mice, which demonstrated a complete failure of osteoblast development in endochondral bones [82]. Further to this, genetic manipulation of Smo, resulting in removal of Smo from the perichondral cells using a Cre-LoxP system, resulted in the failure of osteoblast differentiation [81]. In addition to these in vivo experiments, the role of Hh signalling in mesenchymal commitment has been studied in vitro. The induction of the hedgehog pathway, by addition of recombinant Hh protein, in C3H10T1/2 cells, induced osteogenesis, with ALP activity detectable after just 2 days of treatment [83].

There is now also evidence for interactions between the Hh and Wnt pathways in relation to osteogenesis. $Ihh^{-/-}$ mice showed a disrupted Wnt signalling phenotype at E14.5 and E16.5, with an absence of nuclear β-catenin staining in the perichondral cells, as compared to the positive staining of the wild type mice [83]. To investigate the functional relationship between Hh and Wnt signalling as inferred by the $Ihh^{-/-}$ mice, the same group used an in vitro C3H10T1/2 differentiation model, in which Ihh overexpression led to ALP expression in the Ihh-expressing cells. This osteogenic differentiation was however reduced by ~50 % when the cells were co-transfected with either Dkk or double negative Tcf4 constructs. In addition to this, *Wnt5a*, *Wnt7b* and *Wnt 9a* mRNA levels were significantly induced over controls in response to 24–48 h of Hh treatment. This body of work suggests that Hh signalling acts upstream of Wnt signalling and that Wnt signalling is required, at least in part, for the osteogenic inducing potential of Hh.

Ihh is also implicated in the switch between pre- and hypertrophic differentiation, where it is thought to act with parathyroid hormone-related protein (PTHrP) to generate a negative feedback loop regulating the onset of hypertrophy. Ihh signalling by the developing chondrocytes, targets the surrounding perichondrium, where it leads to PTHrP expression. PTHrP then signals to the pre-hypertrophic chondrocytes preventing the initiation of hypertrophic differentiation [86]. It is postulated that the level of Ihh/PTHrP signalling regulated the distance between the joint region and the onset of hypertrophy (Fig. 12.4).

12.3.5 TGFβ-Superfamily Signalling Pathways

The TGFβ-superfamily contains many transcription factors and morphogens, including two families involved in MSC differentiation, TGFβ and BMPs. As members of the TGFβ-superfamily, both TGFβ and BMPs are dimeric secreted ligands, which generally exist as homodimers. Binding of these ligands to their corresponding receptors, leads to the phosphorylation of the receptor SMADs (R-SMADs). This in turn leads to the interaction of the R-SMADs with SMAD4 (Co-SMAD), and translocation to the nucleus. Here the SMADs interact with transcription factors to activate gene expression. The R-SMADs are specific to either TGFβ signalling or BMP signalling, with SMADs 2/3 for TGFβ and SMADs 1/5/8 for BMPs, generating specificity between the two pathways. Inhibitor SMADS (I-SMADs) also play a role in this pathway by generating a feedback control loop (Fig. 12.3c).

12.3.6 TGFβ- Superfamily Signalling in Lineage Commitment

BMPs were first identified as proteins that were capable of inducing endochondral bone formation and increasing osteoblast differentiation in vitro [87]. However it is now known that BMPs play vital roles in a wide variety of embryonic processes, including gastrulation, neural development and endothelial cell function [88, 89]. This review will concentrate on the roles of BMPs on the differentiation of MSCs. As stated above, the application of recombinant BMPs to in vitro pre-osteoblast cultures results in increased osteoblastogenesis, demonstrated by increased ALP, osteocalcin expression and matrix mineralisation [87], while the blocking of BMP signalling both arrests osteogenesis and prevents the programmed cell death of mature osteoblasts. BMPs are thought to induce osteoblast differentiation through the activation of Runx2 [90]. Recent work in multiple mouse cell lines has demonstrated that this increase in Runx2 activity in response to BMPs is indirect and acts through Dlx5 [91]. Runx2 is also thought to interact with SMAD1 and 5. These SMAD-Runx2 complexes are directed by the Runx2 targeting signals to sub-nuclear foci where gene targets for both transcription factors are present. This suggests that SMAD transcriptional activation is at least in part dependent on the targeting factors of Runx2 [92]. It is interesting to note that BMP2 stimulation of Dlx5 stimulates the expression of osterix independently of Runx2, implicating Dlx2 as an important regulator of early and late BMP-induced osteogenesis [93].

BMPs not only induce osteoblast differentiation, but also have pro-chondrogenic characteristics, and have been shown to increase the expression of type II and X collagen in growth plate cultures [94]. BMPs exert their effect on chondrogenesis through the chondrogenic master regulator Sox9. Beads soaked in BMP4 implanted into mouse mandibular explants induced ectopic cartilage formation in the proximal position of the explants. These same areas also had upregulation of the Sox9 transcription factor, implicating its role in BMP induced chondrogenesis. Interestingly, BMP4-soaked beads did not induce chondrogenesis in the rostral position, despite similar up regulation of Sox9. However, upregulation of the homeodomain transcription factor Msx2 was also seen in the areas surrounding the beads, and to a much greater degree in rostral region of the explants. Furthermore, ectopic expression of Msx2 prevented the BMP4 induced chondrogenesis, and reduced endogenous chondrogenesis [95]. This body of work demonstrates that BMP induction of chondrogenesis via Sox9, is also dependent on the expression of Msx2, generating a threshold for chondrogenesis, thereby providing a means for positional regulation of chondrogenesis in vivo.

Chondrogenesis is also reliant on the complex cross-talk between BMPs and the Shh/Ihh signalling pathways. One transcription factor of interest in the regulation of chondrogenesis is the homeobox protein, Nkx3.2. Shh signalling initiates the expression of Nkx3.2, while BMP signals act to maintain its expression [96], allowing the transcription repressor activity of Nkx3.2 to block the activity of inhibitors of BMP-induced chondrogenesis. Interestingly, Nkx3.2 also acts to repress Runx2 activity which prevents the onset of differentiation [97]. Furthermore, Nkx3.2 can induce the expression of Sox9 [98], which in turn can increase expression of Nkx3.2, generating a positive feedback loop maintaining the expression of pro-chondrogenic factors. In summary, BMP acts to induce Runx2, stimulating osteogenic differentiation, yet acting alongside Shh signalling during chondrogenesis, generates and maintains high levels of Nkx3.2 leading to the down regulation of Runx2 and increased Sox9, allowing the onset of chondrogenesis (Fig. 12.4).

TGFβ signalling also plays a role in the regulation of MSC differentiation. Unlike BMP-specific SMADs, TGFβ SMADs do not induce osteogenesis, but in fact act to repress the pro-osteogenic effects of BMPs. This inhibition is mediated through SMAD3, which interacts with Runx2 repressing its transcriptional activity [99]. In contrast to this inhibitory effect on osteogenesis, TGFβ is required for the in vitro chondrogenic differentiation of multipotent mesenchymal cells, acting through the p38, ERK-1, and JNK MAP Kinases [100].

12.4 Additional Regulators of MSC Differentiation

12.4.1 miRNAs in MSC Differentiation

The discovery of microRNAs (miRNAs) as a mechanism for regulating gene expression in the early 2000s [101] opened up a new avenue of investigation in the hunt for regulators of MSC differentiation. miRNAs are small non-coding RNAs that regulate the translation of protein coding genes by binding to the 3′ untranslated region and in most cases causing degradation of the mRNA. Li et al. [102] found that following BMP-induced osteoblast differentiation, 22 miRNAs could be detected as downregulated [102]. They then showed that two of these downregulated miRNAs acted directly on genes important in osteoblast differentiation. MiR-133 directly targets Runx2, the master regulator of osteogenesis, while miR-135 acts upon SMAD5, an important transducer of the BMP signal. Similarly, Hassan et al. [103] showed that Runx2 negatively regulates a cluster of miRNAs, 23a~27a~24-2, and that these miRNAs act to suppress osteogenesis by suppression of SATB2, a protein that acts synergistically with Runx2 during osteogenesis [103]. It is thought that this generates a feed forward loop, whereby Runx2 expression can de-repress SATB2, enhancing osteogenic progression.

12.4.2 Mechanical Stimulation in MSC Differentiation

The effect of mechanical stimuli on the differentiation of MSCs is another growing area of research. McMahon et al. [104] demonstrated that MSCs grown in a 3D collagen type I-glycosaminoglycan (GAG) scaffold could differentiate into chondrocytes when supplemented with inductive medium. This differentiation could then be enhanced by the application of 10 % cyclic tensile loading for 7 days, measured by increased GAG synthesis [104]. Similarly, Sim et al. [105] created a novel micro cell chip system to apply compressive pressures to MSCs. MSCs grown in this system could differentiate into osteoblasts when treated with an osteogenic cocktail, measured by ALP expression, and this was further enhanced by intermittent cyclic compression for 1 week [105].

12.5 Summary

The regulation of MSC differentiation is complex and multilayered, comprising an interwoven combination of genetic, bio-chemical and mechanical influences. Since the early work of Friedenstein and colleagues [1, 2], great advances have been made in the molecular description of MSC control, but challenges do remain. There is a lack of consensus in the field on appropriate MSC isolation techniques, caused largely by the absence of a truly selective and universally adopted MSC marker. Much work therefore relies on the use of heterogeneous MSC-like populations of cells, sorted, somewhat crudely perhaps, by their adherence to a plastic surface. Transgenic models have given a penetrating insight into the genetic determinants of skeletal tissue development and organisation, but inter-species variations in MSCs persist in mouse and man. However, there is a common belief, supported by an admirable resolve and talented research, that these obstacles and others will be overcome, and that the information gathered on MSC biology will continue to add to the scientific and clinical appeal of these precious cells.

References

1. Friedenstein AJ, Piatetzky S II, Petrakova KV (1966) Osteogenesis in transplants of bone marrow cells. J Embryol Exp Morphol 16(3):381–390
2. Friedenstein AJ, Chailakhjan RK, Lalykina KS (1970) The development of fibroblast colonies in monolayer cultures of guinea-pig bone marrow and spleen cells. Cell Tissue Kinet 3(4):393–403
3. Pittenger MF et al (1999) Multilineage potential of adult human mesenchymal stem cells. Science 284(5411):143–147
4. Horwitz EM et al (2002) Isolated allogeneic bone marrow-derived mesenchymal cells engraft and stimulate growth in children with osteogenesis imperfecta: implications for cell therapy of bone. Proc Natl Acad Sci USA 99(13):8932–8937
5. Dominici M et al (2006) Minimal criteria for defining multipotent mesenchymal stromal cells. The international society for cellular therapy position statement. Cytotherapy 8(4):315–317
6. Jackson A et al (2005) Gene array analysis of Wnt-regulated genes in C3H10T1/2 cells. Bone 36(4):585–598
7. Kulkarni NH et al (2006) Orally bioavailable GSK-3alpha/beta dual inhibitor increases markers of cellular differentiation in vitro and bone mass in vivo. J Bone Miner Res 21(6):910–920
8. da Silva Meirelles L, Chagastelles PC, Nardi NB (2006) Mesenchymal stem cells reside in virtually all post-natal organs and tissues. J Cell Sci 119(Pt 11):2204–2213
9. Banerjee C et al (2001) Differential regulation of the two principal Runx2/Cbfa1 n-terminal isoforms in response to bone morphogenetic protein-2 during development of the osteoblast phenotype. Endocrinology 142(9):4026–4039
10. Jaiswal N et al (1997) Osteogenic differentiation of purified, culture-expanded human mesenchymal stem cells in vitro. J Cell Biochem 64(2):295–312
11. Samulin J et al (2008) Differential gene expression of fatty acid binding proteins during porcine adipogenesis. Comp Biochem Physiol B Biochem Mol Biol 151(2):147–152
12. Pelttari K, Steck E, Richter W (2008) The use of mesenchymal stem cells for chondrogenesis. Injury 39(suppl 1):S58–S65
13. Marie PJ (2008) Transcription factors controlling osteoblastogenesis. Arch Biochem Biophys 473(2):98–105
14. Ducy P et al (1997) Osf2/Cbfa1: a transcriptional activator of osteoblast differentiation. Cell 89(5):747–754
15. Komori T et al (1997) Targeted disruption of Cbfa1 results in a complete lack of bone formation owing to maturational arrest of osteoblasts. Cell 89(5):755–764
16. Xiao ZS et al (1998) Genomic structure and isoform expression of the mouse, rat and human Cbfa1/Osf2 transcription factor. Gene 214(1–2):187–197
17. Zheng H et al (2004) Cbfa1/osf2 transduced bone marrow stromal cells facilitate bone formation in vitro and in vivo. Calcif Tissue Int 74(2):194–203
18. Takahashi T (2011) Overexpression of Runx2 and MKP-1 stimulates transdifferentiation of 3T3-L1 preadipocytes into bone-forming osteoblasts in vitro. Calcif Tissue Int 88(4):336–347
19. Phillips JE et al (2006) Glucocorticoid-induced osteogenesis is negatively regulated by Runx2/Cbfa1 serine phosphorylation. J Cell Sci 119(Pt 3):581–591

20. Shui C et al (2003) Changes in Runx2/Cbfa1 expression and activity during osteoblastic differentiation of human bone marrow stromal cells. J Bone Miner Res 18(2):213–221
21. Nakashima K et al (2002) The novel zinc finger-containing transcription factor osterix is required for osteoblast differentiation and bone formation. Cell 108(1):17–29
22. Wu L et al (2007) Osteogenic differentiation of adipose derived stem cells promoted by overexpression of osterix. Mol Cell Biochem 301(1–2):83–92
23. Tu Q, Valverde P, Chen J (2006) Osterix enhances proliferation and osteogenic potential of bone marrow stromal cells. Biochem Biophys Res Commun 341(4):1257–1265
24. Kurata H et al (2007) Osterix induces osteogenic gene expression but not differentiation in primary human fetal mesenchymal stem cells. Tissue Eng 13(7):1513–1523
25. Chen X et al (1996) Dlx5 and Dlx6: an evolutionary conserved pair of murine homeobox genes expressed in the embryonic skeleton. Ann N Y Acad Sci 785:38–47
26. Tadic T et al (2002) Overexpression of Dlx5 in chicken calvarial cells accelerates osteoblastic differentiation. J Bone Miner Res 17(6):1008–1014
27. Depew MJ et al (1999) Dlx5 regulates regional development of the branchial arches and sensory capsules. Development 126(17):3831–3846
28. Robledo RF et al (2002) The Dlx5 and Dlx6 homeobox genes are essential for craniofacial, axial, and appendicular skeletal development. Genes Dev 16(9):1089–1101
29. Hassan MQ et al (2004) Dlx3 transcriptional regulation of osteoblast differentiation: temporal recruitment of Msx2, Dlx3, and Dlx5 homeodomain proteins to chromatin of the osteocalcin gene. Mol Cell Biol 24(20):9248–9261
30. Dodig M et al (1999) Ectopic Msx2 overexpression inhibits and Msx2 antisense stimulates calvarial osteoblast differentiation. Dev Biol 209(2):298–307
31. Mueller E et al (2002) Genetic analysis of adipogenesis through peroxisome proliferator-activated receptor gamma isoforms. J Biol Chem 277(44):41925–41930
32. Tontonoz P et al (1994) mPPAR gamma 2: tissue-specific regulator of an adipocyte enhancer. Genes Dev 8(10):1224–1234
33. Hu E, Tontonoz P, Spiegelman BM (1995) Transdifferentiation of myoblasts by the adipogenic transcription factors PPAR gamma and C/EBP alpha. Proc Natl Acad Sci U S A 92(21):9856–9860
34. Rosen ED et al (2002) C/EBPalpha induces adipogenesis through PPARgamma: a unified pathway. Genes Dev 16(1):22–26
35. Akune T et al (2004) PPARgamma insufficiency enhances osteogenesis through osteoblast formation from bone marrow progenitors. J Clin Invest 113(6):846–855
36. Freytag SO, Paielli DL, Gilbert JD (1994) Ectopic expression of the CCAAT/enhancer-binding protein alpha promotes the adipogenic program in a variety of mouse fibroblastic cells. Genes Dev 8(14):1654–1663
37. Lin FT, Lane MD (1992) Antisense CCAAT/enhancer-binding protein RNA suppresses coordinate gene expression and triglyceride accumulation during differentiation of 3T3-L1 preadipocytes. Genes Dev 6(4):533–544
38. Linhart HG et al (2001) C/EBPalpha is required for differentiation of white, but not brown, adipose tissue. Proc Natl Acad Sci U S A 98(22):12532–12537
39. Yeh WC et al (1995) Cascade regulation of terminal adipocyte differentiation by three members of the C/EBP family of leucine zipper proteins. Genes Dev 9(2):168–181
40. Rosen ED et al (1999) PPAR gamma is required for the differentiation of adipose tissue in vivo and in vitro. Mol Cell 4(4):611–617
41. Wu Z et al (1999) Cross-regulation of C/EBP alpha and PPAR gamma controls the transcriptional pathway of adipogenesis and insulin sensitivity. Mol Cell 3(2):151–158
42. Kim JB, Spiegelman BM (1996) ADD1/SREBP1 promotes adipocyte differentiation and gene expression linked to fatty acid metabolism. Genes Dev 10(9):1096–1107
43. Fajas L et al (1999) Regulation of peroxisome proliferator-activated receptor gamma expression by adipocyte differentiation and determination factor 1/sterol regulatory element binding protein 1: implications for adipocyte differentiation and metabolism. Mol Cell Biol 19(8):5495–5503
44. Tang QQ, Lane MD (2000) Role of C/EBP homologous protein (CHOP-10) in the programmed activation of CCAAT/enhancer-binding protein-beta during adipogenesis. Proc Natl Acad Sci U S A 97(23):12446–12450
45. Moldes M et al (1999) Functional antagonism between inhibitor of DNA binding (Id) and adipocyte determination and differentiation factor 1/sterol regulatory element-binding protein-1c (ADD1/SREBP-1c) trans-factors for the regulation of fatty acid synthase promoter in adipocytes. Biochem J 344(Pt 3):873–880
46. Tong Q et al (2000) Function of GATA transcription factors in preadipocyte-adipocyte transition. Science 290(5489):134–138
47. Tong Q et al (2005) Interaction between GATA and the C/EBP family of transcription factors is critical in GATA-mediated suppression of adipocyte differentiation. Mol Cell Biol 25(2):706–715
48. Zhao Q et al (1997) Parallel expression of Sox9 and Col2a1 in cells undergoing chondrogenesis. Dev Dyn 209(4):377–386
49. Akiyama H et al (2002) The transcription factor Sox9 has essential roles in successive steps of the chondrocyte differentiation pathway and is required for expression of Sox5 and Sox6. Genes Dev 16(21):2813–2828
50. Ikeda T et al (2004) The combination of SOX5, SOX6, and SOX9 (the SOX trio) provides signals sufficient for induction of permanent cartilage. Arthritis Rheum 50(11):3561–3573

51. Frith J, Genever P (2008) Transcriptional control of mesenchymal stem cell differentiation. Transfus Med Hemother 35(3):216–227
52. Smits P et al (2001) The transcription factors L-Sox5 and Sox6 are essential for cartilage formation. Dev Cell 1(2):277–290
53. Lefebvre V, Behringer RR, de Crombrugghe B (2001) L-Sox5, Sox6 and Sox9 control essential steps of the chondrocyte differentiation pathway. Osteoarthr Cartil 9(suppl A):S69–S75
54. Bridgewater LC, Lefebvre V, de Crombrugghe B (1998) Chondrocyte-specific enhancer elements in the Col11a2 gene resemble the Col2a1 tissue-specific enhancer. J Biol Chem 273(24):14998–15006
55. Saito T et al (2007) S100A1 and S100B, transcriptional targets of SOX trio, inhibit terminal differentiation of chondrocytes. EMBO Rep 8(5):504–509
56. Kim IS et al (1999) Regulation of chondrocyte differentiation by Cbfa1. Mech Dev 80(2):159–170
57. Enomoto-Iwamoto M et al (2001) Participation of Cbfa1 in regulation of chondrocyte maturation. Osteoarthr Cartil 9(suppl A):S76–S84
58. Boyden LM et al (2002) High bone density due to a mutation in LDL-receptor-related protein 5. N Engl J Med 346(20):1513–1521
59. Yamaguchi A, Komori T, Suda T (2000) Regulation of osteoblast differentiation mediated by bone morphogenetic proteins, hedgehogs, and Cbfa1. Endocr Rev 21(4):393–411
60. Shimoyama A et al (2007) Ihh/Gli2 signaling promotes osteoblast differentiation by regulating Runx2 expression and function. Mol Biol Cell 18(7):2411–2418
61. Ling L, Nurcombe V, Cool SM (2009) Wnt signaling controls the fate of mesenchymal stem cells. Gene 433(1–2):1–7
62. Gong Y et al (2001) LDL receptor-related protein 5 (LRP5) affects bone accrual and eye development. Cell 107(4):513–523
63. Babij P et al (2003) High bone mass in mice expressing a mutant LRP5 gene. J Bone Miner Res 18(6):960–974
64. Bodine PV et al (2004) The Wnt antagonist secreted frizzled-related protein-1 is a negative regulator of trabecular bone formation in adult mice. Mol Endocrinol 18(5):1222–1237
65. Bennett CN et al (2005) Regulation of osteoblastogenesis and bone mass by Wnt10b. Proc Natl Acad Sci U S A 102(9):3324–3329
66. Krishnan V, Bryant HU, Macdougald OA (2006) Regulation of bone mass by Wnt signaling. J Clin Invest 116(5):1202–1209
67. Clement-Lacroix P et al (2005) Lrp5-independent activation of Wnt signaling by lithium chloride increases bone formation and bone mass in mice. Proc Natl Acad Sci U S A 102(48):17406–17411
68. Gaur T et al (2005) Canonical WNT signaling promotes osteogenesis by directly stimulating Runx2 gene expression. J Biol Chem 280(39):33132–33140
69. Boland GM et al (2004) Wnt 3a promotes proliferation and suppresses osteogenic differentiation of adult human mesenchymal stem cells. J Cell Biochem 93(6):1210–1230
70. Baksh D, Boland GM, Tuan RS (2007) Cross-talk between Wnt signaling pathways in human mesenchymal stem cells leads to functional antagonism during osteogenic differentiation. J Cell Biochem 101(5):1109–1124
71. Eijken M et al (2008) Wnt signaling acts and is regulated in a human osteoblast differentiation dependent manner. J Cell Biochem 104(2):568–579
72. Quarto N, Behr B, Longaker MT (2010) Opposite spectrum of activity of canonical Wnt signaling in the osteogenic context of undifferentiated and differentiated mesenchymal cells: implications for tissue engineering. Tissue Eng Part A 16(10):3185–3197
73. Kahler RA et al (2006) Lymphocyte enhancer-binding factor 1 (Lef1) inhibits terminal differentiation of osteoblasts. J Cell Biochem 97(5):969–983
74. Prestwich TC, Macdougald OA (2007) Wnt/beta-catenin signaling in adipogenesis and metabolism. Curr Opin Cell Biol 19(6):612–617
75. Bennett CN et al (2002) Regulation of Wnt signaling during adipogenesis. J Biol Chem 277(34):30998–31004
76. Okamura M et al (2009) COUP-TFII acts downstream of Wnt/beta-catenin signal to silence PPARgamma gene expression and repress adipogenesis. Proc Natl Acad Sci U S A 106(14):5819–5824
77. Liu G et al (2009) Canonical Wnts function as potent regulators of osteogenesis by human mesenchymal stem cells. J Cell Biol 185(1):67–75
78. Day TF et al (2005) Wnt/beta-catenin signaling in mesenchymal progenitors controls osteoblast and chondrocyte differentiation during vertebrate skeletogenesis. Dev Cell 8(5):739–750
79. Dong YF et al (2006) Wnt induction of chondrocyte hypertrophy through the Runx2 transcription factor. J Cell Physiol 208(1):77–86
80. Im GI, Lee JM, Kim HJ (2011) Wnt inhibitors enhance chondrogenesis of human mesenchymal stem cells in a long-term pellet culture. Biotechnol Lett 33(5):1061–1068
81. Long F et al (2004) Ihh signaling is directly required for the osteoblast lineage in the endochondral skeleton. Development 131(6):1309–1318
82. St-Jacques B, Hammerschmidt M, McMahon AP (1999) Indian hedgehog signaling regulates proliferation and differentiation of chondrocytes and is essential for bone formation. Genes Dev 13(16):2072–2086
83. Hu H et al (2005) Sequential roles of Hedgehog and Wnt signaling in osteoblast development. Development 132(1):49–60
84. Bitgood MJ, McMahon AP (1995) Hedgehog and Bmp genes are coexpressed at many diverse sites of cell-cell interaction in the mouse embryo. Dev Biol 172(1):126–138
85. Deschaseaux F, Sensebe L, Heymann D (2009) Mechanisms of bone repair and regeneration. Trends Mol Med 15(9):417–429

86. Vortkamp A et al (1996) Regulation of rate of cartilage differentiation by Indian hedgehog and PTH-related protein. Science 273(5275):613–622
87. Sampath TK et al (1992) Recombinant human osteogenic protein-1 (hOP-1) induces new bone formation in vivo with a specific activity comparable with natural bovine osteogenic protein and stimulates osteoblast proliferation and differentiation in vitro. J Biol Chem 267(28):20352–20362
88. Valcourt U, Moustakas A (2005) BMP signaling in osteogenesis, bone remodeling and repair. Eur J Trauma 31(5):464–479
89. Gitelman SE et al (1995) Vgr-1/BMP-6 induces osteoblastic differentiation of pluripotential mesenchymal cells. Cell Growth Differ 6(7):827–836
90. Lee KS et al (2000) Runx2 is a common target of transforming growth factor beta1 and bone morphogenetic protein 2, and cooperation between Runx2 and Smad5 induces osteoblast-specific gene expression in the pluripotent mesenchymal precursor cell line C2C12. Mol Cell Biol 20(23):8783–8792
91. Lee MH et al (2003) BMP-2-induced Runx2 expression is mediated by Dlx5, and TGF-beta 1 opposes the BMP-2-induced osteoblast differentiation by suppression of Dlx5 expression. J Biol Chem 278(36):34387–34394
92. Zaidi SK et al (2002) Integration of Runx and Smad regulatory signals at transcriptionally active subnuclear sites. Proc Natl Acad Sci USA 99(12):8048–8053
93. Lee MH et al (2003) BMP-2-induced Osterix expression is mediated by Dlx5 but is independent of Runx2. Biochem Biophys Res Commun 309(3):689–694
94. De Luca F et al (2001) Regulation of growth plate chondrogenesis by bone morphogenetic protein-2. Endocrinology 142(1):430–436
95. Semba I et al (2000) Positionally-dependent chondrogenesis induced by BMP4 is co-regulated by Sox9 and Msx2. Dev Dyn 217(4):401–414
96. Murtaugh LC et al (2001) The chick transcriptional repressor Nkx3.2 acts downstream of Shh to promote BMP-dependent axial chondrogenesis. Dev Cell 1(3):411–422
97. Lengner CJ et al (2005) Nkx3.2-mediated repression of Runx2 promotes chondrogenic differentiation. J Biol Chem 280(16):15872–15879
98. Zeng L et al (2002) Shh establishes an Nkx3.2/Sox9 autoregulatory loop that is maintained by BMP signals to induce somitic chondrogenesis. Genes Dev 16(15):1990–2005
99. Alliston T et al (2001) TGF-beta-induced repression of CBFA1 by Smad3 decreases cbfa1 and osteocalcin expression and inhibits osteoblast differentiation. EMBO J 20(9):2254–2272
100. Lutz M, Knaus P (2002) Integration of the TGF-beta pathway into the cellular signalling network. Cell Signal 14(12):977–988
101. Benfey PN (2003) Molecular biology: microRNA is here to stay. Nature 425(6955):244–245
102. Li Z et al (2008) A microRNA signature for a BMP2-induced osteoblast lineage commitment program. Proc Natl Acad Sci U S A 105(37):13906–13911
103. Hassan MQ et al (2010) A network connecting Runx2, SATB2, and the miR-23a ~ 27a ~ 24-2 cluster regulates the osteoblast differentiation program. Proc Natl Acad Sci USA 107(46):19879–19884
104. McMahon LA et al (2008) Regulatory effects of mechanical strain on the chondrogenic differentiation of MSCs in a collagen-GAG scaffold: experimental and computational analysis. Ann Biomed Eng 36(2):185–194
105. Sim WY et al (2007) A pneumatic micro cell chip for the differentiation of human mesenchymal stem cells under mechanical stimulation. Lab Chip 7(12):1775–1782
106. Caplan AI, Bruder SP (2001) Mesenchymal stem cells: building blocks for molecular medicine in the 21st century. Trends Mol Med 7(6):259–264

Part III

Molecular Families Implicated in Stem Cell Regulation

13 The Musashi Family of RNA Binding Proteins: Master Regulators of Multiple Stem Cell Populations

Jessie M. Sutherland, Eileen A. McLaughlin, Gary R. Hime, and Nicole A. Siddall

Abstract

In order to maintain their unlimited capacity to divide, stem cells require controlled temporal and spatial protein expression. The Musashi family of RNA-binding proteins have been shown to exhibit this necessary translational control through both repression and activation in order to regulate multiple stem cell populations. This chapter looks in depth at the initial discovery and characterisation of Musashi in the model organism *Drosophila*, and its subsequent emergence as a master regulator in a number of stem cell populations. Furthermore the unique roles for mammalian Musashi-1 and Musashi-2 in different stem cell types are correlated with the perceived diagnostic power of Musashi expression in specific stem cell derived oncologies. In particular the potential role for Musashi in the identification and treatment of human cancer is considered, with a focus on the role of Musashi-2 in leukaemia. Finally, the manipulation of Musashi expression is proposed as a potential avenue towards the targeted treatment of specific aggressive stem cell cancers.

Keywords

RNA binding proteins • Stem cell niche • Cancer stem cells

13.1 Introduction

Many differentiated but renewable cell types in the body are derived from relatively small populations of dedicated precursor cells, or stem cells, which maintain an essentially unlimited capacity for continued division [1, 2]. Synchronized mRNA translation has emerged as a pivotal mechanism controlling temporal and spatial protein expression in these stem cells, thus maintaining normal cellular and developmental processes [3].

J.M. Sutherland • E.A. McLaughlin (✉)
Priority Research Centre in Reproductive Science, School of Environmental and Life Sciences, University of Newcastle, Callaghan, NSW 2308, Australia
e-mail: eileen.mclaughlin@newcastle.edu.au

G.R. Hime • N.A. Siddall
Department of Anatomy and Neuroscience, University of Melbourne, Parkville, Melbourne, VIC, Australia

G. Hime and H. Abud (eds.), *Transcriptional and Translational Regulation of Stem Cells*, Advances in Experimental Medicine and Biology 786, DOI 10.1007/978-94-007-6621-1_13,

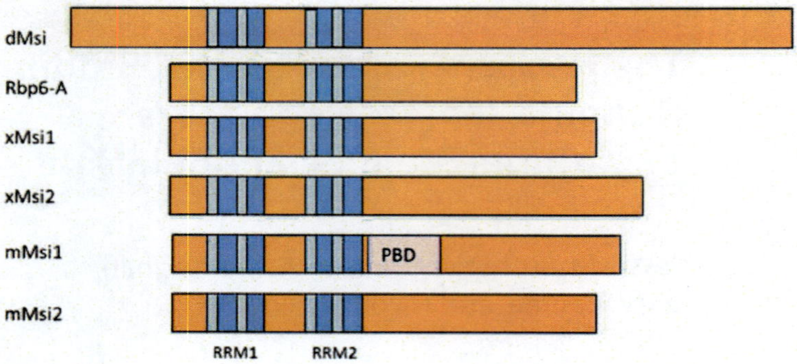

Fig. 13.1 Schematic diagram illustrating the protein structure of *Drosophila* Msi and Rbp6 isoform A (dMsi and Rbp6-A), Xenopus Msi-1 and Msi-2 (xMsi-1 and xMsi-2), and Mouse Msi-1 and Mouse Msi-2 (mMsi-1 and mMsi-2). Each orthologue from the Musashi family contains two tandem RNA recognition motifs (RRM1 and RRM2), each of which is composed of two highly conserved motifs, RNP-1 and RNP-2 (shown in *grey*). Mouse Msi-1 also contains a Protein binding domain (*PBD*) at the C-terminal end of the protein, which has been shown to bind Poly(A) binding protein (*PABP*) [11]. In the mouse, Msi-1 and Msi-1 2 homologues have been found to differ by the absence of 58 amino acid residues located within the C-terminal domain of the Msi-2 protein (Redrawn from Gunter and McLaughlin [12])

The post-transcriptional regulatory machinery governs both mRNA stability and mRNA translation with the target mRNAs subjected to degradation or translation inhibition until specifically activated [4].

The RNA-binding protein Musashi (Msi) was originally discovered as a key player in asymmetric cell division, stem cell function and cell fate determination in *Drosophila* [5], where d-Msi has been shown to repress translation of a transcription factor Tramtrack69 (Ttk69) [5]. Recently a second *Drosophila* Msi family member, Rbp6, which shares more amino acid identity with vertebrate Musashi than dMsi, has been characterised [6]. Like d-Msi, Rbp6 is expressed in multiple tissues throughout development; however deletion mutants are viable and fertile, and show no overt phenotype apart from a slight developmental delay, suggesting that Rbp6 is largely dispensable in the fly [6]. Two Msi orthologues, Msi-1 and Msi-2 exist in vertebrates and evolutionary analysis indicates that these proteins arose by gene duplication and are conserved in most vertebrate species, including chicken, mouse, human and dog [7]. All Musashi family members contain two tandem RNA recognition motifs (RRMs), located at the N-terminal of the protein (Fig. 13.1), each composed of two highly conserved motifs; RNP-1 and RNP-2 [8–10].

Musashi-mediated mRNA translation is context dependent [12] with neural *Drosophila* Musashi (d-Msi) shown to inhibit translation by directly binding poly uridine rich consensus sequences GU_{3-5}(G or AG) in the 3′ untranslated regions (3′UTRs) of the target transcript encoding the transcription factor Ttk69 [13, 14]. In mouse neural cells, Msi1 is also known to inhibit translation by binding to consensus sequences 5′-(G/A) U_nAGU-$3'_{n=1-3}$) of transcripts encoding Numb [15], the cell cycle regulator CDKN1A ($p21^{waf1}$) [16, 17] and doublecortin [18]. In contrast, Msi1 controls the translational activation of the mRNA encoding the Mos proto-oncogene during meiotic cell cycle progression in *Xenopus* oocyte maturation [19–23]. Similarly, the expression of Slit receptor Robo3/Rig-1, which plays crucial roles in axonal midline crossing, is also activated by neural Msi1 [24].

Msi1 has been described as having pivotal functions in stem cell maintenance, nervous system development, and tumorigenesis [5]. Despite its importance, as described above only a small number of direct mRNA targets (such as m-numb, CDKN1A, and c-mos) have been characterized so far. Using RIP-Chip analysis in human embryonic kidney (HEK293T) cells, 64 mRNAs belonging to two main functional gene ontology categories were found to be enriched in the Msi1-associated

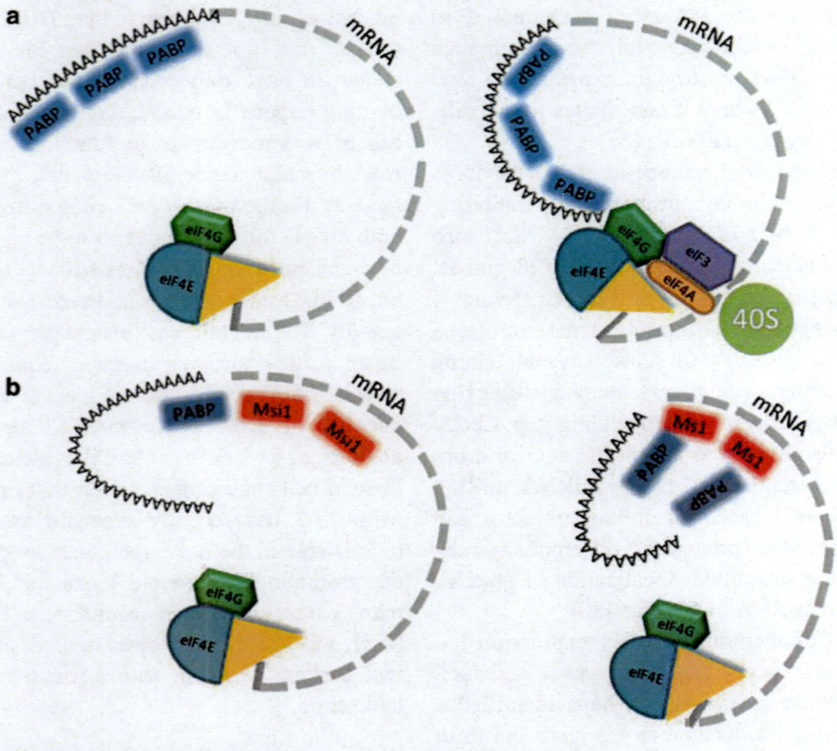

Fig. 13.2 Musashi-1 as a translational repressor. **(a)** Normal translation whereby Poly(A) binding protein (*PABP*) interacts with eukaryotic initiation factor 4G (*eIF4G*), to form a translation initiation complex. **(b)** Musashi-1 (*Msi1*) interacts with the 3′UTR of target mRNA and PABP and preventing PABP from interacting with eIF4G inhibiting the formation of the 80s ribosome complex, hence preventing translation initiation (Redrawn from Kawahara et al. [11])

population compared with controls including genes associated with the cell cycle, cell proliferation, cell differentiation, and apoptosis and protein modification [25].

Verification of transcript and protein levels of putative targets (including new targets such as ERH, CDKN2A, PTBP2 and CCNG2) has revealed that Msi1 can have both positive and negative effects on gene expression. Furthermore, global proteomic studies indicate that Msi1 acts by directing gene networks, thus functioning as a master regulator during development [25]. Another global study using siRNA knockdown of Msi1 in 5637 bladder carcinoma cells revealed 735 up-regulated but only 31 down-regulated genes, thus indicating a large number of mRNAs may be targeted by Msi1 in cancer for both translational repression and stability. In addition to the known targets, CDKN1A and Numb, both CDKN1B (another cell-cycle regulator) and Jagged-1 an activator of Notch signalling, were also putative targets as well as a gene involved in translational regulation and mRNA turnover found in stress granule formation [26].

Protein translation is cooperatively repressed by Msi1 simultaneously binding to poly(A) binding protein (PABP) and competing with the eukaryotic initiation factor-4G (eIF4G) [11] (Fig. 13.2). In contrast, Msi2 targets have not been characterized as extensively as those of Msi1, although there is some evidence indicating functional redundancy in neural progenitor cells [15, 27], and more recently a role in normal hematopoietic stem cells [28], modulating Numb expression and promoting human chronic myeloid leukaemia [29].

In *Drosophila*, Musashi was first identified as playing an essential role in regulating the asymmetric cell division of ectodermal precursor cells known as sensory organ precursor cells. In the

Drosophila larvae, Musashi is expressed in proliferating neuroblasts and the mammalian homologue, Msi1, is strongly expressed in fetal and adult brain, where it contributes to the self-renewal of neural stem cells [5].

In addition to Msi1 competition with eIF4G to bind poly(A)-binding protein and inhibiting assembly of the 80 S ribosome [11], Msi1 also enhances nuclear localisation of Lin28 and its binding partner terminal uridylyltransferase 4 (TUT4) to regulate post-transcriptional microRNA (miRNA) biogenesis [30]. As well as maintaining embryonic stem cell pluripotency by blocking let-7 miRNA biogenesis at the dicing step, Lin28/TUT4 is also known to inhibit the nuclear cropping step of another let-7 family miRNA, miR98. This indicates that Msi1 influences stem cell maintenance and progenitor differentiation by directing the subcellular localization of proteins involved in miRNA biogenesis [30].

Control of mammalian Msi1 expression has been characterised using fluorescence and luciferase reporter assays which have identified a regulatory region, located in the sixth intron of the Msi1 gene [31]. This intronic enhancer can transactivate Msi1 gene expression with cell-type specificity markedly similar to endogenous Msi1 expression patterns [31]. In addition, Msi1 transcript stability is mediated through microRNA activity. The Msi1 3′UTR region has been shown to be targeted by tumor suppressor miR-34a, -101, -128, -137, and -138 miRNAs and these microRNAs and Msi1 are reciprocally expressed in normal and tumour cells [32]. In vitro experiments demonstrated that cell proliferation inhibition induced by the tumor suppressor miRNAs, is partially rescued by Msi1 transgenic expression and that the role of these miRNAs is to maintain low Msi1 expression in healthy somatic cells, with dysregulation of Msi1 contributing to a tumour stem cell like phenotype [32].

In summary, it is clear that the RNA-binding protein Musashi (Msi) exhibits translational control through both repression and activation within a variety of stem cell populations and across a number of species. With all Musashi orthologues consisting of a conserved primary structure (Fig. 13.1), and unique consensus sequences and binding affinity, as shown in both *Drosophila* and mouse, it is not surprising that Msi has been shown to have only a small number of direct binding targets. In mammalian stem cells, Msi1 has been demonstrated to function in multiple roles in maintenance, development, and tumorigenesis. Furthermore, Msi1 competitive binding with eIF4G for PABP appears to be an important mechanism used for translational repression, whilst Msi1 transcript is stabilised via microRNA activity. The intention of this chapter is to investigate further the characterised expression and actions of Musashi homologues in the model species of *Drosophila* and *Caenorhabditis elegans*, as well as to explore the role of Musashi in stem cells and cancer. Given that mammalian Musashi-2 has recently emerged as having a unique role in the haemopoietic stem cell and in the promotion of myeloid leukaemia, and is in many cases, considered secondary to the role of Msi1, this chapter also aims to assess these current findings in depth with a focus on Msi2 in leukaemia.

13.2 MSI in Model Organisms

The first identification of the requirement for Musashi family proteins was discovered in the development of adult external sensory organs in *Drosophila*. Msi was discovered in the nucleus of all cells in each sensillum, and typically, the loss-of-function *msi* mutation results in the appearance of extra outer support cells [33]. During sensory organ development in *Drosophila*, Notch signalling directs the asymmetry between neuronal and non-neuronal lineages, and a zinc-finger transcriptional repressor, Tramtrack69 (TTK69), acts downstream of Notch as a determinant of non-neuronal identity. In the absence of Notch signalling, translational repression of *ttk69* occurs following binding between cis-acting sequences in the 3′ untranslated region of *ttk69* mRNA and its trans-acting repressor, the RNA-binding protein Musashi [13].

Also in the fly, Msi expression was observed in the nuclei of all photoreceptor cells and while loss of *msi* resulted in minor eye defects, the *msi* eye phenotype was significantly enhanced in a *seven in absentia* (*sina*) mutant background [6, 14, 34]. Since Sina is also known to be involved in the degradation of Ttk, these genetic experiments led to the proposal that Msi and Sina function redundantly to down regulate Ttk in a subset of photoreceptors in the developing eye [33].

During a genetic screen of *Drosophila* genes that affect testis stem cell biology, Musashi was identified as a critical regulator of testis stem cell maintenance and meiosis [35]. In the fly testis, loss of Msi function disrupted the balance between germ-line stem cell renewal and differentiation, resulting in the premature differentiation of germ-line stem cells [35]. In addition, loss of *Drosophila* Msi also results in meiotic defects, thus revealing that d-Msi has distinct roles at different stages of germ cell differentiation [35].

A *Caenorhabditis elegans* Musashi homologue, MSI-1 was identified on the basis that the RNA-recognition motifs had extensive similarity to those of *Drosophila* and vertebrate Musashi family proteins [36]. Males with a *msi-1* mutation have a distinct mating defect in which it was found that MSI-1 is required for the turning and vulva location steps. Like other Musashi members, MSI-1 is expressed in neural cells, however the expression of a MSI-1:: GFP transgene was observed in postmitotic neurones as opposed to progenitor cells, raising the possibility that MSI-1 is also required for the maintenance of non-proliferating cell types. *Halocynthia roretzi* and *Ciona intestinalis* ascidian Musashi homologs contain, in the N-terminus, two RNA-recognition and RNA-binding motifs, and in the C-terminus, an ascidian-specific YG-rich domain [37]. Ascidian Musashi had three domains of zygotic expression: the brain, nerve cord, and mesenchyme and expression is species specific [37]. Three Musashi family genes, DjmlgA, DjmlgB and DjmlgC (Dugesia japonica Musashi-like gene A, B, C), have been localised to neural cells in planarian and a separate Djdmlg (Dugesia japonica DAZAP-like/Musashi-like gene) expressed in stem cells and various types of differentiated cells suggested that these planarian Musashi family genes might be involved in neural cell differentiation after neural cell-fate commitment [38].

13.3 Musashi in Stem Cells and Cancer

Drosophila Musashi is one of the RNA-binding proteins essential for neural development and required for asymmetric cell divisions during *Drosophila* adult sensory organ development [13]. Expression of the mouse homologue, Musashi-1 (Msi1), was found to be highly enriched in the developing CNS stem cell population [15]. Mammalian Msi1 has also been associated with neural precursor cells responsible for generating neurons and glia, with Msi1 expression lost in fully differentiated neuronal and glial cells [15]. Similarly, spatiotemporal patterns of localisation in the stem-like embryonic cells and adult CNS tissues of fish, frogs, birds, rodents, and humans, revealed Msi1 expression in undifferentiated, proliferative cells, neuronal progenitor cells, astroglial precursor cells and astrocytes; however cells committed to the oligodendroglial lineage were Msi1 negative [39, 40].

Msi1 null mice frequently developed obstructive hydrocephalus indicating a vital role in the normal development of ependymal cells, a potential source of postnatal stem cells [27]. Conversely, histological examination and an in vitro neurosphere assay showed that neither the embryonic CNS development nor the self-renewal activity of CNS stem cells in embryonic forebrains appeared to be affected by the disruption of Msi1. Whereas, the diversity of the cell types produced by the stem cells was moderately reduced by the Msi1 deficiency [27]. Combined Msi1 and Msi2 antisense knockdown assays in isolated neurospheres indicated that Msi1 and Msi2 act cooperatively in the proliferation and maintenance of neural stem cell populations, and this is primarily through the targeting for down-regulation of the Notch signalling pathway regulator, m-numb [17, 27].

Tumour cells may exhibit the same gene expression patterns as related precursor cells from the same tissue of origin as the tumour. Endogenous levels of Msi1 in normal adult human brain and testis tissues are low. However, in a screen of cancer tissues and cell lines, malignant gliomas displayed significantly raised expression levels of Msi1 [41]. Immunoblotting and immunohistochemistry

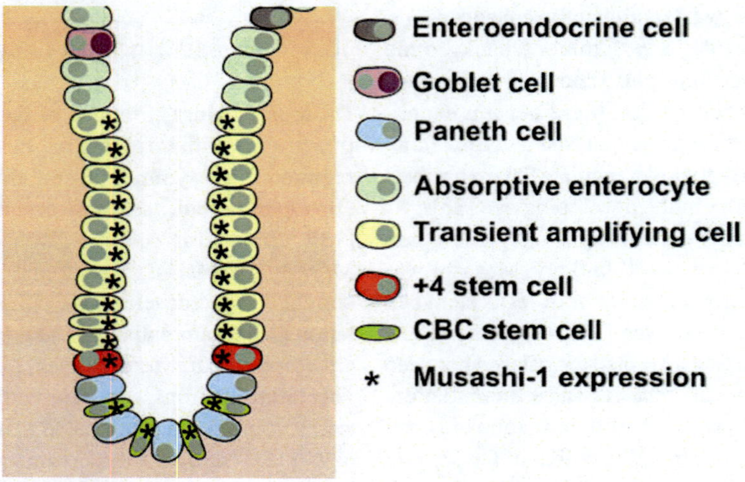

Fig. 13.3 Musashi-1 expression in an intestinal epithelial crypt. Musashi-1 is expressed in the crypt base columnar (*CBC*) cell and "+4 cell" stem cell populations as well as in proliferating transit amplifying, or progenitor, cells. It is absent from differentiated enterocytes or cells of the secretory lineages [46]

confirmed upregulated Msi1 expression in malignant gliomas and astrocytomas compared with non-neoplastic brain tissue and the level of increased expression was related to the aggressiveness of the tumour [42], with glioblastomas, the most malignant form of glioma, cells exhibited higher Msi1 expression and proliferative activity than less malignant gliomas, indicating that Msi1 expression has potential as a marker for tumour cells with stem cell like characteristics and as a prognostic indicators [43–45].

Msi has also been identified in a key subpopulation in gastrointestinal epithelial crypts. The basal crypt cells are stem cells that generate all of the differentiated cells of the intestinal epithelium via production of progenitor cells to maintain homeostasis of the epithelium (Fig. 13.3) [46].

In 2003, Msi1 was first proposed as a putative marker of intestinal stem cells when in both mouse and human intestine Msi1 expression was observed in neonatal, adult, and regenerating crypts [47]. Msi1 localises to the crypt base columnar cells and the "+4" cells found immediately above the Paneth cells, both populations that have been demonstrated to have regenerative stem cell characteristics cells [48, 49] as well as proliferating progenitor cells that co-stain for the proliferation marker Ki67, [48].

Interestingly, although Msi1 appears to be expressed in putative stem cells the Msi1 null mice have normal intestinal growth [27], which may indicate functional redundancy with its paralogue, Msi2 [50]. Colonic epithelial stem cells located at the crypt base also express Msi1 [51].

Msi1 has been shown to suppress expression of Paneth cell-specific genes in an intestinal epithelial cell line indicating that Msi1 may operate as a negative regulator of Paneth cell differentiation and act to maintain the undifferentiated phenotype of intestinal stem cells [51]. CDKN1A ($p21^{waf1}$), a cyclin-dependent kinase inhibitor and known target of translational repression by Msi1 [52], acts following DNA damage by instituting cell cycle arrest. Subsequent to irradiation, intestinal stem cell survival in CDKN1A null mice was three times higher than in wildtype littermates, with Msi1 transcript exceptionally elevated in the null crypts compared with WT mice [52]. This suggests that deletion of CDKN1A results in the protection of crypt stem/progenitor cells from irradiation induced cell death, and the expression of Msi1 in regenerative crypts may aid in the maintenance of stem/progenitor cells [52].

The second most common cause of cancer-related mortality worldwide is gastric cancer which often arises as a result of the induction of an inflammatory microenvironment following *Helicobacter pylori* induced chronic inflammation [53, 54]. Msi1 expression is frequently detected in both premalignant gastric lesions and invasive gastric cancer and expression is significantly elevated when compared to adjacent normal gastric mucosa [53, 54], thus indicating again that a distinct subpopulation of cells with tumour stem cell-like phenotype, that overexpress Msi1, can contribute to disease progression [53–56].

Side populations of cells isolated via flow cytometry are typically enriched for putative stem cells when isolated from a number of human tissues, cancers, and cell lines [56]. However, flow cytometric analysis of four gastrointestinal cancer cell lines indicated that the Msi1 expression did not correlate to a stem cell population and Msi1 may not definitively identify stem cells [57]. Msi1 induced downregulation of p21 could underpin the oncogenic activity of Msi1 via a failure to initiate proper cell cycle arrest. This concept is supported from studies of HCT116 colon adenocarcinoma xenografts in athymic nude mice [52, 58]. siRNA-mediated reduction of Msi-1 led to mitotic catastrophe in tumor cells, tumor growth arrest, reduced cancer cell proliferation, and increased apoptosis alone and in combination with radiation injury. Moreover, after knockdown of Msi-1, there was inhibition of NOTCH1 signalling and up-regulation of CDKN1A ($p21^{(WAF1)}$), suggesting an important potential mechanism for its role in tumorigenesis [52, 58].

Human endometrium requires the regenerative capability of a dedicated stem cell population which, when dysfunctional, contributes to two major conditions, endometriosis and endometrial carcinoma [59]. In a screen of endometrial, endometriotic and endometrial carcinoma tissue specimens, Msi1 mRNA expression, was markedly increased in the endometrium compared to the myometrium, a non-regenerative myometrium tissue. Furthermore, Msi1 expression co-localised with Notch1 expression in putative endometrial progenitor cells, indicative of a Msi1 positive stem cell origin of endometriosis and endometrial carcinoma [59]. High Msi1 expression was also indicative of breast tumor cells with stem cell-like characteristics and correlated with 5 year patient survival. Using immunoblotting and immunohistochemistry, Msi1 was detected in over half of 20 breast cancer cell lines and Msi1 was expressed in the majority of primary breast tumours and in all of lymph node metastases [60, 61]. In vitro knockdown of Msi reduced tumour longevity and xenograft growth, suggesting Msi may be a suitable target for a drug discovery programme [61, 62].

In aggressive tumours, expression of specific breast cancer stem cells (BCSC) has been observed but their regulation is unknown. As described above, Msi1 has previously been identified as a BCSC related gene [61]. In a more recent study, methylation and mRNA expression analysis demonstrated that hypomethylation of Msi1 correlated with the aggressive triple-negative breast cancer (TNBC) subtype [63]. Thus the methylation status of BCSC genes such as Msi1 may allow for the development of new molecular classification systems based on these epigenetic changes.

Msi1 has also been shown to be upregulated in endometrial carcinoma with its functional impact and mode of action recently characterised in vitro [59, 64]. Initial side population studies on the Ishikawa endometrial carcinoma cell line, suggested the presence of putative cancer stem cells in which Msi1 expression was found to be significantly upregulated [64]. SiRNA mediated knockdown of Msi1 resulted in observed changes in cell cycle progression and increased apoptosis attributed primarily through confirmed altered expression patterns to the signalling receptor Notch-1, its downstream targets, and the cell cycle regulator p21WAF1/CIP1 [64]. This again establishes Msi1 as a future target for small molecule drug design for stem cell carcinoma therapy.

13.4 Mammalian Musashi 2

Musashi-2 (Msi2) was identified as a second member of the vertebrate mammalian Musashi family [7] and sequence analysis revealed a high degree of similarity to Msi1 [7]. Msi2 appears to have arisen following gene duplication and in contrast to Msi1, the Msi2 transcript has been found in a wider variety of tissues and cell types, in a number of species including mouse and human [7]. In vitro studies of neurospheres determined that Msi2 and Msi1 have similar RNA-binding target specificity and researchers speculated that Msi1 and Msi2 may exert common functions in neural precursor cells by regulating translational gene expression. In the mammalian CNS, Msi2 was expressed concurrently in ependymal cells in the astrocyte lineage, including the presumed stem cell population [65] and it was hypothesized that Msi2 may have a unique role in maintenance of specific neuronal lineages [66]. A study utilising CNS cells from Msi1 null mice indicated a redundancy of function between the two homologues, with Msi2 expression capable of maintaining neural stem cell phenotype and cell proliferation [27].

A recent study has suggested the role for the two isoforms of Msi2 in the self-renewal of embryonic stem cells (ESCs) [67]. Using shRNA knockdown, the authors demonstrated that levels of Msi2 decreased and this correlated with differentiation and the loss of self-renewal capacity of ESCs. Both the identified isoforms of Msi2; the full-length isoform 1, and the shorter splice variant, isoform 2, were shown through the use of ectopic expression rescue studies, to be essential for maintenance of ESC self-renewal [67]. The authors do propose an essential role for Msi2 during embryogenesis and show that in ESC cultures, Msi1 is unable to compensate for loss of Msi2, thus, elucidating a unique role for Msi2 in the maintenance of stem cell populations.

Msi2 was also identified as a key regulator of mouse hematopoietic stem cell (HSC) activity. In in vitro studies, shRNA-mediated depletion of Msi2 significantly impaired HSC repopulation and promoted cellular differentiation with a number of known HSC and cell cycle regulators as potential downstream targets to Msi2. With a proposed role in cell cycle control, Msi2 appeared essential for the maintenance of stem cell phenotype through ensuring appropriate balance between self-renewal and differentiation. The timing and effectiveness of Msi2 protein expression is regulated through cAMP-response element-binding protein–binding protein (CREBBP) [68], which selectively influences the timing and degree of pre-mRNA processing of genes essential for HSC regulation and thereby has the potential to alter subsequent cell fate decisions in HSCs [68].

This work was supported by a retroviral integration screening study in mouse hematopoietic stem cells. Msi2 was identified as a key regulator of HSCs and when overexpressed conferred HSC dominance [69]. A partial null mouse, in which the C-terminal portion of Msi2 was deleted, indicated that Msi2 is more highly expressed in HSCs and early lymphoid myeloid progenitor cells and is reduced in intermediate progenitors and mature cells. While mice lacking fully functional Msi2 are viable, they exhibit age dependent severe defects in the proliferative capacity of a reduced population of short term HSCs and early lymphoid myeloid progenitor cells [69]. Cell-cycle and gene-expression analyses support the notion that Msi2 functions similarly to Msi1 in neural cells to maintain the stem cell compartment through proliferative control of primitive progenitor cells following differentiation from long term HSCs [69].

Further investigation revealed that in addition to this central role in primitive hematopoietic cells, Msi2 dysfunctional activity was a significant promulgator of leukemic pathogenesis [70]. Upregulation of Msi2 contributed to oncogenesis with the rapid progression of myeloid leukaemia in a mouse model system and assays indicate that Msi2 overexpression is associated with poor prognosis in human patients [71]. Partial regulatory control imposed by Msi2 may be achieved through direction of the Notch signalling pathway via Numb with Msi2 effects offset by Prox1, a known tumour suppressor [71]. Characterising the cellular and molecular mechanisms through which Msi1 and Prox1 counterbalance hematopoietic stem cell fate will illuminate the process of normal haematopoiesis, inform the leukemic transformation process, and give insight into the development of effective regenerative therapies and targeted leukaemia treatments [71, 72].

13.5 Musashi 2 and Leukaemia

Initial karyotype studies in 2003 of patients with chronic myeloid leukaemia (CML) resulted in the hypothesis that a chromosomal rearrangement underpinned the genetic mechanisms that resulted in progression from the chronic phase into the accelerated phase and the final blast crisis [73]. Two cryptic balanced translocations, t(7;17)(p15;q23) and t(7;17)(q32-34;q23) in CML accelerated phase and final blast crisis patients indicated that in 17q23, Msi2 gene is rearranged, resulting in a MSI2/HOXA9 in-frame fusion protein comprising the RNA recognition motif domains of MSI2 and the homeobox domain of HOXA9. This novel protein is predicted to play an important role in the disease progression of CML [73]. Similarly in a separate study in 2008, a second chromosomal recurrent translocation t(3;17)(q26;q22) involving Msi2 was discovered in a number of hematologic malignancies [74, 75]. In this genetic rearrangement the Msi2 gene was juxtaposed with EVI1, a locus known to be involved in myeloid leukaemia and associated with poor prognosis. The EVI1 gene locus was rearranged in all patients and was associated with EVI1 overexpression (but not Msi2 overexpression) and this may be the major contributor to leukemogenesis in patients with a t(3;17) translocation [74, 75]. In vitro knockdown studies of human myeloid Msi2 overexpressing leukaemia cell lines led to decreased proliferation and increased apoptosis. In vivo studies of human myeloid leukaemia revealed that increasing Msi2 levels directly correlated with decreased survival in patients with the disease [28].

In a human-Msi2 mouse model system, overexpression of Msi2 acted synergistically with the chronic myeloid leukaemia-associated BCR-ABL1 oncoprotein to increase both HSC cell cycle progression and induce an aggressive leukemic state [72]. Also in mouse models of CML, disease progression is similarly regulated by elevated levels of Numb, a negative regulator of Notch signalling axis, in the chronic phase. Decreased levels of Numb in the blast crisis phase are linked to the expression of an oncogene fusion protein NUP98-HOXA9 which triggers Msi2 expression and translational repression of Numb, allowing upregulation of Notch signalling and disease progression. Since the Musashi 2-Numb pathway directs differentiation of CML cells, targeting this pathway provides a novel therapeutic strategy for end stage leukemias [76].

Most recently, Msi2 was discovered to be also highly expressed in acute human myeloid leukaemia (AML) cell lines, with elevated Msi2 transcript associated with decreased survival in AML patients, suggesting its use as a new prognostic marker [29, 77]. Surprisingly, Msi2 protein levels in 120 AML patients, as indicated by immunohistochemistry, indicated a very low level of Msi2 nuclear and cytoplasmic positive cells in a majority of samples but notwithstanding this, Msi2 protein expression was still negatively associated with survival longevity, with greater than 1 % of cells showing strong Msi2 staining having a very poor outcome [31, 77]. In conclusion the authors indicated that a strong prognostic power was obtained from few Msi2 positive cells, supporting Msi2 as having a potent role in the maintenance of normal hematopoietic stem cell function and highlighting its role in disease progression [77].

A recent review has summarised the important role Msi2 plays in regulating the haematopoietic stem cell pool and discussed how Msi2 overexpression has been correlated with poor prognosis in human myeloid leukaemias; suggesting a role for Msi2 as a prognostic marker for acute myeloid leukaemia [78]. The review refers to the Msi2/Numb pathway as key to both normal and malignant haematopoiesis, with a deregulation of the Msi2-Numb axis important in the chronic to acute phase progression of chronic myelogenous leukaemia (CML). Figure 13.3 outlines the discovered roles of Msi2 in normal and leukemic haematopoiesis. In summary the reviewers recognise the need to prove the role of the Notch signalling pathway in haematopoiesis and to answer how Msi2 regulates symmetric/asymmetric division; but positively conclude that Msi2 has the ability to become a potential new target for treatment of leukaemia [78].

13.6 Conclusion

As the title of this chapter suggests, the Musashi family of RNA-binding proteins do indeed play fundamental roles in the direction of multiple stem cell populations. From the initial discovery and characterisation in *Drosophila* as a key regulator of asymmetric cell division, stem cell function, and cell fate determination, Musashi has emerged as a master regulator in a number of stem cell populations, as well as a potential diagnostic and marker of a variety of mammalian stem cell carcinomas. Evidence has been provided for Musashi-mediated translational repression and translational activation, and unique roles for mammalian Musashi-1 and Musashi-2 in different stem cell populations.

A pivotal role for Musashi in stem cell biology was established using *Drosophila* and *Caenorhabditis elegans* as model organisms for function and expression. Musashi was demonstrated as crucial during germ cell differentiation and development in *Drosophila*, acting primarily via the Notch signalling pathway. While in the *C. elegans* Musashi homologue, MSI-1, a potential role in the maintenance of non-proliferating cell types has been established.

In mammalian systems, the mouse homologue Musashi-1 (Msi1) has been shown to be enriched in CNS stem cells, in particular neural precursor cells, with similar expression patterns observed across most vertebrate species, including humans. Subsequently Msi1 in cooperation with mammalian Musahi-2 (Msi2), were later found to be involved in the proliferation and maintenance of neural stem cell populations, again via disruption of the Notch pathway. Mammalian Musashi function has also been characterised in; intestinal stem cells, with Msi1 thought to aid in stem/progenitor cell maintenance, and in the case of Msi2 in embryonic and hematopoietic stem cell self-renewal and differentiation.

In humans it has recently become clear that a vital role for Musashi, is in the identification and potential treatment of cancer. The role of Musashi in tumorigenesis was first proposed following discovery of increased expression Msi1 in a screen of cancer tissues and cell lines, with expression levels linked to the aggressiveness of certain tumour types, including breast and endometrial, as well as malignant gliomas. More recently, the second vertebrate Musashi, Musashi-2 (Msi2) has emerged as significant indicator of myeloid leukaemia, with upregulation of Msi2 linked to rapid progression and poor prognosis. With the manipulation of Musashi now proposed as a potential avenue towards the targeted treatment of specific aggressive stem cell cancers.

References

1. Becker AJ, Mc CE, Till JE (1963) Cytological demonstration of the clonal nature of spleen colonies derived from transplanted mouse marrow cells. Nature 197:452–4
2. Siminovitch L, McCulloch EA, Till JE (1963) The distribution of colony-forming cells among spleen colonies. J Cell Physiol 62:327–36
3. Crittenden SL, Bernstein DS, Bachorik JL, Thompson BE et al (2002) A conserved RNA-binding protein controls germline stem cells in Caenorhabditis elegans. Nature 417(6889):660–3
4. Unhavaithaya Y, Hao Y, Beyret E, Yin H et al (2009) MILI, a PIWI-interacting RNA-binding protein, is required for germ line stem cell self-renewal and appears to positively regulate translation. J Biol Chem 284(10):6507–19
5. Okano H, Kawahara H, Toriya M, Nakao K et al (2005) Function of RNA-binding protein Musashi-1 in stem cells. Exp Cell Res 306(2):349–56
6. Siddall NA, Kalcina M, Johanson TM, Monk AC et al (2012) Drosophila Rbp6 is an orthologue of vertebrate Msi-1 and Msi-2, but does not function redundantly with dMsi to regulate germline stem cell behaviour. PLoS One 7(11):e49810
7. Akindahunsi AA, Bandiera A, Manzini G (2005) Vertebrate 2xRBD hnRNP proteins: a comparative analysis of genome, mRNA and protein sequences. Comput Biol Chem 29(1):13–23
8. Good P, Yoda A, Sakakibara S, Yamamoto A et al (1998) The human Musashi homolog 1 (MSI1) gene encoding the homologue of Musashi/Nrp-1, a neural RNA-binding protein putatively expressed in CNS stem cells and neural progenitor cells. Genomics 52(3):382–4
9. Nagata T, Kanno R, Kurihara Y, Uesugi S et al (1999) Structure, backbone dynamics and interactions with RNA of the C-terminal RNA-binding domain of a mouse neural RNA-binding protein, Musashi1. J Mol Biol 287(2):315–30
10. Ohyama T, Furukawa A, Mashima T, Sugiyama T et al (2008) Structural analysis of Musashi-RNA complex

on the basis of long-range structural information. Nucleic Acids Symp Ser (Oxf) 52:193–4
11. Kawahara H, Imai T, Imataka H, Tsujimoto M et al (2008) Neural RNA-binding protein Musashi1 inhibits translation initiation by competing with eIF4G for PABP. J Cell Biol 181(4):639–53
12. Gunter KM, McLaughlin EA (2011) Translational control in germ cell development: a role for the RNA-binding proteins Musashi-1 and Musashi-2. IUBMB Life 63(9):678–685
13. Okabe M, Imai T, Kurusu M, Hiromi Y et al (2001) Translational repression determines a neuronal potential in Drosophila asymmetric cell division. Nature 411(6833):94–8
14. Hirota Y, Okabe M, Imai T, Kurusu M et al (1999) Musashi and seven in absentia downregulate Tramtrack through distinct mechanisms in Drosophila eye development. Mech Dev 87(1–2):93–101
15. Sakakibara S, Imai T, Hamaguchi K, Okabe M et al (1996) Mouse-Musashi-1, a neural RNA-binding protein highly enriched in the mammalian CNS stem cell. Dev Biol 176(2):230–42
16. Battelli C, Nikopoulos GN, Mitchell JG, Verdi JM (2006) The RNA-binding protein Musashi-1 regulates neural development through the translational repression of p21WAF-1. Mol Cell Neurosci 31(1):85–96
17. Imai T, Tokunaga A, Yoshida T, Hashimoto M et al (2001) The neural RNA-binding protein Musashi1 translationally regulates mammalian numb gene expression by interacting with its mRNA. Mol Cell Biol 21(12):3888–900
18. Horisawa K, Imai T, Okano H, Yanagawa H (2009) 3′-Untranslated region of doublecortin mRNA is a binding target of the Musashi1 RNA-binding protein. FEBS Lett 583(14):2429–34
19. Charlesworth A, Wilczynska A, Thampi P, Cox LL et al (2006) Musashi regulates the temporal order of mRNA translation during Xenopus oocyte maturation. EMBO J 25(12):2792–801
20. MacNicol AM, Wilczynska A, MacNicol MC (2008) Function and regulation of the mammalian Musashi mRNA translational regulator. Biochem Soc Trans 36(Pt 3):528–30
21. Arumugam K, Wang Y, Hardy LL, MacNicol MC et al (2010) Enforcing temporal control of maternal mRNA translation during oocyte cell-cycle progression. EMBO J 29(2):387–97
22. MacNicol MC, Cragle CE, MacNicol AM (2011) Context-dependent regulation of Musashi-mediated mRNA translation and cell cycle regulation. Cell Cycle 10(1):39–44
23. Arumugam K, Macnicol M, Macnicol A (2012) Autoregulation of Musashi1 mRNA translation during Xenopus oocyte maturation. Mol Reprod Dev 79(8):553–563
24. Kuwako K, Kakumoto K, Imai T, Igarashi M et al (2010) Neural RNA-binding protein Musashi1 controls midline crossing of precerebellar neurons through posttranscriptional regulation of Robo3/Rig-1 expression. Neuron 67(3):407–21
25. de Sousa AR, Sanchez-Diaz PC, Vogel C, Burns SC et al (2009) Genomic analyses of musashi1 downstream targets show a strong association with cancer-related processes. J Biol Chem 284(18):12125–35
26. Nikpour P, Baygi ME, Steinhoff C, Hader C et al (2011) The RNA binding protein Musashi1 regulates apoptosis, gene expression and stress granule formation in urothelial carcinoma cells. J Cell Mol Med 15(5):1210–24
27. Sakakibara S, Nakamura Y, Yoshida T, Shibata S et al (2002) RNA-binding protein Musashi family: roles for CNS stem cells and a subpopulation of ependymal cells revealed by targeted disruption and antisense ablation. Proc Natl Acad Sci U S A 99(23):15194–9
28. Kharas MG, Lengner CJ, Al-Shahrour F, Bullinger L et al (2010) Musashi-2 regulates normal hematopoiesis and promotes aggressive myeloid leukemia. Nat Med 16(8):903–8
29. Ito T, Kwon HY, Zimdahl B, Congdon KL et al (2010) Regulation of myeloid leukaemia by the cell-fate determinant Musashi. Nature 466(7307):765–8
30. Kawahara H, Okada Y, Imai T, Iwanami A et al (2011) Musashi1 cooperates in abnormal cell lineage protein 28 (Lin28)-mediated let-7 family microRNA biogenesis in early neural differentiation. J Biol Chem 286(18):16121–30
31. Kawase S, Imai T, Miyauchi-Hara C, Yaguchi K et al (2011) Identification of a novel intronic enhancer responsible for the transcriptional regulation of musashi1 in neural stem/progenitor cells. Mol Brain 4:14
32. Vo DT, Qiao M, Smith AD, Burns SC et al (2011) The oncogenic RNA-binding protein Musashi1 is regulated by tumor suppressor miRNAs. RNA Biol 8(5)
33. Nakamura M, Okano H, Blendy JA, Montell C (1994) Musashi, a neural RNA-binding protein required for Drosophila adult external sensory organ development. Neuron 13(1):67–81
34. Siddall NA, Hime GR, Pollock JA, Batterham P (2009) Ttk69-dependent repression of lozenge prevents the ectopic development of R7 cells in the Drosophila larval eye disc. BMC Dev Biol 9:64
35. Siddall NA, McLaughlin EA, Marriner NL, Hime GR (2006) The RNA-binding protein Musashi is required intrinsically to maintain stem cell identity. Proc Natl Acad Sci U S A 103(22):8402–7
36. Yoda A, Sawa H, Okano H (2000) MSI-1, a neural RNA-binding protein, is involved in male mating behaviour in Caenorhabditis elegans. Genes Cells 5(11):885–95
37. Kawashima T, Murakami AR, Ogasawara M, Tanaka K et al (2000) Expression patterns of Musashi homologs of the ascidians, Halocynthia roretzi and Ciona intestinalis. Dev Genes Evol 210(3):162–5
38. Higuchi S, Hayashi T, Tarui H, Nishimura O et al (2008) Expression and functional analysis of musashi-like genes in planarian CNS regeneration. Mech Dev 125(7):631–45
39. Kaneko Y, Sakakibara S, Imai T, Suzuki A et al (2000) Musashi1: an evolutionally conserved marker for

CNS progenitor cells including neural stem cells. Dev Neurosci 22(1–2):139–53

40. Shibata S, Umei M, Kawahara H, Yano M et al (2012) Characterization of the RNA-binding protein Musashi1 in Zebrafish. Brain Res 1462:162
41. Toda M, Iizuka Y, Yu W, Imai T et al (2001) Expression of the neural RNA-binding protein Musashi1 in human gliomas. Glia 34(1):1–7
42. Kong DS, Kim MH, Park WY, Suh YL et al (2008) The progression of gliomas is associated with cancer stem cell phenotype. Oncol Rep 19(3):639–43
43. Nakano A, Kanemura Y, Mori K, Kodama E et al (2007) Expression of the neural RNA-binding protein Musashi1 in pediatric brain tumors. Pediatr Neurosurg 43(4):279–84
44. Kanemura Y, Sakakibara S, Okano H (2002) Identification of Musashi1-positive cells in human normal and neoplastic neuroepithelial tissues by immunohistochemical methods. Methods Mol Biol 198:273–81
45. Kanemura Y, Mori K, Sakakibara S, Fujikawa H et al (2001) Musashi1, an evolutionarily conserved neural RNA-binding protein, is a versatile marker of human glioma cells in determining their cellular origin, malignancy, and proliferative activity. Differentiation 68(2–3):141–52
46. Yen TH, Wright NA (2006) The gastrointestinal tract stem cell niche. Stem Cell Rev 2(3):203–12
47. Yuqi L, Chengtang W, Ying W, Shangtong L et al (2008) The expression of Msi-1 and its significance in small intestinal mucosa severely damaged by high-dose 5-FU. Dig Dis Sci 53(9):2436–42
48. Potten CS, Booth C, Tudor GL, Booth D et al (2003) Identification of a putative intestinal stem cell and early lineage marker; Musashi-1. Differentiation 71(1):28–41
49. He XC, Yin T, Grindley JC, Tian Q et al (2007) PTEN-deficient intestinal stem cells initiate intestinal polyposis. Nat Genet 39(2):189–98
50. Montgomery RK, Breault DT (2008) Small intestinal stem cell markers. J Anat 213(1):52–8
51. Samuel S, Walsh R, Webb J, Robins A et al (2009) Characterization of putative stem cells in isolated human colonic crypt epithelial cells and their interactions with myofibroblasts. Am J Physiol Cell Physiol 296(2):C296–C305
52. George RJ, Sturmoski MA, May R, Sureban SM et al (2009) Loss of p21Waf1/Cip1/Sdi1 enhances intestinal stem cell survival following radiation injury. Am J Physiol Gastrointest Liver Physiol 296(2):G245–G54254
53. Murata H, Tsuji S, Tsujii M, Nakamura T et al (2008) Helicobacter pylori infection induces candidate stem cell marker Musashi-1 in the human gastric epithelium. Dig Dis Sci 53(2):363–9
54. Nagata H, Akiba Y, Suzuki H, Okano H et al (2006) Expression of Musashi-1 in the rat stomach and changes during mucosal injury and restitution. FEBS Lett 580(1):27–33
55. Bobryshev YV, Freeman AK, Botelho NK, Tran D et al (2010) Expression of the putative stem cell marker Musashi-1 in Barrett's esophagus and esophageal adenocarcinoma. Dis Esophagus 23(7):580–9
56. Wang T, Ong CW, Shi J, Srivastava S et al (2011) Sequential expression of putative stem cell markers in gastric carcinogenesis. Br J Cancer 105(5):658–65
57. Burkert J, Otto WR, Wright NA (2008) Side populations of gastrointestinal cancers are not enriched in stem cells. J Pathol 214(5):564–73
58. Sureban SM, May R, George RJ, Dieckgraefe BK et al (2008) Knockdown of RNA binding protein musashi-1 leads to tumor regression in vivo. Gastroenterology 134(5):1448–58
59. Gotte M, Wolf M, Staebler A, Buchweitz O et al (2008) Increased expression of the adult stem cell marker Musashi-1 in endometriosis and endometrial carcinoma. J Pathol 215(3):317–29
60. Wang XY, Yin Y, Yuan H, Sakamaki T et al (2008) Musashi1 modulates mammary progenitor cell expansion through proliferin-mediated activation of the Wnt and Notch pathways. Mol Cell Biol 28(11):3589–99
61. Wang XY, Penalva LO, Yuan H, Linnoila RI et al (2010) Musashi1 regulates breast tumor cell proliferation and is a prognostic indicator of poor survival. Mol Cancer 9:221
62. Glazer RI, Wang XY, Yuan H, Yin Y (2008) Musashi1: a stem cell marker no longer in search of a function. Cell Cycle 7(17):2635–9
63. Kagara N, Huynh K, Kuo C, Okano H et al (2012) Epigenetic regulation of cancer stem cell genes in triple-negative breast cancer. Am J Pathol 181(1):257
64. Götte M, Greve B, Kelsch R, Müller-Uthoff H et al (2011) The adult stem cell marker Musashi-1 modulates endometrial carcinoma cell cycle progression and apoptosis via Notch-1 and p21 (WAF1/CIP1). Int J Cancer J Int du Cancer 129(8):2042
65. Sakakibara S, Okano H (1997) Expression of neural RNA-binding proteins in the postnatal CNS: implications of their roles in neuronal and glial cell development. J Neurosci 17(21):8300–12
66. Sakakibara S, Nakamura Y, Satoh H, Okano H (2001) Rna-binding protein Musashi2: developmentally regulated expression in neural precursor cells and subpopulations of neurons in mammalian CNS. J Neurosci 21(20):8091–107
67. Wuebben E, Mallanna S, Cox J, Rizzino A (2012) Musashi2 is required for the self-renewal and pluripotency of embryonic stem cells. PLoS One 7(4):e34827
68. Lemieux ME, Cheng Z, Zhou Q, White R et al (2011) Inactivation of a single copy of Crebbp selectively alters pre-mRNA processing in mouse hematopoietic stem cells. PLoS One 6(8):e24153
69. de Andres-Aguayo L, Varas F, Kallin EM, Infante JF et al (2011) Musashi 2 is a regulator of the HSC compartment identified by a retroviral insertion screen and knockout mice. Blood 118(3):554–64
70. Nishimoto Y, Okano H (2010) New insight into cancer therapeutics: induction of differentiation by regulating the Musashi/Numb/Notch pathway. Cell Res 20(10):1083–5

71. Hope KJ, Sauvageau G (2011) Roles for MSI2 and PROX1 in hematopoietic stem cell activity. Curr Opin Hematol 18(4):203–7
72. Griner LN, Reuther GW (2010) Aggressive myeloid leukemia formation is directed by the Musashi 2/Numb pathway. Cancer Biol Ther 10(10):979–82
73. Barbouti A, Hoglund M, Johansson B, Lassen C et al (2003) A novel gene, MSI2, encoding a putative RNA-binding protein is recurrently rearranged at disease progression of chronic myeloid leukemia and forms a fusion gene with HOXA9 as a result of the cryptic t(7;17)(p15;q23). Cancer Res 63(6):1202–6
74. De Weer A, Speleman F, Cauwelier B, Van Roy N et al (2008) EVI1 overexpression in t(3;17) positive myeloid malignancies results from juxtaposition of EVI1 to the MSI2 locus at 17q22. Haematologica 93(12):1903–7
75. De Weer A, Poppe B, Cauwelier B, Carlier A et al (2008) EVI1 activation in blast crisis CML due to juxtaposition to the rare 17q22 partner region as part of a 4-way variant translocation t(9;22). BMC Cancer 8:193
76. Danovi SA (2010) Leukaemia: comfortably MSI2-NUMB. Nat Rev Cancer 10(9):602
77. Byers RJ, Currie T, Tholouli E, Rodig SJ et al (2011) MSI2 protein expression predicts unfavorable outcome in acute myeloid leukemia. Blood 118(10):2857–67
78. de Andrés-Aguayo L, Varas F, Graf T (2012) Musashi 2 in hematopoiesis. Curr Opin Hematol 19(4):268

JAK-STAT Signaling in Stem Cells

14

Rachel R. Stine and Erika L. Matunis

Abstract

Adult stem cells are essential for the regeneration and repair of tissues in an organism. Signals from many different pathways converge to regulate stem cell maintenance and differentiation while preventing overproliferation. Although each population of adult stem cells is unique, common themes arise by comparing the regulation of various stem cell types in an organism or by comparing similar stem cell types across species. The JAK-STAT signaling pathway, identified nearly two decades ago, is now known to be involved in many biological processes including the regulation of stem cells. Studies in *Drosophila* first implicated JAK-STAT signaling in the control of stem cell maintenance in the male germline stem cell microenvironment, or niche; subsequently it has been shown play a role in other niches in both *Drosophila* and mammals. In this chapter, we will address the role of JAK-STAT signaling in stem cells in the germline, intestinal, hematopoietic and neuronal niches in *Drosophila* as well as the hematopoietic and neuronal niches in mammals. We will comment on how the study of JAK-STAT signaling in invertebrate systems has helped to advance our understanding of signaling in vertebrates. In addition to the role of JAK- STAT signaling in stem cell niche homeostasis, we will also discuss the diseases, including cancers, that can arise when this pathway is misregulated.

Keywords

JAK-STAT signaling • Germ line stem cell • Neural stem cell • Intestinal stem cell • Hematopoietic stem cell

R.R. Stine • E.L. Matunis (✉)
Department of Cell Biology, Johns Hopkins University School of Medicine, 725 North Wolfe Street, Baltimore, MD 21205, USA
e-mail: matunis@jhmi.edu

14.1 Overview of the JAK-STAT Pathway

Since its initial discovery nearly two decades ago, the Janus kinase-signal transducers and activators of transcription (JAK-STAT) signaling

G. Hime and H. Abud (eds.), *Transcriptional and Translational Regulation of Stem Cells*, Advances in Experimental Medicine and Biology 786, DOI 10.1007/978-94-007-6621-1_14,

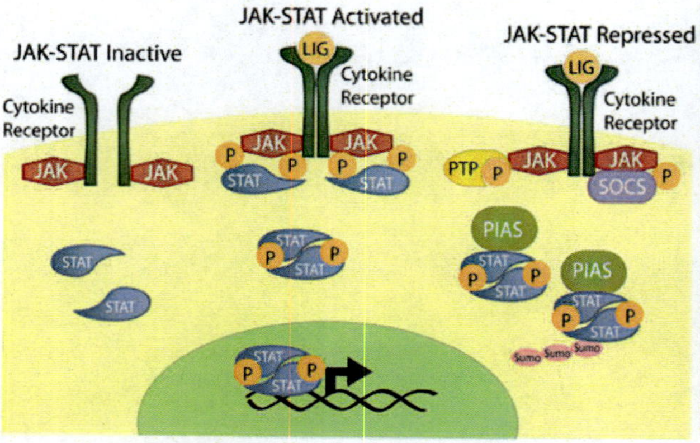

	Mammals	*Drosophila*
Ligand	Various	Upd, Upd2, Upd3
Receptor	Various	Dome, ET
JAK	JAK1-3, TYK2	Hop
STAT	STAT1-4, STAT5a STAT5b, STAT6	Stat92E
SOCS	CIS, SOCS1-7	Socs16E, Socs36E, Socs44A
PIAS	PIAS1-4	Su(Var)2-10
PTP	SHP-1, SHP-2 PTP1B, T-Cell PTP	PTP61F

Fig. 14.1 The JAK-STAT patway in mammals and *Drosophila*. JAK-STAT is inactive when no ligand is bound to a cognate cytokine receptor (*dark green*). Receptor subunits are disassociated and JAKs (*red*) are not phosphorylated. Inactive STATs (*bluish-purple*) remain in the cytoplasm. JAK-STAT is active when a ligand (*peach*) binds to its cognate cytokine receptor, causing receptor dimerization. JAKs are autophosphorylated (*light orange circles*) and recruit cytoplasmic STAT molecules, which are phosphorylated, dimerize and translocate into the nucleus to activate transcription of target genes. JAK-STAT is repressed when JAKs, STATs and/or receptors are dephosphorylated by protein tyrosine phosphotases (*PTPs*, *yellow*), JAKs are bound by SOCS proteins (*light purple*) or STATs are bound and/or SUMOylated by PIAS proteins (*green*). Components of the JAK-STAT signaling pathway in mammals and *Drosophila* are shown in the table

pathway has been implicated in diverse biological processes including immune response, hematopoiesis, neurogenesis, oncogenesis and control of many populations of stem cells [1]. Although the pathway was first identified in mammals, components are conserved through invertebrates including *Drosophila*, *C. elegans*, and even the slime mold *Dictyostelium* [2, 3]. Of these three invertebrate model systems, *Drosophila* has the most complete and well-conserved JAK-STAT pathway. Since the pathway was first described, JAK-STAT research in both the mammalian and *Drosophila* systems has progressed rapidly, leading to a greater understanding of both the normal function of the pathway and the pathobiology stemming from its misregulation.

JAK-STAT signaling is activated through a relatively simple mechanism that is well-conserved in both *Drosophila* and mammals (Fig. 14.1). Each cytoplasmic JAK associates with a cytokine receptor subunit. When a ligand activates its cognate receptor, the receptor dimerizes leading to a conformational change and, in some cases, the phosphorylation of the receptor. Activation of the receptor brings two associated JAKs into close proximity, allowing for their trans-phosphorylation. The phosphorylated JAKs then recruit inactive STAT molecules from the cytoplasm, activating them by phosphorylation. Two activated STAT molecules dimerize and translocate into the nucleus to activate the transcription of target genes. Additionally, several protein families can negatively regulate JAK/STAT signaling (reviewed by [4]). Protein tyrosine phosphatases inactivate signaling by directly removing activating phosphates on JAKs, STATs and/or cytokine receptors. Suppressors of Cytokine Signaling (SOCS) proteins bind to phosphorylated tyrosines on JAKs and their receptors, ultimately leading to their proteasomal degradation and preventing the activation of STATs. Protein Inhibitors of Activated STAT (PIAS) proteins bind to activated STAT molecules and prevent them from binding to DNA. PIAS proteins also function as SUMOylation E3 ligases, and STAT can be negatively regulated by PIAS-mediated SUMOylation, although this process has not been well studied [5–7]. Thus, the JAK-STAT signaling pathway can be regulated at several steps by the phosphorylation and dephosphorylation of multiple components.

14.1.1 JAK-STAT in Mammals

JAK-STAT was first discovered in mammals as a pathway capable of transducing signals from the surface of cells to genes in the nucleus. The Darnell lab was studying how extracellular glycoproteins released in response to infection (interferons or IFNs), lead to changes in gene expression in cultured cells. They discovered several proteins including STAT1 and STAT2 that were upregulated and phosphorylated in IFN-stimulated cells [8]. At around the same time, a novel family of kinases, called Janus kinases was identified and characterized by several labs as kinases that could be activated by IFN-dependent phosphorylation [9–12]. The relationship between the JAK and STAT families of proteins soon became apparent and JAK-STAT signaling was shown to bridge the gap between extrinsic IFN signaling and intrinsic changes in gene expression [13]. The pathway is now known to be activated by several families of ligands can including interferons, interleukins, growth factors and hormone factors. Various ligands can signal through different receptors or even heterodimeric combinations of receptors, allowing for diversity in the control of mammalian JAK-STAT signaling (reviewed by [14, 15]).

Years of research have uncovered great complexity in the downstream components of the JAK-STAT pathway in mammals. Currently, a total of four JAKs (JAK1-3 and Tyk2) have been identified. Jak1 and Tyk2 respond mainly to Interferons and Interleukins, Jak2 responds to a host of ligands including erythropoietin, thrombopoietin, growth hormone and interleukins and Jak3 responds to interleukins [3]. The four JAKs activate seven different STATs (STAT1-4, STAT5a, STAT5b and STAT6) in response to ligand binding, leading to a variety of transcriptional outcomes. Even within the same tissue, multiple JAKs and STATs can be activated to induce different responses. Negative regulators of the pathway, including multiple protein tyrosine phosphatases, eight SOCS proteins and four PIAS proteins, have also been identified in mammals [4]. With so many components in the mammalian pathway, there are functional redundancies for many of the genes, making JAK-STAT signaling a complex area of research in mammals.

14.1.2 JAK-STAT Signaling in *Drosophila*

Because of the complexity of the mammalian pathway, the *Drosophila* pathway, which lacks redundancy, has been used extensively as a model system for studying JAK-STAT signaling within tissues. *Drosophila* encode a single JAK homologue called *Hopscotch* (*Hop*) and a single STAT homologue called *Stat92E* (reviewed by [16–18]). Only three cytokine ligands, Unpaired or Outstretched, (Upd), Upd2 and Upd3, are known to activate JAK/STAT signaling in flies [19, 20]. These ligands bind to a JAK-STAT receptor called Domeless (Dome) [21]. Recently, a second Dome-related receptor, Eye transformer (CG14225) was shown to negatively regulate signaling by heterodimerizing with Dome and antagonizing its activity [22, 23]. JAK-STAT conservation in *Drosophila* extends to negative regulators of the pathway. *Drosophila* have three identified *SOCS* orthologs as well as a *PIAS* ortholog, all of which have been shown to play a role in antagonizing JAK-STAT signaling [16]. While *Drosophila* have several protein tyrosine phosphatase genes, only one, *Ptp61F*, has been linked to JAK-STAT signaling. In addition to having conservation of orthologs, the JAK-STAT pathway is involved in immunity, cell proliferation and stem cell control in both mammals and *Drosophila* indicating that the pathway has functional conservation, the hallmark of a good model pathway.

14.2 JAK-STAT Signaling in Stem Cell Niches

JAK-STAT signaling plays an integral role in many different stem cell niches in both *Drosophila* and mammals. We will begin by discussing the role of JAK-STAT in *Drosophila* stem cell niches which are, in general, better understood than their mammalian counterparts. We will then discuss

JAK-STAT signaling in mammalian stem cell niches, drawing similarities to *Drosophila* when possible. Although there is relatively little known about JAK-STAT signaling in many mammalian stem cell populations, future research will likely uncover additional roles for this pathway in stem cell biology in mammals.

14.3 JAK-STAT Signaling in *Drosophila* Stem Cells

JAK-STAT was first implicated as an important stem cell niche factor in the *Drosophila* testis over a decade ago [24, 25]. Since then, the pathway has also been shown to control the homeostasis of the *Drosophila* intestinal stem cell niche, the maintenance of prohemocytes in the larval lymph gland and the maintenance of neuroepithelial stem cells in the larval optic lobe (reviewed by 26–35]). JAK-STAT signaling also plays a role in the maintenance of stem cells in the ovary and the Malpighian tubules. These examples will not be discussed since there is relatively little information about JAK-STAT function in these stem cells [36, 37]. The involvement of JAK-STAT signaling in multiple stem cell populations indicates that it is a generally important pathway for proper stem cell function.

14.3.1 JAK-STAT and *Drosophila* Spermatogonial Stem Cells

The *Drosophila* testis contains a niche that supports two different populations of stem cells: germline stem cells (GSCs) and somatic cyst stem cells (CySCs). At the apex of the testis, a cluster of non-mitotic somatic cells called the hub signals to both types of stem cells (Fig. 14.2a). GSCs broadly adhere to the hub and undergo stereotypically oriented asymmetric divisions to displace differentiating daughter cells, called gonialblasts, away from the hub [38]. Somatic CySCs are attached to the hub by thin cytoplasmic extensions and divide asymmetrically to produce cyst cell daughters. Two cyst cells wrap around each gonialblast and support its differentiation. The gonialblast will undergo four transit amplifying divisions with incomplete cytokinesis to produce a cluster of 16 interconnected spermatogonial cells that will further differentiate into spermatocytes and, eventually, sperm (reviewed by [39]). A comprehensive review of *Drosophila* spermatogenesis can be found in Chap. 4 of this volume.

JAK-STAT was the first signaling pathway shown to play an important role in the maintenance of testis stem cells [24, 25]. In addition to its involvement in the establishment of male germline stem cells in the embryo [40], JAK-STAT signaling is active in both the GSCs and CySCs in the adult testis niche. The secreted ligand *Upd* is expressed specifically in the hub and activates the JAK-STAT pathway in the GSCs and the CySCs [24, 25]. The daughter cells of both the GSCs and CySCs are displaced further from the hub and receive less Upd signal, leading to a decreased level of pathway activation in daughter cells compared to stem cells. In testes lacking JAK-STAT signaling, both GSCs and CySCs differentiate and are lost from the niche. Individual GSCs and CySCs in which *Stat92E* has been clonally removed are also quickly lost from the tissue [24, 25, 41, 42]. These observations indicate that JAK-STAT signaling is cell-autonomously required to maintain both GSCs and CySCs in the testis niche.

While JAK-STAT signaling is needed for the maintenance of GSCs and CySCs at the hub, additional experiments show that JAK-STAT signaling is required for different aspects of stem cell maintenance in these two lineages. Ectopic STAT activation in the cyst cell lineage alone is sufficient to induce self-renewal of both the CySC and GSC lineages away from the niche [43]. Additionally, in testes where *Stat92E* is expressed in the CySC lineage but removed from the GSC lineage, the GSCs lose adherence to the hub but remain at the testis apex and do not differentiate [44]. Under these conditions, CySCs cluster around the hub, and GSCs contact the CySCs and continue to divide and self renew. In contrast, ectopic activation of *Stat92E* in the GSC lineage alone does not induce ectopic self-renewal of GSCs away from the niche. Taken together, these data indicate that JAK-STAT signaling in CySCs is sufficient to induce self-renewal of both GSCs and CySCs. Two putative transcriptional targets of Stat92E,

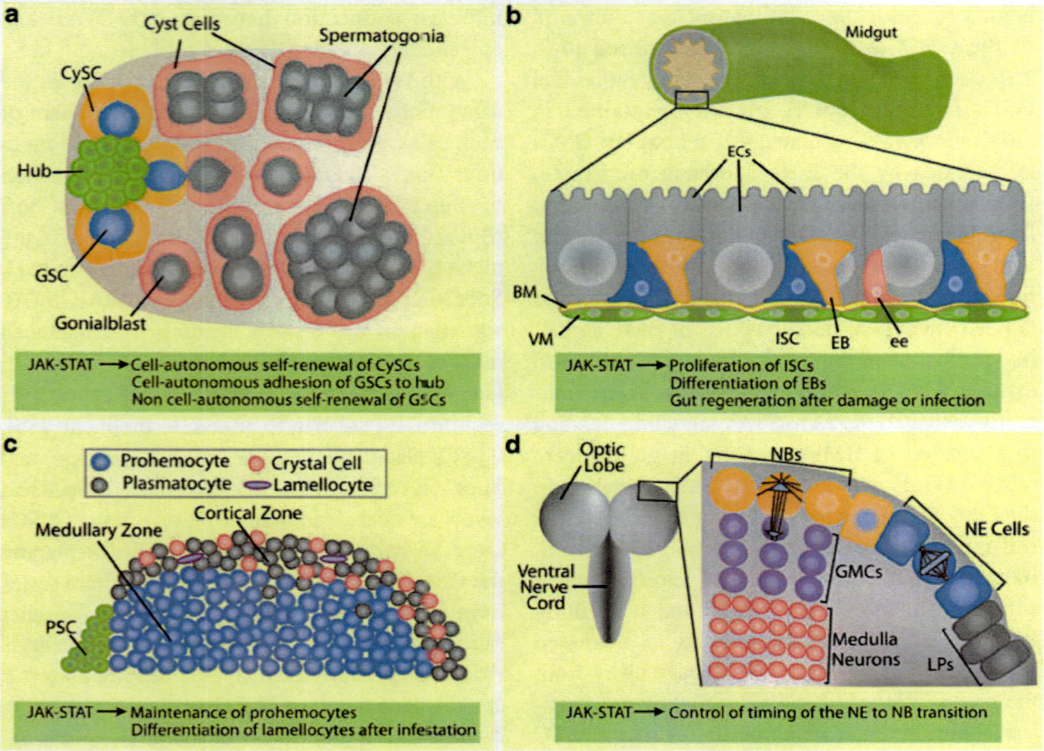

Fig. 14.2 JAK-STAT signaling in *Drosophila* stem cell niches. (**a**) At the testis tip, somatic cyst stem cells (*CySCs*, *Orange*) and germline stem cells (*GSCs*, *blue*) adhere to a cluster of somatic hub cells (*green*). GSCs divide asymmetrically to produce gonialblast daughters (*gray*, single cells) that amplify to produce spermatogonia (*gray*, clusters). CySCs divide asymmetrically to produce cyst cell daughters (*pink*) that wrap around the developing spermatogonia. (**b**) Intestinal stem cells (*ISCs*, *blue*) are scattered down the length of the midgut tube along the basement membrane (*BM*, *cream*) which is lined with visceral muscle (*VM*, *green*). ISCs divide asymmetrically to produce enteroblasts (*EBs*, *orange*). EBs directly differentiate into either enteroendocrine cells (*ee*, *pink*) or enterocytes (*ECs*, *gray*). (**c**) One primary lobe of the lymph gland contains a posterior signaling center (*PSC*, *green*) which signals to prohemocytes in the medullary zone. Prohemocytes differentiate into plasmatocytes, crystal cells and occasionally lamellocytes as they move into the cortical zone. (**d**) The optic lobe of the *Drosophila* brain (*light gray* structure) contains the outer proliferation center (*boxed area*, magnified). Neuroepithelial cells (*NE* cells, *blue*) divide symmetrically to expand in number before transitioning into asymmetrically dividing neuroblasts (*NBs*, *orange*) at the medial edge. NB cells give rise to ganglion mother cells (*GMCs*, *purple*), which undergo an amplifying division and differentiate into medulla neurons. At the lateral edge of the outer proliferation center, NE cells transition into lamina precursors (*LPs*, *gray*)

zinc finger homeodomain 1 (*zfh1*) and *chronologically inappropriate morphogenesis* (*chinmo*), can also induce self-renewal of the CySCs and GSCs away from the niche when they are ectopically expressed in CySC lineage [43, 45]. Although they are both required cell-autonomously for CySC but not GSC maintenance, they do not appear to genetically interact with one another, indicating that the two genes are working in parallel pathways in the CySCs [45]. It appears that JAK-STAT signaling in the CySCs has an important role in maintaining the self-renewal of both of the testis stem cell populations.

Although JAK-STAT signaling is not autonomously required in the GSCs for their self-renewal, JAK-STAT is required cell-autonomously for DE-cadherin-mediated adhesion of GSCs to the hub (reviewed by [39, 44]). In Stat92E-depleted testes, DE-cadherin, which is normally enriched at the contacts between hub cells and GSCs begins to delocalize, indicating that adhesion of the GSCs to the hub is compromised [44]. This decreased adhesion explains why individual GSCs lacking Stat92E are not maintained in the tissue. CySC-mediated self-renewal of GSCs is mediated by the Bone Morphogenic Protein (BMP) pathway, which is known to be required for self-renewal in GSCs in both the *Drosophila* ovary and testis [46–50]. Hub cells release BMP ligands that activate BMP signaling in GSCs and GSCs with cell-autonomous loss of BMP signaling are lost from the niche [46, 47]. CySCs also express BMP ligands, which appear to be indirectly activated via JAK-STAT signaling, leading to activation of BMP signaling in the adjacent GSCs [44]. However, ectopic BMP signaling in the GSC lineage is not sufficient to induce GSC self-renewal away from the niche [46, 47, 50], indicating that a combination of ectopic Stat92E activation in the CySC lineage and a resulting increase in BMP signaling leads to increased self-renewal of the germ cell lineage away from the niche. While JAK-STAT signaling can regulate adhesion levels in the GSCs, its role in GSC self-renewal remains less clear.

Epigenetic factors also affect stem cell maintenance through JAK-STAT signaling in the testis. The chromatin remodeling factor Nurf301/BPTF, which functions as a negative regulator of JAK-STAT signaling in the *Drosophila* innate immune system, is specifically required in both GSCs and CySCs for their maintenance in the niche [51, 52]. In contrast to its role in innate immunity, *Nurf301* acts as positive regulator of JAK-STAT signaling in the testis. GSCs lacking *Nurf301* have decreased levels of Stat92E. In addition, *Nurf301* mutant GSCs show upregulation of a differentiation factor called Bag of Marbles (Bam). This indicates that GSCs lacking *Nurf301* begin to differentiate prematurely. Other epigenetic factors including members of the Polycomb suppressor family of proteins inhibit the JAK-STAT pathway in eye imaginal discs [53]. Although Polycomb proteins have not yet been implicated in *Drosophila* testis stem cell homeostasis, they do play roles in other *Drosophila* and mammalian niches [54], and further investigation is likely to yield insight into the connection between JAK-STAT and epigenetic regulation of stem cells.

With two types of stem cells residing in the same niche, maintaining the proper numbers of each cell type is important for proper niche function. This is accomplished, in part, by the action of Suppressor of Cytokine Signaling at 36E (Socs36E), which controls cell competition in the niche by modulating levels of cell adhesion [41]. Socs36E can dampen the activation of JAK-STAT signaling in the CySCs, leading to a balanced ratio of GSCs and CySCs surrounding the hub [41, 42]. While both populations of stem cells require DE-cadherin to adhere to the niche [55], CySCs also use integrin-mediated adhesion, and Socs36E can modulate integrin levels. If Socs36E levels are decreased, integrin levels in the CySCs increase, and they overtake the niche, displacing the GSCs [41]. Therefore, *Socs36E* mutant testes have a decreased number of GSCs and a higher ratio of CySCs to GSCs surrounding the hub. Additionally, individual CySCs lacking *Socs36E* can displace wildtype CySCs and GSCs from the niche due to higher levels of integrin expression. Although JAK-STAT signaling is required in both populations of stem cells, CySCs require a lower level of signaling than GSCs, and Socs36E specifically modulates JAK-STAT signaling levels in the CySCs to maintain the correct ratio of cell types. Maintaining this ratio allows the stem cell niche to function efficiently since two CySC daughters are needed to support the differentiation of each GSC daughter.

Previously, the differentiation of stem cells into more specialized progeny was thought to be a unidirectional process. We now know that this process is, at least to some extent, reversible. We call this "reverse differentiation" dedifferentiation. Manipulating JAK-STAT signaling in the testis stem cell niche can induce dedifferentiation [56]. If JAK-STAT signaling is conditionally ablated in the niche, the GSCs can no longer undergo self-renewing divisions and differentiate into spermatogonia. However, if JAK-STAT signaling is restored, spermatogonial cysts break down, or dedifferentiate, and germline cells regain contact with hub, resuming their self renewing divisions and regaining their stem cell morphology. Dedifferentiation can also be induced by ectopically overexpressing the differentiation factor *Bam* and then restoring normal Bam levels [57]. Although dedifferentiation has now been demonstrated in mammalian systems, the mechanism is still not well understood [58]. JAK-STAT signaling seems to be required for spermatogonial dedifferentiation. Stat92E expression, which is normally restricted to GSCs and their daughters, is upregulated in some spermatogonial cysts near the hub in testes that are undergoing dedifferentiation [57]. Furthermore, spermatogonia overexpressing the JAK-STAT inhibitor *Socs36E* cannot dedifferentiate as efficiently as spermatogonia with uninhibited JAK-STAT signaling. It is not clear whether JAK-STAT mediates adhesion of dedifferentiating germ cells to the hub or allows the cells to re-establish self-renewing divisions, but just as JAK-STAT is important for maintaining homeostasis under normal conditions, the pathway plays an important role in re-establishing homeostasis after the niche has been disrupted.

14.3.2 JAK-STAT and *Drosophila* Intestinal Stem Cells

In addition to its role as a maintenance factor in the testis stem cell niche, JAK-STAT also controls stem cell homeostasis in the *Drosophila* posterior midgut. Gut tissue is subject to constant insults from bacteria and digestive by-products that can cause cellular damage. Intestinal stem cells (ISCs) divide to replenish and repair the tissue, and this replacement process must be carefully coordinated with the level of damage and loss (reviewed by [59]). The intestinal stem cell niche is unique in that ISCs are not clustered in a distinct location but rather scattered down the length of the posterior midgut, making contact with the basement membrane (Fig. 14.2b). ISCs divide asymmetrically to give rise to self-renewing ISC daughters and differentiating enteroblast (EB) daughters. EBs differentiate directly into one of two functionally and morphologically distinct cell types: absorptive enterocytes or secretory enteroendocrine cells [59, 60]. Notch is a major pathway controlling stem cell behavior in the ISC niche [61]. Although Notch is not active in ISCs, ISCs express the Notch ligand Delta, activating Notch signaling in the EBs. Transcription of Notch targets leads to the repression of self-renewal capability in the EBs. EBs with higher levels of Notch signaling become enterocytes, which are large, polyploid cells that make up the bulk of the midgut. EBs with lower levels of Notch signaling become enteroendocrine cells, small, diploid cells that are found in pairs interspersed throughout the midgut. In addition to Notch, many pathways interact to ensure homeostasis in the ISC stem cell niche of *Drosophila*. While this chapter focuses on the role of JAK-STAT signaling, a more comprehensive review of *Drosophila* intestinal stem cells can be found in Chap. 5 of this volume.

JAK-STAT signaling controls both ISC proliferation and EB differentiation in the *Drosophila* midgut. Signaling is activated via the Upd ligands, mainly Upd3. It is a matter of some controversy exactly which cells in the tissue produce Upd ligands, with different groups reporting that either the muscle cells surrounding the gut or the ISCs and EBs are the source [27, 28]. JAK-STAT signaling is activated in both the ISCs and EBs. Although clonal analysis indicates that JAK-STAT is not required for ISC self-renewal, ISCs lacking JAK-STAT signaling components are under proliferative [27–29]. Additionally, overexpression of *Upd* in ISCs and EBs leads to an increased division rate in these cells. On the other hand, upregulation of Notch signaling represses ISC division rates. When Notch signaling is repressed in the midgut, the effects of *Upd* overexpression on ISC division rates are enhanced [27, 29]. Whether Notch functions upstream, downstream or in parallel to JAK-STAT signaling is a matter of controversy in the literature [28, 29]. While Liu et al. report that Notch is required to repress JAK-STAT signaling, Beebe et al. show that JAK-STAT is required for proper Notch activation in EBs. Further experiments are needed to clarify the relationship between JAK-STAT and Notch signaling in the midgut. In addition to its role in ISC proliferation, JAK-STAT is necessary for the multilineage differentiation of EB cells. Individual ISCs and EBs which lack components of the JAK-STAT pathway are not able to differentiate into enteroendocrine cells or enterocytes but rather form morphologically abnormal cells resembling EBs. Regardless of Notch signaling levels, EBs lacking JAK-STAT signaling fail to form mature midgut cell types, indicating that along with Notch signaling, JAK-STAT is required for proper EB differentiation [29]. JAK-STAT plays a complex role in the *Drosophila* intestinal niche, mediating both proliferation of ISCs and differentiation of EB progenitors in conjunction with other signaling pathways to maintain homeostasis in the midgut.

Because environmental conditions can change, a stem cell niche must be able to respond to external cues in order to maintain tissue homeostasis following insult. In response to infection or stress, JAK-STAT signaling induces a proliferative response to stimulate tissue regeneration in the *Drosophila* midgut. If the gut experiences cellular stress, large scale apoptosis caused by death-inducing transgenes, or infection with certain bacteria, expression of JAK-STAT signaling pathway members including the three *Upd* ligands are significantly upregulated [30, 31]. Following JAK-STAT upregulation, the midgut undergoes rapid proliferation and differentiation of ISCs. The Hippo pathway is believed to play a role in JAK-STAT activation in response to damage in the midgut [62–65]. Upon injury, the Hippo target Yorkie is upregulated, leading to the induction of *Upd* expression in enterocytes and increased JAK-STAT activation. In response to stress and insult, a niche must be able to respond to its environment, and in multiple stem cell niches, it is clear that JAK-STAT mediates this response. The pathway stimulates both the regeneration of damaged midguts and the dedifferentiation of germline cells in testes that have been depleted of stem cells.

14.3.3 JAK-STAT and *Drosophila* Hematopoietic Stem Cells

Hematopoiesis in *Drosophila* is a well-conserved process that generates blood cells (hemocytes) which are released into the circulating hemolymph. In larvae, hematopoiesis takes place in the lymph gland, a multilobular structure in which two, larger primary lobes each contain a hematopoietic niche. In each primary lobe, a cluster of cells called the posterior signaling center (PSC) signals to a pool of prohemocyte progenitor cells in the adjacent medullary zone (Fig. 14.2c, reviewed by [26, 66]). The prohemocytes move toward the outer cortical zone as they differentiate into mature hemocytes including plasmatocytes which are phagocytosing cells similar to monocytes, and crystal cells which are important for melanization and would healing. The PSC is required to maintain prohemocytes in the medullary zone [32, 67]. Signals in the PSC lead to JAK-STAT activation in the prohemocytes, and JAK-STAT signaling prevents premature prohemocyte differentiation [32]. JAK-STAT mediates this role, in part, by upregulating its target gene *u-shaped*, a Friend of GATA protein that regulates prohemocyte potency [68]. The mechanism by which the PSC activates JAK-STAT signaling in the prohemocytes is still under investigation; *Upd3* expression is detected in both the PSC and the medullary zone during the larval hematopoiesis but removal of *Upd3* transcription from the PSC has little effect on prohemocyte maintenance [22]. This indicates that another signal from the PSC is likely inducing JAK-STAT activation in the prohemocytes. The Notch pathway is active in the PSC, leading to the expression of the transcription factor *Collier*, which is required for PSC maintenance [32]. The PSC also expresses the secreted ligand *Hedgehog* [67]. Since the signal(s) activating JAK-STAT in the prohemocytes must be acting at long range, *Hedgehog* is a likely candidate. Downstream components of the Hedgehog pathway including *Patched* and *Cubitus interruptus* are expressed in the medullary zone. Furthermore, Hedgehog and JAK-STAT signaling are both required for prohemocytes maintenance. Since Hedgehog signaling has been shown to activate *Upd* expression in *Drosophila* eye discs [69], it would be interesting to determine if JAK-STAT is activated at long range by Hedgehog signaling in the larval lymph gland. Additionally, since the signal activating *Upd* expression in the *Drosophila* testis is unknown, *Hedgehog*, which is expressed in hub cells, is also a good candidate for JAK-STAT signaling activation in the testis [70].

JAK-STAT signaling serves a similar role in both the larval hematopoietic and testis stem cell niches. In both tissues, niche cells are required to activate JAK-STAT signaling in the stem or precursor cells. JAK-STAT activation is required for the maintenance of CySCs and GSCs in the testis and prohemocytes in the medullary zone. However, in the testis, the niche secretes Upd directly, leading to local activation of JAK-STAT signaling, whereas in the lymph gland, *Upd3* expression appears to be activated by a signal from the PSC [24, 25, 32]. One reason for this difference is that stem cells in the *Drosophila* testis are in direct contact with the hub and so JAK-STAT is only activated in cells at a short range. In contrast, JAK-STAT is activated in all prohemocytes in the medullary zone, some of which are a larger distance from the PSC. A secondary signal may be necessary to relay or amplify signaling from the PSC and activate JAK-STAT in all prohemocytes. An additional difference between these two niches is that at the onset of metamorphosis, the lymph gland bursts and the remaining prohemocytes in the medullary zone are released into the hemolymph [71]. In contrast, spermatogenesis occurs throughout the life of the organism, and a decline in JAK-STAT signaling components in the testis with age leads to a decline in stem cell number [39, 72]. In both niches, JAK-STAT is an important maintenance signal under homeostatic conditions.

Under parasitized conditions (e.g. infestation with wasp eggs), hematopoiesis shifts towards the production of lamellocytes, cells which engulf parasites that cannot be destroyed by plasmatocytes. This shift requires major changes in signaling. JAK-STAT signaling in prohemocytes is repressed following infestation. This triggers a wave of mitoses in the prohemocyte pool [73]. The sudden abrogation of JAK/STAT signaling is mediated by Eye transformer (CG14225), a short, Dome-related receptor, which dimerizes with Domeless and antagonizes its function [22]. As JAK-STAT signaling abates, the expanded prohemocyte pool terminally differentiates. There is a marked increase in lamellocyte number while the levels crystal cells and plasmatocytes decrease significantly. Lineage tracing shows that plasmatocytes are capable of differentiating into lamellocytes in infested lymph glands or in circulation, and JAK-STAT signaling is known to be required for this transition [74]. Following infestation, the prohemocyte population is almost completely depleted, and few or no prohemocytes are released when the lymph gland bursts. This mechanism to increase lamellocyte production in response to infection allows the organism respond to its environment, keeping immune precursors for adulthood if conditions are favorable or using them to survive infestation. As it does in the damaged midgut and the depleted testes, JAK-STAT mediates a niche response to an environmental change in the larval lymph gland.

14.3.4 JAK-STAT and *Drosophila* Neuronal Stem Cells

JAK-STAT signaling plays an important role in controlling the balance of neural stem cell self-renewal and differentiation in *Drosophila*. The *Drosophila* larval brain consists of the ventral nerve cord and central brain, to which connect two optic lobes (Fig. 14.2d). The outer edge of each optic lobe contains the outer proliferation center (OPC) where neuroepithelial (NE) stem cells reside [75]. These cells divide symmetrically and expand throughout late embryogenesis and early larval development until around the onset of the third instar larval stage when a proneural wave of signaling triggers the NE cells to convert to asymmetrically dividing neuroblasts (NBs) [33]. This conversion from NE cells into NBs occurs in a well-controlled manner, beginning at the medial edge of the NE cell population in the OPC. The timing of this conversion is important to ensure the correct balance of cell types. NBs divide asymmetrically to produce one ganglion mother cell and one self-renewing NB [76]. The ganglion mother cell usually divides once more to produce two terminally differentiated, non-dividing neurons. The NE cells at the lateral edge differentiate to become precursors to the lamina, the outer layer of the optic lobe, and by the onset of pupation, the NE population is completely depleted [75].

JAK-STAT signaling is required in the NE cells to prevent premature onset of the proneural wave of gene expression that triggers the NE to NB transition. The JAK-STAT ligand *Upd* is expressed in the laminal furrow adjacent to the NE cells, while the receptor *Dome* and *Stat92E* are expressed in both the laminal precursors and the NE cells themselves [34]. Loss of JAK-STAT signaling leads to precocious differentiation of NE cells and fewer NE and NB cells overall [33–35]. This decrease in cell number is due to the fact NE cells are stimulated to differentiate before they can undergo the proper level of mitotic expansion through symmetric divisions. Notch signaling is also required to prevent premature transition of NE cells into NBs [35, 77]. Notch loss of function mutations in the optic lobe phenocopy JAK-STAT mutations, and epistasis analysis places JAK-STAT signaling upstream of Notch signaling in this tissue [35, 77]. Regulation of JAK-STAT signaling in the optic lobe is critical for the correct timing of the transition from NE cells to NBs.

While JAK-STAT signaling blocks the premature start of the proneural wave, it also indirectly promotes NB fate. Under normal conditions, the transition from NE to NB cell fate is induced by the expression of the gene *lethal of scute* (*L(1)sc*). While *L(1)sc* is not required for the induction of NB cell fate, it does help to control proper timing of the NE to NB transition, and overexpression of *L(1)sc* causes NE cells to prematurely convert into NBs. *L(1)sc* is activated at the medial edge of the NE cells at the onset of the proneural wave and deactivates Notch signaling [78]. Its expression slowly moves laterally as the medial most NE cells begin to transition into NBs [33]. Expression of *L(1)sc* depends on EGFR signaling, and JAK-STAT signaling is required for induction of EGFR signaling during the NE to NB transition [79]. Therefore JAK-STAT signaling indirectly controls NB cell fate through EGFR signaling, allowing JAK-STAT to finely regulate and balance the timing of the proneural wave. Correct timing of the proneural wave ensures that NE cells are not prematurely depleted and excess NBs are not produced. JAK-STAT function in the optic lobe is similar to its function in the ISC niche, where the pathway interacts with several different signals to control both the proliferation rates of ISCs and the differentiation of EBs to maintain a proper balance of progenitors and mature midgut cells.

14.4 JAK-STAT Signaling in Mammalian Stem Cell Niches

In addition to its role in regulating stem cells in *Drosophila*, JAK-STAT is important for proper function of several mammalian stem cell populations. Purified mammalian embryonic, hematopoietic and neural stem cells express high levels of JAK-STAT pathway components, suggesting that this pathway is generally required in multiple types of stem cells in mammals, just as it required in many types of stem cells in *Drosophila* [80]. However, since mammalian tissues are significantly more complex than those of invertebrates, the signals controlling mammalian stem cell niches is often poorly understood. Although there are fewer examples of JAK-STAT signaling controlling stem cells in mammalian tissues, the pathway is known to be involved in the control of stem cells during hematopoiesis in the bone marrow and neurogenesis in the developing cortex (reviewed in [81, 82]).

14.4.1 JAK-STAT Signaling and the Mammalian Hematopoietic Stem Cell Niche

Although Schofield first described the concept of a hematopoietic stem cell niche in 1978 [83], details of exactly how the niche functions to maintain HSCs are still not completely understood (reviewed in [81]). HSCs reside in two locations in the bone marrow: adjacent to osteoblasts in a region termed the endosteal niche and adjacent to small sinusoidal vessels in a region termed the vascular niche (Fig. 14.3a). Long-term quiescent HSCs are located in the endosteal niche and remain dormant while short-term HSCs, which are mitotically active, reside in regions closer to the vasculature [84]. Short-term HSCs give rise to multipotent progenitors that

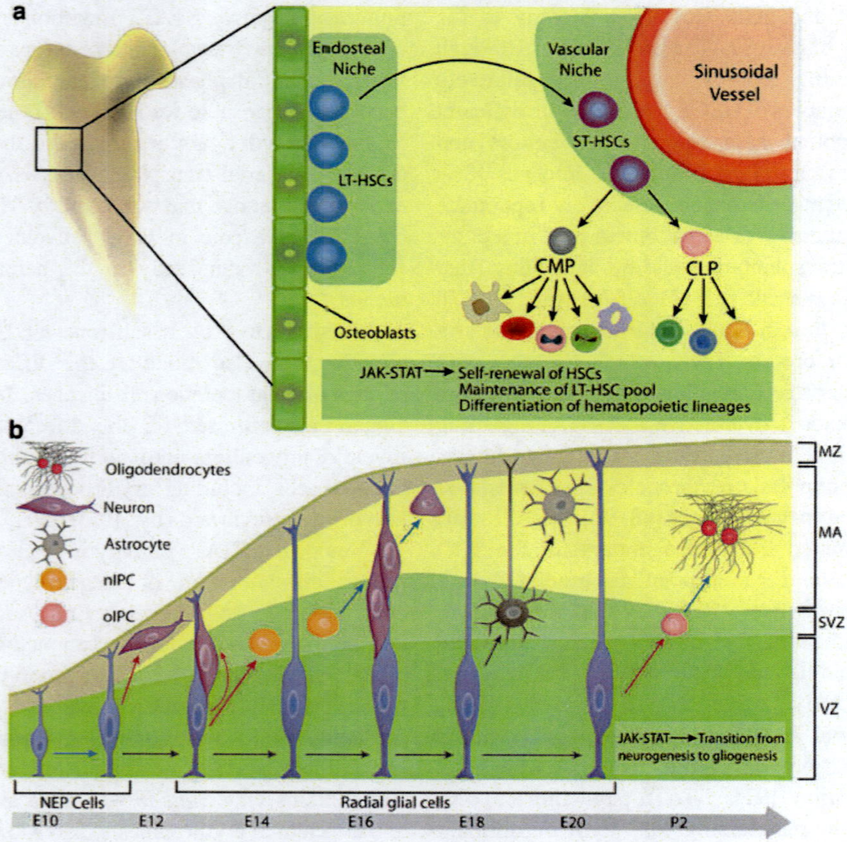

Fig. 14.3 JAK-STAT in mammalian stem cell niches. (**a**) In the bone marrow, quiescent long-term hematopoietic stem cells (*LT-HSCs*, *blue*) reside in the endosteal niche adjacent to osteoblasts (*green rectangles*). More active short-term HSCs (*ST-HSCs*, *purple*) are found in the vascular niche in regions close to vessels. ST-HSCs readily divide to form hematopoietic progenitor cells including common myeloid progenitors (*CMPs*, *gray*) and common lymphoid progenitors (*CLPs*, *pink*), each of which can give rise to many types of blood cells. (**b**) In the developing embryonic cortex, neuroepithelial cells (*NEP* cells) divide symmetrically (*blue arrows*) to amplify the NEP population, some dividing asymmetrically (*pink arrows*) to generate early neurons. As the brain epithelium develops and becomes thicker, NEP cells elongate and directly transition (*gray arrows*) into radial glial cells. Radial glial cells divide asymmetrically to give rise directly to neurons or produce intermediate progenitor cells (*nIPCs*) which will differentiate into neurons. At the onset of gliogenesis, some radial glial cells begin to detach from the apical floor and convert into astrocytes. Radial glial cells also give rise to intermediate progenitor cells (*oIPCs*) that generate oligodendrocytes as development continues. *MA* mantle, *MZ* marginal zone, *SVZ* subventricular zone, *VZ* ventricular zone

can differentiate into at least 10 different types of mature blood cells including erythrocytes (red blood cells), megakaryocytes (platelet-producing cells), and cells of the immune system [85]. Although many signaling pathways are required for the maintenance, differentiation and control of HSCs in the bone marrow, this chapter will focus specifically on the role of JAK-STAT signaling. The JAK-STAT pathway has been implicated in both the self-renewal of HSCs and their differentiation into certain lineages including erythrocytes and megakaryocytes. For a more comprehensive overview of HSC signaling, see Chap. 11 of this volume.

The activation of STAT5 in the bone marrow hematopoietic stem cell niche is important for the self-renewal of HSCs. Thrombopoietin (TPO), a glycoprotein hormone, binds to its receptor c-Mpl on HSCs and activates JAK2, leading to the activation of both STAT5a and STAT5b. Although mice lacking *Stat5ab* can produce relatively normal numbers of HSCs, these mice are deficient in multipotent hematopoietic progenitors and several differentiated blood cell lineages [86]. *Stat5ab* stem cells cannot effectively repopulate the bone marrow of an irradiated host in a competitive transplantation assay, indicating that STAT5 plays a role in HSC self-renewal [86, 87]. TPO signaling in HSCs is further modulated by an adaptor protein, LNK, which interacts with JAK2 to negatively regulate STAT5 activity. Loss of LNK leads to over-active JAK-STAT signaling and over-proliferative HSCs, in addition to defects in B-lymphopoiesis, erythropoiesis and generation of megakaryocyte lineages [88–90]. Interestingly, HSCs isolated from mice mutant for the TPO receptor *c-mpl* can repopulate irradiated host bone marrow more effectively than *Stat5ab* –/– HSCs, indicating that STAT5 is likely activated by multiple ligands in addition to TPO in HSCs. Constitutively active STAT5 promotes HSC self-renewal and leads to an expansion of the multipotent progenitor cells that arise from HSC differentiation [91]. STAT5 signaling is also involved in maintaining long-term or dormant HSCs in their quiescent state in the bone marrow [92]. In mice, loss of STAT5 activity in long-term HSCs induces them to exit their quiescent state and transition into short-term HSCs, leading to a gradual depletion of the long-term HSC pool in the bone marrow. The mammalian hematopoietic stem cell niche is complex, and the activity of even a single JAK-STAT component, STAT5, is regulated at multiple levels to control both HSC self-renewal and quiescence.

STAT3 is also active in the bone marrow niche although, unlike STAT5, STAT3 is dispensable in vivo for normal HSC and progenitor function under homeostatic conditions [91]. STAT3 does, however, play a role in HSC self-renewal during the initial phase of hematopoietic regeneration following competitive transplantation. HSCs with constitutively active STAT3 are better able to reconstitute a niche than HSCs with normally functioning STAT3 when transplanted into a lethally irradiated host, whereas HSCs with a dominant negative STAT3 mutation are not as competitive in transplantation assays [93, 94]. After the initial phase of regeneration, STAT3 becomes dispensable for HSC self-renewal [93]. Its function will again be required if these HSCs are used in serial transplantation assays. These experiments show that while both STAT3 and STAT5 play a role in HSC self-renewal, they function non-redundantly in the hematopoietic niche.

In addition to a role in self-renewal, JAK-STAT signaling can also modulate the differentiation of many hematopoietic cell lineages. JAK-STAT signaling is required for the differentiation of myeloid progenitors into all types of myeloid derived cells including erythrocytes and megakaryocytes (reviewed by [95]). For example, TPO-mediated STAT5 activity is required for the proper differentiation of megakaryocytes, the cells that give rise to platelets [96]. Additionally, the hormone erythropoietin can activate JAK-STAT signaling through JAK2 in proerythroblasts, red blood cell progenitors, leading to STAT5 activation [97]. This promotes the proliferation and differentiation of red blood cell progenitors and explains why *Stat5ab* –/– mice are anemic and deficient in erythropoiesis. Just as JAK-STAT signaling is required for the proper differentiation of *Drosophila* midgut progenitors, JAK-STAT signaling is required for the proper differentiation of multiple hematopoietic lineages. In both the ISC niche in *Drosophila* and the HSC niche in mammals, levels of JAK-STAT signaling, in combination with levels of additional signaling pathways including Notch, determine which fate a precursor cell will adopt. Small changes in signaling levels can cause a shift in differentiation from one cell fate to another, or cause a disruption in differentiation altogether.

In addition to its role in differentiation, JAK-STAT signaling also modulates HSC proliferation upon infection, leading to the increased production of mature immune cells [98]. Interferons (IFNs), cytokines which are produced by the immune system in response to viral or bacterial infection or tumor formation, activate the JAK-STAT pathway in long-term hematopoietic stem cells. IFNs α and β bind to their receptors to activate JAK1 and TYK2 leading to the phosphorylation of STAT1 and STAT2. IFNγ can activate JAK1 and JAK2, leading to signaling through STAT1 [99]. Each interferon signal leads to the activation of specific target genes, ultimately causing long-term HSCs to transition from a dormant to an active state. This process is tightly controlled to allow response to insult without complete depletion of dormant HSC stores. As it does in the *Drosophila* midgut and in the larval lymph gland, JAK-STAT signaling regulates stem cell function within the mammalian hematopoietic niche, causing a proliferative response following environmental changes like infection. This conserved function of JAK-STAT signaling is particularly important in the hematopoietic niche since, in response to infection, JAK-STAT signaling directly increases the production of immune cells.

14.4.2 JAK-STAT Signaling in the Mammalian Neural Stem Cell Niche

Neurogenesis in mammals, like in *Drosophila*, requires JAK-STAT signaling for the formation of the proper cell types at the proper time in the nervous system. During the development of the embryonic central nervous system, neuroepithelial (NEP) cells contact the walls of the lateral ventricles in the developing brain and divide symmetrically to expand the NEP population (Fig. 14.3b, reviewed by [100, 101]). NEPs then elongate and transform directly into radial glial cells, which remain in contact with the ventricle wall but extend a projection through the ventricular and subventricular zones to make contact with blood vessel walls. Radial glial cells function as neural precursor cells, dividing asymmetrically to produce neurons, astrocytes or oligodendrocytes depending on the signals they receive. Radial glial cells often give rise to intermediate progenitor cells, transit amplifying cells that will form neurons or oligodendrocytes. The timing of this developmental process is carefully controlled and occurs sequentially, beginning with the generation of neurons, followed by the generation of astrocytes (also called astroglia) and then oligodendrocytes (reviewed by [82]).

The transition from the production of neurons to glial cells is carefully regulated by several signaling pathways including JAK-STAT [102]. As neurons are born, they produce the gliogenic cytokine cardiotrophin-1 (CT-1) [103]. As CT-1 accumulates, it binds to gp130 and LIF receptor β to activate multiple JAKs, leading to the phosphorylation of STAT1 and STAT3. Although the initial activation of JAK-STAT signaling is small, the signal increases over time to drive the transition from neurogenesis to gliogenesis. An autoregulatory loop gradually amplifies JAK-STAT signaling, directing precursor cells toward a gliogenic cell fate [104]. The role of JAK-STAT signaling in controlling the onset of gliogenesis in mammals is similar to its role in controlling the timing of the proneural wave in *Drosophila*, causing the progenitor cells in the optic lobe to transition from one cell type to another at a specific time in development.

The correct timing of gliogenesis requires interactions between JAK-STAT and several other signaling pathways. Near the onset of gliogenesis, the BMP signaling pathway cooperates with JAK-STAT to activate target genes. Initially, low levels of STAT1 and STAT3 are activated resulting in modest transcription of target genes including Bone morphogenic protein 2 (BMP2). BMP2 can then activate the transcription factor Smad1, which complexes with activated STAT1/3 along with the co-activators p300 and CBP, leading to increased transcription of the target genes important for the onset of gliogenesis [105, 106]. In this way, BMP signaling helps to amplify an initially small JAK-STAT signaling response to promote the transition from neurogenesis to gliogenesis in the embryonic cortical zone. The EGFR pathway amplifies JAK-STAT signaling through a different mechanism than BMP signaling. EGFR signaling mediates progenitor cell sensitivity to an additional cytokine ligand, Leukemia Inhibitory Factor (LIF). As EGFR signaling increases, LIF becomes competent to stimulate JAK-STAT signaling and activate gliogenesis-inducing genes [107]. Notch signaling also helps to boost JAK-STAT through its effector

HES proteins during gliogenesis [108]. HES proteins, basic helix-loop-helix factors, act as scaffolds between JAK and STAT to mediate more efficient STAT phosphorylation and activation. In the *Drosophila* testis, intestinal and neuronal stem cell niches, the JAK-STAT pathway interacts with the BMP, Notch and EGFR pathways to maintain niche homeostasis. In the complex mammalian cortical zone, JAK-STAT interacts with each of these pathways to regulate the stem cell niche homeostasis. This suggests that similar interactions may be occurring in multiple stem cell niches. For example, in the mammalian intestinal stem cell niche, both BMP and Notch signaling are known to be important regulators of stem cell homeostasis [109]. While JAK-STAT has not yet been shown to play a role in the mammalian intestinal niche, further investigation may uncover a role for this signaling pathway.

JAK-STAT signaling is also controlled at the epigenetic level in the mammalian cortical zone to ensure the proper of timing events during neurogenesis [110]. In precursor cells that are not yet fated to give rise to astrocytes, promoters of gliogenic genes become methylated and bound by methyl CpG binding proteins, which prevent STAT-mediated gene activation [110, 111]. This ensures that gliogenic genes will not be activated, even if cytokines are precociously expressed and the JAK-STAT pathway is stimulated. Later in development, chromatin modifications help to trigger the onset of gliogenesis. Fibroblast growth factor stimulation leads to an increase in H3-K4 methylation, an activating histone mark, and a decrease in H3-K9 methylation, a repressing histone mark, at the promoters of gliogenic genes [112]. This chromatin remodeling increases the ability of JAK-STAT to upregulate expression of these genes and induce gliogenesis in early neuronal progenitors. Just as the chromatin remodeling factor Nurf301 can modulate JAK-STAT signaling in multiple *Drosophila* tissues [51, 52], chromatin remodelers are important regulators of JAK-STAT function in mammals. With an increasing number of high-throughput epigenetic data sets entering the public domain, it will be of great interest to look for more cases of potential epigenetic regulation of JAK-STAT signaling.

14.5 JAK-STAT and Disease

While JAK-STAT signaling is important in many different stem cell niches in both invertebrates and vertebrates to maintain homeostasis, misregulation of this pathway can lead to dire pathological consequences. Constitutive activation of JAK-STAT in both *Drosophila* and mammals can lead to tumors. For example, in *Drosophila*, the *Hop*^{TumL} mutation, a constitutively active mutation in JAK, leads to neoplasia of the blood lineages and melanotic tumors [113]. Removal of one copy of the JAK-STAT inhibitor *PIAS* (*Su*(*var*)*2-10*) enhances the *Hop*^{TumL} phenotype [114]. Similarly, overactivation of JAK-STAT in mammals leads to overproliferation of various cell lineages including hematopoietic and neuronal progenitor cells [71, 115]. A variety of blood disorders arise from JAK- STAT hyperactivity, and JAK-STAT upregulation also plays a role in the initiation of several types of cancers.

14.5.1 JAK-STAT and Cancer Stem Cells

While the idea of stem cells in niches replenishing healthy tissues was proposed in the late 1970s [83], the concept of tumor initiating cancer stem cells and their niches is a controversial, though growing area of interest in cancer biology [116, 117]. With several types of cancer stem cells now isolated [118–121], these cells are believed to play a role in the initiation and maintenance of tumors. Pathways that are critical to the function of normal stem cells remain to be explored in many of these cancer stem cell populations. Perhaps unsurprisingly due to its role in the maintenance of normal stem cells, JAK-STAT signaling, when misregulated, can alter the behavior of cancer stem cells and promote tumor initiation and maintenance.

In several types of cancer stem cells, JAK-STAT signaling is deregulated. Breast cancer stem cell-like populations show upregulation of the JAK/STAT signaling pathway, and inhibition of STAT3 decreases the stem cell-like population [122]. Similarly, transcriptional profiling of prostate cancer stem cells shows that components of the JAK-STAT pathway are upregulated in these cells, consistent with a role for JAK-STAT signaling in prostate cancer [123–125]. Glioma-initiating cells (GICs), cancer stem cells that give rise to glial-derived gliomas, and glioblastoma-stem-like cells (GBSCs), cancer stem cells that give rise to astrocyte-derived glioblastomas, also require JAK-STAT signaling (reviewed by [126–128]). Both GICs and GBSCs require JAK-STAT signaling for self-renewal while GBSCs also need it for proliferation [129, 130]. Interestingly, if STAT3 signaling becomes deregulated in astrocytes in vivo, it can lead to the formation of glioblastomas in humans [131], and JAK-STAT upregulation in glioblastomas is a clinical indicator of poor prognosis [132]. Leukemia-initiating cells that can lead to various cancers of the blood have also been identified [133]. Upregulation of JAK-STAT expands leukemia-initiating cells in the bone marrow. Many patients with acute myeloid leukemia have mutations leading to constitutive activation of JAK-STAT signaling, some correlating with decreased disease-free survival [134, 135]. Upregulation of JAK-STAT signaling is becoming a common theme in cancer stem cells and cancer initiation. This highlights the pathway as a potential target for treatment. There has been some success in clinical trials using JAK inhibitors to treat leukemias, lymphomas and other cancers, although resistance has been an issue [136–138].

14.5.2 Myeloproliferative Disorders

Because JAK-STAT signaling regulates the differentiation of HSCs into myeloid progenitor cells as well as progenitor proliferation, misregulation of JAK-STAT in HSCs can lead to blood disorders linked to abnormal production of certain blood lineages. Collectively termed myeloproliferative disorders (or myeloproliferative neoplasms), these diseases include polycythemia vera, idiopathic primary myelofibrosis, and essential thrombocythemia and are defined by the overproduction of blood cells [139, 140]. The disorders are caused by the often clonal overexpansion of hematopoietic precursors and can lead to leukemia [139, 141–144].

Several lines of evidence point to a critical role of JAK/STAT signaling in polycythemia vera. Polycythemia vera patients exhibit several defects in JAK-STAT signaling including constitutive activation of STAT3 and JAK2 in the absence of any stimulating ligand [139, 145–147]. A *JAK2* gain-of-function mutation (V617F) is present in the HSCs of greater than 65 % of polycythemia vera patients [147]. This mutation is also detected in 30 % patients with essential idiopathic myelofibrosis and thrombocytopenia, but not in healthy controls [139, 144, 148]. This suggests a common role for constitutively active JAK/STAT signaling in myeloproliferative disorders, which may be therapeutically targeted. Inhibiting JAK2 in cell culture blocks spontaneous erythroid terminal differentiation [149], while *JAK2* targeting siRNA inhibits spontaneous erythroid differentiation and colony formation [147]. A Jak2 inhibitor has now been shown to prevent polycythemia vera development in a mouse model, while several human trials using targeted JAK2 inhibitor therapy to treat myeloproliferative disorders are showing great promise [150–152].

14.6 Conclusions

JAK-STAT, with its diverse array of transcriptional targets, is now recognized as an integral signaling pathway for the regulation of many types of stem cells. Like many major pathways, JAK-STAT can interact with other signals including Notch, EGFR and BMP to finely control the regulation of stem cells. While much has already been discovered about JAK-STAT signaling in *Drosophila* stem cell niches, more remains to be learned about JAK-STAT signaling in stem cells, especially in mammalian niches. Will additional lessons from *Drosophila* hold true in mammalian systems? Will JAK-STAT regulate mammalian spermatogonial or intestinal stem cells? Preliminary studies regarding mammalian spermatogonial stem cells have indicated that STAT3 is expressed in the murine male germline and may regulate stem cell differentiation [153, 154]. Additionally, knocking down short-type PB-cadherin in male spermatogonial stem cells decreases both self-renewal and JAK-STAT signaling [155]. While these results do not clarify the exact role of JAK-STAT signaling in the mammalian male germline, they do indicate that JAK-STAT signaling is likely involved in stem cell regulation in this tissue. Also, similar to *Drosophila*, JAK-STAT signaling is upregulated in the mammalian intestine in response to infection or inflammation, although it has not been implicated as a factor important for the normal regulation of mammalian intestinal stem cells at this point [156]. Perhaps as JAK-STAT research continues, we will discover a place for this pathway in additional stem cell niches. Misregulation of JAK-STAT can often lead to tissue overproliferation and disease progression. As we understand more about this pathway and the tissues that it regulates, we can hope to discover ways to modulate it and prevent the progression of JAK-STAT-based diseases.

References

1. Ishihara K, Hirano T (2002) Molecular basis of the cell specificity of cytokine action. Biochim Biophys Acta (BBA) – Mol Cell Res 1592(3):281–296
2. Dearolf CR (1999) JAKs and STATs in invertebrate model organisms. Cell Mol Life Sci CMLS 55(12):1578–1584
3. Rawlings JS, Rosler KM, Harrison DA (2004) The JAK/STAT signaling pathway. J Cell Sci 117(Pt 8):1281–1283
4. Rakesh K, Agrawal DK (2005) Controlling cytokine signaling by constitutive inhibitors. Biochem Pharmacol 70(5):649–657
5. Ungureanu D, Vanhatupa S, Kotaja N, Yang J et al (2003) PIAS proteins promote SUMO-1 conjugation to STAT1. Blood 102(9):3311–3313
6. Ungureanu D, Vanhatupa S, Gronholm J, Palvimo JJ et al (2005) SUMO-1 conjugation selectively modulates STAT1-mediated gene responses. Blood 106(1):224–226
7. Gronholm J, Ungureanu D, Vanhatupa S, Ramet M et al (2010) Sumoylation of Drosophila transcription factor STAT92E. J Innate Immun 2(6):618–624
8. Shuai K, Stark GR, Kerr IM, Darnell JE Jr (1993) A single phosphotyrosine residue of Stat91 required for gene activation by interferon-gamma. Science 261(5129):1744–1746
9. Firmbach-Kraft I, Byers M, Shows T, Dalla-Favera R et al (1990) tyk2, prototype of a novel class of non-receptor tyrosine kinase genes. Oncogene 5(9):1329–1336
10. Wilks AF, Harpur AG, Kurban RR, Ralph SJ et al (1991) Two novel protein-tyrosine kinases, each with a second phosphotransferase-related catalytic domain, define a new class of protein kinase. Mol Cell Biol 11(4):2057–2065
11. Muller M, Briscoe J, Laxton C, Guschin D et al (1993) The protein tyrosine kinase JAK1 complements defects in interferon-alpha/beta and -gamma signal transduction. Nature 366(6451):129–135
12. Watling D, Guschin D, Muller M, Silvennoinen O et al (1993) Complementation by the protein tyrosine kinase JAK2 of a mutant cell line defective in the interferon-gamma signal transduction pathway. Nature 366(6451):166–170
13. Shuai K, Ziemiecki A, Wilks AF, Harpur AG et al (1993) Polypeptide signalling to the nucleus through tyrosine phosphorylation of Jak and Stat proteins. Nature 366(6455):580–583
14. Schindler C, Levy DE, Decker T (2007) JAK-STAT signaling: from interferons to cytokines. J Biol Chem 282(28):20059–20063
15. Li WX (2008) Canonical and non-canonical JAK-STAT signaling. Trends Cell Biol 18(11):545–551
16. Arbouzova NI, Zeidler MP (2006) JAK/STAT signalling in Drosophila: insights into conserved regulatory and cellular functions. Development 133(14):2605–2616
17. Binari R, Perrimon N (1994) Stripe-specific regulation of pair-rule genes by hopscotch, a putative Jak family tyrosine kinase in Drosophila. Genes Dev 8(3):300–312
18. Hou XS, Melnick MB, Perrimon N (1996) Marelle acts downstream of the Drosophila HOP/JAK kinase and encodes a protein similar to the mammalian STATs. Cell 84(3):411–419
19. Harrison DA, McCoon PE, Binari R, Gilman M et al (1998) Drosophila unpaired encodes a secreted protein that activates the JAK signaling pathway. Genes Dev 12(20):3252–3263
20. Agaisse H, Petersen UM, Boutros M, Mathey-Prevot B et al (2003) Signaling role of hemocytes in Drosophila JAK/STAT-dependent response to septic injury. Dev Cell 5(3):441–450
21. Brown S, Hu N, Hombría JC (2001) Identification of the first invertebrate interleukin JAK/STAT receptor, the Drosophila gene domeless. Curr Biol: CB 11(21):1700–1705
22. Makki R, Meister M, Pennetier D, Ubeda JM et al (2010) A short receptor downregulates JAK/STAT signalling to control the Drosophila cellular immune response. PLoS Biol 8(8):e1000441
23. Kallio J, Myllymaki H, Gronholm J, Armstrong M et al (2010) Eye transformer is a negative regulator of Drosophila JAK/STAT signaling. FASEB J 24(11):4467–4479
24. Kiger AA, Jones DL, Schulz C, Rogers MB et al (2001) Stem cell self-renewal specified by JAK-STAT

activation in response to a support cell cue. Science (New York) 294(5551):2542–2545
25. Tulina N, Matunis E (2001) Control of stem cell self-renewal in Drosophila spermatogenesis by JAK-STAT signaling. Science (New York) 294(5551):2546–2549
26. Gregory L, Came PJ, Brown S (2008) Stem cell regulation by JAK/STAT signaling in Drosophila. Semin Cell Dev Biol 19(4):407–413
27. Lin G, Xu N, Xi R (2010) Paracrine unpaired signaling through the JAK/STAT pathway controls self-renewal and lineage differentiation of drosophila intestinal stem cells. J Mol Cell Biol 2(1):37–49
28. Liu W, Singh SR, Hou SX (2010) JAK-STAT is restrained by Notch to control cell proliferation of the Drosophila intestinal stem cells. J Cell Biochem 109(5):992–999
29. Beebe K, Lee W-C, Micchelli CA (2010) JAK/STAT signaling coordinates stem cell proliferation and multilineage differentiation in the Drosophila intestinal stem cell lineage. Dev Biol 338(1):28–37
30. Jiang H, Patel PH, Kohlmaier A, Grenley MO et al (2009) Cytokine/Jak/Stat signaling mediates regeneration and homeostasis in the Drosophila midgut. Cell 137(7):1343–1355
31. Buchon N, Broderick NA, Chakrabarti S, Lemaitre B (2009) Invasive and indigenous microbiota impact intestinal stem cell activity through multiple pathways in Drosophila. Genes Dev 23(19):2333–2344
32. Krzemień J, Dubois L, Makki R, Meister M et al (2007) Control of blood cell homeostasis in Drosophila larvae by the posterior signalling centre. Nature 446(7133):325–328
33. Yasugi T, Umetsu D, Murakami S, Sato M et al (2008) Drosophila optic lobe neuroblasts triggered by a wave of proneural gene expression that is negatively regulated by JAK/STAT. Development 135(8):1471–1480
34. Wang W, Li Y, Zhou L, Yue H et al (2011) Role of JAK/STAT signaling in neuroepithelial stem cell maintenance and proliferation in the Drosophila optic lobe. Biochem Biophys Res Commun 410(4):714–720
35. Ngo KT, Wang J, Junker M, Kriz S et al (2010) Concomitant requirement for Notch and Jak/Stat signaling during neuro-epithelial differentiation in the Drosophila optic lobe. Dev Biol 346(2):284–295
36. Singh SR, Liu W, Hou SX (2007) The adult Drosophila Malpighian tubules are maintained by multipotent stem cells. Cell Stem Cell 1(2):191–203
37. Lopez-Onieva L, Fernandez-Minan A, Gonzalez-Reyes A (2008) Jak/Stat signalling in niche support cells regulates dpp transcription to control germline stem cell maintenance in the Drosophila ovary. Development 135(3):533–540
38. Hardy RW, Tokuyasu KT, Lindsley DL, Garavito M (1979) The germinal proliferation center in the testis of *Drosophila melanogaster*. J Ultrastruct Res 69(2):180–190
39. de Cuevas M, Matunis EL (2011) The stem cell niche: lessons from the Drosophila testis. Development 138(14):2861–2869
40. Sheng XR, Posenau T, Gumulak-Smith JJ, Matunis E et al (2009) Jak-STAT regulation of male germline stem cell establishment during Drosophila embryogenesis. Dev Biol 334(2):335–344
41. Issigonis M, Tulina N, de Cuevas M, Brawley C et al (2009) JAK-STAT signal inhibition regulates competition in the Drosophila testis stem cell niche. Science 326(5949):153–156
42. Singh SR, Zheng Z, Wang H, Oh S-W et al (2010) Competitiveness for the niche and mutual dependence of the germline and somatic stem cells in the Drosophila testis are regulated by the JAK/STAT signaling. J Cell Physiol 223(2):500–510
43. Leatherman JL, Dinardo S (2008) Zfh-1 controls somatic stem cell self-renewal in the Drosophila testis and nonautonomously influences germline stem cell self-renewal. Cell Stem Cell 3(1):44–54
44. Leatherman JL, Dinardo S (2010) Germline self-renewal requires cyst stem cells and stat regulates niche adhesion in Drosophila testes. Nat Cell Biol 12(8):806–811
45. Flaherty MS, Salis P, Evans CJ, Ekas LA et al (2010) Chinmo is a functional effector of the JAK/STAT pathway that regulates eye development, tumor formation, and stem cell self-renewal in Drosophila. Dev Cell 18(4):556–568
46. Shivdasani AA, Ingham PW (2003) Regulation of stem cell maintenance and transit amplifying cell proliferation by tgf-beta signaling in Drosophila spermatogenesis. Curr Biol 13(23):2065–2072
47. Kawase E, Wong MD, Ding BC, Xie T (2004) Gbb/Bmp signaling is essential for maintaining germline stem cells and for repressing bam transcription in the Drosophila testis. Development 131(6):1365–1375
48. Song X, Wong MD, Kawase E, Xi R et al (2004) Bmp signals from niche cells directly repress transcription of a differentiation-promoting gene, bag of marbles, in germline stem cells in the Drosophila ovary. Development 131(6):1353–1364
49. Chen D, McKearin D (2003) Dpp signaling silences bam transcription directly to establish asymmetric divisions of germline stem cells. Curr Biol 13(20):1786–1791
50. Schulz C, Kiger AA, Tazuke SI, Yamashita YM et al (2004) A misexpression screen reveals effects of bag-of-marbles and TGF beta class signaling on the Drosophila male germ-line stem cell lineage. Genetics 167(2):707–723
51. Cherry CM, Matunis EL (2010) Epigenetic regulation of stem cell maintenance in the Drosophila testis via the nucleosome-remodeling factor NURF. Cell Stem Cell 6(6):557–567
52. Kwon SY, Xiao H, Glover BP, Tjian R et al (2008) The nucleosome remodeling factor (NURF) regulates genes involved in Drosophila innate immunity. Dev Biol 316(2):538–547
53. Classen AK, Bunker BD, Harvey KF, Vaccari T et al (2009) A tumor suppressor activity of Drosophila Polycomb genes mediated by JAK-STAT signaling. Nat Genet 41(10):1150–1155

54. Su Y, Deng B, Xi R (2011) Polycomb group genes in stem cell self-renewal: a double-edged sword. Epigenetics 6(1):16–19
55. Voog J, D'Alterio C, Jones DL (2008) Multipotent somatic stem cells contribute to the stem cell niche in the Drosophila testis. Nature 454(7208):1132–1136
56. Brawley C, Matunis E (2004) Regeneration of male germline stem cells by spermatogonial dedifferentiation in vivo. Science (New York) 304(5675):1331–1334
57. Sheng XR, Brawley CM, Matunis EL (2009) Dedifferentiating spermatogonia outcompete somatic stem cells for niche occupancy in the Drosophila testis. Cell Stem Cell 5(2):191–203
58. Nakagawa T, Sharma M, Nabeshima Y, Braun RE et al (2010) Functional hierarchy and reversibility within the murine spermatogenic stem cell compartment. Science 328(5974):62–67
59. Jiang H, Edgar BA (2011) Intestinal stem cells in the adult Drosophila midgut. Exp Cell Res 317(19): 2780–2788
60. Hou SX (2010) Intestinal stem cell asymmetric division in the Drosophila posterior midgut. J Cell Physiol 224(3):581–584
61. Ohlstein B, Spradling A (2007) Multipotent Drosophila intestinal stem cells specify daughter cell fates by differential notch signaling. Science 315(5814):988–992
62. Staley BK, Irvine KD (2010) Warts and Yorkie mediate intestinal regeneration by influencing stem cell proliferation. Curr Biol: CB 20(17):1580–1587
63. Shaw RL, Kohlmaier A, Polesello C, Veelken C et al (2010) The Hippo pathway regulates intestinal stem cell proliferation during Drosophila adult midgut regeneration. Development 137(24):4147–4158
64. Ren F, Wang B, Yue T, Yun E-Y et al (2010) Hippo signaling regulates Drosophila intestine stem cell proliferation through multiple pathways. Proc Natl Acad Sci 107(49):21064–21069
65. Karpowicz P, Perez J, Perrimon N (2010) The Hippo tumor suppressor pathway regulates intestinal stem cell regeneration. Development 137(24):4135–4145
66. Crozatier M, Meister M (2007) Drosophila haematopoiesis. Cell Microbiol 9(5):1117–1126
67. Mandal L, Martinez-Agosto JA, Evans CJ, Hartenstein V et al (2007) A Hedgehog- and Antennapedia-dependent niche maintains Drosophila haematopoietic precursors. Nature 446(7133):320–324
68. Gao H, Wu X, Fossett N (2009) Upregulation of the Drosophila friend of GATA gene U-shaped by JAK/STAT signaling maintains lymph gland prohemocyte potency. Mol Cell Biol 29(22):6086–6096
69. Reifegerste R, Ma C, Moses K (1997) A polarity field is established early in the development of the Drosophila compound eye. Mech Dev 68(1–2):69–79
70. Forbes AJ, Lin H, Ingham PW, Spradling AC (1996) Hedgehog is required for the proliferation and specification of ovarian somatic cells prior to egg chamber formation in Drosophila. Development 122(4):1125–1135
71. Crozatier M, Vincent A (2011) Drosophila: a model for studying genetic and molecular aspects of haematopoiesis and associated leukaemias. Dis Models Mech 4(4):439–445
72. Boyle M, Wong C, Rocha M, Jones DL (2007) Decline in self-renewal factors contributes to aging of the stem cell niche in the Drosophila testis. Cell Stem Cell 1(4):470–478
73. Krzemien J, Oyallon J, Crozatier M, Vincent A (2010) Hematopoietic progenitors and hemocyte lineages in the Drosophila lymph gland. Dev Biol 346(2): 310–319
74. Stofanko M, Kwon SY, Badenhorst P (2010) Lineage tracing of lamellocytes demonstrates Drosophila macrophage plasticity. PLoS One 5(11):e14051
75. Egger B, Gold KS, Brand AH (2011) Regulating the balance between symmetric and asymmetric stem cell division in the developing brain. Fly 5(3):237–241
76. Egger B, Chell JM, Brand AH (2008) Insights into neural stem cell biology from flies. Philos Trans R Soc B: Biol Sci 363(1489):39–56
77. Wang W, Liu W, Wang Y, Zhou L et al (2011) Notch signaling regulates neuroepithelial stem cell maintenance and neuroblast formation in Drosophila optic lobe development. Dev Biol 350(2):414–428
78. Egger B, Gold KS, Brand AH (2010) Notch regulates the switch from symmetric to asymmetric neural stem cell division in the Drosophila optic lobe. Development 137(18):2981–2987
79. Yasugi T, Sugie A, Umetsu D, Tabata T (2010) Coordinated sequential action of EGFR and Notch signaling pathways regulates proneural wave progression in the Drosophila optic lobe. Development 137(19):3193–3203
80. Ramalho-Santos M, Yoon S, Matsuzaki Y, Mulligan RC et al (2002) "Stemness": transcriptional profiling of embryonic and adult stem cells. Science 298(5593):597–600
81. Wang LD, Wagers AJ (2011) Dynamic niches in the origination and differentiation of haematopoietic stem cells. Nat Rev Mol Cell Biol 12(10):643–655
82. Miller FD, Gauthier AS (2007) Timing is everything: making neurons versus glia in the developing cortex. Neuron 54(3):357–369
83. Schofield R (1978) The relationship between the spleen colony-forming cell and the haemopoietic stem cell. Blood Cells 4(1–2):7–25
84. Trumpp A, Essers M, Wilson A (2010) Awakening dormant haematopoietic stem cells. Nat Rev Immunol 10(3):201–209
85. Seita J, Weissman IL (2010) Hematopoietic stem cell: self-renewal versus differentiation. Wiley Interdiscip Rev Syst Biol Med 2(6):640–653
86. Snow JW, Abraham N, Ma MC, Abbey NW et al (2002) STAT5 promotes multilineage hematolymphoid development in vivo through effects on early hematopoietic progenitor cells. Blood 99(1):95–101
87. Bradley HL, Couldrey C, Bunting KD (2004) Hematopoietic-repopulating defects from STAT5-deficient bone marrow are not fully accounted for by loss of thrombopoietin responsiveness. Blood 103(8):2965–2972

88. Ema H, Sudo K, Seita J, Matsubara A et al (2005) Quantification of self-renewal capacity in single hematopoietic stem cells from normal and Lnk-deficient mice. Dev Cell 8(6):907–914
89. Seita J, Ema H, Ooehara J, Yamazaki S et al (2007) Lnk negatively regulates self-renewal of hematopoietic stem cells by modifying thrombopoietin-mediated signal transduction. Proc Natl Acad Sci USA 104(7): 2349–2354
90. Bersenev A, Wu C, Balcerek J, Tong W (2008) Lnk controls mouse hematopoietic stem cell self-renewal and quiescence through direct interactions with JAK2. J Clin Invest 118(8):2832–2844
91. Kato Y, Iwama A, Tadokoro Y, Shimoda K et al (2005) Selective activation of STAT5 unveils its role in stem cell self-renewal in normal and leukemic hematopoiesis. J Exp Med 202(1):169–179
92. Wang Z, Li G, Tse W, Bunting KD (2009) Conditional deletion of STAT5 in adult mouse hematopoietic stem cells causes loss of quiescence and permits efficient nonablative stem cell replacement. Blood 113(20): 4856–4865
93. Chung Y-J, Park B-B, Kang Y-J, Kim T-M et al (2006) Unique effects of Stat3 on the early phase of hematopoietic stem cell regeneration. Blood 108(4): 1208–1215
94. Oh IH, Eaves CJ (2002) Overexpression of a dominant negative form of STAT3 selectively impairs hematopoietic stem cell activity. Oncogene 21(31):4778–4787
95. Coffer PJ, Koenderman L, de Groot RP (2000) The role of STATs in myeloid differentiation and leukemia. Oncogene 19(21):2511–2522
96. Dorsch M, Danial NN, Rothman PB, Goff SP (1999) A thrombopoietin receptor mutant deficient in Jak-STAT activation mediates proliferation but not differentiation in UT-7 cells. Blood 94(8):2676–2685
97. Arcasoy MO, Jiang X (2005) Co-operative signalling mechanisms required for erythroid precursor expansion in response to erythropoietin and stem cell factor. Br J Haematol 130(1):121–129
98. Essers MAG, Offner S, Blanco-Bose WE, Waibler Z et al (2009) IFN[agr] activates dormant haematopoietic stem cells in vivo. Nature 458(7240):904–908
99. Baldridge MT, King KY, Goodell MA (2011) Inflammatory signals regulate hematopoietic stem cells. Trends Immunol 32(2):57–65
100. Malatesta P, Appolloni I, Calzolari F (2008) Radial glia and neural stem cells. Cell Tissue Res 331(1):165–178
101. Kriegstein A, Alvarez-Buylla A (2009) The glial nature of embryonic and adult neural stem cells. Annu Rev Neurosci 32:149–184
102. Bonni A, Sun Y, Nadal-Vicens M, Bhatt A et al (1997) Regulation of gliogenesis in the central nervous system by the JAK-STAT signaling pathway. Science 278(5337):477–483
103. Barnabé-Heider F, Wasylnka JA, Fernandes KJL, Porsche C et al (2005) Evidence that embryonic neurons regulate the onset of cortical gliogenesis via cardiotrophin-1. Neuron 48(2):253–265
104. He F, Ge W, Martinowich K, Becker-Catania S et al (2005) A positive autoregulatory loop of Jak-STAT signaling controls the onset of astrogliogenesis. Nat Neurosci 8(5):616–625
105. Nakashima K, Yanagisawa M, Arakawa H, Kimura N et al (1999) Synergistic signaling in fetal brain by STAT3-Smad1 complex bridged by p300. Science (New York) 284(5413):479–482
106. Fukuda S, Abematsu M, Mori H, Yanagisawa M et al (2007) Potentiation of astrogliogenesis by STAT3-mediated activation of bone morphogenetic protein-Smad signaling in neural stem cells. Mol Cell Biol 27(13):4931–4937
107. Viti J, Feathers A, Phillips J, Lillien L (2003) Epidermal growth factor receptors control competence to interpret leukemia inhibitory factor as an astrocyte inducer in developing cortex. J Neurosci Off J Soc Neurosci 23(8):3385–3393
108. Kamakura S, Oishi K, Yoshimatsu T, Nakafuku M et al (2004) Hes binding to STAT3 mediates crosstalk between Notch and JAK-STAT signalling. Nat Cell Biol 6(6):547–554
109. Yeung TM, Chia LA, Kosinski CM, Kuo CJ (2011) Regulation of self-renewal and differentiation by the intestinal stem cell niche. Cell Mol Life Sci 68(15):2513–2523
110. Fan G, Martinowich K, Chin MH, He F et al (2005) DNA methylation controls the timing of astrogliogenesis through regulation of JAK-STAT signaling. Development 132(15):3345–3356
111. Kohyama J, Kojima T, Takatsuka E, Yamashita T et al (2008) Epigenetic regulation of neural cell differentiation plasticity in the adult mammalian brain. Proc Natl Acad Sci U S A 105(46):18012–18017
112. Irmady K, Zechel S, Unsicker K (2011) Fibroblast growth factor 2 regulates astrocyte differentiation in a region-specific manner in the hindbrain. Glia 59(5):708–719
113. Harrison DA, Binari R, Nahreini TS, Gilman M et al (1995) Activation of a Drosophila Janus kinase (JAK) causes hematopoietic neoplasia and developmental defects. EMBO J 14(12):2857–2865
114. Betz A, Lampen N, Martinek S, Young MW et al (2001) A Drosophila PIAS homologue negatively regulates stat92E. Proc Natl Acad Sci USA 98(17):9563–9568
115. Atkinson GP, Nozell SE, Benveniste ET (2010) NF-kappaB and STAT3 signaling in glioma: targets for future therapies. Expert Rev Neurother 10(4):575–586
116. Gupta PB, Chaffer CL, Weinberg RA (2009) Cancer stem cells: mirage or reality? Nat Med 15(9):1010–1012
117. Borovski T, De Sousa E, Melo F, Vermeulen L, Medema JP (2011) Cancer stem cell niche: the place to be. Cancer Res 71(3):634–639
118. Lapidot T, Sirard C, Vormoor J, Murdoch B et al (1994) A cell initiating human acute myeloid

leukaemia after transplantation into SCID mice. Nature 367(6464):645–648
119. Al-Hajj M, Wicha MS, Benito-Hernandez A, Morrison SJ et al (2003) Prospective identification of tumorigenic breast cancer cells. Proc Natl Acad Sci 100(7):3983–3988
120. Galli R, Binda E, Orfanelli U, Cipelletti B et al (2004) Isolation and characterization of tumorigenic, stem-like neural precursors from human glioblastoma. Cancer Res 64(19):7011–7021
121. Schatton T, Murphy GF, Frank NY, Yamaura K et al (2008) Identification of cells initiating human melanomas. Nature 451(7176):345–349
122. Zhou J, Wulfkuhle J, Zhang H, Gu P et al (2007) Activation of the PTEN/mTOR/STAT3 pathway in breast cancer stem-like cells is required for viability and maintenance. Proc Natl Acad Sci USA 104(41):16158–16163
123. Birnie R, Bryce SD, Roome C, Dussupt V et al (2008) Gene expression profiling of human prostate cancer stem cells reveals a pro-inflammatory phenotype and the importance of extracellular matrix interactions. Genome Biol 9(5):R83–R83
124. Liu X, He Z, Li C-H, Huang G et al (2011) Correlation analysis of JAK-STAT pathway components on prognosis of patients with prostate cancer. Pathol Oncol Res 18:17–23
125. Barton BE, Karras JG, Murphy TF, Barton A et al (2004) Signal transducer and activator of transcription 3 (STAT3) activation in prostate cancer: direct STAT3 inhibition induces apoptosis in prostate cancer lines. Mol Cancer Ther 3(1):11–20
126. Natsume A, Kinjo S, Yuki K, Kato T et al (2011) Glioma-initiating cells and molecular pathology: implications for therapy. Brain Tumor Pathol 28(1):1–12
127. Singh SK, Hawkins C, Clarke ID, Squire JA et al (2004) Identification of human brain tumour initiating cells. Nature 432(7015):396–401
128. Lee J, Son MJ, Woolard K, Donin NM et al (2008) Epigenetic-mediated dysfunction of the bone morphogenetic protein pathway inhibits differentiation of glioblastoma-initiating cells. Cancer Cell 13(1):69–80
129. Peñuelas S, Anido J, Prieto-Sánchez RM, Folch G et al (2009) TGF-beta increases glioma-initiating cell self-renewal through the induction of LIF in human glioblastoma. Cancer Cell 15(4):315–327
130. Sherry MM, Reeves A, Wu JK, Cochran BH (2009) STAT3 is required for proliferation and maintenance of multipotency in glioblastoma stem cells. Stem Cells 27(10):2383–2392
131. de la Iglesia N, Konopka G, Lim KL, Nutt CL et al (2008) Deregulation of a STAT3-interleukin 8 signaling pathway promotes human glioblastoma cell proliferation and invasiveness. J Neurosci 28(23):5870–5878
132. Tu Y, Zhong Y, Fu J, Cao Y et al (2010) Activation of JAK/STAT signal pathway predicts poor prognosis of patients with gliomas. Med Oncol 28(1):15–23
133. Testa U (2011) Leukemia stem cells. Ann Hematol 90(3):245–271
134. Heuser M, Sly LM, Argiropoulos B, Kuchenbauer F et al (2009) Modeling the functional heterogeneity of leukemia stem cells: role of STAT5 in leukemia stem cell self-renewal. Blood 114(19):3983–3993
135. Benekli M, Xia Z, Donohue KA, Ford LA et al (2002) Constitutive activity of signal transducer and activator of transcription 3 protein in acute myeloid leukemia blasts is associated with short disease-free survival. Blood 99(1):252–257
136. Hart S, Goh KC, Novotny-Diermayr V, Hu CY et al (2011) SB1518, a novel macrocyclic pyrimidine-based JAK2 inhibitor for the treatment of myeloid and lymphoid malignancies. Leukemia 25(11): 1751–1759
137. Scuto A, Krejci P, Popplewell L, Wu J et al (2011) The novel JAK inhibitor AZD1480 blocks STAT3 and FGFR3 signaling, resulting in suppression of human myeloma cell growth and survival. Leukemia 25(3):538–550
138. Quintas-Cardama A, Kantarjian H, Cortes J, Verstovsek S (2011) Janus kinase inhibitors for the treatment of myeloproliferative neoplasias and beyond. Nat Rev Drug Discov 10(2):127–140
139. Kralovics R, Passamonti F, Buser AS, Teo S-S et al (2005) A gain-of-function mutation of JAK2 in myeloproliferative disorders. N Engl J Med 352(17):1779–1790
140. Dameshek W (1951) Some speculations on the myeloproliferative syndromes. Blood 6(4):372–375
141. Adamson JW, Fialkow PJ, Murphy S, Prchal JF et al (1976) Polycythemia vera: stem-cell and probable clonal origin of the disease. N Engl J Med 295(17):913–916
142. el-Kassar N, Hetet G, Brière J, Grandchamp B (1997) Clonality analysis of hematopoiesis in essential thrombocythemia: advantages of studying T lymphocytes and platelets. Blood 89(1):128–134
143. Spivak JL (2004) The chronic myeloproliferative disorders: clonality and clinical heterogeneity. Semin Hematol 41(2 Suppl 3):1–5
144. Oh ST, Gotlib J (2010) JAK2 V617F and beyond: role of genetics and aberrant signaling in the pathogenesis of myeloproliferative neoplasms. Expert Rev Hematol 3(3):323–337
145. Röder S, Steimle C, Meinhardt G, Pahl HL (2001) STAT3 is constitutively active in some patients with polycythemia rubra vera. Exp Hematol 29(6):694–702
146. Kralovics R, Guan Y, Prchal JT (2002) Acquired uniparental disomy of chromosome 9p is a frequent stem cell defect in polycythemia vera. Exp Hematol 30(3):229–236
147. James C, Ugo V, Le Couédic J-P, Staerk J et al (2005) A unique clonal JAK2 mutation leading to constitutive signalling causes polycythaemia vera. Nature 434(7037):1144–1148
148. Levine RL, Wadleigh M, Cools J, Ebert BL et al (2005) Activating mutation in the tyrosine kinase JAK2 in polycythemia vera, essential thrombocythemia, and myeloid metaplasia with myelofibrosis. Cancer Cell 7(4):387–397

149. Ugo V, Marzac C, Teyssandier I, Larbret F et al (2004) Multiple signaling pathways are involved in erythropoietin-independent differentiation of erythroid progenitors in polycythemia vera. Exp Hematol 32(2):179–187
150. Passamonti F, Maffioli M, Caramazza D, Cazzola M (2011) Myeloproliferative neoplasms: from JAK2 mutations discovery to JAK2 inhibitor therapies. Oncotarget 2(6):485–490
151. Quintás-Cardama A, Verstovsek S (2011) New JAK2 inhibitors for myeloproliferative neoplasms. Expert Opin Investig Drugs 20(7):961–972
152. Mathur A, Mo J-R, Kraus M, O'Hare E et al (2009) An inhibitor of Janus kinase 2 prevents polycythemia in mice. Biochem Pharmacol 78(4):382–389
153. Murphy K, Carvajal L, Medico L, Pepling M (2005) Expression of Stat3 in germ cells of developing and adult mouse ovaries and testes. Gene Expr Patterns 5(4):475–482
154. Oatley JM, Kaucher AV, Avarbock MR, Brinster RL (2010) Regulation of mouse spermatogonial stem cell differentiation by STAT3 signaling. Biol Reprod
155. Wu J, Zhang Y, Tian GG, Zou K et al (2008) Short-type PB-cadherin promotes self-renewal of spermatogonial stem cells via multiple signaling pathways. Cell Signal 20(6):1052–1060
156. Sun J (2010) Enteric bacteria and cancer stem cells. Cancers 3(1):285–297

Myc in Stem Cell Behaviour: Insights from *Drosophila*

15

Leonie M. Quinn, Julie Secombe, and Gary R. Hime

Abstract

The Myc family proteins are key regulators of animal growth and development, which have critical roles in modulating stem cell behaviour. Since the identification of the oncogenic potential of *c-Myc* in the early 1980s the mammalian Myc family, which is comprised of c-Myc, N-Myc, and L-Myc, has been studied extensively. dMyc, the only *Drosophila* member of the Myc gene family, is orthologous to the mammalian c-Myc oncoprotein. Here we discuss key studies addressing the function of the Myc family in stem cell behaviour in both *Drosophila* Models and mammalian systems.

Keywords

Myc • *Drosophila* • Cell growth • Cell cycle • Stem cells • Cancer

15.1 The History of Myc: From Flies to Humans

Regulation of cell growth and cell cycle progression is critical for development in all animals. Misregulation will lead to significant developmental defects; too little growth and/or cell cycle progression results in reduced body/organ size while overproliferation can lead to tissue overgrowth, genomic instability and cancer. Since the identification of the oncogenic potential of *c-Myc* in the early 1980s [1] the mammalian Myc family, which is comprised of c-Myc, N-Myc, and L-Myc, has been the focus of extensive investigation [2, 3]. dMyc, which is encoded by the *diminutive* (*dm*) locus, is the sole *Drosophila* Myc member and is orthologous to c-Myc [4, 5]. Myc proteins contain an N-terminal domain for regulating transcription and a C-terminal basic-helix-loop-helix-zipper (bHLHZ) that mediates interaction with a second bHLHZ protein, Max. Myc proteins can heterodimerize with Max and bind E-box sequences in the promoters of target genes to directly control expression of genes involved in DNA synthesis, RNA metabolism

L.M. Quinn (✉) • G. R. Hime
Department of Anatomy and Neuroscience, University of Melbourne, Parkville, Melbourne 3010, VIC, Australia
e-mail: l.quinn@unimelb.edu.au

J. Secombe
Department of Genetics, Albert Einstein College of Medicine, 1300 Morris Park Avenue, Bronx, New York, NY 10461, USA

G. Hime and H. Abud (eds.), *Transcriptional and Translational Regulation of Stem Cells*, Advances in Experimental Medicine and Biology 786, DOI 10.1007/978-94-007-6621-1_15,

and cell cycle progression [6–8]. Alternatively, Max can heterodimerize with Mxd (formerly Mad)/Mnt proteins, which also contain a bHLHZ motif, but binding of the Max-Mxd/Mnt complex results in repression of Myc-Max targets. The heterodimerization and DNA binding behaviour of the Myc-Max-Mxd/Mnt network is conserved in *Drosophila*, but with each gene represented by a single ortholog [4, 8–11].

In studies using mouse models, *c-Myc* knockout mice die at embryonic day 10.5 [12], whilst mice haplo-insufficient for *c-Myc* are viable but grow more slowly and are smaller than wild type [13] although these data are complicated by experiments that specifically knocked out *c-Myc* function in the epiblast resulting in morphologically normal embryos that survive to E11.5. *c-Myc* was shown to be required for placental development and the early death of c-Myc knockouts is due to a placental insufficiency. The relative lack of proliferative defects in the epiblast-specific knockouts may be due to some redundancy between Myc-family members in the embryo [14]. Myc activity is likely essential for the accumulation of cellular mass or cell growth in mammals [13, 15–17] while upregulation of *c-Myc* can lead to the uncontrolled growth associated with cancer [18–21]. As in mice, haplo-insufficiency for *Drosophila myc* (which does not suffer the complications of redundancy) results in reduced cell growth, which leads to small adult body size [5]. Functional conservation with c-Myc has been demonstrated by the ability of dMyc to transform primary mammalian cells and rescue proliferation defects in *c-Myc* null fibroblasts [22] and, conversely, the human c-Myc protein can rescue lethal mutations of dMyc [23].

15.2 Myc Hits Multiple Targets to Regulate Growth and S Phase Progression

A collection of genetic experiments, microarray profiling analyses and genome binding studies in mammals [24–26] and *Drosophila* [7, 8, 11] have led to an understanding of the incredibly wide-ranging function of Myc (reviewed in [2]). Myc's chief role in cell behaviour is highlighted by the finding that Myc proteins can bind to the promoters and potentially control the transcription of 10–15 % of all genes [7, 26]. Thus the regulatory targets of c-Myc and dMyc include genes from virtually every biochemical and regulatory pathway in the cell, including growth, metabolism, cell cycle progression, differentiation and apoptosis (reviewed in [2, 27, 28]). Small changes in c-Myc protein levels, either up or down, will modify these critical cellular processes, emphasizing the requirement for extremely tight control of *c-Myc* expression [29].

Although Myc proteins affect multiple targets, it is the ability of Myc to drive cell growth and cell cycle progression that is critical to the oncogenic properties of c-Myc [30]. Extensive studies have shown that like mammalian Myc proteins, dMyc is essential for the accumulation of cellular mass or cell growth [5, 7, 31]. In *Drosophila*, dMyc regulates cell and organismal size: hypomorphic mutants of *dmyc* are small due to reduced cell growth [5] while null *dmyc* mutations lead to larval lethality due to a growth arrest [31]. Conversely, overexpression of dMyc produces larger flies [5, 31]. A pertinent question then remains: how does dMyc achieve this effect on growth?

Mammalian studies suggest that Myc's ability to regulate cell growth requires transcriptional control through the three RNA polymerases. c-Myc regulates a large number of RNA polymerase II-transcribed genes, many of which encode ribosomal proteins, translation factors and other components of the biosynthetic apparatus [24]. c-Myc is also particularly efficient at activating transcription via RNA polymerase I [26, 32, 33] and III [34–36]. The capacity to drive production of rRNA is central to c-Myc's powerful cell growth effects, as ribosome biogenesis is well known to be rate-limiting for cell growth.

In *Drosophila*, dMyc can also activate RNA polymerase I (Pol I) transcription and ribosome biogenesis. Expression-profiling experiments on dMyc overexpression or knockdown, in both S2 cells and whole larvae, have highlighted dMyc's role in ribosome biogenesis [7, 8, 11]. Genetic experiments also confirmed that dMyc can stimulate expression of a Pol I factor TIF-IA. DNA microarrays on cells or tissues overexpressing *dMyc* revealed upregulation of Pol I transcripts, highlighting the ability of dMyc to regulate Pol I transcription [7].

Furthermore, dMyc can also stimulate RNA polymerase III (Pol III) transcribed genes. Reducing dMyc levels in S2 cells results in reduced expression of Pol III targets, while over-expression of dMyc increased the levels of these same targets [37]. Like c-Myc [35], dMyc most likely regulates Pol III targets via interaction with the Pol III factor TFIIIB-component, Brf. This study demonstrated that the Pol III functions of dMyc are independent of dMax, suggesting that dMyc can activate Pol III genes via direct interaction with Brf [37]. In line with this, *c-Myc* mutants lacking DNA binding function, which are unable to regulate direct target genes, can rescue much of the growth defect in *c-Myc* (−/−) primary fibroblasts, suggesting the possibility of Max-independent functions for c-Myc [38].

In mammals, c-Myc exerts transcriptional control over the mitochondrial metabolic network, thus providing a direct link between c-Myc and energy metabolism [39, 40]. While this has not been reported for *Drosophila*, dMyc is an important mediator of PI3K/TOR-dependent regulation of ribosome biogenesis [41]. Using a functional genomics approach, the PI3K/TOR target FOXO was shown to downregulate dMyc to reduce translation when muscle tissues were nutrient deprived. Expression profiling revealed that the interactions between FOXO and dMyc were however tissue-specific, as FOXO was unable to downregulate dMyc in adipose tissue under similar conditions. Not only did FOXO regulate *dmyc* mRNA levels, but direct regulation was suggested by identification of FOXO binding sites in the *dmyc* promoter [41].

Examination of the other arm of the PI3K/TOR pathway also showed that dMyc can regulate the transcription of TORC1 targets. Chromatin immunoprecipitation (ChIP) experiments confirmed dMyc protein enrichment in the promoter regions of TORC1 target genes [41]. The amount of dMyc protein binding could be increased or decreased with the addition of insulin or rapamycin, respectively, suggesting TORC1 controls dMyc activity by managing the amount of dMyc protein bound to the promoters of TORC1 targets. Thus, this work neatly ties dMyc, which can also control expression of ribosome synthesis genes, into the PI3K/TOR pathway.

Like c-Myc, dMyc regulates the activation of genes required for G1-S phase progression [5, 7, 42–45]. dMyc drives G1 to S phase progression via upregulation of the G1/S phase cyclins (Cyclin E and Cyclin D), which lead to phosphorylation and inactivation of the key inhibitor of G1-S phase progression, Rbf, a member of the *Drosophila* Retinoblastoma family [42]. The inhibition of Rbf results in release of E2F1 from the inhibitory complex with Rbf, which permits upregulation of E2F1 dependent S phase genes [46]. Like c-Myc, dMyc therefore regulates cell growth and the activation of genes required for DNA replication and progression through S phase.

In *Drosophila*, dMyc can drive growth and S phase progression of both mitotic and endoreplicating cells [43, 44]. In the *Drosophila* larvae and adult ovary many cells undergo endoreplication, where cell growth and DNA replication occur without cell division. In the adult ovary, dMyc is required for growth and endoreplication of both germline and somatic cells [43]. Analysis of *dmyc* mutant clones in the ovary revealed that although dMyc was essential for growth and endoreplication, mitotic divisions occurred normally in *dmyc* loss-of-function germline and somatic cells. Although there was a clear requirement for dMyc in the genomic endoreplication cycles, the later follicle cell endocycles necessary for chorion gene amplification occurred normally in *dmyc* mutant cells. Loss of dMyc function using the same null *dMyc* alleles used in the ovary study results in developmental arrest at the second larval instar. The larvae are smaller than normal as endoreplicating tissues such as the salivary glands and fat body fail to grow and replicate their DNA. Conversely, dMyc overexpression in endoreplicating cells causes a dramatic increase in cell growth (nucleolar size) and nuclear DNA content (DNA replication). Thus, dMyc is both necessary and sufficient for endoreplication and larval growth [44].

Analysis of endoreplicating tissues in *Drosophila* has highlighted the antagonistic behaviour of Mxd/Mnt towards to dMyc function. Mxd/Mnt proteins repress transcription by interacting with the mSin3 co-repressor complex, which contains histone deacetylase (HDAC) activity (reviewed in [47, 48]). *Drosophila* contains a single ortholog of the mammalian Mxd/Mnt transcriptional repressor protein (dMnt). Loss of dMnt function flies are overgrown, whilst dMnt overexpression inhibits growth and proliferation [10]. To demonstrate antagonism between dMyc and dMnt in vivo, the effect of *dmnt* loss of function was examined in the *dmyc* null background. Larvae homozygously mutant for both dMyc and dMnt outgrow dMyc single mutants. This increased body size correlates with increased endoreplication and growth of larval tissues in the double mutant. Thus the loss of dMnt allows sufficient expression of dMyc targets required for growth and endoreplication [31]. These findings suggest that dMyc must normally overcome the antagonistic effects of dMnt repression in order to upregulate the genes required for larval growth and endoreplication. Expression analysis revealed that the E-box sequence was not required for restoration of dMyc target expression in the Mnt/Myc background. It is possible that like c-Myc, dMyc might play a more direct role in DNA replication. Studies in vertebrates (human, mouse and *Xenopus*) have shown that Myc proteins can control the initiation of DNA replication by directly interacting with the pre-replication complex [49]. If dMyc is involved in DNA replication in *Drosophila* then the ability of dMyc to drive endocycles might not be a consequence of a tight coupling of growth and endoreplication as once predicted [44].

15.3 Myc Regulates Stem Cell Behaviour

Regenerative tissues such as the haematopoietic system, intestine, neural tissue and skin depend upon the continued presence of stem cells that serve as pools of slow cycling, undifferentiated progenitors. These cells have the capacity to undergo either symmetric or asymmetric divisions to both expand the progenitor cell population and to produce daughter cells destined for cell specific differentiation. The following sections describe the role of the Myc family in the control of various stem/progenitor populations from both *Drosophila* and mouse models and in human disease.

15.4 *Drosophila* Stem Cell Models

During the adult stage of the *Drosophila* life cycle, several organs have been shown to regenerate from stem cell populations including the midgut [50], the hindgut [51], renal Malpighian tubules [52], brain [53], haematopoietic system [54, 55] and the male and female gonads (reviewed [56]). The concept that stem cells are embedded in a three-dimensional structure that regulates their self-renewal and differentiation called the stem cell niche has been widely accepted. To clarify gene function in germline stem cells, the latter must be distinguished from their derivatives and surrounding cells. The *Drosophila* ovary and testis have provided excellent models for studying stem cell biology, as markers have long been available for stem cell identification and genetic tools for cell specific manipulation of gene function (e.g., for the ovary, reviewed [56, 57]). *Drosophila* revealed that stem cell-niche interactions are crucial, since disruption of the connection between the niche and the GSCs results in stem cell loss [56, 58]. Furthermore, *Drosophila* experiments were first to delineate the signalling pathways in stem cell renewal and differentiation, and to distinguish between the effects of extrinsic factors from the niche and intrinsic factors within the stem cell [56, 57]. Thus, *Drosophila* models have been fundamental to understanding stem cell renewal and differentiation in response to intrinsic factors and secreted signals.

One of the first in vivo models for analysis of stem cell behaviour was the egg producing structure of the *Drosophila* adult ovary, the germarium. The asymmetric division of germline stem cells (GSCs) typically produces another GSC and a daughter cystoblast committed to differentiation. The cystoblast subsequently undergoes a further four rounds of mitosis, characterised by incomplete cytokinesis, to produce 16 interconnected germ cells or cystocytes. Although dMyc function is required for certain aspects of oogenesis, including endoreplication of the nurse and follicle cells, the function of dMyc in the stem cell populations is not clear. Cystocyte and follicle cell mitosis can occur normally when loss-of-function *dMyc* clones develop in the presence of wild type cells [43]. Growth of the whole egg is, however, compromised when *dMyc* loss-of-function clones encompass either the entire germline cyst or the complete follicle cell epithelium [43]. Egg chambers in which all germline cells lacked dMyc function but were surrounded by wild-type follicle cells were small and delayed. Conversely, egg chambers that contained wild-type germline cells surrounded by *dMyc* mutant follicle cells, where all follicle cells lacked dMyc function, were severely delayed in their growth and maturation [43]. These results suggest that an undescribed regulatory mechanism, dependent on endogenous levels of dMyc, acts to coordinate the growth rates of the germline and somatic cells [43].

The reported level of dMyc expression in GSCs [59] differs from our observations. Neumüller et al. reported dMyc protein expression at high levels in ovarian GSCs with lower levels in differentiating daughters. In contrast, we observe lower dMyc expression in GSCs, but still also see a further reduction in differentiating daughters [60]. Despite these inconsistencies, a dynamic change of dMyc expression between GSCs and their daughters is apparent. In addition, we have confirmed that after the decrease in dMyc expression in the developing germline cysts in region 2a of the germarium, upregulation occurs in the germ cells in region 2b and continues in nurse cells [43, 59, 60]. By specific depletion of *dMyc* from the germline, using *nanos-GAL4* overexpression of a *UAS-dMyc* RNAi, we have confirmed that the dMyc antibody staining is specific [60]. dMyc expression has also been reported in somatic follicle cells [43] and we have shown that dMyc is expressed in the somatic stem cells (SSCs) of the ovary [60]. Although dMyc is clearly expressed in the SSCs, the function of dMyc in these cells has yet to be established.

In line with the protein distribution, dMyc levels need to be downregulated in the daughters of GSCs to allow differentiation [59]. The Brat-like protein, Mei-P26, which is an inhibitor of the microRNA pathway [61], is expressed at low levels in GSCs but is upregulated in mitotic cystocytes where it suppresses dMyc expression. Analysis of *mei-P26* mutants revealed overgrown germline cystocytes, which displayed increased levels of dMyc expression. Regulation by *mei-P26* is likely to depend on Bag-of-Marbles (Bam), which is expressed in differentiating cystocytes. Normally, loss of Bam causes a failure of differentiation, while forced expression of Bam in GSCs results in GSC differentiation and loss [62]. However, ectopic Bam cannot cause differentiation in *mei-P26* mutant cells, nor can ectopic Mei-P26 force differentiation of *bam* mutant cells. Hence Bam-induced up-regulation of Mei-P26 is responsible for cessation of cystocyte proliferation. Thus Bam and Mei-P26 appear to limit cystocyte mitosis and size by downregulating dMyc [59]. Subsequent studies suggest that ubiquitin ligase activity for the mouse orthologue of *Drosophila* Mei-P26, TRIM32, can target c-Myc for degradation [63]. Furthermore, in the larval wing imaginal disc *Drosophila* Mei-P26 is a direct target of the growth-promoting bantam miRNA, and can regulate dMyc activity [64]. Further studies are required to determine whether Mei-P26 also inhibits the microRNA pathway to regulate dMyc in the germline. However, as Brat functions in cystocytes and is absent in GSCs, and loss of Brat also causes an increase in dMyc levels, Brat may function co-operatively with Mei-P26 to fine tune dMyc levels [65].

So what is the role of dMyc in GSCs? Jin et al. generated GSCs that are homozygous for strong loss of function dMyc alleles and demonstrated that loss of dMyc does not affect GSC renewal, cell competition or division rates [66]. This seems surprising given the expression of dMyc in GSCs and its sudden reduction in differentiating cystocytes. Additionally, we have shown that dMyc is expressed in the *Drosophila* testis in GSCs abutting the niche, and in their daughter spermatogonia [60]. Furthermore, our preliminary data show that when dMyc function is reduced in GSCs by driving a *UAS-Myc* RNAi transgene in the early germ cells, a depletion of GSCs surrounding the niche is observed [60]. Thus dMyc is required in GSC proliferation, maintenance or survival in *Drosophila*, consistent with a recent mammalian study showing that N-Myc plays a role in mouse spermatogonial stem cell proliferation [67]. Proliferation induced by *N-Myc* expression is promoted via a PI3K/Akt-dependent pathway that is activated by members of the Src kinase family in response to glial cell line-derived neurotrophic factor (GDNF) [67]. At present the signalling pathways or transcriptional/translational networks that regulate dMyc expression in the GSCs of *Drosophila* have not been reported and the question remains as to whether similar mechanisms are required for dMyc expression and stem cell maintenance in the ovary and testis.

15.5 c-Myc: Essential Roles in Haematopoietic Stem Cells

Due to severe developmental defects, mouse embryos lacking *c-Myc* die before mid-gestation [13]. Conditional knockout of c-Myc in the epiblast, without affecting extraembryonic tissues, rescues the majority of developmental abnormalities that have been described in c-Myc knockout embryos. Epiblast-specific loss of *c-Myc* results in embryos that are morphologically normal without any obvious proliferation defects. Embryonic lethality is, therefore, a consequence of secondary defects associated with placental insufficiency [14]. Placental rescue experiments revealed that the majority of developmental abnormalities previously associated with loss of *c-Myc* are a consequence of placental defects. Although the rescued embryos are morphologically normal they are severely anemic with multiple haematopoietic defects, including fetal liver hypoplasia, apoptosis of erythrocyte precursors, and definitive hematopoietic stem (HSC)/progenitor cells are functionally defective resulting in death before E12. Thus, in contrast to most other embryonic lineages, erythroblasts and haematopoietic stem cell/progenitor cells are dependent on c-Myc function [14].

However, in adult bone marrow both c-Myc and N-Myc are endogenously expressed and N-Myc appears to act redundantly with c-Myc to achieve HSC maintenance [68]. HSC proliferation, survival and differentiation was found to be severely impaired upon the simultaneous knockout of N-Myc and c-Myc, whereas N-Myc was found to be dispensable for HSC maintenance when ablated in the presence of c-Myc. As deletion of c-Myc alone does not alter HSC proliferation and survival rates in the adult [69], these results reveal a role for N-Myc expression in sustaining the survival and proliferation of *c-Myc* null HSCs. Thus N-Myc appears to provide all of c-Myc's functions during steady-state haematopoiesis in the adult mouse, although N-Myc does not appear to act in such a redundant manner in embryonic HSCs. In contrast, conditional inactivation in bone marrow (BM) demonstrated that c-Myc is required in hematopoietic stem cells (HSC) during postnatal development. Loss of c-Myc in BM severely impairs HSC proliferation and differentiation, leading to decreased lymphoid and myeloid cells. In vivo, inactivation of the cyclin dependent kinase inhibitor p21 restores normal proliferation, suggesting c-Myc maintains HSC differentiation via p21 [70]. In *Drosophila*, dMyc function is yet to be analysed in the larval stem-like, haematopoietic progenitor cells that have been identified to reside in the medullary zone of the larval lymph gland [54, 55, 71].

15.6 Myc Is Essential in Epithelial Stem Cells

The epidermis is sustained by multipotent stem cells that give rise to distinct precursor cell populations, which can differentiate into hair follicles, interfollicular epidermis and glandular structures e.g., sebaceous glands. Epidermal stem cells self-renew as well as produce transit amplifying cells that are destined to terminally differentiate after a few rounds of division and give rise to interfollicular epidermis, hair follicles, and sebaceous glands [72]. Early studies with cultured human keratinocytes suggested that c-Myc promotes epidermal-stem cell differentiation, since constitutive expression drives stem cells into the transit amplifying compartment leading to premature differentiation [73]. Furthermore, targeted overexpression of c-Myc in the stem cell compartment in the basal layer of transgenic mouse epidermis causes progressive and irreversible changes in adult epidermis, suggesting c-Myc also stimulates epidermal stem cell differentiation in vivo [74]. Specifically, c-Myc overexpression stimulated epidermal proliferation, but interfollicular keratinocytes still underwent normal terminal differentiation. Hair follicles were abnormal, presumably because differentiation of the sebaceous lineage was promoted at the expense of hair formation. Interestingly, activation of c-Myc fused to the hormone binding domain of a mutant murine estrogen receptor (c-MycER) by a single dose of 4-hydroxy-tamoxifen was as effective as continuous application in stimulating proliferation and differentiation of sebocytes. Thus transient activation of c-Myc is sufficient to promote epidermal stem cells to become transit-amplifying cells for stimulating proliferation and differentiation along the epidermal and sebaceous lineages [74]. A second study confirmed the critical role of c-Myc in epidermal stem cells in vivo, by targeting expression of human c-Myc to the hair follicles and the basal layer of mouse epidermis using a keratin 14 vector [75]. Adult mice gradually lost their hair and developed spontaneous ulcerated lesions, which is associated with severely impaired wound healing, likely due to impaired migration of keratinocytes. A 75 % reduction in the number of epidermal stem cells was observed in c-Myc-expressing 3 month-old mice, compared with wild type, which suggests that maintaining endogenous levels of c-Myc in stem cells is essential for stem cell maintenance and keratinocyte migration [75].

To investigate how activation of c-Myc causes epidermal cells to lose stem cell identity and differentiate into sebocytes and interfollicular epidermis at the expense of the hair lineages global expression analysis (~10,000 genes) was carried out following c-Myc activation in the basal layer of mouse epidermis [76]. The major classes of induced genes were involved in synthesis and processing of RNA and proteins i.e. growth, cell proliferation and differentiation. However, more than 40 % of the downregulated genes encoded cell adhesion and cytoskeleton proteins. Consistent with the decreased expression of extracellular matrix proteins, and previous studies [75], c-Myc activation resulted in defective cell adhesion, motility and wound healing in keratinocytes. These findings suggests that c-Myc might normally promote stem cell differentiation by reducing adhesive interactions with the niche, and that the lack of hair differentiation is a consequence of impaired migration of keratinocytes along the outer root sheath resulting in their inability to receive inductive stimuli [76]. Further to the overexpression studies, specific knockout of c-Myc in epidermis results in viable mice with abnormal keratinocytes, severe skin defects and impaired wound healing. Consistent with essential roles for c-Myc in cell growth and division, keratinocyte cell size, growth and endoreplication were reduced, and stem cell amplification compromised. Thus endogenous levels of c-Myc are essential for amplification cycles and tissue homeostasis in the epidermis [77].

Chromatin modifications induced by c-Myc activity appear to play a major role in promoting exit from the stem cell compartment. Epidermal studies suggest that activation of c-Myc induces stem cells to exit their niche and differentiate via widespread changes in gene transcription [76]. Further studies revealed that c-Myc activation elicits major chromatin remodeling of the epidermal stem cell lineage [78]. Quiescent stem cells in the epidermis have high levels of silencing marks on Histone H3 and H4 (e.g., H3K9Me3 and H4K20Me3) and lack the active acetylation marks on histone H4. c-Myc-induced exit from the stem cell niche was found to be associated with epigenetic modifications, particularly chromatin silencing. Furthermore, c-Myc-associated chromatin alterations required histone deacetylase (HDAC) activity and was blocked by the HDAC inhibitor trichostatin A (TSA), which induced epidermal phenotypes similar to activation of c-Myc [78]. This work suggests that c-Myc-induced chromatin modifications are likely to play a major role in the c-Myc-dependent exit from the stem cell compartment and keratinocyte differentiation.

15.7 Is c-Myc the Critical Downstream Wnt Target in Intestinal Stem Cells?

c-Myc and *N-Myc* are differentially expressed in the epithelium of the small intestine: *c-Myc* is expressed in the transient-amplifying and crypt base columnar cells of the proliferative compartment at the base of crypts, *N-Myc* is mainly restricted to the differentiated villus epithelium and in occasional cells located near the crypt base [79]. Conditional deletion of *c-Myc* in the villi and intestinal stem cell-bearing crypts of juvenile and adult mice, which results in absence of c-Myc both in the juvenile mucosa at the onset of crypt morphogenesis and in homeostatic adult epithelium, initially leads to reduced abundance of crypts in the small intestine [79]. However, all mice recover from these early defects to form and maintain a normal epithelium in the absence of c-Myc activity and without apparent compensation by N-Myc or L-Myc. This suggested that c-Myc is required for intestinal crypt development, but is dispensable for homeostasis of the adult intestinal epithelium, suggesting proliferation and expansion of progenitors maintaining the adult intestinal epithelium can occur independently of c-Myc [79]. However, a subsequent study found that *c-Myc*-null crypts in adult mice are not maintained but are replaced by fission of wild-type crypts that have escaped gene deletion. Although *c-Myc-null* cells continue to divide, they are much smaller than wild-type cells, proliferate more slowly, and enter mitosis at a smaller cell size. Thus c-Myc does appear to be essential for growth and cell cycle progression of crypt progenitor cells [80].

Further to this, studies suggest that c-Myc is an important downstream target of the Wnt pathway in intestinal epithelial stem cells (reviewed [80–84]). The β-catenin/TCF signaling pathway has long been known to be essential for the maintenance of intestinal epithelial stem cells (reviewed [85]). The first evidence that activation of Wnt signaling might drive intestinal cancer came from the link between disruption of the *APC* gene, which encodes Adenomatous Polyposis Coli, a negative regulator of the Wnt pathway [86–88], and the familial adenomatous polyposis (FAP) intestinal cancer syndrome [89]. Inactivation of APC results in stabilisation and nuclear accumulation of β-catenin and is the key early event in the initiation of sporadic colorectal cancers [86, 88].

Early studies identified *c-Myc* as a downstream Wnt target in colorectal cancer cells in vitro. Overexpression of *c-Myc* in colorectal cancers, was induced either by loss of APC function or activation of β-catenin, via Tcf-4 binding sites in the *c-Myc* promoter [81]. Subsequent studies also demonstrated that *c-Myc* is a critical target of the canonical Wnt pathway in normal crypts in vivo [83]. Further to this, simultaneous deletion of *c-Myc* has been shown to rescue the *APC* mutant proliferation, differentiation, migration and apoptotic phenotypes [82]. Expression array analysis also suggested that c-Myc is required for the majority of Wnt target gene activation following APC loss, consistent with c-Myc mediating key transcriptional changes in the *APC* mutant intestine and being an early target driving neoplasia in *APC* mutant cells [82].

Although studies suggested c-Myc was essential for all the phenotypes that occur after APC loss in the murine small intestine a major caveat to this study was that complete absence of c-Myc, regardless of genetic background, will result in a growth deficiency [13, 30]. However, in support of c-Myc being rate limiting for growth induced by Wnt activity, heterozygosity for *c-Myc* also reduces the phenotypes of APC loss and Wnt target gene expression and slows tumourigenesis [90]. Crucially, the levels of Myc in these studies were twofold higher than for wild type, suggesting the increased levels of c-Myc induced by Wnt signaling are essential for tumour progression in the APC-deficient animals [90].

However, studies also suggest that c-Myc activation recapitulates many, but not all, aspects of APC inactivation in the mouse intestinal epithelium, driving only a subset of the tumorigenic changes observed after constitutive Wnt/β-catenin signaling [91]. Like *APC* mutants, overexpression of *c-Myc* increases proliferation and apoptosis and loss of goblet cells. In contrast, c-Myc activation triggers removal of Paneth cells, rather than their redistribution, which is observed after APC inactivation. Although the previous study suggested that Wnt activates an oncogenic transcription program via c-Myc [82], direct c-Myc expression activates the ARF/p53/p21cip1 tumour suppressor pathway, which is not observed in the case of indirect c-Myc activation via Wnt/β-catenin signaling. The data therefore suggests key differences in the oncogenic influence of direct c-Myc activation and indirect c-Myc up-regulation via the Wnt/β-catenin pathway in intestinal epithelium [91].

Furthermore, the dependence of the Wnt pathway on c-Myc for overgrowth appears to be tissue dependent. Dysregulated Wnt signaling occurs in ~30 % of hepatocellular carcinomas and APC deletion in the adult mouse liver leads to increased nuclear β-catenin and c-Myc, which is associated with overproliferation and hepatomegaly [92]. β-catenin loss rescues both the proliferation and hepatomegaly phenotypes after APC loss. Although c-Myc deletion can partially rescue the phenotypes of APC loss in the intestine, c-Myc depletion has no effect on the phenotypes of APC loss in the liver, which suggests many of the Wnt targets in the liver are β-catenin-dependent but c-Myc-independent [92].

In *Drosophila*, stem cell populations have been documented in the midgut [50] and the hindgut [51]. Intestinal stem cells (ISCs) in the adult *Drosophila* midgut support homeostatic regeneration as well responding to damage by upregulating proliferation to initiate repair of the epithelium. ISC growth and division is co-ordinated via tuberous sclerosis complex (TSC) mediated TOR activity. Imaginal disc cells that lack TSC activity have increased rates of growth and division in contrast to loss of TSC in the adult *Drosophila* midgut which results in enlarged ISCs with arrested cell division. The TSC mutant guts have a characteristically thin epithelium, which is more susceptible to tissue damage. The mutant ISCs express stem cell markers, but have severe cell cycle defects and fail to differentiate. Slowing stem cell growth by feeding rapamycin or reducing dMyc is, however, sufficient to rescue cell division. Therefore, although loss of TSC in adult ISCs results in excessive growth, this leads to inhibition of division, which can be restored by reducing the level of dMyc [93].

15.8 Embryonic Stem Cells: Pluripotency with or Without c-Myc

Embryonic stem cells (ESCs) derived from the inner cell mass of mammalian blastocysts, are immortal pluripotent cells, i.e they can generate cell types from all three germ layers (mesoderm, endoderm and ectoderm) [94, 95]. c-Myc is required for ESC self-renewal whereas c-Myc is downregulated on withdrawal of leukaemia inhibitory factor (LIF) in order to allow differentiation [96].

Differentiated cells can be reprogrammed to an embryonic stem cell-like state by transfer of somatic nuclei into enucleated oocytes [97] or by fusion with embryonic stem cells [98]. c-Myc appears to have a key role in maintaining pluripotency and increased expression can improve the efficiency of reprogramming differentiated cells to give an induced pluripotent stem cell (iPSC), or ESC-like state. Indeed, the initial demonstration that pluripotent stem cells could be reprogrammed from mouse embryonic, or adult, fibroblasts was achieved by introducing four factors, Oct3/4, Sox2, c-Myc, and Klf4 [99]. These iPS cells, exhibit the morphology and growth properties of ESCs and have similar gene expression profiles to ESCs. Furthermore, iPS cells injected into mouse blastocysts, contribute to embryonic development and subcutaneous transplantation into nude mice result in teratocarcinomas containing tissues from all three germ layers [99].

This direct reprogramming of somatic cells via addition of only a few defined factors was hailed as a mechanism to generate patient- or disease-specific pluripotent stem cells. Naturally, a major concern is that c-Myc activity will increase tumorigenicity, therefore, hindering clinical applications [100]. Some studies suggest that "high quality" iPS cells can be generated without the *c-Myc* retrovirus and that mice derived from these iPS cells do not develop tumours [101]. Similarly, iPSCs could be generated from human adipose-derived stem cells (hASCs) without *c-Myc*, by transducing with Oct3/4, Sox2, and Klf4, and form human embryonic stem cell (ESC)-like colonies [102]. These colonies were found to express human ESC-specific surface antigens and human ESC markers and differentiate into the three germ layers [102]. Similarly, iPSCs have been generated from MEFs using a vector contain the other 3 transcription factors (Oct3/4, Sox2, and Klf4), but lacking c-Myc [103].

Although the above studies suggest that c-Myc transduction is not essential for induced pluripotency, generation of iPSCs from an inbred mouse strain using an episomal vector to exclude genetic background and genomic integration effects revealed clear differences between four factor (including c-Myc) generated iPSCs (4F-iPSCs) and those produced without utilising c-Myc (3F-iPSCs) [104]. Although obvious differences between 3F-iPSCs and 4F-iPSCs were not apparent from molecular and cellular analyses, chimeric mice formation tests revealed few highly chimeric mice and no germline transmission for 3F-iPSCs. Furthermore, similar differences were observed for the mouse line widely used in past iPSC studies. Interestingly, the defect in 3F-iPSCs was considerably improved by treatment with a histone deacetyl transferase inhibitor (trichostatin A), indicating that histone acetylation is mediated by c-Myc during reprogramming. Consistent with this, 3F-iPSCs exhibit low levels of histone acetylation. Thus preparation of high-quality iPSCs requires c-Myc transduction [104]. c-Myc expression levels after reprogramming also influence platelet generation from hematopoietic iPSCs (hiPSCs) [105]. After the initial reactivation of c-Myc expression in selected hiPSC clones, reduction of c-Myc expression was associated with more efficient in vitro generation of mature platelets. If c-Myc expression in megakaryocytes was sustained at elevated levels production of functional platelets was impaired. Thus, a downregulation of c-Myc levels following reprogramming is essential for production of functional platelets from selected iPSC clones [105].

Moreover, loss of both c-Myc and N-Myc in iPSCs or ESCs causes them to spontaneous differentiate to primitive endoderm, suggesting c- and/or N-Myc are required for pluripotency. c-Myc has been demonstrated to repress expression of the primitive endoderm inducer GATA6 and thereby maintain a pluripotent state, while also influencing cell cycle control by regulating expression of the mir-17-92 miRNA cluster [106]. Expression of miR-141, miR-200, and miR-429 are upregulated by c-Myc in ESCs where they function to repress expression of developmental genes involved in differentiation [107]. ChIP revealed c-Myc binding proximal to genomic regions encoding the induced miRNAs. Furthermore, introduction of these miRNAs into mouse ESCs slows the downregulation of pluripotency markers and differentiation, which normally follows withdrawal of LIF. In contrast, knockdown of the endogenous miRNAs accelerated differentiation, consistent with these miRNAs being required for stem cell maintenance [107].

More recent work suggests that c-Myc works together with the zinc finger protein Miz-1 to suppress a number of genes implicated in human ESC differentiation, including Hox genes, and thereby maintain ESC pluripotency [108]. ChIP/microarray (ChIP-chip) analysis demonstrated that homeobox (Hox) genes that encode differentiation factors were target genes of c-Myc and Miz-1. Miz-1 differentiation-associated target genes lack active histone marks (e.g., AcH3K9 and H3K4me3), consistent with a repressed transcriptional state. c-Myc is also co-enriched at about 30 % of Miz-1 targets and the target genes mostly encode factors that promote differentiation. Knockdown of c-Myc increased expression of these genes, while a subset are downregulated by loss of Miz-1 function. Therefore, c-Myc might also maintain mouse ESC pluripotency, in part, by working antagonistically with Miz-1 to modulate transcription of the Hox family of differentiation-promoting genes.

15.9 Myc in Cell Competition: Implications for Stem Cells and Cancer

Cellular differentiation and the shaping of organs occurs not only through tight regulation of cell growth, proliferation and cell survival, but also via competitive cell-cell interactions. Cell competition can occur when a group of cells gain a proliferative advantage over a group of genetically distinct neighbouring cells within the same developing compartment of a tissue (reviewed in [109]). In *Drosophila*, studies have shown that dMyc controls cell competition during larval wing development, whereby cells expressing higher levels of dMyc can out-compete juxtaposed cells with lower dMyc expression [110, 111]. These out-competed cells are eliminated from the epithelium by *hid*-induced apoptosis. Importantly, such cell competition was not observed when the same experiments were performed with other growth regulators such as Dp110 or Cyclin D [110, 111]. It also appears that the ability of dMyc to confer a competitive proliferative advantage is dependent upon full strength ribosome biogenesis. Clones in the wing disc expressing high levels of dMyc but limited in their translational capacity, through halving the dose of the ribosomal protein RpL19, were unable to out-compete surrounding, lower dMyc-expressing cells [111]. This is consistent with the idea that ribosomal proteins act downstream of dMyc to drive growth [7]. Cell culture experiments, using *Drosophila* S2 cells, have revealed that competitive interactions also occur between co-cultured cells expressing different levels of dMyc. The cultured cells expressing higher levels of dMyc achieve competition by releasing soluble factors into the medium. Even though these cells are not part of a developing tissue constrained by compartment boundaries, cell competition occurs in a similar manner to that shown for the wing imaginal disc, where cells with more dMyc induce the death those cells with less [112].

Further towards uncovering the mechanism by which cells with relatively increased ribosome biogenesis out-compete their neighbours, the genes required by wild type cells to kill and remove their growth deficient neighbours have been identified in *Drosophila* [113]. Cells with increased levels of ribosome biogenesis will activate a bank of genes (*draper*, *wasp*, the phosphatidylserine receptor, *mbc/dock180* and *rac*) at the competition boundary to engulf and eliminate the corpses of their neighbours [113]. Furthermore, all of these genes have been previously implicated in the engulfment of apoptotic cells [113]. Thus groups of cells with a proliferative advantage can not only induce the death of the neighbouring cells, but can also activate the engulfment pathway to eliminate the remaining corpse.

There is evidence that Myc-dependent cell competition also occurs in mammalian tissues, because when *c-Myc* is conditionally deleted from intestinal cells, a small pool of remaining, un-recombined wild-type cells can allow rapid regeneration of the tissue and elimination of the *c-Myc* mutant regions [80]. The observation that c-Myc expression is upregulated in most cancers might reflect the ability of the elevated c-Myc in the tumour cells to help them out-compete their neighbours. Future studies toward identifying the secreted factors responsible for competition might provide the potential for therapeutic drug targets, particularly secreted factors with inhibitory effects on c-Myc-induced competition.

Similar to the cell competition observed in wing epithelia, germline stem cells (GSCs) in the *Drosophila* ovary with relative lower levels of dMyc are outcompeted by GSCs with higher levels [114]. GSCs with lower levels of dMyc leave the stem cell niche and differentiate. The higher levels of dMyc found in GSCs compared to their daughters (committed to differentiation) may facilitate uptake of the self-renewal factor BMP/Dpp from the niche in GSCs and assist in limiting access of Dpp to daughters, thereby promoting differentiation. Equalization of dMyc levels across the GSC/daughter barrier via genetic manipulation results in ectopic Dpp signaling outside of the niche and causes aberrant differentiation patterns. dMyc-induced competition appears to regulate both the size of GSC pools and sharp transitions to differentiating progeny. Cells that carry mutations that result in modest overproduction of dMyc/c-Myc (such as a chromosomal duplication or amplification) may therefore by selected for in a stem cell niche and thereby predispose a tissue to tumour formation.

15.10 Myc in the Neural Stem Cell Lineage: Evidence for the "Cancer Stem Cell"

As cancer is a disease of unregulated self-renewal, adult stem cells represent a major target for tumour initiation. In the early-1980s the *N-Myc* gene was found to be amplified in human neuroblastoma cell lines and tumours [115, 116]. Subsequent studies revealed amplification of N-Myc in almost 50 % of advanced metastatic human neuroblastomas, but not in less advanced tumours that have a better prognosis [117]. Furthermore, this work provided the first indication that N-Myc was required in mammalian embryogenesis as it was highly expressed in mid-gestation mouse embryos and downregulated as the embryo approached term. In adults, N-Myc is less abundant in the brain and kidney than in teratocarcinoma and embryonic cells [117]. N-Myc is also required for neural stem cell (NSC) maintenance as conditional deletion of *N-Myc*, which is normally highly expressed in neuronal progenitor cells of the mouse cerebral cortex, results in the premature differentiation of the neuronal progenitor cells and cultured neurospheres [118]. Further to the role of N-Myc in NSC fate, c-Myc has important functions in self-renewal of both rat and mouse NSCs. Early-stage NSCs retain a high self-renewal and neurogenic capacity, whereas late-stage NSCs possess a lower self-renewal capacity and predominantly generate glia. Overexpression of c-Myc reverts late-stage NSCs to an early-stage phenotype and, conversely, inactivation of c-Myc blocks self-renewal and induces precocious gliogenesis [119]. Thus c-Myc regulates NSC self-renewal and both neuronal and glial fate in a developmental stage-dependent manner.

Malignant glioblastomas (GBM) are among the most lethal cancers, with effective treatment being difficult due to the high degree of cellular heterogeneity in the tumour mass. Cancer stem cells are predicted to be a feature of gliomas and, as a consequence of their capacity for self-renewal, contribute to secondary tumour formation. As predicted given c-Myc's roles in normal neural stem cell biology, c-Myc plays central roles in regulating proliferation and survival of glioma cancer stem cells. Analysis of c-Myc expression in matched tumor cell populations either enriched or depleted for cancer stem cells, using the stem cell marker CD133 (Prominin-1), revealed that c-Myc is highly expressed in glioma cancer stem cells relative to non-stem glioma cells [120]. Furthermore, lentivirally transduced short hairpin RNA (shRNA) knockdown of *c-Myc* in glioma cancer stem cells resulted in cell cycle arrest and increased apoptosis and failure to form tumours when xenotransplanted into the brains of immunocompromised mice. Importantly, non-stem glioma cells displayed limited dependence on c-Myc expression for survival and proliferation, which suggests that targeting c-Myc may provide a therapeutic option for these advanced neural cancers. Murine models of primary glioblastoma (GBM) have also established c-Myc as a key component of p53 and Pten-dependent normal and malignant stem cell differentiation, self-renewal, and tumorigenic potential GBM [121]. In particular, central nervous system (CNS)-specific deletion of p53 and Pten results in an acute-onset malignant glioma phenotypes resembling primary GBM in humans. Inactivation of both p53 and Pten promotes c-Myc activation, which not only represses differentiation and enhances self-renewal capacity of NSCs and tumor-progenitors, but also with maintains tumorigenic potential [121].

Medulloblastoma, is a highly malignant childhood brain tumour that is thought to arise from undifferentiated neural stem cells (NSCs) present in the external granule layer of the cerebellum (reviewed [122]). Elevated levels of c-Myc and REST/NRSF, a transcriptional repressor of neuronal differentiation, are found in many human medulloblastomas, but neither c-Myc nor REST/NRSF alone is sufficient to drive medulloblastoma formation when activated in neural stem cells [123]. Cell lines derived from external granule layer stem cells transduced with activated *c-Myc* (NSC-M) gave rise to immortalized NSCs, which can still differentiate into neurons in vitro. In contrast, co-expression of *c-Myc* and the *REST/NRSF* transgene (NSC-M-R) blocked terminal neuronal differentiation in vitro. Furthermore, intracranial injection of the NSC-M cells did not form tumours either in the cerebellum or in the cerebral cortex, while the NSC-M-R cells produced tumours in the cerebellum, the site of human medulloblastoma formation, but not in the cerebral cortex. The NSC-M-R tumours were also incapable of terminal neuronal differentiation, and inhibition of REST/NRSF function blocked the tumorigenic potential of NSC-M-R cells. This work suggests that abnormal expression of REST/NRSF and c-Myc in NSCs is sufficient to result in cerebellum-specific tumours and achieves this by blocking neuronal differentiation. Thus maintaining the stem cell behaviour of these cells provides a potential mechanism for human medulloblastoma progression [123].

During *Drosophila* larval development, a regenerative population of neural stem cells, called neuroblasts, drive expansion of neurons in the brain (reviewed in [124]). Like all stem cells, larval neuroblasts undergo asymmetric divisions to produce one daughter that retains the capacity to divide, and another daughter destined for terminal differentiation. The cell fate determinant and growth inhibitor Brat is required to inhibit self-renewal of one of the two daughter cells [53]. In *brat* mutants, both daughter cells grow and behave like neuroblasts leading to the formation of larval brain tumours. dMyc is normally expressed in neuroblasts but not in the differentiating daughter cells, but in *brat* mutant clones dMyc is found in all cells, suggesting that Brat directly or indirectly negatively regulates the level of dMyc [53]. Importantly, these results suggest that dMyc is critical for maintenance of the neuroblast fate and prevents premature differentiation. While Brat downregulates dMyc via a posttranscriptional mechanism, it remains unclear whether Brat controls dMyc translation, protein stability, or RNA stability.

The role of the Myc genes and their regulation in stem cells has wide implications for tumourigenesis, linking the stem cell and cancer fields. Therefore, therapeutic use of stem cells in future regenerative medicine, understanding tissue ageing and degeneration, and finding new cancer treatments will depend upon us understanding the molecular mechanisms governing normal stem cell self-renewal and differentiation. Recent studies on cancer stem cells (CSCs) have emphasized the importance of the interaction between stem cells and their niche, where the niche prevents tumourigenesis by controlling stem cell self-renewal and differentiation. In this context, any mutation that leads stem cells to escape from niche control may result in tumourigenesis. Using the *Drosophila* models outlined here much insight has been gained regarding the important signals from the niche that regulate stem cell renewal and differentiation [56]. Thus it will be of interest to determine the signalling pathways from the niche that regulate dMyc expression in the different stem cell populations of *Drosophila* and whether these signaling mechanisms are conserved in mammals.

15.11 Conclusions

This review has highlighted the importance of Myc proteins in regulating stem cell behaviour in *Drosophila* and mammals. The knowledge we have gained from *Drosophila* has not only been useful for understanding stem cell behaviour, but also translates to the study of Myc in mammals to potentially provide targets against human cancers. c-Myc has been proposed as a potential drug target in cancer therapy as inhibiting c-Myc can halt tumour cell growth and proliferation [125]. In particular, the finding that micro RNA pathways, which are often aberrant in human malignancies [126], are important Myc targets [106, 107] presents a potentially powerful drug therapy whereby miRNAs could be used to specifically target tumours with elevated cMyc. Thus through our increased understanding of Myc biology in stem cells we have the promise of treating cancer at the level of aberrant stem cell behaviour with anti-cancer agents targeting Myc and key downstream miRNAs.

Acknowledgements Thanks to Bob Eisenman and David Stein for the dMyc antibodies and to the Vienna Drosophila Research Centre (VDRC) for the dMyc RNAi lines. This work was supported by grants from the National Health and Medical Research Council (NHMRC).

References

1. Vennstrom B, Sheiness D, Zabielski J, Bishop JM (1982) Isolation and characterization of c-myc, a cellular homolog of the oncogene (v-myc) of avian myelocytomatosis virus strain 29. J Virol 42(3):773–779
2. Eilers M, Eisenman RN (2008) Myc's broad reach. Genes Dev 22(20):2755–2766
3. Eisenman RN (2001) Deconstructing myc. Genes Dev 15(16):2023–2030
4. Gallant P, Shiio Y, Cheng PF, Parkhurst SM et al (1996) Myc and Max homologs in Drosophila. Science 274(5292):1523–1527
5. Johnston LA, Prober DA, Edgar BA, Eisenman RN et al (1999) Drosophila myc regulates cellular growth during development. Cell 98(6):779–790
6. Grandori C, Eisenman RN (1997) Myc target genes. Trends Biochem Sci 22(5):177–181
7. Grewal SS, Li L, Orian A, Eisenman RN et al (2005) Myc-dependent regulation of ribosomal RNA synthesis during Drosophila development. Nat Cell Biol 7(3):295–302
8. Orian A, Grewal SS, Knoepfler PS, Edgar BA et al (2005) Genomic binding and transcriptional regulation by the Drosophila Myc and Mnt transcription factors. Cold Spring Harb Symp Quant Biol 70:299–307
9. Gallant P (2006) Myc/Max/Mad in invertebrates: the evolution of the Max network. Curr Top Microbiol Immunol 302:235–253
10. Loo LW, Secombe J, Little JT, Carlos LS et al (2005) The transcriptional repressor dMnt is a regulator of growth in Drosophila melanogaster. Mol Cell Biol 25(16):7078–7091
11. Orian A, van Steensel B, Delrow J, Bussemaker HJ et al (2003) Genomic binding by the Drosophila Myc, Max, Mad/Mnt transcription factor network. Genes Dev 17(9):1101–1114
12. Davis AC, Wims M, Spotts GD, Hann SR et al (1993) A null c-myc mutation causes lethality before 10.5 days of gestation in homozygotes and reduced fertility in heterozygous female mice. Genes Dev 7 (4) : 671–682
13. Trumpp A, Refaeli Y, Oskarsson T, Gasser S et al (2001) c-Myc regulates mammalian body size by controlling cell number but not cell size. Nature 414(6865):768–773
14. Dubois NC, Adolphe C, Ehninger A, Wang RA et al (2008) Placental rescue reveals a sole requirement for c-Myc in embryonic erythroblast survival and hematopoietic stem cell function. Development 135(14):2455–2465
15. Bouchard C, Staller P, Eilers M (1998) Control of cell proliferation by Myc. Trends Cell Biol 8(5):202–206
16. Schmidt EV (1999) The role of c-myc in cellular growth control. Oncogene 18(19):2988–2996
17. Schmidt EV (2004) The role of c-myc in regulation of translation initiation. Oncogene 23(18):3217–3221
18. Dang CV (1999) c-Myc target genes involved in cell growth, apoptosis, and metabolism. Mol Cell Biol 19(1):1–11
19. Jamerson MH, Johnson MD, Dickson RB (2004) Of mice and Myc: c-Myc and mammary tumorigenesis. J Mammary Gland Biol Neoplasia 9(1):27–37
20. Lee LA, Dang CV (2006) Myc target transcriptomes. Curr Top Microbiol Immunol 302:145–167
21. Liao DJ, Dickson RB (2000) c-Myc in breast cancer. Endocr Relat Cancer 7(3):143–164
22. Schreiber-Agus N, Stein D, Chen K, Goltz JS et al (1997) Drosophila Myc is oncogenic in mammalian cells and plays a role in the diminutive phenotype. Proc Natl Acad Sci USA 94(4):1235–1240
23. Benassayag C, Montero L, Colombie N, Gallant P et al (2005) Human c-Myc isoforms differentially regulate cell growth and apoptosis in Drosophila melanogaster. Mol Cell Biol 25(22):9897–9909
24. Coller HA, Grandori C, Tamayo P, Colbert T et al (2000) Expression analysis with oligonucleotide microarrays reveals that MYC regulates genes involved in growth, cell cycle, signaling, and adhesion. Proc Natl Acad Sci USA 97(7):3260–3265
25. Grandori C, Cowley SM, James LP, Eisenman RN (2000) The Myc/Max/Mad network and the transcriptional control of cell behavior. Annu Rev Cell Dev Biol 16:653–699
26. Grandori C, Gomez-Roman N, Felton-Edkins ZA, Ngouenet C et al (2005) c-Myc binds to human ribosomal DNA and stimulates transcription of rRNA genes by RNA polymerase I. Nat Cell Biol 7(3): 311–318
27. Levens D (2002) Disentangling the MYC web. Proc Natl Acad Sci USA 99(9):5757–5759
28. Liu J, Levens D (2006) Making myc. Curr Top Microbiol Immunol 302:1–32
29. Levens D (2010) You don't muck with MYC. Genes Cancer 1(6):547–554
30. Ruggero D (2009) The role of Myc-induced protein synthesis in cancer. Cancer Res 69(23):8839–8843
31. Pierce SB, Yost C, Anderson SA, Flynn EM et al (2008) Drosophila growth and development in the absence of dMyc and dMnt. Dev Biol 315(2): 303–316
32. Poortinga G, Hannan KM, Snelling H, Walkley CR et al (2004) MAD1 and c-MYC regulate UBF and rDNA transcription during granulocyte differentiation. EMBO J 23(16):3325–3335

33. Poortinga G, Wall M, Sanij E, Siwicki K et al (2011) c-MYC coordinately regulates ribosomal gene chromatin remodeling and Pol I availability during granulocyte differentiation. Nucleic Acids Res 39(8): 3267–3281
34. Gomez-Roman N, Felton-Edkins ZA, Kenneth NS, Goodfellow SJ et al (2006) Activation by c-Myc of transcription by RNA polymerases I, II and III. Biochem Soc Symp 73:141–154
35. Gomez-Roman N, Grandori C, Eisenman RN, White RJ (2003) Direct activation of RNA polymerase III transcription by c-Myc. Nature 421(6920):290–294
36. Oskarsson T, Trumpp A (2005) The Myc trilogy: lord of RNA polymerases. Nat Cell Biol 7(3):215–217
37. Steiger D, Furrer M, Schwinkendorf D, Gallant P (2008) Max-independent functions of Myc in Drosophila melanogaster. Nat Genet 40(9):1084–1091
38. Cowling VH, D'Cruz CM, Chodosh LA, Cole MD (2007) c-Myc transforms human mammary epithelial cells through repression of the Wnt inhibitors DKK1 and SFRP1. Mol Cell Biol 27(14): 5135–5146
39. Morrish F, Neretti N, Sedivy JM, Hockenbery DM (2008) The oncogene c-Myc coordinates regulation of metabolic networks to enable rapid cell cycle entry. Cell Cycle 7(8):1054–1066
40. Zhang H, Gao P, Fukuda R, Kumar G et al (2007) HIF-1 inhibits mitochondrial biogenesis and cellular respiration in VHL-deficient renal cell carcinoma by repression of C-MYC activity. Cancer Cell 11(5): 407–420
41. Teleman AA, Hietakangas V, Sayadian AC, Cohen SM (2008) Nutritional control of protein biosynthetic capacity by insulin via Myc in Drosophila. Cell Metab 7(1):21–32
42. Duman-Scheel M, Johnston LA, Du W (2004) Repression of dMyc expression by Wingless promotes Rbf-induced G1 arrest in the presumptive Drosophila wing margin. Proc Natl Acad Sci USA 101(11):3857–3862
43. Maines JZ, Stevens LM, Tong X, Stein D (2004) Drosophila dMyc is required for ovary cell growth and endoreplication. Development 131(4):775–786
44. Pierce SB, Yost C, Britton JS, Loo LW et al (2004) dMyc is required for larval growth and endoreplication in Drosophila. Development 131(10): 2317–2327
45. Wu DC, Johnston LA (2010) Control of wing size and proportions by Drosophila myc. Genetics 184(1): 199–211
46. Giacinti C, Giordano A (2006) RB and cell cycle progression. Oncogene 25(38):5220–5227
47. Hooker CW, Hurlin PJ (2006) Of Myc and Mnt. J Cell Sci 119(Pt 2):208–216
48. Hurlin PJ, Huang J (2006) The MAX-interacting transcription factor network. Semin Cancer Biol 16(4):265–274
49. Dominguez-Sola D, Ying CY, Grandori C, Ruggiero L et al (2007) Non-transcriptional control of DNA replication by c-Myc. Nature 448(7152):445–451
50. Ohlstein B, Spradling A (2006) The adult Drosophila posterior midgut is maintained by pluripotent stem cells. Nature 439(7075):470–474
51. Takashima S, Mkrtchyan M, Younossi-Hartenstein A, Merriam JR et al (2008) The behaviour of Drosophila adult hindgut stem cells is controlled by Wnt and Hh signalling. Nature 454(7204):651–655
52. Singh SR, Liu W, Hou SX (2007) The adult Drosophila Malpighian tubules are maintained by multipotent stem cells. Cell Stem Cell 1(2): 191–203
53. Betschinger J, Mechtler K, Knoblich JA (2006) Asymmetric segregation of the tumor suppressor brat regulates self-renewal in Drosophila neural stem cells. Cell 124(6):1241–1253
54. Krzemien J, Dubois L, Makki R, Meister M et al (2007) Control of blood cell homeostasis in Drosophila larvae by the posterior signalling centre. Nature 446(7133):325–328
55. Mandal L, Martinez-Agosto JA, Evans CJ, Hartenstein V et al (2007) A Hedgehog- and Antennapedia-dependent niche maintains Drosophila haematopoietic precursors. Nature 446(7133): 320–324
56. Fuller MT, Spradling AC (2007) Male and female Drosophila germline stem cells: two versions of immortality. Science 316(5823):402–404
57. Spradling AC, Zheng Y (2007) Developmental biology. The mother of all stem cells? Science 315(5811):469–470
58. Xie T, Spradling AC (2000) A niche maintaining germ line stem cells in the Drosophila ovary. Science 290(5490):328–330
59. Neumüller RA, Betschinger J, Fischer A, Bushati N et al (2008) Mei-P26 regulates microRNAs and cell growth in the Drosophila ovarian stem cell lineage. Nature 454(7201):241–245
60. Siddall NA, Lin JI, Hime GR, Quinn LM (2009) Myc–what we have learned from flies. Curr Drug Targets 10(7):590–601
61. Page SL, McKim KS, Deneen B, Van Hook TL et al (2000) Genetic studies of mei-P26 reveal a link between the processes that control germ cell proliferation in both sexes and those that control meiotic exchange in Drosophila. Genetics 155(4):1757–1772
62. Ohlstein B, McKearin D (1997) Ectopic expression of the Drosophila Bam protein eliminates oogenic germline stem cells. Development 124(18): 3651–3662
63. Schwamborn JC, Berezikov E, Knoblich JA (2009) The TRIM-NHL protein TRIM32 activates microRNAs and prevents self-renewal in mouse neural progenitors. Cell 136(5):913–925
64. Herranz H, Hong X, Perez L, Ferreira A et al (2010) The miRNA machinery targets Mei-P26 and regu-

lates Myc protein levels in the Drosophila wing. EMBO J 29(10):1688–1698
65. Harris RE, Pargett M, Sutcliffe C, Umulis D et al (2011) Brat promotes stem cell differentiation via control of a bistable switch that restricts BMP signaling. Dev Cell 20(1):72–83
66. Jin Z, Kirilly D, Weng C, Kawase E et al (2008) Differentiation-defective stem cells outcompete normal stem cells for niche occupancy in the Drosophila ovary. Cell Stem Cell 2(1):39–49
67. Braydich-Stolle L, Kostereva N, Dym M, Hofmann MC (2007) Role of Src family kinases and N-Myc in spermatogonial stem cell proliferation. Dev Biol 304(1):34–45
68. Laurenti E, Varnum-Finney B, Wilson A, Ferrero I et al (2008) Hematopoietic stem cell function and survival depend on c-Myc and N-Myc activity. Cell Stem Cell 3(6):611–624
69. Wilson A, Murphy MJ, Oskarsson T, Kaloulis K et al (2004) c-Myc controls the balance between hematopoietic stem cell self-renewal and differentiation. Genes Dev 18(22):2747–2763
70. Baena E, Ortiz M, Martinez AC, de Alboran IM (2007) c-Myc is essential for hematopoietic stem cell differentiation and regulates Lin(-)Sca-1(+)c-Kit(-) cell generation through p21. Exp Hematol 35(9):1333–1343
71. Crozatier M, Meister M (2007) Drosophila haematopoiesis. Cell Microbiol 9(5):1117–1126
72. Blanpain C, Fuchs E (2006) Epidermal stem cells of the skin. Annu Rev Cell Dev Biol 22:339–373
73. Gandarillas A, Watt FM (1997) c-Myc promotes differentiation of human epidermal stem cells. Genes Dev 11(21):2869–2882
74. Arnold I, Watt FM (2001) c-Myc activation in transgenic mouse epidermis results in mobilization of stem cells and differentiation of their progeny. Curr Biol 11(8):558–568
75. Waikel RL, Kawachi Y, Waikel PA, Wang XJ et al (2001) Deregulated expression of c-Myc depletes epidermal stem cells. Nat Genet 28(2):165–168
76. Frye M, Gardner C, Li ER, Arnold I et al (2003) Evidence that Myc activation depletes the epidermal stem cell compartment by modulating adhesive interactions with the local microenvironment. Development 130(12):2793–2808
77. Zanet J, Pibre S, Jacquet C, Ramirez A et al (2005) Endogenous Myc controls mammalian epidermal cell size, hyperproliferation, endoreplication and stem cell amplification. J Cell Sci 118(Pt 8):1693–1704
78. Frye M, Fisher AG, Watt FM (2007) Epidermal stem cells are defined by global histone modifications that are altered by Myc-induced differentiation. PLoS One 2(8):e763
79. Bettess MD, Dubois N, Murphy MJ, Dubey C et al (2005) c-Myc is required for the formation of intestinal crypts but dispensable for homeostasis of the adult intestinal epithelium. Mol Cell Biol 25(17): 7868–7878
80. Muncan V, Sansom OJ, Tertoolen L, Phesse TJ et al (2006) Rapid loss of intestinal crypts upon conditional deletion of the Wnt/Tcf-4 target gene c-Myc. Mol Cell Biol 26(22):8418–8426
81. He TC, Sparks AB, Rago C, Hermeking H et al (1998) Identification of c-MYC as a target of the APC pathway. Science 281(5382):1509–1512
82. Sansom OJ, Meniel VS, Muncan V, Phesse TJ et al (2007) Myc deletion rescues Apc deficiency in the small intestine. Nature 446(7136):676–679
83. van de Wetering M, Sancho E, Verweij C, de Lau W et al (2002) The beta-catenin/TCF-4 complex imposes a crypt progenitor phenotype on colorectal cancer cells. Cell 111(2):241–250
84. Wilkins JA, Sansom OJ (2008) C-Myc is a critical mediator of the phenotypes of Apc loss in the intestine. Cancer Res 68(13):4963–4966
85. Klaus A, Birchmeier W (2008) Wnt signalling and its impact on development and cancer. Nat Rev Cancer 8(5):387–398
86. Korinek V, Barker N, Morin PJ, van Wichen D et al (1997) Constitutive transcriptional activation by a beta-catenin-Tcf complex in APC-/- colon carcinoma. Science 275(5307):1784–1787
87. Morin PJ, Sparks AB, Korinek V, Barker N et al (1997) Activation of beta-catenin-Tcf signaling in colon cancer by mutations in beta-catenin or APC. Science 275(5307):1787–1790
88. Sansom OJ, Reed KR, Hayes AJ, Ireland H et al (2004) Loss of Apc in vivo immediately perturbs Wnt signaling, differentiation, and migration. Genes Dev 18(12):1385–1390
89. Kinzler KW, Nilbert MC, Su LK, Vogelstein B et al (1991) Identification of FAP locus genes from chromosome 5q21. Science 253(5020):661–665
90. Athineos D, Sansom OJ (2010) Myc heterozygosity attenuates the phenotypes of APC deficiency in the small intestine. Oncogene 29(17):2585–2590
91. Finch AJ, Soucek L, Junttila MR, Swigart LB et al (2009) Acute overexpression of Myc in intestinal epithelium recapitulates some but not all the changes elicited by Wnt/beta-catenin pathway activation. Mol Cell Biol 29(19):5306–5315
92. Reed KR, Athineos D, Meniel VS, Wilkins JA et al (2008) B-catenin deficiency, but not Myc deletion, suppresses the immediate phenotypes of APC loss in the liver. Proc Natl Acad Sci USA 105(48): 18919–18923
93. Amcheslavsky A, Ito N, Jiang J, Ip YT (2011) Tuberous sclerosis complex and Myc coordinate the growth and division of Drosophila intestinal stem cells. J Cell Biol 193(4):695–710
94. Evans MJ, Kaufman MH (1981) Establishment in culture of pluripotential cells from mouse embryos. Nature 292(5819):154–156
95. Martin GR (1981) Isolation of a pluripotent cell line from early mouse embryos cultured in medium conditioned by teratocarcinoma stem cells. Proc Natl Acad Sci USA 78(12):7634–7638

96. Cartwright P, McLean C, Sheppard A, Rivett D et al (2005) LIF/STAT3 controls ES cell self-renewal and pluripotency by a Myc-dependent mechanism. Development 132(5):885–896
97. Wilmut I, Schnieke AE, McWhir J, Kind AJ et al (1997) Viable offspring derived from fetal and adult mammalian cells. Nature 385(6619):810–813
98. Tada M, Takahama Y, Abe K, Nakatsuji N et al (2001) Nuclear reprogramming of somatic cells by in vitro hybridization with ES cells. Curr Biol 11(19): 1553–1558
99. Takahashi K, Yamanaka S (2006) Induction of pluripotent stem cells from mouse embryonic and adult fibroblast cultures by defined factors. Cell 126(4): 663–676
100. Okita K, Ichisaka T, Yamanaka S (2007) Generation of germline-competent induced pluripotent stem cells. Nature 448(7151):313–317
101. Nakagawa M, Koyanagi M, Tanabe K, Takahashi K et al (2008) Generation of induced pluripotent stem cells without Myc from mouse and human fibroblasts. Nat Biotechnol 26(1):101–106
102. Aoki T, Ohnishi H, Oda Y, Tadokoro M et al (2010) Generation of induced pluripotent stem cells from human adipose-derived stem cells without c-MYC. Tissue Eng Part A 16(7):2197–2206
103. Jincho Y, Araki R, Hoki Y, Tamura C et al (2010) Generation of genome integration-free induced pluripotent stem cells from fibroblasts of C57BL/6 mice without c-Myc transduction. J Biol Chem 285(34):26384–26389
104. Araki R, Hoki Y, Uda M, Nakamura M et al (2011) Crucial role of c-Myc in the generation of induced pluripotent stem cells. Stem Cells 29(9):1362–1370
105. Takayama N, Nishimura S, Nakamura S, Shimizu T et al (2010) Transient activation of c-MYC expression is critical for efficient platelet generation from human induced pluripotent stem cells. J Exp Med 207(13):2817–2830
106. Smith KN, Singh AM, Dalton S (2010) Myc represses primitive endoderm differentiation in pluripotent stem cells. Cell Stem Cell 7(3):343–354
107. Lin CH, Jackson AL, Guo J, Linsley PS et al (2009) Myc-regulated microRNAs attenuate embryonic stem cell differentiation. EMBO J 28(20): 3157–3170
108. Varlakhanova N, Cotterman R, Bradnam K, Korf I et al (2011) Myc and Miz-1 have coordinate genomic functions including targeting Hox genes in human embryonic stem cells. Epigenetics Chromatin 4:20
109. Baker NE, Li W (2008) Cell competition and its possible relation to cancer. Cancer Res 68(14): 5505–5507
110. de la Cova C, Abril M, Bellosta P, Gallant P et al (2004) Drosophila myc regulates organ size by inducing cell competition. Cell 117(1):107–116
111. Moreno E, Basler K (2004) dMyc transforms cells into super-competitors. Cell 117(1):117–129
112. Senoo-Matsuda N, Johnston LA (2007) Soluble factors mediate competitive and cooperative interactions between cells expressing different levels of Drosophila Myc. Proc Natl Acad Sci USA 104(47): 18543–18548
113. Li W, Baker NE (2007) Engulfment is required for cell competition. Cell 129(6):1215–1225
114. Rhiner C, Diaz B, Portela M, Poyatos JF et al (2009) Persistent competition among stem cells and their daughters in the Drosophila ovary germline niche. Development 136(6):995–1006
115. Kohl NE, Kanda N, Schreck RR, Bruns G et al (1983) Transposition and amplification of oncogene-related sequences in human neuroblastomas. Cell 35(2 Pt 1):359–367
116. Schwab M, Alitalo K, Klempnauer KH, Varmus HE et al (1983) Amplified DNA with limited homology to myc cellular oncogene is shared by human neuroblastoma cell lines and a neuroblastoma tumour. Nature 305(5931):245–248
117. Jakobovits A, Schwab M, Bishop JM, Martin GR (1985) Expression of N-myc in teratocarcinoma stem cells and mouse embryos. Nature 318(6042): 188–191
118. Knoepfler PS, Cheng PF, Eisenman RN (2002) N-myc is essential during neurogenesis for the rapid expansion of progenitor cell populations and the inhibition of neuronal differentiation. Genes Dev 16(20):2699–2712
119. Nagao M, Campbell K, Burns K, Kuan CY et al (2008) Coordinated control of self-renewal and differentiation of neural stem cells by Myc and the p19ARF-p53 pathway. J Cell Biol 183(7): 1243–1257
120. Wang J, Wang H, Li Z, Wu Q et al (2008) c-Myc is required for maintenance of glioma cancer stem cells. PLoS One 3(11):e3769
121. Zheng H, Ying H, Yan H, Kimmelman AC et al (2008) Pten and p53 converge on c-Myc to control differentiation, self-renewal, and transformation of normal and neoplastic stem cells in glioblastoma. Cold Spring Harb Symp Quant Biol 73:427–437
122. Liu C, Zong H (2012) Developmental origins of brain tumors. Curr Opin Neurobiol 22(5): 844–849
123. Su X, Gopalakrishnan V, Stearns D, Aldape K et al (2006) Abnormal expression of REST/NRSF and Myc in neural stem/progenitor cells causes cerebellar tumors by blocking neuronal differentiation. Mol Cell Biol 26(5):1666–1678
124. Harrison SM, Harrison DA (2006) Contrasting mechanisms of stem cell maintenance in Drosophila. Semin Cell Dev Biol 17(4):518–533

The Role of Nuclear Receptors in Embryonic Stem Cells

16

Qin Wang and Austin J. Cooney

Abstract

Embryonic stem (ES) cells, isolated from pre-implantation embryos, can grow indefinitely *in vitro* (self-renewal) and have potential to differentiate into all cell types in the body (pluripotency). The nuclear receptor gene family is very important for controlling development, differentiation and homeostasis. Here, we review the new progress in understanding the role of nuclear receptors in ES cells focusing on the structure, expression and function of several nuclear receptors. LRH1, DAX1, Esrrβ and TR2 play critical roles in maintaining pluripotency, while, GCNF, COUP-TFs and sumoylated TR2 are critical in regulating the exit from pluripotency. Nuclear receptors hold great potential as targets of manipulation of ES and iPS cells for applications in regenerative medicine, because they are ligand-activated transcription factors that can be regulated by small molecule agonists and antagonists.

Keywords

Nuclear receptors • Embryonic stem (ES) cells • Pluripotency • Self-renewal • Differentiation

16.1 Introduction

After a fertilized egg divides to form a 16 cell morula, the blastocyst is formed by the first differentiation events and cavitation, which is composed of the trophectoderm and inner cell mass (ICM). After implantation, the ICM further differentiates into the primitive endoderm and epiblast. Finally, the trophectoderm differentiates and develops into the embryonic portion of the placenta; the primitive endoderm differentiates into the visceral endoderm and parietal endoderm (the extraembryonic endoderm, ExEn), and then yolk sac; the epiblast develops into the embryo proper [1]. Embryonic stem (ES) cells are isolated from the ICM of the E3.5 blastocysts and cultured *in vitro* [2]. ES cells have the characteristics of pluripotency and self-renewal, that is, they can

Q. Wang • A.J. Cooney (✉)
Department of Molecular and Cellular Biology, Baylor College of Medicine, Houston, TX 77030, USA
e-mail: acooney@bcm.edu

G. Hime and H. Abud (eds.), *Transcriptional and Translational Regulation of Stem Cells*, Advances in Experimental Medicine and Biology 786, DOI 10.1007/978-94-007-6621-1_16,

differentiate into all cell types in the body and can proliferate indefinitely, respectively. ES cells have greatly contributed to the broader study of biological development and differentiation, have been used as tools to identify new pharmacological drugs and have significant applications in regenerative medicine.

Mouse ES cell pluripotency has been found to be maintained in the culture conditions containing key signaling factors: LIF (leukemia inhibitory factor) through the LIF-Stat3 pathway [3, 4] in combination with BMP4 (bone morphogenesis protein) through BMP-Smad-Id pathway [5], a cocktail termed 2i [two inhibitors of the Gsk3 (glycogen synthase kinase-3) pathway and the FGF-MAPK pathway, CHIRON99021 and PD03-25901] [6], or Wnt [7–10].

ES cell pluripotency and self-renewal are achieved by regulation of gene expression in response to the above-mentioned extrinsic signals. Many groups have demonstrated that Oct4 (Pou5f1, POU family transcription factor), Sox2 (Sox, SRY-related HMG box family transcription factor) and Nanog (NK-2 class homeobox transcription factor) are core pluripotency factors for maintaining ES cells [11–16]. They are highly expressed in ES cells and decreased during differentiation and very much lineage dependent [17–20]. They co-target many genes to regulate their expression, including their own [13, 14]. Changes in the expression of Oct4, Sox2 and Nanog cause dramatic changes in ES cell fate. Increased expression of Oct4, more than 1.5-fold, results in ExEn and mesoderm differentiation, while decreased expression of Oct4, over 1.5-fold, results in trophectoderm differentiation [21, 22]. Increased expression of Sox2 promotes ES cell differentiation towards neuroectoderm, and decreased expression of Sox2 triggers the differentiation of ES cells to trophectoderm-like cells [23, 24]. Increased expression of Nanog maintains pluripotency and represses differentiation independent of LIF, and Nanog deletion causes the differentiation of ES cells to the ExEn [19, 20].

In 2006, the Yamanaka laboratory screened 24 transcription factors and found that expression of four factors, Oct4, Sox2, Klf4 and c-Myc, can reprogram somatic cells to induced pluripotent stem (iPS) cells [25], with ES cell characteristics (ES cell markers, genetic characteristics, epigenetic characteristics, *in vitro* embryoid body (EB) differentiation capacity, *in vivo* teratoma differentiation capacity, mouse chimera formation and germline contribution). Of course, other transcription factors also participate in the pluripotency regulatory networks.

Nuclear receptors (NRs) are ligand regulated transcription factors with a defined DNA binding domain (DBD) and a ligand binding domain (LBD). As a gene family they play important roles in the regulation of homeostasis, development and differentiation as a whole. Hormones and ligands can bind to LBDs to regulate the transcriptional activities of nuclear receptors. NRs are also intimately involved in the pathology and physiology of many diseases, which pharmacological drug targets. The ligands for many NRs have been identified, but for others they are unknown, so these NRs are termed orphan nuclear receptors. Nuclear receptors accept environmental signals/ligands/hormones and interact with coregulator proteins and DNA to regulate gene expression. Also, nuclear receptors themselves are regulated at a variety of levels. Multiple NRs reflect the requirements of responses to a variety of environmental and regulatory inputs that have evolved in species over time [26, 27].

The functional domain structure of NRs has been defined and designated A/B, C, D, E and F regions. A/B is the N terminal region, which displays greatest variation among family members; some may contain an AF1 (activation function) domain. All but two atypical members of the family have a C region, which contains the DBD which is composed of two zinc fingers. The D region is a hinge region between the DBD and the LBD. The E region contains the LBD with one β-sheet and 12 α-helices, H1 to H12, and encompasses the ligand binding pocket. H12 usually contains an AF2 domain, which is required for nuclear receptor transactivation function. Ligands bind to a hydrophobic pocket within the LBD. H12 changes position upon ligand binding, leading to the formation of a co-activator interaction surface and simultaneous disruption of a co-repressor interacting surface. Co-activators with an LXXLL motif (NR box) can bind to the LBD. Domain F is at the C terminus of the LBD but is not found in all the members of the family [28, 29].

Evolutionarily NRs are present in metazoans and are classified by sequence homology into seven distinct sub-classes, NR0 to NR6 [26, 30]. According to localization and DNA binding, nuclear receptors can be divided functionally into four types [28]. The first type of nuclear receptors includes sub-class NR3 members, such as estrogen receptors (ER), the orphans estrogen related receptors (ERR) and androgen receptor (AR). They bind with heat shock proteins and are often localized to the cytoplasm in the absence of ligand binding. Subsequent to binding their cognate ligands, they shed heat shock proteins and translocate to the nucleus to bind to specific DNA response elements to initiate specific gene expression programs, which are cell type specific. Usually, this class of receptors, bind to hormone response elements, which are juxtaposed as inverted half site repeats (IR) AGAACA or AGGTCA as homodimers. The second functional group of NRs includes sub-class NR1 members, such as the retinoic acid receptors (RAR). This group of receptors localizes to nucleus in the absence of ligand binding, and in this conformation they bind to co-repressors. When ligands are present, they bind to coactivators and activate gene expression. They bind to direct repeats (DR) AGG/TTCA as heterodimers usually with retinoid X receptors (RXR). The third type of NRs includes NR class 2 members, such as chicken ovalbumin upstream promoter-transcription factors (COUP-TFs). They bind to DRs as homodimers. The fourth type includes all the other NRs. They bind to DRs as monomers or dimers, a single DBD binding to a single AGG/TTCA.

Although NRs share conserved DBDs and LBDs, each has distinct structures and functions. Here, we review the important functional roles of NRs in ES cells focusing on LRH1, DAX1, Esrrβ (ERRβ), GCNF, TR2, COUP-TFs and RAR/RXR (Fig. 16.1). Among them, LRH1, DAX1, Esrrβ and TR2 play important roles in maintaining ES cell pluripotency, while GCNF, COUP-TFs and sumoylated TR2 play important roles in regulating the exit from the pluripotent state.

16.1.1 LRH1 (NR5A2)

LRH1 (liver receptor homolog 1) belongs to the NR5A sub group of the NR gene family. In general LRH1 is a regulator for cholesterol and bile acid metabolism in adults. LRH1 was also named FTF (fetoprotein AFP transcription factor), CPF (CYP7A promoter-binding factor) and B1F (b1 binding factor) [31–33]. AFP is activated at the beginning of liver development and closely associated with liver growth. CYP7A is the critical enzyme in the conversion of cholesterol to bile acid. LRH1 directly binds to the promoters of AFP and CYP7A to induce their expression. LRH1 binds b1 region at enhancer II of hepatitis B virus and regulates gene expression.

LRH1 can bind to DNA response elements as monomers. LRH1 has a very conserved 20-aa Ftz-F1 (Drosophila fushi tarazu factor 1) box in the C terminal extension (CTE) of its DBD, which is specific for NR5A members and is highly conserved from Drosophila to humans. In Drosophila embryonic development, Ftz-F1 interacts with coactivator homeodomain protein Ftz through the AF2 domain of Ftz-F1 and the nuclear receptor box LXXLL of Ftz to regulate segmentation [34]. The Ftz-F1 box binds to the YCA at the 5′ extension of the response element AGGYCR (Y, pyrimidine; R, purine), and is required for LRH1 activity [35]. In the absence of ligands, LRH1 structure is stable with a big empty hydrophobic pocket [36]. The N terminus of the LRH1 LBD can stabilize the AF2 domain (LLIEML) [36]. Thus, without ligands LRH1 still has basal activity [36]. With phospholipids as ligands, LRH1's structure is more stable [37]. DLPC (dilauroyl phosphatidylcholine) has been shown to be a ligand for LRH1 [38]. The DLPC pathway regulates bile acid metabolism and glucose homeostasis in LRH1-dependent manner in mouse models [38].

The LRH1 hinge region contains phosphorylation sites S238 and S243. Their phosphorylation triggers LRH1 transactivation [39]. LRH1 has five predicted SUMO (small ubiquitin-related modifier) sites (K173, K213, K289, K329 and K389). Sumoylation regulates LRH1 localization to nuclear bodies and decreases LRH1 activity [40, 41].

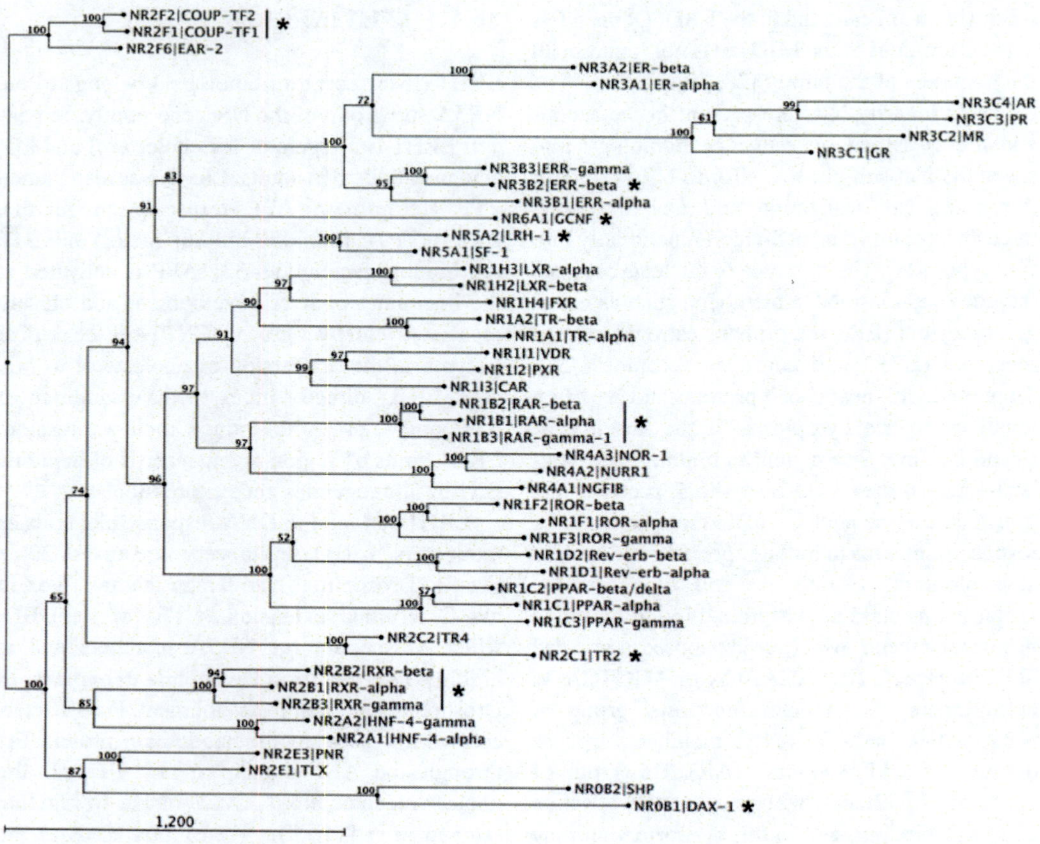

Fig. 16.1 Nuclear receptors that play important roles in mouse ES cells are indicated by stars in the phylogenetic tree of the gene family (Adapted from en.wikipedia.org)

LRH1 can interact with coactivators SRC-1 and SRC-3 through the AF2 domain of LRH1 and the NR box of the coactivators [42]. LRH1 can interact with TFIID and c-Jun using the Ftz-F1 box [43, 44]. LRH1 can interact with DAX1 (NR0B1) and SHP (NR0B2), which may compete with coactivators for the binding of the LRH1 AF2 domain to repress LRH1 activity [42, 45–47].

LRH1 is most closely related to SF1 (steroidogenic factor-1, NR5A1). SF1 is required for development of testis and adrenal glands [48]. Based on work in P19 embryonic carcinoma (EC) cells it was thought that SF1 regulated the expression of the pluripotency gene Oct4 [49]. However, it was subsequently shown that in physiologically relevant cell type, ES cells, SF1 is not expressed rather its close homolog LRH1 is expressed [51]. This was later confirmed when it was shown that LRH1 is expressed at a relatively high level (Ct 25) in mouse ES cells, and decreased during differentiation, whereas LRH1 is expressed at relatively low level (Ct 29) in human ES cells, and increased during differentiation [50]. Both LRH1 and SF1 are lowly or not expressed in human ES cells and mouse EpiSCs, suggesting there are different regulatory mechanisms active in these cells relative to mouse ES cells [50–52]. Indeed LRH1 acts as a true mouse ES cell marker much like Rex1, which is down-regulated in mouse EpiSCs [53].

During mouse embryogenesis, at the 8-cell (E2.5), morula (E3) and blastocyst (E3.5) stages of development, LRH1 is ubiquitously expressed; after implantation at the egg cylinder (E5.5) stage, LRH1 is restricted to the visceral endoderm; at gastrulation (E6.5–7.5), LRH1 is expressed in the

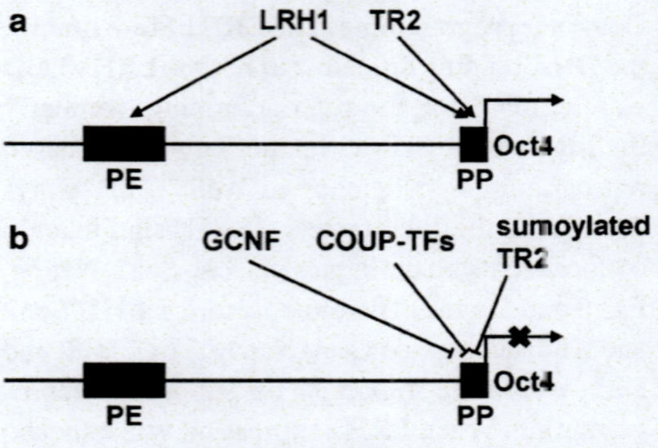

Fig. 16.2 Regulation of Oct4 expression by nuclear receptors LRH1, TR2, GCNF, COUP-TFs and sumoylated TR2 in mouse ES cells or P19 cells. (a) LRH1 binds the Oct4 proximal promoter (*PP*) and the Oct4 proximal enhancer (*PE*) and activates Oct4 expression. TR2 binds the Oct4 PP and activates Oct4 expression. (b) During RA induced differentiation, GCNF, COUP-TFs and sumoylated TR2 bind the Oct4 PP and repress Oct4 expression

endoderm; post-gastrulation, LRH1 is expressed in the endoderm derivatives, such as the yolk sac, liver, pancreas and intestine [54]. The expression of LRH1 needs to be tightly regulated at different stages.

LRH1 directly binds to the Oct4 proximal enhancer (PE) and the Oct4 proximal promoter (PP) and activates Oct4 expression (Fig. 16.2a) [51]. In 2005, the Cooney laboratory showed that LRH1 expression was markedly decreased in mouse ES cells during retinoic acid (RA) induced differentiation after 12 h, while Oct4 expression was markedly decreased in mouse ES cells during RA induced differentiation after 36 h. Prediction of LRH1 binding sites revealed two sites in the Oct4 PE (TCAAGGTT, CCAAGGCCA), one site in the Oct4 PP (AGGTCAAGGCTA, DR0, 0 bp between the DR elements), conserved in mouse and human. Gel shift assays using cell extracts of COS1 transiently transfected with LRH1 and SF1 expression vectors showed that LRH1 and SF1 bound to the Oct4 PE and Oct4 PP, which was confirmed by supershift with anti-LRH1 antibody and anti-SF1 antibody. Gel shift assays using cell extracts of undifferentiated ES cells or RA differentiated ES cells showed that LRH1 bound to Oct4 PP in undifferentiated ES cells, which can be supershifted by anti-LRH1 antibody. Chromatin IP (ChIP) assays established that endogenous LRH1 directly bound to the Oct4 PE and the Oct4 PP in ES cells. In contrast SF1 directly bound to the Oct4 PE and the Oct4 PP in P19 cells. Luciferase reporter assays showed that in P19 cells the PE was an enhancer and the PP was required for the PE activity, and that in RA treated P19 cells the PE was not active. In RA treated P19 cells transiently transfected with LRH1 and SF1 expression vectors, both the PP and the PP-PE were specifically activated by LRH1 and SF1.

LRH1$^{-/-}$ mouse embryos die by E7.5 [51], indicating LRH1 is very important for mouse embryonic development. Compared to wild-type ES cells, LRH1$^{-/-}$ ES cells have no obvious morphological changes [51], suggesting that LRH1 knockout does not strikingly decrease pluripotency and self-renewal. LRH1 knockout reduces Oct4 repression in mouse ES cells in the absence of LIF [51]. Subsequently it was shown that LRH1 expression is activated by the Wnt signaling pathway [8]. In 2010, the Cooney laboratory knocked out β-catenin, which is the central downstream transcription factor of the Wnt signaling pathway. β-catenin$^{-/-}$ ES cells showed EB differentiation defects, and teratoma differentiation defects, and mis-regulation of Oct4, Nanog and LRH1 expression. β-catenin$^{-/-}$ mouse embryos showed gastrulation defects [55]. These results indicate that Wnt signaling pathway is crucial for mouse development. Treatment of wild-type ES cells with recombinant Dkk-1 [56], a Wnt pathway negative regulator, repressed the expression of Oct4, Nanog and LRH1 in a dose-dependent manner. The Wnt pathway small molecule positive regulator, BIO (6-bromoindirubin-3′-oxime) [7], an inhibitor of GSK3β activity, promoted LRH1 expression in wild type ES cells not in β-catenin$^{-/-}$ ES cells. Another GSK3 inhibitor, CHIR99021 [6], also induced LRH1 expression in a β-catenin-dependent manner. Treatment with recombinant Wnt3a, a canonical Wnt, dose-dependently activated LRH1 expression in wild-type ES cells not in β-catenin$^{-/-}$ ES cells. β-catenin and LEF/TCF (lymphoid enhancer factor/T-cell factor) work together and bind LEF/TCF sites in mediating Wnt pathway [57].

LRH1 in mouse ES cells is transcribed from a promoter downstream the promoter of the full-length (FL) LRH1, leading to an isoform that is

61 amino acids shorter at the N terminus [58]. Both the LRH1 ES cell specific promoter and the LRH1 FL promoter have LEF/TCF sites (A/TA/TCAAAG), Ts(ES)-1, Ts(ES)-2, Ts(FL)-1, and Ts(FL)-2, that are conserved in mouse, rat, horse and human [55]. Reporter assays in mouse ES cells showed that the LRH1 ES cell promoter but not the LRH1 FL promoter was dependent on β-catenin, activated by BIO, and this activity was repressed, as expected by RA. β-catenin ChIP assays indicated that the Ts(ES)-1, the Ts(ES)-2 and the Ts(FL)-1 sites were highly enriched by BIO treatment. Reporter assays in TCF3$^{-/-}$ mouse ES cells showed that the LRH1 ES cell promoter was dose-dependently and specifically repressed by TCF3. TCF3 ChIP assays indicated the enrichment of the Ts(ES)-1 and the Ts(ES)-2 sites in ES cells. In LRH1$^{-/-}$ ES cells, Oct4 and Nanog expression levels were down-regulated. In contrast to β-catenin$^{-/-}$ ES cells, LRH1$^{-/-}$ ES cells still can differentiate as assayed by EB and teratoma formation, suggesting that there are other factors mis-regulated by β-catenin knockout contributing to β-catenin$^{-/-}$ phenotypes, as it is known that this pathway is required for gastrulation [55]. The induction of Oct4 by BIO and Wnt3a was dependent on LRH1. The stable over-expression of LRH1 or the treatment of ES cells with BIO activated Oct4, Nanog and Tbx3, but not Klf4. Stable over-expression of LRH1 in β-catenin$^{-/-}$ ES cells restored Oct4 and Nanog expression. LRH1 ChIP assays showed the enrichment of binding to the Oct4 PP, the Oct4 PE, the Nanog enhancer, the Tbx3 enhancer, but not the LRH1 consensus binding sites in the Klf4 gene. Therefore, LRH1 may participate in the Tbx3-Nanog axis [8, 59].

Expression of LRH1/SF1, Sox2 and Klf4 can reprogram somatic cells to iPSCs [60]. In 2010, the Ng laboratory screened the nuclear receptor gene family to identify other re-programming factors that could replace Oct4 [60]. Each of 19 nuclear receptors was transduced along with Oct4, Sox2, Klf4 and c-Myc (OSKM) to induce reprogramming of mouse embryonic fibroblasts (MEFs). Addition of LRH1 to the Yamanaka factors OSKM was found to enhance reprogramming efficiency compared to the OSKM control. Also, they demonstrated that SF1 can replace Oct4 in reprogramming. The LRH1 Ftz-F1 motif, the DNA binding domain, but not the LRH1 LBD was required for the reprogramming. Similarly the LRH1 K5R SUMO mutant largely increased reprogramming efficiency as well. ChIP assays showed that the direct targets of LRH1 significantly co-localized with the targets of Oct4, Sox2, Nanog, Esrrβ and Smad1. The three factors, LRH1, Sox2 and Klf4, all targeted Oct4, Nanog, Tbx3, Klf2 and Klf5, which are important for supporting reprogramming. When LRH1 expression was knocked down in OSKM canonical factor induced reprogramming, the efficiency of reprogramming was decreased, which can be rescued by Nanog. Expression of six factors, OSKM, LRH1 and Nanog, improved reprogramming efficiency. Nanog is suggested to be an LRH1 downstream target in reprogramming [60].

Expression of six factors, OSKM, LRH1 and RARγ can quickly reprogram somatic cells to iPSCs [61]. SF1 and RARγ were shown by gel shift assays to form a heterodimer binding to the Oct4 PP [49]. Reporter assays showed that transient transfection of SF1 and RARγ in P19 cells activated the 0.4-kb Oct4 proximal promoter [49]. Thus, LRH1 and RARγ may also form complexes to bind and regulate gene expression.

Supportive of LRH1's role in reprogramming, expression of LRH1/SF1 in EpiSCs can reprogram EpiSCs to mouse ES cell ground state [52]. LRH1 and SF1 were identified from a genome-wide screen using piggyBac transposon insertion. Oct4 expression is maintained from mouse ES cells to EpiSCs. The over-expression of LRH1 in mouse ES cells does not maintain self-renewal in the absence of LIF. To support reprogramming, LRH1/SF1 may not only target Oct4 but also have other profound effects [52]. Both the full-length form LRH1 and the ES-cell specific forms LRH1 can reprogram EpiSCs to mouse ES cells [52].

In summary, LRH1 has been shown to be an important reprogramming factor. LRH1 contributes to pluripotency by targeting many genes including Oct4, Nanog and Tbx3. LRH1 has been found to be regulated by the Wnt signaling pathway. In intestinal stem cells a direct interaction between LRH1 and β–catenin was detected, whether this also occurs in ES cells has yet to be determined and the functional consequence of such an interaction [62]. It has yet to be determined how LRH1 fits in with the other transcriptional complexes that regulate ES cell pluripotency. It is also not known what coregulatory factors LRH1 interacts with in ES cells and whether canonical NR coregulators like SRC1-3 and CBP/p300 play a role in its mechanism of action. Functional interaction with other NRs like RAR and Esrrβ in the regulation of pluripotency gene expression needs to be delineated. The ability to regulate any of these functions, especially iPSC derivation through ligand regulation is as yet unexplored.

16.1.2 DAX1 (NR0B1)

DAX1 (dosage-sensitive sex reversal-adrenal hypoplasia congenital critical region on the X chromosome, gene-1) was initially named because this gene was found to be mutated on the dosage-sensitive sex (DSS) reversal-adrenal hypoplasia congenital (AHC) locus on the X chromosome [63].

DAX1 contains two exons separated by a 3.4 kb intron. DAX1 does not have a canonical nuclear receptor DBD. DAX1 has the nuclear receptor box LXXLL-like motifs at the N terminus (amino acids 13–17, 80–84, 146–150) and an AF2 domain (MMLEML, amino acids 461–466). One model is that DAX1 LXXLL-like motifs interact with the AF2 domain of other nuclear receptors [46]. Crystal structure shows that DAX1 binds to LRH1 stably with 2:1 ratio, this interaction is mediated through DAX1 family conserved PCFXXLP sequence in H3 and H4 of the LBD with the AF2 domain of LRH1 [47]. DAX1 may compete with the nuclear receptor coactivators for the binding of the AF2 domains of the nuclear receptors to repress their activity [47]. DAX1 is an orphan nuclear receptor [64].

DAX1 is expressed at a relatively high level (Ct 25) in mouse ES cells, and decreased during differentiation, and in contrast, DAX1 is expressed at a relative low level (Ct 31) in human ES cells [50]. DAX1, like LRH1, is not expressed in EpiSCs [52]. During mouse embryogenesis, at the 8-cell (E2.5), morula (E3) and blastocyst (E3.5–4) stages, DAX1 expression is detected; after implantation (E5.5), DAX1 is expressed in the embryo but not in the proximal visceral endoderm; at gastrulation (E6.5–7.5), DAX1 continues to be expressed in the embryo but not in the proximal visceral endoderm [65]. DAX1, like LRH1, can be up-regulated by Wnt signaling [66]. Oct4, Stat3, LRH1 and Nanog can bind to the DAX1 gene and activate DAX1 expression, through the Oct4/Sox2 dual site at +2054/+2063 in the DAX1 first intron, the Stat3 site at −158 in the DAX1 promoter, the LRH1 site at −128 in the DAX1 promoter and the Nanog site at +2270 in the DAX1 first intron [67, 68].

Within the NR gene family DAX1 is most closely related to SHP (small heterodimer partner) [26]. They both belong to the NR0 subgroup, defined by lacking a standard DBD. SHP has one LXXLL-like motif at the N terminus [69]. They both can function as nuclear receptor corepressors [70]. SHP is expressed in mouse ES cells, but is not expressed in human ES cells [50].

Knockdown of DAX1 leads to the differentiation of mouse ES cells [65]. In 2006 the McCabe laboratory showed that siRNA knockdown of DAX1 in mouse ES cells resulted in spontaneous differentiation with endoderm-like cell morphology [65]. RT-PCR indicated that in the DAX1 knockdown ES cells, the expression levels of Oct4 and Nanog were down-regulated, while the endoderm marker GATA6 and the visceral endoderm marker IHH were up-regulated [65]. Knockout of DAX1 in male XY mouse ES cells also resulted in a spontaneous differentiation morphology [65].

DAX1 is in the Nanog complex in mouse ES cells [11]. In 2006, the Orkin laboratory expressed *in vivo* biotinylated and flag-tagged Nanog in mouse ES cells at less than 20 % of the endogenous Nanog levels, the Nanog complex was purified by a one-step biotin-streptavidin affinity purification and a two-step biotin-streptavidin and Flag tandem affinity purification, and then analyzed by mass spectrometry [11]. DAX1, Nac1, Zfp281 and Oct4 were found in the Nanog complex using both purification strategies. Their interactions were further confirmed by transient transfection and then immunoprecipitation (IP) and Western analysis. Furthermore, biotinylated

DAX1, Nac1, Zfp281 and Oct4 were precipitated with streptavidin beads, subsequent Western analysis showed that Nanog was in their complexes [11]. An shRNA knockdown of Dax1 also elicited repression of Oct4 promoter-GFP and the up-regulation of lineage specific markers, such as GATA4, GATA6, Brachyury, Bmp2, Bmp4, Cdx2, Fgf5 [11]. Gel filtration analysis indicated that the sizes of the DAX1 complexes overlapped those of the Nanog complexes [11]. ^{Bio}DAX1 affinity purification showed that the DAX1 complex also contained Sp1, Esrrβ, Sal4, REST and Tif1b, which can be found in the ^{bio}Nanog affinity purification [11].

DAX1 functions as an important hub factor in mouse ES cell transcription factor networks [12]. In 2008, the Orkin laboratory mapped the binding sites of nine transcription factors (Oct4, Nanog, Sox2, DAX1, Nac1, Klf4, Zpf281, c-Myc and Rex1) by ^{bio}ChIP-on-chip assays [12]. Oct4, Nanog, Sox2, DAX1, and Klf4 had many common targets, most of which are highly active in mouse ES cells. Oct4, Nanog, Sox2 and DAX1 were the common targets of at least four factors among the six factors, Oct4, Nanog, Sox2, DAX1, Nac1 and Klf4.

DAX1 interacts with and represses Oct4 in mouse ES cells [71]. DAX1 was identified as an Oct4 interaction partner in a yeast two-hybrid screen of a mouse ES cell cDNA library. The interaction was verified by co-immunoprecipitation (co-IP) and pull-down assays. The interaction was mediated through the Oct4 POU domain and the DAX1 LBD (amino acids308–380) [71]. Co-transfection of GFP-DAX1 and myc-DsRed-Oct4 in Hela cells showed that Oct4 expression enhanced DAX1 nuclear localization. In HEK293 cells, a luciferase reporter with five Oct4 binding elements was activated by Oct4 transient over-expression, which was down-regulated by DAX1 transient over-expression [71]. In mouse ES cells, luciferase reporters for Nanog (−332/+50) or Rex1 (−669/+23), which contain Oct4 binding sites, were repressed by DAX1 transient over-expression and activated by DAX1 shRNA knockdown [71]. Pull-down assays showed that Oct4 was pulled down from the cell extracts of Flag-Oct4 transiently over-expressing HEK293 cells by biotinylated three tandem Oct4 binding elements, which was reduced by DAX1 transient over-expression or by purified recombinant DAX1. Gel shift assays showed that purified recombinant Oct4 formed a complex with the Oct4 binding sequence, which was reduced by purified recombinant DAX1 in a dose-dependent manner. ChIP analysis established that Oct4 bound to the binding sites in the Nanog promoter and Oct4 promoter in mouse ES cells and this binding was reduced by DAX1 induction. Over-expression of DAX1 in mouse ES cells led to differentiation, the morphology of which was similar to that of Oct4 knockdown [71]. In DAX1 over-expressing ES cells, Oct4, Sox2 and Nanog were down-regulated and the trophectoderm marker Cdx2 was up-regulated, other linage markers were slightly up-regulated [71]. Immunostaining with α-Cdx2 antibody confirmed that Cdx2 expression was up-regulated in DAX1 over-expressing cells. Therefore, DAX1 over-expression promotes the differentiation of mouse ES cells toward the trophectoderm lineage. The effects of knockdown and over-expression of DAX1 suggests that the dosage of DAX1 may be important. DAX1 interacts with Oct4, competing with Oct4 binding sites. DAX1 transcription repressor may participate in tightly controlling Oct4 expression in mouse ES cells [71]. In addition, DAX1 cannot reprogram EpiSCs to mouse ES cells [52]. In 2010, the Poot laboratory found the interaction between DAX1 and Oct4 by mass spectrometry analysis of Oct4 affinity purified complexes and DAX1 affinity purified complexes, and GST-DAX1 pull-down assays [15]. DAX1 was also found to interact with Sal4 and Esrrβ by mass spectrometric analyses of the DAX1 affinity purified complexes and GST-DAX1 pull-down assays [15]. DAX1 ChIP assays using mouse ES cells depleted of Oct4 showed that the binding of DAX1 to the promoters of Nanog and REST was dependent on Oct4 [15].

In summary, DAX1 interacts with the core pluripotency factors, and DAX1 is in the core transcription factor regulatory network. Knockdown of DAX1 leads to the differentiation of ES cells. The differential transcriptional role of DAX1 with Oct4 and LRH1 needs to be defined. It is interesting that although DAX1 can interact with both Oct4 and LRH1, which have re-programming properties DAX1, itself does not.

16.1.3 Esrrβ (NR3B2)

Esrrβ (estrogen-related receptor β, Errβ) is one of the members of estrogen-related receptor subfamily (Esrr, NR3B), which are most closely related to the estrogen receptor (ER, NR3A) [26].

Esrrβ can bind the ER response element (ERE) as homodimers. Esrrβ can also bind the upstream-extended consensus half site (9 bp, TNAAGGTCA) through the DBD-C-terminal extension as monomers analogous to LRH1 [72]. The amino acids that the ER subfamily uses to bind estradiol are conserved in the Esrr subfamily, however, Esrrβ cannot bind estrogen but can bind synthetic estrogen diethylstilbestrol (DES) [73]. Estrogen-related receptors belong to orphan nuclear receptor classification.

Esrrβ is expressed at relatively high levels in mouse ES cells, which decreases during differentiation [50]. Oct4, Nanog, Klf2, Klf4, Klf5 and Esrrβ all directly bind Esrrβ to activate Esrrβ expression in mouse ES cells [74]. Sequence-wise Esrrβ is closer to Esrrγ than to Esrrα. Neither Esrrβ nor Esrrγ is expressed in human ES cells [50]. Estrogen receptors (ERα and ERβ) are not expressed in mouse ES cells and human ES cells [50].

Esrrβ is very important for mouse placental development[75]. In 1997, the Giguère laboratory using RNA *in situ* hybridization showed that Esrrβ was expressed in the mouse extra-embryonic ectoderm at 5.5, 6.0, 6.5 days post-coitum (dpc) and in the chorion at 7.5 dpc [75]. Knockout of Esrrβ retarded embryonic growth and decreased chorion size at 7.5 dpc, increased trophoblast giant cell numbers, lost diploid trophoblast cells, and eventually impaired placental formation and resulted in the embryonic lethality by 10.5 dpc [75]. In 2001, the Giguère laboratory screened for ligands of Esrrβ and identified DES [73]. FRET (fluorescence resonance energy transfer) assays and GST pull-down assays showed that the interaction between Esrr and the receptor interaction domain (RID) of the coactivator GRIP1 was reduced by DES. Luciferase reporter assays showed that in COS1 cells activation of an ERE reporter by Esrrβ was repressed by DES. Cell morphology analysis and marker gene expression analysis indicated that treatment of trophoblast stem (TS) cells with DES induced differentiation of TS cells to giant cells. Further, treatment of pregnant mice with DES caused abnormal placenta development. Thus, DES is found to bind and regulate Esrrβ [73].

Esrrβ is required to maintain mouse ES cell pluripotency and self-renewal. In 2006, the Lemischka laboratory developed an shRNA screen to identify genes that were important for mouse ES cell pluripotency and self-renewal using shRNA knockdown vectors [18]. Among 70 genes identified, 10 genes were found to be required for the mouse ES cell pluripotency and self-renewal. These ten genes included Oct4, Nanog, Sox2, Esrrβ, Tbx3, Tcl1 and Dppa4. More-over, to test for rescue, tetracycline-on inducible gene expression was introduced into the shRNA knockdown vector. In the presence of doxycycline (a tetracycline analog), the transgene was expressed, and the differentiation phenotype was rescued for all genes, except Oct4 knockdown could not be rescued by Oct4 re-expression. Further, microarray analysis of knockdown cell lines showed that 771 genes were up- or down-regulated by all seven genes, 474 genes were regulated by Nanog, Oct4 and Sox2, but not by Esrrβ, Tbx3, Tcl1 and Dppa4, and 272 genes were regulated, mostly up-regulated, by Esrrβ, Tbx3, Tcl1 and Dppa4, but not regulated by Nanog, Oct4 and Sox2, suggesting two different sets of gene regulation. Furthermore, Nanog rescued the knockdown of Esrrβ, Tbx3, Tcl1 and Dppa4, suggesting that Nanog is downstream of these factors [18]. Also in 2006, the Ng laboratory used a ChIP-PET (paired-end di-tag) assay to localize the Oct4 and Nanog binding sites in mouse ES cells [13]. Microarray assays detected the genome-wide gene expression changes in Oct4 knockdown and Nanog knockdown ES cells. In addition to Oct4, Sox2 and Nanog three core factors, Esrrβ, Rif1 and REST were found to be bound and activated by both Oct4 and Nanog. Knockdown of Esrrβ and Rif1 promoted the differentiation of ES cells [13].

Esrrβ is a very important node in mouse ES cell transcription networks. In 2008, the Ng laboratory used ChIP-seq to localize the binding sites of multiple transcription factors (Nanog, Oct4, STAT3, Smad1, Sox2, Zfx, c-Myc, n-Myc, Klf4, Esrrβ, Tcfcp2l1, E2f1, CTCF, p300 and Suz12) in mouse ES cells [76]. 57 % Esrrβ targets, 42 % Klf4 targets, 87 % Smad1 and 57 % STAT3 in the multiple transcription factor binding loci (MTL) co-localized with Oct4-Sox2-Nanog targets in the MTL. In contrast, Zfx, CTCF and E2F1 associated more with the c-Myc clusters. Oct4, Sox2 and Nanog each can be found in 70 % p300 clusters, while Esrrβ, Klf4, Smad1 and Stat3 each can be found in 30–50 % p300 clusters. These results demonstrate that pathways are integrated into Oct4-Sox2-Nanog networks [76].

Esrrβ interacts with the core pluripotency factors. In 2006, the Orkin laboratory, using biotin-streptavidin affinity purification and mass spectrometry found that Esrrβ was in the Nanog and the DAX1 complexes [11]. Esrrβ was also detected in an Oct4 complex, and regulated Nanog expression [77]. In 2008, the Poot laboratory expressed Flag-tagged Oct4 in a tetracycline regulatable Oct4 mouse ES cell system [77]. Oct4 was purified using anti-Flag antibody and analyzed by mass spectrometry. Esrrβ was found to interact with Oct4, which was confirmed by co-IP and GST pull-down assays. Knockdown of Esrrβ repressed Nanog expression and Nanog promoter activity in mouse ES cells. ChIP assays showed that Esrrβ bound to the Esrr element (TCTGGGTCA) upstream of the Oct4-Sox2 binding element (TTTTGCATTACAATG) at −374 in the Nanog promoter, depending on the presence of Oct4 and Sox2. Luciferase reporter assays in ES cells showed that the wild-type Nanog promoter (−2.5 kb to +50 bp) but not the Nanog promoter with the mutated Oct4 site was repressed by Esrrβ knockdown. Gel shift assays indicated that cell extracts from 293T cells transiently co-expressing Esrrβ, Oct4 and Sox2 bound the Nanog promoter sequence, which can be supershifted with specific antibodies. Gel shift assays showed that cell extracts of 293T cells transiently over-expressing Esrrβ alone weakly bound to the Nanog promoter sequence, which was enhanced by adding cell extracts of transiently over-expressed Oct4 and the cell extracts of transiently over-expressed Sox2. Among Oct4 positive ES cells, those expressing Nanog at varied levels correlated with those expressing Esrrβ at varied levels [77]. In 2010, the Poot laboratory expressed Flag-tagged Esrrβ in mouse ES cells [15]. Esrrβ was purified by anti-Flag antibody and analyzed by mass spectrometry. Esrrβ was found also to interact with Oct4, Sal4, DAX1, Tcfc2l1, the basal transcription machinery and chromatin remodeling complexes [15].

Esrrβ is not only a very important transcription factor for maintaining pluripotency but is also essential for reprogramming. In 2009, the Ng laboratory found Klf2 and Klf5 can replace Klf4 in OSKM medicated reprogramming of somatic cells to iPS cells [74]. Also Esrrβ and Esrrγ but not Esrrα could replace Klf4 in the OSKM mediated reprogramming, consistent with Esrrβ being evolutionarily closer to Esrrγ. In addition, Esrrβ but not Nanog or Klf10 can rescue Klf2-Klf4-Klf5 triple knockdown in mouse ES cells [74]. Cluster analysis of ChIP-seq results for Oct4, Sox2, Nanog, Esrrβ, Klf4 and CTCF showed that Esrrβ had a tendency to co-localize with Klf4, and that the targets of Esrrβ-Oct4-Sox2 significantly overlapped the targets of Klf4-Oct4-Sox2, suggesting that Esrrβ and Klf4 have similar regulatory pathways. Microarray analysis of mouse ES cells depleted of Esrrβ showed that the Esrrβ bound genes, Sox2, Nanog, Tcl1, Tbx3, Eras, Klf4 and Klf5 were down-regulated, among which, Sox2, Nanog, Tcl1, Tbx3, Klf4 and Klf5 were all bound by Oct4, Sox2 and Esrrβ [74]. Gel shift and reporter assays in mouse ES cells indicated that Esrrβ bound and activated the enhancer loci of Sox2 and Klf4. As Klf2, Klf4 and Klf5 all bind and activate Esrrβ [78], and Esrrβ binds and activates Klf4 and Klf5, the mutual regulation allows Esrrβ to replace Klf4 in reprogramming [74].

In summary, Esrrβ interacts with the core pluripotency factors and is in the core transcription factor regulatory network. Esrrβ may play important roles in linking the core pluripotency factors with the RNA polymerase II machinery. Esrrβ can replace Klf4 in the OSKM mediated reprogramming. Knockdown of Esrrβ causes the differentiation of ES cells. How the function of Esrrβ is coordinated with DAX1 and LRH1 is poorly defined.

16.1.4 GCNF (NR6A1)

GCNF (germ cell nuclear factor) was first cloned from heart and mouse testis cDNA libraries and was found to be mainly expressed in germ cells [79]. GCNF was also named RTR (retinoid receptor-related testis-associated factor) [80]. In addition, GCNF was cloned from a cDNA library of neuronal derivatives from retinoic-acid-treated mouse embryonic carcinoma cells and was named NCNF (neuronal cell nuclear factor) [81]. GCNF is an orphan nuclear receptor that is expressed in germ cells and during embryonic development; it is also expressed in ES cells and EC cells and during their differentiation [50, 82–84]. GCNF knockout mouse embryos die at 10.5 dpc displaying a complex penetrant phenotype [82]. Molecularly, GCNF can bind the DR0 element, a direct repeat with zero base pair spacing between the half sites, as homodimers [85–87]. GCNF does not have an AF2 domain and does not display any transactivation function; in fact it has been shown to be a transcriptional repressor [84, 87–91].

GCNF binds to an evolutionarily conserved DR0 element located in the Oct4 proximal promoter and represses Oct4 expression (Fig. 16.2b) [83]. Gel shift assays showed that P19 cell extracts (treated with RA for 0, 6, 12, 18, 24, 36, 48 h) and the DR0 element in the Oct4 PP formed a TRIF (transiently RA-induced factor) complex, which peaked at RA 24–36 h [83, 92]. The TRIF complex can be abolished by DR0 mutations, and can be supershifted by anti-GCNF antibody but not by antibodies of nuclear receptors examined. *In vitro* translated GCNF and the DR0 element of the Oct4 PP formed a GCNF complex with a smaller size, which was also supershifted by anti-GCNF antibody. P19 or P19/RA cell extracts, *in vitro* translated GCNF and the DR0 element of the Oct4 PP reconstituted the TRIF complex, which was dose dependent on *in vitro* translated GCNF. Immunofluoresence, Western analysis and RT-PCR indicated that the GCNF expression pattern inversely correlated with the SF1 and Oct4 patterns in P19 cells. Northern analysis showed that transient over-expression of GCNF repressed Oct4 expression, while transient over-expression of the GCNF DBD fused with VP16 activated Oct4 expression. Luciferase reporter assays in P19 cells showed that Oct4 PE-PP promoter activity was specifically and dose-dependently repressed by transiently over-expressed GCNF. Two-hybrid assays showed that GCNF interacted with the corepressors SMRT (silencing mediator for retinoid and thyroid hormone receptors) and N-CoR (nuclear receptor corepressor), which was confirmed by GST pull-down assays [83, 93–95]. GCNF is expressed in mouse embryos from E6.5 to E8.5, while Oct4 is expressed from E6.5 to E7.5 and then restricted to PGCs (primordial germ cells) at E8.5. In GCNF knockout embryos, Oct4 expression is not restricted to PGCs and it is widely expressed in somatic lineages in which it is normally silenced [83].

GCNF is an unusual NR, which normally exists as either monomers or some form of dimer, it forming an oligomer. Oligomerization is facilitated by a characteristic heterotypic dimerization mechanism mediated by helix 3 and helix 11 interactions [87]. Gel shift assays showed that transiently over-expressed GCNF in COS1 cells bound the Oct4 PP DR0 as a homodimer, while GCNF in P19 cells bound the Oct4 PP DR0 as a larger TRIF complex [83, 87]. Western analysis of EMSA gels showed that the Oct4 PP DR0 was required for the homodimer and the TRIF complex formation. Molecular weight calculation estimated that the TRIF complex may be a hexamer of GCNF. DNA and protein ratio calculations showed that six molecules of GCNF bound one molecule of DNA in the TRIF complex. In contrast, in vitro GCNF, which formed a homodimer, had a stoichiometry of 2:1. Evolutionary trace analysis identified important functional amino acids among H3 and H11 of the GCNF LBD. Luciferase reporter assays in P19 cells and P19 cells treated with RA showed that GCNF point mutants in H3 (E308A, A/K318, K319W) and in H11 (L459K, R463E) abolished the repression function of GCNF on the Oct4 promoter. Gel shift assays using cell extracts of COS1 cells transiently over-expressing GCNF mutants showed that these mutants abolished or weakened the homodimer formation, while the transient over-expression levels of these mutants in COS1 cells were similar. In addition, gel shift assays using cell extracts of RA treated P19 cells transiently over-expressing GCNF mutants showed that the mutants E308A, A/K318, K319W and L459K abolished formation of the TRIF complex. Trypsin digestion assay indicated that these mutations did not impair the conformation of the LBD. Peptide mimics of H3 and H11 specifically abolished the homodimer and the TRIF complex formation. Thus, H3 and H11 are important for the GCNF oligomerization [87].

GCNF is required for the repression of pluripotency genes [84]. In GCNF knockout mouse ES cells, the expression of pluripotency markers was maintained in the presence of LIF. However, knockout of GCNF significantly reduced the repression of Oct4 and some other pluripotency genes, such as Nanog, Stella, Sox2 and Fgf4, during RA-induced differentiation. Gel shift and ChIP assays showed that GCNF bound to the multiple DR0 elements, one in the Nanog promoter 2.5 kb upstream of the transcriptional start site and two in the Nanog 3' UTR. Luciferase reporter assays in CHO-K1 cells showed that GCNF dose-dependently repressed the reporter activities driven by Nanog upstream 2.5 kb, Nanog 3' UTR or both Nanog upstream 2.5 kb and Nanog 3' UTR. *In situ* hybridization showed that Nanog repression was lost at the post-gastrulation stages E8.5 and E8.75 in GCNF knockout embryos. However, GCNF knockout ES cells still can form EBs [84].

GCNF recruits DNA methylation complexes to silence Oct4 expression [93]. In GCNF knockout mouse ES cells, DNA methylation of the Oct4 promoter was obviously reduced [93, 96]. A yeast two-hybrid screen, using the GCNF LBD as bait, of a mouse E 7.0 embryo cDNA library identified MBD3b (methyl-CpG binding domain), Dnmt1 (DNA methyltransferase) and NCoR (nuclear receptor co-repressor) interaction with GCNF. GCNF(LBD)-GST pull-down assays showed that GCNF interacted with MBD2, MBD3, Dnmt1, Dnmt3A, Dnmt3B and NCoR. CoIP confirmed GCNF interaction with MBD2 and MBD3, which was mediated through the MBD domain. IP of P19 RA treated cells and then Western analysis showed that endogenous GCNF and MBD3 interacted. ChIP assays showed that GCNF recruited MBD2, MBD3 and Dnmt3A to the Oct4 promoter in RA differentiated mouse ES cells. The analysis of the DNA methylation of the Oct4 promoter during differentiation in MBD2 knockout ES cells, MBD3 knockout ES cells, GCNF knockout ES cells and wild-type ES cells showed that MBD2 played a role in maintaining DNA methylation and MBD3 binding preceded DNA methylation of the Oct4 promoter, and that both events were dependent on GCNF. Further, the analysis of DNA methylation of the Oct4 promoter in Dnmt knockout ES cells showed that MBD2 was recruited to the Oct4 promoter dependent of DNA methylation, while MBD3 was recruited to the Oct4 promoter independent of DNA methylation [93].

In summary, GCNF plays a yin-yang role with LRH1 in regulating pluripotency gene expression. GCNF binds to DR0 elements in the Oct4 PP and the Nanog gene and represses Oct4 and Nanog expression upon RA-induced differentiation. GCNF recruits DNA methylation complexes to silence Oct4 expression. Based on the role of LRH1 in promoting iPSC formation it is predicted that GCNF will inhibit re-programming. If this were found to be true then GCNF would be another small molecule target for manipulating iPSC formation. GCNF antagonists may be useful in promoting iPSC formation by preventing Oct4 repression during the process. Whether GCNF is regulated by an endogenous ligand in ES cells is currently not known and is the subject of significant research effort.

16.1.5 COUP-TFs (NR2F)

COUP-TFs (chicken ovalbumin upstream promoter-transcription factors) include COUP-TFI (NR2F1) and COUP-TFII (NR2F2), which are expressed from two different genes in the mammalian genome [26]. COUP-TFI and COUP-TFII share 87 % amino acid identity [97]. COUP-TFI was initially named EAR3 (V-erbA-related protein 3) [98] and COUP-TFII was initially named ARP-1 (apoAI regulatory protein-1) [99]. V-erbA is derived from c-erbA, thyroid hormone T3 receptor. Apolipoprotein AI (apoAI) functions in lipid metabolism. COUP-TFs are conserved from Drosophila Svp (Seven-up), with 90 % similarity at their LBDs.

COUP-TFs play many varied sometimes overlapping roles in embryonic development that are too extensive and beyond the focus of this current review. COUP-TFs have been extensively reviewed previously and the focus of this review is regulation of ES cell function by COUP-TFs [100, 101]. COUP-TFs are induced during ES cell differentiation [50]. Knockout of COUP-TFI causes perinatal lethality with defects in neurogenesis [102]. COUP-TFII$^{-/-}$ mouse embryos die around E10 due to defects in angiogenesis and heart development [103].

COUP-TFs have been shown to bind to the DR1 (1 bp between the DR elements) element in the Oct4 proximal promoter *in vitro*, with higher binding affinity than RAR/RXR [104]. Binding of COUP-TFs represses Oct4 promoter activity (Fig. 16.2b) [104]. Transient over-expression of COUP-TFI or COUP-TFII dose-dependently repressed a CAT reporter driven by the Oct4 0.4-kb proximal promoter in P19 cells or P19 cells treated with RA. Northern analysis of P19 cells (RA 0, 3, 6, 16, 24, 48 h) showed that Oct4 was expressed upon RA treatment from 0 to 16 h, RARβ was expressed after RA treatment for 3 h, and COUP-TFI and COUP-TFII were expressed after RA treatment for 24 h. Gel shift assays showed that cell extracts of COS1 and P19 cells treated with RA transiently transfected with COUP-TFs specifically bound the DR1 element in the Oct4 PP forming complexes with similar sizes, which could be supershifted with COUP-TF antibodies. DNaseI footprinting using cell extracts of COS1 transiently over-expressed COUP-TFs showed that the specific binding site was at nucleotides-55 to -41 of the Oct4 PP, including the Sp1 site, the DR1 site and 7 bp of a third direct repeat. Gel shift assays showed that an RAR/RXR heterodimers bound to the DR1 sites. Reporter assays showed that a CAT reporter driven by the Oct4 0.4-kb proximal promoter was specifically activated by transiently transfected RAR/RXR heterodimers in P19 cells treated with RA but not in untreated cells. COUP-TFs bound the Oct4 DR1 sites with an affinity 30-fold higher than RAR/RXR heterodimers. Increased amounts of transiently expressed RAR/RXR heterodimers abolished repression of the Oct4 promoter by transient expression of COUP-TFs, supportive of competition between these factors. In contrast, lower levels of transiently expressed of COUP-TFs abolished the activation of the Oct4 promoter by transient expression of RAR/RXR. The binding by RAR/RXR to the Oct4 promoter can be competed or displaced by COUP-TFs. The N-termini of COUP-TFs were dispensable for binding and repression of COUP-TFs. The DBD of COUP-TFs can compete the binding of RAR/RXR but cannot repress the Oct4 promoter activity. The repression function of COUP-TFs must be through the interactions with other factors [104]. Reporter assays in mouse ES cells also showed that COUP-TFs repressed Oct4 promoter activity due to the binding to the Oct4 PP [22]. In addition COUP-TFs were induced in the primitive endoderm of the ICM [105]. Overexpression of COUP-TFs in mouse ES cells repressed Oct4 expression and promoted differentiation into epithelial-like cells [106]. Over-expression of COUP-TFI in RA treated mouse ES cells activated ExEn gene expression [107]. Interestingly, crystal structure analysis indicates that COUP-TFII has an autorepressed conformation, and retinoic acid is found to be a COUP-TFII low affinity ligand that activates it [108].

In summary, COUP-TFs have been shown to bind to the Oct4PP DR1 element and repress Oct4 expression. Overexpression of COUP-TFs induces the differentiation of ES cells. However it has yet to be established whether this is a physiological role or a cell culture artifact. COUP-TF I and II KO mouse models do not support a role for these factors in repressing pluripotency gene expression [102, 103]. However, such a function may be masked by functional redundancy between these two closely related genes.

16.1.6 TR2 (NR2C1)

TR2 (testicular receptor) (NR2C1) is an orphan nuclear receptor. It was initially cloned from a testis cDNA library [109, 110]. TR2 is most similar to TR4 (NR2C2). Not a lot is known about this obscure orphan. TR2 can bind several DR1-5 elements (1–5 bps between direct repeats). Proteomic studies found that TR2 has many posttranslational modifications, including phosphorylations (S185, T210, S568), ubiquitination (phosphorylated S568) and sumoylation (K238) [111]. Expression of TR2 and TR4 has a tendency to be decreased during mouse ES cell differentiation and increased during human ES cell differentiation [50].

TR2 binds a DR1 element in the Oct4 proximal promoter and activates Oct4 expression in P19 cells (Fig. 16.2a) [112]. Tetracycline induction of recombinant TR2 induced the expression of Oct4 at the initial stage. The siRNA knockdown of TR2 repressed the expression of Oct4. Thymidine incorporation assays showed that TR2 overexpression increased the proliferation and TR2 knockdown decreased the proliferation of P19 cells [112]. Gel shift assays showed that *in vitro* translated TR2 and the DR1 element of the Oct4 PP formed a complex with the similar size as the complex formed by P19 cell extracts and the DR1 element of the Oct4 PP. ChIP assays showed that TR2 bound the DR1 element of the Oct4 PP in P19 cells [112]. TR2 interacts with Pml (promyelocytic leukemia) protein and localizes in Pml nuclear bodies [112], which recruits Sp1, SF1, and Brg1-dependent chromatin remodeling complexes (BRGC) containing the histone acetylase PCAF to activate Oct4 [112, 113]; this has implications for LRH1 regulation of Oct4 in ES cells .

Sumoylated TR2 represses Oct4 in P19 cells (Fig. 16.2b) [112]. Yeast two-hybrid assays indicated that TR2 interacted with SUMO E2 ligase Ubc9 and E3 ligase Pias1. Transient over-expression of Flag-TR2 and Flag-SUMO-1 in COS1 cells showed that TR2 was sumoylated. In P19 cells, transient over-expression of Ubc9 or Pias1 increased sumoylation of TR2 and repressed Oct4 expression, and concomitantly knockdown of Ubc9 or Pias1 decreased sumoylation of TR2 and increased Oct4 expression. Co-IP and GST pull-down assays confirmed TR2 interaction with Ubc and Pias1. There are three predicted SUMO sites in TR2. A K238A mutation decreased sumoylation of TR2 and interaction of TR2 with Pias1. In P19 cells, tetracycline induction of recombinant TR2 rapidly activated Oct4 expression, which was reduced by transient over-expression of SUMO-1, and in contrast, tetracycline induction of the K238A mutant rapidly activated Oct4 expression, which was not reduced by transient over-expression of SUMO-1. ChIP assays showed that both wild-type TR2 and the K238A mutant can bind to the DR1 element in the Oct4 PP. The corepressor RIP140 (repressor interacting protein 140) was found to bind with TR2 through a yeast two-hybrid screen of a mouse embryo cDNA library [114]. Coactivator PCAF (P300/CBP-associated factor) was demonstrated to interact with TR2 in COS1 cells [115]. Mammalian two-hybrid assays in COS1 cells showed that SUMO-1 increased the interaction between TR2 and RIP140 and decreased the interaction between TR2 and PCAF, while the interaction of the K238A mutant with PCAF was stronger than with RIP140. In TR2 tetracycline inducible P19 cells, cell proliferation and Oct4 expression were increased at the initial stages, and in contrast, in K238A mutant tetracycline inducible P19 cells, Oct4 expression remained increased at later stages. Cumulatively, these results indicate that TR2 activates Oct4 expression in the undifferentiated state and subsequently when TR2 is sumoylated it represses Oct4 expression [112].

It was shown that during RA induced differentiation of P19 cells, ERK2 phosphorylated TR2 interacts with Pml, and then is sumoylated [116]. Western analysis showed that RA induced sumoylation of TR2 and repressed the expression of Oct4. In TR2 tetracycline inducible P19 cells, RA also promoted the sumoylation of TR2. It was shown that the sumoylation of TR2 and Oct4 repression by RA was independent on RAR. Mass spectrometry analysis identified three MAPK/ERK phosphorylation sites on TR2 [116]. In COS1 cells and P19 cells, a T210A mutant was not sumoylated, while a T210E mutant was more efficiently sumoylated. The siRNA knockdown of ERK2 showed that ERK2 was required for the sumoylation of TR2. Western analysis indicated that RA induced the expression of ERK2 in P19 cells, which led to phosphorylation and sumoylation of TR2. Also, in TR2 tetracycline inducible P19 cells, an ERK2 inhibitor abolished the phosphorylation and sumoylation of TR2. Co-transfection of TR2 and Pml in P19 cells showed that the T210E mutant but not the T210A mutant stimulated interaction with Pml. Transfection of TR2 into P19 cells established that the T210E mutant but not the T210A mutant repressed the expression of Oct4 [116]. It has been found that sumoylated TR2 leaves Pml nuclear bodies and recruits a Brm-containing remodeling complex (BRMC) containing the corepressor RIP140, the histone lysine methyltransferase G9a, and chromatin remodeling protein HP1γ on the more compacted chromosome and represses Oct4 [113].

In summary, TR2 binds the Oct4 PP DR1 element and recruits transcription factors coactivators and the chromatin remodeling complexes to activate Oct4 expression. How this function overlaps with Esrrβ and LRH1 in the regulation of ES cell pluripotency gene expression is not known. Upon RA induced differentiation, ERK2 phosphorylates TR2, phosphorylated TR2 is then sumoylated, and sumoylated TR2 recruits the corepressors, the chromatin remodeling complexes and the chromatin factors to repress Oct4 expression. How this repression function complements that of GCNF is currently unexplored. TR2 is still an orphan receptor thus the identification of ligands endogenous or synthetic will add useful tools to manipulate ES cell culture and differentiation.

16.1.7 RAR/RXR (NR1B/NR2B)

Review of retinoid signaling is beyond the scope of this review and has been covered by many extensive and complete reviews [117–119]. In summary the RAR (retinoic acid receptor) was first cloned by screening clones that bound to and was activated by retinoic acid [120]. RXR (retinoid X receptor) was first cloned by means of homology with the RAR DBD [121]. RARs include RARα (NR1B1), RARβ (NR1B2) and RARγ (NR1B3). RXRs include RXRα (NR2B1), RXRβ (NR2B2), and RXRγ (NR2B3). RARs bind to vitamin A derivatives, all *trans*- and 9-*cis* RA, whereas RXRs bind specifically to 9-*cis* RA. RAR and RXR usually form a heterodimer to bind DR elements to either activate or repress gene expression depending on the spacing between the half sites [117].

Gel shift assays showed that an RAR/RXR bound the DR1 element in the Oct4 PP, with lower binding affinity than COUP-TFs. They can compete for the binding of the DR1 element in the Oct4 PP [104, 122]. Reporter assays showed that RAR/RXR activated the Oct4 0.4-kb proximal promoter reporter activity in P19 cells treated with RA but not in untreated cells [104]. Interestingly, expression of RARγ and LRH1 with OSKM can improve the efficiency and speed of reprogramming somatic cells to iPS cells [61]. Expression of RARγ or RARα with the OSKM Yamanaka factors increased the number of iPS cell clones 10–100-fold, while a dominant negative form of RARα blocked the formation of iPS cell clones. Adding an RARγ agonist (CD437) or an RARα agonist (AM580) increased the formation of iPS cell clones, however longer treatment times decreased the number of clones, suggesting that retinoid pathway supports reprogramming at the early stages but not later stages [61]. Gel shift assays in P19 cells showed that RAR and SF1 can form a complex to bind the DR1 element in the Oct4 PP [49]. This finding has implications for LRH1 function in ES cells. Further, expression of RARγ and LRH1 with the OSKM mix improved the efficiency and speed of reprogramming suggestive of a possible interaction. Reporter assays in MEFs showed that co-expression of RARγ, LRH1 and OSKM activated the Oct4 0.4-kb proximal promoter reporter activity four to five-fold [61]. These results indicate that the retinoid pathway may participate in the activation of pluripotency genes to improve reprogramming in contrast to its role in repressing pluripotency during ES cell differentiation [61]. RARγ has been reported to be required for the recruitment of Suz12, a polycomb-group protein, and the histone variant H2A.Z to several RAR target genes to repress their expression in the absence of RA [123].

In summary, RAR has been shown to be a reprogramming factor. RAR/RXR may bind DR elements and recruit coregulators, chromatin factors and chromatin remodeling complexes to activate or repress gene expression in ES cell pluripotency and differentiation. The function of retinoid receptors in regulation of pluripotency gene expression and ES cell differentiation needs to be more clearly defined.

16.2 Conclusions

Nuclear receptors play important and varied roles, in the regulation of gene expression in ES cells. Different nuclear receptors play discrete but sometimes overlapping roles in ES cells. Further study of the mechanisms of nuclear receptors transcriptional regulation in ES cells, such as genome-wide expression profiling, genome-wide target profiling, interaction proteomics, gain-of-function, loss-of-function, posttranslational modification, protein stability and localization, exploration of external signaling stimuli, comparison *in vitro* and *in vivo*, comparison of different stem cell types, etc., will have great significance for the treatment of diseases. Definition of the overlapping and complementary roles of LRH1, DAX1, Esrrβ and TR2 in the regulation of ES cell pluripotency and self-renewal is required as this will permit coordinate regulation of gene expression in ES and iPS cells using ligands targeting any combination of these factors. Likewise definition of the overlapping and complementary roles of GCNF, TR2 in the repression of pluripotency genes, and whether COUP-TFs are actually playing a functional role is required as this will permit coordinate regulation of gene expression in ES and iPS cells using ligands targeting any combination of these factors as well.

References

1. Rossant J (2007) Stem cells and lineage development in the mammalian blastocyst. Reprod Fertil Dev 19(1):111–118
2. Evans MJ, Kaufman MH (1981) Establishment in culture of pluripotential cells from mouse embryos. Nature 292(5819):154–156
3. Niwa H, Burdon T, Chambers I, Smith A (1998) Self-renewal of pluripotent embryonic stem cells is mediated via activation of STAT3. Genes Dev 12(13):2048–2060
4. Smith AG, Heath JK, Donaldson DD, Wong GG, Moreau J, Stahl M, Rogers D (1988) Inhibition of pluripotential embryonic stem cell differentiation by purified polypeptides. Nature 336(6200):688–690
5. Ying QL, Nichols J, Chambers I, Smith A (2003) BMP induction of Id proteins suppresses differentiation and sustains embryonic stem cell self-renewal in collaboration with STAT3. Cell 115(3):281–292
6. Ying QL, Wray J, Nichols J, Batlle-Morera L, Doble B, Woodgett J, Cohen P, Smith A (2008) The ground state of embryonic stem cell self-renewal. Nature 453(7194):519–523
7. Sato N, Meijer L, Skaltsounis L, Greengard P, Brivanlou AH (2004) Maintenance of pluripotency in human and mouse embryonic stem cells through activation of Wnt signaling by a pharmacological GSK-3-specific inhibitor. Nat Med 10(1):55–63
8. Wagner RT, Xu X, Yi F, Merrill BJ, Cooney AJ (2010) Canonical Wnt/beta-catenin regulation of liver receptor homolog-1 mediates pluripotency gene expression. Stem Cells 28(10):1794–1804
9. Ogawa K, Nishinakamura R, Iwamatsu Y, Shimosato D, Niwa H (2006) Synergistic action of Wnt and LIF in maintaining pluripotency of mouse ES cells. Biochem Biophys Res Commun 343(1):159–166
10. Miyabayashi T, Teo JL, Yamamoto M, McMillan M, Nguyen C, Kahn M (2007) Wnt/beta-catenin/CBP signaling maintains long-term murine embryonic stem cell pluripotency. Proc Natl Acad Sci U S A 104(13):5668–5673
11. Wang J, Rao S, Chu J, Shen X, Levasseur DN, Theunissen TW, Orkin SH (2006) A protein interaction network for pluripotency of embryonic stem cells. Nature 444(7117):364–368
12. Kim J, Chu J, Shen X, Wang J, Orkin SH (2008) An extended transcriptional network for pluripotency of embryonic stem cells. Cell 132(6):1049–1061
13. Loh YH, Wu Q, Chew JL, Vega VB, Zhang W, Chen X, Bourque G, George J, Leong B, Liu J et al (2006) The Oct4 and Nanog transcription network regulates pluripotency in mouse embryonic stem cells. Nat Genet 38(4):431–440
14. Boyer LA, Lee TI, Cole MF, Johnstone SE, Levine SS, Zucker JP, Guenther MG, Kumar RM, Murray HL, Jenner RG et al (2005) Core transcriptional regulatory circuitry in human embryonic stem cells. Cell 122(6):947–956
15. van den Berg DL, Snoek T, Mullin NP, Yates A, Bezstarosti K, Demmers J, Chambers I, Poot RA (2010) An Oct4-centered protein interaction network in embryonic stem cells. Cell Stem Cell 6(4):369–381
16. Pardo M, Lang B, Yu L, Prosser H, Bradley A, Babu MM, Choudhary J (2010) An expanded Oct4 interaction network: implications for stem cell biology, development, and disease. Cell Stem Cell 6(4):382–395

17. Nichols J, Zevnik B, Anastassiadis K, Niwa H, Klewe-Nebenius D, Chambers I, Scholer H, Smith A (1998) Formation of pluripotent stem cells in the mammalian embryo depends on the POU transcription factor Oct4. Cell 95(3):379–391
18. Ivanova N, Dobrin R, Lu R, Kotenko I, Levorse J, DeCoste C, Schafer X, Lun Y, Lemischka IR (2006) Dissecting self-renewal in stem cells with RNA interference. Nature 442(7102):533–538
19. Mitsui K, Tokuzawa Y, Itoh H, Segawa K, Murakami M, Takahashi K, Maruyama M, Maeda M, Yamanaka S (2003) The homeoprotein Nanog is required for maintenance of pluripotency in mouse epiblast and ES cells. Cell 113(5):631–642
20. Chambers I, Colby D, Robertson M, Nichols J, Lee S, Tweedie S, Smith A (2003) Functional expression cloning of Nanog, a pluripotency sustaining factor in embryonic stem cells. Cell 113(5):643–655
21. Niwa H, Miyazaki J, Smith AG (2000) Quantitative expression of Oct-3/4 defines differentiation, dedifferentiation or self-renewal of ES cells. Nat Genet 24(4):372–376
22. Niwa H, Toyooka Y, Shimosato D, Strumpf D, Takahashi K, Yagi R, Rossant J (2005) Interaction between Oct3/4 and Cdx2 determines trophectoderm differentiation. Cell 123(5):917–929
23. Kopp JL, Ormsbee BD, Desler M, Rizzino A (2008) Small increases in the level of Sox2 trigger the differentiation of mouse embryonic stem cells. Stem Cells 26(4):903–911
24. Chew JL, Loh YH, Zhang W, Chen X, Tam WL, Yeap LS, Li P, Ang YS, Lim B, Robson P et al (2005) Reciprocal transcriptional regulation of Pou5f1 and Sox2 via the Oct4/Sox2 complex in embryonic stem cells. Mol Cell Biol 25(14):6031–6046
25. Takahashi K, Yamanaka S (2006) Induction of pluripotent stem cells from mouse embryonic and adult fibroblast cultures by defined factors. Cell 126(4): 663–676
26. Zhang Z, Burch PE, Cooney AJ, Lanz RB, Pereira FA, Wu J, Gibbs RA, Weinstock G, Wheeler DA (2004) Genomic analysis of the nuclear receptor family: new insights into structure, regulation, and evolution from the rat genome. Genome Res 14(4):580–590
27. McKenna NJ, O'Malley BW (2002) Combinatorial control of gene expression by nuclear receptors and coregulators. Cell 108(4):465–474
28. Mangelsdorf DJ, Thummel C, Beato M, Herrlich P, Schutz G, Umesono K, Blumberg B, Kastner P, Mark M, Chambon P et al (1995) The nuclear receptor superfamily: the second decade. Cell 83(6): 835–839
29. Olefsky JM (2001) Nuclear receptor minireview series. J Biol Chem 276(40):36863–36864
30. Nuclear Receptors Nomenclature Committee (1999) A unified nomenclature system for the nuclear receptor superfamily. Cell 97(2):161–163
31. Nitta M, Ku S, Brown C, Okamoto AY, Shan B (1999) CPF: an orphan nuclear receptor that regulates liver-specific expression of the human cholesterol 7alpha-hydroxylase gene. Proc Natl Acad Sci U S A 96(12):6660–6665
32. Bernier D, Thomassin H, Allard D, Guertin M, Hamel D, Blaquiere M, Beauchemin M, LaRue H, Estable-Puig M, Belanger L (1993) Functional analysis of developmentally regulated chromatin-hypersensitive domains carrying the alpha 1-fetoprotein gene promoter and the albumin/alpha 1-fetoprotein intergenic enhancer. Mol Cell Biol 13(3):1619–1633
33. Li M, Xie YH, Kong YY, Wu X, Zhu L, Wang Y (1998) Cloning and characterization of a novel human hepatocyte transcription factor, hB1F, which binds and activates enhancer II of hepatitis B virus. J Biol Chem 273(44):29022–29031
34. Schwartz CJ, Sampson HM, Hlousek D, Percival-Smith A, Copeland JW, Simmonds AJ, Krause HM (2001) FTZ-Factor1 and Fushi tarazu interact via conserved nuclear receptor and coactivator motifs. EMBO J 20(3):510–519
35. Solomon IH, Hager JM, Safi R, McDonnell DP, Redinbo MR, Ortlund EA (2005) Crystal structure of the human LRH-1 DBD-DNA complex reveals Ftz-F1 domain positioning is required for receptor activity. J Mol Biol 354(5):1091–1102
36. Sablin EP, Krylova IN, Fletterick RJ, Ingraham HA (2003) Structural basis for ligand-independent activation of the orphan nuclear receptor LRH-1. Mol Cell 11(6):1575–1585
37. Krylova IN, Sablin EP, Moore J, Xu RX, Waitt GM, MacKay JA, Juzumiene D, Bynum JM, Madauss K, Montana V et al (2005) Structural analyses reveal phosphatidyl inositols as ligands for the NR5 orphan receptors SF-1 and LRH-1. Cell 120(3):343–355
38. Lee JM, Lee YK, Mamrosh JL, Busby SA, Griffin PR, Pathak MC, Ortlund EA, Moore DD (2011) A nuclear-receptor-dependent phosphatidylcholine pathway with antidiabetic effects. Nature 474(7352):506–510
39. Lee YK, Choi YH, Chua S, Park YJ, Moore DD (2006) Phosphorylation of the hinge domain of the nuclear hormone receptor LRH-1 stimulates transactivation. J Biol Chem 281(12):7850–7855
40. Yang FM, Pan CT, Tsai HM, Chiu TW, Wu ML, Hu MC (2009) Liver receptor homolog-1 localization in the nuclear body is regulated by sumoylation and cAMP signaling in rat granulosa cells. FEBS J 276(2):425–436
41. Chalkiadaki A, Talianidis I (2005) SUMO-dependent compartmentalization in promyelocytic leukemia protein nuclear bodies prevents the access of LRH-1 to chromatin. Mol Cell Biol 25(12):5095–5105
42. Lee YK, Moore DD (2002) Dual mechanisms for repression of the monomeric orphan receptor liver receptor homologous protein-1 by the orphan small heterodimer partner. J Biol Chem 277(4): 2463–2467
43. Brendel C, Gelman L, Auwerx J (2002) Multiprotein bridging factor-1 (MBF-1) is a cofactor for nuclear receptors that regulate lipid metabolism. Mol Endocrinol 16(6):1367–1377

44. Li LA, Chiang EF, Chen JC, Hsu NC, Chen YJ, Chung BC (1999) Function of steroidogenic factor 1 domains in nuclear localization, transactivation, and interaction with transcription factor TFIIB and c-Jun. Mol Endocrinol 13(9):1588–1598
45. del Castillo-Olivares A, Gil G (2001) Suppression of sterol 12alpha-hydroxylase transcription by the short heterodimer partner: insights into the repression mechanism. Nucleic Acids Res 29(19):4035–4042
46. Suzuki T, Kasahara M, Yoshioka H, Morohashi K, Umesono K (2003) LXXLL-related motifs in Dax-1 have target specificity for the orphan nuclear receptors Ad4BP/SF-1 and LRH-1. Mol Cell Biol 23(1): 238–249
47. Sablin EP, Woods A, Krylova IN, Hwang P, Ingraham HA, Fletterick RJ (2008) The structure of corepressor Dax-1 bound to its target nuclear receptor LRH-1. Proc Natl Acad Sci U S A 105(47):18390–18395
48. Parker KL, Schimmer BP (1997) Steroidogenic factor 1: a key determinant of endocrine development and function. Endocr Rev 18(3):361–377
49. Barnea E, Bergman Y (2000) Synergy of SF1 and RAR in activation of Oct-3/4 promoter. J Biol Chem 275(9):6608–6619
50. Xie CQ, Jeong Y, Fu M, Bookout AL, Garcia-Barrio MT, Sun T, Kim BH, Xie Y, Root S, Zhang J et al (2009) Expression profiling of nuclear receptors in human and mouse embryonic stem cells. Mol Endocrinol 23(5):724–733
51. Gu P, Goodwin B, Chung AC, Xu X, Wheeler DA, Price RR, Galardi C, Peng L, Latour AM, Koller BH et al (2005) Orphan nuclear receptor LRH-1 is required to maintain Oct4 expression at the epiblast stage of embryonic development. Mol Cell Biol 25(9):3492–3505
52. Guo G, Smith A (2010) A genome-wide screen in EpiSCs identifies Nr5a nuclear receptors as potent inducers of ground state pluripotency. Development 137(19):3185–3192
53. Tesar PJ, Chenoweth JG, Brook FA, Davies TJ, Evans EP, Mack DL, Gardner RL, McKay RD (2007) New cell lines from mouse epiblast share defining features with human embryonic stem cells. Nature 448(7150): 196–199
54. Pare JF, Malenfant D, Courtemanche C, Jacob-Wagner M, Roy S, Allard D, Belanger L (2004) The fetoprotein transcription factor (FTF) gene is essential to embryogenesis and cholesterol homeostasis and is regulated by a DR4 element. J Biol Chem 279(20):21206–21216
55. Haegel H, Larue L, Ohsugi M, Fedorov L, Herrenknecht K, Kemler R (1995) Lack of beta-catenin affects mouse development at gastrulation. Development 121(11):3529–3537
56. Glinka A, Wu W, Delius H, Monaghan AP, Blumenstock C, Niehrs C (1998) Dickkopf-1 is a member of a new family of secreted proteins and functions in head induction. Nature 391(6665): 357–362
57. Clevers H (2006) Wnt/beta-catenin signaling in development and disease. Cell 127(3):469–480
58. Gao DM, Wang LF, Liu J, Kong YY, Wang Y, Xie YH (2006) Expression of mouse liver receptor homologue 1 in embryonic stem cells is directed by a novel promoter. FEBS Lett 580(7):1702–1708
59. Niwa H, Ogawa K, Shimosato D, Adachi K (2009) A parallel circuit of LIF signalling pathways maintains pluripotency of mouse ES cells. Nature 460(7251):118–122
60. Heng JC, Feng B, Han J, Jiang J, Kraus P, Ng JH, Orlov YL, Huss M, Yang L, Lufkin T et al (2010) The nuclear receptor Nr5a2 can replace Oct4 in the reprogramming of murine somatic cells to pluripotent cells. Cell Stem Cell 6(2):167–174
61. Wang W, Yang J, Liu H, Lu D, Chen X, Zenonos Z, Campos LS, Rad R, Guo G, Zhang S (2011) Rapid and efficient reprogramming of somatic cells to induced pluripotent stem cells by retinoic acid receptor gamma and liver receptor homolog 1. Proc Natl Acad Sci U S A 108:18283–18288
62. Botrugno OA, Fayard E, Annicotte JS, Haby C, Brennan T, Wendling O, Tanaka T, Kodama T, Thomas W, Auwerx J et al (2004) Synergy between LRH-1 and beta-catenin induces G1 cyclin-mediated cell proliferation. Mol Cell 15(4):499–509
63. Zanaria E, Muscatelli F, Bardoni B, Strom TM, Guioli S, Guo W, Lalli E, Moser C, Walker AP, McCabe ER et al (1994) An unusual member of the nuclear hormone receptor superfamily responsible for X-linked adrenal hypoplasia congenita. Nature 372(6507):635–641
64. Giguere V (1999) Orphan nuclear receptors: from gene to function. Endocr Rev 20(5):689–725
65. Niakan KK, Davis EC, Clipsham RC, Jiang M, Dehart DB, Sulik KK, McCabe ER (2006) Novel role for the orphan nuclear receptor Dax1 in embryogenesis, different from steroidogenesis. Mol Genet Metab 88(3):261–271
66. Khalfallah O, Rouleau M, Barbry P, Bardoni B, Lalli E (2009) Dax-1 knockdown in mouse embryonic stem cells induces loss of pluripotency and multilineage differentiation. Stem Cells 27(7): 1529–1537
67. Sun C, Nakatake Y, Ura H, Akagi T, Niwa H, Koide H, Yokota T (2008) Stem cell-specific expression of Dax1 is conferred by STAT3 and Oct3/4 in embryonic stem cells. Biochem Biophys Res Commun 372(1):91–96
68. Kelly VR, Hammer GD (2011) LRH-1 and Nanog regulate Dax1 transcription in mouse embryonic stem cells. Mol Cell Endocrinol 332(1–2):116–124
69. Johansson L, Bavner A, Thomsen JS, Farnegardh M, Gustafsson JA, Treuter E (2000) The orphan nuclear receptor SHP utilizes conserved LXXLL-related motifs for interactions with ligand-activated estrogen receptors. Mol Cell Biol 20(4):1124–1133
70. Zhang H, Thomsen JS, Johansson L, Gustafsson JA, Treuter E (2000) DAX-1 functions as an LXXLL-

containing corepressor for activated estrogen receptors. J Biol Chem 275(51):39855–39859

71. Sun C, Nakatake Y, Akagi T, Ura H, Matsuda T, Nishiyama A, Koide H, Ko MS, Niwa H, Yokota T (2009) Dax1 binds to Oct3/4 and inhibits its transcriptional activity in embryonic stem cells. Mol Cell Biol 29(16):4574–4583
72. Gearhart MD, Holmbeck SM, Evans RM, Dyson HJ, Wright PE (2003) Monomeric complex of human orphan estrogen related receptor-2 with DNA: a pseudo-dimer interface mediates extended half-site recognition. J Mol Biol 327(4):819–832
73. Tremblay GB, Kunath T, Bergeron D, Lapointe L, Champigny C, Bader JA, Rossant J, Giguere V (2001) Diethylstilbestrol regulates trophoblast stem cell differentiation as a ligand of orphan nuclear receptor ERR beta. Genes Dev 15(7):833–838
74. Feng B, Jiang J, Kraus P, Ng JH, Heng JC, Chan YS, Yaw LP, Zhang W, Loh YH, Han J et al (2009) Reprogramming of fibroblasts into induced pluripotent stem cells with orphan nuclear receptor Esrrb. Nat Cell Biol 11(2):197–203
75. Luo J, Sladek R, Bader JA, Matthyssen A, Rossant J, Giguere V (1997) Placental abnormalities in mouse embryos lacking the orphan nuclear receptor ERR-beta. Nature 388(6644):778–782
76. Chen X, Xu H, Yuan P, Fang F, Huss M, Vega VB, Wong E, Orlov YL, Zhang W, Jiang J et al (2008) Integration of external signaling pathways with the core transcriptional network in embryonic stem cells. Cell 133(6):1106–1117
77. van den Berg DL, Zhang W, Yates A, Engelen E, Takacs K, Bezstarosti K, Demmers J, Chambers I, Poot RA (2008) Estrogen-related receptor beta interacts with Oct4 to positively regulate Nanog gene expression. Mol Cell Biol 28(19):5986–5995
78. Jiang J, Chan YS, Loh YH, Cai J, Tong GQ, Lim CA, Robson P, Zhong S, Ng HH (2008) A core Klf circuitry regulates self-renewal of embryonic stem cells. Nat Cell Biol 10(3):353–360
79. Chen F, Cooney AJ, Wang Y, Law SW, O'Malley BW (1994) Cloning of a novel orphan receptor (GCNF) expressed during germ cell development. Mol Endocrinol 8(10):1434–1444
80. Hirose T, O'Brien DA, Jetten AM (1995) RTR: a new member of the nuclear receptor superfamily that is highly expressed in murine testis. Gene 152(2): 247–251
81. Bauer UM, Schneider-Hirsch S, Reinhardt S, Pauly T, Maus A, Wang F, Heiermann R, Rentrop M, Maelicke A (1997) Neuronal cell nuclear factor—a nuclear receptor possibly involved in the control of neurogenesis and neuronal differentiation. Eur J Biochem 249(3):826–837
82. Chung AC, Katz D, Pereira FA, Jackson KJ, DeMayo FJ, Cooney AJ, O'Malley BW (2001) Loss of orphan receptor germ cell nuclear factor function results in ectopic development of the tail bud and a novel posterior truncation. Mol Cell Biol 21(2):663–677
83. Fuhrmann G, Chung AC, Jackson KJ, Hummelke G, Baniahmad A, Sutter J, Sylvester I, Scholer HR, Cooney AJ (2001) Mouse germline restriction of Oct4 expression by germ cell nuclear factor. Dev Cell 1(3):377–387
84. Gu P, LeMenuet D, Chung AC, Mancini M, Wheeler DA, Cooney AJ (2005) Orphan nuclear receptor GCNF is required for the repression of pluripotency genes during retinoic acid-induced embryonic stem cell differentiation. Mol Cell Biol 25(19): 8507–8519
85. Greschik H, Wurtz JM, Hublitz P, Kohler F, Moras D, Schule R (1999) Characterization of the DNA-binding and dimerization properties of the nuclear orphan receptor germ cell nuclear factor. Mol Cell Biol 19(1):690–703
86. Borgmeyer U (1997) Dimeric binding of the mouse germ cell nuclear factor. Eur J Biochem 244(1):120–127
87. Gu P, Morgan DH, Sattar M, Xu X, Wagner R, Raviscioni M, Lichtarge O, Cooney AJ (2005) Evolutionary trace-based peptides identify a novel asymmetric interaction that mediates oligomerization in nuclear receptors. J Biol Chem 280(36): 31818–31829
88. Kapelle M, Kratzschmar J, Husemann M, Schleuning WD (1997) cDNA cloning of two closely related forms of human germ cell nuclear factor (GCNF). Biochim Biophys Acta 1352(1):13–17
89. Greschik H, Schule R (1998) Germ cell nuclear factor: an orphan receptor with unexpected properties. J Mol Med (Berl) 76(12):800–810
90. Zechel C (2005) The germ cell nuclear factor (GCNF). Mol Reprod Dev 72(4):550–556
91. Cooney AJ, Hummelke GC, Herman T, Chen F, Jackson KJ (1998) Germ cell nuclear factor is a response element-specific repressor of transcription. Biochem Biophys Res Commun 245(1): 4–100
92. Fuhrmann G, Sylvester I, Scholer HR (1999) Repression of Oct-4 during embryonic cell differentiation correlates with the appearance of TRIF, a transiently induced DNA-binding factor. Cell Mol Biol (Noisy-le-grand) 45(5):717–724
93. Gu P, Xu X, Le Menuet D, Chung AC, Cooney AJ (2011) Differential recruitment of methyl CpG-binding domain factors and DNA methyltransferases by the orphan receptor germ cell nuclear factor initiates the repression and silencing of Oct4. Stem Cells 29(7):1041–1051
94. Yan Z, Kim YS, Jetten AM (2002) RAP80, a novel nuclear protein that interacts with the retinoid-related testis-associated receptor. J Biol Chem 277(35): 32379–32388
95. Yan Z, Jetten AM (2000) Characterization of the repressor function of the nuclear orphan receptor retinoid receptor-related testis-associated receptor/ germ cell nuclear factor. J Biol Chem 275(45): 35077–35085

96. Akamatsu W, DeVeale B, Okano H, Cooney AJ, van der Kooy D (2009) Suppression of Oct4 by germ cell nuclear factor restricts pluripotency and promotes neural stem cell development in the early neural lineage. J Neurosci 29(7):2113–2124
97. Cooney AJ, Lee CT, Lin SC, Tsai SY, Tsai MJ (2001) Physiological function of the orphans GCNF and COUP-TF. Trends Endocrinol Metab 12(6): 247–251
98. Miyajima N, Kadowaki Y, Fukushige S, Shimizu S, Semba K, Yamanashi Y, Matsubara K, Toyoshima K, Yamamoto T (1988) Identification of two novel members of erbA superfamily by molecular cloning: the gene products of the two are highly related to each other. Nucleic Acids Res 16(23):11057–11074
99. Ladias JA, Karathanasis SK (1991) Regulation of the apolipoprotein AI gene by ARP-1, a novel member of the steroid receptor superfamily. Science 251(4993): 561–565
100. Lin FJ, Qin J, Tang K, Tsai SY, Tsai MJ (2011) Coup d'Etat: an orphan takes control. Endocr Rev 32(3):404–421
101. Park JI, Tsai SY, Tsai MJ (2003) Molecular mechanism of chicken ovalbumin upstream promoter-transcription factor (COUP-TF) actions. Keio J Med 52(3):174–181
102. Qiu Y, Pereira FA, DeMayo FJ, Lydon JP, Tsai SY, Tsai MJ (1997) Null mutation of mCOUP-TFI results in defects in morphogenesis of the glossopharyngeal ganglion, axonal projection, and arborization. Genes Dev 11(15):1925–1937
103. Pereira FA, Qiu Y, Zhou G, Tsai MJ, Tsai SY (1999) The orphan nuclear receptor COUP-TFII is required for angiogenesis and heart development. Genes Dev 13(8):1037–1049
104. Ben-Shushan E, Sharir H, Pikarsky E, Bergman Y (1995) A dynamic balance between ARP-1/COUP-TFII, EAR-3/COUP-TFI, and retinoic acid receptor:retinoid X receptor heterodimers regulates Oct-3/4 expression in embryonal carcinoma cells. Mol Cell Biol 15(2):1034–1048
105. Murray P, Edgar D (2001) Regulation of laminin and COUP-TF expression in extraembryonic endodermal cells. Mech Dev 101(1–2):213–215
106. Fujikura J, Yamato E, Yonemura S, Hosoda K, Masui S, Nakao K, Miyazaki Ji J, Niwa H (2002) Differentiation of embryonic stem cells is induced by GATA factors. Genes Dev 16(7):784–789
107. Zhuang Y, Gudas LJ (2008) Overexpression of COUP-TF1 in murine embryonic stem cells reduces retinoic acid-associated growth arrest and increases extraembryonic endoderm gene expression. Differentiation 76(7):760–771
108. Kruse SW, Suino-Powell K, Zhou XE, Kretschman JE, Reynolds R, Vonrhein C, Xu Y, Wang L, Tsai SY, Tsai MJ et al (2008) Identification of COUP-TFII orphan nuclear receptor as a retinoic acid-activated receptor. PLoS Biol 6(9):e227
109. Chang C, Kokontis J (1988) Identification of a new member of the steroid receptor super-family by cloning and sequence analysis. Biochem Biophys Res Commun 155(2):971–977
110. Lee YF, Lee HJ, Chang C (2002) Recent advances in the TR2 and TR4 orphan receptors of the nuclear receptor superfamily. J Steroid Biochem Mol Biol 81(4–5):291–308
111. Wei LN (2009) Post-translational modifications of orphan nuclear receptor TR2—new insights into drug targets for stem cell therapy and the effect of retinoic acid. Proteomics Clin Appl 3:279–285
112. Park SW, Hu X, Gupta P, Lin YP, Ha SG, Wei LN (2007) SUMOylation of Tr2 orphan receptor involves Pml and fine-tunes Oct4 expression in stem cells. Nat Struct Mol Biol 14(1):68–75
113. Chuang YS, Huang WH, Park SW, Persaud SD, Hung CH, Ho PC, Wei LN (2011) Promyelocytic leukemia protein in retinoic acid-induced chromatin remodeling of Oct4 gene promoter. Stem Cells 29(4):660–669
114. Lee CH, Chinpaisal C, Wei LN (1998) Cloning and characterization of mouse RIP140, a corepressor for nuclear orphan receptor TR2. Mol Cell Biol 18(11):6745–6755
115. Khan SA, Park SW, Huq MD, Wei LN (2006) Ligand-independent orphan receptor TR2 activation by phosphorylation at the DNA-binding domain. Proteomics 6(1):123–130
116. Gupta P, Ho PC, Huq MM, Ha SG, Park SW, Khan AA, Tsai NP, Wei LN (2008) Retinoic acid-stimulated sequential phosphorylation, PML recruitment, and SUMOylation of nuclear receptor TR2 to suppress Oct4 expression. Proc Natl Acad Sci U S A 105(32):11424–11429
117. Mangelsdorf DJ, Evans RM (1995) The RXR heterodimers and orphan receptors. Cell 83(6):841–850
118. Wei LN (2003) Retinoid receptors and their coregulators. Annu Rev Pharmacol Toxicol 43:47–72
119. Gudas LJ, Wagner JA (2011) Retinoids regulate stem cell differentiation. J Cell Physiol 226(2):322–330
120. Giguere V, Ong ES, Segui P, Evans RM (1987) Identification of a receptor for the morphogen retinoic acid. Nature 330(6149):624–629
121. Mangelsdorf DJ, Ong ES, Dyck JA, Evans RM (1990) Nuclear receptor that identifies a novel retinoic acid response pathway. Nature 345(6272):224–229
122. Sylvester I, Scholer HR (1994) Regulation of the Oct-4 gene by nuclear receptors. Nucleic Acids Res 22(6):901–911
123. Amat R, Gudas LJ (2011) RARgamma is required for correct deposition and removal of Suz12 and H2A.Z in embryonic stem cells. J Cell Physiol 226(2):293–298

Epigenetic Regulation of Stem Cells

17

The Role of Chromatin in Cell Differentiation

Anton Wutz

Abstract

The specialized cell types of tissues and organs are generated during development and are replenished over lifetime though the process of differentiation. During differentiation the characteristics and identity of cells are changed to meet their functional requirements. Differentiated cells then faithfully maintain their characteristic gene expression patterns. On the molecular level transcription factors have a key role in instructing specific gene expression programs. They act together with chromatin regulators which stabilize expression patterns. Current evidence indicates that epigenetic mechanisms are essential for maintaining stable cell identities. Conversely, the disruption of chromatin regulators is associated with disease and cellular transformation. In mammals, a large number of chromatin regulators have been identified. The Polycomb group complexes and the DNA methylation system have been widely studied in development. Other chromatin regulators remain to be explored. This chapter focuses on recent advances in understanding epigenetic regulation in embryonic and adult stem cells in mammals. The available data illustrate that several chromatin regulators control key lineage specific genes. Different epigenetic systems potentially could provide stability and guard against loss or mutation of individual components. Recent experiments also suggest intervals in cell differentiation and development when new epigenetic patterns are established. Epigenetic patterns have been observed to change at a progenitor state after stem cells commit to differentiation. This finding is consistent with a role of epigenetic regulation in stabilizing expression patterns after their establishment by transcription factors. However, the available data also suggest that additional, presently unidentified, chromatin regulatory mechanisms exist. Identification of these mechanism

A. Wutz (✉)
Wellcome Trust Centre for Stem Cell Research,
Department of Biochemistry, University of Cambridge,
Tennis Court Road, Cambridge, CB2 1QR, UK
e-mail: aw512@cam.ac.uk

G. Hime and H. Abud (eds.), *Transcriptional and Translational Regulation of Stem Cells*,
Advances in Experimental Medicine and Biology 786, DOI 10.1007/978-94-007-6621-1_17,

is an important aim for future research to obtain a more complete framework for understanding stem cell differentiation during tissue homeostasis.

Keywords
Polycomb • DNA methylation • Chromatin • Epigenetics • Stem cells

17.1 Introduction

Establishment of different cell fates during development requires precise control over many transcriptional programmes. How transcriptional regulation of the genome is coordinated to unfold the logic of the developmental programme is a central question of current life science research. Cell differentiation is guided by transcription factors that define expression profiles of intermediate precursors and functional differentiated cell types. Distinct cell fates can be established by mutual antagonism between transcription factor networks [for a detailed discussion see 1]. Certain key factors play dominant roles in instructing a particular cell fate. It has been shown that C/EBPα expression in B cells can induce a macrophage program and muscle cells have been obtained from fibroblasts by expressing Myf5 [1]. In addition to transcription factors chromatin modifying activities stabilize gene expression patterns and cell fates. Currently, it is thought that one principle function of epigenetic regulators is in maintaining repression of genes that are not appropriate for a cell type or cell lineage. The stabilizing effect of epigenetic patterns is directed against cell fate changes. This is of practical importance when considering the reprogramming of somatic cells to induced pluripotent stem (iPS) cells [2]. Reprogramming by expressing a set of transcription factors requires time and can be enhanced by interfering with epigenetic mechanisms. During normal development epigenetic mechanisms guard against less forceful attempts of cell type change but act in a more subtle way to contribute to cell differentiation. Epigenetic regulation provides a memory of previous lineage decisions and therefore different cell types can be generated in a sequential manner. Tissue restricted stem cells maintain blood, intestine, skin, and hair over a lifetime. It is conceivable that a key function of epigenetic patterns is for confining the developmental potential of stem cells to their particular lineages and thereby liberating transcriptional control for specifying a unique set of cell types with distinct functional characteristics within this lineage.

17.2 Epigenetic Regulation in Development and Differentiation

The arrival of modern high throughput genomics technology has facilitated the analysis of chromatin composition and modifications in a genome wide manner. Sequencing techniques have been developed to analyse methylation and hydroxylmethylation of cytosine in DNA at nucleotide resolution [reviewed in 3]. An abundance of data at near nucleosomal resolution has also been generated for different histone modifications. This has provided data sets for correlating the occurrence of chromatin marks with gene expression. In the nucleus the genome is tightly packaged whereby 146 basepairs of DNA are wrapped around a histone octamere consisting of two molecules of each histones H2A, H2B, H3 and H4 [4]. Histones are subject to post-translational modifications including acetylation, methylation and phosphorylation [5]. Particularly, modification of lysine, serine and arginine residues in the N-termini of histone H3 and H4 have been implicated in the regulation of gene expression. Acetylation of histone H3 and H4 are generally associated with transcribed genes (Table 17.1). Gene promoters are also characterized by tri-methylation of histone H3 lysine 4 (H3K4me3) [6, 7]. Opposing marks

Table 17.1 Combinations of chromatin modifications identify regulatory elements

Regulatory element	Associated chromatin modifications	Remarks
CpG island promoter	H3K4me3, H3K27Ac, H4Ac	Active housekeeping genes
Poised promoter	H3K4me3, H3K27me3 can also contain 5hmC	Lineage specific differentiation
Enhancer	H3K27Ac, H4K4me1	Developmental active genes
Poised enhancer	H3K27me3, H3K4me1	Lineage specific genes
Transcription unit	H3K36me3, H3K79me2	Gene body of active gene
Inactive promoter	5mC and/or H3K9me3	CpG poor gene promoter

correlating with repression of transcription activity include methylation of histone H3 lysine 9 and 27. Coexistence of histone H3 lysine 4 and lysine 27 tri-methylation (H3K27me3) has also been observed. In embryonic stem cells doubly modified "bivalent" gene promoters are thought to be poised for activation upon entry into differentiation [8]. It is thought that marking promoters with H3K4me3 and H3K27me3 contributes to the developmental potential of pluripotent cells. In differentiation most of the bivalent marks are resolved in differentiated cells to either repressed K27 tri-methylated or active K4 trimethylated states [9, 10]. Bivalent marks are also observed in tissue stem cells such as the hair follicle or the blood stem cells but are less frequent [11–15].

Discrimination between poised and active genes has also been achieved by analysis of histone H3 lysine 36 methylation that is distributed throughout the transcription unit of active genes downstream of the promoter [7, 16]. The ability to read chromatin modifications has been useful to identify new noncoding RNA genes [16] and regulatory elements [6, 17]. As more histone modifications are analysed the interpretation of epigenetic signals will be further enhanced. However, histone and DNA modifications provide footprints of modifying complexes. The meaning of theses marks depends on proteins and complexes that are binding at the interrogated sequence. More than one enzyme can for instance catalyse histone H3 lysine 9 methylation. At pericentric heterochromatin this modification is established by the Suv39h1 and Suv39h2 enzymes [18], whereas Eset and G9a catalyse H3K9 methylation in euchromatic regions and on gene promoters [19–22].

Chromatin modification activities change during cell differentiation and development. This can lead to changes in the global level of epigenetic modifications. In mouse preimplantation embryos the paternally inherited chromosomes become hydroxymethylated after fertilization creating a distinction between the two parental genome equivalents [23]. DNA methylation and hydroxymethylation are then successively reduced during preimplantation development until global levels reach a minimum at the blastocyst stage (Fig. 17.1). As embryonic cell types are specified new DNA methylation patterns are established by the activity of DNA methyltransferases. It has also been observed that during the differentiation of embryonic stem (ES) cells the composition of Polycomb complexes changes [24]. These findings illustrate that the activity of epigenetic mechanisms is regulated in development and differentiation. It is conceivable that these changes reflect the changing requirements for stabilizing or changing transcription profiles and cell identity.

A number of studies have addressed the function of epigenetic mechanisms in development by using model systems. In mammals, genomic imprinting, X inactivation, and *HOX* gene regulation have provided key insights. Imprinted genes are expressed from a single parental allele. This implies that an imprinting mark for expression or repression of a parental allele is maintained from the gametic genomes throughout development. Parental specific marking is not easily explained by activity of diffusible transcription factors that are expected to affect both parental copies of genes equally. Therefore genomic imprinting highlights the function of mechanisms that transmit regulatory information linked to the DNA or chromatin [25]. Imprinting marks are only established in the germline and epigenetic information for opposing transcriptional states is maintained on the parental

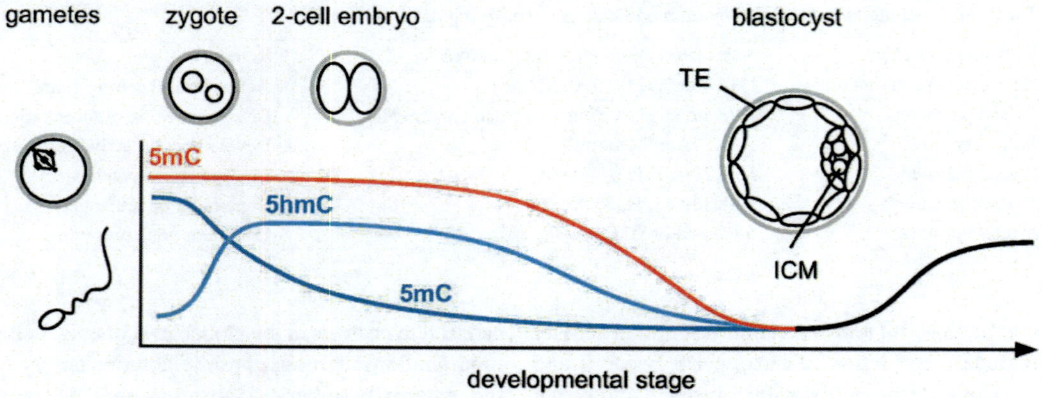

Fig. 17.1 A schematic illustration of global changes in DNA methylation (5mC) and DNA hydroxymethylation (5hmC) levels in mouse preimplantation development. A haploid set of chromosomes is inherited from each parent. The paternal (*blue lines*) chromosomes are packages tightly in sperm and become organized into nucleosomal arrays in the zygote. Activity of the Tet3 DNA dioxygenase converts 5mC in the paternally inherited DNA to 5hmC. Therefore the paternal and maternal (*red*) chromosomes are differentially marked by 5hmC and 5mC, respectively. During the next 3 days of development both 5mC and 5hmC levels decrease until they reach a minimum at the blastocyst stage (Trophectoderm *TE*, Inner cell mass *ICM*). During the differentiation of the embryonic lineages new DNA methylation is acquired on both maternal and paternal chromosomes. In contrast, imprinted methylation differences remain distinct between the parental sets of chromosomes, hence, marking genes in a parent-of-origin specific manner

copies of imprinted genes during development. Gene regulation in *cis* is also observed in the process of X inactivation (Fig. 17.2a). In the female nuclei one of the two X chromosomes is transcriptionally silenced thereby mediating dosage compensation between male (XY) and female (XX) cells [26]. Silencing of the X chromosome is initiated by the noncoding *Xist* RNA that accumulates in *cis* over the chromosome territory and triggers gene repression in a chromosome-wide manner (Fig. 17.2b). X inactivation is under developmental control. In mice, the paternally inherited X chromosome becomes inactivated at the four cell stage and remains inactive during development of the extraembryonic tissues. In the cells of the developing embryo reactivation of the inactive X chromosome (Xi) occurs and only after implantation random X inactivation of the paternal or maternal X chromosome is established in embryonic lineages. X inactivation illustrates the establishment of silent chromatin and epigenetic patterns during development [27]. The chromosome wide nature of X inactivation has facilitated investigations of chromosome composition by microscopy during the transition from an active to an inactive chromosome.

The formation of the lineages of the early mouse embryo is a well understood developmental process that illustrates the connections between stem cells and developmental plasticity. In mice, the trophectoderm (TE) differentiates from cells in an outside position of the morula stage embryo [28]. The transcription factors *Cdx2* and *Gata3* determine TE cell fate and are activated by Tead4, which is regulated by the Hippo pathway in a cell position dependent manner [29]. Once specified, TE identity is maintained by a transcription factor network that includes Cdx2, Eomes and Elf5. The inner cell mass (ICM) of the blastocyst develops from cells in an inside position and is characterized by expression of Oct4 [30]. The ICM differentiates into the epiblast and hypoblast (primitive endoderm; PE) lineages which are determined by Nanog and Gata6, respectively. Formation of the PE requires MAPK signalling [31, 32] and the development of the hypoblast can be suppressed by culturing embryos with inhibitors of the MEK pathway [33]. In contrast, expression of Nanog establishes the pluripotent cells of the epiblast that will form the embryonic tissues [34–36]. It has been possible to establish stem cell lines from early mouse embryos using

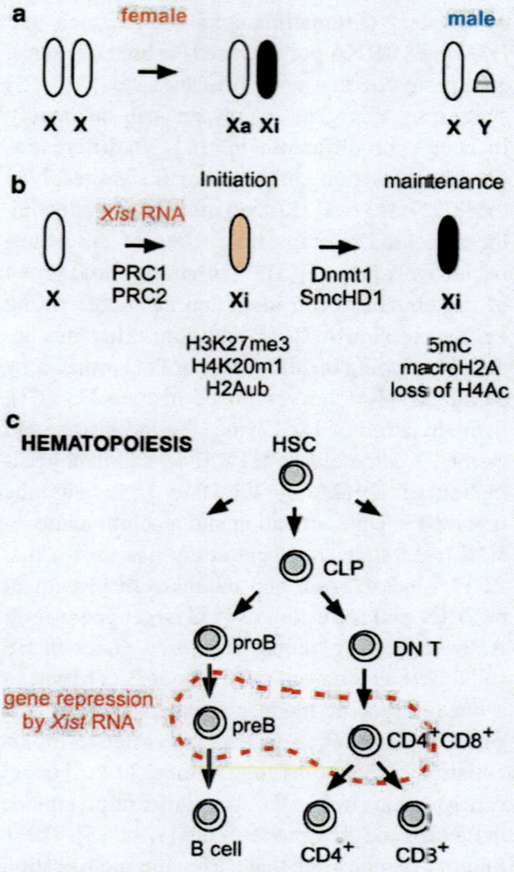

Fig. 17.2 In mammals the dosage difference between XY males and XX females is compensated by X inactivation. (**a**) One of the two X chromosomes in female cells is transcriptionally silenced in early development and an inactive X (Xi) and an active X (Xa) chromosomes are maintained in each cell. (**b**) X inactivation is initiated by expression of the noncoding Xist RNA that covers the chromosome and triggers chromosomal changes. PRC1 and PRC2 are recruited to the Xi and mediate chromosome wide H3K27me3 and H2Aub, respectively. At later stages the inactive X chromosome becomes further modified. Histone H4 becomes deacetylated on the Xi and promoters of X-linked genes are marked by DNA methylation in a manner that requires SmcHD1 and Dnmt1. In somatic cells the gene repression does not require Xist RNA and is stablilized by other epigenetic pathways including DNA methylation and histone H4 hypoacetylation. (**c**) Xist has been used to explore if the gene silencing pathway is active in other cells than the early embryo. In adult mice Xist can initiate chromosome wide gene repression in progenitor cells of the blood system. In the lymphoid lineages Xist initiates gene silencing in pre B and pre T cells, whereas the silencing pathway is not active in multilineage progenitors and mature lymphocytes. These findings point to a change in epigenetic pathways in progenitor cells during haematopoiesis

specific culture conditions [37]. Trophectoderm stem (TS) cells and extraembryonic endoderm stem (XEN) cells represent lineage restricted stem cells with potential to form trophoblast and extraembryonic endoderm when injected into host embryos, respectively. In these cells epigenetic hallmarks such as imprinted inactivation of the paternal X chromosome are maintained [38]. Embryonic stem (ES) cells are derived from ICM cells and maintain their pluripotent differentiation potential in culture. Mice whose cells are almost entirely derived from ES cells can be obtained through injection of ES cells into eight-cell embryos [39] or tetraploid aggregation [40]. However, ES cells do not normally contribute to extraembryonic lineages. Restriction towards the embryonic lineages reflects in part the epigenetic silencing of key genes for extraembryonic lineage differentiation such as *Elf5*. Demethylation of *Elf5* has been shown to induce trophectodermal differentiation [41, 42]. Conversely, in extraembryonic tissues chromatin modifications including H3K27me3 and H3K9me3 repress genes of embryonic lineages [43].

Pluripotent stem cells have also been obtained from the postimplantation epiblast [44, 45]. Mouse epiblast derived stem cells (EpiSCs) differ from mouse ES cells. Albeit, EpiSCs possess a wide differentiation potential in culture, they do not contribute to the embryo when injected into blastocysts. In contrast EpiSCs have the potential to differentiate into extraembryonic cell fates [46]. It has been reported that mouse ES cells can be converted to EpiSCs by changing culture conditions [47]. The reciprocal conversion of EpiSCs to ES cells is not as easily achieved and requires the expression of transcription factors such as Klf4 [48]. The observation that X inactivation has been initiated in female EpiSCs, in contrast to female mouse ES cells that possess two active X chromosomes [48], suggest a different epigenetic state underlying EpiSCs. It has been hypothesized that mouse ES cells represent a "ground state" of pluripotency whereby epigenetic restriction is at a minimum [49]. EpiSC would represent a pluripotent cell type primed for differentiation. Albeit, this idea is supported by observations in development [33, 47] the biology is not simple. The fact that ES cells maintain epigenetic patterns such as Elf5 methylation and imprinting marks suggests that epigenetic mechanisms are active. Notably, human pluripotent stem cells appear more similar to mouse EpiSCs than mouse ES cells [50]. A mouse ES cell like state can be achieved in human pluripotent cells but its maintenance requires transgenic expression of transcription factors [50]. Human ES cell lines have been cultured in a wide range of conditions and the status of X inactivation has been observed to be variable [51]. This suggest that also the mouse EpiSC state might represent a collection of different cellular states [52].

17.3 Epigenetic Transitions in Stem Cells

Studies of epigenetic patterns in pluripotent stem cells have contributed to the understanding how a wide developmental potential is maintained in cells over long periods of culture. DNA methylation, DNA hydroxymethylation and histone modifications have been analysed in mouse and human ES cells [6–8, 14, 53–55]. A major class of epigenetic regulators in development are the Polycomb group (PcG) proteins. PcG proteins are evolutionary conserved transcriptional repressors [56]. PRC2 complexes are present in plants and distantly related PRC2 proteins have also been identified in an unicellular organism [57]. In animals PcG proteins are widely known for their functions in *Hox* gene and cell cycle regulation. PcG complexes have chromatin modifying activity. Ring1b is a histone H2A specific ubiquitin E3 ligase and a component of heterogenous complexes with other PcG proteins. One of the complexes that includes Ring1b is Polycomb repressive complex 1 (PRC1) that catalyses monoubiquitinylation of histone H2A (ubH2A) [58, 59]. A second PcG complex (PRC2) contains Ezh2, Eed and Suz12 proteins and mediates di- and tri-methylation of histone H3 lysine 27 [60].

In ES cells over 2,000 genes are targets of PcG complexes including many transcription factors that are important for lineage specific differentiation [7, 10, 53]. Nearly all of the PcG target genes are in a poised configuration and characterized by bivalent chromatin marks (H3K27me3 and H3K4me3). RNA polymerase II is bound to these gene promoters in a non-processive state [7, 10, 53] suggesting that gene expression can be rapidly induced upon differentiation [61]. In differentiation these bivalent chromatin marks are resolved to H3K27me3 or H3K4me3 only marks reflecting the repressed or transcribed state of the genes, respectively [14, 15]. The Trithorax (TrxG) group of proteins has been identified as counteracting PcG repression [62]. In addition, other mechanisms including displacement of PcG proteins by serine 28 phosphorylation of histone H3 [63], demethylation of H3K27me3 by the histone H3 lysine 27 demethylase UTX [64], and deubiquitination of ubH2A by PR-DUB [65] could be involved in gene activation and resolution into an H3K4me3 state. A recent study has shown that ZRF1 binds H2Aub and mediates displacement of PRC1 and activation of PcG target genes [66]. Activation of Polycomb repressed genes in ES cell differentiation leads to a loss of PcG targets in a lineage specific manner. Conversely, also new genes become targets of PcG repression in differentiation such that the total number of PcG target genes remains within the same order of magnitude in ES cells and differentiated cells [7, 14, 15]. These findings demonstrate that chromatin modification by the PcG complexes is dynamic in development with changing sets of target genes.

PcG target genes are characterized by CpG rich promoters [10]. Genome-wide analysis of DNA cytosine methylation (5mC) shows no overlap with PcG bound promoters in ES cells [54] suggesting that both modifications are specified by independent mechanisms. Increasing DNA methylation correlates with differentiation. It has been reported that several hundred promoters gained 5mC in lineage-committed progenitors [15]. However, few differences in targets of DNA methylation between neural progenitors and differentiated neurons were observed suggesting that 5mC is established at the progenitor state and maintained in terminal differentiation. Interestingly, many PcG target genes in ES cells gain 5mC during differentiation [15]. This observation indicates that DNA methylation might maintain repression when PcG complexes are recruited to other gene sets. Such a sequence from PcG repression to DNA methylation is further consistent with observations from X inactivation. Establishment of gene silencing on the Xi correlates with the recruitment PcG complexes. In differentiated cells gene repression is independent of PcG complexes and maintained by DNA methylation [67, 68].

The Tet (ten-eleven-translocation) family of DNA dioxygenases catalyses the conversion of 5mC to 5-hydroxymethylcytosine (5hmC) in DNA [69]. In contrast to DNA methylation considerable overlap of 5hmC with PcG bound promoters has been observed in ES cells [70]. It has been reported that depletion of *Tet1* leads to derepression of genes, about 40 % of these are also found derepressed in PRC2 deficient ES cells. This suggests that Tet1 and PRC2 targets overlap. It is though that this overlap does not result from direct biochemical interactions between Tet1 and PRC2 but reflects overlapping targeting mechanisms [71]. An additional role for 5hmC in gene activation has been suggested [72]. In this case 5hmC may protect CpG dinucleotides from repressive effects of DNA methylation [72]. This could be achieved by masking 5mC from recognition of repressive binding proteins. The effects of cytosine hydroxymethylases on gene expression are therefore complex and depend on the context of the target gene and differentiation state.

A current question is how epigenetic modifications are targeted to specific genes in ES cells. A fraction of PcG target genes are associated with binding of key transcription factors such as Oct4, Sox2 and Nanog. However, the majority of PcG targets are not targeted by these transcription factors indicating that additional mechanisms exist that direct epigenetic modifications. Recently, it has been proposed that noncoding transcripts contribute to PcG recruitment. The noncoding RNA HOTAIR targets PRC2 to the *HOXD* gene cluster in human cells [73] and *Xist* recruits PRC1 and PRC2 to the Xi [74–76]. A recent study has investigated the function of noncoding RNAs in ES cells systematically [16]. Evolutionary conserved long noncoding RNAs, termed linc RNAs, were shown to regulate gene expression [77, 78]. For a subset of these RNAs interactions with known chromatin modifying complexes including PRC2 were observed. Since many lincRNAs are regulated by Oct4, Sox2 and Nanog in ES cells they might contribute to directing chromatin modifications and establishing epigenetic patterns in a developmentally regulated manner.

17.3.1 Tissue Stem Cells

Understanding of epigenetic regulation in somatic tissues is complicated by the elaborate mechanisms that control tissue homeostasis and, hence, proliferation and differentiation of stem cells. This makes somatic stem cells difficult to maintain in culture and requires that they be investigated in living organisms or after isolation from tissues. Limited amount of data on the establishment of chromatin modifications and epigenetic patterns has been obtained. Using a system for establishing silent chromatin which was derived from X inactivation in mice a transition in epigenetic properties has been identified in the blood system [79]. It has been shown that inducible expression of the noncoding *Xist* RNA leads to the initiation of chromosome-wide silencing in haematopoietic progenitor cells but not in haematopoietic stem cells (HSCs), differentiated blood cells or most of the cells of the adult mouse. This finding suggests that certain epigenetic pathways that are used by *Xist* for establishing silent chromatin are activated transiently during blood cell differentiation (Fig. 17.2c). Furthermore *Xist* expression triggered gene silencing in a mouse T cell tumor [80]. In this tumor model gene silencing correlated with expression of SATB1. SATB1 is a known regulator of T cell development [52]. It binds AT-rich sequences and organizes chromatin within gene clusters [81] and regulates gene expression in T cells [82] and breast cancer [52]. Data showing that SATB1 reprograms breast cancer cells to a malignant phenotype are consistent with a role in epigenetic regulatory pathways [83]. These observations suggest that factors such as SATB1 could define a cellular context where changes in epigenetic patterns occur.

Investigation of chromatin modifications in haematopoietic stem cells (HSCs) and progenitors in the blood system requires methods for analysing small numbers of cells. This has been recently accomplished and maps of several chromatin modifications have been established for haematopoietic differentiation [13]. This study has revealed 1,700 bivalent promoters in HSCs and multipotent progenitors. During differentiation of the haematopoietic lineages bivalent chromatin marks are resolved to either expressed H3K4me3 or repressed H3K27me3 states. Genes that are not expressed in the haematopoietic system such as the muscle regulator *MyoD* were marked by H3K27me3 only in HSCs [13]. These findings are consistent with the expected role of these modifications in gene regulation.

Histone modification patterns have also been analysed in the hair follicle [12]. Hair development is initiated by activation of stem cells in the bulge region of the hair follicle. Activated stem cells proliferate and subsequently differentiate into transit amplifying progenitors that constitute the hair matrix. Terminal differentiation generates the mature hair lineages such as the hair shaft and the inner root sheet. Using sorted cell populations at different stages of differentiation chromatin modifications were examined genome wide [12]. This analysis revealed a change in the pattern of Polycomb associated H3K27me3 in transit amplifying cells, whereas epigenetic patterns were nearly identical between resting and activated stem cells. Taken together these data indicate that epigenetic patterns are adjusted at an intermediate progenitor stage. The observation that stem cell differentiation precedes changing epigenetic patterns is consistent with the requirement for stable maintaining the identity of the stem cell over lifetime. In contrast, formation of transit amplifying progenitors is under control of a transcription factor network that can guide cell fates during the period of resetting epigenetic marks [27].

A recent study has investigated the pattern of PcG binding in liver and pancreas development [84]. PRC2 represses genes associated with pancreatic cell differentiation in endodermal progenitors (Fig. 17.3). Upon differentiation of the pancreatic lineage H3K27me3 is lost and genes are activated. In contrast liver specific genes are unmarked in endodermal precursors and gain histone acetylation upon their activation in liver development [84]. These observations indicate that PRC2 mediates the repression of a lineage specific program which is already present in the endodermal precursors and is maintained in the liver lineages [85]. In myogenic differentiation, PRC2 appears to perform a similar role for repressing muscle differentiation genes in myoblasts [86]. From these findings it appears that PcG complexes are deployed to repress lineage specific programmes. However, from these studies it also becomes clear that the picture is incomplete and other potentially unknown epigenetic mechanisms also contribute to gene repression in progenitors. It is also likely that different epigenetic mechanisms act at consecutive stages in differentiation [87–90]. Future studies for identifying these mechanisms and defining the developmental stages when they act will provide a more complete understanding of tissue stem cell differentiation.

17.4 Developmental Phenotypes of Epigenetic Regulators

Important insights into the function of epigenetic regulators have been obtained by gene deletion studies in mice (Table 17.2). Mutations in the Polycomb group genes *Ring1b*, *Ezh2*, *Eed* and *Suz12* cause embryonic lethality soon after implantation [105, 106, 108, 111]. This is consistent with an essential function of PcG complexes in development. However, ES cells lacking PRC1 or PRC2 activity have been established from *Ring1b* and *Eed* mutant embryos, respectively [112–114]. Notably, these ES cells were observed to differentiate into cells of the three germ layers despite derepression of a large set of genes including *Hox* genes [112, 113]. In contrast, simultaneous deletion of *Ring1b* and *Eed* is not compatible with the maintenance of differentiated cell types [115]. These findings suggest that PRC1 and PRC2 perform overlapping functions in gene repression consistent with the observation that

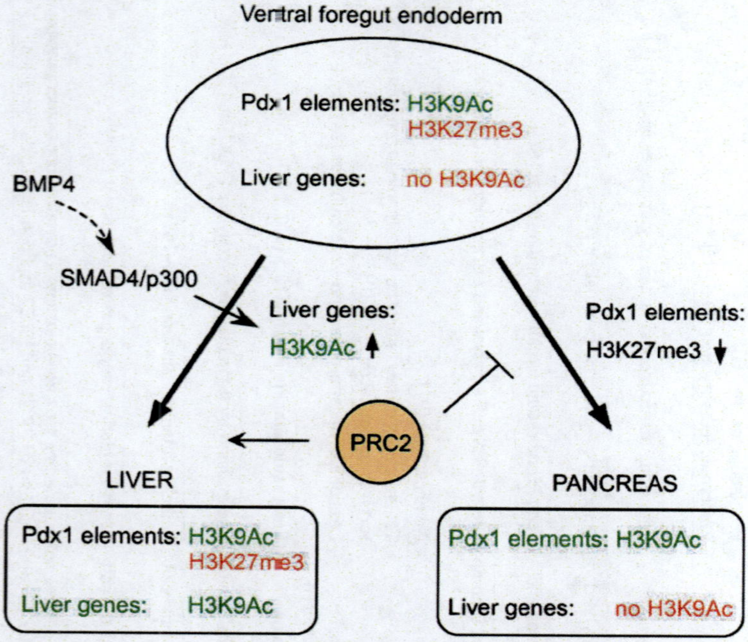

Fig. 17.3 Chromatin regulation has been analysed in liver and pancreas development. Genes involved in pancreas development are regulated by Pdx1. In endodermal progenitors these Pdx1 regulated genes are not active and their promoters are marked with H3K9Ac and PRC2 mediated H3K27me3. Upon differentiation into pancreatic lineages the H3K27me3 mark is lost and genes are activated. In contrast, in liver lineages Pdx1 regulated genes remain repressed and maintain H3K27me3. Liver specific genes are not marked by PRC2 and are activated in liver development with increased H3K9Ac on their promoters. It has been shown that the histone acetyltransferase p300 mediates acetylation of histone H3 and is recruited to liver genes by SMAD4 following BMP signalling. As a consequence of this regulation BMP4 enhances liver development, whereas interference with PRC2 or inhibition of p300 increase pancreas development. Thereby, chromatin modifying activities have modulatory roles in cell fate choice

PRC1 and PRC2 cooperate to repress a number of target genes including *Cdx2*, *Gata4*, *Gata6* and *Sox7* [115].

17.4.1 Polycomb Phenotypes Are Complex

PcG genes have expanded during evolution giving rise to protein families that form heterogeneous and cell type specific complexes in mammals. Mutations in *Eed* and *Ring1b* abrogate PRC2 and PRC1 function and cause developmental arrest, whereas deletions of *Ring1a*, *Bmi1* or *Mel18* have less severe consequences [24, 62]. This can be partly explained by compensation of other members of the same PcG protein family. It has been shown that Ezh1 can compensate for the loss of Ezh2 in certain cell types [116, 117]. In addition proteins have been identified that interact with PcG complexes and modulate their activity. Jarid2 is a component of PRC2 complex in ES cells and influences PRC2 recruitment to target genes [118, 119]. However, interference with Jarid2 does not lead to derepression of PRC2 target genes [120]. Furthermore, both decreased [119, 121] and increased [122, 123] H3K27me3 has been reported on certain target genes upon loss of Jarid2. Pcl2 has also been implicated in regulating PRC2 activity and target gene repression [124]. Interestingly, Pcl2 has been shown repress PRC2 activity on the Cdk2a promoter leading to a loss of H3K27me3 and induction of expression. Pcl2 is further required for PRC2 recruitment to

Table 17.2 Epigenetic modifications in mammalian development

Modification	Enzyme/factor	Genomic target	Function	Phenotype of mutation
5mC	Dnmt1	CpG island promoters	Maintenance DNA	Embryonic lethal at midgestation, disruption of imprints [91, 92]
		Genomic repeats	Methyltransferase	
	Dnmt3a	Promoters	de novo methylation	Postnatal lethality [93]
	Dnmt3b	Pericentric repeats	de novo methylation	Embryonic lethality after E9.5 [93]
		Promoters		
	Dnmt3L	Imprinted genes	Recruitment of Dnmts in germline and early embryo	Imprinting disruption and failure of gametogenesis [94]
	Uhrf1/Np95	Hemimethylated DNA	Recruits Dnmt1 to hemimethylated DNA	Embryonic lethal after gastrulation [95]
	SmcHD1	Inactive X chromosome	Maintenance of gene repression and DNA methylation on Xi	Female embryonic lethality at midgestation [67]
	Combined mutation of Dnmt1, Dnmt3a and Dnmt3b causes loss of genomic 5mC and is compatible with ES cell survival and extraembryonic development, but not with survival of differentiated embryonic cell types [96]			
5hmC	Tet1	Promoters	Hydroxymethylation	No phenotype [97]
	Tet2	Promoters	Hematopoietic differentiation	Tet2 mutation causes enhanced hematopoietic progenitor survival and leukaemia [98–101]
	Tet3	Paternal genome	5hmC modification of paternal genome in preimplantation embryo	Loss of early postimplantation stage embryos [23]
	TDG	5hmC modified DNA	Demethylation by base excision repair pathway	Embryonic lethality before E12.5 [102, 103]
	Oxidation of 5hmC by the Tet1-4 enzymes is thought to enable demethylation of DNA through base excision by thymidine deglycosylase (TDG) and subsequent repair [102–104]			
H3K27me3	PRC2 (Ezh2, Suz12, Eed)	Gene promoters	Repression of developmental and cell cycle regulators	Lethality after implantation [105–107]
		LTR transposons		
H2AK119ub	PRC1 (Ring1b, Ring1a)	Gene promoters	Repression of developmental and cell cycle regulators	Ring1b mutation causes gastrulation arrest [108]
	Polycomb complexes (PRC1 and PRC2) maintain gene repression of developmental control genes including Hox gene clusters. They also act on other targets such as the cell cycle regulator p16. Depending on the gene mutation of either complex or combined loss of PRC1 and PRC2 function lead to derepression			
H3K9me3	ESet	Gene promoters	Gene repression, viral repression	Early embryonic lethality [19]
	G9a/GLP	Gene promoters	Gene and transposon repression and DNA methylation	Embryonic lethality [109, 110]
		Retrotransposons		
	Suv29h1, Suv39h2	Pericentric heterochromatin	Maintenance of heterochromatin, genomic stability	Viable but genomic instability due to compromised centromere function [18]

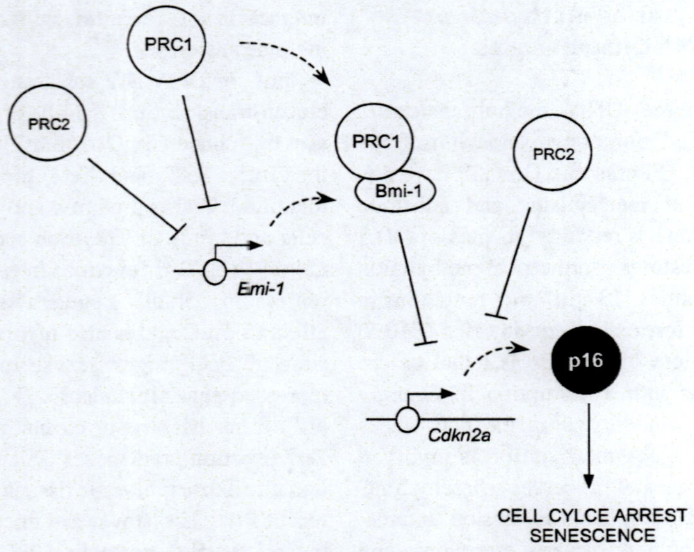

Fig. 17.4 PcG genes are intimately linked with cell cycle regulation. Several PcG genes are targets of E2F transcription factors. In addition PcG complexes repress the Cdkn2a locus. Loss of PRC1 or PRC2 leads to expression of p16 which in turn leads to cell cycle arrest and induces senescence in somatic cells. The repressive function of PcG complexes on the Cdkn2a locus is modulated by several factors. Jarid2 has been implicated in PRC2 recruitment and inhibition. Jarid2 appears to counteract the repressive activity of PRC2 on Cdkn2a. In addition the PcG protein Bmi-1 has an important role in Cdkn2a repression. Bmi-1 is transcriptionally repressed by both PRC1 and PRC2. However, the protein requires the presence of PRC1 to accumulate. This leads to different Bmi-1 levels in PRC2 and PRC1 deficient cells. Interpretation of developmental phenotypes of PcG mutations requires the consideration of effects on cell cycle regulation, which is not always directly predictable and depends on the cell system

the Xi [125]. These data suggest that PRC2 activity and effect on gene repression do not always correlate. Similarly, the enzymatic activity of PRC1 is not required for gene repression and chromatin compaction of the *Hoxb* locus [126]. Taken together these findings indicate that PcG complex function is not only mediated by enzymatic activity but also through structural roles such as chromatin compaction.

Notably, mutations in some PcG genes have been shown to affect the expression of other PcG proteins. Deletion of Ring1b leads to loss of several other PRC1 proteins including Bmi-1 in ES cells [113]. Loss of either PRC1 or PRC2 function leads to increased Bmi-1 transcription. Despite transcription Bmi-1 protein is lost in *Ring1b* deficient cells, whereas substantial higher Bmi-1 protein expression is associated with an *Eed* mutation [113]. Since Bmi-1 has a profound effect on cell cycle regulation through repression of *Cdkn2a* consequences in cell proliferation and differentiation can be expected (Fig. 17.4). Bmi-1 has been reported to promote the self renewal of neural stem cells [127] and enhances HSC proliferation [128]. This could potentially contribute to the observation of opposing effects of PRC1 and PRC2 in haematopoietic progenitors [129]. Opposing effects of PRC1 and PRC2 have also been reported in myogenic differentiation [86]. In addition Bmi-1 is also associated with a newly described stem cell population in the small intestine [130]. Furthermore, PcG proteins have roles in epidermal stem cell activation [117, 131, 132] and self-renewal of skeletal muscle stem cells [133]. Importantly, a deletion of *Cdk2a* has been demonstrated to lead to a partial rescue of *Ring1b* and *Bmi-1* mutations in mice [108, 127]. These findings indicate that PcG associated phenotypes in development include aspects of cell cycle regulation which have to be considered when investigating their function in establishing epigenetic patterns.

17.4.2 DNA Cytosine Methylation and DNA Dioxygenases

In mammals, three DNA methyltransferases catalyse the methylation of cytosine within DNA [91, 93]. Dnmt1, Dnmt3a and Dnmt3b have different recruitment mechanisms and substrate specificities. Dnmt1 is recruited to sites of DNA replication and restores symmetrical methylation of CpG dinucleotides [134]. *Dnmt1* mutations in mice are lethal before embryonic day 10.5 (E10.5) [91]. Similarly, loss of *Dnmt3b* is lethal before E9.5 [93]. Mice with a disruption in *Dnmt3a* develop to term but die within the first weeks after birth [93]. DNA methylation is involved in many developmental processes whereby 5mC correlates with transcriptional repression. Interestingly, the development of early embryonic and extraembryonic lineages is largely unaffected by mutations in DNA methyltransferase genes. Combined mutations of *Dnmt1*, *Dnmt3a* and *Dnmt3b* result in a complete loss of 5mC [135]. Absence of 5mC is compatible with self renewal of ES cells but limits their ability to differentiate into embryonic lineages. However, ES cells lacking 5mC show some contribution in chimeric E8.5 embryos when injected into blastocysts. In contrast, differentiation into extraembryonic cell types has been observed in the absence of 5mC [96] suggesting that the lack of DNA methylation can be compensated by other mechanisms in placental development [43].

The Np95/Uhrf1 protein recruits Dnmt1 to hemimethylated CpG sites at sites of DNA replication [95, 136]. Consistent with a function in maintaining DNA methylation patterns deletion of *Np95* and *Dnmt1* cause overlapping phenotypes. Disruption of *Np95* results in lethality after gastrulation. *Dnmt3L* and *SmcHD1* have been implicated in establishment of methylation patterns in the germline and X inactivation, respectively. Mutation of *Dnmt3L* abrogates spermatogenesis and causes a failure in establishing imprinted DNA methylation patterns in oocytes [94]. Disruption of SmcHD1 causes defects in the maintenance of gene repression on the Xi and results in lethality of female embryos [67]. This illustrates that DNA methylation patterns are established by the interaction of recruitment factors with DNA methyltransferases.

5mC in DNA is a substrate for the Tet (ten-eleven-translocation) family of DNA dioxygenases that convert 5mC to 5hmC [69]. In mammals, the Tet1, Tet2, and Tet3 proteins have been identified. Tet1 is predominantly expressed in ES cells and binds to CpG-rich sequences and promoters [72]. Tet1 functions in gene activation and repression. 5hmC counteracts the repressive effect of 5mC and is also involved in the repression of PcG target genes. In ES cells, Tet1 repressed genes include *Sox17*, *Gata6* and *Cdx2* [72]. It has been reported that interference with *Tet1* function predisposes ES cells to differentiation into extraembryonic tissues [137, 138]. Yet, a recent study has shown that mice with a mutation in *Tet1* develop normally [97]. Using a genetic deletion it has been found that *Tet1* is dispensable for ES cell self renewal and pluripotency. This observation indicates that other Tet family proteins can compensate for the loss of Tet1 function in development. Mutations of *Tet2* in mice increase the self renewal of HSCs and can contribute to the development of myeloid malignancies [98–101]. Tet2 deficient HSCs show enhanced engraftment when transplanted to irradiated recipients. Loss of Tet2 in bone marrow leads to a decrease of 5hmC and an increase of 5mC showing that in haematopoietic cells Tet2 has a critical function. Somatic mutations of *Tet2* have also been found in patients with myeloid malignancies and are therefore clinically relevant. *Tet3* is required for cytosine hydroxymethylation of the paternal genome in zygotes [23]. A deletion of *Tet3* in oocytes leads to increased developmental failure in embryonic development after implantation. In mouse cleavage stage embryos the paternal genome is largely devoid of 5mC but enriched in 5hmC, whereas the maternal genome is marked by 5mC [139]. Differential marking of the parental chromosomes could contribute to genomic imprinting. Furthermore, Tet dioxygenases can also catalyze oxidation of 5mC to 5-carboxylcytosine (5acC), which in turn is a substrate for thymine-DNA glycosylase (TDG) [104]. Removal of 5acC by TDG has been suggested as a mechanism for demethylating genomic DNA. These findings suggest a complex chemistry and dynamics of different modification states of cytosine in DNA [140]. Thus, the Tet proteins contribute to DNA demethylation, gene silencing and activation suggesting that they have a broad range of functions in development.

17.4.3 Chromatin Modification Complexes

Histone H3 lysine 9 di- and tri-methylation has been associated with transcriptional repression in several biological processes. Heterochromatin at the pericentric regions has been extensively studied [reviewed in 141]. The Suv39h1 and Suv39h2 histone methyltransferases establish H3K9me3 over the repeated DNA sequences of the pericentric heterochromatin. In euchromatin, the histone methyltransferases G9a and Eset establish histone H3 lysine 9 methylation and regulate gene expression. Mutation of *G9a* in mice causes embryonic lethality between E8.5 and E9.5 [109]. Disruption of *Eset* results in an earlier defect and results in lethality between E3.5 and E5.5 [19]. It has been reported that in the absence of *Eset* the epiblast is not established [20]. Furthermore, *Eset* deficient ES cells could not be established indicating that Eset is essential in pluripotent cells. Depletion of *Eset* in ES cells induces differentiation into trophectoderm and placental lineages. In ES cells Eset interacts with Oct4 and represses Cdx2 [20, 21, 142] suggesting a role in the repression of genes associated with extraembryonic differentiation. Eset mediates di- and trimethylation of histone H3 lysine 9 (H3K9me2/3) [142]. Notably, global H3K9me3 levels were not found to be reduced upon loss of *Eset*. This can be explained by the fact that H3K9me3 associated with pericentric heterochromatin makes up the majority of this mark. Thus, it could be difficult to measure small changes in global H3K9me3 levels in Eset depleted cells [141].

Establishment of the epiblast lineage also requires the NuRD complex. NuRD possesses nucleosome remodeling and histone deacetylase (HDAC) activity. Mutation of *Mbd3* leads to disintegration of the NuRD complex and results in failure of epiblast development possibly due to entry into trophectoderm differentiation [143]. ES cells have been obtained from *Mbd3* deficient embryos indicating that NuRD function is not essential for maintenance of pluripotent cells. Indeed, *Mbd3* deficient ES cells show enhanced self-renewal in the absence of LIF signaling and are refractory to enter differentiation [144]. These findings suggest that Eset and Mbd3 function during epiblast development by regulating different gene sets.

Interpretation of the phenotypes caused by mutations in epigenetic regulators is difficult due to the diverse spectrum of genes that are affected. Often pleiotrophic phenotypes result that cannot easily be attributed to specific misexpression of genes. In addition, maternally deposited proteins in the oocyte can mask the consequences of gene mutations in early development leading to delayed phenotypic consequences. This could explain the observation that the majority of mutations in epigenetic regulators results in lethality after implantation. Cell culture experiments have been used to clarify the effect of maternal contribution. Also deletion of epigenetic regulators during oogenesis has been accomplished. Deletion of *Ezh2* in oocytes has consequences after fertilization and results in growth retardation in heterozygous offspring [145]. Genetic deletion of the oocyte specific promoter of Dnmt1 leads to failure of imprint establishment and embryonic lethality [92]. Establishment of 5mC on CpG islands in oocytes has been shown to require Dnmt3L [94] that functions in recruiting Dnmt3a in a transcription dependent manner [146, 147]. Establishment of imprints also requires the histone demethylase KDM1B that is highly expressed in oocytes [148]. These findings demonstrate that ablation of epigenetic regulators during oogenesis interferes with the establishment of epigenetic marks and causes phenotypes in the developing embryo. However, the function of these regulators in embryonic lineage development cannot be clearly separated in all cases.

17.5 Stability and Inheritance of Epigenetic Patterns

Establishment of a memory function requires a mechanism to perpetuate epigenetic marks during cell division. In this manner, epigenetic patterns are inherited by the descendants of a cell within a lineage. The mechanisms that re-establish chromatin modifications during DNA replication are presently not fully understood. A mechanism for maintaining DNA methylation patterns has been suggested. Dnmt1 is targeted to sites of replication by Uhrf1 which binds hemimethylated CpG sites. Thereby methylation can be established on the replicated strand. This can explain how symmetrically methylated CpG sites are maintained. Mechanisms for maintaining histone modification patterns are less clear. First the complexity of histone modifications suggest that these marks need to be established by multiple complexes in a sequential manner. Second histones are at least partly displaced during DNA replication and reassembly of modified histones into nucleosomes requires precise control. The reversibility of chromatin modifications – especially histone methylation – has been demonstrated by the use of chemical inhibitors [149] and conditional gene deletion [76]. Furthermore, it has been demonstrated that PcG recruitment is dependent on RNA. *Xist* is required for PcG complex recruitment to the Xi. It has been reported that loss of *Xist* expression leads to subsequent displacement of PcG proteins and associated histone modifications [74, 114]. Similarly, HOTAIR has been shown to be required for PRC2 recruitment to the *Hoxb* gene cluster [73]. Reversibility of histone modifications suggests more complex mechanisms for the maintenance of heritable chromatin states in cell differentiation [150]. Self recruitment of complexes by their histone modification have been observed. The Ring1b interacting protein Rybp has been shown to bind ubiquitin [151, 152] and PRC2 has affinity for H3K27me3 [153, 154]. Furthermore Cbx proteins that associate with PRC1 have affinity for H3K27me3 [155] suggesting that chromatin states could be reinforced by interaction of multiple complexes. Pericentric heterochromatin provides an example where the interaction of different chromatin modifications and modifying complexes has been well studied [141].

A more elaborate system for maintaining epigenetic patterns is also suggested by the observation that disruption of epigenetic regulators impairs cell cycle progression. The *Cdkn2a* locus is a target of PcG regulation. Perturbations of PcG complex function lead to derepression of the *Cdkn2a* locus and cause cell cycle arrest [156]. Recently, it has also been suggested that mutation of *Dnmt1* in human cells leads to activation of the mismatch repair pathway [157]. These findings indicate that transmission of epigenetic patterns is integrated in cell cycle control. It is conceivable that a checkpoint like mechanism could operate and be activated by disruption of epigenetic regulation in somatic cells.

The Xi in female cells has been studied to investigate the establishment and maintenance of epigenetic patterns [158]. At the initiation of X inactivation the noncoding *Xist* RNA establishes a repressive compartment that includes PcG complexes [159]. Genes associate with this compartment when they are silenced. Notably, most of the chromatin marks of the Xi are dependent on *Xist*. Loss of *Xist* expression leads to displacement of PcG complexes and other chromatin components [160]. However, in differentiated cells gene repression is maintained in the absence of *Xist* [161]. DNA methylation and histone H4 hypoacetylation correlate with gene repression on the Xi in somatic cells and have been suggested as components of a heritable epigenetic state [158].

In addition to the idea of maintaining silent states, it is also conceivable that gene promoters could be maintained by specific marking. Conversely, loss or removal of promoter marking could lead to permanent silencing. This idea is consistent with the observation that PcG repressed genes are often associated with Pol II and transcription of short unproductive transcripts. Thereby gene promoters carry characteristic chromatin marks and yet genes are not expressed. In this manner loss of characteristic chromatin marks could cause permanent gene silencing by loss of promoter recognition. Future studies will be needed to establish to what extent promoter definition is contributing to regulating gene expression in development.

17.6 Epigenetic Regulation in Reprogramming

Epigenetic regulation is also important for the reprogramming of cells through expression of transcription factors. It has been shown that the cell fate can be changed in a number of cell types (Fig. 17.5). The generation of induced pluripotent stem (iPS) cells is accompanied by erasure of epigenetic marks and the phenotypic characteristics of the somatic cell type of origin. Epigenetic patterns characteristic for ES cells are established. However, some epigenetic memory of the somatic cell and additional epigenetic aberrations have been observed in reprogrammed cells [2]. Disruption of imprinting is often associated with mouse iPS cells that are less competent to form embryonic tissues when injected into host embryos [162]. Furthermore, differences in DNA methylation patterns and expression between individual human iPS cell lines have been documented [163–166]. These observations suggest that reprogramming of the genome might not be complete and some epigenetic patterns are carried over from the cell of origin. At present it is not clear what the consequences for the utility of iPS cells are. In contrast to mouse iPS cells, X inactivation is generally not reversed during human iPS cell production [2, 50, 51, 167, 168]. This fact could suggest that pushing deprogramming further towards an even earlier developmental stage could lead to improved characteristics of the cells. Reprogramming of human cells to a mouse ES cell like state when the Xi is reactivated has been achieved by using a combined approach involving transgenes and media formulations [50, 167]. Future work will be needed to investigate if such a strategy leads to improved characteristics of the cells. However, it can hardly be expected that defects in genomic imprinting can be corrected by this strategy. Therefore, any application of iPS cells will likely have to accommodate a certain degree of defects in the epigenetic makeup.

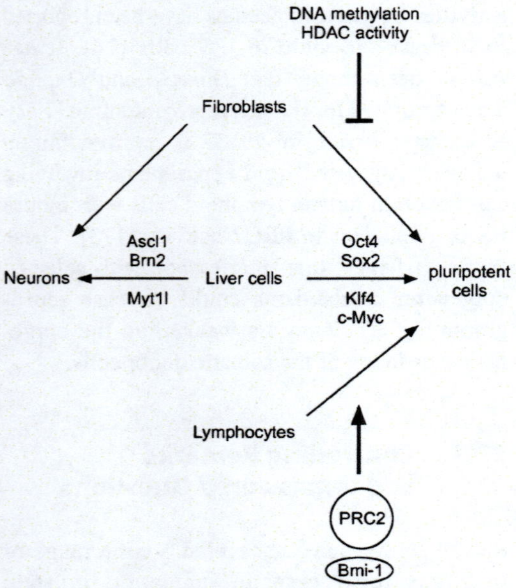

Fig. 17.5 Reprogramming of cells to different fates has been achieved by expressing selected transcription factors. Fibroblast and liver cells have been reprogrammed to pluripotent cells and neurons using different sets of transcription factors. Expression of *Ascl1*, *Brn2* and *Mytl* has been used to convert fibroblasts into cells which have the characteristic phenotype and functional properties of neurons. More recently it has been shown that also differentiated liver cells can been reprogrammed into neurons whereby liver specific expression profiles are lost and neuronal expression profiles are established. This is consistent with a full cell type conversion. Expression of *Oct4*, *Sox2*, *Klf4*, and c-*Myc* has been used to reprogram many cell types including fibroblasts and neurons to induced pluripotent stem (iPS) cells. The efficiency of iPS cell production can be enhanced by inhibiting DNA methylation and HDAC activities. In a cell fusion reprogramming system PRC2 has been shown to be required in the ES cell fusion partner to reprogram a lymphocyte nucleus. These observations indicate that epigenetic mechanisms play different roles during reprogramming

Residual epigenetic memory could be far more important in direct reprogramming of cells into specific cell types such as neurons [169, 170], or pancreatic beta cells [171]. It remains to be seen if resetting of epigenetic patterns is a necessity for the application of reprogrammed cells.

Interference with certain epigenetic mechanisms has also been used for enhancing the efficiency of the reprogramming process [2]. Inhibition of DNA methylation and histone deacetylation activities by small molecules have been reported to increase the yield of iPS cells [24]. It has further been shown that *Dnmt3a* and *Dnmt3b* are not required for iPS cell reprogramming [172]. In contrast, a role for PRC2 is reprogramming has been suggested from experiments involving cell fusion of human lymphoid cells with mouse ES cell deficient in PRC2 activity [173]. These findings suggest that interference with selected epigenetic mechanisms could increase reprogramming efficiency by weakening the epigenetic restriction of the somatic donor cells.

17.7 Concluding Remarks and Unanswered Questions

Recent studies have uncovered a wide range of functions for epigenetic regulation in stem cells. It has become clear that the full spectrum of chromatin modifications and regulatory complexes has not yet been discovered. A recent study has identified several new histone modifications suggesting that many epigenetic marks remain unknown and have to be explored [174]. Analysis of an increasing number of histone modifications, histone variants and chromatin proteins in stem cells requires the development of specific tools. In addition, combinatorial epigenetic modifications could have a range of effects [175]. The combination of modifications on histone tails can also affect antibody recognition. In some instances this could potentially prevent the detection of modifications due to interference of overlapping modifications. Interference of detection of histone marks has been observed at the pericentric regions. Phosphorylation of histone H3 serine 10 occurs during mitosis and prevents detection of lysine 9 methylation on histone H3 [176, 177]. An example that highlights the impact of unknown modifications on experimental interpretation is provided by the recent discovery of 5hmC. Before 5hmC had been discovered the prevailing view was that 5mC on the paternal chromosomes was rapidly lost in preimplantation embryos through an active demethylation process. Recent work has demonstrated that in fact 5mC is converted to 5hmC by Tet3 and 5hmC is lost with much slower kinetics [23, 139, 178]. These findings indicate that epigenetic maps need to be interpreted cautiously and might be affected by both cross-reactivity of antibodies with and interference from other chromatin modifications, which might actually be unknown at the time.

Conceptually, perhaps the most important role of epigenetic regulation in mammals is in providing an opportunity to enlarge the number of distinct cell types and thereby generate a greater diversity of functions. Tissue stem cells are restricted to differentiation into the lineages that are required for the specific organ in which they reside. Locking out other cell fates by silencing the corresponding parts of the genome could help to reduce the complexity of transcriptional control. It might not be trivial for a given cell – a stem cell – to simultaneously coordinate a large number of transcriptional networks that specify different cell fates. Cell type diversity appears to result from consecutive decisions with narrowing developmental scope (restriction) and finer subdivision of functions (specialization). The developing blood system is an example that illustrates this idea. In early development blood cells are generated in the context of blood islands with a very limited spectrum of blood cell types. Development of definitive HSCs enables generating the full lymphoid and myeloid spectrum of blood cells [179, 180]. More general, somatic tissue stem cells develop from embryonic precursors and can be understood as a product of differentiation. Thereby epigenetic mechanisms restrict adult stem cells to certain lineages. Upon stem cell activation cell types with enhanced functional characteristics can be generated by focusing transcriptional control mechanisms on a narrower spectrum of developmental phenotypes. Pluripotent ES cells have few restrictions: Extraembryonic fates are excluded and imprints are maintained from the parental germ lines. Thus, these cells have a limited requirement for epigenetic mechanisms, which potentially could explain the sustained self renewal of ES cell lines with mutations in key epigenetic regulators. During the development of the embryonic lineages restrictions are established by the combined action of transcriptional networks and epigenetic mechanisms. It is conceivable that epigenetic mechanisms provide a memory of earlier decisions that can be perpetuated through the lineage history. Thereby, development of complex cell types can integrate the collective memory of earlier decisions. Epigenetic regulation could thus provide a means to expand the variety of the cell types of a given tissue and thereby fine tune their function. The current focus on genome wide analysis of epigenetic regulators will provide insights into lineage decisions in stem cells and will be an important contribution to understanding the logic of the developmental program in mammals. Possibly substantial more work is needed to conclusively establish if epigenetic regulation is indeed what it appears today a modular system for generating transcriptional memory of lineage history.

Acknowledgements I thank members of my laboratory for discussion and comments on the manuscript. AW was supported by a Wellcome Trust Senior Research Fellowship (grant reference 087530/Z/08/A).

References

1. Graf T, Enver T (2009) Forcing cells to change lineages. Nature 462(7273):587–594
2. Orkin SH, Hochedlinger K (2011) Chromatin connections to pluripotency and cellular reprogramming. Cell 145(6):835–850
3. Rada-Iglesias A, Wysocka J (2011) Epigenomics of human embryonic stem cells and induced pluripotent stem cells: insights into pluripotency and implications for disease. Genome Med 3(6):36
4. Luger K, Mader AW, Richmond RK, Sargent DF et al (1997) Crystal structure of the nucleosome core particle at 2.8 a resolution. Nature 389(6648):251–260
5. Jenuwein T, Allis CD (2001) Translating the histone code. Science (New York, NY) 293(5532):1074–1080
6. Creyghton MP, Cheng AW, Welstead GG, Kooistra T et al (2010) Histone H3K27ac separates active from poised enhancers and predicts developmental state. Proc Natl Acad Sci U S A 107(50):21931–21936
7. Mikkelsen TS, Ku M, Jaffe DB, Issac B et al (2007) Genome-wide maps of chromatin state in pluripotent and lineage-committed cells. Nature 448(7153):553–560
8. Bernstein BE, Mikkelsen TS, Xie X, Kamal M et al (2006) A bivalent chromatin structure marks key developmental genes in embryonic stem cells. Cell 125(2):315–326
9. Cui K, Zang C, Roh TY, Schones DE et al (2009) Chromatin signatures in multipotent human hematopoietic stem cells indicate the fate of bivalent genes during differentiation. Cell Stem Cell 4(1):80–93
10. Ku M, Koche RP, Rheinbay E, Mendenhall EM et al (2008) Genomewide analysis of PRC1 and PRC2 occupancy identifies two classes of bivalent domains. PLoS Genet 4(10):e1000242
11. Ernst J, Kheradpour P, Mikkelsen TS, Shoresh N et al (2011) Mapping and analysis of chromatin state dynamics in nine human cell types. Nature 473(7345): 43–49
12. Lien WH, Guo X, Polak L, Lawton LN et al (2011) Genome-wide maps of histone modifications unwind in vivo chromatin states of the hair follicle lineage. Cell Stem Cell 9(3):219–232
13. Adli M, Zhu J, Bernstein BE (2010) Genome-wide chromatin maps derived from limited numbers of hematopoietic progenitors. Nat Methods 7(8):615–618
14. Bracken AP, Dietrich N, Pasini D, Hansen KH et al (2006) Genome-wide mapping of Polycomb target genes unravels their roles in cell fate transitions. Genes Dev 20(9):1123–1136
15. Mohn F, Weber M, Rebhan M, Roloff TC et al (2008) Lineage-specific polycomb targets and de novo DNA methylation define restriction and potential of neuronal progenitors. Mol Cell 30(6):755–766
16. Guttman M, Amit I, Garber M, French C et al (2009) Chromatin signature reveals over a thousand highly conserved large non-coding RNAs in mammals. Nature 458(7235):223–227
17. Rada-Iglesias A, Bajpai R, Swigut T, Brugmann SA et al (2011) A unique chromatin signature uncovers early developmental enhancers in humans. Nature 470(7333):279–283
18. Peters AH, O'Carroll D, Scherthan H, Mechtler K et al (2001) Loss of the Suv39h histone methyltransferases impairs mammalian heterochromatin and genome stability. Cell 107(3):323–337
19. Dodge JE, Kang YK, Beppu H, Lei H et al (2004) Histone H3-K9 methyltransferase ESET is essential for early development. Mol Cell Biol 24(6):2478–2486
20. Yeap LS, Hayashi K, Surani MA (2009) ERG-associated protein with SET domain (ESET)-Oct4 interaction regulates pluripotency and represses the trophectoderm lineage. Epigenetics Chromatin 2(1):12
21. Yuan P, Han J, Guo G, Orlov YL et al (2009) Eset partners with Oct4 to restrict extraembryonic trophoblast lineage potential in embryonic stem cells. Genes Dev 23(21):2507–2520
22. Matsui T, Leung D, Miyashita H, Maksakova IA et al (2010) Proviral silencing in embryonic stem cells requires the histone methyltransferase ESET. Nature 464(7290):927–931
23. Gu TP, Guo F, Yang H, Wu HP et al (2011) The role of Tet3 DNA dioxygenase in epigenetic reprogramming by oocytes. Nature 477:606–610
24. Ang YS, Gaspar-Maia A, Lemischka IR, Bernstein E (2011) Stem cells and reprogramming: breaking the epigenetic barrier? Trends Pharmacol Sci 32(7):394–401
25. Ferguson-Smith AC (2011) Genomic imprinting: the emergence of an epigenetic paradigm. Nat Rev 12(8):565–575

26. Augui S, Nora EP, Heard E (2011) Regulation of X-chromosome inactivation by the X-inactivation centre. Nat Rev 12(6):429–442
27. Wutz A (2007) Xist function: bridging chromatin and stem cells. Trends Genet 23(9):457–464
28. Sasaki H (2010) Mechanisms of trophectoderm fate specification in preimplantation mouse development. Dev Growth Differ 52(3):263–273
29. Ralston A, Cox BJ, Nishioka N, Sasaki H et al (2010) Gata3 regulates trophoblast development downstream of Tead4 and in parallel to Cdx2. Development (Cambridge, England) 137(3):395–403
30. Niwa H, Toyooka Y, Shimosato D, Strumpf D et al (2005) Interaction between Oct3/4 and Cdx2 determines trophectoderm differentiation. Cell 123(5):917–929
31. Li L, Sun L, Gao F, Jiang J et al (2010) Stk40 links the pluripotency factor Oct4 to the Erk/MAPK pathway and controls extraembryonic endoderm differentiation. Proc Natl Acad Sci U S A 107(4):1402–1407
32. Chazaud C, Yamanaka Y, Pawson T, Rossant J (2006) Early lineage segregation between epiblast and primitive endoderm in mouse blastocysts through the Grb2-MAPK pathway. Dev Cell 10(5):615–624
33. Nichols J, Silva J, Roode M, Smith A (2009) Suppression of Erk signalling promotes ground state pluripotency in the mouse embryo. Development (Cambridge, England) 136(19):3215–3222
34. Silva J, Nichols J, Theunissen TW, Guo G et al (2009) Nanog is the gateway to the pluripotent ground state. Cell 138(4):722–737
35. Mitsui K, Tokuzawa Y, Itoh H, Segawa K et al (2003) The homeoprotein Nanog is required for maintenance of pluripotency in mouse epiblast and ES cells. Cell 113(5):631–642
36. Chambers I, Silva J, Colby D, Nichols J et al (2007) Nanog safeguards pluripotency and mediates germline development. Nature 450(7173):1230–1234
37. Rossant J (2007) Stem cells and lineage development in the mammalian blastocyst. Reprod Fertil Dev 19(1):111–118
38. Kunath T, Arnaud D, Uy GD, Okamoto I et al (2005) Imprinted X-inactivation in extra-embryonic endoderm cell lines from mouse blastocysts. Development (Cambridge, England) 132(7):1649–1661
39. Poueymirou WT, Auerbach W, Frendewey D, Hickey JF et al (2007) F0 generation mice fully derived from gene-targeted embryonic stem cells allowing immediate phenotypic analyses. Nat Biotechnol 25(1):91–99
40. Nagy A, Gocza E, Diaz EM, Prideaux VR et al (1990) Embryonic stem cells alone are able to support fetal development in the mouse. Development (Cambridge, England) 110(3):815–821
41. Hemberger M, Dean W, Reik W (2009) Epigenetic dynamics of stem cells and cell lineage commitment: digging Waddington's canal. Nat Rev Mol Cell Biol 10(8):526–537
42. Ng RK, Dean W, Dawson C, Lucifero D et al (2008) Epigenetic restriction of embryonic cell lineage fate by methylation of Elf5. Nat Cell Biol 10(11):1280–1290
43. Alder O, Lavial F, Helness A, Brookes E et al (2011) Ring1B and Suv39h1 delineate distinct chromatin states at bivalent genes during early mouse lineage commitment. Development (Cambridge, England) 137(15):2483–2492
44. Brons IG, Smithers LE, Trotter MW, Rugg-Gunn P et al (2007) Derivation of pluripotent epiblast stem cells from mammalian embryos. Nature 448(7150):191–195
45. Tesar PJ, Chenoweth JG, Brook FA, Davies TJ et al (2007) New cell lines from mouse epiblast share defining features with human embryonic stem cells. Nature 448(7150):196–199
46. Bernardo AS, Faial T, Gardner L, Niakan KK et al (2011) BRACHYURY and CDX2 mediate BMP-induced differentiation of human and mouse pluripotent stem cells into embryonic and extraembryonic lineages. Cell Stem Cell 9(2):144–155
47. ten Berge D, Kurek D, Blauwkamp T, Koole W et al (2011) Embryonic stem cells require Wnt proteins to prevent differentiation to epiblast stem cells. Nat Cell Biol 13(9):1070–1075
48. Guo G, Yang J, Nichols J, Hall JS et al (2009) Klf4 reverts developmentally programmed restriction of ground state pluripotency. Development (Cambridge, England) 136(7):1063–1069
49. Nichols J, Smith A (2009) Naive and primed pluripotent states. Cell Stem Cell 4(6):487–492
50. Hanna J, Cheng AW, Saha K, Kim J et al (2010) Human embryonic stem cells with biological and epigenetic characteristics similar to those of mouse ESCs. Proc Natl Acad Sci U S A 107(20):9222–9227
51. Lengner CJ, Gimelbrant AA, Erwin JA, Cheng AW et al (2010) Derivation of pre-X inactivation human embryonic stem cells under physiological oxygen concentrations. Cell 141(5):872–883
52. Han DW, Tapia N, Joo JY, Greber B et al (2010) Epiblast stem cell subpopulations represent mouse embryos of distinct pregastrulation stages. Cell 143(4):617–627
53. Boyer LA, Plath K, Zeitlinger J, Brambrink T et al (2006) Polycomb complexes repress developmental regulators in murine embryonic stem cells. Nature 441(7091):349–353
54. Meissner A, Mikkelsen TS, Gu H, Wernig M et al (2008) Genome-scale DNA methylation maps of pluripotent and differentiated cells. Nature 454(7205):766–770
55. Xu Y, Wu F, Tan L, Kong L et al (2011) Genome-wide regulation of 5hmC, 5mC, and gene expression by Tet1 hydroxylase in mouse embryonic stem cells. Mol Cell 42(4):451–464
56. Beisel C, Paro R (2011) Silencing chromatin: comparing modes and mechanisms. Nat Rev 12(2):123–135
57. Shaver S, Casas-Mollano JA, Cerny RL, Cerutti H (2010) Origin of the polycomb repressive complex 2 and gene silencing by an E(z) homolog in the unicellular alga Chlamydomonas. Epigenetics 5(4):301–312
58. de Napoles M, Mermoud JE, Wakao R, Tang YA et al (2004) Polycomb group proteins Ring1A/B link ubiquitylation of histone H2A to heritable gene silencing and X inactivation. Dev Cell 7(5):663–676

59. Fang J, Chen T, Chadwick B, Li E et al (2004) Ring1b-mediated H2A ubiquitination associates with inactive X chromosomes and is involved in initiation of X inactivation. J Biol Chem 279(51):52812–52815
60. Cao R, Wang L, Wang H, Xia L et al (2002) Role of histone H3 lysine 27 methylation in Polycomb-group silencing. Science (New York, NY) 298(5595):1039–1043
61. Stock JK, Giadrossi S, Casanova M, Brookes E et al (2007) Ring1-mediated ubiquitination of H2A restrains poised RNA polymerase II at bivalent genes in mouse ES cells. Nat Cell Biol 9(12):1428–1435
62. Schuettengruber B, Chourrout D, Vervoort M, Leblanc B et al (2007) Genome regulation by polycomb and trithorax proteins. Cell 128(4):735–745
63. Gehani SS, Agrawal-Singh S, Dietrich N, Christophersen NS et al (2010) Polycomb group protein displacement and gene activation through MSK-dependent H3K27me3S28 phosphorylation. Mol Cell 39(6):886–900
64. Seenundun S, Rampalli S, Liu QC, Aziz A et al (2010) UTX mediates demethylation of H3K27me3 at muscle-specific genes during myogenesis. EMBO J 29(8):1401–1411
65. Scheuermann JC, de Ayala Alonso AG, Oktaba K, Ly-Hartig N et al (2010) Histone H2A deubiquitinase activity of the Polycomb repressive complex PR-DUB. Nature 465(7295):243–247
66. Richly H, Rocha-Viegas L, Ribeiro JD, Demajo S et al (2010) Transcriptional activation of polycomb-repressed genes by ZRF1. Nature 468(7327):1124–1128
67. Blewitt ME, Gendrel AV, Pang Z, Sparrow DB et al (2008) SmcHD1, containing a structural-maintenance-of-chromosomes hinge domain, has a critical role in X inactivation. Nat Genet 40(5):663–669
68. Sado T, Fenner MH, Tan SS, Tam P et al (2000) X inactivation in the mouse embryo deficient for Dnmt1: distinct effect of hypomethylation on imprinted and random X inactivation. Dev Biol 225(2):294–303
69. Tahiliani M, Koh KP, Shen Y, Pastor WA et al (2009) Conversion of 5-methylcytosine to 5-hydroxymethylcytosine in mammalian DNA by MLL partner TET1. Science (New York, NY) 324(5929):930–935
70. Williams K, Christensen J, Pedersen MT, Johansen JV et al (2011) TET1 and hydroxymethylcytosine in transcription and DNA methylation fidelity. Nature 473(7347):343–348
71. Pastor WA, Pape UJ, Huang Y, Henderson HR et al (2011) Genome-wide mapping of 5-hydroxymethylcytosine in embryonic stem cells. Nature 473(7347):394–397
72. Wu H, D'Alessio AC, Ito S, Xia K et al (2011) Dual functions of Tet1 in transcriptional regulation in mouse embryonic stem cells. Nature 473(7347):389–393
73. Rinn JL, Kertesz M, Wang JK, Squazzo SL et al (2007) Functional demarcation of active and silent chromatin domains in human HOX loci by noncoding RNAs. Cell 129(7):1311–1323
74. Kohlmaier A, Savarese F, Lachner M, Martens J et al (2004) A chromosomal memory triggered by Xist regulates histone methylation in X inactivation. PLoS Biol 2(7):E171
75. Mak W, Baxter J, Silva J, Newall AE et al (2002) Mitotically stable association of polycomb group proteins eed and enx1 with the inactive x chromosome in trophoblast stem cells. Curr Biol 12(12):1016–1020
76. Plath K, Fang J, Mlynarczyk-Evans SK, Cao R et al (2003) Role of histone H3 lysine 27 methylation in X inactivation. Science (New York, NY) 300(5616):131–135
77. Khalil AM, Guttman M, Huarte M, Garber M et al (2009) Many human large intergenic noncoding RNAs associate with chromatin-modifying complexes and affect gene expression. Proc Natl Acad Sci U S A 106(28):11667–11672
78. Guttman M, Donaghey J, Carey BW, Garber M et al (2011) lincRNAs act in the circuitry controlling pluripotency and differentiation. Nature 477(7364):295–300
79. Savarese F, Flahndorfer K, Jaenisch R, Busslinger M et al (2006) Hematopoietic precursor cells transiently reestablish permissiveness for X inactivation. Mol Cell Biol 26(19):7167–7177
80. Agrelo R, Souabni A, Novatchkova M, Haslinger C et al (2009) SATB1 defines the developmental context for gene silencing by Xist in lymphoma and embryonic cells. Dev Cell 16(4):507–516
81. Cai S, Lee CC, Kohwi-Shigematsu T (2006) SATB1 packages densely looped, transcriptionally active chromatin for coordinated expression of cytokine genes. Nat Genet 38(11):1278–1288
82. Alvarez JD, Yasui DH, Niida H, Joh T et al (2000) The MAR-binding protein SATB1 orchestrates temporal and spatial expression of multiple genes during T-cell development. Genes Dev 14(5):521–535
83. Agrelo R, Wutz A (2010) ConteXt of change–X inactivation and disease. EMBO Mol Med 2(1):6–15
84. Xu CR, Cole PA, Meyers DJ, Kormish J et al (2011) Chromatin "prepattern" and histone modifiers in a fate choice for liver and pancreas. Science (New York, NY) 332(6032):963–966
85. van Arensbergen J, Garcia-Hurtado J, Moran I, Maestro MA et al (2011) Derepression of Polycomb targets during pancreatic organogenesis allows insulin-producing beta-cells to adopt a neural gene activity program. Genome Res 20(6):722–732
86. Asp P, Blum R, Vethantham V, Parisi F et al (2011) Genome-wide remodeling of the epigenetic landscape during myogenic differentiation. Proc Natl Acad Sci U S A 108(22):E149–E158
87. Mai JC, Ellenbogen RG (2008) SATB1: the convergence of carcinogenesis and chromatin conformation. Neurosurgery 63(2):N6
88. Richon VM (2008) A new path to the cancer epigenome. Nat Biotechnol 26(6):655–656
89. Brockdorff N (2009) SAT in silence. Dev Cell 16(4):483–484
90. Agrelo R, Wutz A (2009) Cancer progenitors and epigenetic contexts: an Xisting connection. Epigenetics 4(8):568–570

91. Li E, Bestor TH, Jaenisch R (1992) Targeted mutation of the DNA methyltransferase gene results in embryonic lethality. Cell 69(6):915–926
92. Howell CY, Bestor TH, Ding F, Latham KE et al (2001) Genomic imprinting disrupted by a maternal effect mutation in the Dnmt1 gene. Cell 104(6):829–838
93. Okano M, Bell DW, Haber DA, Li E (1999) DNA methyltransferases Dnmt3a and Dnmt3b are essential for de novo methylation and mammalian development. Cell 99(3):247–257
94. Bourc'his D, Xu GL, Lin CS, Bollman B et al (2001) Dnmt3L and the establishment of maternal genomic imprints. Science (New York, NY) 294(5551): 2536–2539
95. Sharif J, Muto M, Takebayashi S, Suetake I et al (2007) The SRA protein Np95 mediates epigenetic inheritance by recruiting Dnmt1 to methylated DNA. Nature 450(7171):908–912
96. Sakaue M, Ohta H, Kumaki Y, Oda M et al (2010) DNA methylation is dispensable for the growth and survival of the extraembryonic lineages. Curr Biol 20(16):1452–1457
97. Dawlaty MM, Ganz K, Powell BE, Hu YC et al (2011) Tet1 is dispensable for maintaining pluripotency and its loss is compatible with embryonic and postnatal development. Cell Stem Cell 9(2):166–175
98. Ko M, Bandukwala HS, An J, Lamperti ED et al (2011) Ten-Eleven-Translocation 2 (TET2) negatively regulates homeostasis and differentiation of hematopoietic stem cells in mice. Proc Natl Acad Sci U S A 108(35):14566–14571
99. Li Z, Cai X, Cai CL, Wang J et al (2011) Deletion of Tet2 in mice leads to dysregulated hematopoietic stem cells and subsequent development of myeloid malignancies. Blood 118(17):4509–4518
100. Moran-Crusio K, Reavie L, Shih A, Abdel-Wahab O et al (2011) Tet2 loss leads to increased hematopoietic stem cell self-renewal and myeloid transformation. Cancer Cell 20(1):11–24
101. Quivoron C, Couronne L, Della Valle V, Lopez CK et al (2011) TET2 inactivation results in pleiotropic hematopoietic abnormalities in mouse and is a recurrent event during human lymphomagenesis. Cancer Cell 20(1):25–38
102. Cortazar D, Kunz C, Selfridge J, Lettieri T et al (2011) Embryonic lethal phenotype reveals a function of TDG in maintaining epigenetic stability. Nature 470(7334):419–423
103. Cortellino S, Xu J, Sannai M, Moore R et al (2011) Thymine DNA glycosylase is essential for active DNA demethylation by linked deamination-base excision repair. Cell 146(1):67–79
104. He YF, Li BZ, Li Z, Liu P et al (2011) Tet-mediated formation of 5-carboxylcytosine and its excision by TDG in mammalian DNA. Science (New York, NY) 333(6047):1303–1307
105. O'Carroll D, Erhardt S, Pagani M, Barton SC et al (2001) The polycomb-group gene Ezh2 is required for early mouse development. Mol Cell Biol 21(13): 4330–4336
106. Pasini D, Bracken AP, Jensen MR, Lazzerini Denchi E et al (2004) Suz12 is essential for mouse development and for EZH2 histone methyltransferase activity. EMBO J 23(20):4061–4071
107. Schumacher A, Faust C, Magnuson T (1996) Positional cloning of a global regulator of anterior-posterior patterning in mice. Nature 384(6610):648
108. Voncken JW, Roelen BA, Roefs M, de Vries S et al (2003) Rnf2 (Ring1b) deficiency causes gastrulation arrest and cell cycle inhibition. Proc Natl Acad Sci U S A 100(5):2468–2473
109. Tachibana M, Sugimoto K, Nozaki M, Ueda J et al (2002) G9a histone methyltransferase plays a dominant role in euchromatic histone H3 lysine 9 methylation and is essential for early embryogenesis. Genes Dev 16(14):1779–1791
110. Tachibana M, Matsumura Y, Fukuda M, Kimura H et al (2008) G9a/GLP complexes independently mediate H3K9 and DNA methylation to silence transcription. EMBO J 27(20):2681–2690
111. Wang J, Mager J, Chen Y, Schneider E et al (2001) Imprinted X inactivation maintained by a mouse Polycomb group gene. Nat Genet 28(4):371–375
112. Chamberlain SJ, Yee D, Magnuson T (2008) Polycomb repressive complex 2 is dispensable for maintenance of embryonic stem cell pluripotency. Stem Cells (Dayton, OH) 26(6):1496–1505
113. Leeb M, Wutz A (2007) Ring1B is crucial for the regulation of developmental control genes and PRC1 proteins but not X inactivation in embryonic cells. J Cell Biol 178(2):219–229
114. Schoeftner S, Sengupta AK, Kubicek S, Mechtler K et al (2006) Recruitment of PRC1 function at the initiation of X inactivation independent of PRC2 and silencing. EMBO J 25(13):3110–3122
115. Leeb M, Pasini D, Novatchkova M, Jaritz M et al (2010) Polycomb complexes act redundantly to repress genomic repeats and genes. Genes Dev 24(3):265–276
116. Shen X, Liu Y, Hsu YJ, Fujiwara Y et al (2008) EZH1 mediates methylation on histone H3 lysine 27 and complements EZH2 in maintaining stem cell identity and executing pluripotency. Mol Cell 32(4):491–502
117. Ezhkova E, Lien WH, Stokes N, Pasolli HA et al (2011) EZH1 and EZH2 cogovern histone H3K27 trimethylation and are essential for hair follicle homeostasis and wound repair. Genes Dev 25(5):485–498
118. Herz HM, Shilatifard A (2010) The JARID2-PRC2 duality. Genes Dev 24(9):857–861
119. Li G, Margueron R, Ku M, Chambon P et al (2010) Jarid2 and PRC2, partners in regulating gene expression. Genes Dev 24(4):368–380
120. Landeira D, Sauer S, Poot R, Dvorkina M et al (2010) Jarid2 is a PRC2 component in embryonic stem cells required for multi-lineage differentiation and recruitment of PRC1 and RNA Polymerase II to developmental regulators. Nat Cell Biol 12(6):618–624
121. Pasini D, Cloos PA, Walfridsson J, Olsson L et al (2010) JARID2 regulates binding of the Polycomb

repressive complex 2 to target genes in ES cells. Nature 464(7286):306–310
122. Peng JC, Valouev A, Swigut T, Zhang J et al (2009) Jarid2/Jumonji coordinates control of PRC2 enzymatic activity and target gene occupancy in pluripotent cells. Cell 139(7):1290–1302
123. Shen X, Kim W, Fujiwara Y, Simon MD et al (2009) Jumonji modulates polycomb activity and self-renewal versus differentiation of stem cells. Cell 139(7):1303–1314
124. Li X, Isono K, Yamada D, Endo TA et al (2010) Mammalian polycomb-like Pcl2/Mtf2 is a novel regulatory component of PRC2 that can differentially modulate polycomb activity both at the Hox gene cluster and at Cdkn2a genes. Mol Cell Biol 31(2):351–364
125. Casanova M, Preissner T, Cerase A, Poot R et al (2011) Polycomblike 2 facilitates the recruitment of PRC2 Polycomb group complexes to the inactive X chromosome and to target loci in embryonic stem cells. Development (Cambridge, England) 138(8):1471–1482
126. Eskeland R, Leeb M, Grimes GR, Kress C et al (2010) Ring1B compacts chromatin structure and represses gene expression independent of histone ubiquitination. Mol Cell 38(3):452–464
127. Molofsky AV, He S, Bydon M, Morrison SJ et al (2005) Bmi-1 promotes neural stem cell self-renewal and neural development but not mouse growth and survival by repressing the p16Ink4a and p19Arf senescence pathways. Genes Dev 19(12):1432–1437
128. Majewski IJ, Blewitt ME, de Graaf CA, McManus EJ et al (2008) Polycomb repressive complex 2 (PRC2) restricts hematopoietic stem cell activity. PLoS Biol 6(4):e93
129. Iwama A, Oguro H, Negishi M, Kato Y et al (2004) Enhanced self-renewal of hematopoietic stem cells mediated by the polycomb gene product Bmi-1. Immunity 21(6):843–851
130. Tian H, Biehs B, Warming S, Leong KG et al (2011) A reserve stem cell population in small intestine renders Lgr5-positive cells dispensable. Nature 478(7368):255–259
131. Mejetta S, Morey L, Pascual G, Kuebler B et al (2011) Jarid2 regulates mouse epidermal stem cell activation and differentiation. EMBO J 30(17):3635–3646
132. Luis NM, Morey L, Mejetta S, Pascual G et al (2011) Regulation of human epidermal stem cell proliferation and senescence requires polycomb- dependent and -independent functions of Cbx4. Cell Stem Cell 9(3):233–246
133. Juan AH, Derfoul A, Feng X, Ryall JG et al (2011) Polycomb EZH2 controls self-renewal and safeguards the transcriptional identity of skeletal muscle stem cells. Genes Dev 25(8):789–794
134. Bird A (2002) DNA methylation patterns and epigenetic memory. Genes Dev 16(1):6–21
135. Tsumura A, Hayakawa T, Kumaki Y, Takebayashi S et al (2006) Maintenance of self-renewal ability of mouse embryonic stem cells in the absence of DNA methyltransferases Dnmt1, Dnmt3a and Dnmt3b. Genes Cells 11(7):805–814
136. Bostick M, Kim JK, Esteve PO, Clark A et al (2007) UHRF1 plays a role in maintaining DNA methylation in mammalian cells. Science (New York, NY) 317(5845):1760–1764
137. Ficz G, Branco MR, Seisenberger S, Santos F et al (2011) Dynamic regulation of 5-hydroxymethylcytosine in mouse ES cells and during differentiation. Nature 473(7347):398–402
138. Ito S, D'Alessio AC, Taranova OV, Hong K et al (2010) Role of Tet proteins in 5mC to 5hmC conversion, ES-cell self-renewal and inner cell mass specification. Nature 466(7310):1129–1133
139. Iqbal K, Jin SG, Pfeifer GP, Szabo PE (2011) Reprogramming of the paternal genome upon fertilization involves genome-wide oxidation of 5-methylcytosine. Proc Natl Acad Sci U S A 108(9):3642–3647
140. Nabel CS, Kohli RM (2011) Molecular biology. Demystifying DNA demethylation. Science (New York, NY) 333(6047):1229–1230
141. Fodor BD, Shukeir N, Reuter G, Jenuwein T (2010) Mammalian Su(var) genes in chromatin control. Annu Rev Cell Dev Biol 26:471–501
142. Lohmann F, Loureiro J, Su H, Fang Q et al (2010) KMT1E mediated H3K9 methylation is required for the maintenance of embryonic stem cells by repressing trophectoderm differentiation. Stem Cells (Dayton, OH) 28(2):201–212
143. Kaji K, Nichols J, Hendrich B (2007) Mbd3, a component of the NuRD co-repressor complex, is required for development of pluripotent cells. Development (Cambridge, England) 134(6):1123–1132
144. Kaji K, Caballero IM, MacLeod R, Nichols J et al (2006) The NuRD component Mbd3 is required for pluripotency of embryonic stem cells. Nat Cell Biol 8(3):285–292
145. Erhardt S, Su IH, Schneider R, Barton S et al (2003) Consequences of the depletion of zygotic and embryonic enhancer of zeste 2 during preimplantation mouse development. Development (Cambridge, England) 130(18):4235–4248
146. Smallwood SA, Tomizawa S, Krueger F, Ruf N et al (2011) Dynamic CpG island methylation landscape in oocytes and preimplantation embryos. Nat Genet 43(8):811–814
147. Chotalia M, Smallwood SA, Ruf N, Dawson C et al (2009) Transcription is required for establishment of germline methylation marks at imprinted genes. Genes Dev 23(1):105–117
148. Ciccone DN, Su H, Hevi S, Gay F et al (2009) KDM1B is a histone H3K4 demethylase required to establish maternal genomic imprints. Nature 461(7262):415–418
149. Kubicek S, O'Sullivan RJ, August EM, Hickey ER et al (2007) Reversal of H3K9me2 by a small-molecule inhibitor for the G9a histone methyltransferase. Mol Cell 25(3):473–481
150. Blomen VA, Boonstra J (2011) Stable transmission of reversible modifications: maintenance of epigenetic information through the cell cycle. Cell Mol Life Sci 68(1):27–44

151. Arrigoni R, Alam SL, Wamstad JA, Bardwell VJ et al (2006) The Polycomb-associated protein Rybp is a ubiquitin binding protein. FEBS Lett 580(26): 6233–6241
152. Garcia E, Marcos-Gutierrez C, del Mar LM, Moreno JC et al (1999) RYBP, a new repressor protein that interacts with components of the mammalian Polycomb complex, and with the transcription factor YY1. EMBO J 18(12):3404–3418
153. Hansen KH, Bracken AP, Pasini D, Dietrich N et al (2008) A model for transmission of the H3K27me3 epigenetic mark. Nat Cell Biol 10(11):1291–1300
154. Margueron R, Justin N, Ohno K, Sharpe ML et al (2009) Role of the polycomb protein EED in the propagation of repressive histone marks. Nature 461(7265):762–767
155. Fischle W, Wang Y, Jacobs SA, Kim Y et al (2003) Molecular basis for the discrimination of repressive methyl-lysine marks in histone H3 by Polycomb and HP1 chromodomains. Genes Dev 17(15): 1870–1881
156. Aguilo F, Zhou MM, Walsh MJ (2011) Long noncoding RNA, polycomb, and the ghosts haunting INK4b-ARF-INK4a expression. Cancer Res 71(16):5365–5369
157. Loughery JE, Dunne PD, O'Neill KM, Meehan RR et al (2011) DNMT1 deficiency triggers mismatch repair defects in human cells through depletion of repair protein levels in a process involving the DNA damage response. Hum Mol Genet 20(16): 3241–3255
158. Wutz A (2011) Gene silencing in X-chromosome inactivation: advances in understanding facultative heterochromatin formation. Nat Rev 12(8):542–553
159. Chaumeil J, Le Baccon P, Wutz A, Heard E (2006) A novel role for Xist RNA in the formation of a repressive nuclear compartment into which genes are recruited when silenced. Genes Dev 20(16):2223–2237
160. Pullirsch D, Hartel R, Kishimoto H, Leeb M et al (2010) The Trithorax group protein Ash2l and Saf-A are recruited to the inactive X chromosome at the onset of stable X inactivation. Development (Cambridge, England) 137(6):935–943
161. Csankovszki G, Panning B, Bates B, Pehrson JR et al (1999) Conditional deletion of Xist disrupts histone macroH2A localization but not maintenance of X inactivation. Nat Genet 22(4):323–324
162. Stadtfeld M, Apostolou E, Akutsu H, Fukuda A et al (2010) Aberrant silencing of imprinted genes on chromosome 12qF1 in mouse induced pluripotent stem cells. Nature 465(7295):175–181
163. Kim K, Doi A, Wen B, Ng K et al (2010) Epigenetic memory in induced pluripotent stem cells. Nature 467(7313):285–290
164. Bar-Nur O, Russ HA, Efrat S, Benvenisty N (2011) Epigenetic memory and preferential lineage-specific differentiation in induced pluripotent stem cells derived from human pancreatic islet beta cells. Cell Stem Cell 9(1):17–23
165. Pick M, Stelzer Y, Bar-Nur O, Mayshar Y et al (2009) Clone- and gene-specific aberrations of parental imprinting in human induced pluripotent stem cells. Stem Cells (Dayton, OH) 27(11):2686–2690
166. Ohi Y, Qin H, Hong C, Blouin L et al (2011) Incomplete DNA methylation underlies a transcriptional memory of somatic cells in human iPS cells. Nat Cell Biol 13(5):541–549
167. Pomp O, Dreesen O, Leong DF, Meller-Pomp O et al (2011) Unexpected X chromosome skewing during culture and reprogramming of human somatic cells can be alleviated by exogenous telomerase. Cell Stem Cell 9(2):156–165
168. Tchieu J, Kuoy E, Chin MH, Trinh H et al (2010) Female human iPSCs retain an inactive X chromosome. Cell Stem Cell 7(3):329–342
169. Marro S, Pang ZP, Yang N, Tsai MC et al (2011) Direct lineage conversion of terminally differentiated hepatocytes to functional neurons. Cell Stem Cell 9(4):374–382
170. Vierbuchen T, Ostermeier A, Pang ZP, Kokubu Y et al (2010) Direct conversion of fibroblasts to functional neurons by defined factors. Nature 463(7284): 1035–1041
171. Meivar-Levy I, Ferber S (2010) Adult cell fate reprogramming: converting liver to pancreas. Methods Mol Biol (Clifton, NJ) 636:251–283
172. Pawlak M, Jaenisch R (2011) De novo DNA methylation by Dnmt3a and Dnmt3b is dispensable for nuclear reprogramming of somatic cells to a pluripotent state. Genes Dev 25(10):1035–1040
173. Pereira CF, Piccolo FM, Tsubouchi T, Sauer S et al (2010) ESCs require PRC2 to direct the successful reprogramming of differentiated cells toward pluripotency. Cell Stem Cell 6(6):547–556
174. Tan M, Luo H, Lee S, Jin F et al (2011) Identification of 67 histone marks and histone lysine crotonylation as a new type of histone modification. Cell 146(6): 1016–1028
175. Muers M (2011) Chromatin: a haul of new histone modifications. Nat Rev 12(11):744
176. Hirota T, Lipp JJ, Toh BH, Peters JM (2005) Histone H3 serine 10 phosphorylation by Aurora B causes HP1 dissociation from heterochromatin. Nature 438(7071):1176–1180
177. Fischle W, Tseng BS, Dormann HL, Ueberheide BM et al (2005) Regulation of HP1-chromatin binding by histone H3 methylation and phosphorylation. Nature 438(7071):1116–1122
178. Inoue A, Zhang Y (2011) Replication-dependent loss of 5-hydroxymethylcytosine in mouse preimplantation embryos. Science (New York, NY) 334(6053):194
179. Ottersbach K, Smith A, Wood A, Gottgens B (2011) Ontogeny of haematopoiesis: recent advances and open questions. Br J Haematol 148(3):343–355
180. Medvinsky A, Rybtsov S, Taoudi S (2011) Embryonic origin of the adult hematopoietic system: advances

Regulation of Stem Cell Populations by microRNAs

18

Julie Mathieu and Hannele Ruohola-Baker

Abstract

miRNAs are small non-coding RNAs that have emerged as crucial post-transcriptional regulators of gene expression. They are key players in various critical cellular processes such as proliferation, cell cycle progression, apoptosis and differentiation. Self-renewal capacity and differentiation potential are hallmarks of stem cells. The switch between self-renewal and differentiation requires rapid widespread changes in gene expression. Since miRNAs can repress the translation of many mRNA targets, they are good candidates to regulate cell fates. In the past few years, miRNAs have appeared as important new actors in stem cell development by regulating differentiation and maintenance of stem cells. In this chapter we will focus on the role of miRNAs in various stem cell populations. After an introduction on microRNA biogenesis, we will review the recent knowledge on miRNA expression and function in pluripotent cells and during the acquisition of stem cell fate. We will then briefly examine the role of miRNAs in adult and cancer stem cells.

Keywords

miRNA • Embryonic stem cells • Reprogramming • Adult stem cells • Cancer stem cells

18.1 Introduction

Mature microRNAs (miRNAs) are endogenous single-stranded non-protein coding RNAs of 20–23 nucleotides in length that regulate translation through interaction with mRNA transcripts [1]. They are members of the family of small non coding RNAs that also comprise endogenous small interfering RNAs (endo-siRNAs) and PIWI-interacting RNAs (pi-RNAs) [2, 3]. In this chapter we will focus on the role of miRNAs in the regulation of stem cell populations.

The first miRNA was identified in 1993 in C. elegans [4]. Ambros and colleagues showed that lin-4 can control developmental timing by negatively regulating the level of LIN-14 protein via an antisense RNA-RNA interaction. This mode of gene regulation was thought to be restricted to

J. Mathieu • H. Ruohola-Baker (✉)
Department of Biochemistry, Institute for Stem Cell and Regenerative Medicine, University of Washington, UW Medicine at South Lake Union, 850 Republican street, Seattle, WA 98109, USA
e-mail: hannele@u.washington.edu

G. Hime and H. Abud (eds.), *Transcriptional and Translational Regulation of Stem Cells*, Advances in Experimental Medicine and Biology 786, DOI 10.1007/978-94-007-6621-1_18,

nematodes, however since the term "microRNA" was used for the first time in 2001, thousands of miRNAs have been found in many other organisms from plants to mammalians.

In the past decade, great progress has been made in studying miRNA expression and function. miRNAs have emerged as crucial regulators of gene expression at a post-transcriptional level and have been shown to be involved in many different processes such as proliferation, cell cycle progression, programmed cell death (apoptosis) and differentiation [5]. They are highly evolutionary conserved, and deregulation of miRNA expression is associated with several diseases including cancer and neurodegeneration [6, 7]. Further, miRNAs have been shown to be important new players in regulation of stem cell development by playing a critical role in differentiation and maintenance of stem cells [8]. Stem cells are defined by their capacity to self-renew and their potential to differentiate into many other different cell types. This requires a massive and rapid transformation in cell phenotype and major changes in proteome network in a very short time. miRNAs are able to repress the translation of many mRNA targets, thus inducing widespread changes in gene expression [9]. Around 1,600 (miRbase) miRNAs have been identified so far in the human genome, thus making the miRNAs one of the most abundant class of gene-regulatory molecules in animals [10]. They are predicted to regulate most of the genome.

miRNAs are scattered throughout the genome. They can be found as isolated transcript units or clustered and co-transcribed as polycistronic primary transcripts [11]. Mature miRNAs are generated by multiple processing steps of sequential endonucleolytic cleavages (Fig. 18.1). The miRNAs can either be encoded within protein coding genes in both introns and exons or transcribed from independent genes in intergenic regions. Even if miRNA transcription by RNA polymerase III has been described [12], these genes are mostly transcribed by RNA polymerase II in the nucleus to form large primary transcripts (pri-miRNAs) [13]. Pri-miRNAs are thousands nucleotide long capped and polyadenlylated hairpin-shaped transcripts. In the most commonly used canonical pathway, pri-miRNAs are recognized and cleaved in the nucleus by the "microprocessor" complex composed of the RNAse III enzyme Drosha and its double strand RNA binding domain partner DiGeorge syndrome critical region gene 8 (DGCR8) [14, 15]. Drosha has also been found in a complex with other proteins, including RNA-binding proteins, RNA helicases and the Ewing's sarcoma family of proteins [16]. The resulting 60–70-nucleotide hairpins from the Drosha processing step are called pre-miRNAs. Several alternative miRNA biogenesis pathways have been proposed recently. For example, some miRNAs ("mirtrons") are embedded in short mRNA introns and pre-miRNAs are produced from splicing and debranching, therefore bypassing Drosha cleavage [17]. In both the canonical and mirtron pathways, pre-miRNAs are transported into the cytoplasm by exportin 5 and Ran-GTP, where they are further cleaved by another RNAse III enzyme, Dicer [14, 18]. The core ribonuclease Dicer interacts with other proteins, including TAR RNA binding protein (TRPB) and the PKR-activating protein (PACT) [19]. Cleavage by Dicer of the terminal loop end of pre-miRNA produces a short double-stranded RNA duplex measuring 20–23 bp in length. Following processing, the strand of the duplex with a less thermodynamically stable 5′ end (the guide strand, miRNA) is preferentially embedded with one of four human Argonaute proteins (Ago) to form the miRNA-induced silencing complex (RISC) [20]. The other strand (the passenger strand, miRNA*) is released and degraded [21]. However, in some cases the passenger strand can also be incorporated into a RISC to function as miRNA. Of note, in mammals all but one miRNA, miR-451, seem to be processed by Dicer. The stem of predicted pre-miR-451 structure is only 17 bp long, which is too short to serve as a substrate for Dicer. Instead it requires a cleavage by Ago2 independently of Dicer and the 3′ end is generated by exonucleolytic trimming [22, 23].

The mature miRNA associated to the RISC binds to the 3′ UTR, or in few cases the coding region, of the target mRNA transcript based on complementarity between the miRNA and the mRNA target [24, 25]. Nucleotides 2–8 (counted from the 5′ end) of the mature miRNA, called the

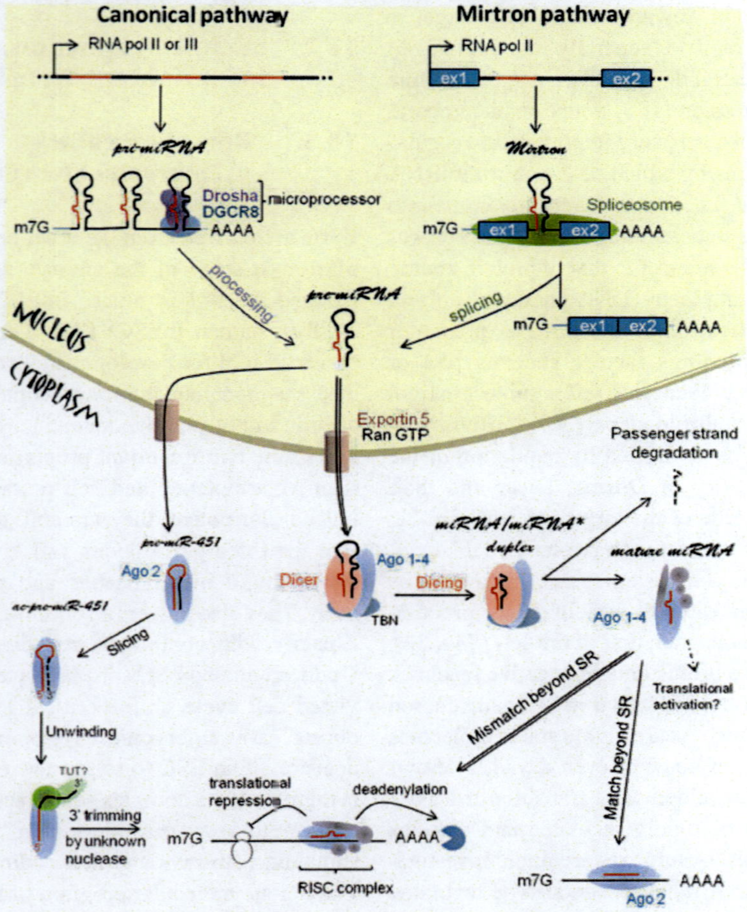

Fig. 18.1 microRNA biogenesis and function. miRNA genes are transcribed by RNA polymerase II or III and processed in two steps. The first step involved either the microprocessor containing Drosha and DGCR8 (canonical pathway) or the splicing machinery (mirtron pathway). The second cleavage is performed by Dicer for most mammalian miRNAs, but miR-451. Mature miRNAs assemble with the RISC complex and regulate gene expression by inhibiting translation, inducing mRNA degradation or, less commonly, upregulating translation. SR = seed region/seed sequence. See text for more details

"seed sequence", is critical for target recognition and hybridizes nearly perfectly with the target mRNA [5, 26]. The mechanism of regulation of the target depend on the degree of complementarity between the miRNA and the target mRNA. When the complementarity is perfect, the miRNA induces degradation of the target mRNA through Ago2 endonuclease activity. While frequent in plants, to our knowledge there is only one example in mammalian cells so far of a miRNA inducing the cleavage of a single target [27]. Partial pairing results in repression of target mRNA translation at the initiation step or at the elongation step, and/or sequestration of target mRNAs into cytoplasmic processing bodies (P-Bodies) where the mRNA will be degraded through deadenylation pathways [28]. However those mechanisms are not entirely understood. It has also been proposed that in some cases miRNAs could activate the translation of its targets [29], but additional experiments are required to have a better understanding of the extend of this phenomenon.

The degree of downregulation of a target is quantitatively modest (generally less than 50 %) but miRNAs can induce subtle changes and fine tune gene expression [1]. A define spatiotemporal pattern of miRNAs is very important and regulatory mechanisms by which cells control miRNA production and function have recently come into light [21]. The transcription of miRNAs is regulated in a similar manner to that of protein coding genes, for example by DNA methylation and histone modification of the miRNA promoter or by DNA-bindings factors such as p53 or cMyc. miRNA biogenesis itself is subject to tight regulation at multiple steps [30]. miRNA processing could be controlled by regulation of the levels and activity of Drosha, Dicer and their partners [30]. One of the targets of let-7, lin-28, can physically interact with pre-let-7 in the cytoplasm of embryonic stem cells, promotes its polyuridylation, directly inhibits Dicer processing and induces degradation of pre-let-7 [31, 32]. The importance of this double negative feedback loop on stem cell function will be discussed further later. miRNAs are highly stable molecules with a half-life of hours or even days [21], however to allow developmental transition miRNAs decay need to be tightly regulated and proteins involved in miRNA turnover are under investigation [21]. miRNA function can also be regulated at the level of Ago proteins and other components of the RISC complex. Many pri-miRNAs accumulate without being fully processed until the right developmental or environmental stimuli arise [33]. Interestingly, miRNAs from the same polycistronic transcript can be expressed differently [34]. Further, many mRNAs are expressed in a developmental-stage and tissue-specific manner. Many types of cells seem to have unique miRNA patterns. One miRNA can target hundreds of mRNAs simultaneously and several miRNAs can target a single mRNA. miRNAs are major contributors of cell-type profiles of protein expression and thus play a critical role in stem cell identity and function. In this review, we will discuss the recent advances on the functions of miRNAs in pluripotent stem cells, adult stem cells and cancer stem cells.

18.2 microRNA Function in Pluripotent Stem Cells

18.2.1 Role of microRNAs in Embryonic Stem Cells (ESCs)

ESCs are derived from the inner cell mass of the blastocyst stage of the embryo and have been isolated in 1981 in mouse (mESC) [35] and in 1998 in human (hESC) [36]. They represent a powerful tool for developmental studies, *in vitro* diseases modeling and for potential cellular therapeutic in regenerative medicine. This is mainly due to the two important properties that defined them: pluripotency and self-renewal. ESCs are indeed pluripotent, they are able to differentiate into the three germ layers and give rise to cell types found in all tissues and organs of the body. They also possess an unlimited self-renewal capacity with continuous cell division *in vitro*. Undifferentiated ESCs display a particular abbreviated cell cycle profile critical for fast growth during early embryonic development [37]. The decision of an ESC to self-renew or differentiate is regulated by a complex set of factors, including transcription factors, chromatin modifications, signaling pathways and non coding RNAs [38]. The unique molecular program of ESCs needs to be conserved in order to maintain the undifferentiated pluripotent stage, whereas ESCs undergo major epigenetic and gene expression changes when cells are engaged in a differentiation process resulting in a massive transformation of cell phenotype. By their capacities to regulate simultaneously hundreds of targets, miRNAs represent good candidates for such rapid and large transformation.

A complex network of extrinsic and intrinsic factors in conjunction with chromatic remodeling is necessary to keep the ESC fate. A core network of transcription factors and RNA binding proteins has been defined in the past few years [39]. Among those, Oct4, Sox2 and Nanog, play a central role in the maintenance and acquisition of "stemness", the ensemble of properties that define the stem cell fate. Various positive autoregulatory loops exist between those three transcription factors since each of them is able to bind to its own promoter and to the promoters of the two other members. Chromatin immunoprecipitation (ChiP) assays have revealed that they also control the transcription of many other players of the regulatory network of pluripotency, including Lin28, cMyc, Klf4, Tcf3 or Stat3 [39, 40]. Recently, a combination of a subset of those factors has been shown to reprogram somatic cells into pluripotent cells (induced pluripotent stem cells, iPSCs) possessing very similar properties to ESCs [41–43]. Interestingly, some of those stem cell core regulators are able to activate the promoters of several miRNAs in ESCs, including miR-290-295, miR-302/367 and miR-92 clusters [44].

In the past few years, miRNAs have appeared as central players in ESC self-renewal and differentiation. In this section, we will review our current knowledge of the role of miRNAs in ESC functions.

ESCs Display a Defined miRNA Signature

miRNA expression has been examined in mESCs and hESCs using cloning, qPCR, microarray and deep sequencing technologies by comparing undifferentiated ESCs to their differentiated counterparts [45–48]. Those experiments revealed that the global miRNA expression is low in ESCs compared to differentiated cells. Some of the ESC-enriched miRNAs are limited to ESCs, while other are more widely expressed but decrease significantly during differentiation. Thus, ESCs seem to be characterized by a unique miRNAs signature. We will use the term "ESC-enriched miRNA" in this review when referring to the miRNAs whose levels decrease as ESCs differentiate.

Depending on the method used to analyze miRNA expression, the ESC lines and the differentiation protocols, small variations were observed. However all those studies share miRNAs described as ESC-enriched. The miR-290 family and miR-302 clusters account for the majority of all miRNAs expressed in undifferentiated mESCs. hESC-enriched miRNAs can be categorized in four major groups: miRNAs from the miR-302 cluster, miRNAs from the miR-17 family, miRNAs from the miR-371–373 cluster and miRNAs from C19MC (chromosome 19 miRNA cluster) [48]. Two additional families have been found enriched in hESCs in some studies: miR-130 and miR-200 [48]. The promoters of most of those miRNAs can be activated by Oct4, Sox2 and Nanog [44].

miRNAs whose expression increases during differentiation are also of importance since their low expression might keep ESCs in an undifferentiated state and will be discussed further later. The most studied among this group of miRNAs activated during differentiation are let-7, miR-145 (in human) and miR-134 (in mouse).

Majority of the hESC-enriched miRNA clusters are transcribed as polycistronic transcripts, suggesting that they share common upstream regulators and the same pattern of expression. Moreover, several of those ESC-enriched miRNAs have the same or a similar seed sequence, so can target a common group of mRNAs [48].

Global Disruption of Mature miRNAs

The fact that many miRNAs have the same seed sequence and that a single miRNA can target multiple mRNAs make difficult to study their function individually. Removal of all miRNAs can be achieved by deleting the genes encoding the enzymes involved in the processing of miRNAs, Drosha and Dicer, or their partners, such as DGCR8. Individual miRNAs can then be reintroduced as mimics to assess their functions. Homozygous Dicer1 knockout (KO) mice die early in the development [49] while conditional Dicer1 mutant mESCs are viable in culture but are defective in differentiation [50]. Dicer loss also leads to severe growth defects of mESCs and slightly prolongs G1 and G0 phases of their cell cycle [51]. In addition to its role in miRNA processing, Dicer has been shown to be involved in the biogenesis of endo-siRNAs and other small RNAs [52]. Therefore, the studies of DGCR8 KO in mice might better depict the functions of most miRNAs in mESCs. Similar to Dicer mutant, DGRC8 deficient mice are not viable, and DGCR8 KO mESCs exhibit a proliferation defect and fail to differentiate [53]. Knockdown (KD) of Dicer or Drosha also dramatically attenuates cell division in hESCs and results in the formation of stem cells with high levels of stem cell factors, correlating with delayed differentiation [54]. Altogether those studies show that miRNAs are critical for ESC self-renewal and differentiation.

microRNAs Regulate ESC Proliferation

A tight regulation of stem cell division is primordial to sustain the self-renewal capacity of ESCs. Observed proliferation defects of Dicer, Drosha and DGCR8 mutant ESCs suggest that miRNAs are involved in the regulation of their cell cycle. ESCs exhibit a very specific expedited cell cycle due to a short transition from G1 to S phase [55]. Cell cycle checkpoints control progression through the phases of the cell cycle and are regulated by the sequential activation and inactivation of cyclin-dependent kinases (CDKs) by cyclins. However, contrary to somatic cells, ESCs express very low level of cell cycle inhibitors (p21cip1, p27Kip1 and p16INK4a) and exhibit an atypical cell cycle, in which the major point of regulation does not take place in the Restriction checkpoint [54, 56, 57].

Many of the defects in Dicer-deficient mouse ESCs can be reversed by transfection with members of the miR-290 cluster [58]. In accordance with this study, a screen performed to identify miRNAs that can rescue the proliferation defect observed in DGCR8 KO cells uncovered members of the miR-290 and miR-302 clusters as important mESC cell cycle regulators [53]. Those miRNAs were called ESCC (for ESC cell Cycle promoting) miRNAs. They share a common seed sequence, suggesting that ESCC miRNAs regulate a common set of genes. A search for their targets has revealed that they function by suppressing several key regulators of the Restriction checkpoint, thus enabling rapid proliferation of ESCs. Indeed those targets are inhibitors of the CyclinE/CDK2 pathway, known to regulate the G1/S transition and include p21, the Retinoblastoma like 2 protein (Rbl2) and Last2. ESCC miRNAs post-transcriptionally downregulate those inhibitors and increase CyclinE/CDK2 activity [53].

Interestingly, the promoters of miR-290 and miR-302 clusters are directly regulated by pluripotency factors and in turn ESCC miRNAs maintain the expression of the pluripotency factors by inhibiting their epigenetic silencing. For example miR-290 cluster in mice has been shown to target Rbl2 and decrease the expression of *de novo* DNA methyltransferases [53]. Similarly, the proposed human ortholog for the mouse miR-290 family, miR-372, might regulate human Rbl2 [54].

Using a similar approach, miRNAs are also shown to be critical for human ESC self-renewal and proliferation [54]. Knocking-down Dicer or Drosha by lentivirus-delivered shRNA dramatically affected cell division in hESCs. Dicer and Drosha KD induced G1/S and G2/M transition delays compared to cells infected with lentivirus controls. Re-introducing ESC-enriched miRNAs as mature miRNA mimics into Dicer KD hESC showed that both miR-372 and miR-195 could partially rescue the cell cycle defect. Moreover, miR-195 overexpression in wild-type H1 hESCs was sufficient to increase cell proliferation. miR-195 alone was able to rescue the G2 defect in the Dicer-KD line by directly targeting WEE1 kinase, a negative regulator of the CyclinB/CDK complex in the G2/M transition. Introduction of miR-372 mimics dramatically reduced the levels of the G1/S transition inhibitor p21 in Dicer KD and overexpression of p21 affected hESC proliferation, suggesting that miR-372 regulates hESC cell cycle by modulating p21 expression [54]. Another hESC-enriched miRNA, miR-92b, has also been shown to target p21 [54, 59].

Overall, these data suggest that miRNAs can cooperate in maintaining the proliferative capacity of ESCs and appear as major players in the control of embryonic stem cell division (Fig. 18.2).

microRNAs Regulate ESC Differentiation

In addition to the proliferation defect, Dicer KO and DGCR8 KO mESCs fail to downregulate pluripotency factors upon differentiation [50, 53, 58, 60, 61]. Similarly, in hESCs the levels of Nanog, Oct4 and Sox2 are upregulated in Dicer- and Drosha-knockdown while most early differentiation markers fail to be expressed when cultured under differentiation-inducing conditions [54]. Re-introduction of ESCC miRNAs into Dicer and DGCR8 mutant mESC did not rescue the

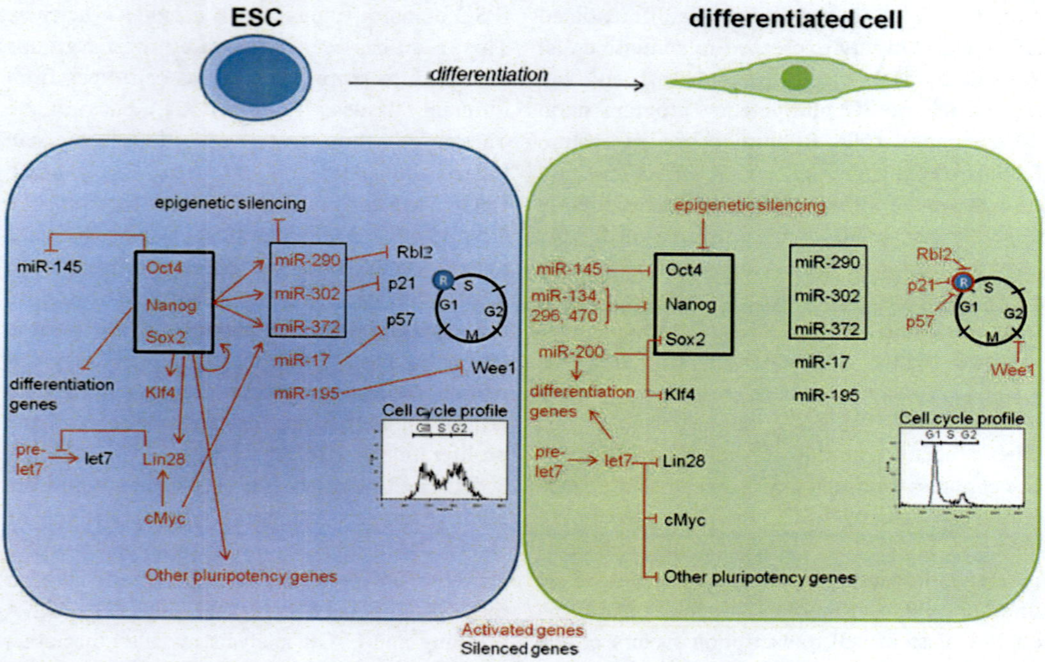

Fig. 18.2 Role of miRNAs in ESC self-renewal, proliferation and differentiation. ESCs express a unique signature of miRNAs whose transcription is regulated by a core pluripotency factors (Oct4, Sox2, Nanog). ESC-enriched miRNAs control the specific ESC cell cycle by targeting regulatory proteins involved in G1/S and G2/M transitions. ESC-enriched miRNAs maintain self-renewal capacities of ESCs as well as their pluripotency potential. Differentiated cells express miRNAs such as miR-145 and let-7 that target pluripotency factors and activate differentiation genes. Moreover, cell cycle inhibitors are expressed and cells exhibit a cell cycle dependent of the restriction point (R)

differentiation defect, suggesting that other miRNAs are involved in the maintenance of pluripotency and the induction of ESC differentiation [53, 54]. Several miRNAs have been reported to target the ESC transcriptional network and therefore be involved in silencing the self-renewal capacities of hESCs and mESCs during the early stages of their differentiation [62].

miR-145 is significantly upregulated upon differentiation of hESCs [48]. An increase of miR-145 represses the expression of pluripotency genes and facilitates differentiation, while the loss of miR-145 impairs differentiation and induces the expression of Oct4, Sox2, and Klf4 [63]. miR-145 controls ESC differentiation by directly targeting the stem cell factors, thereby silencing the self-renewal program. Interestingly, miR-145 promoter is repressed by OCT4 in hESCs, creating a double negative feedback loop [63].

In mESCs several miRNAs have been shown to promote differentiation by targeting genes encoding transcription factors involved in the maintenance of stem cell identity. miR-200c, miR-203 and miR-183 cooperate to repress Sox2 and Klf4 [64]. Upon retinoic-acid-induced differentiation of mESC, miR-134, miR-296 and miR-470 are up-regulated and target coding regions of Nanog, Oct4, and Sox2 [65].

When ESCs are engaged in a differentiation process, they need both to silence their self-renewal program and activate specific differentiated programs. It has recently been shown that let-7 is an important pro-differentiation factor that tightly controls the level of stem cell factors [66]. let-7 was one of the first miRNAs discovered for its role in the developmental timing of C. elegans [67]. pri-let-7 is transcribed in ESCs and pre-let-7 is found in their cytoplasm, however mature let-7 is not detected in undifferentiated ESCs while highly expressed in somatic cells. A study by Melton et al. revealed that let-7 can repress the mESC pluripotency program upon differentiation [66]. Re-introduction of mature let-7 family members into DGCR8 KO mESCs can rescue the differentiation defect by directly targeting transcripts of the self-renewal factors nMyc, Lin28 and Sal4. However let-7 family members had no effect when co-transfected with members of the ESCC miRNAs family, and let-7 did not induce differentiation in wild type mESCs. A model has been proposed in which let-7 and ESCC miRNA families oppose each other's functions on ESC self-renewal: let-7 miRNAs repress pluripotency genes that are indirectly activated by ESCC miRNAs through an unknown target. Interestingly, as discussed earlier let-7 processing is negatively regulated by lin28 [31, 32] and lin28 expression is under the control of stem cell transcription factors cMyc, Oct4, Sox2 and Nanog [62]. Those results highlight how miRNAs are intricately integrated into the molecular network of pluripotency and are involved in switches crucial for cell fate decisions (Fig. 18.2).

While some miRNAs like miR-145, let-7 family or miR-200 family seem to reduce the pluripotency of ESCs, other miRNAs are involved in direct differentiation of ESCs toward a specialized lineages or terminally differentiated cell types. For example miR-133 and miR-1 are essential for the differentiation of ESCs into cardiomyocytes [68] and miR-9 promotes the differentiation into neuronal progenitors [69].

18.2.2 Role of microRNAs in Cellular Reprogramming

A huge breakthrough in the stem cell research field was achieved when Yamanaka group showed that it is possible to reprogram mouse embryonic fibroblasts into pluripotent cells, later called iPSCs, by ectopic expression of only four factors, Oct4, Sox2, Klf4 and cMyc (OSKM, Yamanaka factors) [43]. Omission of the oncogene cMyc from that cocktail still results in formation of iPSC colonies, though with a lower efficiency. This result has been repeated by several groups in human to reprogram various cell types from different tissues [42, 70, 71]. Besides the Yamanaka factors, another set of four factors can induce the generation of iPSCs, Oct4, Sox2, Lin28 and Nanog (OSLN, Thomson factors) [41]. Despite great efforts, the molecular mechanisms underlying the events of reprogramming remain mostly unknown. A growing numbers of studies are reporting an important role of miRNAs in reprogramming (Fig. 18.3a). This is not very surprising since, as mentioned earlier, miRNAs are critical for the balance between self-renewal and proliferation of ESCs.

Live cell monitoring of iPSC generation from human fibroblasts using miRNAs reporter vectors shows that miR-302s, the most abundant hESC miRNAs, are expressed during the early stage of the OSKM-induced reprogramming [72]. miRNA profiling and qPCR analysis revealed that other ESC-enriched miRNAs are induced early during iPSC formation, including the miR-17 family [73]. This was expected since Oct4 and Sox2, two of the transcription factors used to induce reprogramming, can activate the promoters of miR-302 and miR-106 clusters [44, 62]. Fully reprogrammed iPSCs have a similar miRNA profile than ESCs. However imperfectly reprogrammed mouse cells have been shown to inappropriately silence the Dlk1-Dio3 locus, containing about 50 miRNAs [74]. Despite expression of genes associated with pluripotency, cells with a silenced Dlk1-Dio3 locus contribute poorly to chimaeras and seem to have limited capacities to differentiate into certain type of tissue-specific cells. Moreover, recent studies suggest that iPSCs might retain a memory of the cell of origin they come from [75]. It would be interesting to determine if this memory could be linked to miRNA expression.

Disruption of miRNA maturation or function by knock-down of Drosha, Dicer or Ago2 using lentiviral vectors dramatically reduces the number of iPSC colonies induced by OSKM or OSK in mouse embryonic fibroblasts (MEF), suggesting that some miRNAs are essential for the reprogramming process [73].

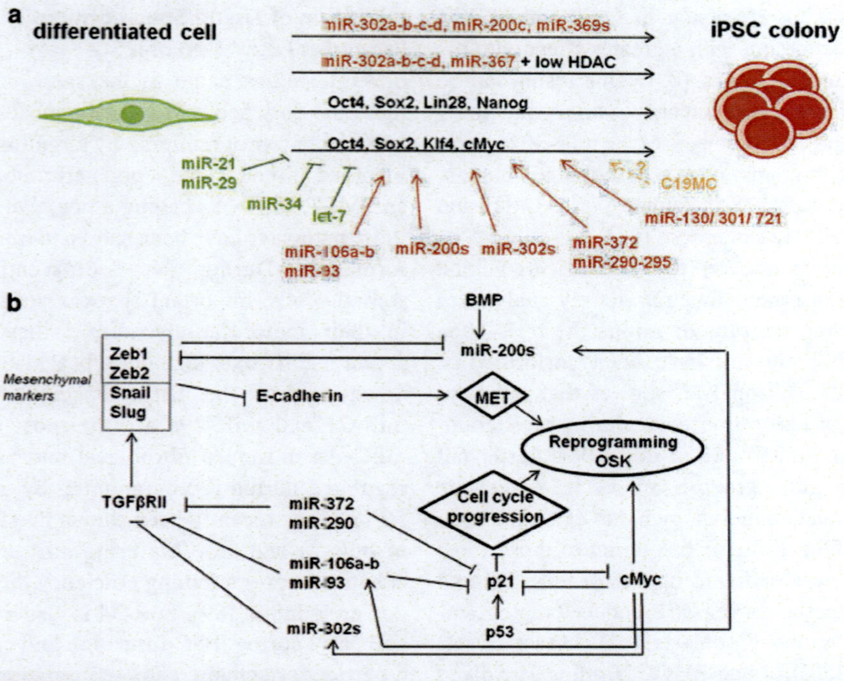

Fig. 18.3 Functions of miRNAs in cellular reprogramming. (**a**) Overview of the effects of miRNAs on iPSC formation. miRNAs beneficial for iPSC induction are represented in *red* while miRNAs shown to repress iPSC formation are in *green*. In *orange* are the microRNAs whose function has not been tested yet during reprogramming of somatic cells into pluripotent stem cells. (**b**) Mechanisms of action of miRNAs during the reprogramming process. OSK: Oct4, Sox2, Nanog. MET mesenchymal to epithelial transition

Introduction of ESC-Enriched microRNAs Enhances Reprogramming

One of the first evidence of the involvement of miRNAs in the formation of iPSCs comes from a study by Judson et al. They demonstrated that several members of the miR-290 cluster can increase the efficiency of OSK-induced reprogramming of MEF to a similar efficiency as OSKM. Interestingly, introduction of a miR-294 mimic did not enhance OSKM-induced reprogramming, suggesting that miR-294 acts as a downstream target of c-Myc, and that miR-290s can substitute for cMyc contribution in cellular reprogramming. Indeed cMyc can bind to the promoter region of the mir-290-295 cluster [76], and bioinformatic analysis suggest that miR-294 may regulate a subset of c-Myc target genes [77]. ESCC miRNAs can promote cell cycle progression in ESCs by targeting inhibitors of the G1/S transition like p21 [53, 54]. Moreover, it has been shown that cMyc can repress p21 expression by downregulating its transcription [78] or at the post-transcriptional level through members of the miR-17 family [79]. Several groups have also reported that p53 and its downstream effectors antagonize iPSC induction, and knock-down of p21 in mouse fibroblasts increases reprogramming efficiency [80–82]. Therefore, inhibition of p21 by miRNA and subsequent activation of proliferation could partly explain why ESCC miRNAs enhance reprogramming efficiency (Fig. 18.3b). However, unlike with cMyc, a homogeneous population of fully reprogrammed colonies was observed with miR-294, suggesting that ESCC miRNAs also have functions independent of cMyc's [76].

Later, Li et al. proposed that miR-93 and miR-106b are key regulators of reprogramming activity. They found that they can enhance OSK and OSKM iPSC-induction in mouse by directly targeting p21 and TGFβR2 [73]. Ectopic expression in MEF by a retroviral vector of the miR-106a cluster (containing among others miR-20b) also increases reprogramming efficiency in OSK and OSKM iPSC-induction but with a greater effect with the three factors induction [83]. This result can be explained by the fact that cMyc can activate miR-106a cluster [38]. Members of the miR-302 cluster enhance reprogramming in both mouse and human, as well as miR-372 in human [76, 83, 84] and miR-130/301/721 in mouse [85].

In order to uncover the mechanisms behind this effect, a time course microarray analysis of the three factors plus or minus the miR-106a or miR-302 clusters have been performed in mouse [82]. This analysis showed that pathways changing at early time point during reprogramming with the addition of miR-106a cluster fall into three main groups: cell cycle, epigenetic modification and mesenchymal to epithelial transition (MET). Proteins belonging to those three groups were also found important miR-302 and miR-372 targets during OSK-induced reprogramming of human fibroblasts [84]. Direct targets include TGRβR2 and RHOC. Both are involved in MET. However miR-302a, b, c or d and 372 alone (without OSK reprogramming factors) were not able to induce the expression of epithelial markers [84]. The importance of MET in the reprogramming process has been highlighted recently and will be discussed in more details in the next section. Members of the miR-200 family have also been shown to facilitate the MET and improve reprogramming in mouse [86–88] (Fig. 18.3b).

Of note, all those studies were done with the Yamanaka factors. It will be interesting to see whether ESC-enriched miRNAs also enhance reprogramming induced by Thomson factors.

Other hESC-enriched miRNAs have been identified, but their potential role in reprogramming has not been investigated yet. In particular, some miRNAs of the C19MC cluster, containing miR-515 and miR-520 families, have different seed sequences than miRNAs enhancing iPSC formation, like miR-302, miR-372, miR-200 and miR-106. It will be critical in the future to test the function of these other hESC-enriched miRNAs in iPSC induction.

Inhibition of Tissue-Specific microRNAs Promotes Formation of iPSCs

Several studies came to the same conclusion that ESC-enriched miRNAs can enhance human and mouse reprogramming by targeting proteins involved in cell cycle, epigenetic modification and MET. miRNAs having a negative effect on those pathways have been shown to inhibit iPSC formation. During the dedifferentiation of somatic cells, important changes need to occur in their molecular signature : they have to acquire ESC-like signature but also have to down-regulate the tissue specific signature. miR-21 and miR-29a are the most abundant miRNAs in mouse fibroblasts and are down-regulated during reprogramming by more than 50 %. It has recently been shown that inhibition of miR-21 and miR-29a using miR antagomirs enhances reprogramming efficiency through p53 downregulation [89]. miR-34 is also a target of p53 early during iPSC formation and constitutes a barrier for somatic cells reprogramming since genetic ablation of miR-34 in mice significantly promotes iPSC generation [90]. Moreover, cMyc can repress let7 family members indirectly through upregulation of lin28. Opposite effects of let-7 and ESCC miRNAs prompted researchers to test whether inhibition of let-7 has an effect on reprogramming. Indeed, antisens inhibitors of let7 modestly enhance reprogramming efficiency of MEF induced by OSK or OSKM [66].

Introduction of microRNAs Can Induce Reprogramming Without Other Factors

It was reported previously that introduction of a polycistronic cassette expressing miR-302a-b-c-d was sufficient to generate cells highly resembling to hESC from cancer cell lines and human hair follicule cells [91, 92]. Those cells, named miR-iPSC re-expressed hESC stem cell factors, their global gene expression was very close to hESC's and they were able to differentiate into various lineages. However iPSC isolation and characterization were not well described and incomplete.

More recently, two independent groups have convincingly shown that human and mouse iPSCs can be derived from fibroblasts without the requirement of exogenous transcription factors by adding microRNAs [93, 94]. Anokye-Danso et al. demonstrated that lentiviral expression of the miR-302/367 cluster is able to reprogram MEF and human foreskin and dermal fibroblasts in a very rapid and efficient way [93]. miR-302/367-iPSC display similar self-renewal and pluripotency characteristic to OSKM-iPSC. miR-367, which has a different seed sequence than miR-302s, is required for reprogramming. Moreover low level of the histone deacetylase HDAC2 is also required, confirming the importance of chromatin modeling in iPSC reprogramming. Until now, the generation of iPSC from somatic cells was a very slow and inefficient process. In Anokye-Danso et al. study, not only miR-302/367 cluster improves the temporal kinetics of iPSC colony apparition, but also increases the efficiency by two orders of magnitude compared to existing protocols, when using similar viral titers. With a percentage approaching 10 % of human fibroblasts generating iPSCs, this method could be used in large-scale iPSC formation. The authors propose that such high efficiency could be explained by the nature of miRNAs themselves since a single miRNA can target hundreds of mRNAs simultaneously, hence coordinating several pathways and allowing a major phenotype change of the identity of the cell. miRNA derived-iPSCs have been called mi-iPSCs.

Shortly after this work was published, the Miyoshi et al. reprogrammed human and mouse multipotent adipose stromal cells as well as human dermal fibroblasts into pluripotent stem cells using seven miRNAs: 200c, 302a, 302b, 302c, 302d, 369-3p and 369-5p [94]. miRNAs were introduced by four transfections of mature double-stranded miRNAs within the first 8 days of reprogramming. The efficiency of generating mouse mi-iPSCs was similar to that seen in the original report of Yamanaka using OSKM induction in MEF. However the efficiency was considerably lower in human mi-iPSCs generated from human fibroblasts. More repeated transfections during the course of reprogramming might increase the efficiency of iPSC formation. Nonetheless, this study brings proof of principle that iPSCs can be obtained with miRNAs without the need for genomic integration of foreign DNA and might hold significant potential for both biomedical research and regenerative medicine. The miRNAs used in the Miyoshi et al. study belong to three families of miRNAs. The use of members of the miR-302 family confirmed previous studies showing that miR-302s can enhance OSK-induced iPSC formation or generate iPSC without other stem cell factors. miR-302 family appears as the most important miRNA family involved in reprogramming from human cells. As mentioned before, the promoter of miR-302 cluster is directly activated by Oct4 [44] and miR-302 have been shown to facilitate the MET during dedifferentiation of fibroblasts [83, 84]. We can wonder if miR-302 could be the equivalent of Oct4 in reprogramming since in any combination of stem cell factors, Oct4 is necessary for iPSC generation. It will be interesting to determine whether a combination of miRNA without miR-302 could also induce iPSC formation and whether miR-372 could replace miR-302s since they share the same seed sequence. Contrarily to the Anokye-Danso et al. study, miR-367 was not required to induce the reprogramming, but could be replaced by miR-200c, a miRNA important for MET, and members of the miR-369 family. Target prediction softwares suggest that miR-369s could also be involved in MET. Moreover, interestingly miR-369-3 is one of the few miRNAs that can up-regulate the translation of its target mRNAs on cell cycle arrest [29]. miR-302s, 367, 200c and 369 have different seed sequences, so both Anokye-Danso et al. and Miyoshi et al. protocols are likely to induce reprogramming through targeting of different mRNAs and pathways. Further studies should tell which combination of mature miRNAs is the best one and when each miRNA is involved during the course of iPSC formation. This would allow to determinate the best cocktail and timing of miRNA introduction in order to reach the maximum efficiency. It will also be interesting to investigate whether miR-induced reprogramming follows the same steps as OSKM or OSLN-induced reprogramming.

miRNAs can be powerful tools for reprogramming and consequently for therapeutic applications since they avoid integration of factors into the genome and can be used for large scale production of iPSCs.

18.2.3 Role of microRNAs in Cell Fate Transitions

Mesenchymal to Epithelial Transition

The epithelial-to-mesenchymal transition (MET) is the set of coordinated changes in cell-cell and cell-matrix interactions leading to loss of mesenchymal features and acquisition of epithelial characteristics. MET has been shown to play a pivotal role during embryonic development and its reverse process, the epithelial to mesenchymal transition (EMT), is important for cancer progression and invasion [95]. The process of reprogramming of fibroblasts resembles MET since it consists of transformation from single layer of adherent cells into tightly packed clusters of round ESC-like cells. MET seems to be a hallmark of the initiation phase characterized by an increase of epithelial-associated genes and a decrease of mesenchymal factors [96]. siRNA against epithelial markers, in particular E-cadherin, totally inhibit the formation of iPSCs [86]. Therefore MET appears as a crucial step of fibroblasts dedifferentiation. Signaling pathways involved in the regulation of MET affect the efficiency of reprogramming and several miRNAs can regulate reprogramming by targeting proteins involved in the MET (Fig. 18.3b). As mentioned, members of the miR-200 family synergize with OSKM or other miRNAs to promote MEF reprogramming via regulation of MET by downregulating mesenchymal markers such as Zeb1 and Zeb2 [86–88, 94, 97, 98]. Moreover miR-106a, miR-106b, miR-17, miR-93, and miR-302 cluster function in reprogramming is dependent of the fact that they all target TGFβR2, resulting in an increase of E-cadherin expression during fibroblast reprogramming [73, 83, 84].

Fibroblasts are mesenchymal cells, however iPSCs have also been generated from other cell types and not all cells have to go through MET during reprogramming. A question comes to mind: would the miRNAs shown to enhance or induce reprogramming through MET activation have the same effect on reprogramming of epithelial somatic cells such as keratinocytes.

Transition Between Different Pluripotent States

It has been shown recently that expression of specific miRNAs can define the developmental state of ESCs and iPSCs [48]. hESCs are likely to be the *in vitro* equivalent of mouse epiblast stem cells (EpiSCs), derived from the post-implantation epiblast stage, while mESCs are derived from the inner cell mass of pre-implanted embryos and represent an earlier stage of embryonic development [99]. Low concentrations of sodium butyrate, a HDAC inhibitor, can induce hESCs to go back to an earlier developmental stage [100]. This method constitutes a useful tool to study the expression of miRNAs in early steps of human development. miR-372 cluster is expressed at higher levels in butyrate-treated hESCs than in hESCs while miR-302 cluster expression was slightly lower [48]. It would be important to analyze miR-302 and miR-372 expression levels in newly derived hESCs that might represent an earlier state of development. miR-302 cluster was expressed at considerably higher levels in EpiSCs than in mESCs [48]. miRNAs can be good indicators of the state of pluripotency, in particular miR-302 could be used as a marker for the epiblast stage in mouse. Moreover, it will be interesting to assess whether overexpression of miR-372 in hESCs can make them regress to an earlier developmental stage and whether over-expression of miR-302 in mESCs can in the contrary differentiate them toward an EpiSC-like stage.

18.3 microRNA Function in Adult Stem Cells

Adult stem cells are undifferentiated cells which primary role is to replenish dying cells and repair damaged tissue. They can self-renew to maintain the pool of undifferentiated cells and they are multipotent, they are able to differentiate into progeny of cell types of the tissue in which they reside. Adult stem cells induce the regeneration of a specific tissue throughout adult life. They have been isolated from various tissues, including skin, brain, muscle and hematopoietic system. Adult stem cells reside in a specialized microenvironment, called niche, which regulates the balance between self-renewal, differentiation and quiescence. miRNAs have been shown to play an important role in the maintenance and differentiation of adult stem cell populations and are therefore essential regulators of the homeostasis of somatic tissues. In this section we will review very briefly the important miRNAs discovered in some adult stem cell populations.

18.3.1 Germline Stem Cells (GSCs)

GSCs have the potential to self-renew to maintain the GSC pool or to differentiate to give rise to gametes that are responsible for passing on their genetic material to the next generation. Mechanisms of maintenance and differentiation of GSCs have been well studied in a model organism, Drosophila M. In this fruit fly model microRNAs have shown to play a critical role in GSC regulation (reviewed in [101]). Dicer-1 mutant GSCs are defective in cell cycle control and present a delayed G1/S transition due to an increase expression of Dacapo, a p21/p27 homolog [102]. mir-7 and miR-278 can target Dacapo, and GSC mutant for those miRNAs are partially defective in GSC division [103]. Moreover, Dicer-1 mutant GSCs are rapidly lost from the niche if the clones are generated during adult development, suggesting that miRNAs also control GSC maintenance and self-renewal [104–107]. Interestingly while loss of Dicer-1 in adult flies induces GSC loss, it does not induce a maintenance defect if the miRNAs processing enzyme is lost already during development [107]. This suggests that a dynamic compensation process takes place during development and emphasizes the capacity of maturing animal to protect the key cells for the continuity of the individual and the species, germ line stem cells. Some specific miRNAs, including miR-184, bantam and miR-7, have shown to regulate GSCs and their differentiation [107–109]. The results obtained in Drosophila ovarian GSCs demonstrate that miRNAs play a key role in GCS control, regulating maintenance, self-renewing division and differentiation.

Since Dicer KO reduces all microRNAs, the Dicer KO phenotype may be more complex than the phenotype caused by a loss of any individual microRNA. Nevertheless, Dicer KO experiments have been invaluable in clarifying the requirements of miRNAs and endo-siRNAs in different cell types. For example in mouse, Dicer KO causes dramatic gametogenesis defects suggesting that miRNAs or endo-siRNAs play key roles in these processes [110, 111]. Mouse spermatogenesis is a continuous, highly active process in adult males, indicating that self-renewing adult GSCs exist in testes lending fertile ground for detailed miRNA analysis in adult mammalian GSCs. Interestingly, recent high-throughput sequencing analysis has revealed that miR-21, along with miR-34c, -182, -183, and -146a, are enriched in male GSCs. Furthermore, reduction of miR-21 can induce male GSC apoptosis [112].

The precursors for GSCs, primordial germ-cells (PGCs) are established during Epiblast stage in mouse development [113]. It therefore will be important to define whether key miRNAs in EpiSCs and hESCs control PGS differentiation. Recent paper addresses that pivotal question [114], a cluster of ESC-enriched miRNAs, miR-290-295 is shown to be critical for PGC migration. miR-290-295-/- PGCs show a significant reduction in their early developmental migration. However, the male germ line due to its GSC prolonged self-renewal capacity is able to recover, while females are sterile due to ovarian failure.

18.3.2 microRNAs and Hematopoietic Stem Cells (HSCs)

HSCs continuously replenish all cells in our blood throughout our lifetime and thereby are an excellent example of self-renewing adult stem cell population. The hematopoiesis is a complex process in which a common immature precursor differentiates into increasingly specialized populations of blood cells. This process is tightly regulated by a combination of transcription factors, epigenetic modifications, miRNAs and extrinsic signals from the niche. miRNAs have appeared critical in almost every stage of hematopoiesis (reviewed in [115]). miR-181, miR-150 and miR-155 control lymphocyte development [116, 117], while miR-223 is involved in the regulation of both myeloid and erythroid differentiation [116, 118–120]. miR-130a and miR-10a are important for megakaryocytic maturation. miR-221 and miR-222 are downregulated during erythroid differentiation and they both target KIT receptor, an important regulator of the proliferation of hematopoietic cells [115].

miRNAs can regulate hematopoietic differentiation but can also regulate the HSC reservoir. For example, miR-125a controls HSC population size by inhibiting their apoptosis via translational repression of the pro-apoptotic protein Bak1 [28]. Similarly, miR-125b is highly expressed in HSCs and regulates their survival. In addition, miR-125b promotes lymphoid fate decision [121] and block G-CSF-induced granulocytic differentiation [122].

18.3.3 microRNAs and Neural Stem Cells (NSCs)

NSCs are localized in few specific zones within the brain. They can self-renew or produce progenitors that can engage in neurogenesis and give rise to neuronal and glial lineages. Recent evidences highlight the function of miRNAs in the regulation of NSC self-renewal and neurogenesis. miR-124, the most abundant miRNA in adult brain, is expressed at low level in NSCs and is upregulated in adult neurons. mir-124 has been shown to induce neural differentiation by directly targeting Sox9 and RE1-silencing transcription factor (REST) [32, 123]. miR-9, another brain specific miRNA, regulates NSC differentiation by suppressing NSC factors such as REST or the orphan nuclear receptor TLX [69]. Similarly, let-7b overexpression inhibits NSC proliferation and accelerates neural differentiation by targeting TLX and cyclinD1 involved in the regulation of cell cycle progression [69].

18.3.4 microRNAs and Muscle Stem Cells

One of the main players of adult muscle regeneration is the skeletal adult stem cell found in mature muscle and called satellite cell. Satellite cells have the capacity to differentiate and fuse with each others to form muscle fibers. miRNAs have been shown to be important regulators of muscle cell fate decision. For example miR-1, miR-206 and miR-486 downregulate Pax7, a protein required to maintain the muscle stem cell population. Overexpression of those miRNAs induces differentiation of satellite cells and myoblasts [124, 125], while miR-221 and miR-222 play a role in the progression from myoblasts to myocytes [126]. In the contrary, miR-125b negatively regulates myoblast differentiation [127].

18.3.5 microRNAs and Skin Stem Cells

Skin stem cells are localized in the basal layer of the epidermis or at the base of hair follicles. miR-203 the most abundant miRNA in mammalian skin, has been identified as an inhibitor of "stemness" in epidermal stem cells [128]. miR-203 promotes epidermal differentiation by repressing p63, resulting in restrictive proliferative potential and induction of cell-cycle exit [128, 129]. miR-125b is preferentially expressed in skin stem cells and is implicated in the balance between self-renewal and early lineage commitment [130]. The authors propose that miR-125b regulates the number of divisions that a progenitor undergoes prior to committing to a lineage.

As mentioned, miR-125b also regulates HSCs and muscle stem cells, suggesting that some miRNAs might be common regulators of various adult stem cells.

18.4 microRNA Function in Cancer Stem Cells

18.4.1 Cancer Stem Cells (CSCs)

A tumor contains a very heterogeneous population of cells at various stages of differentiation [131]. Some cancer cells have been shown to share similarities with stem cells, specially the capacity to self-renew with uncontrolled division and the ability to produce differentiated progenies. Those cells were named cancer stem cells or tumor-initiating cells because of their potential to regenerate the entire heterogeneous tumor [132]. Such cells are believed to be highly aggressive and resistant to chemotherapy and have been presented as a possible explanation to relapse. The first CSCs were identified in leukemia [133]. Since then, CSC populations have been isolated in various different tissues, including breast, prostate, brain, colon and head and neck cancer [134–138]. However, the exact nature of CSC is still not known [139]. Recent data suggest that poorly differentiated aggressive human tumors and CSCs possess hESC-like gene expression signature [140–142]. Furthermore hESC markers such as Oct4, Sox2, Nanog or Lin28 are overexpressed in CSCs and can promote transformation [143, 144].

It is not quite understood where CSCs come from. Evidences show that they could arise from either transformation of adult stem cells, progenitor cells or reprogramming of cancer cells [145]. Their number within the tumor seems to vary greatly between cancer cell types [146]. The hypothesis that generation of CSCs could be a dynamic process regulated by the microenvironment of the cells has emerged recently [147]. For example recent evidence suggests that hypoxia can dedifferentiate cancer to a more potent and aggressive stem cell stage [144]. Hypoxia can induce the expression of CSC and hESC markers in cancer cells, correlating with tumor aggressiveness and apparition of stem cell-like populations [144]. Cancer cells cultured under hypoxia also express a higher level of ESC-enriched miRNAs compared to cancer cells cultured under normoxia [144].

18.4.2 miRNAs in CSCs

As discussed in the previous section, miRNAs have been associated with ESC self-renewal and differentiation. They can also be prognosis factors in various cancers [148], and act as either tumor suppressors or oncogenes (oncomiR) [149]. Since miRNAs are critical for both cancer and stem cell properties, their role in CSC self-renewal, proliferation and differentiation is under intense study and they hold great hope for therapy. Recent profiling data performed in newly isolated CSCs map miRNAs that are up or down regulated in CSCs compared to non-stem cancer cells or normal stem cell population arising from the same tissue (Table 18.1, [171]). CSCs seem to display a distinct signature of miRNAs that varies depending on the tissue of origin [171]. Some variations were also observed among CSCs from the same tissue, however this could be explained

Table 18.1 List of miRNAs regulating tumor aggressiveness, invasion and CSC properties

Upregulated in aggressive tumors and CSC			Downregulated in aggressive tumors and CSC		
miRNA	Cancer type	Ref	miRNA	Cancer type	Ref
miR-130b	Liver	[150]	miR-125b	Glioma	[151]
miR-17-92	Leukemia	[152]	miR-200s	Lung, ovary, head and neck, liver, pancreas, breast	[153–156]
C19MC	Thyroid, breast	[157, 158]	let-7	Lung, breast, liver, head and neck	[153, 159–163]
miR-371-373	Liver, thyroid, breast	[157, 158, 164]	miR-34	Pancreas, stomach, glioma, prostate	[165–169]
			miR-145	Ewing sarcoma	[170]

by the different methods used to isolate CSCs. Functional studies show that miRNAs are major components of acquisition and maintenance of "stemness" of CSCs [171]. It is interesting that several of the miRNAs found to control CSC properties are miRNAs involved in the regulation of ESC self-renewal and differentiation as well as in the reprogramming of fibroblasts into iPSCs. For example, miR-371-373 cluster is upregulated in undifferentiated aggressive hepatocellular cancer cells [164]. In breast cancer cells, C19MC cluster and miR-371-373 cluster are linked to high aggressiveness and promote tumor invasion and metastasis by targeting CD44 [157]. Those clusters are also activated by chromosomal rearrangement in a subgroup of thyroid adenoma [158].

miR-17-92 polycistron is more abundant in leukemic stem cells than in non-stem leukemic cells or than in their normal counterpart precursors [152]. miR-17-92 cluster regulates mixed lineage leukemia (MLL) stem cells by targeting p21, resulting in more proliferative cells [152]. In addition, miR-17-92 cluster increases self-renewal and leukemic stem cell potential [152]. miR-130b is upregulated in CD133+ liver cancer stem cells compared to CD133- cells and promotes liver CSC growth and self-renewal via targeting of TP53INP1 [150]. Overexpression of miR-130b increases tumorigenicity *in vivo* as well as resistance to chemotherapeutic agents, while inhibition of miR-130b has inverse effects.

While ESC-enriched miRNAs seem to be important in CSC functions, miRNAs shown to be repressing pluripotency are inhibiting CSC properties. Members of the let-7 family have a role of tumor suppressor by targeting K-Ras and cMyc, and their expression is repressed in lung, breast, liver and head and neck CSCs [153, 159–162]. Overexpression of let-7 decreases the stemness signature of various CSCs and increases their chemosensitivity. In particular, it has been shown that let-7 can regulate breast CSCs properties. Indeed let-7 overexpression reduces proliferation, mammosphere formation, and the proportion of undifferentiated cells *in vitro*, as well as tumor formation and metastasis *in vivo* [163].

Unexpectedly, members of the miR-200 family, which are enriched in ESCs and play a role in iPSC induction, are downregulated in CSCs isolated from lung, ovarian, head and neck, liver, pancreatic and breast cancer compared to their non-stem cancer counterparts [153, 154]. As discussed earlier, members of the miR-200 family are major activators of the MET by targeting mesenchymal markers, which results in expression of epithelial markers. Therefore expression of miR-200 represses EMT. The process of EMT plays an important role in the progression of cancer by promoting invasion and metastasis [95]. A recent hypothesis proposes that cells undergoing EMT have very similar properties than CSCs and several reviews discuss the relationship between those two populations of cells [172–174]. In pancreatic cancer cells, Notch1 has been shown to inhibit miR-200b and miR-200c and induces EMT consistent with CSC phenotype as monitored by pancreatosphere and expression of CSC markers [155]. Members of miR-200 family also inhibit migration and metastasis of ovarian CSCs and head and neck squamous cell CSCs via repression of Zeb1 and Zeb2 [154]. In breast cancer, miR-200c targets proteins involved in invasiveness, resistance to apoptosis and induction of breast CSC characteristics [156].

miRNAs shown to be regulators of various adult stem cell functions also play important roles in CSCs regulation. For instance, miR-125b suppresses glioma SC proliferation by targeting CDK6 an CDC25A, thus inducing cell cycle arrest in G1 [151], and miR-21 induces "stemness" in colon cancer cells [175].

Another miRNA playing an important function in CSCs is miR-34. As mentioned, miR-34 reduces reprogramming efficiency [90]. Its expression is downregulated in many cancers and its target mRNAs code for proteins involved in the inhibition of apoptosis, cell cycle progression and migration such as E2F3, Notch, CyclinD or Bcl2 [165]. Those mechanisms are involved in CSC self-renewal and survival. In particular Bcl2 has been involved in chemo- and radio-resistance of CSCs by preventing apoptosis. When miR-34 is overexpressed pancreatic and gastric cancer cells are more sensitive to chemotherapeutic drugs, while tumor growth and tumosphere formation are inhibited [166, 167]. miR-34 also has a function of tumor suppressor in brain tumor and glioma SC and induces glioma SC differentiation [168].

Very recently miR-34 has been shown to directly target CD44, one of the markers of prostate CSCs. Introduction of miR-34a by liposome-based delivery in prostate CSCs decreases the clonogenicity *in vitro* and the tumor growth *in vivo* [169]. In this work, the authors achieved an efficient systemic delivery of miRNAs and opened new avenues for cancer therapy by targeting CSC maintenance.

miRNAs play important roles in CSC proliferation, differentiation and tumor formation. Therapy targeting CSC could potentially eliminate cancer at its source and avoid relapses to occur. The potential advantage of using miRNAs is that they can simultaneously silence several molecules that regulate CSCs. However such strategy presents challenges. Only CSCs should be destroyed, while normal stem cells should be left intact. Moreover it would be necessary to kill all CSCs since a single CSC could potentially re-grow an entire tumor.

18.5 Conclusion

In less than 10 years, miRNAs have experienced a radical shift in people's mind, once considered as junk RNA not useful for the individual, they now appear as critical regulators of most cellular events. By their ability to target hundreds of mRNAs they can induce a rapid switch in cell fate and fine tune genome expression. They are now accepted as major post-transcriptional regulators. In this chapter we discussed the central role of miRNAs in controlling proliferation, survival, self-renewal and differentiation of various stem cells. We particularly focused on miRNA function in pluripotent cells and acquisition of stem cell fate, for instance during the reprogramming process. We then briefly reviewed the role of miRNAs in adult stem cells and tumor initiating cells, "cancer stem cells", that share properties with stem cells.

miRNAs regulate target genes involved in key cellular processes regulating stem cell biology. Those miRNAs and their targets are under intense investigation. Among hundreds of predicted targets, few of them have been identified experimentally. In the next few years, more investigations should shed light on miRNA targets and interactions with stem cell markers, signaling pathways, and epigenetic regulatory mechanisms. This should allow us to build a more comprehensive understanding of stem cell identity and behavior. One mRNA can be targeted by several miRNAs, and because of the unique signature of miRNAs in particular cells at a given time and conditions, the combination of miRNA expression can lead to a specific outcome.

miRNAs are key players in the control of the abbreviated cell cycle of ESC proliferation and are therefore implicated in proliferation of stem cells and their self-renewal capacities. They also regulate the differentiation and de-differentiation of cells. Indeed, it has been shown that specific miRNAs can enhance or repress iPSC formation. Several groups have also demonstrated that miRNAs alone can reprogram somatic cells into pluripotent stem cells, underlying their fundamental role in cell fate decision.

Expression profiles revealed miRNAs enriched in pluripotent stem cells, adult stem cells and CSCs. Interestingly some miRNAs regulating ESCs are found important in regulating the CSC phenotype. Indeed ESC-enriched miRNAs such as miR-17-92 cluster, miR-371-373 cluster, C19CM or miR-130 induce "stemness" and aggressiveness in cancer cells, while let-7 and miR-200 inhibit CSC properties. Despite its central role in ESC maintenance and reprogramming, miR-302 has not been shown directly implicated in CSC formation, proliferation or maintenance. However miR-302 is upregulated after exposure of cancer cells to hypoxia and correlates with increase of stem cell properties [144]. Moreover miR-302 is activated by stem cells factors regulating the "stemness" of CSCs. More data are needed to understand the role of miR-302 family in CSC functions.

miRNAs present a great potential in regenerative medicine and cancer therapy. miRNAs can be used to efficiently generate induced pluripotent stem cells without DNA integration from patient cells in order to model diseases and obtain a reservoir of cells. They can also be used to differentiate pluripotent cells into cells of particular lineages for potential cell therapies. Moreover, targeting specific miRNAs in cancer treatment could constitute a new approach to eradicate CSCs and avoid relapses. Full understanding of miRNA functions in stem cell fate and differentiation will be essential to take advantage of miRNA therapeutic promises.

References

1. Baek D, Villen J, Shin C, Camargo FD et al (2008) The impact of microRNAs on protein output. Nature 455(7209):64–71
2. Ghildiyal M, Zamore PD (2009) Small silencing RNAs: an expanding universe. Nat Rev Genet 10(2):94–108
3. Pauli A, Rinn JL, Schier AF (2011) Non-coding RNAs as regulators of embryogenesis. Nat Rev Genet 12(2):136–149
4. Lee RC, Feinbaum RL, Ambros V (1993) The C. elegans heterochronic gene lin-4 encodes small RNAs with antisense complementarity to lin-14. Cell 75(5):843–854
5. Bartel DP (2009) MicroRNAs: target recognition and regulatory functions. Cell 136(2):215–233
6. Chang TC, Mendell JT (2007) microRNAs in vertebrate physiology and human disease. Annu Rev Genom Hum Genet 8:215–239
7. Garzon R, Calin GA, Croce CM (2009) MicroRNAs in cancer. Annu Rev Med 60:167–179
8. Yi R, Fuchs E (2011) MicroRNAs and their roles in mammalian stem cells. J Cell Sci 124(Pt 11):1775–1783
9. Selbach M, Schwanhausser B, Thierfelder N, Fang Z et al (2008) Widespread changes in protein synthesis induced by microRNAs. Nature 455(7209):58–63
10. Berezikov E, Guryev V, van de Belt J, Wienholds E et al (2005) Phylogenetic shadowing and computational identification of human microRNA genes. Cell 120(1):21–24
11. Rodriguez A, Griffiths-Jones S, Ashurst JL, Bradley A (2004) Identification of mammalian microRNA host genes and transcription units. Genome Res 14(10A):1902–1910
12. Borchert GM, Lanier W, Davidson BL (2006) RNA polymerase III transcribes human microRNAs. Nat Struct Mol Biol 13(12):1097–1101
13. Lee Y, Kim M, Han J, Yeom KH et al (2004) MicroRNA genes are transcribed by RNA polymerase II. EMBO J 23(20):4051–4060
14. Lee Y, Ahn C, Han J, Choi H et al (2003) The nuclear RNase III Drosha initiates microRNA processing. Nature 425(6956):415–419
15. Denli AM, Tops BB, Plasterk RH, Ketting RF et al (2004) Processing of primary microRNAs by the microprocessor complex. Nature 432(7014):231–235
16. Gregory RI, Yan KP, Amuthan G, Chendrimada T et al (2004) The microprocessor complex mediates the genesis of microRNAs. Nature 432(7014):235–240
17. Ruby JG, Jan CH, Bartel DP (2007) Intronic microRNA precursors that bypass Drosha processing. Nature 448(7149):83–86
18. Bohnsack MT, Czaplinski K, Gorlich D (2004) Exportin 5 is a RanGTP-dependent dsRNA-binding protein that mediates nuclear export of pre-miRNAs. RNA 10(2):185–191
19. Siomi H, Siomi MC (2010) Posttranscriptional regulation of microRNA biogenesis in animals. Mol Cell 38(3):323–332
20. Schwarz DS, Hutvagner G, Du T, Xu Z et al (2003) Asymmetry in the assembly of the RNAi enzyme complex. Cell 115(2):199–208
21. Krol J, Loedige I, Filipowicz W (2010) The widespread regulation of microRNA biogenesis, function and decay. Nat Rev Genet 11(9):597–610
22. Cheloufi S, Dos Santos CO, Chong MM, Hannon GJ (2010) A dicer-independent miRNA biogenesis pathway that requires Ago catalysis. Nature 465(7298):584–589
23. Cifuentes D, Xue H, Taylor DW, Patnode H et al (2010) A novel miRNA processing pathway independent of Dicer requires Argonaute2 catalytic activity. Science 328(5986):1694–1698
24. Filipowicz W, Bhattacharyya SN, Sonenberg N (2008) Mechanisms of post-transcriptional regulation by microRNAs: are the answers in sight? Nat Rev Genet 9(2):102–114
25. Rigoutsos I (2009) New tricks for animal microRNAS: targeting of amino acid coding regions at conserved and nonconserved sites. Cancer Res 69(8): 3245–3248
26. Lai EC (2002) Micro RNAs are complementary to 3′ UTR sequence motifs that mediate negative post-transcriptional regulation. Nat Genet 30(4):363–364
27. Yekta S, Shih IH, Bartel DP (2004) MicroRNA-directed cleavage of HOXB8 mRNA. Science 304(5670):594–596
28. Guo H, Ingolia NT, Weissman JS, Bartel DP (2010) Mammalian microRNAs predominantly act to decrease target mRNA levels. Nature 466(7308):835–840
29. Vasudevan S, Tong Y, Steitz JA (2007) Switching from repression to activation: microRNAs can up-regulate translation. Science 318(5858):1931–1934
30. Davis-Dusenbery BN, Hata A (2010) Mechanisms of control of microRNA biogenesis. J Biochem 148(4):381–392
31. Heo I, Joo C, Cho J, Ha M et al (2008) Lin28 mediates the terminal uridylation of let-7 precursor MicroRNA. Mol Cell 32(2):276–284
32. Visvanathan J, Lee S, Lee B, Lee JW et al (2007) The microRNA miR-124 antagonizes the anti-neural REST/SCP1 pathway during embryonic CNS development. Genes Dev 21(7):744–749
33. Thomson JM, Newman M, Parker JS, Morin-Kensicki EM et al (2006) Extensive post-transcriptional regulation of microRNAs and its implications for cancer. Genes Dev 20(16):2202–2207
34. Tsuchida A, Ohno S, Wu W, Borjigin N et al (2011) miR-92 is a key oncogenic component of the miR-17-92 cluster in colon cancer. Cancer Sci 102(12):2264–2271
35. Evans MJ, Kaufman MH (1981) Establishment in culture of pluripotential cells from mouse embryos. Nature 292(5819):154–156
36. Thomson JA, Itskovitz-Eldor J, Shapiro SS, Waknitz MA et al (1998) Embryonic stem cell lines derived from human blastocysts. Science 282(5391):1145–1147
37. Becker KA, Ghule PN, Therrien JA, Lian JB et al (2006) Self-renewal of human embryonic stem cells is supported by a shortened G1 cell cycle phase. J Cell Physiol 209(3):883–893

38. Ng HH, Surani MA (2011) The transcriptional and signalling networks of pluripotency. Nat Cell Biol 13(5):490–496
39. Boyer LA, Lee TI, Cole MF, Johnstone SE et al (2005) Core transcriptional regulatory circuitry in human embryonic stem cells. Cell 122(6):947–956
40. Loh YH, Wu Q, Chew JL, Vega VB et al (2006) The Oct4 and Nanog transcription network regulates pluripotency in mouse embryonic stem cells. Nat Genet 38(4):431–440
41. Yu J, Vodyanik MA, Smuga-Otto K, Antosiewicz-Bourget J et al (2007) Induced pluripotent stem cell lines derived from human somatic cells. Science 318(5858):1917–1920
42. Takahashi K, Tanabe K, Ohnuki M, Narita M et al (2007) Induction of pluripotent stem cells from adult human fibroblasts by defined factors. Cell 131(5):861–872
43. Takahashi K, Yamanaka S (2006) Induction of pluripotent stem cells from mouse embryonic and adult fibroblast cultures by defined factors. Cell 126(4):663–676
44. Marson A, Levine SS, Cole MF, Frampton GM et al (2008) Connecting microRNA genes to the core transcriptional regulatory circuitry of embryonic stem cells. Cell 134(3):521–533
45. Houbaviy HB, Murray MF, Sharp PA (2003) Embryonic stem cell-specific MicroRNAs. Dev Cell 5(2):351–358
46. Bar M, Wyman SK, Fritz BR, Qi J et al (2008) MicroRNA discovery and profiling in human embryonic stem cells by deep sequencing of small RNA libraries. Stem Cells 26(10):2496–2505
47. Morin RD, O'Connor MD, Griffith M, Kuchenbauer F et al (2008) Application of massively parallel sequencing to microRNA profiling and discovery in human embryonic stem cells. Genome Res 18(4):610–621
48. Stadler B, Ivanovska I, Mehta K, Song S et al (2010) Characterization of microRNAs involved in embryonic stem cell states. Stem Cells Dev 19(7):935–950
49. Bernstein E, Kim SY, Carmell MA, Murchison EP et al (2003) Dicer is essential for mouse development. Nat Genet 35(3):215–217
50. Kanellopoulou C, Muljo SA, Kung AL, Ganesan S et al (2005) Dicer-deficient mouse embryonic stem cells are defective in differentiation and centromeric silencing. Genes Dev 19(4):489–501
51. Murchison EP, Partridge JF, Tam OH, Cheloufi S et al (2005) Characterization of Dicer-deficient murine embryonic stem cells. Proc Natl Acad Sci U S A 102(34):12135–12140
52. Babiarz JE, Ruby JG, Wang Y, Bartel DP et al (2008) Mouse ES cells express endogenous shRNAs, siRNAs, and other microprocessor-independent, dicer-dependent small RNAs. Genes Dev 22(20):2773–2785
53. Wang Y, Baskerville S, Shenoy A, Babiarz JE et al (2008) Embryonic stem cell-specific microRNAs regulate the G1-S transition and promote rapid proliferation. Nat Genet 40(12):1478–1483
54. Qi J, Yu JY, Shcherbata HR, Mathieu J et al (2009) microRNAs regulate human embryonic stem cell division. Cell Cycle 8(22):3729–3741
55. Fluckiger AC, Marcy G, Marchand M, Negre D et al (2006) Cell cycle features of primate embryonic stem cells. Stem Cells 24(3):547–556
56. Becker KA, Ghule PN, Lian JB, Stein JL et al (2010) Cyclin D2 and the CDK substrate p220(NPAT) are required for self-renewal of human embryonic stem cells. J Cell Physiol 222(2):456–464
57. Faast R, White J, Cartwright P, Crocker L et al (2004) Cdk6-cyclin D3 activity in murine ES cells is resistant to inhibition by p16(INK4a). Oncogene 23(2):491–502
58. Sinkkonen L, Hugenschmidt T, Berninger P, Gaidatzis D et al (2008) MicroRNAs control de novo DNA methylation through regulation of transcriptional repressors in mouse embryonic stem cells. Nat Struct Mol Biol 15(3):259–267
59. Sengupta S, Nie J, Wagner RJ, Yang C et al (2009) MicroRNA 92b controls the G1/S checkpoint gene p57 in human embryonic stem cells. Stem Cells 27(7):1524–1528
60. Benetti R, Gonzalo S, Jaco I, Munoz P et al (2008) A mammalian microRNA cluster controls DNA methylation and telomere recombination via Rbl2-dependent regulation of DNA methyltransferases. Nat Struct Mol Biol 15(3):268–279
61. Wang Y, Medvid R, Melton C, Jaenisch R et al (2007) DGCR8 is essential for microRNA biogenesis and silencing of embryonic stem cell self-renewal. Nat Genet 39(3):380–385
62. Tiscornia G, Izpisua Belmonte JC (2010) MicroRNAs in embryonic stem cell function and fate. Genes Dev 24(24):2732–2741
63. Xu N, Papagiannakopoulos T, Pan G, Thomson JA et al (2009) MicroRNA-145 regulates OCT4, SOX2, and KLF4 and represses pluripotency in human embryonic stem cells. Cell 137(4):647–658
64. Wellner U, Schubert J, Burk UC, Schmalhofer O et al (2009) The EMT-activator ZEB1 promotes tumorigenicity by repressing stemness-inhibiting microRNAs. Nat Cell Biol 11(12):1487–1495
65. Tay Y, Zhang J, Thomson AM, Lim B et al (2008) MicroRNAs to Nanog, Oct4 and Sox2 coding regions modulate embryonic stem cell differentiation. Nature 455(7216):1124–1128
66. Melton C, Judson RL, Blelloch R (2010) Opposing microRNA families regulate self-renewal in mouse embryonic stem cells. Nature 463(7281):621–626
67. Reinhart BJ, Slack FJ, Basson M, Pasquinelli AE et al (2000) The 21-nucleotide let-7 RNA regulates developmental timing in Caenorhabditis elegans. Nature 403(6772):901–906
68. Takaya T, Ono K, Kawamura T, Takanabe R et al (2009) MicroRNA-1 and MicroRNA-133 in spontaneous myocardial differentiation of mouse embryonic stem cells. Circ J Off J Jpn Circ Soc 73(8):1492–1497
69. Zhao C, Sun G, Li S, Shi Y (2009) A feedback regulatory loop involving microRNA-9 and nuclear receptor TLX in neural stem cell fate determination. Nat Struct Mol Biol 16(4):365–371

70. Park IH, Lerou PH, Zhao R, Huo H et al (2008) Generation of human-induced pluripotent stem cells. Nat Protoc 3(7):1180–1186
71. Wu SM, Hochedlinger K (2011) Harnessing the potential of induced pluripotent stem cells for regenerative medicine. Nat Cell Biol 13(5):497–505
72. Kamata M, Liang M, Liu S, Nagaoka Y et al (2010) Live cell monitoring of hiPSC generation and differentiation using differential expression of endogenous microRNAs. PLoS One 5(7):e11834
73. Li Z, Yang CS, Nakashima K, Rana TM (2011) Small RNA-mediated regulation of iPS cell generation. EMBO J 30(5):823–834
74. Stadtfeld M, Apostolou E, Akutsu H, Fukuda A et al (2010) Aberrant silencing of imprinted genes on chromosome 12qF1 in mouse induced pluripotent stem cells. Nature 465(7295):175–181
75. Kim K, Doi A, Wen B, Ng K et al (2010) Epigenetic memory in induced pluripotent stem cells. Nature 467(7313):285–290
76. Judson RL, Babiarz JE, Venere M, Blelloch R (2009) Embryonic stem cell-specific microRNAs promote induced pluripotency. Nat Biotechnol 27(5):459–461
77. Hanina SA, Mifsud W, Down TA, Hayashi K et al (2010) Genome-wide identification of targets and function of individual MicroRNAs in mouse embryonic stem cells. PLoS Genet 6(10):e1001163
78. Seoane J, Le HV, Massague J (2002) Myc suppression of the p21(Cip1) Cdk inhibitor influences the outcome of the p53 response to DNA damage. Nature 419(6908):729–734
79. Wang Z, Liu M, Zhu H, Zhang W et al (2010) Suppression of p21 by c-Myc through members of miR-17 family at the post-transcriptional level. Int J Oncol 37(5):1315–1321
80. Utikal J, Polo JM, Stadtfeld M, Maherali N et al (2009) Immortalization eliminates a roadblock during cellular reprogramming into iPS cells. Nature 460(7259):1145–1148
81. Marion RM, Strati K, Li H, Murga M et al (2009) A p53-mediated DNA damage response limits reprogramming to ensure iPS cell genomic integrity. Nature 460(7259):1149–1153
82. Hong H, Takahashi K, Ichisaka T, Aoi T et al (2009) Suppression of induced pluripotent stem cell generation by the p53-p21 pathway. Nature 460(7259):1132–1135
83. Liao B, Bao X, Liu L, Feng S et al (2011) MicroRNA cluster 302-367 enhances somatic cell reprogramming by accelerating a mesenchymal-to-epithelial transition. J Biol Chem 286(19):17359–17364
84. Subramanyam D, Lamouille S, Judson RL, Liu JY et al (2011) Multiple targets of miR-302 and miR-372 promote reprogramming of human fibroblasts to induced pluripotent stem cells. Nat Biotechnol 29(5):443–448
85. Pfaff N, Fiedler J, Holzmann A, Schambach A et al (2011) miRNA screening reveals a new miRNA family stimulating iPS cell generation via regulation of Meox2. EMBO Rep 12(11):1153–1159
86. Samavarchi-Tehrani P, Golipour A, David L, Sung HK et al (2010) Functional genomics reveals a BMP-driven mesenchymal-to-epithelial transition in the initiation of somatic cell reprogramming. Cell Stem Cell 7(1):64–77
87. Li R, Liang J, Ni S, Zhou T et al (2010) A mesenchymal-to-epithelial transition initiates and is required for the nuclear reprogramming of mouse fibroblasts. Cell Stem Cell 7(1):51–63
88. Gregory PA, Bert AG, Paterson EL, Barry SC et al (2008) The miR-200 family and miR-205 regulate epithelial to mesenchymal transition by targeting ZEB1 and SIP1. Nat Cell Biol 10(5):593–601
89. Yang CS, Li Z, Rana TM (2011) MicroRNAs modulate iPS cell generation. RNA 17(8):1451–1460
90. Choi YJ, Lin CP, Ho JJ, He X et al (2011) miR-34 miRNAs provide a barrier for somatic cell reprogramming. Nat Cell Biol 13(11):1353–1360
91. Lin SL, Chang DC, Chang-Lin S, Lin CH et al (2008) Mir-302 reprograms human skin cancer cells into a pluripotent ES-cell-like state. RNA 14(10):2115–2124
92. Lin SL, Chang DC, Lin CH, Ying SY et al (2011) Regulation of somatic cell reprogramming through inducible mir-302 expression. Nucleic Acids Res 39(3):1054–1065
93. Anokye-Danso F, Trivedi CM, Juhr D, Gupta M et al (2011) Highly efficient miRNA-mediated reprogramming of mouse and human somatic cells to pluripotency. Cell Stem Cell 8(4):376–388
94. Miyoshi N, Ishii H, Nagano H, Haraguchi N et al (2011) Reprogramming of mouse and human cells to pluripotency using mature microRNAs. Cell Stem Cell 8(6):633–638
95. Cannito S, Novo E, di Bonzo LV, Busletta C et al (2010) Epithelial-mesenchymal transition: from molecular mechanisms, redox regulation to implications in human health and disease. Antioxid Redox Signal 12(12):1383–1430
96. Polo JM, Hochedlinger K (2010) When fibroblasts MET iPSCs. Cell Stem Cell 7(1):5–6
97. Bracken CP, Gregory PA, Kolesnikoff N, Bert AG et al (2008) A double-negative feedback loop between ZEB1-SIP1 and the microRNA-200 family regulates epithelial-mesenchymal transition. Cancer Res 68(19):7846–7854
98. Korpal M, Lee ES, Hu G, Kang Y (2008) The miR-200 family inhibits epithelial-mesenchymal transition and cancer cell migration by direct targeting of E-cadherin transcriptional repressors ZEB1 and ZEB2. J Biol Chem 283(22):14910–14914
99. Tesar PJ, Chenoweth JG, Brook FA, Davies TJ et al (2007) New cell lines from mouse epiblast share defining features with human embryonic stem cells. Nature 448(7150):196–199
100. Ware CB, Wang L, Mecham BH, Shen L et al (2009) Histone deacetylase inhibition elicits an evolutionarily conserved self-renewal program in embryonic stem cells. Cell Stem Cell 4(4):359–369
101. Reynolds S, Ruohola-Baker H (2008) The role of microRNAs in germline differentiation. In: StemBook

(ed) The stem cell research community. Harvard Stem Cell Institute, Cambridge, MA. StemBook, doi:10.3824/stembook.1.17.1, http://www.stembook.org. 15 Sep 2008, PMID: 20614619
102. Hatfield SD, Shcherbata HR, Fischer KA, Nakahara K et al (2005) Stem cell division is regulated by the microRNA pathway. Nature 435(7044):974–978
103. Yu JY, Reynolds SH, Hatfield SD, Shcherbata HR et al (2009) Dicer-1-dependent Dacapo suppression acts downstream of Insulin receptor in regulating cell division of Drosophila germline stem cells. Development 136(9):1497–1507
104. Yang Y, Xu S, Xia L, Wang J et al (2009) The bantam microRNA is associated with drosophila fragile X mental retardation protein and regulates the fate of germline stem cells. PLoS Genet 5(4):e1000444
105. Park JK, Liu X, Strauss TJ, McKearin DM et al (2007) The miRNA pathway intrinsically controls self-renewal of Drosophila germline stem cells. Curr Biol CB 17(6):533–538
106. Jin Z, Xie T (2007) Dcr-1 maintains Drosophila ovarian stem cells. Curr Biol CB 17(6):539–544
107. Shcherbata HR, Ward EJ, Fischer KA, Yu JY et al (2007) Stage-specific differences in the requirements for germline stem cell maintenance in the Drosophila ovary. Cell Stem Cell 1(6):698–709
108. Pek JW, Lim AK, Kai T (2009) Drosophila maelstrom ensures proper germline stem cell lineage differentiation by repressing microRNA-7. Dev Cell 17(3):417–424
109. Iovino N, Pane A, Gaul U (2009) miR-184 has multiple roles in Drosophila female germline development. Dev Cell 17(1):123–133
110. Murchison EP, Stein P, Xuan Z, Pan H et al (2007) Critical roles for Dicer in the female germline. Genes Dev 21(6):682–693
111. Hayashi K, de Sousa C, Lopes SM, Kaneda M, Tang F et al (2008) MicroRNA biogenesis is required for mouse primordial germ cell development and spermatogenesis. PLoS One 3(3):e1738
112. Niu Z, Goodyear SM, Rao S, Wu X et al (2011) MicroRNA-21 regulates the self-renewal of mouse spermatogonial stem cells. Proc Natl Acad Sci U S A 108(31):12740–12745
113. Hayashi K, Ohta H, Kurimoto K, Aramaki S et al (2011) Reconstitution of the mouse germ cell specification pathway in culture by pluripotent stem cells. Cell 146(4):519–532
114. Medeiros LA, Dennis LM, Gill ME, Houbaviy H et al (2011) Mir-290-295 deficiency in mice results in partially penetrant embryonic lethality and germ cell defects. Proc Natl Acad Sci U S A 108(34):14163–14168
115. Vasilatou D, Papageorgiou S, Pappa V, Papageorgiou E et al (2010) The role of microRNAs in normal and malignant hematopoiesis. Eur J Haematol 84(1):1–16
116. Chen CZ, Li L, Lodish HF, Bartel DP (2004) MicroRNAs modulate hematopoietic lineage differentiation. Science 303(5654):83–86
117. Xiao C, Calado DP, Galler G, Thai TH et al (2007) MiR-150 controls B cell differentiation by targeting the transcription factor c-Myb. Cell 131(1):146–159
118. Felli N, Pedini F, Romania P, Biffoni M et al (2009) MicroRNA 223-dependent expression of LMO2 regulates normal erythropoiesis. Haematologica 94(4):479–486
119. Fazi F, Rosa A, Fatica A, Gelmetti V et al (2005) A minicircuitry comprised of microRNA-223 and transcription factors NFI-A and C/EBPalpha regulates human granulopoiesis. Cell 123(5):819–831
120. Johnnidis JB, Harris MH, Wheeler RT, Stehling-Sun S et al (2008) Regulation of progenitor cell proliferation and granulocyte function by microRNA-223. Nature 451(7182):1125–1129
121. Ooi AG, Sahoo D, Adorno M, Wang Y et al (2010) MicroRNA-125b expands hematopoietic stem cells and enriches for the lymphoid-balanced and lymphoid-biased subsets. Proc Natl Acad Sci U S A 107(50):21505–21510
122. Surdziel E, Cabanski M, Dallmann I, Lyszkiewicz M et al (2011) Enforced expression of miR-125b affects myelopoiesis by targeting multiple signaling pathways. Blood 117(16):4338–4348
123. Cheng LC, Pastrana E, Tavazoie M, Doetsch F (2009) miR-124 regulates adult neurogenesis in the subventricular zone stem cell niche. Nat Neurosci 12(4):399–408
124. Chen JF, Tao Y, Li J, Deng Z et al (2010) microRNA-1 and microRNA-206 regulate skeletal muscle satellite cell proliferation and differentiation by repressing Pax7. J Cell Biol 190(5):867–879
125. Dey BK, Gagan J, Dutta A (2011) miR-206 and -486 induce myoblast differentiation by downregulating Pax7. Mol Cell Biol 31(1):203–214
126. Cardinali B, Castellani L, Fasanaro P, Basso A et al (2009) Microrna-221 and microrna-222 modulate differentiation and maturation of skeletal muscle cells. PLoS One 4(10):e7607
127. Ge Y, Sun Y, Chen J (2011) IGF-II is regulated by microRNA-125b in skeletal myogenesis. J Cell Biol 192(1):69–81
128. Yi R, Poy MN, Stoffel M, Fuchs E (2008) A skin microRNA promotes differentiation by repressing 'stemness'. Nature 452(7184):225–229
129. Lena AM, Shalom-Feuerstein R, di Val R, Cervo P, Aberdam D et al (2008) miR-203 represses 'stemness' by repressing DeltaNp63. Cell Death Differ 15(7):1187–1195
130. Zhang L, Stokes N, Polak L, Fuchs E (2011) Specific microRNAs are preferentially expressed by skin stem cells to balance self-renewal and early lineage commitment. Cell Stem Cell 8(3):294–308
131. Shackleton M, Quintana E, Fearon ER, Morrison SJ (2009) Heterogeneity in cancer: cancer stem cells versus clonal evolution. Cell 138(5):822–829
132. Clarke MF, Fuller M (2006) Stem cells and cancer: two faces of eve. Cell 124(6):1111–1115
133. Lapidot T, Sirard C, Vormoor J, Murdoch B et al (1994) A cell initiating human acute myeloid

leukaemia after transplantation into SCID mice. Nature 367(6464):645–648
134. Al-Hajj M, Wicha MS, Benito-Hernandez A, Morrison SJ et al (2003) Prospective identification of tumorigenic breast cancer cells. Proc Natl Acad Sci U S A 100(7):3983–3988
135. Singh SK, Hawkins C, Clarke ID, Squire JA et al (2004) Identification of human brain tumour initiating cells. Nature 432(7015):396–401
136. O'Brien CA, Pollett A, Gallinger S, Dick JE (2007) A human colon cancer cell capable of initiating tumour growth in immunodeficient mice. Nature 445(7123):106–110
137. Ricci-Vitiani L, Lombardi DG, Pilozzi E, Biffoni M et al (2007) Identification and expansion of human colon-cancer-initiating cells. Nature 445(7123):111–115
138. Hermann PC, Huber SL, Herrler T, Aicher A et al (2007) Distinct populations of cancer stem cells determine tumor growth and metastatic activity in human pancreatic cancer. Cell Stem Cell 1(3):313–323
139. Clevers H (2011) The cancer stem cell: premises, promises and challenges. Nat Med 17(3):313–319
140. Ben-Porath I, Thomson MW, Carey VJ, Ge R et al (2008) An embryonic stem cell-like gene expression signature in poorly differentiated aggressive human tumors. Nat Genet 40(5):499–507
141. Somervaille TC, Matheny CJ, Spencer GJ, Iwasaki M et al (2009) Hierarchical maintenance of MLL myeloid leukemia stem cells employs a transcriptional program shared with embryonic rather than adult stem cells. Cell Stem Cell 4(2):129–140
142. Wong DJ, Liu H, Ridky TW, Cassarino D et al (2008) Module map of stem cell genes guides creation of epithelial cancer stem cells. Cell Stem Cell 2(4):333–344
143. Chiou SH, Wang ML, Chou YT, Chen CJ et al (2010) Coexpression of Oct4 and Nanog enhances malignancy in lung adenocarcinoma by inducing cancer stem cell-like properties and epithelial-mesenchymal transdifferentiation. Cancer Res 70(24):10433–10444
144. Mathieu J, Zhang Z, Zhou W, Wang AJ et al (2011) HIF induces human embryonic stem cell markers in cancer cells. Cancer Res 71(13):4640–4652
145. Wu XZ (2008) Origin of cancer stem cells: the role of self-renewal and differentiation. Ann Surg Oncol 15(2):407–414
146. Quintana E, Shackleton M, Sabel MS, Fullen DR et al (2008) Efficient tumour formation by single human melanoma cells. Nature 456(7222):593–598
147. Borovski T, De Sousa EMF, Vermeulen L, Medema JP (2011) Cancer stem cell niche: the place to be. Cancer Res 71(3):634–639
148. Lu J, Getz G, Miska EA, Alvarez-Saavedra E et al (2005) MicroRNA expression profiles classify human cancers. Nature 435(7043):834–838
149. Zhang B, Pan X, Cobb GP, Anderson TA (2007) microRNAs as oncogenes and tumor suppressors. Dev Biol 302(1):1–12
150. Ma S, Tang KH, Chan YP, Lee TK et al (2010) miR-130b Promotes CD133(+) liver tumor-initiating cell growth and self-renewal via tumor protein 53-induced nuclear protein 1. Cell Stem Cell 7(6):694–707
151. Shi L, Zhang J, Pan T, Zhou J et al (2010) MiR-125b is critical for the suppression of human U251 glioma stem cell proliferation. Brain Res 1312:120–126
152. Wong P, Iwasaki M, Somervaille TC, Ficara F et al (2010) The miR-17-92 microRNA polycistron regulates MLL leukemia stem cell potential by modulating p21 expression. Cancer Res 70(9):3833–3842
153. Lo WL, Yu CC, Chiou GY, Chen YW et al (2011) MicroRNA-200c attenuates tumour growth and metastasis of presumptive head and neck squamous cell carcinoma stem cells. J Pathol 223(4):482–495
154. Wu Q, Guo R, Lin M, Zhou B et al (2011) MicroRNA-200a inhibits CD133/1+ ovarian cancer stem cells migration and invasion by targeting E-cadherin repressor ZEB2. Gynecol Oncol 122(1):149–154
155. Bao B, Wang Z, Ali S, Kong D et al (2011) Notch-1 induces epithelial-mesenchymal transition consistent with cancer stem cell phenotype in pancreatic cancer cells. Cancer Lett 307(1):26–36
156. Chang CJ, Chao CH, Xia W, Yang JY et al (2011) p53 regulates epithelial-mesenchymal transition and stem cell properties through modulating miRNAs. Nat Cell Biol 13(3):317–323
157. Huang Q, Gumireddy K, Schrier M, le Sage C et al (2008) The microRNAs miR-373 and miR-520c promote tumour invasion and metastasis. Nat Cell Biol 10(2):202–210
158. Rippe V, Dittberner L, Lorenz VN, Drieschner N et al (2010) The two stem cell microRNA gene clusters C19MC and miR-371-3 are activated by specific chromosomal rearrangements in a subgroup of thyroid adenomas. PLoS One 5(3):e9485
159. Yu CC, Chen YW, Chiou GY, Tsai LL et al (2011) MicroRNA let-7a represses chemoresistance and tumourigenicity in head and neck cancer via stem-like properties ablation. Oral Oncol 47(3):202–210
160. Yu F, Deng H, Yao H, Liu Q et al (2010) Mir-30 reduction maintains self-renewal and inhibits apoptosis in breast tumor-initiating cells. Oncogene 29(29):4194–4204
161. Kong D, Banerjee S, Ahmad A, Li Y et al (2010) Epithelial to mesenchymal transition is mechanistically linked with stem cell signatures in prostate cancer cells. PLoS One 5(8):e12445
162. Yang X, Lin X, Zhong X, Kaur S et al (2010) Double-negative feedback loop between reprogramming factor LIN28 and microRNA let-7 regulates aldehyde dehydrogenase 1-positive cancer stem cells. Cancer Res 70(22):9463–9472
163. Yu F, Yao H, Zhu P, Zhang X et al (2007) let-7 regulates self renewal and tumorigenicity of breast cancer cells. Cell 131(6):1109–1123
164. Cairo S, Wang Y, de Reynies A, Duroure K et al (2010) Stem cell-like micro-RNA signature driven by Myc in aggressive liver cancer. Proc Natl Acad Sci U S A 107(47):20471–20476

165. Hermeking H (2010) The miR-34 family in cancer and apoptosis. Cell Death Differ 17(2):193–199
166. Ji Q, Hao X, Meng Y, Zhang M et al (2008) Restoration of tumor suppressor miR-34 inhibits human p53-mutant gastric cancer tumorspheres. BMC Cancer 8:266
167. Ji Q, Hao X, Zhang M, Tang W et al (2009) MicroRNA miR-34 inhibits human pancreatic cancer tumor-initiating cells. PLoS One 4(8):e6816
168. Guessous F, Zhang Y, Kofman A, Catania A et al (2010) microRNA-34a is tumor suppressive in brain tumors and glioma stem cells. Cell Cycle 9(6):1031–1036
169. Liu C, Kelnar K, Liu B, Chen X et al (2011) The microRNA miR-34a inhibits prostate cancer stem cells and metastasis by directly repressing CD44. Nat Med 17(2):211–215
170. Riggi N, Suva ML, De Vito C, Provero P et al (2010) EWS-FLI-1 modulates miRNA145 and SOX2 expression to initiate mesenchymal stem cell reprogramming toward Ewing sarcoma cancer stem cells. Genes Dev 24(9):916–932
171. Zimmerman AL, Wu S (2011) MicroRNAs, cancer and cancer stem cells. Cancer Lett 300(1):10–19
172. Floor S, van Staveren WC, Larsimont D, Dumont JE et al (2011) Cancer cells in epithelial-to-mesenchymal transition and tumor-propagating-cancer stem cells: distinct, overlapping or same populations. Oncogene 30:4609–4621
173. Kong D, Li Y, Wang Z, Sarkar FH (2011) Cancer stem cells and epithelial-to-mesenchymal transition (EMT)-phenotypic cells: are they cousins or twins? Cancers 3(1):716–729
174. Scheel C, Weinberg RA (2011) Phenotypic plasticity and epithelial-mesenchymal transitions in cancer – and normal stem cells? Int J Cancer J Int du Cancer 129(10):2310–2314
175. Yu Y, Kanwar SS, Patel BB, Oh PS et al (2011) MicroRNA-21 induces stemness by downregulating transforming growth factor beta receptor 2 (TGFbetaR2) in colon cancer cells. Carcinogenesis 1(11):e32

Myb and the Regulation of Stem Cells in the Intestine and Brain: A Tale of Two Niches

19

Jordane Malaterre, Lloyd Pereira, and Robert G. Ramsay

Abstract

Adult stem cells reside in most parts of the body where high tissue turn-over is evident. However there are vastly different demands on the number of cells that might be produced and no better examples of each extreme are the neurogenic zones of the brain, and the crypt compartments of the intestines. From a perspective of understanding the function of the transcription factor Myb, we have explored the biology of stem cell niches in both these radically different tissues. Each tissue has remarkable features, provide different *in vivo* and *in vitro* options for manipulation and open up novel insights into damage responses and diseases like cancer. A variety of studies using mouse models, conditional and hypomorphic Myb mutants, radiation induced damage and primary *in vitro* assays have advanced our understanding of both stem cell niches and has revealed a previously unrecognised role for Myb in the regulation of stem cells.

Keywords

Myb • Lgr5 • Wnt • Stem cells • Radiation

19.1 Introduction

The fascination we have had with studying Myb (*MYB-human*; *Myb-mouse genes*, *respectively*; Myb-*protein*) over the last decades comes from its frequent emergence in different cancer types. The basis for this becomes clearer as we advance our understanding of the role of Myb in stem cells compartments by employing multiple tissue models. That Myb is important in the etiology of blood cancers was evident nearly 40 years ago with the discovery of retroviruses (AMV and E26) that had captured truncated forms of Myb. The recognition that a quarter of T-cell leukemias have *MYB* rearrangements [1] confirmed that *MYB* could be activated to become a human oncogene. More recently, the discovery that adenoid

J. Malaterre • L. Pereira • R.G. Ramsay (✉)
Cancer Cell Biology Program, Peter MacCallum Cancer Centre, East Melbourne, VIC, Australia

Pathology Department, The University of Melbourne, Parkville, Melbourne, VIC, Australia
e-mail: rob.ramsay@petermac.org

G. Hime and H. Abud (eds.), *Transcriptional and Translational Regulation of Stem Cells*, Advances in Experimental Medicine and Biology 786, DOI 10.1007/978-94-007-6621-1_19,

cystic carcinomas frequently employ specific Myb-NFIB fusions [2–4] has further implicated *MYB* as a causal factor in human cancer. Nevertheless, to avoid traversing previous ground note other reviews provide background to the role of Myb in cancer [5, 6]. Similarly there are previous reviews the describe Myb in stem cells [7–9]. Here in the context of recent data from our laboratory, and from others, we update this space and develop new ideas on how Myb regulates stem cells. These new insights emphasise the role of Myb in stem cell biology with implications for Myb function in tissue repair and carcinogenesis.

To examine the role in of Myb in stem cells we have chosen to look at two extremes in terms of stem cell compartments. The intestines produce literally tonnes of cells in the lifetime of a human whereby the cellular content of each crypt (of which there are millions) turns over in less than a week. By contrast the adult brain has a very modest cellular turnover but this replenishment described as secondary neurogenesis is absolutely vital to normal cognitive function and memory. It has been by comparing and contrasting the biology of these two compartments that we have gleaned novel insights into the roles played by Myb in stem cell niches that are tissue restricted and others that are more encompassing.

19.2 The Intestinal Stem Cell Niche

The concept of intestinal stem cells (ISC) has been championed by researchers for decades. The groups led by Potten [10], Wright [11], Bjerknes and Cheng [12] and others have articulated the concept and provided powerful arguments as to their location and potential. However, direct evidence (or markers) for their specific location, regulation and functionality have only until very recently been described by the Clevers and Capecchi labs [13, 14] yet there remain different views on the identity and functionality of ISCs.

The address of ISC is central to the way we think of crypt cell birth, self renewal and turnover. It would be reasonable to suggest that there are two addresses within the same neighbourhood. In the small intestine (SI) the leaders of the field have argued that cells at position +4 from the centre of the base of the crypt bottom are where ISCs reside (Fig. 19.1). These cells retain DNA labels over extended periods and have

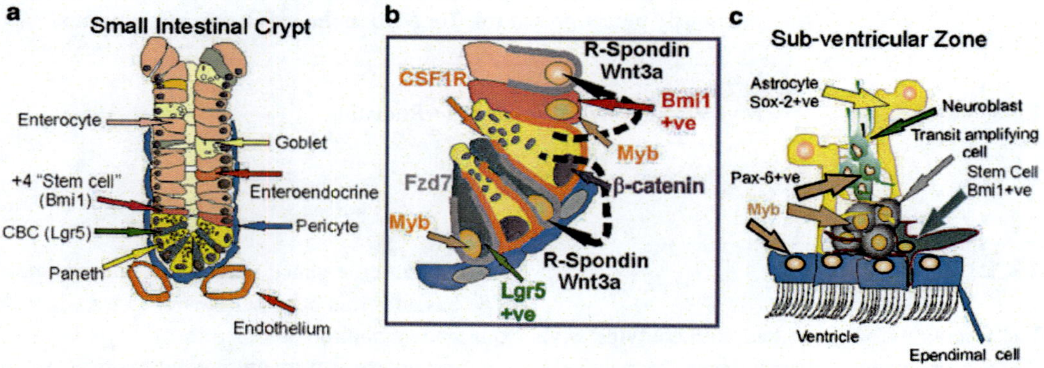

Fig. 19.1 **Two distinct stem cell niches.** **(a)** The small intestinal crypt contains several cell types four of which are epithelial and the direct descendents of the stem cell pool. There are two credible stem cell populations; the quiescent Bmi1+ve so called plus four position stem cells (highlighted in *red*) and the more proliferative active Lgr5+ve columnar basal cells (highlighted in *green*). The CBCs (highlighted in *green*) are surrounded by Paneth cells (highlighted in *yellow*) and are sourced from the Bmi1+ve stem cell pool. **(b)** A higher resolution view of the SI crypt shows the interplay between the two stem cell populations and the source of important stem cell support factors some of which are produced by CSF-1 receptor-dependent Paneth cells. Both Lgr5+ve and Bmi1+ve stem cells are Myb+ve as well. The expression of these stem cell genes are affected by disruption of Myb function in the crypt and SVZ (and DG) stem cell niches of the brain. **(c)** The subventricular zone (note, that the dentrate gyrus is not shown) is the address of neurogenesis and where stem cells give rise to a range of cells. The stem and progeny thereof are Myb positive and Myb-dependent

accordingly been considered to have slow cycle times and thus designated as quiescent-"like" ISC [10, 15]. The second ISC population is larger and has a high proliferative rate [16]. The concepts that two ISC populations operate in concert have been widely considered but it is only recently that the ability to mark these cells has come to the fore. A standout ISC marker is the Leucine-rich repeat-containing G-protein coupled receptor 5 (Lgr5) also known as GPR49 [13]. The regulation of Lgr5 tracks with activated Wnt signalling [13] specifically the transcription factors β-catenin/Tcf4 and Ascl2 [17].

The reason why there has been a continued interest in ISC is that they are considered to be important to the understanding of human colorectal cancer (CRC) [18]. Questions of how ISC or the stem cell niche directs differentiation or cell fate, governs self-renewal and provides immortal proliferative capacity are all relevant to CRC. That ISC genes feature in CRC genesis has therefore long been anticipated: indeed many genes and pathways that affect intestinal cell differentiation and proliferative capacity have now been implicated in CRC. In this context we have focused our attention on multiple pathways that regulate ISC and strikingly in each, Myb has been shown to play a central role.

19.2.1 The Lgr5 and CSF-1 Receptors, Wnt Signalling and Myb

Lgr5 has two cousins, Lgr4 and 6 and very recently it became evident that each serves as a receptor for R-spondin [19, 20]. This remarkable discovery of how Lgr5 may work fits very nicely with the understanding the R-spondin potentiates Wnt signaling and that somehow the Lgrs complex/interact with Lrp5/6 which in turn interact with the Wnt receptors, the Frizzleds. R-spondin improves the stimulatory activity of Wnts and the finding that it allows the propagation of ISC *in vitro* [21] has transformed the field. Central to this relationship is our recent observation that Lgr5 expression tracks closely with Myb expression and that Lgr5 is a direct downstream target of Myb [22]. We have also observed that impeding CSF-1 receptor signaling leads to reduced progenitor cell function and *Lgr5* expression [23]. Collectively these observations have led us to explore direct interactions between these two pathways and how they impinge upon Wnt signaling. CSF-1 receptor is expressed as a basal-lateral antigen on colon crypt [24] and by Paneth cells in the SI [23] and in receptor knock-out mice the SI has substantially lowered proliferative activity as well as very low levels of *Lgr5* and *Myb* mRNA.

19.2.2 Wnt Signaling, Myc and Myb

To guide our Lgr5 studies we were influenced by the finding that the regulation of the Wnt signaling target gene *MYC* in the GI occurs in concert with Myb [25]. Myc is a quintessential stem cell transcription factor in the embryonic stem cell field and most profoundly in the reprogramming of induced-pluripotential stem cells [26]. When considering cancer *MYC* expression is frequently elevated by Wnt signaling [27] and in these circumstances Myb may be aiding and abetting this aberrant Myc expression. Thus it is noteworthy that *myb* or *myc* haploinsufficiency phenocopy each other in terms of impeding adenoma formation in the *Apc*$^{min/+}$ mouse [25, 28] and when both alleles of either gene are knocked out (KO) in GI crypts eventually vanish to be replaced by non-recombined/KO crypts. Importantly, *myb*/*MYB* is not a direct Wnt target gene [22, 25] and conversely the expression of several key Wnt signaling components like Ascl2 and Tcf4 are not affected when Myb function is defective whereas Myb target genes are [22].

19.2.3 Myb and the Cell Cycle

Myb is over-expressed in CRC compared to most other cancers (except breast cancer) and when deleted or hypomorphic there is a profound affect on intestinal cell proliferation and differentiation [5]. Further clues that Myb might be important in ISC function have come from treating *myb* heterozygous mice with cytotoxic agents and finding that normal colon recovery requires both *myb* alleles [29]. Because the proto-oncogene *myb* encodes a transcription factor required for stem/progenitor function in the hematopoietic system by inference such a role in the GI was indeed anticipated. In this later case three hypomorphic *myb* mutant mice were investigated and found to have shorter colonic crypts, defects in proliferation and all were found to be deficient in *cyclinE1* expression [30]; a gene required for cell cycle re-entry from quiescence [31].

A role for quiescence in maintaining an ISC reserve in the GI is a matter of great interest [10, 14, 32, 33]. This combined with the identification of the ISC genes outlined above has opened an opportunity to investigate whether Myb might be involved in regulating stem and progenitor cell in this tissue. Therefore the judicious use of whole animal irradiation (IR), *in vitro* culture of ISC-dependent organoids and transcription studies have been applied to wild type (wt) and *myb* mutant mice.

19.2.3.1 Myb, ISC Genes and the Radiation Response

We reported some time ago that when $myb^{+/-}$ mice we subjected to 13gy of whole body IR that colons of such mice were severely damaged compared to wt litter mate controls [29]. These differences were most evident at day 4 post-IR and we found that that if the heterozygous mice were allowed to progress for longer more of these mice died than in the wt mice cohort (*unpublished data*). More recently we extended these studies by challenging cohorts of *plt4*/*plt4* hypomorphic *myb* mutant mice with the same dose of IR but performed our assessment at day 5 in the expectation that some recovery might be evident. In addition, we also examined the SI comprehensively, including a more detailed examination of expression levels of ISC genes, something that was not part of our previous studies [29, 30]. With a broader spectrum of ISC genes to examine, some of which are SI specific, at least in mice [34], we were in a better position to ask more focused questions about the relationship between Myb and ISC genes.

To set the scene we and others [35] have observed a rapid decline in *myb* expression in the GI following radiation exposure. This is shown in Fig. 19.2 whereby Myb IHC signals change following IR commensurate with profound changes in mRNA. Indeed in recovery colons the expression of Myb exceeds that of homeostatic crypts. Notably, *Myb* expression is coincident with crypt recovery and more importantly wt Myb function and diploid gene dose is crucial for this recovery [29]. At day 4 post-IR *myb* heterozygous crypts fail to proliferate [29] as measured by PCNA (proliferation nuclear antigen). Whether this was a cell cycle effect or a DNA repair defect was unclear because PCNA is also engaged in the latter process upon IR-treatment. However, we have employed a G2-M phase marker phospho-histone 3 staining (Fig. 19.3) to show convincingly that IR-heterozygous crypts do not progress through the cell cycle. Collectively, these experiments have provided the first real clues that Myb is required for cell cycle progression in the post-IR recovery process.

Double *plt4* hypomorphic mutant are more severely affected than $myb^{+/-}$ mice. We estimated that the double *plt4* hypomorphic mutant mice retain 40 % of wt function [22]. This functional deficit is manifested in steady state colon crypts without IR and can be demonstrated when PCNA, S-phase and G2/M phase markers are employed to examine cell cycle progression. These data make it clear that Myb is required for normal cell cycle progression in colon crypts (Fig. 19.4).

Additional insights into the role of Myb in post-IR recovery were gained by PCNA staining of day 5 GI post-IR. It might be helpful to note that while IR hits highly proliferative progenitor cells, at 13gy this dose is considered to also damage ISCs as well. In the GI the fact that Lgr5+ve ISC at the crypt base are mostly in cycle makes these particularly prone to cell cycle arrest. Furthermore, because they may subsequently engage S-phase they have the opportunity to employ error-free homologous recombination dependent DNA repair. For quiescent ISC the picture is likely to be very different and the demands on them will be influenced by just how damaged proliferating cells with stem/progenitor function might be. In other words if the progenitor and proliferating stem cell pool is profoundly damaged the need for emergency stem cells becomes even greater.

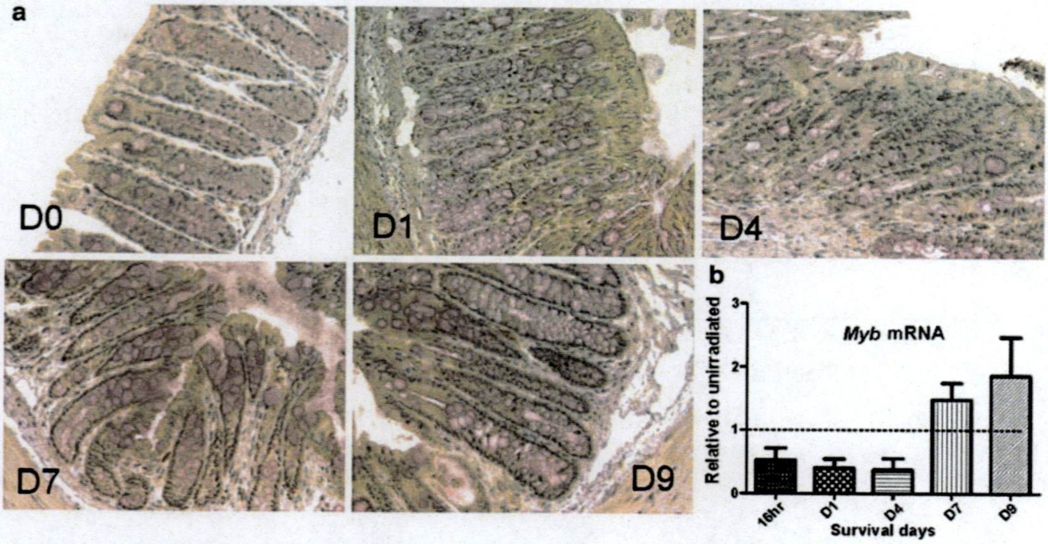

Fig. 19.2 Irradiation of GI leads to dynamic changes in Myb expression. (**a**) Myb expression is evident in the base of the colonic crypt and in proliferating enterocytes. Indeed enterocytes production is Myb-dependent. Following lethal whole body irradiation Myb expression is substantially lost but comes back with a hyper-normal induction as the tissue is undergoing repair. By day 7 the crypts are larger than normal perhaps over compensating for the severe tissue damage produced by the ionizing radiation treatment. Loss of a single *Myb* allele leads to profound disruption of this recovery program. (**b**) The kinetics of *Myb* mRNA recovery tracks with the restoration of relatively normal crypt morphology

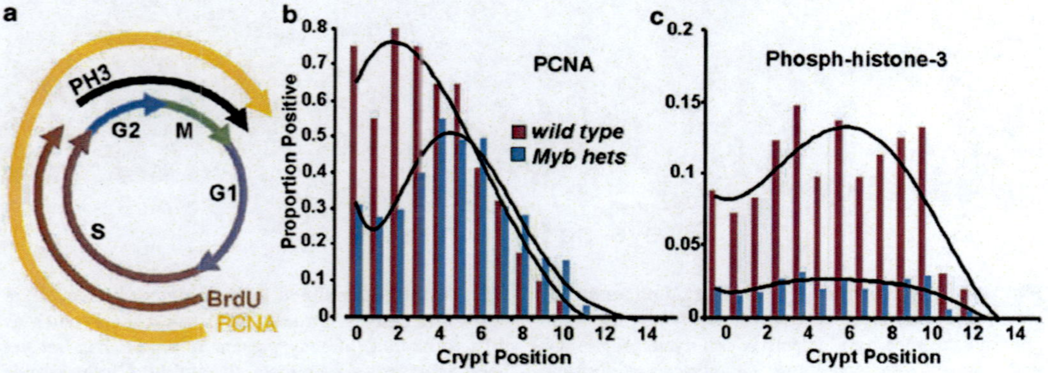

Fig. 19.3 Myb is required for cell cycle progression in recovery crypts. (**a**) Entry into and progression through the cell cycle can be tracked using nuclear antigens PCNA, BrdU and Phosphor-histone 3. (**b**) Proliferation of cells within crypts begins near the crypt base where the stem cell(s) are located near or at position "0". In irradiated colonic crypts PCNA staining shows that the signal at each position is proportionally very high compared to *Myb* heterozygous knock-out crypts. Importantly these data only show the discernable crypts 4 days post-irradiation with 13Gy. In addition there are less discernable crypts overall in the mutant colons after irradiation. It is also important to note that a PCNA signal does not identify where in the cell cycle a cell may have progressed and it might also identify cells that are engaged in DNA repair activities. (**c**) When phosphor-histone 3 is used as an antigen the defect in cell cycle progression into G2/M is revealed in the *Myb* heterozygous mutant crypts. The data highlight the role of Myb in cell cycle progression particularly when the stem cell reserve is severely stressed by treatments like radiation

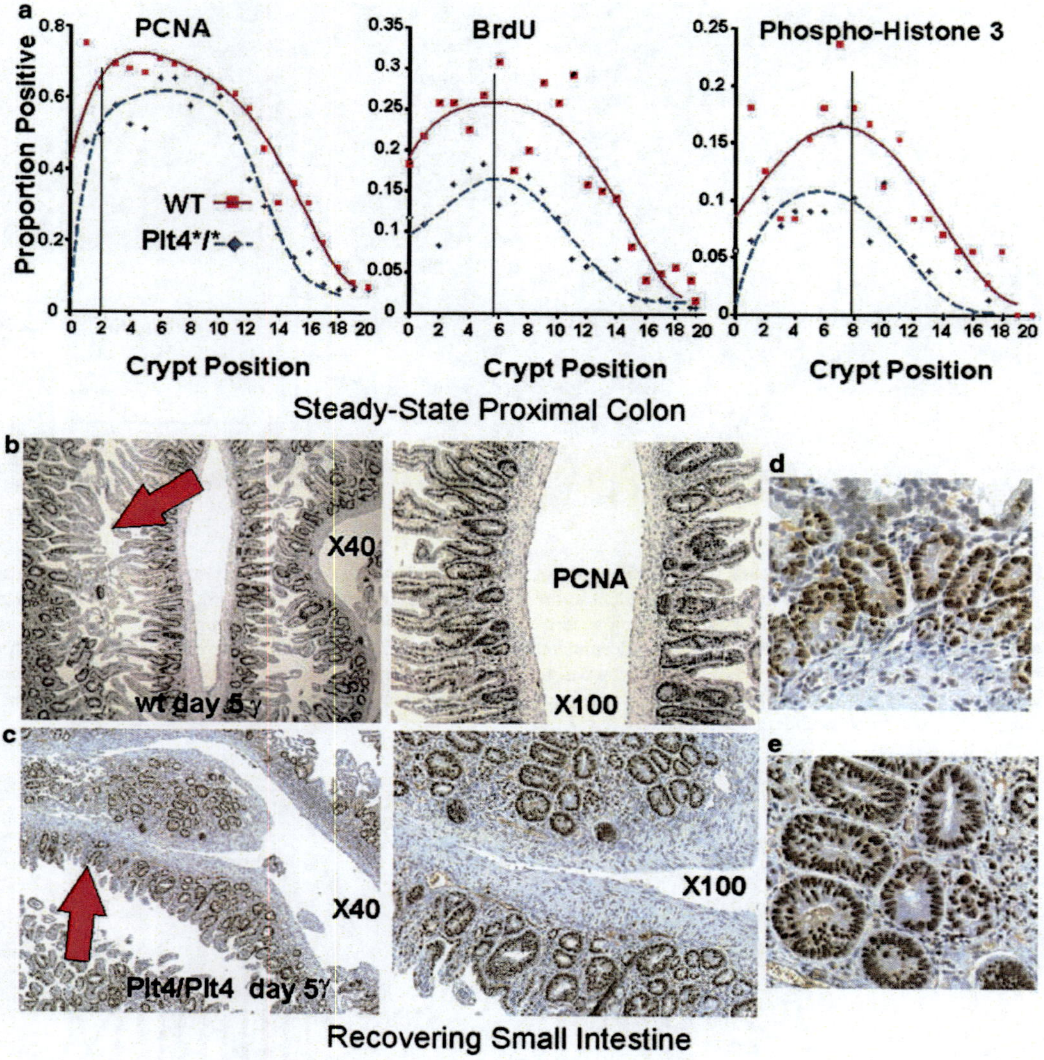

Fig. 19.4 Hypomorphic *Myb* mutant GI under steady state and radiation damage (a) *Myb plt4/plt4* hypomorphic mutant mice have defects in cell cycle progression under steady state conditions. At most crypt positions slightly less cells are in cycle. This is more evident when the S-phase marker BrdU is employed. Phosphor-histone 3 staining further highlights this cell cycle defect with the progression to G2/M reduced. **(b)** and **(c)** The SI recovers more slowly than colon in mice following ionizing radiation and the role of Myb in this part of the GI is further exemplified in *Myb plt4/plt4* mice where cell cycle entry is evident but tissue recovery such as villi formation (already present in wt SI) has not yet been achieved (see *arrows*). **(d)** and **(e)** Closer examination of the recovering crypts reveals morphological differences in the *Myb plt4/plt4* mice where "micro colonies" have not yet oriented to produce regions where Paneth cell have established (see *arrows*) from where lumens form and crypts are arranged perpendicular to the basement layer

In our PCNA studies of *plt4/plt4* SI post-IR showed profound disorder compared to wt controls (Fig. 19.4). Several further observations are made here. The first is that the hypomorphic SI had not regenerated villi by day 5 post-IR. The second is that crypts were mostly of the kind observed as microcolonies that emerge immediately after the mucosa is "stripped" of crypts by high IR. This phase would have been evident in wt mucosa at day 2 or 3; by day 5 relatively normalized structures are in place in wt SI. The third and perhaps most intriguing observation is that as these microcolonies are emerging so late in *plt4/plt4* mucosa they are additionally less ordered than wt and further away from the lumen. To gain a deeper understanding of recovery kinetics and perhaps why they are so different we examined the expression of ISC genes [22].

The most directly affected ISC gene in *plt4/plt4* GI at steady-state is *Lgr5* [22]. However following IR we found that not only is it expressed at subnormal levels under steady-state conditions the levels are maintained at or slightly above the unirradiated levels in wt colon but are low in mutant crypts at steady state and then essentially absent in IR mutant colons. By contrast in SI *Lgr5* is substantially lower in wt SI following IR and in essence absent in both the mutant SI tissues under steady state and IR. These observations allow us to suggest that the recovery observed following IR is faster in colon than SI but in both parts of the GI this is largely not driven by Lgr5+ve ISC but perhaps a population of "emergency" and/or quiescent ISC that have endured the IR insult more robustly. Consistent with this view is the commensurate and earlier induction of *Bmi1* expression which tracks remarkably closely to *Myb* induction. At the time we performed these experiments we did not have the evidence to suggest that *Bmi1* might indeed be a direct Myb target gene [22] but recently investigators who focused on mouse leukaemia models have come to the view that indeed this is the case [36]. The more revealing study in this context however has been the recognition that Lgr5+ve cells can be eliminated while crypt morphology remains in order because the Bmi1+ve ISC serve as a source of SI progenitors [37]. Now we are more confident to suggest the Bmi1 is perhaps a direct Myb target in the GI as well.

In our recent study of *Lgr5* regulation we have demonstrated that Myb is a central player [22]. However, we argued that as originally reported *Lgr5* is indeed also a Wnt target gene and the Myb and β-catenin/TCF4 work together to achieve its optimal control. Noting that *Lgr5* is induced slowly following IR encouraged us to look at other Wnt target genes under steady-state and IR conditions. We noted that *Olfm4* expression was profoundly IR sensitive, lower in *plt4/plt4* homeostatic crypts and even more differentially expressed following IR [22]. *Olfm4* expression tracks very closely with *Lgr5* in steady state crypts in terms of signal and cellular location i.e., in columnar basal cells (CBC) cells. Interestingly, unlike in the human GI, *Olfm4* is restricted to the SI in mice. Because *Lgr5* is expressed at substantially lower levels in the SI when evaluated in hypomorphic mutant Myb mice, it may be equally relevant that *Olfm4* is some tenfold lower in the same hypomorphic SI crypts [22]. Notably there are several potential high affinity Myb binding sites in the *Olfm4* promoter as well as two plausible TCF4 binding sites (*data not shown*). The puzzling issue is why in the presence of both robust Myb and β-catenin levels in the very same cells that express Lgr5 is *Olfm4* not expressed in the colon in the mouse. Nevertheless, perhaps the most important point is that both ISC genes are much lower when Myb function is defective in the SI.

To be sure that Wnt target genes were not being directly affected in *plt4/plt4* mice we further assessed the expression levels of classic Wnt activated genes *Tcf4*, *Ascl2* and *CyclinD1* finding that these were not affected [22]. These data thus raise the following thoughts. One is that Myb is induced early and is required for ISC recovery following IR and that *Bmi1* induction seems to be part of this recovery. The second thought is that Wnt target genes are not induced as early or as effectively as Myb target genes in the post-IR recovery process. The third and certainly more provocative consideration is that the induction of some Wnt target genes during ISC recovery may be Myb-dependent.

Although, the expression levels of ISC genes is an instructive measure of differences in wt and mutant GI, a deeper evaluation comes from examining the function of the encoded ISC genes. Firstly, the recent revelation that the Lgr5 serves as a receptor for R-spondin which in turn potentiates Wnt signalling through Frizzled receptors indicates that Lgr5 plays a role in driving Wnt target genes in the GI. Thus, in the absence of Lgr5, Wnt signalling is likely to be suboptimal and as might be predicted Wnt target ISC gene *Olfm4* is poorly expressed in *Myb* mutant GI. Understanding how Bmi1 is working is more challenging. Bmi1 is a polycomb chromatin modifier factor, and presumably functions by changing controls on transcriptional regulation. How this is achieved in the GI and how it responds to emergency demands as in the case IR is unclear. These issues require direct attention and we are now performing experiments to ask to what gene regulatory regions does the Bmi1 complex engage and how this might change with stresses?

Defining how the most recognized ISC genes, *Lgr5* and *Bmi1*, allow homeostasis and perhaps respond to stress is only beginning yet we have discovered that other genes are also central players in this ISC space. When we discovered the consistently lower levels of *CyclinE1* in the colonic crypts of Myb hypomorphic mutant mice [30] the immediate considerations about cell cycle became foremost on our minds. CyclinE1 is a dispensable cell cycle regulator even though it partner Cdk2 is not. However when in quiescence, the activation of CyclinE1 is very important for the timely entry back into cycle [31]. Using *Myb* KO mouse embryo fibroblasts (MEF) we found that expression of *CyclinE1* is essentially lost and not induced when serum-starved while wt MEFs show a rapid *CyclinE1* induction (*data not shown*). When we examined *CyclinE1* following IR we were very surprised to see a tenfold induction in wt and at best a twofold induction in the SI of *plt4/plt4* mice but from a lower untreated baseline. Understanding what CyclinE1 is doing in this context is in part conceivable. We think this large induction is in response to a need to bring deeply quiescent and possibly emergency ISC into cell cycle in order to address the profound loss of progenitor cells that occurs following IR insult. Thus, we argue that *CyclinE1* is an important ISC gene and additionally a probable Myb target gene.

19.3 The Neurogenic Stem Cell Niche in the Adult Mouse Brain

The birth of new neurons in the adult brain, a process referred as neurogenesis, was discovered in the 1960s [38, 39] and has now been revisited with technological advances and the ability to confirm the neuronal fate of newborn cells using confocal microscopy [40–42]. Recent advances have revealed adult neurogenesis in the human brain highlighting fundamental differences between species or even strains as reviewed recently [43]. The process of neurogenesis covers the multistep processes from birth to differentiation and death. Importantly, many aspects of neurogenesis are regulated both extrinsically and intrinsically with the emergence of a growing list of epigenetic regulators [44, 45]. In contrast to the high turnover evident in ISC, neurogenesis is dependent upon a relatively small pool of stem cells (Fig. 19.1).

As noted above we have been particularly interested in transcriptional networks regulating stem cells across various tissue compartments. These have included the bone marrow and GI and here we will describe our work on brain stem cell compartments. Unexpectedly we have found that Myb plays a central role in this stem cell arena as well. Indeed Myb may act in similar way through the regulation of what we described previously as ISCs genes, *Bmi1* and *Lgr5*, in addition to regulating brain specific stem cell genes such as *Sox2* and *Pax6*. Moreover, it is now clear that neuronal stem cell (NSC) renewal is regulated by epigenetic modifications some of which are likely to be mediated by Myb through its interaction with chromatin remodelling complexes. Here we describe the process of neurogenesis and its control by transcription factor networks with a particular emphasis on Myb. Then we explore and discuss the potential role of Myb in brain cell recovery following IR damage and clinical implication for radiation sensitive patients. We note that there are some remarkable similarities between the very large ISC pools in the GI and the relatively small stem cell reserve of the adult brain. We have also gained different insights into the role of Myb in stem cell niches when we examine NSC compartment at steady state or following IR.

19.3.1 Myb's Role in the Stem Cell Niche in the Brain

In humans, neural stem and progenitor cells (NSPC) proliferate during the entire adult life giving birth to new neurons which survive and migrate to specific areas where they fully differentiate and function. After birth and during adulthood, NSPCs are located in two main niches where neurogenesis occurs [43, 46]: the dentate gyrus (DG) of the hippocampus and the lateral wall of the anterior subventricular zone (SVZ). The SVZ is composed of NSPCs and a non-proliferative population of ependymal cells. The ependymal cells are highly specialized, multiciliated epithelial cells (Fig. 19.1) essential for cerebrospinal fluid micro-circulation in the brain cavities and these micro-currents instruct neurogenesis through the delivery of soluble neurogenic factors. In mice, newborn cells migrate locally into the DG or from the SVZ to the olfactory bulb and probably also to neocortical areas. Parallel processes occur in human brain although anatomical and ultra structural variations are clearly evident [43].

Myb expression in the brain has been documented by us [47] and others [48]. Just as high Myb expression levels were first highlighted by studies of blood and GI cancer derived cell lines this also seems to be the case with nervous system-related human glioblastoma [49] and neuroblastoma [50]. We have found that Myb is expressed in most cellular components of the SVZ niche encompassing ependymal cells and astrocytes, stem cells, transit amplifying progenitors and neuroblstasts. Using conditional gene deletion, we have shown that *Myb* is essential for maintaining the stem cell niche in the adult brain [51]. Because *Myb* null mice die *in utero* we explored Myb function in the brain, by the conditional knockout of Myb in the brains of post natal mice using a brain specific *Nestin* promoter that drives the expression of *Cre-recombinase* [51]. Brains devoid of Myb exhibit enlarged ventricular spaces correlated with severe abnormalities in the ependymal cells as well as reduced secondary neurogenesis [51]. Similar to our BrdU and Phospho-histone 3 studies in ISCs we have found that Myb loss impinges on cell cycle progression in NSPCs.

Stem cell gene expression changes are best shown when we propagate cells from the neurogenic zones as neurospheres from wt and knock-out mice. Under these *ex-vivo* conditions a range of stem cell gene expression differences became apparent. Most notably *Pax6* and *Sox2* were significantly reduced in the absence of Myb (Fig. 19.5). Although these differences were highly reproducible and the negative effect on neurosphere propagation was evident they remain proliferation competent [51]. Unlike the gene expression changes observed in the ISC, like lowered *Lgr5* or *Bmi1*, following Myb loss, expression of these same genes was not significantly different in *Myb* KO neuroblasts.

19.3.2 Myb, Epigenetic and microRNA

There are now increasing evidence that Myb is involved in epigenetic regulation of gene through its interaction with chromatin remodelling factor and based on these studies we have speculated such a role for Myb in the epigenetic regulation of NSPCs (Fig. 19.6). In human hematopoietic cells, Myb has been shown to interact with the product of the *MLL* (mixed lineage leukemia) gene, a human homolog of the *Drosophila melanogaster trithorax* (*trxG*) gene product. This interaction also involves Menin, the product of the *MEN1* gene mutated in familial multiple endocrine neoplasia type 1 and appears to be important for the regulation of *HOXA9* and *MEIS1* gene expression. These interactions appear to be instrumental in the transformation of hematopoietic cells. This raised the possibility that similar interactions may also be at play in NSPCs. In support this idea, MLL1 is required for neurogenesis [52] and Hoxa9 is an oncogene active in glioblastoma where *MYB* is also found to be amplified and/or rearranged. In addition, Myb binds to the N-terminal histone tails of H3 and

Fig. 19.5 Myb target genes within the neurogenic niche of the SVZ revealed by studying neurospheres (a) Neurospheres are generated by isolating stem cells from the subventricular zone (SVZ) where they are dissociated and propagated in the presence of growth factors (EGF and bFGF) whereby progenitor cells of varying degrees of differentiation capacity can be identified. (**b**) Neurospheres from the SVZ were established from wt and *Myb* KO (*Nestin Cre-Myb*$^{f/f}$) mice. These form from both genotypes and under steady state conditions stem cell genes, Pax-6 and Sox-2 are significantly lower at the mRNA level. Other Myb regulated stem cell genes identified in the GI are slightly lower but not significantly * P< 0.05

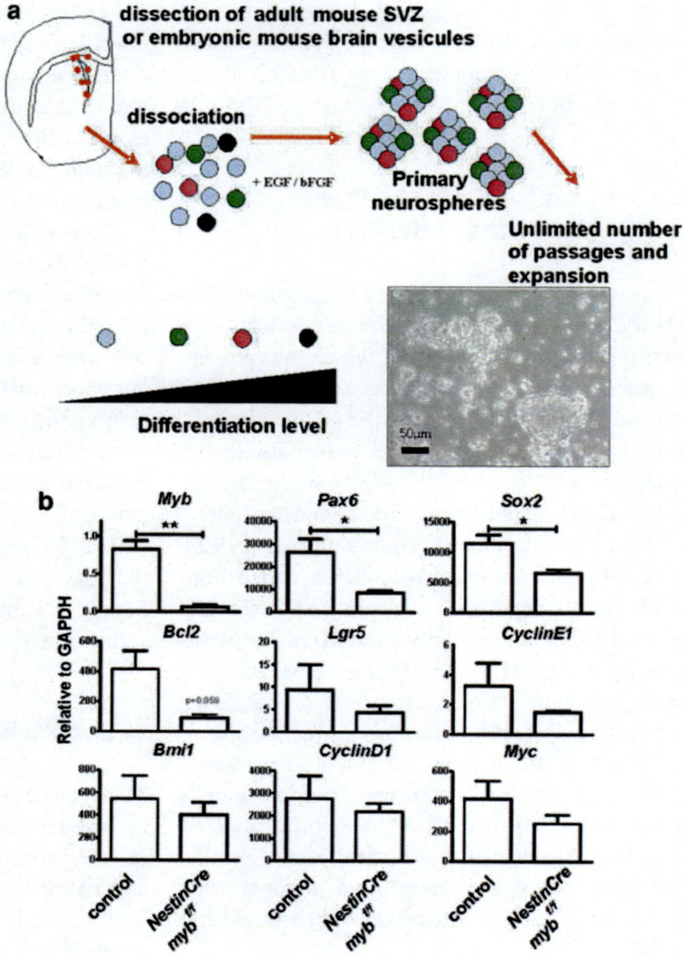

H3.3 facilitating histone tail acetylation. This process appears to be important for Myb's role in mediating differentiation in hematopoietic cells [53, 54].

Because Myb is expressed in neuroblasts it is tempting to speculate that Myb may also contribute to neuronal cell fate commitment. It is known that chromatin complexes control neuronal cell fate and REST (RE1 silencing transcription factor or NRSF) has been shown to be a master regulator of neuronal expression in NSPCs by repressing the neuronal program in quiescent stem cells [55]. Its specific mechanism of action is unclear and it can act either as a repressor or an activator in the context of neurogenesis in the DG the other major site of neurogenesis. REST also recruits co-repressor complexes such as NCor also shown to be required for neuronal differentiation [56] and Sin3A/B both of which bind and negatively regulate Myb limiting its oncogenic potential in hematopoietic cells [57]. NCor and Sin3A/B recruit histone modifying enzymes HDACs which are also important in the maintenance of NSPCs [58]. HDAC inhibitors such as SAHA induce neuronal differentiation [58] and down regulate Myb in leukemia cells [59], colon [60] and breast cancer cells [61].

MicroRNA (miRs) mediated regulation of gene expression is also an active area of investigation in the neurogenesis field [62] and in this context it is not surprising that microRNAs are becoming increasingly relevant in the regulation

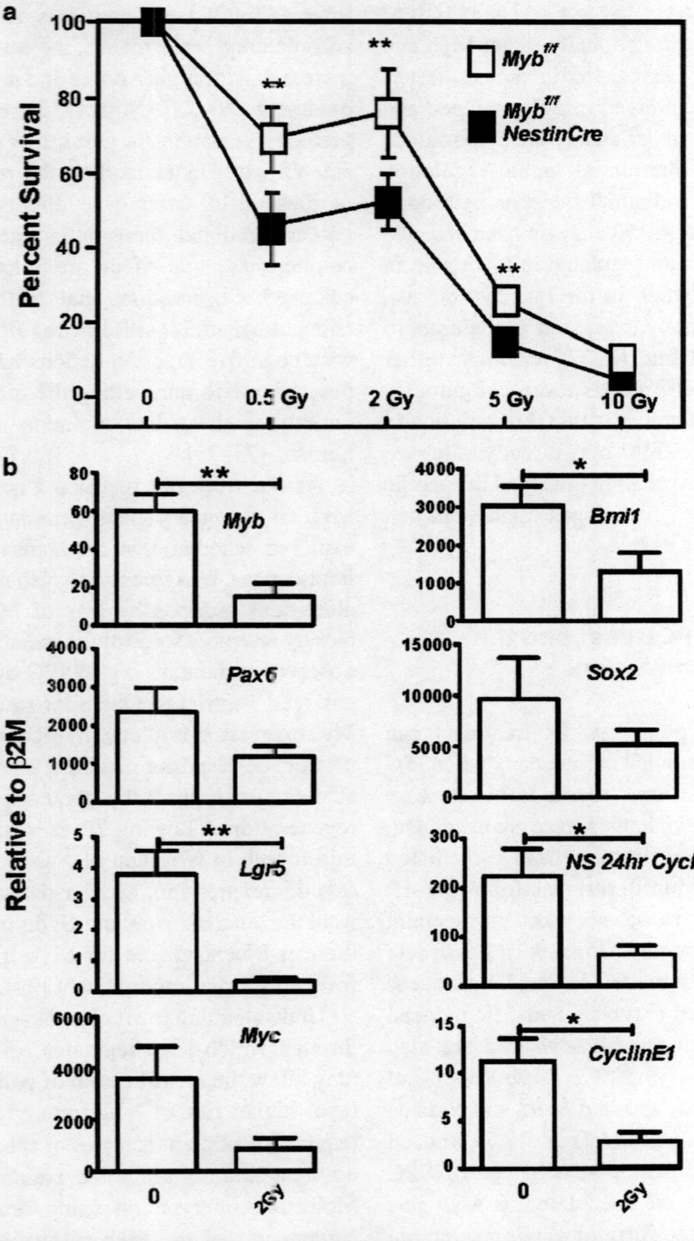

Fig. 19.6 Effect of Myb expression loss on radiation sensitivity *in vitro* (a) Myb loss results in reduced survival of neurospheres as shown by reduced NSPC cloning efficiency in brain specific *Myb* mutant KO cultures following irradiation compared to wild type cultures. Data are expressed as mean +/–sem. *P < 0.05; **P < 0.01; n = 3. (b) Neurosphere cultures were irradiated with a single dose of 2Gy. *Myb mRNA* was significantly down regulated coincident with the down regulation of *Bmi1*, *Lgr5*, *CycliE1* and *cyclinD1 mRNA*. These data suggest that gene expression changes are revealed differentially in stem cell population depending upon whether the tissue or cells thereof are evaluated under "steady state" or stressed (eg., IR) conditions

of Myb. miR-150 [63], -15a [64, 65] and -16 [65] have been shown to functionally target Myb and to be differentially expressed in mouse tissues [66]. miR-150 is expressed in colon, spleen and thymus but not SI under steady state conditions which highlight differential gene regulation between the large and small intestine. Although low in abundance miR-150 has also been detected in brain [67], and is up-regulated following brain ischemia [68] induction in the rat. By contrast, miR-15a is moderately expressed in the embryo and the brain cell line HT22 but not in other tissues while miR-16 [66] is more ubiquitously expressed. One possibility is that this variation in the expression of miRNAs may directly influence the levels of Myb expression observed in specific tissues in manner that impinges upon stem cell functions in various niches.

19.3.3 Myb, NSPC Genes and the Radiation Response

Having made the point that IR treatment can reveal defects in stem cell competency when ISC were evaluated, the same seems to be the case when NSPC from *Myb* mutant mice are examined. Neurosphere cultures from *nestinCre*-mediated Myb loss show reduced survival following IR noting that colony size was not taken into account rather only colony number (Fig. 19.7). These data suggest even at very modest levels, IR produces significantly reduced survival. Thus, IR induced defects observed in mutant *Myb* ISC are also evident in mutant *Myb* NSCP. Myb knock out NSCP show reduced *Lgr5* and *Bmi1* and perhaps more importantly *CyclinE1* (Fig. 19.7). Indeed Myb loss confers radiation sensitivity to NSPC *in vitro* and *in vivo*. We speculate that *Myb* germline mutation in the form of single nucleotide change or heterozygous loss may contribute to radiation sensitivity in humans. Indeed, radiotherapy is required for the management of primary central nervous system (CNS) tumors and CNS involvement or prophylaxis in conditions such as acute lymphoblastic leukemia (ALL). Delayed cognitive effects are experienced following IR of the healthy brain [69] that manifests as lowered intelligence quotients, reduced learning and memory performance, the severity of which increases with higher doses and a younger age at treatment [70–72]. Notably, there is no way to predict if a patient is going to experience such side-effects. Understanding the molecular basis of these debilitating side effects and defining potential/rational therapeutic interventions that counter these side effects are of immediate clinical need. Observations that NSPC dysfunction and white matter loss following IR are associated with cognitive function deficits has opened up a new avenue to unravelling the molecular events underlying these late radiation side effects in humans [73–75].

As our work has revealed a new function for Myb in secondary neurogenesis we have now explored whether this might have any clinical implications. Intriguingly we also found that brain alterations induced by loss of Myb expression closely resemble some of the radiation side effects observed in humans e.g. NSPC dysfunction and enlarged ventricles. Our pilot studies show that *Myb* expression is altered by IR and appears to be part of the response machinery in NSPC. These studies also suggest that the capacity for NSPC regeneration following IR is severely compromised both *in vitro* and *in vivo* by reduced Myb function/expression. Similar data established by us in the bone marrow, and GI crypts [22] suggest there is a central role for Myb in these tissues following radiation treatment [29].

Understanding the molecular-genetic pathway through which Myb regulates NSPC sensitivity may allow the identification of patients who may be at higher risk of long term cognitive defects requiring modified therapies or specialized follow up treatment to minimize cognitive disorders. Molecular intervention using drugs enhancing components of the Myb pathway would be the ultimate goal, which could only be achieved by defining the mechanisms through which Myb modulates NSPC and radiosensitivity. Indeed we have become very interested in the use of Lithium a mood-stabilizer drug which has been shown to exert positive effect on brain cells in various brain injury models [76] and has been shown to stabilise Myb by way of inhibition of GSK3β [77].

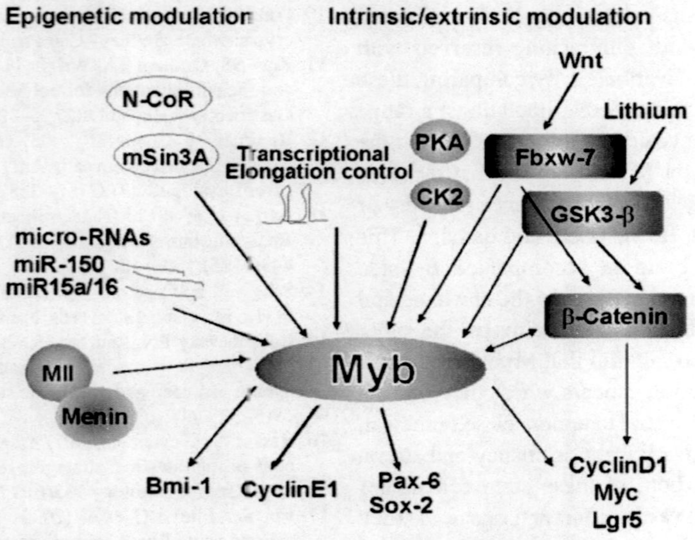

Fig. 19.7 Hypothetical Myb regulation and transcriptional network in the adult NSPC niche. Neurogenesis is modulated by both epigenetic and intrinsic/extrinsic cues in the adult brain. We propose that Myb activity is regulated at different levels and is integrated in neurogenic pathways in the adult brain. Chromatin remodeling complexes have been shown to play important role in the regulation of NSPC proliferation and differentiation. Indeed the co repressors N-Cor and mSin3A have been shown to bind the negative regulatory domain of Myb and compete with the binding of the transcriptional co-activator CBP. Sin3A and N-Cor recruit histone modifying enzymes, HDACs, which are also important in the maintenance of NSPCs. In hematopoietic cells Myb forms a complex involving the product of the *MLL* (mixed lineage leukemia) gene, a human homolog of Drosophila melanogaster trithorax (trxG) and Menin, the product of the *MEN1* gene mutated in familial multiple endocrine neoplasia type 1. The complex then regulates the expression of *Hoxa9* and *Meis1* genes. It is known that Mll1 is essential to neurogenesis and the formation of such a complex may also occur in neural cells. Micro-RNA have been involved in the regulation of adult brain neurogenesis and Myb regulating micro-RNA miR150, 15a and 16 are found at various levels in neural cells suggesting that Myb could be regulated by micro-RNA in the brain. It is unclear how these micro-RNAs are affected by radiation. Phosphorylation by PKA, CK2 and GSK3-β kinases also plays a crucial role in the regulation of Myb protein activity. Fbxw-7 and Wnt pathway components including GSK3- β-and β-catenin also interact with Myb to regulate target genes such as *Lgr5* and *Myc*. In the brain the use of specific mutant *Myb* mice has allowed us to identify potential brain specific target genes such as *Sox-2* and *Pax-6* under steady state conditions and *Lgr5* and *Bmi1* and *cyclinE1* when NSPCs are stressed by relatively modest exposure to radiation damage

19.4 Two Very Different Adult Stem Cell Factories

Stem cell biologists have used the descriptor "stem cell hierarchies" to encapsulate the concept that cells with varying degrees of proliferative and lineage potential, self renewal capacity and finally long term tissue reconstitution exist within a tissue. Defining cells that rely upon what may well be a continuum has been an accompanying challenge. In the bone marrow two highly proliferative progenitor-like cells maintain the two major arms of the blood system; the lymphoid and myeloid compartments. Delving deeper into the hierarchy there are cells with short and long term repopulating capacity, the latter of which can reconstitute the whole blood system over multiple life spans, in the experimental mouse at least. To demonstrate these reconstitutive capacities it is necessary to severely disrupt homeostasis often with cytotoxic damage. Accordingly this awakening of an emergency response may reflect more what can happen rather than what normally happens. It would seem that these same principles may be important in other tissues. The GI seems to have two distinct pools of stem cells while in the adult brain this reserve may be more limited most probably with diminishing reserved with increasing age. Nevertheless by comparing these two very different stem cell populations, a range of studies have revealed an important role for the transcription factor Myb. We posit that methods that activate Myb levels may enhance recovery of tissues following IR treatment and damage. This damage in the brain is accompanied by side effects such as cognitive loss on the one hand and in the GI, diarrhoea and bleeding on the other hand. We are also mindful that Myb target genes may be employed in cancers where they borrow functions that are central to tumor cell self renewal, tolerance or recovery from dormancy and stress. So the fact that both of these stem cell niches serve to replenish vastly different tissue needs they appear to have an over lapping need for normal Myb function.

References

1. Clappier E et al (2007) The C-MYB locus is involved in chromosomal translocation and genomic duplications in human T-cell acute leukemia (T-ALL), the translocation defining a new T-ALL subtype in very young children. Blood 110(4):1251–1261
2. West RB et al (2011) MYB expression and translocation in adenoid cystic carcinomas and other salivary gland tumors with clinicopathologic correlation. Am J Surg Pathol 35(1):92–99
3. Marchio C, Weigelt B, Reis-Filho JS (2010) Adenoid cystic carcinomas of the breast and salivary glands (or 'The strange case of Dr Jekyll and Mr Hyde' of exocrine gland carcinomas). J Clin Pathol 63(3):220–228
4. Persson M et al (2009) Recurrent fusion of MYB and NFIB transcription factor genes in carcinomas of the breast and head and neck. Proc Natl Acad Sci U S A 106(44):18740–18744
5. Ramsay RG, Gonda TJ (2008) MYB function in normal and cancer cells. Nat Rev Cancer 8(7):523–534
6. Zhou Y, Ness SA (2011) Myb proteins: angels and demons in normal and transformed cells. Front Biosci 16:1109–1131
7. Boheler KR (2009) Stem cell pluripotency: a cellular trait that depends on transcription factors, chromatin state and a checkpoint deficient cell cycle. J Cell Physiol 221(1):10–17
8. Greig KT, Carotta S, Nutt SL (2008) Critical roles for c-Myb in hematopoietic progenitor cells. Semin Immunol 20(4):247–256
9. Ramsay RG (2005) c-Myb a stem-progenitor cell regulator in multiple tissue compartments. Growth Factors 23(4):253–261
10. Potten CS et al (2009) The stem cells of small intestinal crypts: where are they? Cell Prolif 42(6):731–750
11. Zeki SS, Graham TA, Wright NA (2011) Stem cells and their implications for colorectal cancer. Nat Rev Gastroenterol Hepatol 8(2):90–100
12. Bjerknes M, Cheng H (2005) Gastrointestinal stem cells. II. Intestinal stem cells. Am J Physiol Gastrointest Liver Physiol 289(3):G381–G387
13. Barker N et al (2007) Identification of stem cells in small intestine and colon by marker gene Lgr5. Nature 449(7165):1003–1007
14. Sangiorgi E, Capecchi MR (2008) Bmi1 is expressed in vivo in intestinal stem cells. Nat Genet 40(7):915–920
15. Lobachevsky PN, Radford IR (2006) Intestinal crypt properties fit a model that incorporates replicative ageing and deep and proximate stem cells. Cell Prolif 39(5):379–402
16. Barker N, Clevers H (2007) Tracking down the stem cells of the intestine: strategies to identify adult stem cells. Gastroenterology 133(6):1755–1760
17. van der Flier LG et al (2009) Transcription factor achaete scute-like 2 controls intestinal stem cell fate. Cell 136(5):903–912
18. Barker N et al (2009) Crypt stem cells as the cells-of-origin of intestinal cancer. Nature 457(7229): 608–611
19. Glinka A et al (2011) LGR4 and LGR5 are R-spondin receptors mediating Wnt/beta-catenin and Wnt/PCP signalling. EMBO Rep 12(10):1055–1061
20. de Lau W et al (2011) Lgr5 homologues associate with Wnt receptors and mediate R-spondin signalling. Nature 476(7360):293–297
21. Sato T et al (2009) Single Lgr5 stem cells build crypt-villus structures in vitro without a mesenchymal niche. Nature 459(7244):262–265
22. Cheasley D et al (2011) Myb controls intestinal stem cell genes and self-renewal. Stem Cells 29(12): 2042–2050
23. Huynh D et al (2009) Colony stimulating factor-1 dependence of paneth cell development in the mouse small intestine. Gastroenterology 137:136–144, 144 e1-3
24. Ramsay RG, Micallef S, Williams B, Mantamadiotis T, Vincan ET, Heath J, Bertoncello I (2004) Colony-stimulating factor 1 promotes clonogenic growth of normal murine colonic crypt epithelial cells in vitro. J Interferon Cytokine Res 24:416–427
25. Ciznadija D et al (2009) Intestinal adenoma formation and MYC activation are regulated by cooperation between MYB and Wnt signaling. Cell Death Differ 16(11):1530–1538
26. Yamanaka S (2007) Strategies and new developments in the generation of patient-specific pluripotent stem cells. Cell Stem Cell 1(1):39–49
27. Clevers H (2006) Wnt/beta-catenin signaling in development and disease. Cell 127(3):469–480
28. Ignatenko NA et al (2006) Role of c-Myc in intestinal tumorigenesis of the ApcMin/+ mouse. Cancer Biol Ther 5(12):1658–1664
29. Ramsay RG et al (2004) c-myb Heterozygous mice are hypersensitive to 5-fluorouracil and ionizing radiation. Mol Cancer Res 2(6):354–361

30. Malaterre J et al (2007) c-Myb is required for progenitor cell homeostasis in colonic crypts. Proc Natl Acad Sci U S A 104(10):3829–3834
31. Geng Y et al (2003) Cyclin E ablation in the mouse. Cell 114(4):431–443
32. May R et al (2009) DCAMKL-1 and LGR5 mark quiescent and cycling intestinal stem cells respectively. Stem Cells 27(10):2571–2579
33. Umar S (2010) Intestinal stem cells. Curr Gastroenterol Rep 12(5):340–348
34. van der Flier LG et al (2009) OLFM4 is a robust marker for stem cells in human intestine and marks a subset of colorectal cancer cells. Gastroenterology 137(1):15–17
35. Ishihara H et al (2011) Acceleration of regeneration of mucosa in small intestine damaged by ionizing radiation using anabolic steroids. Radiat Res 175(3):367–374
36. Waldron T et al (2011) c-Myb and its target Bmi1 are required for p190BCR/ABL leukemogenesis in mouse and human cells. Leukemia 26(4):644–653
37. Tian H et al (2011) A reserve stem cell population in small intestine renders Lgr5-positive cells dispensable. Nature 478(7368):255–259
38. Altman J, Das GD (1965) Autoradiographic and histological evidence of postnatal hippocampal neurogenesis in rats. J Comp Neurol 124(3):319–335
39. Altman J, Das GD (1966) Autoradiographic and histological studies of postnatal neurogenesis. I. A longitudinal investigation of the kinetics, migration and transformation of cells incorporating tritiated thymidine in neonate rats, with special reference to postnatal neurogenesis in some brain regions. J Comp Neurol 126(3):337–389
40. Lois C, Alvarez-Buylla A (1994) Long-distance neuronal migration in the adult mammalian brain. Science 264(5162):1145–1148
41. Doetsch F (2003) A niche for adult neural stem cells. Curr Opin Genet Dev 13(5):543–550
42. Kuhn HG, Dickinson-Anson H, Gage FH (1996) Neurogenesis in the dentate gyrus of the adult rat: age-related decrease of neuronal progenitor proliferation. J Neurosci 16(6):2027–2033
43. Bonfanti L, Peretto P (2011) Adult neurogenesis in mammals—a theme with many variations. Eur J Neurosci 34(6):930–950
44. Sun J, Ming GL, Song H (2011) Epigenetic regulation of neurogenesis in the adult mammalian brain. Eur J Neurosci 33(6):1087–1093
45. Ma DK et al (2010) Epigenetic choreographers of neurogenesis in the adult mammalian brain. Nat Neurosci 13(11):1338–1344
46. Cayre M et al (2002) The common properties of neurogenesis in the adult brain: from invertebrates to vertebrates. Comp Biochem Physiol B Biochem Mol Biol 132(1):1–15
47. Rosenthal MA et al (1996) Colonic expression of c-myb is initiated in utero and continues throughout adult life. Cell Growth Differ 7(7):961–967
48. Shin DH et al (2001) Constitutive expression of c-myb mRNA in the adult rat brain. Brain Res 892(1):203–207
49. Welter C et al (1990) The cellular myb oncogene is amplified, rearranged and activated in human glioblastoma cell lines. Cancer Lett 52(1):57–62
50. Pagnan G et al (2000) Delivery of c-myb antisense oligodeoxynucleotides to human neuroblastoma cells via disialoganglioside GD(2)-targeted immunoliposomes: antitumor effects. J Natl Cancer Inst 92(3):253–261
51. Malaterre J et al (2008) c-Myb is required for neural progenitor cell proliferation and maintenance of the neural stem cell niche in adult brain. Stem Cells 26(1):173–181
52. Lim DA et al (2009) Chromatin remodelling factor Mll1 is essential for neurogenesis from postnatal neural stem cells. Nature 458(7237):529–533
53. Mo X et al (2005) Histone H3 tail positioning and acetylation by the c-Myb but not the v-Myb DNA-binding SANT domain. Genes Dev 19(20):2447–2457
54. Nakata Y et al (2010) c-Myb, Menin, GATA-3, and MLL form a dynamic transcription complex that plays a pivotal role in human T helper type 2 cell development. Blood 116(8):1280–1290
55. Gao Z et al (2011) The master negative regulator REST/NRSF controls adult neurogenesis by restraining the neurogenic program in quiescent stem cells. J Neurosci 31(26):9772–9786
56. Hermanson O, Jepsen K, Rosenfeld MG (2002) N-CoR controls differentiation of neural stem cells into astrocytes. Nature 419(6910):934–939
57. Nomura T et al (2004) Oncogenic activation of c-Myb correlates with a loss of negative regulation by TIF1beta and Ski. J Biol Chem 279(16):16715–16726
58. Hsieh J et al (2004) Histone deacetylase inhibition-mediated neuronal differentiation of multipotent adult neural progenitor cells. Proc Natl Acad Sci U S A 101(47):16659–16664
59. Vrana JA et al (1999) Induction of apoptosis in U937 human leukemia cells by suberoylanilide hydroxamic acid (SAHA) proceeds through pathways that are regulated by Bcl-2/Bcl-XL, c-Jun, and p21CIP1, but independent of p53. Oncogene 18(50):7016–7025
60. Ramsay RG et al (2005) Colon epithelial cell differentiation is inhibited by constitutive c-myb expression or mutant APC plus activated RAS. DNA Cell Biol 24(1):21–29
61. Drabsch Y Ramsay RG, Gonda TJ (2010) MYB suppresses differentiation and apoptosis of human breast cancer cells. Breast Cancer Res 12(4):R55
62. Shi Y et al (2010) MicroRNA regulation of neural stem cells and neurogenesis. J Neurosci 30(45):14931–14936
63. Xiao C et al (2007) MiR-150 controls B cell differentiation by targeting the transcription factor c-Myb. Cell 131(1):146–159
64. Zhao H et al (2009) The c-myb proto-oncogene and microRNA-15a comprise an active autoregulatory feedback loop in human hematopoietic cells. Blood 113(3):505–516
65. Sankaran VG et al (2011) MicroRNA-15a and -16-1 act via MYB to elevate fetal hemoglobin expression in human trisomy 13. Proc Natl Acad Sci U S A 108(4):1519–1524

66. Lagos-Quintana M et al (2002) Identification of tissue-specific microRNAs from mouse. Curr Biol 12(9):735–739
67. Zhou B et al (2007) miR-150, a microRNA expressed in mature B and T cells, blocks early B cell development when expressed prematurely. Proc Natl Acad Sci U S A 104(17):7080–7085
68. Tan JR et al (2011) microRNAs in stroke pathogenesis. Curr Mol Med 11(2):76–92
69. Waber DP et al (1995) Cognitive sequelae of treatment in childhood acute lymphoblastic leukemia: cranial radiation requires an accomplice. J Clin Oncol 13(10):2490–2496
70. Hertzberg H et al (1997) CNS late effects after ALL therapy in childhood. Part I: neuroradiological findings in long-term survivors of childhood ALL–an evaluation of the interferences between morphology and neuropsychological performance. The German late effects working group. Med Pediatr Oncol 28(6): 387–400
71. Riva D, Giorgi C (2000) The neurodevelopmental price of survival in children with malignant brain tumours. Childs Nerv Syst 16(10–11):751–754
72. Roman DD, Sperduto PW (1995) Neuropsychological effects of cranial radiation: current knowledge and future directions. Int J Radiat Oncol Biol Phys 31(4):983–998
73. Khong PL et al (2006) White matter anisotropy in post-treatment childhood cancer survivors: preliminary evidence of association with neurocognitive function. J Clin Oncol 24(6):884–890
74. Snyder JS et al (2005) A role for adult neurogenesis in spatial long-term memory. Neuroscience 130(4):843–852
75. Byrne TN (2005) Cognitive sequelae of brain tumor treatment. Curr Opin Neurol 18(6):662–666
76. Young W (2009) Review of lithium effects on brain and blood. Cell Transplant 18(9):951–975
77. Corradini F et al (2005) Enhanced proliferative potential of hematopoietic cells expressing degradation-resistant c-Myb mutants. J Biol Chem 280(34):30254–30262

Index

G. Hime and H. Abud (eds.), *Transcriptional and Translational Regulation of Stem Cells*, Advances in Experimental Medicine and Biology 786, DOI 10.1007/978-94-007-6621-1